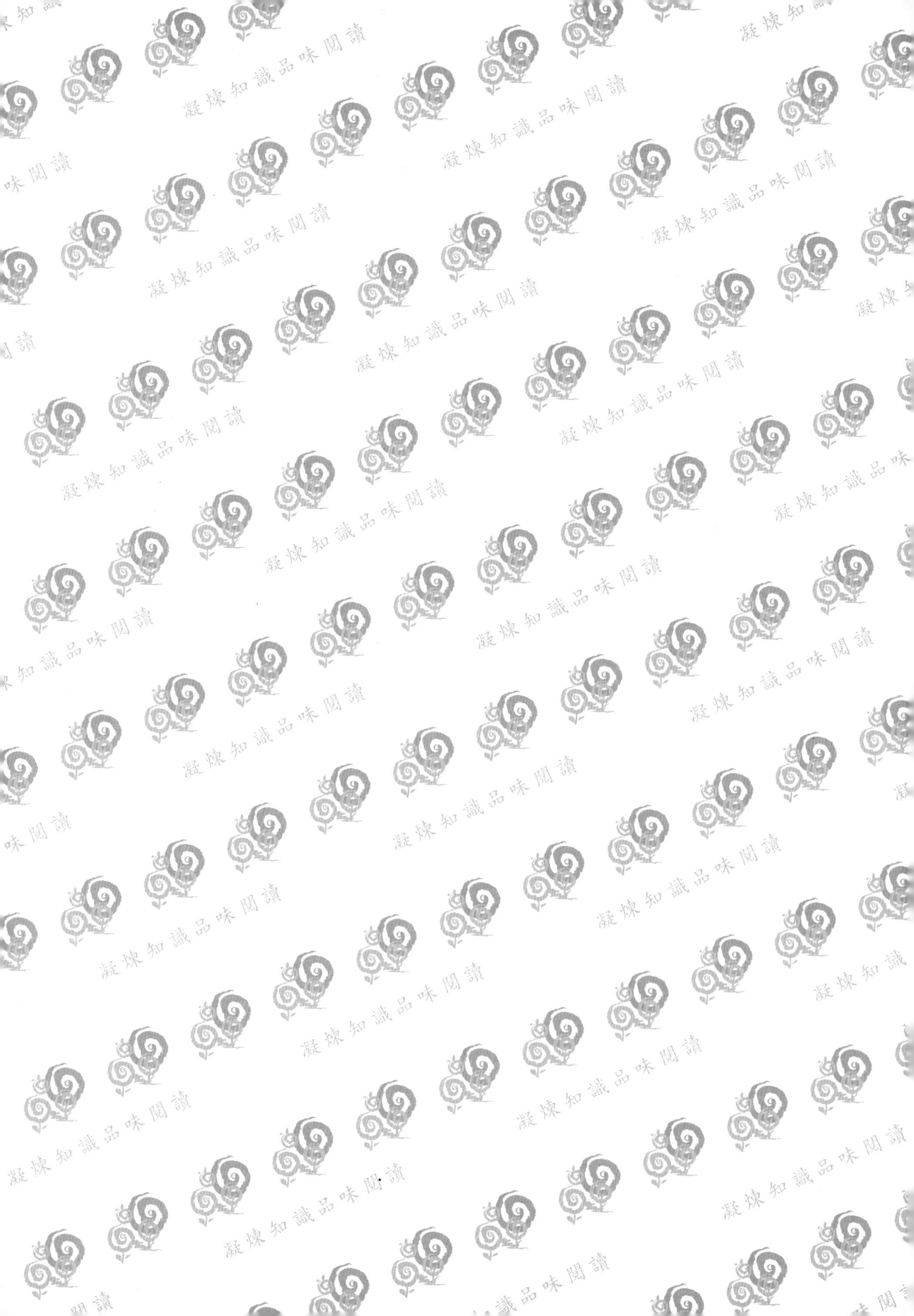

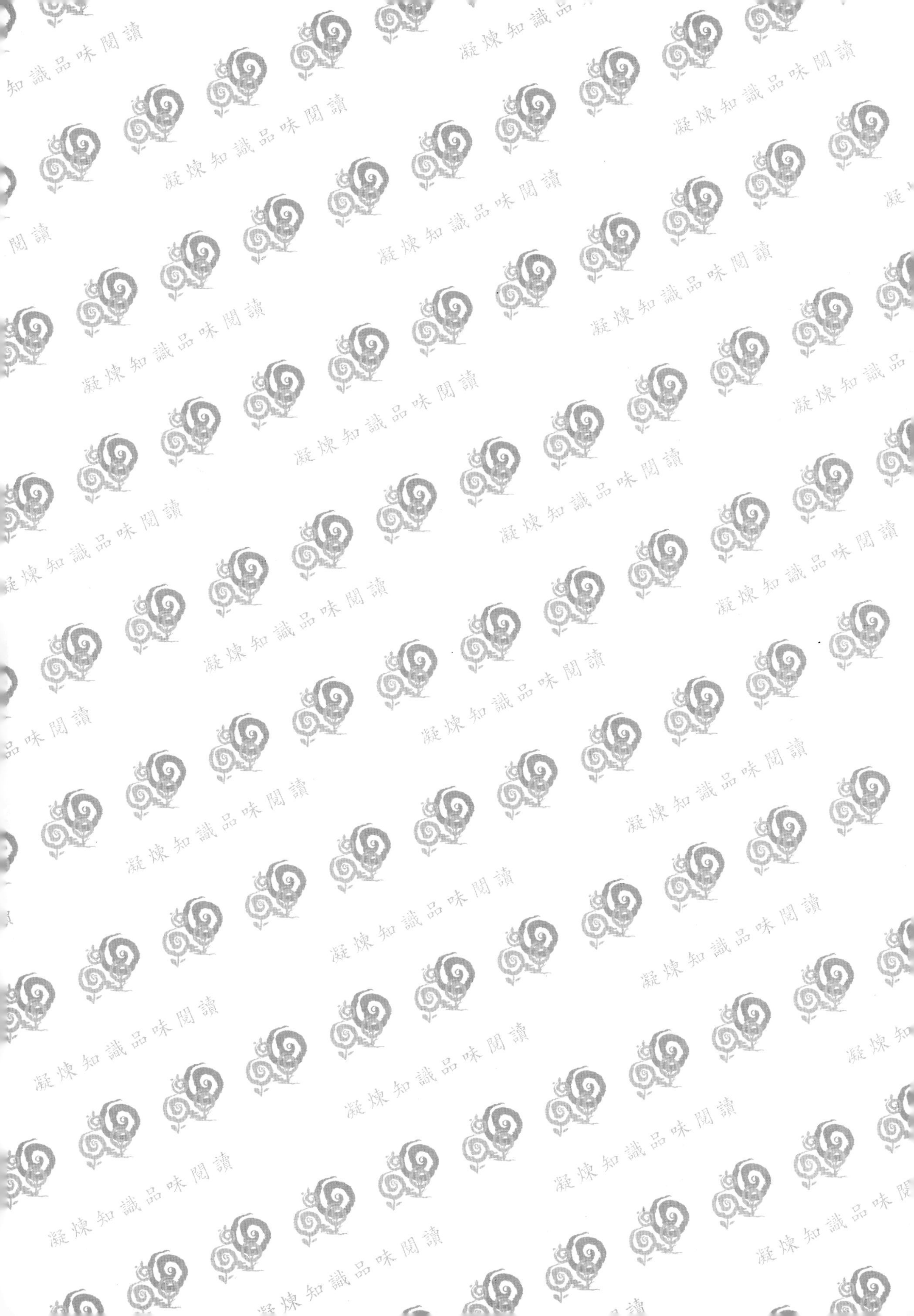

高等統計應用SPSS分析

張紹勳、林秀娟 著

五南圖書出版公司 印行

自序

SPSS 是社會科學有名的統計軟體，迄今亦在生物醫學大流行。特別是最近幾年，各大學研究生人數逐年大增，基於學位學術撰寫的需要，多變量統計更是不可或缺。

一般研究者從事研究時，常有的難題包括：

(1) 應該採用哪一種統計方法來檢定研究假定 (assumptions) 及假設 (hypothesis)？

(2) 如何使用電腦統計程序，以正確且快速的分析研究資料？

(3) 統計程式所輸出的數據所代表的意義爲何？又該如何解釋？

筆者在從事研究與教學之際，乃針對此問題，將各種類型的統計方法，以學習者與使用者的觀點歸納整理，並以範例呈現，期使讀者在了解統計方法之後能快速學會使用 SPSS，做最有效率的統計分析。

高等統計分析主要應用在：社會科學、生物學 (Biology)、經濟學 (Economics)、工程學 (Engineering)、遺傳學 (Genetics)、市場行銷 (Marketing)、醫學 (Medicine)、精神病學 (Psychiatry)、教育學、心理學、人管、生產管理；系所包含：經濟系、風險管理系、航運管理、財務金融、會計、公共衛生、工業工程、土木等。

有鑑於國內統計使用者眾多，可是目前較缺「理論、統計及方法論」系統性的書，加上 SPSS v25 市面上鮮少有教科書來介紹新統計功能，於是開始著手撰寫 SPSS 統計分析，一系列的書。並附上範例之資料檔供讀者實作：

一、《高等統計：應用 SPSS 分析》一書，該書內容包括：描述性統計、樣本數的評估、變異數分析、相關、迴歸建模及診斷、重複測量……。

二、《多變量統計之線性代數基礎：應用 SPSS 分析》，該書內容包括：平均數之假設檢定、MANOVA)、典型相關分析 (canonical correlation analysis)、判別分析 (discriminant analysis)、主成分分析、因素分析 (factor analysis)、集群分析、多向度量尺／多維標度法。

三、《邏輯斯迴歸分析及離散選擇模型：應用 SPSS》一書，該書內容包括：邏輯斯迴歸、Probit 迴歸、多項式邏輯斯迴歸、Ordinal 迴歸、Poisson 迴歸、負二項迴歸……。

四、《多層次模型 (HLM) 及重複測量：使用 SPSS 分析》一書，該書內容包括：線性多層次模型、panel-data 迴歸……。

五、《存活分析及 ROC：應用 SPSS》一書，該書內容包括：類別資料分析 (無母數統計)、logistic 迴歸、存活分析、流行病學、配對與非配對病例對照研究資料、勝出比（Odds Ratio）的計算、篩檢工具與 ROC 曲線……Cox 比例危險模型、Kaplan-Meier 存活模型、參數存活分析有六種模型……。

此外，研究者如何選擇正確的統計方法，包括適當的估計與檢定方法、與統計概念等，都是實證研究中很重要的內涵，這也是本書撰寫的目的之一。本書內文盡量結合「理論、方法、統計」，期望研究者能在其領域中得到良好的研究成果。

張紹勳 林秀娟 敬上

Contents

Contents

Contents

Chapter 07 線性迴歸的診斷 401

Chapter 08 線性迴歸 457

Chapter

01

統計學回顧

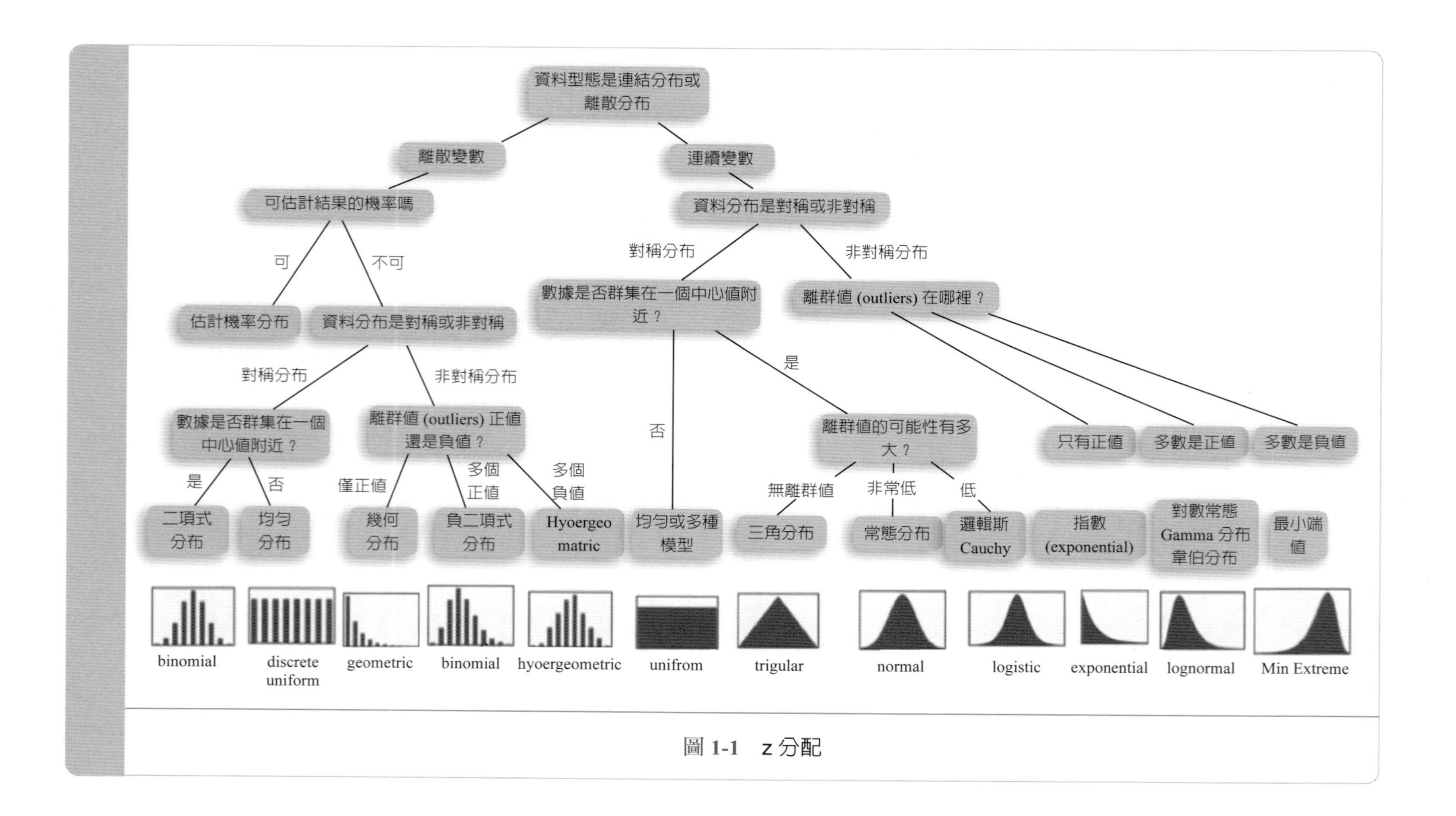
資料型態是連結分布或離散分布
離散變數
連續變數
可估計結果的機率嗎
可
不可
估計機率分布
資料分布是對稱或非對稱
對稱分布
非對稱分布
數據是否群集在一個中心值附近？
是
否
二項式分布
均勻分布
離群值 (outliers) 正值還是負值？
僅正值
多個正值
多個負值
幾何分布
負二項式分布
Hyoergeo matric
資料分布是對稱或非對稱
對稱分布
非對稱分布
數據是否群集在一個中心值附近？
否
是
均勻或多種模型
離群值的可能性有多大？
無離群值
非常低
低
三角分布
常態分布
邏輯斯 Cauchy
離群值 (outliers) 在哪裡？
只有正值
多數是正值
多數是負值
指數 (exponential)
對數常態 Gamma 分布 韋伯分布
最小端值
binomial
discrete uniform
geometric
binomial
hyoergeometric
unifrom
trigular
normal
logistic
exponential
lognormal
Min Extreme

圖 1-1　z 分配

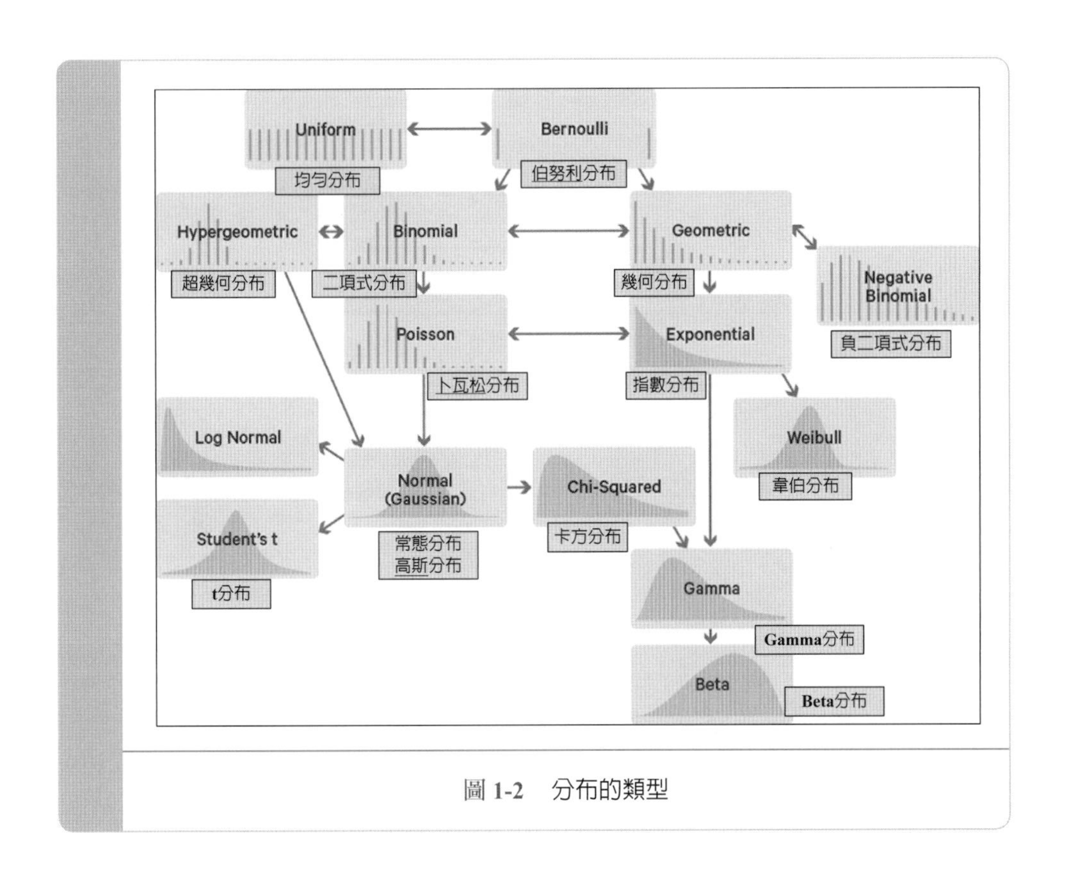

圖 1-2　分布的類型

1. 均勻分布：一個均勻分布在區間 (a 到 b 之間) 上的連續型隨機變數。一隨機的連續變數 X，其值介於最小值 a 到最大值 b 之間。假設每一點出現的機率都是均等，那麼就稱這個變數 X 的機率分布是連續均勻分布。例如：生物學上如族群密度中所提及。竹林或針葉樹林的分布因陽光、空間關係，故維持一定的均勻分布情形亦稱之；人造林與水稻田的分布亦屬之。

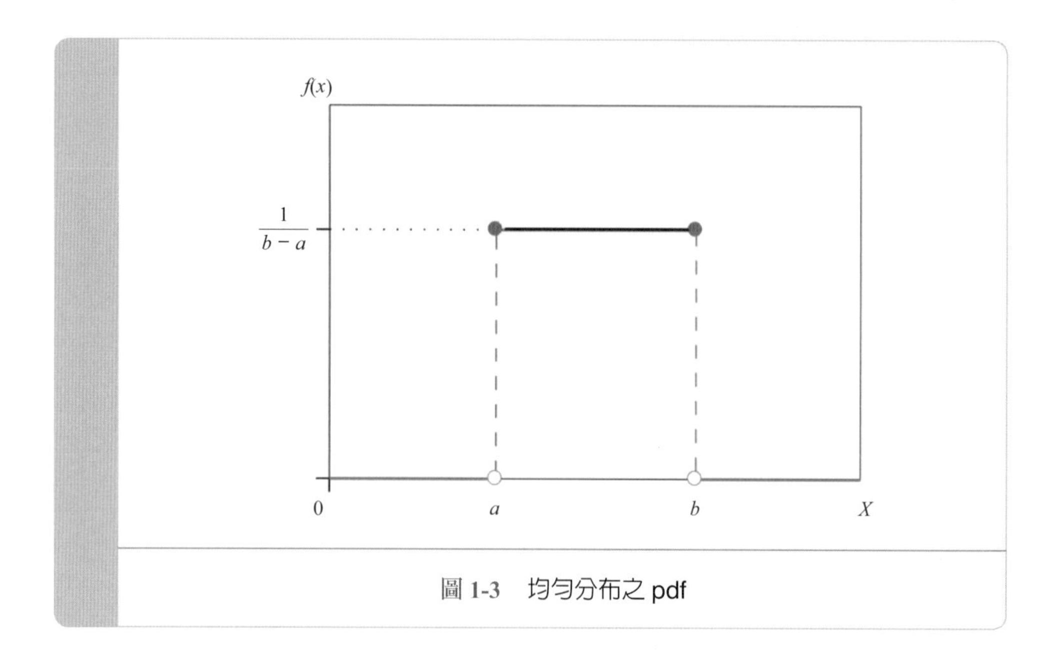

圖 1-3　均勻分布之 pdf

2. 伯努利分布 (*Bernoulli distribution*，又名兩點分布或者 0-1 分布，是一個離散型概率分布，爲紀念瑞士科學家雅各布·伯努利而命名。) 若伯努利試驗成功，則伯努利隨機變數取值爲 1。若伯努利試驗失敗，則伯努利隨機變數取值爲 0。記其成功概率爲 p $(0 \le p \le 1)$，失敗機率爲 $q = 1 - p$。

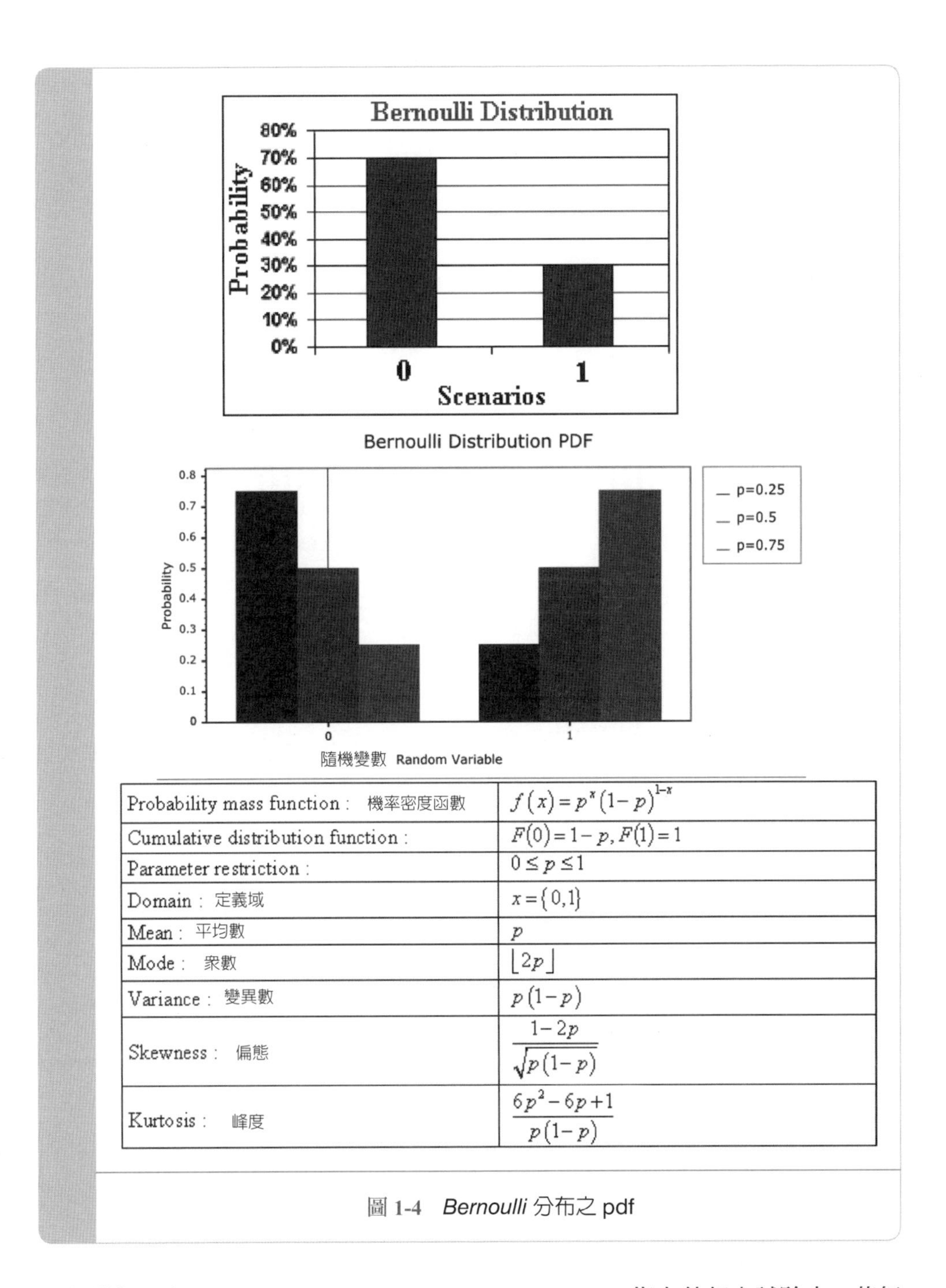

Probability mass function：機率密度函數	$f(x)=p^{x}(1-p)^{1-x}$
Cumulative distribution function：	$F(0)=1-p, F(1)=1$
Parameter restriction：	$0 \le p \le 1$
Domain：定義域	$x=\{0,1\}$
Mean：平均數	p
Mode：衆數	$\lfloor 2p \rfloor$
Variance：變異數	$p(1-p)$
Skewness：偏態	$\frac{1-2p}{\sqrt{p(1-p)}}$
Kurtosis：峰度	$\frac{6p^2-6p+1}{p(1-p)}$

圖 1-4　*Bernoulli* 分布之 pdf

3. 超幾何分布 (Hypergeometric probability distribution) 指在伯努力試驗中，若每次成功的機率不一樣，則次試驗後，所得成功次數就不是二項分布了。試驗中抽樣歸還時，使用二項分配計算機率。不歸還時，使用超幾何分配計算機率。

因此民意調查及品質管制的研究裡常出現此分布。生物學例子如：標記再捕捉法。計算河川中魚的數量時，可將依定數量的魚做標記動作，而後假設捉出十隻中有六隻標記即可回推河川中總共的魚數，即爲該分布情形。

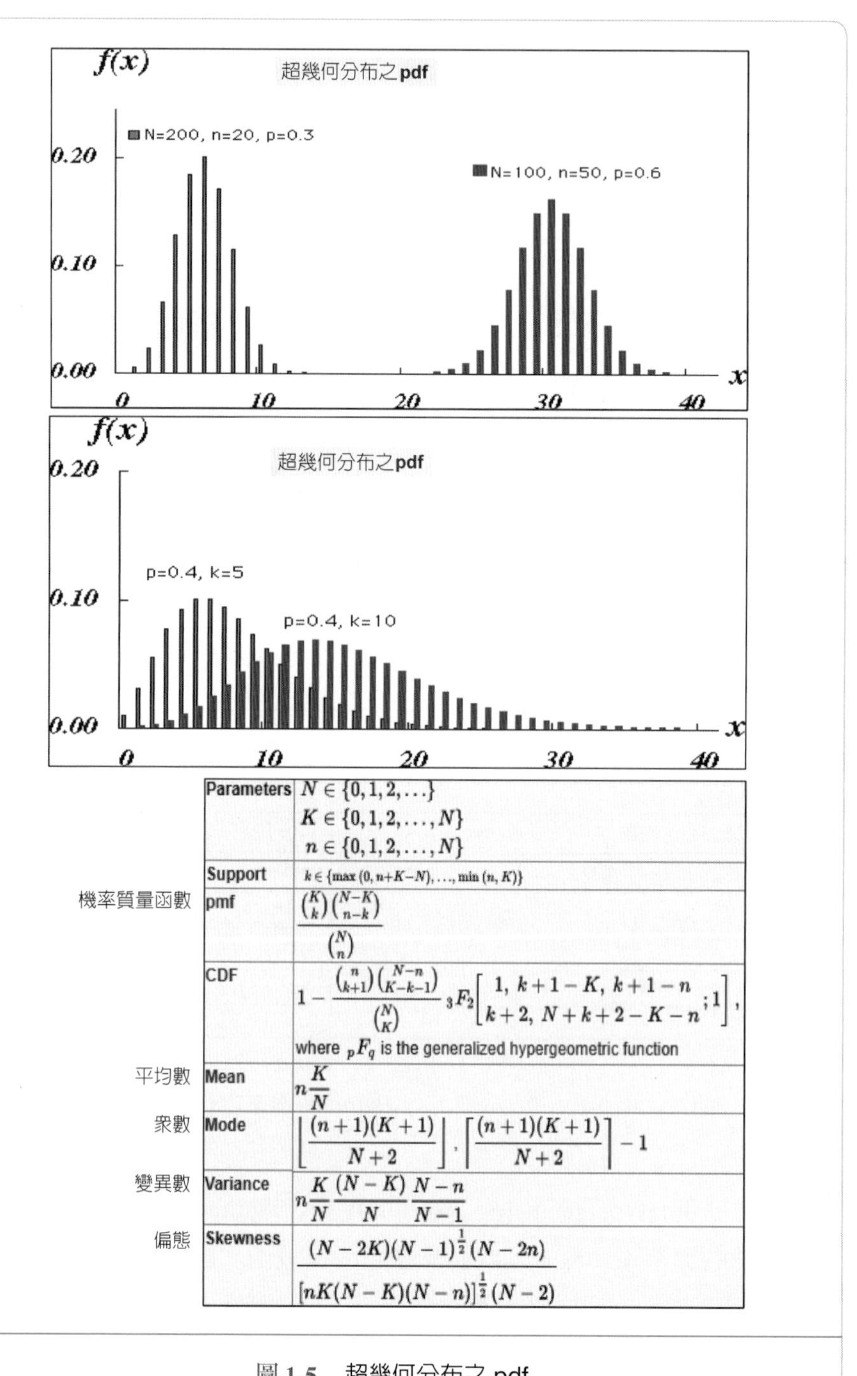

	Parameters	$N \in \{0,1,2,\ldots\}$ $K \in \{0,1,2,\ldots,N\}$ $n \in \{0,1,2,\ldots,N\}$
	Support	$k \in \{\max(0, n+K-N), \ldots, \min(n, K)\}$
機率質量函數	pmf	$\dfrac{\binom{K}{k}\binom{N-K}{n-k}}{\binom{N}{n}}$
	CDF	$1 - \dfrac{\binom{n}{k+1}\binom{N-n}{K-k-1}}{\binom{N}{K}} \, {}_3F_2\left[\begin{matrix}1, k+1-K, k+1-n \\ k+2, N+k+2-K-n\end{matrix};1\right],$ where ${}_pF_q$ is the generalized hypergeometric function
平均數	Mean	$n\dfrac{K}{N}$
衆數	Mode	$\left\lfloor \dfrac{(n+1)(K+1)}{N+2} \right\rfloor, \left\lceil \dfrac{(n+1)(K+1)}{N+2} \right\rceil - 1$
變異數	Variance	$n\dfrac{K}{N}\dfrac{(N-K)}{N}\dfrac{N-n}{N-1}$
偏態	Skewness	$\dfrac{(N-2K)(N-1)^{\frac{1}{2}}(N-2n)}{[nK(N-K)(N-n)]^{\frac{1}{2}}(N-2)}$

圖 1-5　超幾何分布之 pdf

4. 二項式分布 (Binomial distribution) 指 n 個獨立的「是／非」試驗中，成功次數的離散分布機率。用二項式分布來計算機率的前提是，每次抽出樣品後再放回去，並且只能有兩種試驗結果，例如：丟銅板正面跟反面。

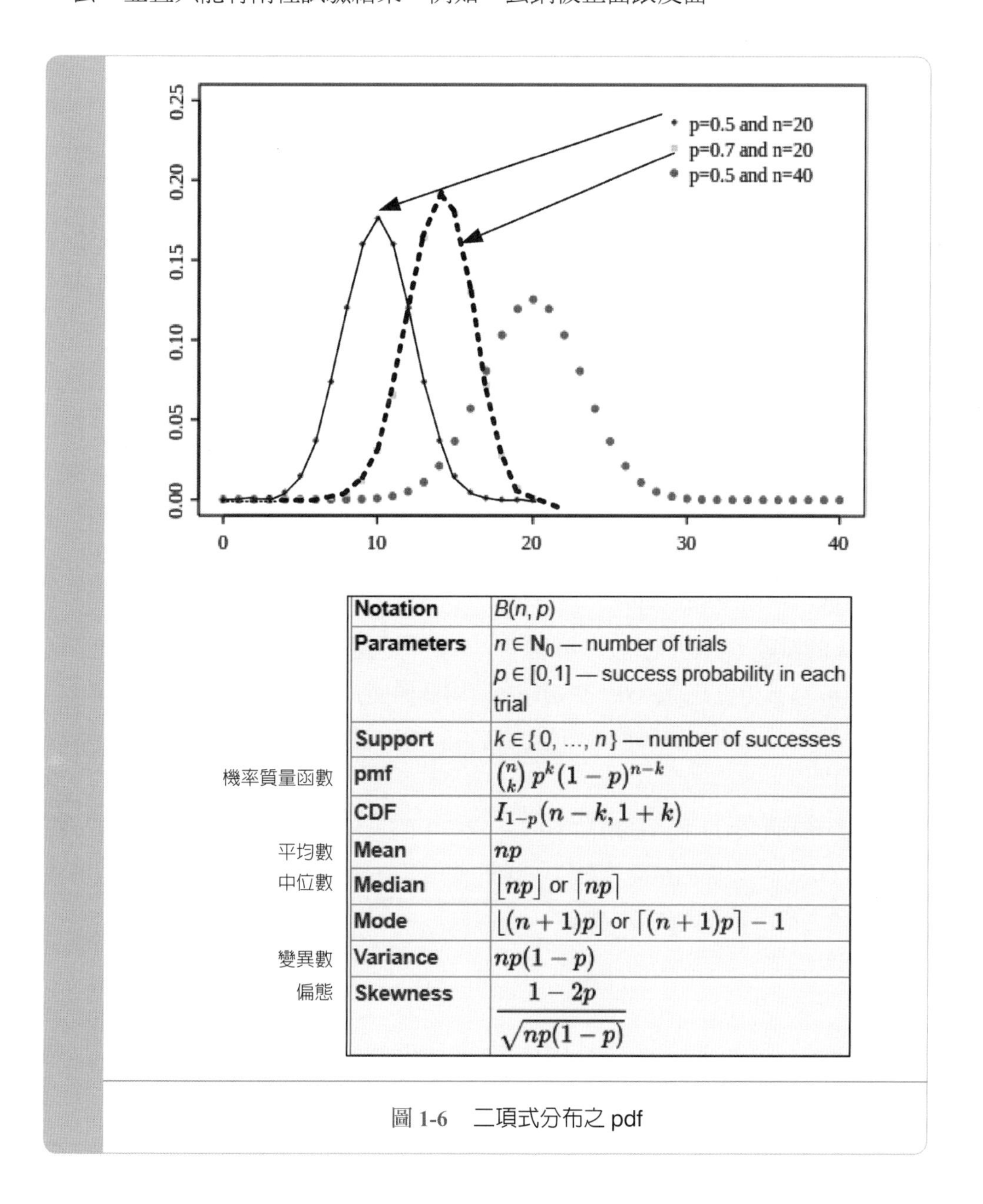

	Notation	$B(n, p)$
	Parameters	$n \in \mathbf{N}_0$ — number of trials $p \in [0,1]$ — success probability in each trial
	Support	$k \in \{0, \ldots, n\}$ — number of successes
機率質量函數	**pmf**	$\binom{n}{k} p^k (1-p)^{n-k}$
	CDF	$I_{1-p}(n-k, 1+k)$
平均數	**Mean**	np
中位數	**Median**	$\lfloor np \rfloor$ or $\lceil np \rceil$
	Mode	$\lfloor (n+1)p \rfloor$ or $\lceil (n+1)p \rceil - 1$
變異數	**Variance**	$np(1-p)$
偏態	**Skewness**	$\frac{1-2p}{\sqrt{np(1-p)}}$

圖 1-6　二項式分布之 pdf

機率質量函數

如果隨機變數 X 服從參數爲 n 和 p 的二項分布，我們記 $X \sim b(n, p)$ 或 $X \sim B(n, p)$。n 次試驗中正好得到 k 次成功的機率由機率質量函數給出：

$$f(k; n, p) = \Pr(X = k) = \binom{n}{k} p^k (1-p)^{n-k}$$

對於 $k = 0, 1, 2, \cdots, n$，其中 $\binom{n}{k} = \frac{n!}{k!(n-k)!}$

是二項式係數(這就是二項分布的名稱的由來)，又記爲 $C(n, k)$，$_nC_k$，或 ^nC_k。該公式可以用以下方法理解：我們希望有 k 次成功 (p^k) 和 $n - k$ 次失敗 $(1 - p)^{n-k}$。然而，k 次成功可以在 n 次試驗的任何地方出現，而把 k 次成功分布在 n 次試驗中共有 $C(n, k)$ 個不同的方法。

在製造二項分布機率的參考表格時，通常表格中只塡上 $n/2$ 個值，這是因爲 $k > n/2$ 時的機率可以從它的補集計算出：

$$f(k; n, p) = f(n - k; n, 1 - p).$$

因此，我們要看另外一個 k 和另外一個 p(二項分布一般不是對稱的)。然而，它的表現不是任意的，總存在一個整數 M，滿足

$$(n + 1)p - 1 < M \leq (n + 1)p.$$

作爲 k 的函數，表達式 $f(x; n, p)$ 當 $k < M$ 時單調遞增，$k > M$ 時單調遞減，只有當 $(n + 1)p$ 是整數時例外。在這時，有兩個值使 f 達到最大：$(n + 1)p$ 和 $(n + 1)p - 1$。M 是伯努利試驗的最可能的結果，稱爲衆數。注意它發生的機率可以很小。

5. 幾何分布指的是以下兩種離散型機率分布中的一種：(1) 在伯努利試驗中，得到一次成功所需要的試驗次數 X，X 的值域是 $\{1, 2, 3 \cdots\cdots\}$；(2) 在得到第一次成功之前所經歷的失敗次數 $Y = X - 1$。

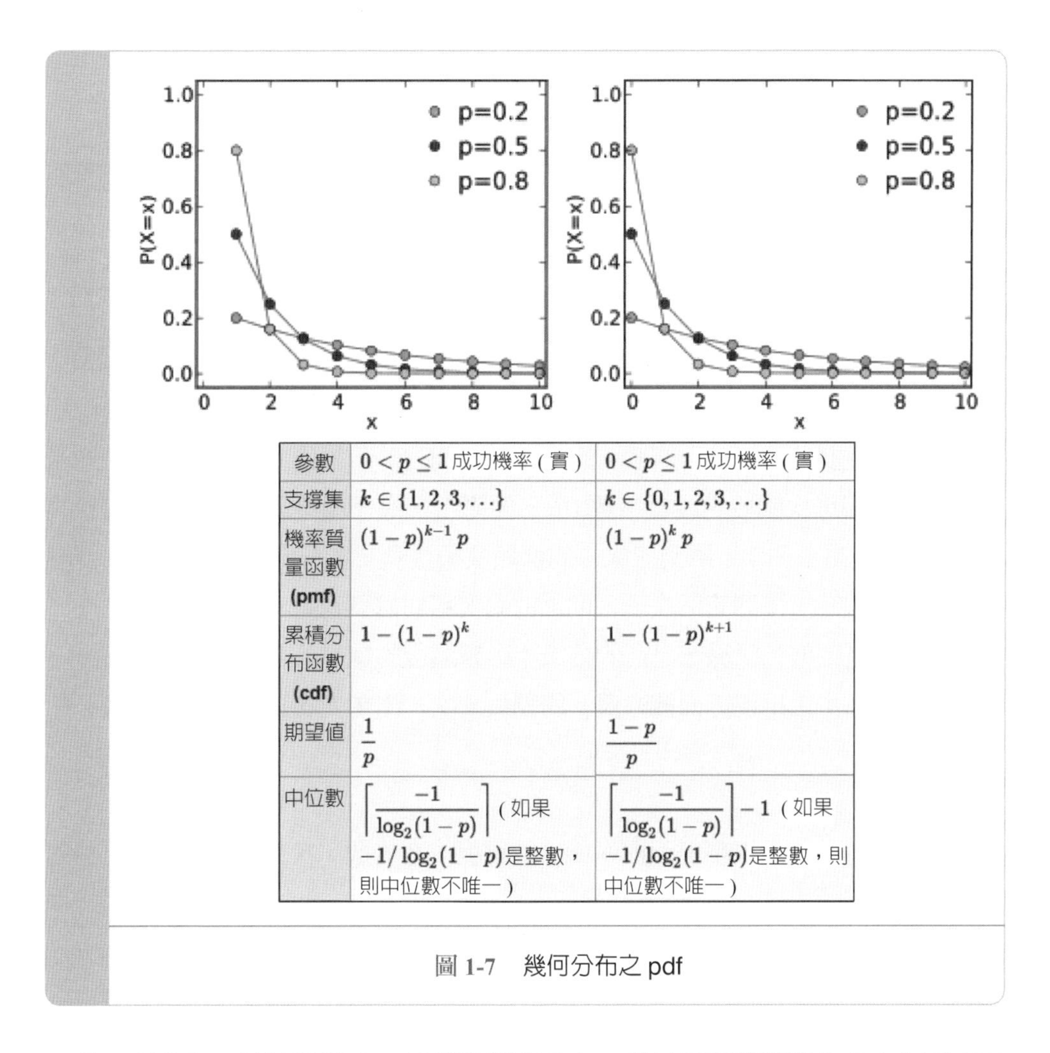

參數	$0 < p \leq 1$ 成功機率（實）	$0 < p \leq 1$ 成功機率（實）
支撐集	$k \in \{1, 2, 3, \ldots\}$	$k \in \{0, 1, 2, 3, \ldots\}$
機率質量函數 (pmf)	$(1-p)^{k-1}p$	$(1-p)^{k}p$
累積分布函數 (cdf)	$1-(1-p)^{k}$	$1-(1-p)^{k+1}$
期望值	$\frac{1}{p}$	$\frac{1-p}{p}$
中位數	$\left\lceil \frac{-1}{\log_2(1-p)} \right\rceil$（如果 $-1/\log_2(1-p)$ 是整數，則中位數不唯一）	$\left\lceil \frac{-1}{\log_2(1-p)} \right\rceil - 1$（如果 $-1/\log_2(1-p)$ 是整數，則中位數不唯一）

圖 1-7　幾何分布之 pdf

6. 負二項分布：是統計學上一種離散概率分布。常見離散隨變數的分布如下表五種：

二項分配	$X \sim B(n, p)$ $P(X=x)=C_x^n p^x q^{n-x}$	$E(X)=np$	$V(X)=npq$
負二項分配	$X \sim NB(k, p)$ $P(X=x)=C_{k-1}^{x-1} p^k q^{x-k}$	$E(X)=\frac{k}{p}$	$V(X)=k \cdot \frac{q}{p^2}$
幾何分配	$X \sim G(p)$ $P(X=x)=pq^{x-1}$	$E(X)=\frac{1}{p}$	$V(X)=\frac{q}{p^2}$

超幾何分配	$X \sim HG(n, K, N)$ $P(X=x) = \frac{C_x^K C_{n-x}^{N-K}}{C_n^N}$	$p = K/N$ $E(X) = np$	$V(X) = npq \cdot \frac{N-n}{N-1}$
卜瓦松分配	$X \sim Poi(\lambda), \lambda = np$ $P(X=x) = \frac{e^{-\lambda}\lambda^x}{x!}$	$E(X) = \lambda$	$V(X) = \lambda$ (1) $n > 20$ & $p <= 0.05$ (2) $n > 50$ & $p < 0.1$

「負二項分布」與「二項分布」的區別在於：「二項分布」是固定試驗總次數 N 的獨立試驗中，成功次數 k 的分布；而「負二項分布」是所有到成功 r 次時即終止的獨立試驗中，失敗次數 k 的分布。舉例說：若我們擲骰子，擲到一即視為成功。則每次擲骰的成功率是 1/6。要擲出三次一，所需的擲骰次數屬於集合 {3, 4, 5, 6 ……}。擲到三次一的擲骰次數是負二項分布的隨機變數，要在第三次擲骰時，擲到第三次一，則之前兩次都要擲到一。

注意擲骰是伯努利試驗，之前的結果不影響隨後的結果。

- 二項分布：丟出現正面機率為 p 的銅板 n 次，出現 k 次正面的機率為

$$\binom{n}{k} p^k (1-p)^{n-k}$$

- 負二項分布：丟出現正面機率為 p 的銅板，在失敗 r 次後，出現 k 次正面的機率為下式：$(n = r + k)$

$$\binom{-r}{k} p^k (1-p)^{n-k} = \binom{-r}{k} p^k (1-p)^r = (-1)^k \binom{r+k-1}{k} p^k (1-p)^r$$

- 例如：成功機率 0.6，5 次內有 3 次成功的機率為

$$\binom{5}{3} \times \left(\frac{3}{5}\right)^3 \left(\frac{2}{5}\right)^2 = 0.3456$$

- 在失敗 2 次前已經 3 次成功的機率為

$$(-1)^3 \left(\frac{-2}{3}\right) \times \left(\frac{3}{5}\right)^3 \left(\frac{2}{5}\right)^2 = \left(\frac{3+2-1}{3}\right) \times \left(\frac{3}{5}\right)^3 \left(\frac{2}{5}\right)^2 = 0.13824$$

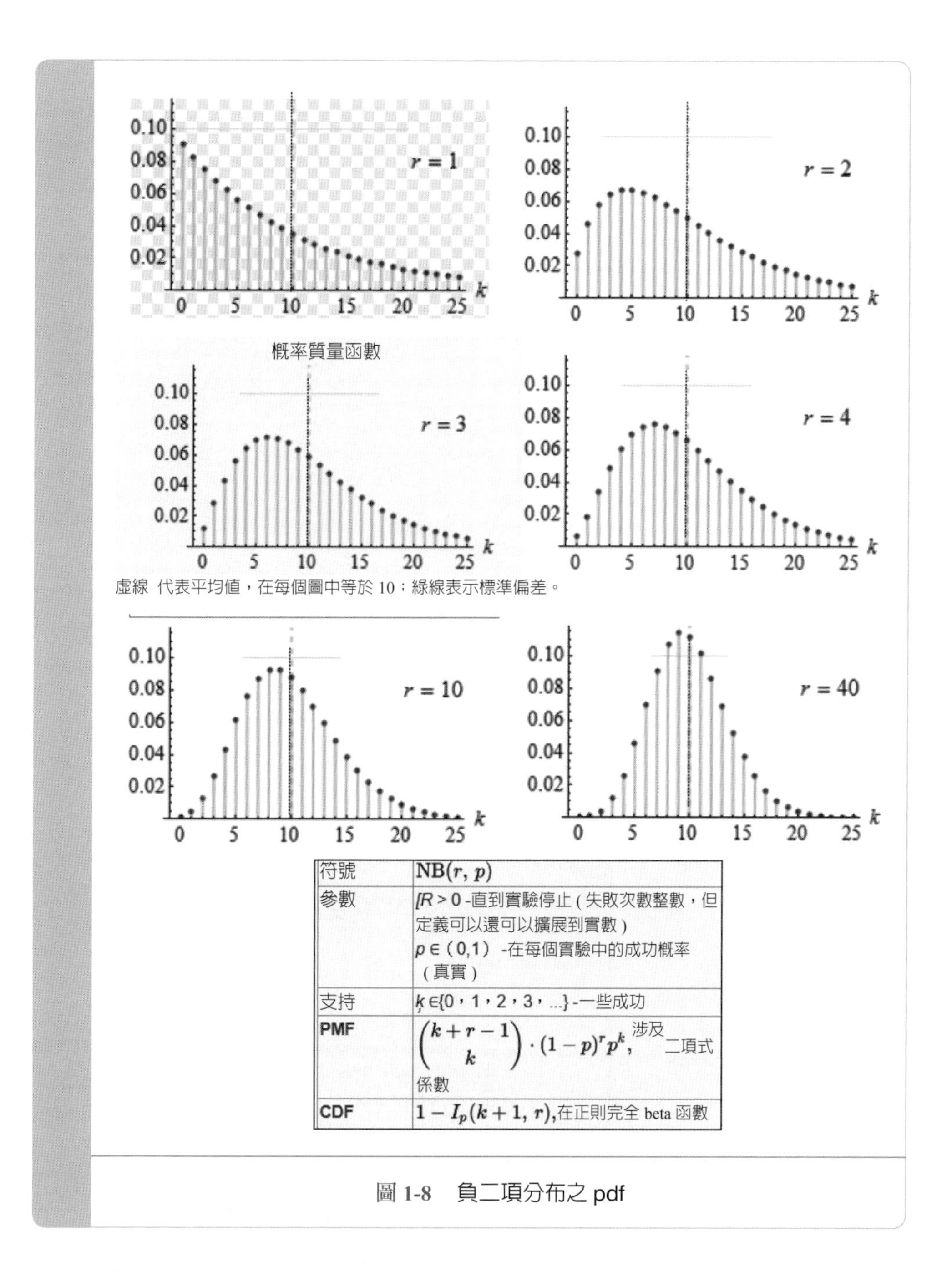

符號	$NB(r, p)$
參數	[R > 0 -直到實驗停止 (失敗次數整數，但定義可以還可以擴展到實數) $p \in (0,1)$ -在每個實驗中的成功概率 (真實)
支持	$k \in \{0，1，2，3，...\}$ -一些成功
PMF	$\binom{k+r-1}{k} \cdot (1-p)^r p^k$, 涉及二項式係數
CDF	$1 - I_p(k+1, r)$,在正則完全 beta 函數

圖 1-8　負二項分布之 pdf

7. 卜瓦松 (Poisson) 分布指適合於描述單位時間內隨機事件發生的次數的機率分布。例如：7-11 便利商店每個小時的來客數，因爲以時段區分，所以有間隔屬於離散。

又如：某一服務設施在一定時間內受到的服務請求次數、電話交換機接到呼叫的次數、汽車站台的候客人數、機器出現的故障數、自然災害發生的次數、DNA 序列的變異數、放射性原子核的衰變數、雷射的光子數分布等。

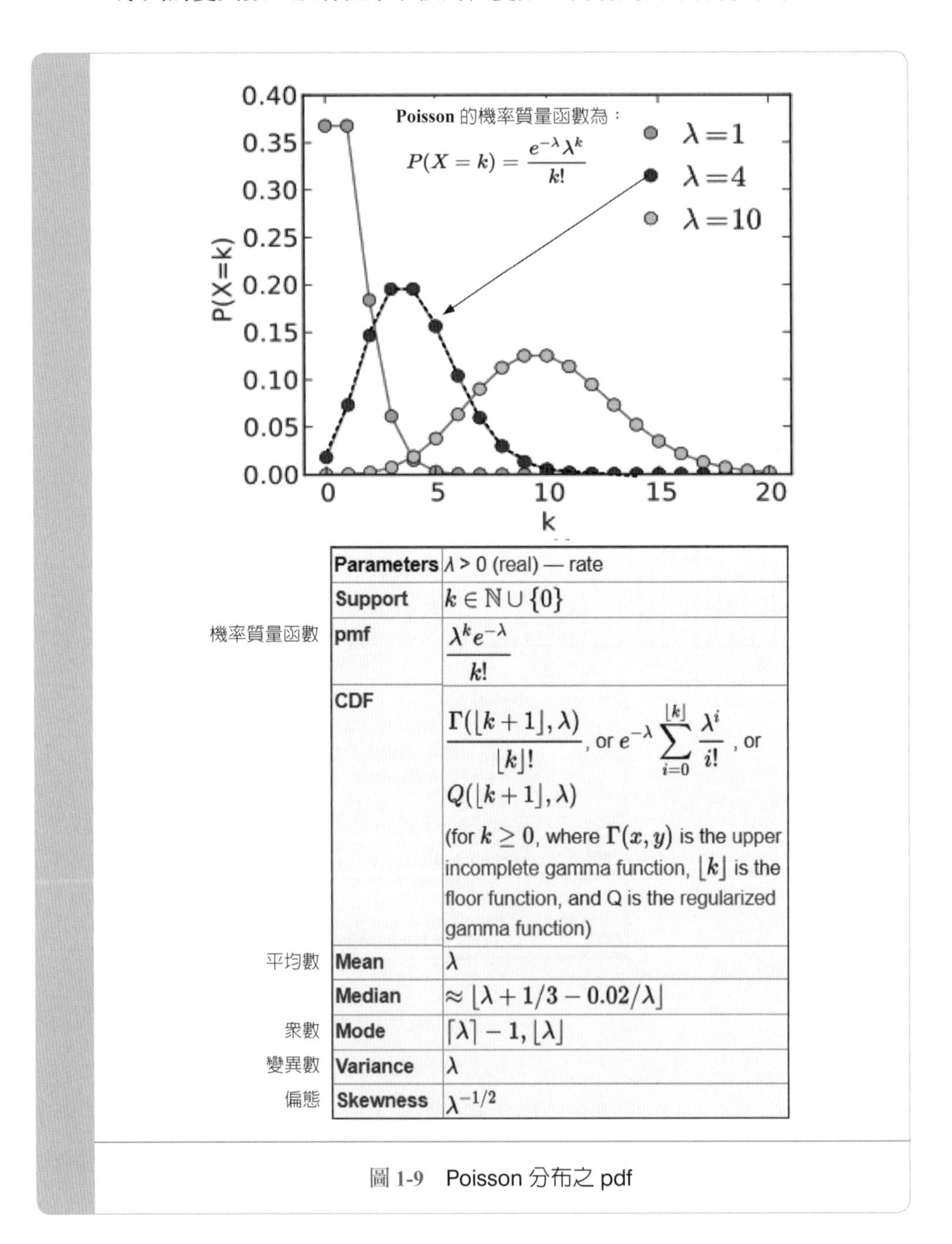

	Parameters	$\lambda > 0$ (real) — rate
	Support	$k \in \mathbb{N} \cup \{0\}$
機率質量函數	pmf	$\frac{\lambda^k e^{-\lambda}}{k!}$
	CDF	$\frac{\Gamma(\lfloor k+1 \rfloor, \lambda)}{\lfloor k \rfloor!}$, or $e^{-\lambda} \sum_{i=0}^{\lfloor k \rfloor} \frac{\lambda^i}{i!}$, or $Q(\lfloor k+1 \rfloor, \lambda)$ (for $k \geq 0$, where $\Gamma(x, y)$ is the upper incomplete gamma function, $\lfloor k \rfloor$ is the floor function, and Q is the regularized gamma function)
平均數	Mean	λ
	Median	$\approx \lfloor \lambda + 1/3 - 0.02/\lambda \rfloor$
衆數	Mode	$\lceil \lambda \rceil - 1, \lfloor \lambda \rfloor$
變異數	Variance	λ
偏態	Skewness	$\lambda^{-1/2}$

圖 1-9　Poisson 分布之 pdf

8. 指數分布 (Exponential distribution) 是一種連續機率分布。指數分布可以用來表示獨立隨機事件發生的時間間隔。

   例如：旅客進入機場的時間間隔、打進客服中心電話的時間間隔、中文維基百科新條目出現的時間間隔等。此指數關係，常見於邏輯斯迴歸或存活分析的分布圖。

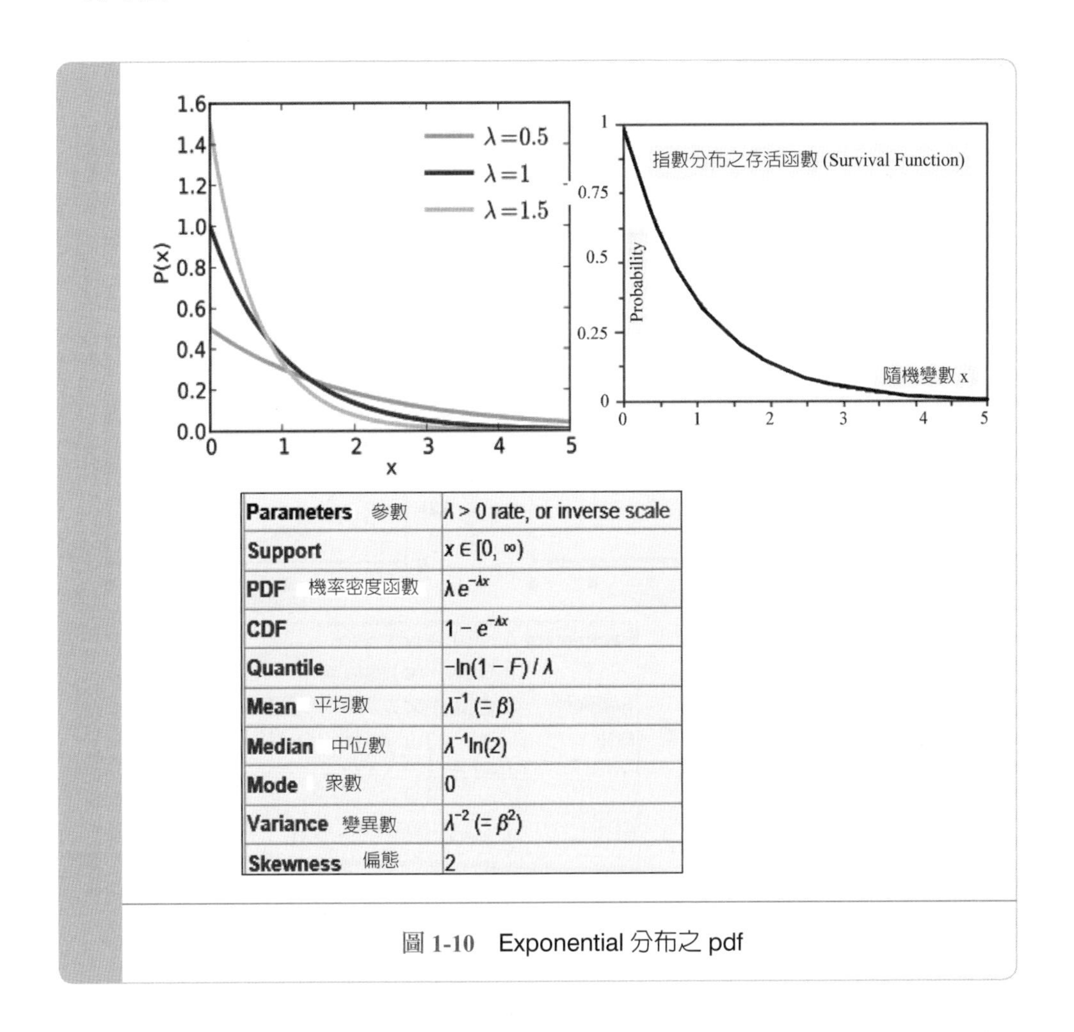

Parameters 參數	$\lambda > 0$ rate, or inverse scale
Support	$x \in [0, \infty)$
PDF 機率密度函數	$\lambda e^{-\lambda x}$
CDF	$1 - e^{-\lambda x}$
Quantile	$-\ln(1 - F) / \lambda$
Mean 平均數	$\lambda^{-1} (= \beta)$
Median 中位數	$\lambda^{-1}\ln(2)$
Mode 眾數	0
Variance 變異數	$\lambda^{-2} (= \beta^2)$
Skewness 偏態	2

圖 1-10　Exponential 分布之 pdf

9. 韋伯分布（Weibull distribution）是可靠性分析和壽命檢驗的理論基礎，其中 x 是隨機變數，$\lambda > 0$ 是比例參數（Scale parameter），$k > 0$ 是形狀參數（Shape parameter）。顯然，它的累積分布函數是擴展的指數分布函數，而且 Weibull distribution 與很多分布都有關係。如：當 $k = 1$，它是指數分布；$k = 2$ 時，是

Rayleigh distribution（瑞利分布）。

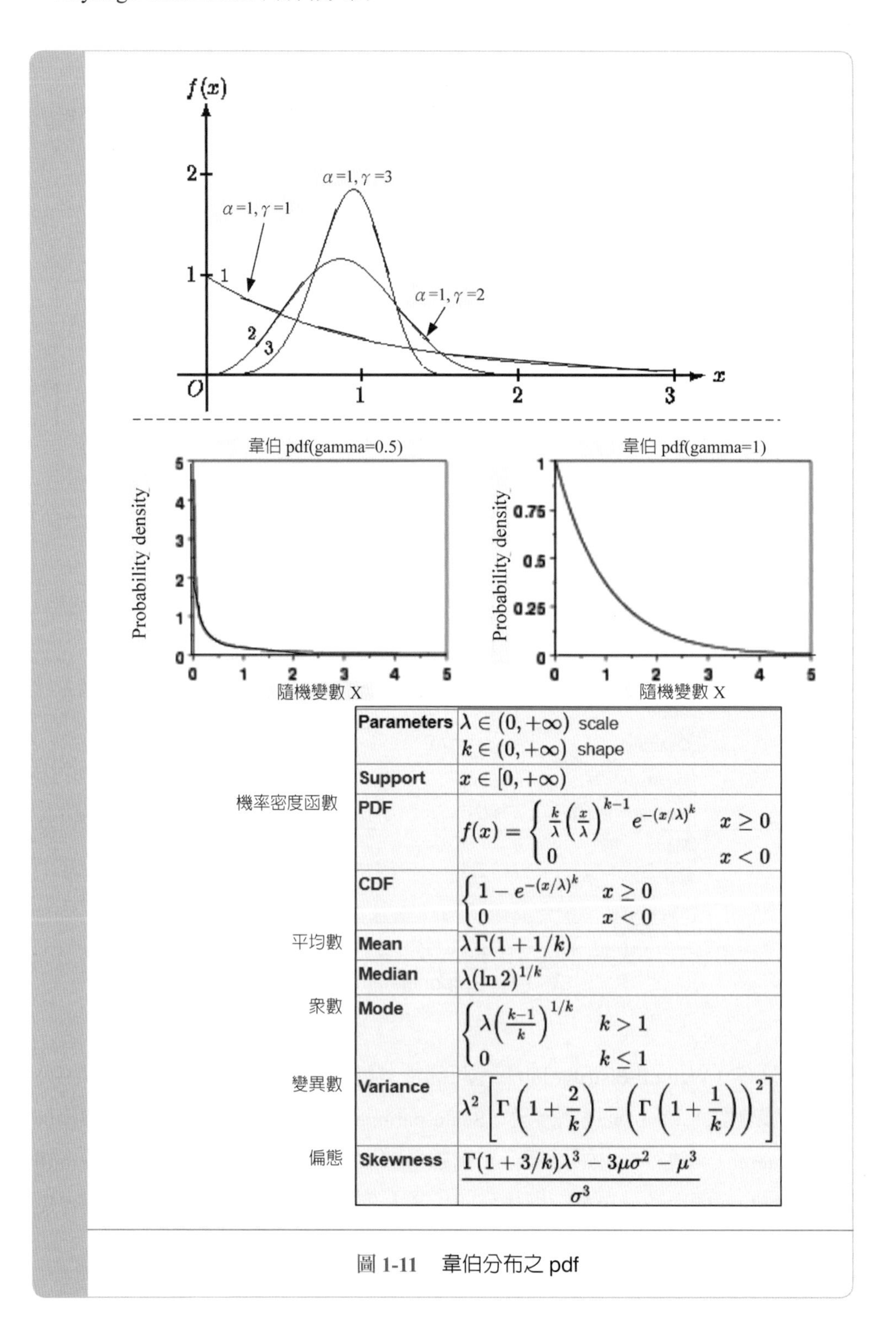

	Parameters	$\lambda \in (0, +\infty)$ scale $k \in (0, +\infty)$ shape
	Support	$x \in [0, +\infty)$
機率密度函數	**PDF**	$f(x) = \begin{cases} \frac{k}{\lambda}\left(\frac{x}{\lambda}\right)^{k-1} e^{-(x/\lambda)^k} & x \geq 0 \\ 0 & x < 0 \end{cases}$
	CDF	$\begin{cases} 1 - e^{-(x/\lambda)^k} & x \geq 0 \\ 0 & x < 0 \end{cases}$
平均數	**Mean**	$\lambda \Gamma(1 + 1/k)$
	Median	$\lambda (\ln 2)^{1/k}$
衆數	**Mode**	$\begin{cases} \lambda\left(\frac{k-1}{k}\right)^{1/k} & k > 1 \\ 0 & k \leq 1 \end{cases}$
變異數	**Variance**	$\lambda^2 \left[\Gamma\left(1 + \frac{2}{k}\right) - \left(\Gamma\left(1 + \frac{1}{k}\right)\right)^2\right]$
偏態	**Skewness**	$\frac{\Gamma(1 + 3/k)\lambda^3 - 3\mu\sigma^2 - \mu^3}{\sigma^3}$

圖 1-11　韋伯分布之 pdf

10. t 分布 (Student's t-distribution) 是用於根據小樣本來估計呈常態分布且變異數未知總體的均值。如果總體變異數已知 (例如：在樣本數量足夠多時)，則應該用常態分布來估計總體均值。它是對兩個樣本均值差異進行顯著性測試的學生 t 檢定的基礎。此圖形呈現較常態分布瘦長。

t 分布可用來描述 n 個常態分布樣本平均值的分布，與常態分配密切相關，且是對「常態分配 – 中央極限定理 / 樣本平均數分配 – 統計顯著性考驗」程序的一種特殊情形處理。如果要比較的數據有三組以上時，因爲誤差無法被壓低，此時可以用變異數分析（ANOVA）代替 t 檢定。

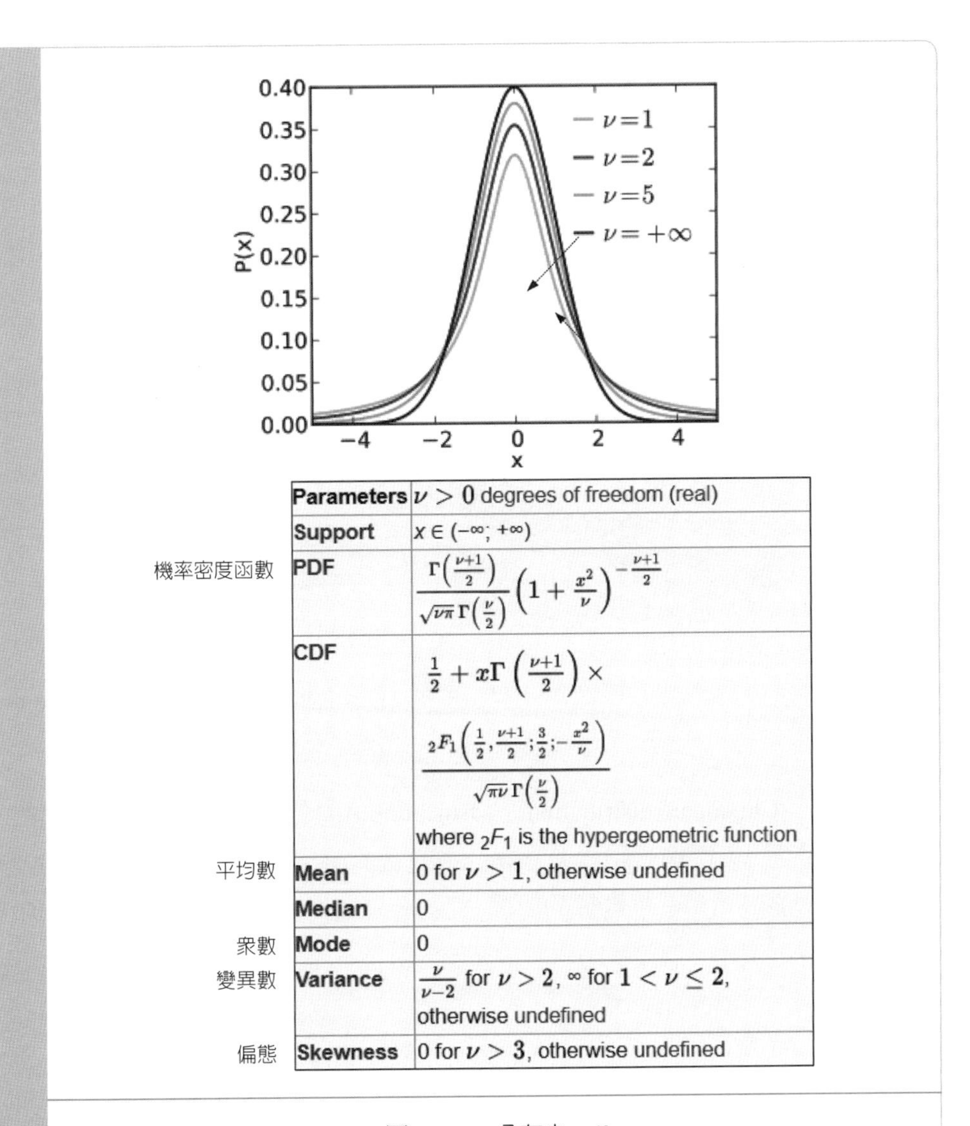

	Parameters	$\nu > 0$ degrees of freedom (real)
	Support	$x \in (-\infty; +\infty)$
機率密度函數	**PDF**	$\frac{\Gamma\left(\frac{\nu+1}{2}\right)}{\sqrt{\nu\pi}\,\Gamma\left(\frac{\nu}{2}\right)}\left(1+\frac{x^2}{\nu}\right)^{-\frac{\nu+1}{2}}$
	CDF	$\frac{1}{2} + x\Gamma\left(\frac{\nu+1}{2}\right) \times \frac{{}_2F_1\left(\frac{1}{2},\frac{\nu+1}{2};\frac{3}{2};-\frac{x^2}{\nu}\right)}{\sqrt{\pi\nu}\,\Gamma\left(\frac{\nu}{2}\right)}$ where ${}_2F_1$ is the hypergeometric function
平均數	**Mean**	0 for $\nu > 1$, otherwise undefined
	Median	0
衆數	**Mode**	0
變異數	**Variance**	$\frac{\nu}{\nu-2}$ for $\nu > 2$, ∞ for $1 < \nu \le 2$, otherwise undefined
偏態	**Skewness**	0 for $\nu > 3$, otherwise undefined

圖 1-12　t 分布之 pdf

11. 常態分布（高斯分布，Gaussian distribution）是一種理論模式，其分部曲線最重要的特性是其形狀爲左右對稱如同鐘形的曲線。此曲線衆數，並與中位數、平均數三者合一。曲線兩尾項兩端無限延伸。

    於生物學上常見的常態分布爲多基因遺傳中，如：人身高、膚色、果實重量等。

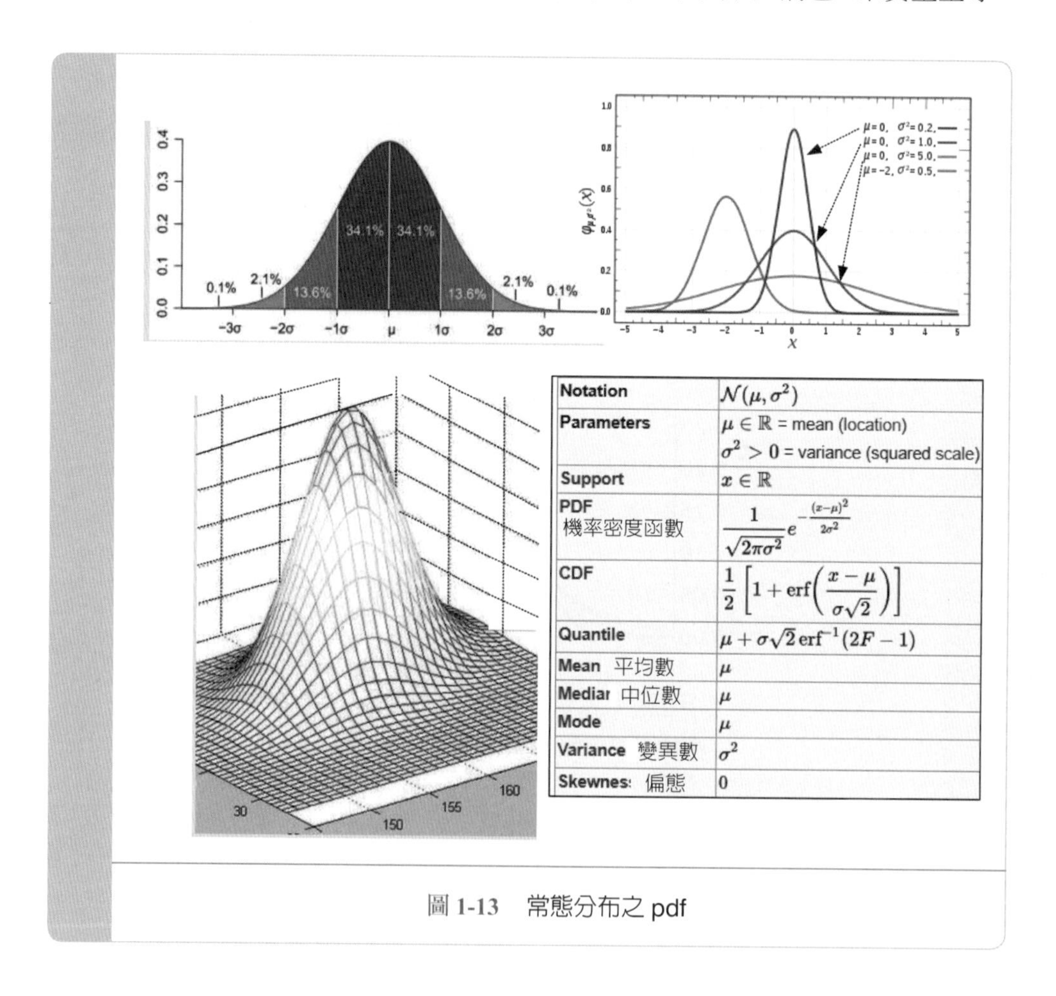

Notation	$\mathcal{N}(\mu,\sigma^2)$
Parameters	$\mu \in \mathbb{R}$ = mean (location) $\sigma^2 > 0$ = variance (squared scale)
Support	$x \in \mathbb{R}$
PDF 機率密度函數	$\frac{1}{\sqrt{2\pi\sigma^2}} e^{-\frac{(x-\mu)^2}{2\sigma^2}}$
CDF	$\frac{1}{2}\left[1+\mathrm{erf}\left(\frac{x-\mu}{\sigma\sqrt{2}}\right)\right]$
Quantile	$\mu+\sigma\sqrt{2}\,\mathrm{erf}^{-1}(2F-1)$
Mean 平均數	μ
Mediar 中位數	μ
Mode	μ
Variance 變異數	σ^2
Skewnes: 偏態	0

圖 1-13　常態分布之 pdf

12. 卡方分布 (Chi-square distribution, χ^2-distribution) 是概率論與統計學中常用的一種概率分布。k 個獨立的標準常態分布變數的平方和服從自由度爲 k 的卡方分布。卡方分布是一種特殊的伽瑪分布，是統計推斷中應用最爲廣泛的概率分布之一，例如：假設檢驗和置信區間的計算。

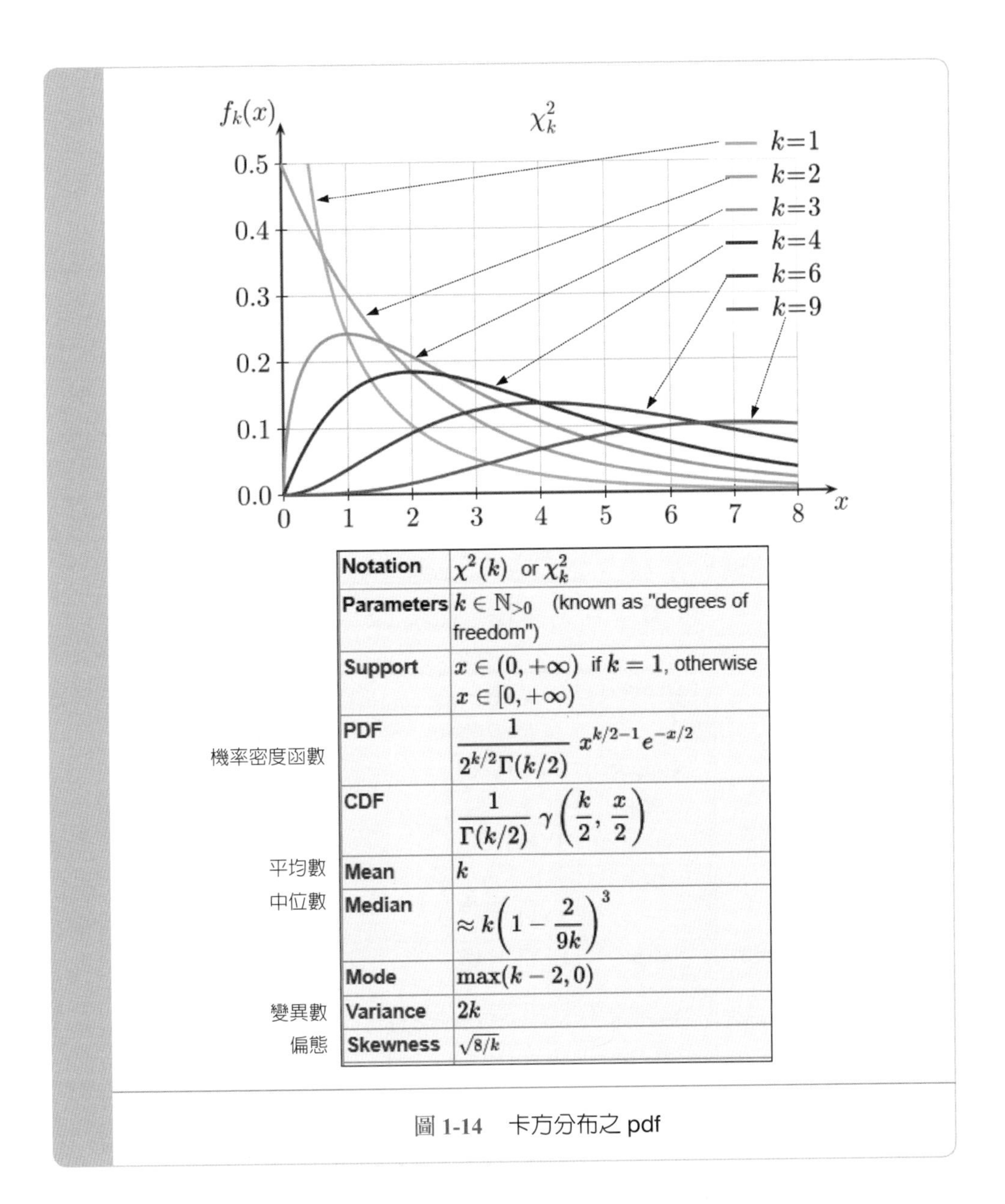

Notation	$\chi^2(k)$ or χ_k^2
Parameters	$k \in \mathbb{N}_{>0}$ (known as "degrees of freedom")
Support	$x \in (0, +\infty)$ if $k = 1$, otherwise $x \in [0, +\infty)$
PDF	$\frac{1}{2^{k/2}\Gamma(k/2)} x^{k/2-1} e^{-x/2}$
CDF	$\frac{1}{\Gamma(k/2)} \gamma\left(\frac{k}{2}, \frac{x}{2}\right)$
Mean	k
Median	$\approx k\left(1 - \frac{2}{9k}\right)^3$
Mode	$\max(k-2, 0)$
Variance	$2k$
Skewness	$\sqrt{8/k}$

圖 1-14　卡方分布之 pdf

13. Gamma 分布是統計學的一種連續機率函數。

Gamma 分配家族包括：t 分配、卡方分配、F 分配、Beta 分配、Poisson 分配（類同以上分配，當計量對象爲類別資料時）。伽瑪分布可用來計算等候時間。在波氏歷程裡，單位時間成功次數爲 λ，那麼等候第一個成功事件出現的時間，平均就需要 $b = 1/\lambda$。若要等候至第 n 個成功事件，那麼 $\mu = n$，這個等候的時間就是伽瑪分布。

指數分布和伽瑪分布可用來計算等候時間、產品可靠度、排隊問題等。

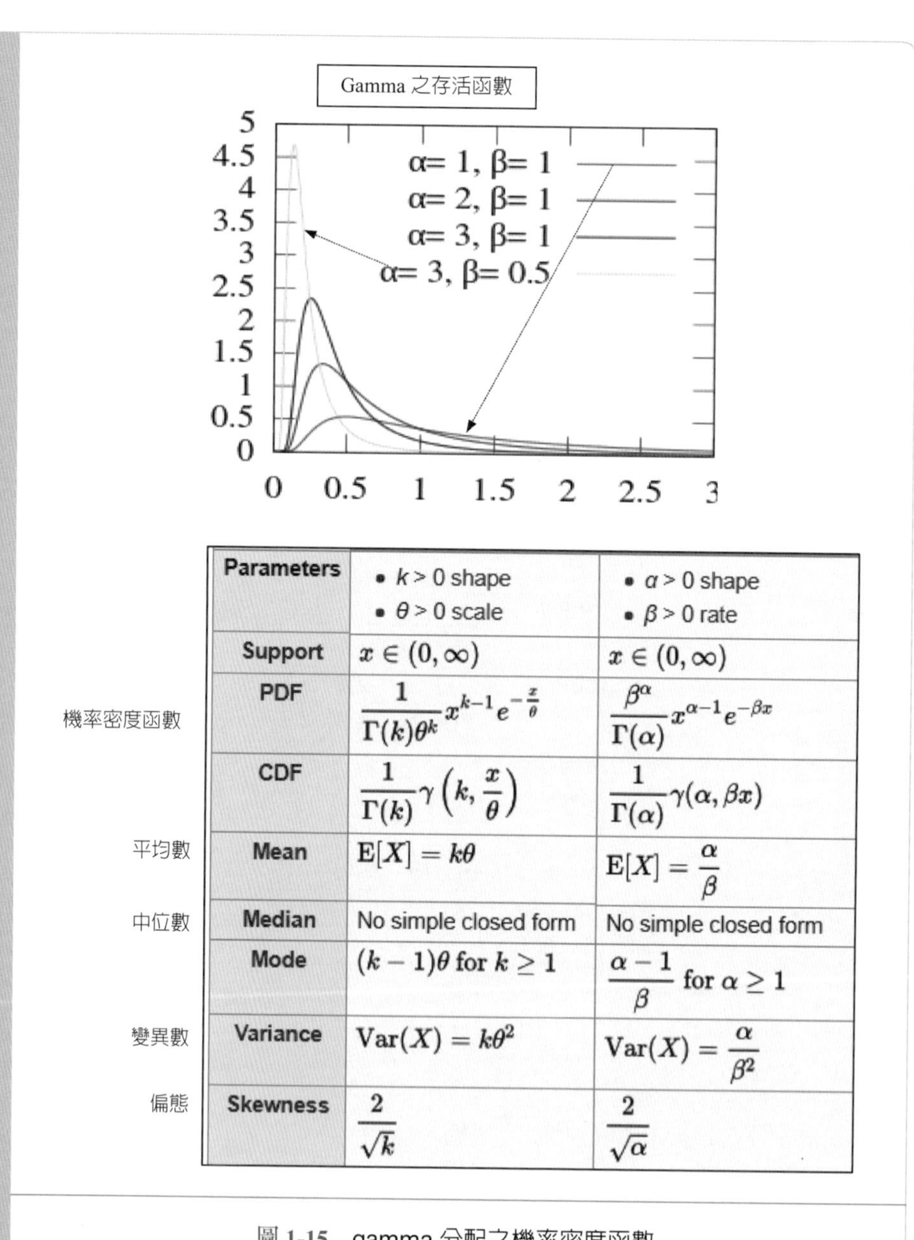

Parameters	• $k > 0$ shape • $\theta > 0$ scale	• $\alpha > 0$ shape • $\beta > 0$ rate
Support	$x \in (0, \infty)$	$x \in (0, \infty)$
PDF	$\frac{1}{\Gamma(k)\theta^k} x^{k-1} e^{-\frac{x}{\theta}}$	$\frac{\beta^\alpha}{\Gamma(\alpha)} x^{\alpha-1} e^{-\beta x}$
CDF	$\frac{1}{\Gamma(k)} \gamma\left(k, \frac{x}{\theta}\right)$	$\frac{1}{\Gamma(\alpha)} \gamma(\alpha, \beta x)$
Mean	$\mathrm{E}[X] = k\theta$	$\mathrm{E}[X] = \frac{\alpha}{\beta}$
Median	No simple closed form	No simple closed form
Mode	$(k-1)\theta$ for $k \geq 1$	$\frac{\alpha-1}{\beta}$ for $\alpha \geq 1$
Variance	$\mathrm{Var}(X) = k\theta^2$	$\mathrm{Var}(X) = \frac{\alpha}{\beta^2}$
Skewness	$\frac{2}{\sqrt{k}}$	$\frac{2}{\sqrt{\alpha}}$

圖 1-15　gamma 分配之機率密度函數

14. Beta 分布指觀察一系列的二項分布，但是每一個二項分布的 n, p 都是未知的情況下，成功率 p 的分布。其中 α 與成功事件數相關，β 與失敗事件數相關。例如：在一個收費站，收費站一段時間 (假設每隔 1h) 會經過一些車 (n 輛)。假設經過的車只分兩種，大車和小車。你希望通過觀察收費站一長段時間 (假設 10h) 的車輛經過情況，估計小車占所有車的比例 (p)。這時候就可以使用 beta 分布，記每小時的小車數爲 α ，大車數爲 β ，則小車的比例爲 frac{α}\{α + β}。而這個比例就服從 beta(α, β)。也就是說，計算每小時觀測到的小車比例，可以認爲他們服從 beta 分布。

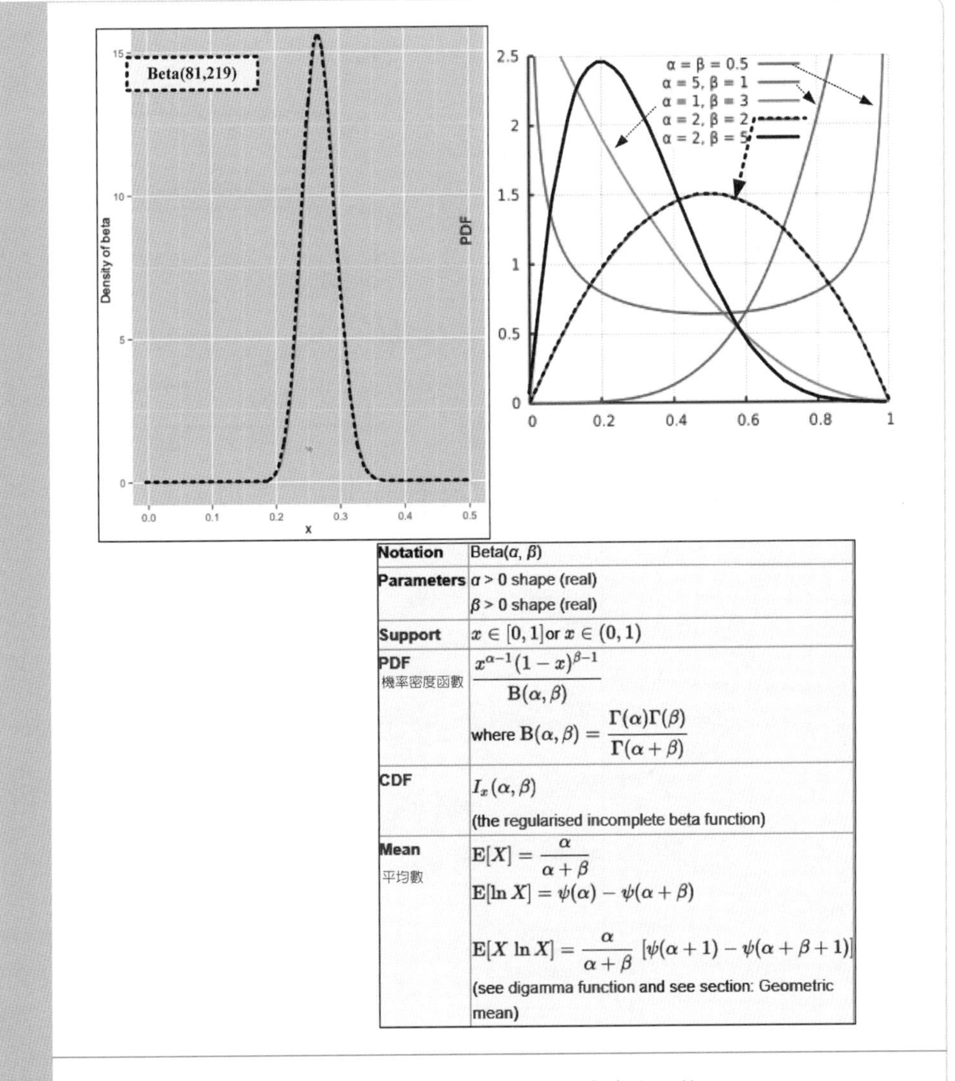

Notation	Beta(α, β)
Parameters	$\alpha > 0$ shape (real) $\beta > 0$ shape (real)
Support	$x \in [0,1]$ or $x \in (0,1)$
PDF 機率密度函數	$\frac{x^{\alpha-1}(1-x)^{\beta-1}}{\mathrm{B}(\alpha,\beta)}$ where $\mathrm{B}(\alpha,\beta) = \frac{\Gamma(\alpha)\Gamma(\beta)}{\Gamma(\alpha+\beta)}$
CDF	$I_x(\alpha,\beta)$ (the regularised incomplete beta function)
Mean 平均數	$\mathrm{E}[X] = \frac{\alpha}{\alpha+\beta}$ $\mathrm{E}[\ln X] = \psi(\alpha) - \psi(\alpha+\beta)$ $\mathrm{E}[X \ln X] = \frac{\alpha}{\alpha+\beta}[\psi(\alpha+1) - \psi(\alpha+\beta+1)]$ (see digamma function and see section: Geometric mean)

圖 1-16　gamma 分配之機率密度函數

15. 對數常態分布是指一個隨機變數的對數服從常態分布，則該隨機變數服從對數常態分布。對數常態分布從短期來看，與常態分布非常接近。但長期來看，對數常態分布向上分布的數值更多一些。此分布結果如生物學上的演化上因環境極端異同，而使得物種分布呈現對數常態分布。

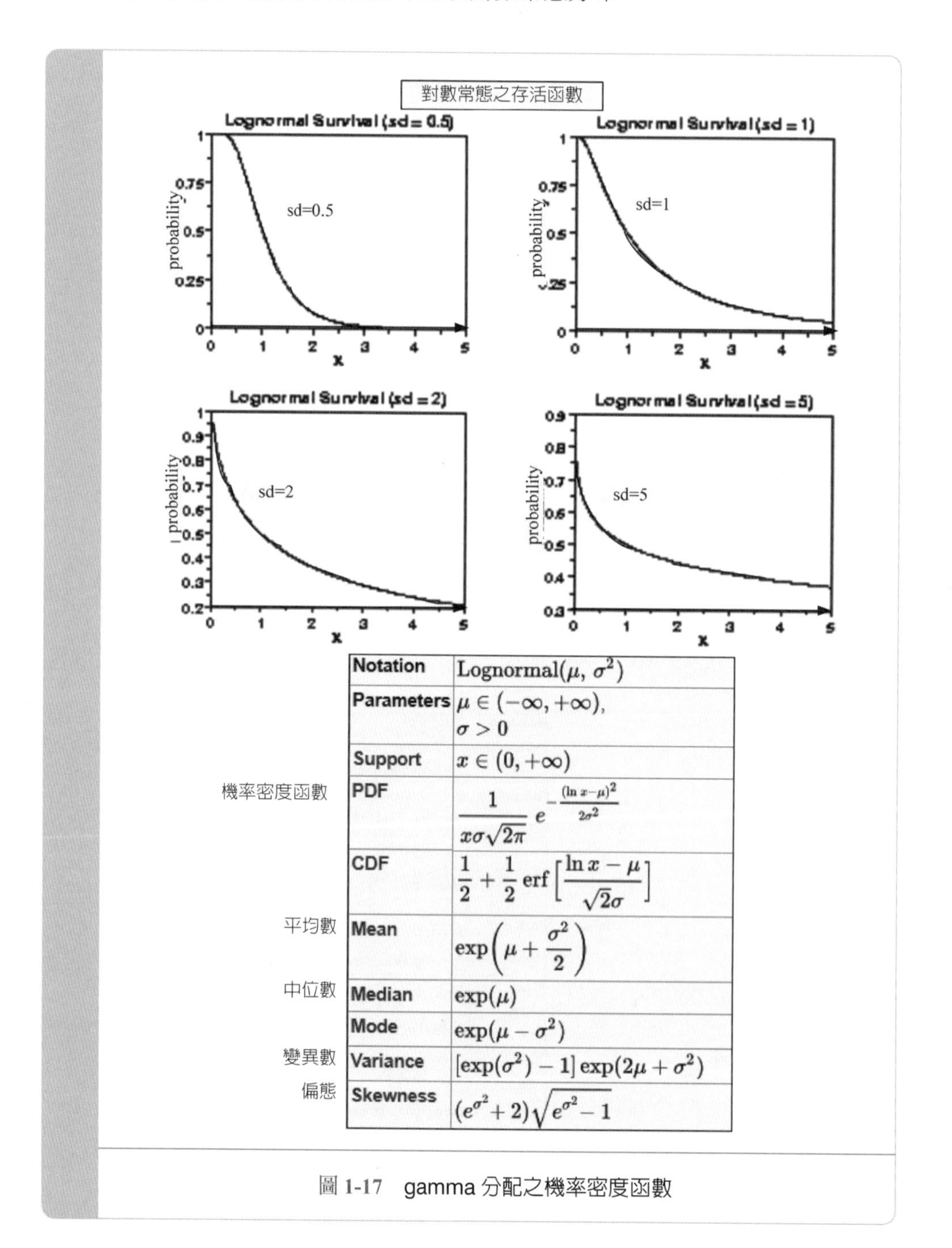

	Notation	$\text{Lognormal}(\mu, \sigma^2)$
	Parameters	$\mu \in (-\infty, +\infty)$, $\sigma > 0$
	Support	$x \in (0, +\infty)$
機率密度函數	PDF	$\frac{1}{x\sigma\sqrt{2\pi}} e^{-\frac{(\ln x-\mu)^2}{2\sigma^2}}$
	CDF	$\frac{1}{2} + \frac{1}{2} \operatorname{erf}\left[\frac{\ln x - \mu}{\sqrt{2}\sigma}\right]$
平均數	Mean	$\exp\left(\mu + \frac{\sigma^2}{2}\right)$
中位數	Median	$\exp(\mu)$
	Mode	$\exp(\mu - \sigma^2)$
變異數	Variance	$[\exp(\sigma^2) - 1]\exp(2\mu + \sigma^2)$
偏態	Skewness	$(e^{\sigma^2} + 2)\sqrt{e^{\sigma^2} - 1}$

圖 1-17　gamma 分配之機率密度函數

1-1 統計學回顧

1-1-1 單變量 vs. 多變量統計

1. 單變量分布 (Univariate)：若我們只關心母體的某項特性，如產品之抗拉強度、個人滿意度……，則此母體分布稱爲單變量分布。
2. 雙變量分布 (Bivariate)：若我們關心母體的兩項特性，如產品的抗拉強度與重量的關係、個人滿意度與離職意願的因果關係……，則此母體分布稱爲雙變量分布。
3. 多變量分布 (Multivariate)：若我們關心母體兩項以上的特性，如：「產品的抗拉強度、重量與抗壓強度」、「個人滿意度、組織承諾與離職意願的因果關係」，則此母體分布稱爲多變量分布。

一、醫學統計經常混淆的名詞

在應用統計分析作學術研究的各個領域中，醫學領域可說是其中的非常大宗，據統計目前全世界約有3萬種的醫學期刊，約占了科技期刊的四分之一之多。而在這塊這麼大的市場中，我觀察到在醫學領域所使用的統計名詞，經常與統計教科書有相當多的出入，本篇文章擬將這些常見的混淆之處作個釐清。

1. 單變量或多變數迴歸分析

假使我們現在要進行依變數 (dependent variable) 的預測，如果我們的自變數 (independent variable) 只有一個，那麼這種迴歸模式稱之爲簡單迴歸 (Simple regression)，不過在醫學期刊常見以單變量迴歸 (Univariate regression) 來表達；倘若我們的自變數是 2 個以上，那麼我們稱之爲多元迴歸 (Multiple regression)，但在醫學期刊則部分稱之爲多變數迴歸 (Multivariable regression) 或多變量迴歸 (Multivariate regression)。

特別值得說明的是，「多變量」(Multivariate) 在一般統計教科書是專門指同時有 2 個以上的依變數的統計方法，例如主成分分析、因素分析、集群分析、結構方程模式、典型相關等；但在醫學領域中，不管依變數有多少個，只要自變數

2 個以上，就會稱之爲多變量分析 (比較正確來說應該是多變數分析)，這是蠻特別的一點。

2. 自變數、依變數或控制變數

統計教科書皆把依變數定義爲 dependent variable，不過實際醫學期刊比較常見以結果變數 (outcome) 來稱呼之；如果我們的模式有許多個 (2 個以上) 自變數，而所關注的是其中一個變數，那麼此時其他變數便稱作控制變數 (Control variable)，但在醫學期刊的習慣來說，並非主要研究變數的控制變數都叫做共變量 (Covariate)。

3. 迴歸分析的細節

在多變數迴歸 (2 個以上的自變數) 中，每一個自變數的迴歸係數皆是已經考慮其他變數的效果，一般我們會說控制或考慮其他變數效果之下 (Controlling or considering other variables)，不過醫學期刊特別偏好使用「調整」(Adjust) 這個字。「Adjusted」，例如 adjusted OR 或 adjusted HR 以標明此爲多變數分析之下的結果；相較之下，如果是單變數的模式 (只有一個自變數)，醫學期刊也偶爾會看到用 naïve 或 crude 這兩個字來表示這是一個單變數分析，例如 crude OR 或 naïve analysis。

以上介紹了一些常見的醫學統計容易造成混淆的名詞，並且以與迴歸分析相關的名詞爲主，以下表格爲將以上內容作個整理，希望幫助大家未來在閱讀醫學期刊時有所幫助。

名詞或情境	醫學領域	其他領域
單變量的迴歸分析	Univariate regression	Simple regression
多變量的迴歸分析	Multivariate regression or multivariable regression	Multiple regression
控制變數 (共變量)	Covariate	Control variable
依變數 (結果變數)	Outcome (variable)	Dependent variable
考慮其他變數之下的效果 (通常是迴歸分析)	Adjusting for other covariates	Controlling or considering other variables
迴歸係數 (多變量的迴歸分析之下)	“Adjusted” coefficient (e.g. adjusted OR or HR)	Regression coefficient

1-1-2 統計分析法

常見的資料分析統計方法，包括：t 檢定、變異數 F 檢定、相關 / 迴歸 r 等統計量，可歸納成表 1-1。

表 1-1 資料分析方法之參考表

自變數 \ 依變數	單因子	兩因子關係	兩因子線性關係	多因子關係 (有依變數)	多因子關係 (無依變數)
連續變數 (平均數為比較基準)	1. Z-test(e.g. 常態分配之偏態 / 峰度檢定) 2. t-test 3. ANOVA 4. 無母數統計 (Wilcoxon rank test 等)	ANOVA、ANCOVA	相關分析、線性模型、時間序列 (ARIMA)	迴歸分析、時間序列 (自身相關、向量自我迴歸、VECM)、複迴歸之交互項	多變量分析：如因素分析、集群分析、MDS……
類別變數 (% 為比較基準)	1. z-test 2. 卡方檢定 (e.g. 樣本代表性或隨機性檢定、樣本 non-responded bias、適合度檢定) 3. 勝出比 odds ratio(logistic 迴歸) 4. risk ratio 5. Tetrachoric 相關	類別資料分析：卡方檢定 (獨立性、% 同質性、對稱性檢定)、Conjoint 分析等	廣義估計 (GEE) 分析法進行重複性資料的比較	對數線性 (loglinear) 模型、區別分析、Probit 模型、survival 模型、Multinomial Logit 等。 Multilevelmixed-effects 迴歸	

註：若分析資料，結合橫斷面及縱貫面，則採 panel data 迴歸或 Multilevel and Longitudinal 模型、Treatment Effects 模型 (虛擬變數)。

1. 因子：類別自變數。例如：性別、教學法、實驗處理效果 vs. 對照組。
2. 單因子：一個類別自變數；二因子：二個類別自變數。
3. 實驗處理或實驗水準：因子的類別或水準。
   例如：實驗組 vs. 控制組；或高 vs. 中 vs. 低分組。
4. 獨立樣本：每一組受試者僅接受一種實驗處理。
5. 相依樣本：受試者需接受所有的實驗處理，例如教學法。

表 1-2 常見之統計模型

		自變數 Independent Variables	
		全是類別變數	至少有一個整數或連續變數
依變數 Dependent Variable	二分 Binary	2×c×… 行列表分析；機率單元 (probit) 模型、勝算對數 (logit) 模型	機率單元模型、成長曲線 (logistic) 迴歸
	無次序 Nominal	r×c×… 行列表分析；多項 (multinomial) 之機率單元模型、勝算對數模型	多項之機率單元模型、勝算對數模型 (成長曲線迴歸)
	有次序 Ordinal	r×c×… 行列表分析；有序多分類之機率單元模型、依序之勝算對數模型	有序多分類之機率單元模型、依序之勝算對數模型
	整數 Integer	* 對數線型 (loglinear) 模型；卜瓦松 (Poisson) 迴歸及其延伸	卜瓦松迴歸及其延伸
	連續 Continuous	變異數分析 (ANOVA)；線型或非線型迴歸	共變數分析 (ANCOVA)；線型或非線型迴歸

* 註：嚴格說來，對數線型模型並不區分自變數與依變數，而是以行列表細格內之聯合次數分布為解釋對象，並以組成行列表的所有變數及其互動作為解釋變數。

一、推論統計主要工作

推論統計指用概率形式來決斷數據之間是否存在某種關係，及用樣本統計值來推測總體特徵的一種重要的統計方法。推論統計包括總體參數估計和假設檢定，最常用的方法有 Z 檢定、t 檢定、卡方檢定等。推論統計主要工作如下：

1. **估計 (estimation)**：利用一組由母體所取之隨機樣本資料的資訊，來推估母體之未知參數。常見有 (1)「點估計量」：由樣本資料計算的統計量，使用來估計母體參數。(2)「區間估計」：某區間會涵蓋母體參數的可能性。(3)「信賴區間」(confidence interval)：在特定機率下，估計母體參數可能落在的數值範圍。此特定的機率值可以稱爲信賴水準。
2. **假設檢定 (testing of hypothesis)**：研究者對現象 (參數) 提出主觀的研究假設，再利用樣本特徵的資訊 (抽樣數據) 來對研究假設進行檢定，以做管理的正確決策。

   通盤來說，假設檢定都可分解成下列五個步驟：

(1) 設定虛無假設 H_0：針對母體設定之基本假設。對立假設 H_1：針對題意欲測試之方向設定之假設。

(2) 利用樣本數據來算出檢定統計量 (test statistics)：如卡方、F 值、迴歸係數 (t 值) 等。

(3) 給定顯著水準 α (通常 Type I error 設爲 $\alpha = 0.05$)。α 係指檢定顯著 (差異 / 關聯) 性之機率值。

(4) 找出「拒絕區」(可查統計書之附錄表) 或計算 p-value(本書 Stata 、CMA 、SPSS 軟體會自動算出 p)。

所謂「p 值」是指在「虛無假設 H_0 爲眞」的情況下，得到「≥ 此一觀察結果之統計檢定的機率」。例如：假定檢定結果得 Z = 2.08，電腦報表顯示 p = 0.0367，表示得到 Z 值 ≥ 2.08 的機率只有 0.0367，故拒絕 H_0，或是說此項檢定達到 0.05 顯著水準。

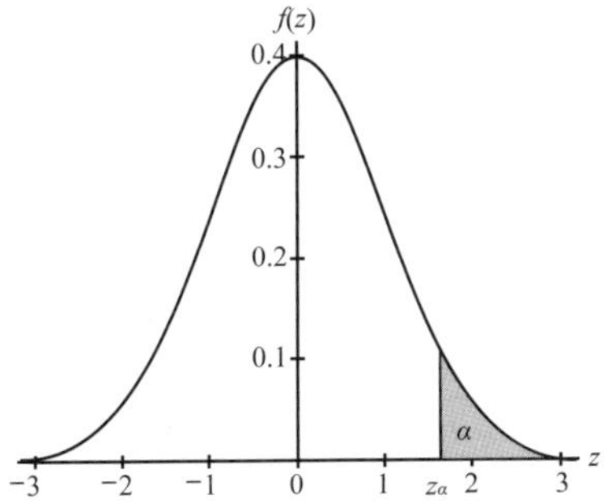

$P(Z > z_\alpha) = \alpha$

$P(Z > z) = 1 - \Phi(z) = \Phi(-z)$

z_α	0.00	0.01	0.02	0.03	0.04	0.05	0.06	0.07	0.08	0.09
0.0	0.5000	0.4960	0.4920	0.4880	0.4840	0.4801	0.4761	0.4721	0.4681	0.4641
0.1	0.4602	0.4562	0.4522	0.4483	0.4443	0.4404	0.4364	0.4325	0.4286	0.4247
0.2	0.4207	0.4168	0.4129	0.4090	0.4052	0.4013	0.3974	0.3936	0.3897	0.3859
0.3	0.3821	0.3783	0.3745	0.3707	0.3669	0.3632	0.3594	0.3557	0.3520	0.3483
0.4	0.3446	0.3409	0.3372	0.3336	0.3300	0.3264	0.3228	0.3192	0.3156	0.3121
0.5	0.3085	0.3050	0.3015	0.2981	0.2946	0.2912	0.2877	0.2843	0.2810	0.2776
0.6	0.2743	0.2709	0.2676	0.2643	0.2611	0.2578	0.2546	0.2514	0.2483	0.2451
0.7	0.2420	0.2389	0.2358	0.2327	0.2296	0.2266	0.2236	0.2206	0.2177	0.2148
0.8	0.2119	0.2090	0.2061	0.2033	0.2005	0.1977	0.1949	0.1922	0.1894	0.1867
0.9	0.1841	0.1814	[illegible]	[illegible]	[illegible]	[illegible]	[illegible]	[illegible]	[illegible]	[illegible]

圖 1-18　z 分配

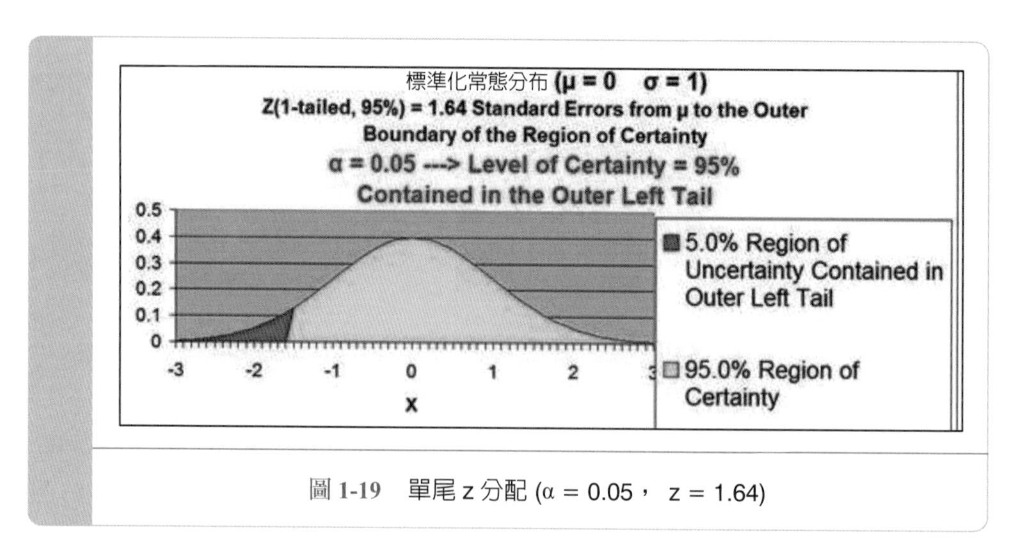

圖 1-19 單尾 z 分配 (α = 0.05， z = 1.64)

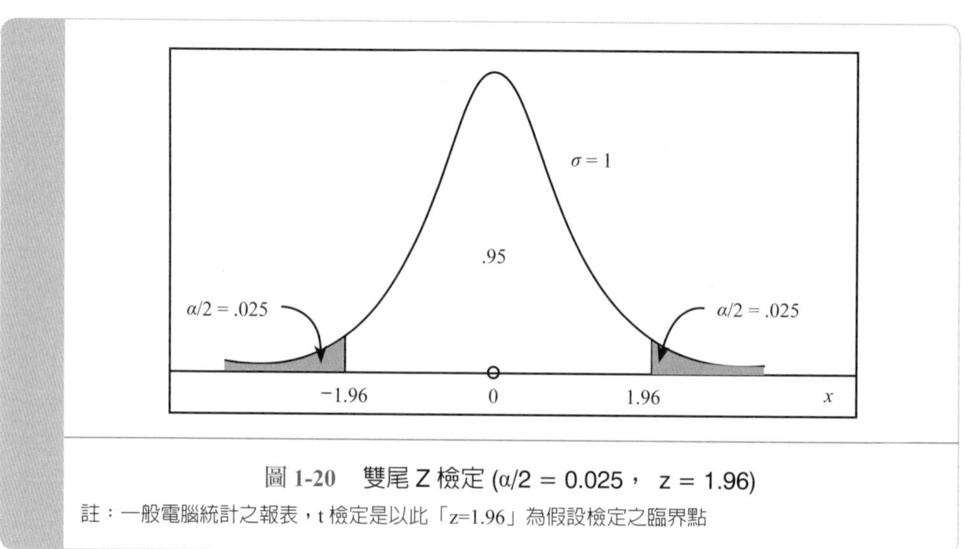

圖 1-20 雙尾 Z 檢定 (α/2 = 0.025， z = 1.96)

註：一般電腦統計之報表，t 檢定是以此「z=1.96」為假設檢定之臨界點

(5) 作決策：通常，檢定統計量大於查表 (如卡方表、t 表、F 表等) 或 p-value $< \alpha$，則表示「達顯著」，反之亦反。

(6) 根據題意下結論。

補充說明：

1. 檢定值 (test value)：只在平均值相等時之 95% 信賴區間之臨界值 (critical value)。
2. 臨界值 (critical value)：在常態母族群時，指標準常態分布下小於等於 ($\leq$) 或

大於等於 ($\geq$)$1-\alpha$ 範圍之 Z 值。在樣本族群時，指依不同自由度下，小於等於 ($\leq$) 或大於等於 ($\geq$)$1-\alpha$ 範圍之 t 值。

3. 自由度 (df) 是指當以樣本統計量來估計母體參數時，樣本中能夠獨立或自由變動的個數 (Glenn & Littler, 1984)。例如：在估計變異數時，是利用離均差平方和 (sum of squares of deviations from mean) 除以其相對應的自由度後 (此即樣本的變異數)，再剔除掉樣本個數的影響 (除以總樣本數)。
4. 統計學裡所教導的、不論是估計或是推論，都是建立於「簡單隨機抽樣法一抽出放回」設計的前提條件下，亦即是服從所謂「彼此相互獨立且具有相同的分配」(independent and identically distributed, 簡稱 i.i.d.) 的原理。
5. 樣本平均數的標準誤：樣本平均數抽樣分配的標準差，稱爲「標準誤」(standard error)。

   $\sigma_{\overline{X}}=\dfrac{\sigma}{\sqrt{n}}$，其中，$\sigma_{\overline{X}}$ 爲樣本平均數的標準誤的符號。

   σ 爲母體標準差。

   n 爲樣本大小。
6. 95% 信賴區間 (CI) 與標準誤 $\sigma_{\overline{X}}$

   (1) 若母體標準差 σ 已知，且樣本個數大於 30，我們使用 Z 分配。

   $\overline{\mathrm{X}}\pm \mathrm{Z}_{\alpha/2}\times\dfrac{\sigma}{\sqrt{n}}$，Z = 1.96 時爲 95%*CI*。即 $95\%CI=\overline{X}\pm 1.96\sigma_{\overline{X}}$。

   (2) 若母體近似常態分配而母體標準差未知，且樣本個數小於 30，我們使用 t 分配。在給定信賴係數下，t 分配的值依賴自由度而定。

   $\overline{\mathrm{X}}\pm \mathrm{t}_{(\alpha/2,\mathrm{n-1})}\times\dfrac{s}{\sqrt{n}}$，查表得 $\mathrm{t}_{(n-1)}$ 値時，爲 95%*CI*。

   (3) 母體比例 p 的 95% 信賴區間的估計公式爲：

   $p\pm 1.96\sqrt{\dfrac{p(1-p)}{n}}$，p 成功率；(1−p) 失敗率。

   檢定結果，若 95%CI 未含「0」，則表示該檢定達 0.05 顯著水準。
7. 假設檢定的意義

事先對母體參數 (如平均數、標準差、比例値等) 建立合理的假設，再由樣本資料來測驗此假設是否成立，以爲決策之依據的方法，稱爲統計假設檢定或假設檢定 (hypothesis testing)。在實際的生物試驗中，往往是針對欲了解或改進的方法進行檢測，比對原有或已知的方式 (對照組)，以確知其差異性，此時即可利用統計假設檢定方式進行。假設之成立與否，全視特定樣本統計量與母體參數之間，是否有顯著差異 (significant difference) 而定，所以假設檢定又稱顯著性檢定 (test of significance)。

進行假設檢定時，同時有兩種互斥假設存在：

1. 虛無假設 (null hypothesis) H_0

通常為我們所欲否定的敘述，一般即訂為 $\theta = \theta_0$ (或 $\theta \le \theta_0$、$\theta \ge \theta_0$)，θ 為母體參數，θ_0 為母體參數假設值。

2. 對立假設 (alternative hypothesis) H_1

通常為我們所欲支持的敘述，有三種：

(1) 母體參數可能改變，訂為 $\theta \ne \theta_0$

(2) 母體參數可能變大，訂為 $\theta > \theta_0$

(3) 母體參數可能變小，訂為 $\theta < \theta_0$

二、統計公式回顧

傳統統計學，常用公式，整理如下：

1. Pearson 積差相關 $r_{xy} = \dfrac{\sum_{i=1}^{n}(x_i - \bar{x})(y_i - \bar{y})}{\sqrt{(x_i - \bar{x})^2}\sqrt{(y_i - \bar{y})^2}}$

2. Z 檢定值：$Z = \dfrac{\bar{x} - \mu}{\sigma / \sqrt{n}}$，符合 N(0,1) 分配。

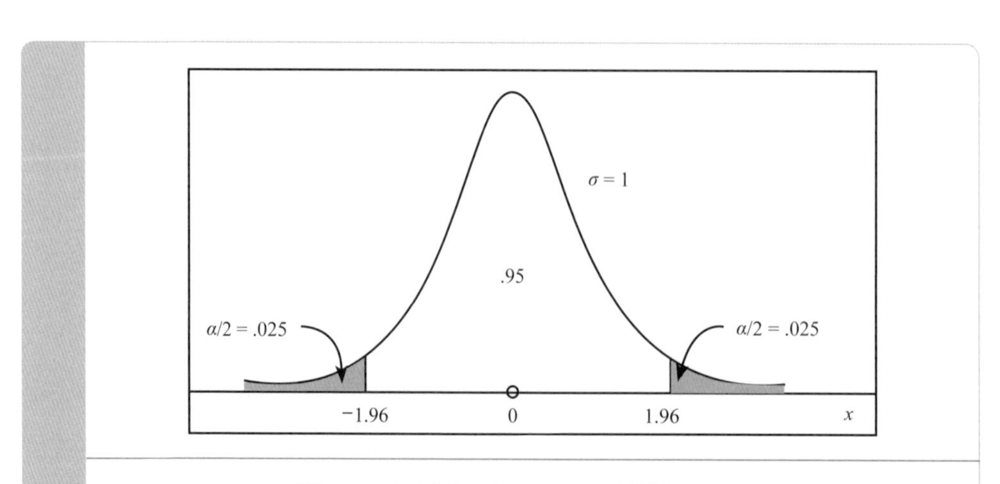

圖 1-21 Z 分配 (α/2=0.025， 雙尾 Z=1.96)

3. 單一樣本 t 檢定值：$t = \dfrac{\overline{x}-\mu}{S_{\overline{X}}} = \dfrac{\overline{x}-\mu}{\dfrac{S}{\sqrt{n}}}$，符合 $t_{(n-1)}$ 分配。

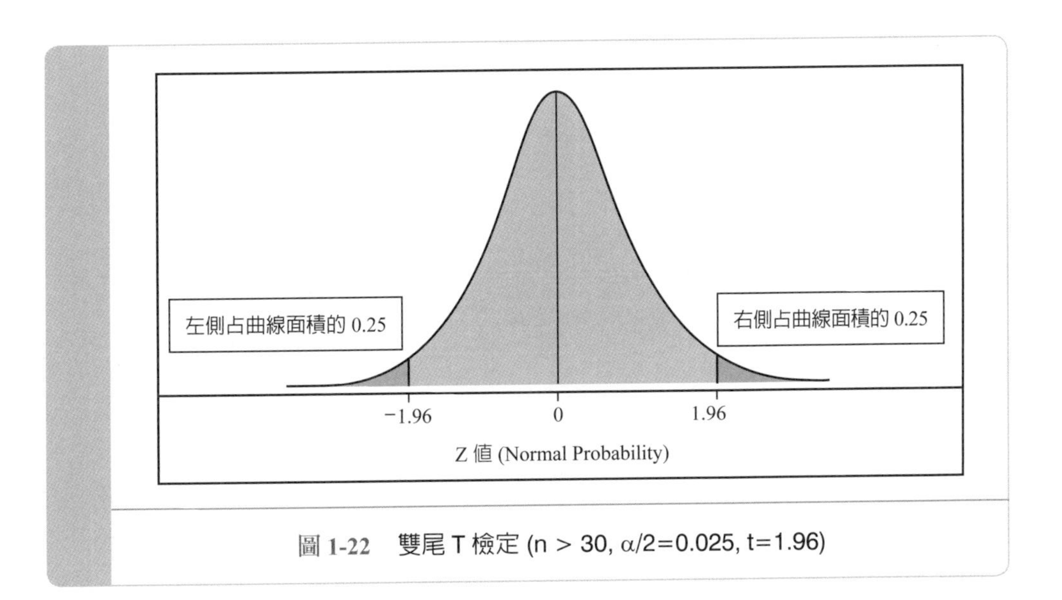

圖 1-22　雙尾 T 檢定 (n > 30, α/2=0.025, t=1.96)

4. 卡方檢定值：$\chi^2 = \sum_{i=1}^{n}\sum_{j=1}^{m}\dfrac{(o_{ij}-e_{ij})^2}{e_{ij}} = (\dfrac{\overline{x}-\mu}{\sigma/\sqrt{n}})^2 = Z_1^2 + Z_2^2 + \cdots + Z_n^2$，符合 $\chi^2_{(n-1)}$ 分配。

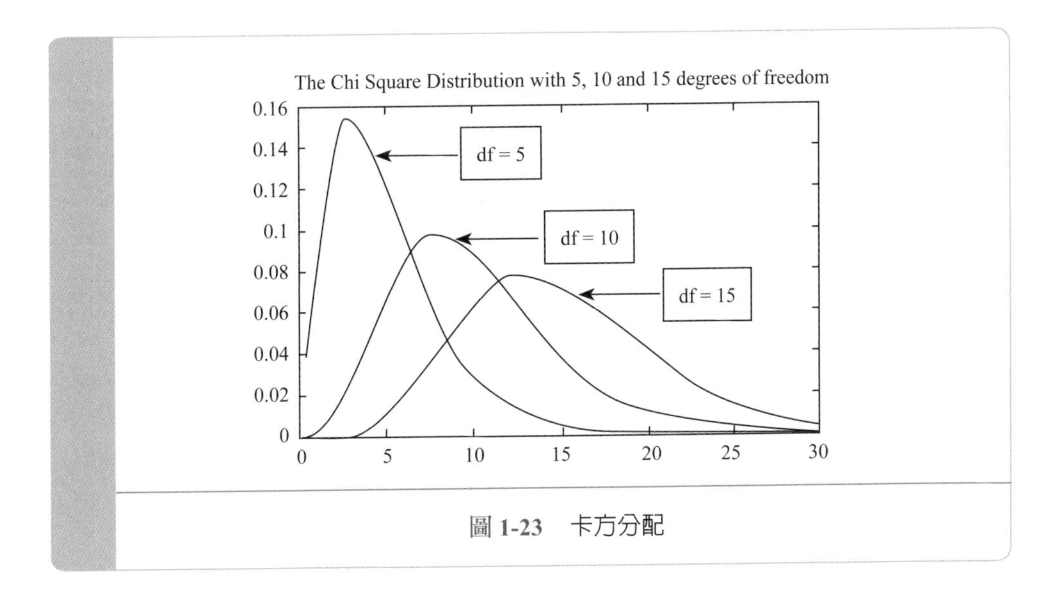

圖 1-23　卡方分配

5. F 檢定值：$F = \frac{SS_B/(K-1)}{SS_W/(N-K)} = \frac{\sum_{i=1}^{k}\sum_{j=1}^{n_i}\left(\overline{Y_i} - \overline{\overline{Y}}\right)^2/(K-1)}{\sum_{i=1}^{k}\sum_{j=1}^{n_i}\left(Y_{ij} - \overline{Y_i}\right)^2/(N-K)} = \frac{\chi^2(V_1)/V_1}{\chi^2(V_2)/V_2}$

F~ 符合 $F_{(K-1,N-K)}$ 分配，K 爲處理水準 (level)。

6. 95% 信賴區間 (Type I error, α = 0.05)：

(1) 當 σ 已知時，母群平均數的區間估計爲：

$\overline{X} - z_{\frac{\alpha}{2}}\sigma_{\overline{X}} < \mu < \overline{X} + z_{\frac{\alpha}{2}}\sigma_{\overline{X}}$，即

$\overline{X} - 1.96\sigma_{\overline{X}} < \mu < \overline{X} + 1.96\sigma_{\overline{X}}$

(2) 當 σ 未知時，母群平均數的區間估計爲：

$\overline{X} - t_{\frac{\alpha}{2},(N-1)} S_{\overline{X}} < \mu < \overline{X} + t_{(1-\frac{\alpha}{2}),(N-1)} S_{\overline{X}}$，即

$\overline{X} - 2.262 S_{\overline{X}} < \mu < \overline{X} + 2.262 S_{\overline{X}}$ 或

$\overline{X} - 2.262\frac{S}{\sqrt{N}} < \mu < \overline{X} + 2.262\frac{S}{\sqrt{N}}$

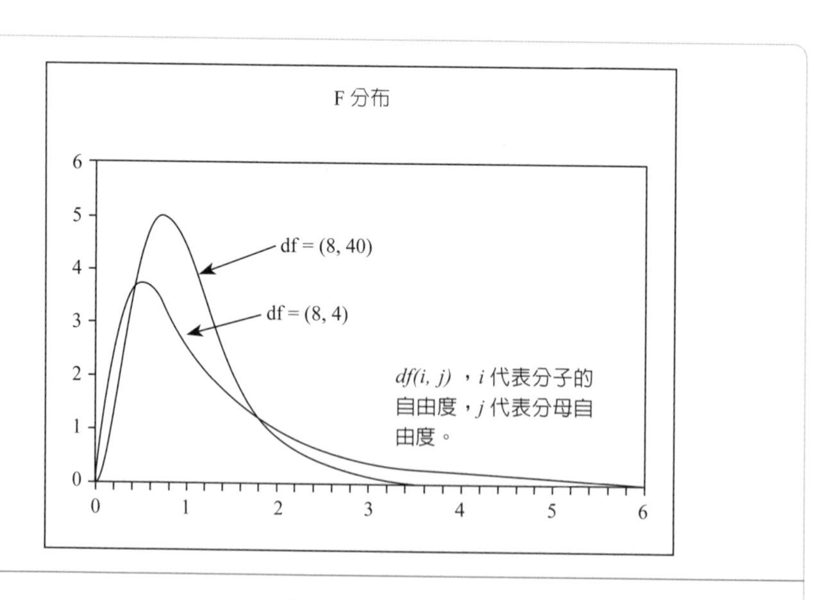

圖 1-24　F 分配

1-1-3 統計公式之重點整理

1-1-3a t 統計公式

1. 單一樣本平均數之 t 檢定

資料：隨機變數 (R.V.)$X_1, X_2, X_3, \cdots, X_n \overset{i.i.d}{\approx} N(\mu, \sigma^2)$

檢定：(a)$H_0: \mu \geq \mu_0$ VS. $H_1: \mu < \mu_0$

(b)$H_0: \mu \leq \mu_0$ VS. $H_1: \mu > \mu_0$

(c)$H_0: \mu = \mu_0$ VS. $H_1: \mu \neq \mu_0$

檢定量為：(1) σ^2 已知時，$Z = \dfrac{\overline{X} - \mu_0}{\sqrt{\dfrac{\sigma^2}{n}}} \sim N(0,1)$

(2) σ^2 未知時，$t = \dfrac{\overline{X} - \mu_0}{\sqrt{\dfrac{S}{\sqrt{N}}}} \sim t_{(n-1)}$

決策：以「檢定 (a)」為例，拒絕區 $=\{t_0 < -t_{\alpha(n-1)}\}$ 、P-value $= P_r(T < t_0)$

2. 兩個獨立樣本 t 檢定

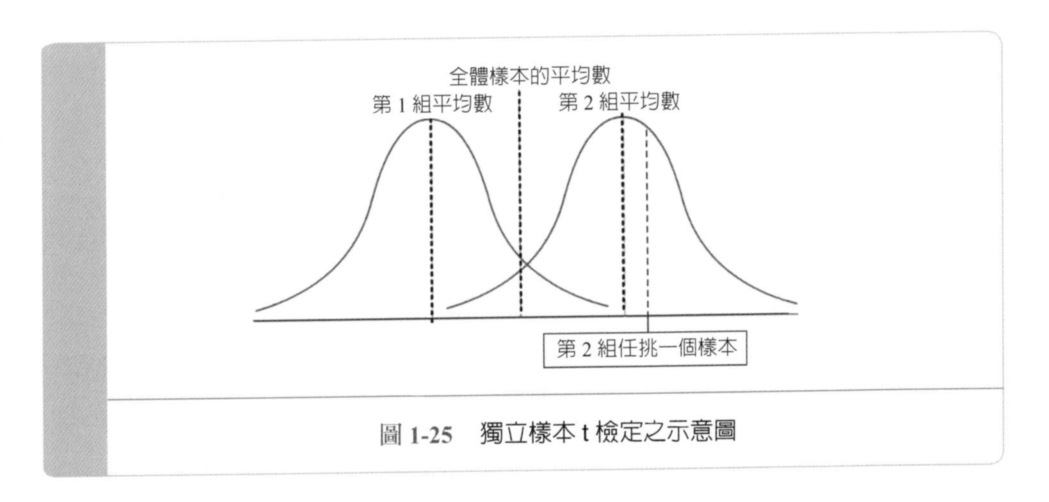

圖 1-25　獨立樣本 t 檢定之示意圖

統計資料分析時常必須比較不同兩群體的某種特性是否一致，或對某問題的觀點是否一致。獨立樣本的 t 檢定是用以檢定兩群體特性的期望值是否相等之一種常用的統計方法。

假設兩組連續型獨立數據如下：

資料：隨機變數 (R.V.)$X_1, X_2, X_3, \cdots, X_{n_1} \overset{i.i.d}{\approx} N(\mu_1, \sigma_1^2)$，樣本平均數$\overline{X} = \frac{\sum_{i=1}^{n_1} X_i}{n_1}$

隨機變數 (R.V.)$Y_1, Y_2, Y_3, \cdots, Y_{n_2} \overset{i.i.d}{\approx} N(\mu_2, \sigma_2^2)$，樣本平均數$\overline{Y} = \frac{\sum_{i=1}^{n_2} Y_i}{n_2}$

樣本變異數：$S_X^2 = \frac{\sum_{i=1}^{n_1}(X_i - \overline{X})^2}{n_1 - 1}$，$S_Y^2 = \frac{\sum_{i=1}^{n_2}(Y_i - \overline{Y})^2}{n_2 - 1}$

標準誤 (平均數的標準差)：$\frac{S_X}{\sqrt{n_1}}, \frac{S_Y}{\sqrt{n_2}}$

$D \sim N(\mu_D, \sigma_D^2)$

其中 $\mu_D = \mu_1 - \mu_2$，$\sigma_D^2 = \frac{\sigma_1^2}{n_1} + \frac{\sigma_2^2}{n_2}$

檢定：$H_0: \mu_1 = \mu_2$ VS. $H_1: \mu_1 \neq \mu_2$(即 $\mu_1 - \mu_2 \neq 0$)

先檢定「變異數同質性」：$H_0: \sigma_1^2 = \sigma_2^2$ vs. $H_1: \sigma_1^2 \neq \sigma_2^2$

檢定統計量爲 $F=\max(S_1^2, S_2^2)/\min(S_1^2, S_2^2) \sim F(n_1-1, n_2-1)$ 或 $F(n_2-1, n_1-1)$

決策：拒絕區 $= \frac{S_1^2}{S_2^2} \geq F_{\frac{\alpha}{2}}(n_1 - 1, n_2 - 1)$ 或 $\frac{S_1^2}{S_2^2} \geq F_{\frac{\alpha}{2}}(n_2 - 1, n_1 - 1)$

P-value = $2 \min\{P_r(F > f_0), P_r(F < f_0)\}$

情況 1「變異數異質性」：若不可假定$\sigma_1^2 = \sigma_2^2$ (Behrens-Fisher 問題)

檢定量爲 $T = (\overline{X} - \overline{Y}) / s.e.(\overline{X} - \overline{Y}) = (\overline{X} - \overline{Y}) / \sqrt{\frac{S_1^2}{n_1} + \frac{S_2^2}{n_2}}$ ~ 近似 t 分配。

$d.f. = (\frac{S_1^2}{n_1} + \frac{S_2^2}{n_2})^2 / \left[\frac{S_1^4}{n_1^2(n_1 - 1)} + \frac{S_2^4}{n_2^2(n_2 - 1)}\right]$：*Welch's* test 的自由度。

註：此自由度 (d.f.) 可能非整數

情況 2「變異數同質性」：若可假定$\sigma_1^2 = \sigma_2^2 = \sigma^2$

$$\hat{\sigma}^2 \cong \sigma_P^2 = [\sum_1^{n_1}(X_i - \overline{X})^2 + \sum_1^{n_2}(Y_i - \overline{Y})^2] / (n_1 + n_2 + 2)$$

檢定量爲 $T = (\overline{X} - \overline{Y}) / s.e.(\overline{X} - \overline{Y}) = (\overline{X} - \overline{Y}) / \sqrt{(\frac{1}{n_1} + \frac{1}{n_2}) S_p^2} \sim T(n_1 + n_2 - 2)$

若從觀測值所計算出來的 T 值爲 t，顯著水準爲 α 時。若 $P(|T|>|t|)=p<\alpha$，則拒絕虛無假設 H_0：$\mu_1=\mu_2$；亦即接受對立假設 H_1：$\mu_1 \neq \mu_2$。

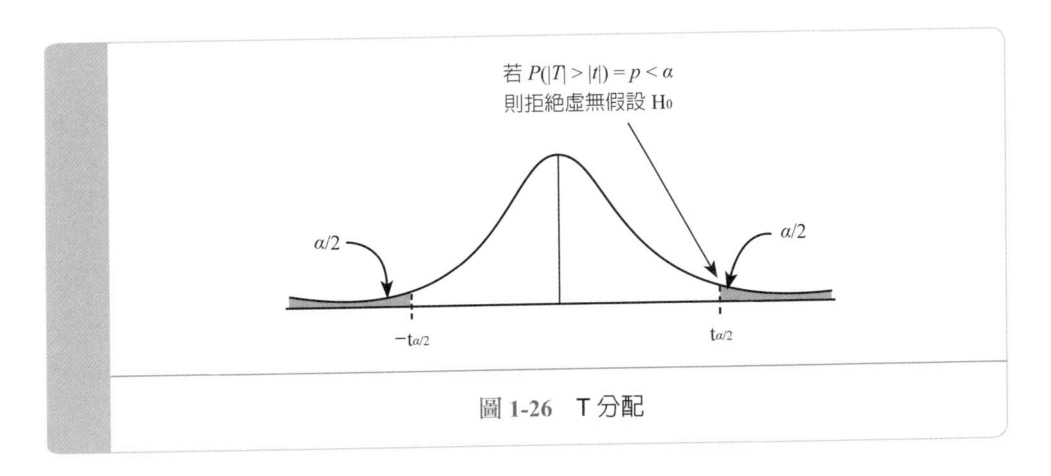

圖 **1-26**　T 分配

觀點：當檢定 $\mu_1>\mu_2$ 時，基本上看 $(\bar{X}-\bar{Y})$ 差距是否夠大，大到某程度，才可說顯著具有 $\mu_1>\mu_2$ 的性質。

決策 1：(1)$H_1: \mu_1 > \mu_2$ 拒絕域爲 $(\bar{X}-\bar{Y}) > \sqrt{(\frac{1}{n_1}+\frac{1}{n_2})S_p^2} \times t_{\alpha}(n_1+n_2-2)$

(2)$H_1: \mu_1 < \mu_2$ 拒絕域爲 $(\bar{X}-\bar{Y}) < -\sqrt{(\frac{1}{n_1}+\frac{1}{n_2})S_p^2} \times t_{\alpha}(n_1+n_2-2)$

(3)$H_1: \mu_1 \neq \mu_2$ 拒絕域爲 $|\bar{X}-\bar{Y}| > \sqrt{(\frac{1}{n_1}+\frac{1}{n_2})S_p^2} \times t_{\alpha/2}(n_1+n_2-2)$

決策 2：以檢定 (3) 爲例，若從觀測值所計算出來的 T 值爲 t，顯著水準爲 α 時，其 P-value = $2\,P_r(T>|t_0|)$，若 p 值 $<\alpha$ 則拒絕虛無假設 H_0。

3. 相依樣本 t 檢定

假設存在二組具有常態分配之隨機變數 X 及 Y，分別爲

X：$X_1, X_2, X_3, \cdots, X_n \sim N(\mu_1, \sigma_1^2)$

Y：$Y_1, Y_2, Y_3, \cdots, Y_n \sim N(\mu_2, \sigma_2^2)$

當這二組隨機變數是成對出現時，亦即

$(X_1,Y_1),(X_2,Y_2),\cdots,(X_n,Y_n)$

令新變數 $D = X - Y$，則

$D_1 = (X_1 - Y_1)$

$D_2 = (X_2 - Y_2)$

………

$D_n = (X_n - Y_n)$

由於 X 與 Y 變數都是常態隨機變數，故兩者的差 D 亦是常態分配，期望值是 μ_D，變異數是 σ_D^2。即

D：$D_1, D_2, D_3, \cdots, D_n \sim N(\mu_D, \sigma_D^2)$

其中，$\mu_D = \mu_1 - \mu_2$

$\sigma_D^2 = \sigma_1^2 + \sigma_2^2 - 2COV(X,Y)$

期望值是 μ_D 可用樣本平均數 $\overline{D}$ 來估計。變異數是 σ_D^2 可用樣本變異數 S_D^2 來估計：

$\overline{D} = \frac{\sum_{i=1}^{n} D_i}{n}$ ~ 符合 N($\mu_D, \sigma_D^2 / n$)

$$S_D^2 = \frac{\sum_{i=1}^{n}(D_i - \overline{D})^2}{n-1}$$

$\overline{D}$ 的標準差 $\frac{\sigma_D}{\sqrt{n}}$ 可用 $\frac{D_D}{\sqrt{n}}$ 來估計。

檢定：虛無假設 $H_0: \mu_1 = \mu_2$ (即 $\mu_D = \mu_1 - \mu_2 = 0$) VS. $H_1: \mu_1 \neq \mu_2$(即 $\mu_1 - \mu_2 \neq 0$)

檢定統計量 T：$T = \frac{\overline{D} - \mu_D}{\frac{S_D}{\sqrt{n}}} \sim t_{(n-1)}$ 分配。

決策：若從觀測值所計算出來的 T 值爲 t，顯著水準爲 α 時。若 $P(|T| > |t|) = p < \alpha$，則拒絕虛無假設 H_0：$\mu_1 = \mu_2$；亦即接受對立假設 H_1：$\mu_1 \neq \mu_2$。反之則反。

1-1-3b ANOVA 統計公式

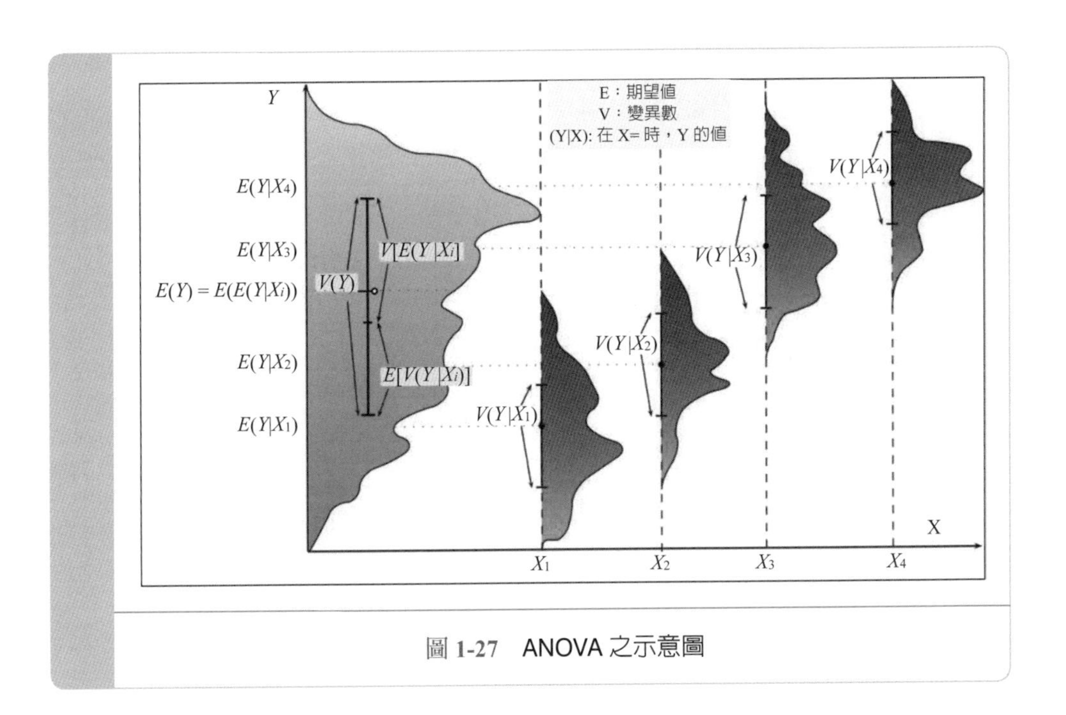

圖 1-27　ANOVA 之示意圖

(一)ANOVA 重點整理

1. 實驗樣本資料：

level	總樣本數	邊際平均數 (margin)
1	$X_{11}, X_{12}, \ldots\ldots X_{1n_1}$	$X_{1\cdot}$
2	$X_{21}, X_{22}, \ldots\ldots X_{2n_2}$	$X_{2\cdot}$
…	………………	…
K	$X_{K1}, X_{K2}, \ldots\ldots X_{Kn_K}$	$X_{k\cdot}$

其中，總樣本數$n = \sum_{i=1}^{k} n_i$

2.「事先」假定條件

$$X_{ij} = \mu + \alpha_i + \varepsilon_{ij}，i = 1, 2, \cdots, k，j = 1, 2, \cdots, n_i$$

μ：所有母體平均、α_i：第 i 個 level 之處理效果、ε_{ij}：表實驗誤差，一般假設 $\varepsilon_{ij} \underset{i.i.d}{\sim} N(0,\sigma^2)$，由此可知 Random Variable $X_{ij} \underset{i.i.d}{\sim} N(\mu+\alpha_i,\sigma^2)$。

ε_{ij} 假定條件：(1) 常態：樣本來自之母群，在依變數上的機率分配呈常態分配。(2) 變異數同質性：各組樣本來自同一母群，故各組樣本在依變數得分的變異數應該具有同質性。(3) 獨立性：樣本之抽取須符合均等與獨立原則。

3. 假設檢定：

虛無假設 H_0：k 個 level 之平均值均相等，即 $H_0 = \alpha_1 = \alpha_2 = \cdots = \alpha_k = 0$。

對立假設 H_1：有一不相等。即 H_1：不全相等。

4. ANOVA 計算步驟：

Step 1：尋找檢定統計量

因為：$\underbrace{\sum_i\sum_j (X_{ij}-\overline{X}..)^2}_{SS_T} = \underbrace{\sum_i\sum_j (X_{ij}-\overline{X}_{i.})^2}_{SS_E} + \underbrace{\sum_i\sum_j (X_{i.}-\overline{X}..)^2}_{SS_B}$

(所有資料之變異)(各組內部之變異)(k 組之間變異)

檢定統計量：$F_0 = \dfrac{SS_B / k-1}{SS_E / n-k} = \dfrac{MS_B}{MS_E} \sim F(k-1,n-k)$ 分配

Step 2：決策：1. 拒絕：$\{F_0 > f_a(k-1,n-k)\}$

2. P 值：$P_r(F > f_0)$，其中 $F \sim F(k-1,n-k)$ 分配。

Step 3：ANOVA 摘要表之格式：

Source	Sum of Square	d.f	M.S	F	P 值
Between	SS_B	k−1	MS_B	MS_B/MS_E	
Error	SS_E	n−k	MS_E		
Total	SS_T	n−1			

(二)ANOVA 三種假定 (assumption) 條件的檢定法

1. 常態性檢定

可用 (1) 繪圖法：Normal probability plot(p-p plot)、Normal quantile-quantile(q-q plot)。(2) 檢定法：卡方檢定、Kolmogorov-Smirnov 法、Shapiro-Wilks 法 (一般僅用在樣本數 n < 50 的情況)。

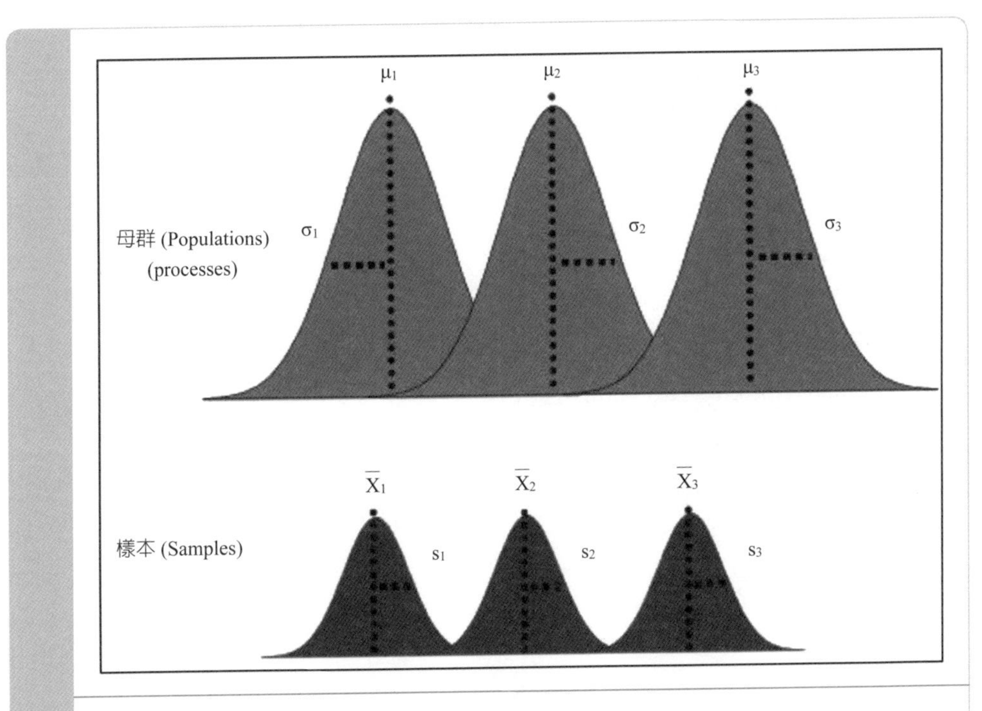

圖 1-28 變異數同質之示意圖

2. 各處理水準 (level) 之間的變異數都須同質

即 $H_0: \sigma_1^2 = \sigma_2^2 = \sigma_3^2 = \cdots = \sigma_k^2 = \sigma^2$

方法一：Bartlett 檢定 (Levene 檢定)，較適合各組的樣本人數相同時。

檢定統計量：$b = \dfrac{(S_1^2)^{n_1-1}(S_2^2)^{n_2-1}...(S_k^2)^{n_k-1}}{(S_p^2)^{n-k}} \sim$ Bartlett 分配

其中，$S_p^2 = \dfrac{\sum_i^k (n_i-1)S_i^2}{n-k}$

拒絕區：$\{b < b_k(\alpha; n_1, n_2, n_3, \cdots, n_k)\}$

其中，$b_k(\alpha; n_1, n_2, \cdots, n_k) = \dfrac{\sum_i^k n_i b_k(\alpha, n_i)}{n}$

修正檢定：$b = 2.303(g/c)$，

其中，$g = (n-k)\log_{10} S_p^2 - \sum_{i=1}^k (n_i-1)\log_{10} S_i^2$

$c = 1 + \dfrac{1}{3(k-1)}\left(\sum_{i=1}^k \dfrac{1}{n_i-1} - \dfrac{1}{n-k}\right)$。→ 拒絕區：$\{b > \chi_\alpha^2(k-1)\}$

方法二：Cochran's 檢定：

檢定統計量 $G = \dfrac{Max(S_i^2)}{\sum_{i=1}^{k} S_i^2} > g_\alpha$，則拒絕 H_0。

3. 獨立性：

(1) 見本書〈第 7 章、線性迴歸的診斷〉。

(2) 見《總體經濟與財務金融：STaTa 時間序列分析》一書〈第 4 章　線性迴歸模型的再進階〉，「殘差自我相關」有三種校正法：

(I) Prais-Winsten 迴歸：prais 指令。

(II) Cochrane-Orcutt 迴歸：prais 指令，corc 選項。

(III) 殘留 Newey-West 標準誤之迴歸：newey 指令。

1-1-3c 簡單迴歸分析

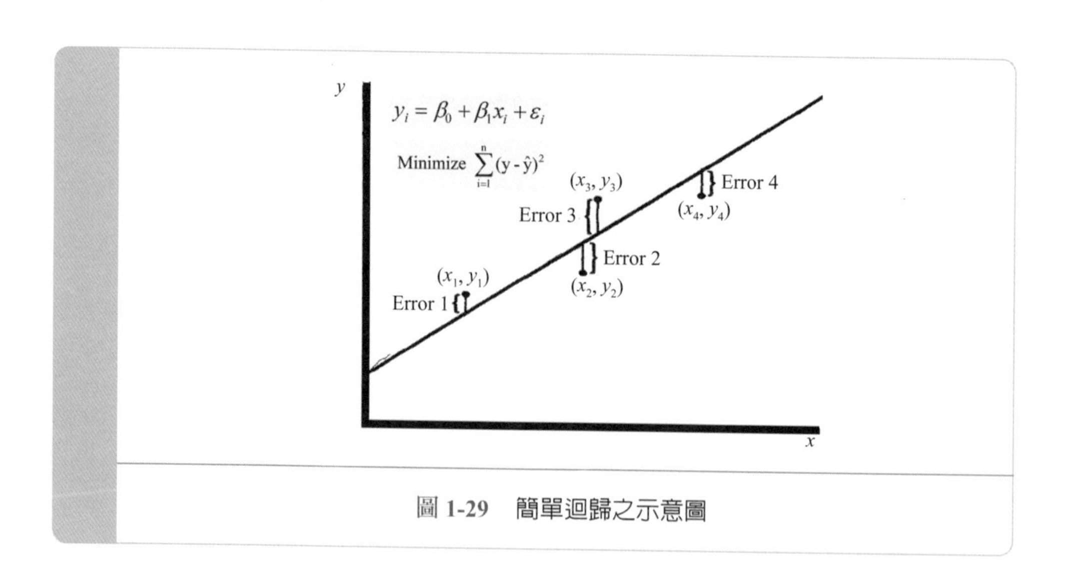

圖 1-29　簡單迴歸之示意圖

一、迴歸公式

1. 簡單線性迴歸 (simple regression)

$y_i = \beta_0 + \beta_1 x_i + \varepsilon_i$，$i = 1, 2, 3, \cdots, n$；$\varepsilon_i$：誤差。

2. 多重 (複合) 迴歸

$y_i = \beta_0 + \beta_1 x_{i1} + \beta_2 x_{i2} + \cdots + \beta_k x_{ik} + \varepsilon_i$

迴歸分析之基本假定：(1)$\{\varepsilon_1, \varepsilon_2, \cdots, \varepsilon_n\}$ 相互獨立；(2)$E(\varepsilon_i) = 0$；(3)$Var(\varepsilon_i) = \sigma^2$。

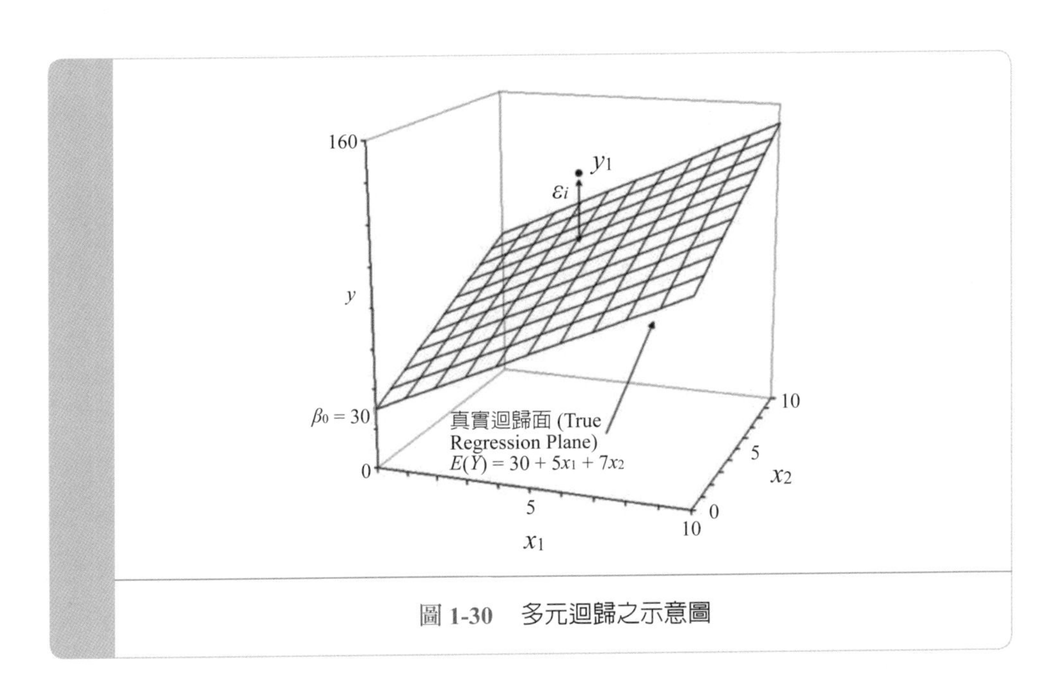

圖 **1-30**　多元迴歸之示意圖

二、簡單迴歸之建模步驟

Step 1：尋找迴歸係數 (即估計 $\hat{\beta}_0, \hat{\beta}_1$)。

Step 2：判斷此模型之適切性

1. 檢定 $H_0：\beta_1 = 0$ vs. $H_0：\beta_1 \neq 0$。

   方法一：利用 t 檢定。

   方法二：利用 ANOVA 分析法：$F = \dfrac{MS_R}{MS_E}$。

2. 判定係數 R^2 愈靠近 1，表示適配愈佳 (表示此時自變數 X 可以解釋大部分依變數 Y 的變動)。

Step 3：假設條件之驗證——殘差值 e_i 之檢定

先決條件：$\varepsilon_1, \varepsilon_2, \cdots, \beta_n \overset{iid}{\sim} N(0, \sigma^2)$

1. 繪圖法：(1) e_i 對 X 之圖形：可看出是同質性變異 $Var(\varepsilon_i) = \sigma^2$。

   (2) e_i 對 $\hat{Y}$ 之圖形：應表示出 e_i 與 $\hat{Y}$ 無相關。

(3) 繪製殘差 e_i 之常態機率圖 (normal probability plot)。

2. 殘差之獨立性檢定：(Stata 有外掛令可處理)

檢定：H_0：$\rho_s = 0$ vs. H_0：$\rho_s = \rho^s$ (其中令 $e_i = pe_{i-1} + z_i$)

方法：Durbin-Waton test：$DW = \dfrac{\sum_{i=2}^{n}(e_i - e_{i-1})^2}{\sum_{i=1}^{n} e_i^2}$

一般 1.5 ≤ DW ≤ 2.5 表示無自我相關現象。

(ps. 若本身資料即沒有自然之次序關係即可不用檢定。)

Step 4：極端値之檢查 (有極端値應予以刪除)

注意事項：當違反基本條件假定時，建議：(1) 重新建立模型—採加權最小平均法估計；(2) 將變數轉換，例如取 log(x)。

三、迴歸之估計與假設檢定——以簡單線性迴歸為例

1. 迴歸估計

估計之方式採最小平方估計量 (least squared estimators, LSE)。

令 $f(\beta_0, \beta_1) = \sum_{i=1}^{n}(y_i - \beta_0 - \beta_1 x_i)^2$

則迴歸係數之估計，係對這 2 個迴歸係數，取偏微分：

$$\frac{\partial f}{\partial \beta_0} = -2\sum_{i=1}^{n}(y_i - \beta_0 - \beta_1 x_i) = 0$$

$$\frac{\partial f}{\partial \beta_1} = -2\sum_{i=1}^{n} x_i(y_i - \beta_0 - \beta_1 x_i) = 0$$

其解爲 $\left\{ \begin{aligned} &\hat{\beta}_1 = \frac{S_{xy}}{S_{xx}} = \frac{\sum_{i=1}^{n}(x_i - \bar{x})(x_i - \bar{x})}{\sum_{i=1}^{n}(x_i - \bar{x})^2} \\ &\hat{\beta}_0 = \bar{y} - \hat{\beta}_1 \bar{x} \end{aligned} \right\}$

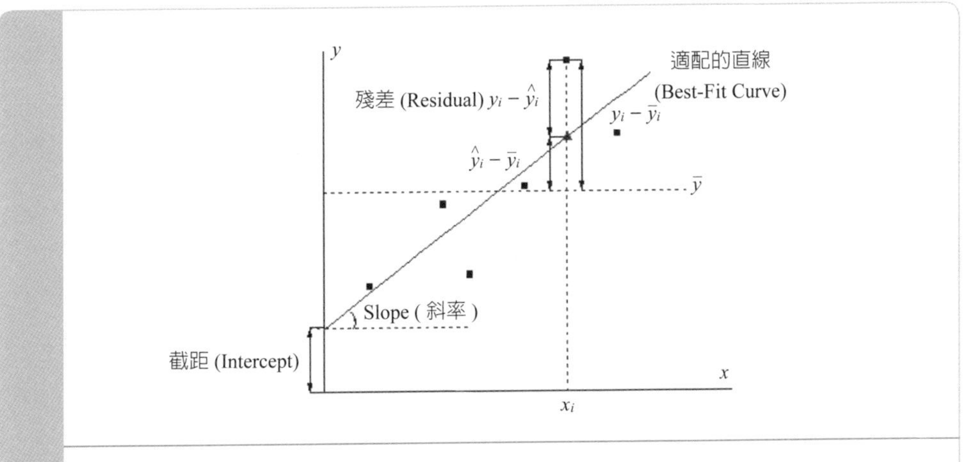

圖 1-31　最小平方法之示意圖

殘差 $e_i = y_i - \hat{y} = y_i - (\hat{\beta}_0 + \hat{\beta}_1 x_i)$，必滿足 $\sum_{i=1}^{n} e_i = 0$ 且 $\sum_{i=1}^{n} x_i e_i = 0$ 。

殘差和：$SS_E = \sum_{i=1}^{n} e_i^2 = \sum_{i=1}^{n} [y_i - (\hat{\beta}_0 + \hat{\beta}_1 x_i)]^2 = S_{yy} - \hat{\beta}_1 S_{xx}$

殘差和的用處：利用 $\frac{SS_E}{n-2}$ 估計 σ^2，即取 $s^2 = \frac{SS_E}{n-2}$ 估計 σ^2 。

2. 迴歸係數顯著性之假設

(1) 檢定 $H_0 : \beta_1 = b_1$ vs. $H_0 : \beta_1 \neq b_1$

迴歸係數 β_1 係數之 t 檢定 $= \frac{\hat{\beta}_1 - b_1}{s / \sqrt{S_{xx}}} \sim$ 符合 $t_{(n-2)}$ 分配

β_1 之 $(1 - \alpha)$ 信賴區間為 $\hat{\beta}_1 \pm \frac{s}{\sqrt{S_{xx}}} \times t_{(\alpha/2, n-2)}$ 。

(2) 檢定 $H_0 : \beta_0 = b_0$ vs. $H_1 : \beta_0 \neq b_0$

迴歸係數 β_0 之 t 檢定 $= \frac{\hat{\beta}_0 - b_0}{s\sqrt{\frac{1}{n} + \frac{\bar{x}^2}{S_{xx}}}} \sim$ 符合 $t_{(n-2)}$ 分配。

β_0 之 $(1 - \alpha)$ 信賴區間為 $\hat{\beta}_0 \pm \sqrt{\frac{1}{n} + \frac{\bar{x}^2}{S_{xx}}} \times t_{(\alpha/2, n-2)}$ 。

3. 迴歸之變異數解釋量 R^2

決定 (判定) 係數 (Coefficient of determination)：R^2

令 $SS_E = \sum_{i=1}^{n} e_i^2 = \sum_{i=1}^{n} [y_i - (\hat{\beta}_0 + \hat{\beta}_1 x_i)]^2 = S_{yy} - \hat{\beta}_1 S_{xx}$。

$\sum_{i=1}^{n} [y_i - \hat{\beta}_0 - \hat{\beta}_1 x_i]^2 = S_{yy} - \hat{\beta}_1^2 S_{xx}$，得 $S_{yy} = \hat{\beta}_1^2 S_{xx} + SS_E$，即 $SS_T = SS_R + SS_E$。

$$R^2 = 1 - \frac{SS_E}{S_{yy}} = \frac{\hat{\beta}_1^2 \times S_{xx}}{S_{yy}} = \frac{SS_R}{SS_T}$$

當 R^2 靠近 1，表示迴歸式適配佳。

4. 迴歸性質

(1) $\hat{\beta}_0$ 及 $\hat{\beta}_1$ 均爲數據 $\{y_1, y_2, \cdots, y_n\}$ 之線性加權估計量。

(2) $E(\beta_0) = \hat{\beta}_0$，$E(\beta_1) = \hat{\beta}_1$

(3) $Var(\hat{\beta}_0) = \sigma^2 \left(\frac{1}{n} + \frac{\bar{x}^2}{S_{xx}} \right), Var(\hat{\beta}_1) = \frac{\sigma^2}{S_{xx}}$

四、迴歸係數之 Meta 法

詳見張紹勳著：《Meta 分析實作》之「2.1.2 迴歸模型之效果量換算程序」。

五、(橫斷面) 迴歸分析常見的假定

進行歸分析必須先符合四種假定 (assumption) 檢定：線性 (linearity of the phenomenon)、變異數同質性 (constant variance of the error term)、誤差項獨立 (independence of the error term)、常態性 (normality of the error term distribution)。線性部份由自變數與依變數的相關係數來判斷。變異數同質性部份使用 Box's M 方法檢查變異數同質性 (Homoscedasticity) 之假定。誤差項獨立部份以 Durribin-Watson 來判斷，其值介於 1.5 至 2.5 之間是合適的。常態分配部份可以利用其分配的偏態 (skewness) 和峰態 (kurtosis) 的 Z 值來與研究所需的顯著水準臨界值比較，以判斷是否符合常態分配。

常態性的檢查可以利用偏態 (skewness) 和峰度 (kurtosis) 的 Z 值來與研究所需的顯著水準臨界值比較，以判斷是否符合常態性。要達 $\alpha = 0.05$ 顯著水準，所計算 Z 值不能超過臨界值 (+1.96 ~ –1.96)。其計算公式如下 (Hair et al., 1998)：

$$Z_{skewness} = \frac{skewness}{\sqrt{6/N}}, (N：樣本數)$$

$$Z_{kurtosis} = \frac{kurtosis}{\sqrt{24/N}}, (N：樣本數)$$

常態分配時，其偏態峰度為 0，但做研究時，觀察各變數偏態峰度值雖然不為 0，但須接近 0，不可超過 Z 值的臨界值 (+1.96 ~ –1.96)。

1-1-3d 卡方 (Chi-square) 檢定

一、卡方分布 (Chi-square distribution)

檢定的時候，當資料是屬於名目 (nominal) 時，而要檢驗一個自變數對應變數的效果為何，就需要使用到卡方分布 (χ^2)。卡方分布大約是在 1990 年首先由 Pearson 提出，由常態分布中所變化出來的，卡方值就是標準常態分布變值 Z 的平方所得到，其公式如下：

$$Z^2 = \frac{(x-\mu)^2}{\sigma^2} \text{ 或 } Z^2 = \frac{n(\bar{x}-\mu)^2}{\sigma^2}$$

上述公式中，樣本的均值為 $\bar{x}$，母群的平均值為 μ，母群的變異數為 σ^2，假若由常態分布母群裡面抽出 n 個樣本，並把每一個樣本 x_i，帶入上述公式，並求其總和，可得到：

$$\sum_{i=1}^{n} Z_i^2 = \sum_{i=1}^{n} \frac{(x-\mu)^2}{\sigma^2} = \frac{\sum(x_i-\mu)^2}{\sigma^2}$$

上式 Pearson 稱自由度為 df = n 的卡方值，其卡方值的公式可表示如下：

$$\chi^2_{(n)} = \frac{\sum(x_i-\mu)^2}{\sigma^2}$$

若是由 n 個樣本資料，可以得到自由度為 (n−1) 的卡方值，其公式如下：

$$\chi^2_{(n-1)} = \sum Z_i^2 = \frac{\sum(x_i-\bar{x})^2}{\sigma^2}$$

因此可以說，卡方值為 Z 分數的平方和。

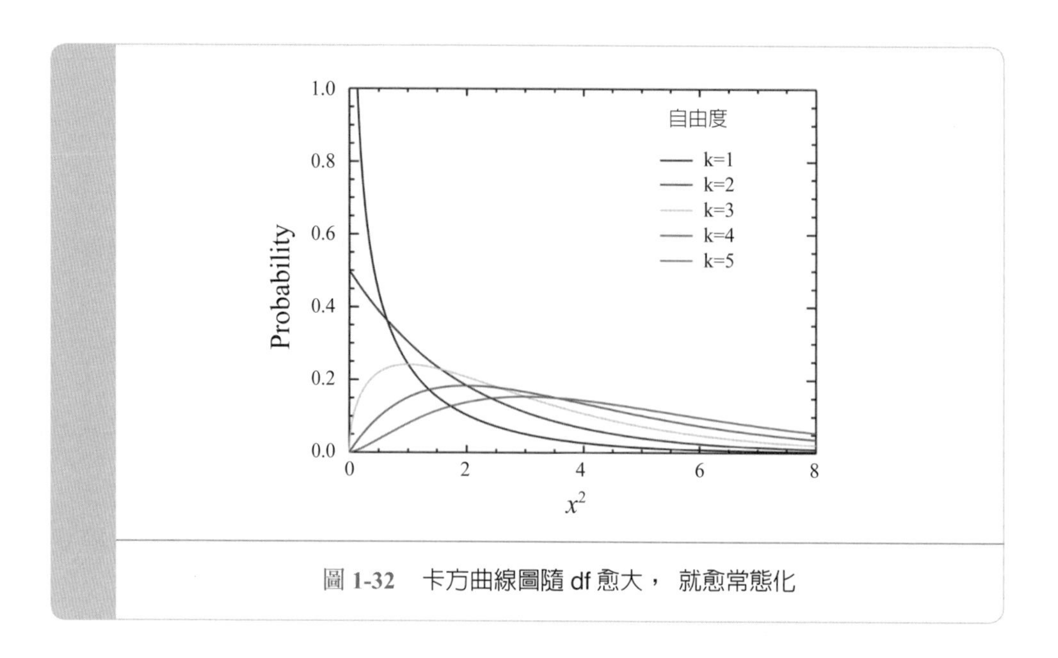

圖 1-32　卡方曲線圖隨 df 愈大，就愈常態化

二、卡方檢定的多種用途

卡方檢定主要是用於等距變數或是比例變數的資料。

(1) 適配度檢定 (goodness of fit test)：

卡方檢定可用於檢定對某件事物的機率分布是否是眞還是不眞，這個檢定就稱作是適配度檢定。例如：新開發的農藥殺蟲效果，是不是與藥商所說的符合。

$$\chi^2 = \sum_{i=1}^{k} \frac{(O_i - E_i)^2}{E_i}$$

其中，O_i = 樣本的觀察值。

E_i = 理論推算的期望值。

(2) 獨立性檢定 (test of independence)：

卡方檢定可以用於檢定同一個母群中的兩個變數之間，彼此是不是無關、是否獨立，這就稱作是獨立性檢定。例如：男女性別的差異，與看事物看法的觀點是否獨立。

在進行獨立性檢定時，I×J 交叉表的兩個變數均爲設計變數，且爲 2×2 交叉表，則其 χ^2 公式可改寫成：

$$\chi^2 = \frac{N(AD-BC)^2}{(A+B)(C+D)(A+C)(B+D)}$$

A	B	(A+B)
C	D	(C+D)
(A+C)	(B+D)	

其中 A, B, C 和 D 代表 2×2 交叉表內各細格人數

(3) 同質性檢定 (test of homogeneity)：

卡方檢定可用於檢定不同的樣本資料是不是都來自同一個母群，此種卡方檢定，就稱作是同質性檢定。例如：三種不同廠牌的維骨力，對於治療退化性關節炎的效果是否相同。

同質性檢定的統計量 $\chi^2_{(R-1)(C-1)} = \sum_{i=1}^{R}\sum_{j=1}^{C}\frac{(O_{ij}-E_{ij})^2}{E_{ij}}$

其中，O 爲觀察次數，E 爲期望次數

若$\chi^2 > \chi^2_{(R-1)(C-1),\alpha}$ 則拒絕虛無假設 H_0

(4) Meta 之異質性 Cochrane Q 檢定 (Chi-square test of Cochran Q statistic)：

$Q = \sum_{i=1}^{K} w_i \times (ES_i - \overline{ES})^2 \sim$ 符合$\chi^2_{(K-1)}$分配。

若 Q > $\chi^2_{(K-1),0.05}$ 分配的臨界值，則表示每篇研究間具有異質性。

(5) 改變的顯著性檢定 (test of significance of change)：

當二樣本資料取得時彼此具有連帶關係，並不是獨立取得，假如要比較檢定此二樣本資料是否有差異，就稱爲改變的顯著性檢定。

1-1-4 檢定與信賴區間之關係

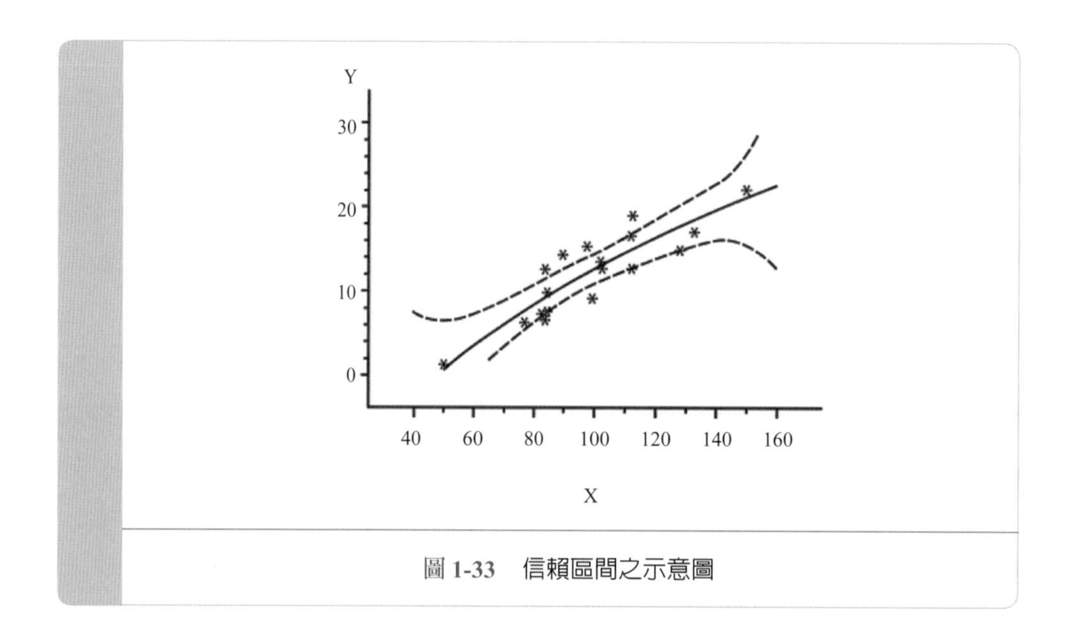

圖 1-33 信賴區間之示意圖

樣本統計是點估計，是我們的猜測。區間估計則是母體參數有可能落在其中的衆多點估計。要正確估計母體參數是不可能的，但是可以假設母體參數應該落在一定的區間，稱爲信賴區間 (confidence interval, CI)。點估計加減誤差便是區間估計。

信賴區間的定義：由樣本資料定義一段數值區間，宣稱有多少信心可以估計母體的參數包含於此區間內 (The level of uncertainty in the estimate of treatment effect)。該數值區間上、下限稱爲信賴界限 (confidence limit)。用以估計的信心程度稱爲信賴 (心) 水準 (confidence level)。因此，信賴區間估計常表示爲：

$$[p - Z_{(1-\alpha/2)} \times (s.e), p + Z_{(1-\alpha/2)} \times (s.e)]$$

當母體爲連續變數時，我們使用樣本平均值推論母體平均值。$\overline{X}$ 的標準誤 (s.e) 爲 $\frac{S_x}{\sqrt{n}}$。

一般常以 95% 或 99% 爲信賴水準指標；相對應的 Z 分數 (相差幾個標準差) 分別爲 1.96 與 2.58。即 CI 可表示爲：

(1) 95% 信心估計母群體平均數，在樣本平均數 ±1.96×(母群體標準差 / 樣本數 n 的平方根) 的範圍內。當我們抽樣夠多次，則其中約有 95% 左右個 (100 個之中有 95 個) 信賴區間會包含 μ。

(2) 99% 信心估計母群體平均數，則在樣本平均數 ±2.58×(母群體標準差 / 樣本數 n 的平方根) 的範圍內。

CI 科學符號表示有二方式：

$$\mu \text{ 之 } 95\% \text{ CI} = \overline{X} \pm 1.96 \times \frac{\sigma}{\sqrt{n}}$$

$$\mu \text{ 之 } 99\% \text{ CI} = \overline{X} \pm 2.58 \times \frac{\sigma}{\sqrt{n}}$$

由上式可看出，在相同的樣本變異數 σ^2 下，抽樣樣本 n 越大，樣本平均值的標準誤越小，則信賴區間也越小，也就是不確定程度越小。

例如：平均值標準誤 (standard error of the mean)，它是我們藉由手邊的樣本 (sample) 資料，對母群體 (population) 平均值做估計時，對這個估計結果誤差程度的表示方法，我們也可以把標準誤轉換成信賴區間的方式，來表示對所估計母群體平均值的把握程度。因此，若我們的樣本數 (sample size) 越大，所得的標準誤越小，亦即信賴區間越小，表示我們對所獲得的數據 (平均值) 越有把握。例如當電腦報表上印出 10 位病人的血壓平均爲 120.4mmHg ，標準差 13.2mmHg ，和標準誤 4.18mmHg 時，意味著這種情況的病人血壓大約爲以 120.4mmHg 爲中心，呈現標準差爲 13.2mmHg 之分散程度的分布。由於這個資料乃根據 10 位病人的血壓值來估計，以樣本平均血壓 120.4mmHg 來估計母群體平均血壓的誤差程度爲標準誤 4.18mmHg ，我們並可計算由此樣本所得母群體平均值的 95% 信賴區間 (95% confidence interval) 爲 111.0mmHg 至 129.8mmHg ，簡言之，在此區間 (111.0 mmHg, 129.8mmHg) 內有 95% 的機率會包括眞實的母群體平均血壓值。

標準差 (S) 及標準誤 (s.e.) ，這兩種表示法傳遞不同的訊息。當以「平均值 ± 標準差」來描述資料時，是表示這個資料的中央趨勢 (用平均值來描述) 和分散程度 (用標準差來描述) 兩樣性質。而若以「平均值 ± 標準誤」時，則僅描述了這個資料的中央趨勢 (用平均值來描述) ，以及對母群體平均值估計的可能誤差程度。

在同樣 Type I error (α 值) 的情形下，信賴區間可以用來判定樣本平均值與假定母體平均值是否有顯著差異，結論會跟雙尾檢定相同。若以樣本平均值推論出 μ 的信賴區間，包含了原本假定的母體平均值，則表示樣本平均數與母體平均值沒有顯著差異。若以樣本平均值推論出 μ 的信賴區間，不包含原本假定的母體平均值，則表示樣本平均數與母體平均值有顯著差異。

常態母體，σ 未知時。假設 type I 誤差 = α ，自由度 = n – 1，平均數的信賴區爲：$\overline{Y} \pm t_{\alpha/2,n-1} \times (s.e.)$，其中 $s.e. = \frac{S}{\sqrt{n}}$。

例如：從一常態母體中隨機抽出 n = 25 的樣本，並得到樣本平均數 $\overline{Y} = 50$，樣本標準差 s = 8，則母體平均數的數的 95% 信賴區間爲：

$$\overline{Y} \pm t_{\alpha/2,n-1} \times \frac{S}{\sqrt{n}} = 50 \pm 2.0639 \times \frac{8}{\sqrt{25}}$$

如果 n ≥ 30，t 值亦會趨近於 Z 分數。當樣本標準差 S 已知，且樣本個數大於 30，我們改用 Z 分配求 95%CI：

$$95\%CI = \overline{X} \pm Z_{\alpha/2} \times \frac{S}{\sqrt{n}} = \overline{X} \pm 1.96 \times \frac{S}{\sqrt{n}}$$

1-2 常態曲線 (normal curve)

常態曲線及分配是一種理論模式，但透過這理論模式，配合平均數及標準差，我們可以對實證研究所得之資料分配，做相當精確之描述及推論。能做到這一點是因常態曲線本身有些重要且已知的特性。常態曲線最重要的特性是其形狀爲左右對稱仿若鐘形之曲線。此曲線只有一個衆數，並與中位數及平均數是三合一的。其區線的兩尾是向兩端無限延伸。因此，雖然實際調查得到的資料，不可能是這種完美的理論模式，但許多實際得到之變數的資料分配是相當接近這種模式，因此可以假定它們的分配是常態的，進而使我們得以運用常態曲線的理論特性。

配合平均數及標準差之觀念，我們可以得到常態分配一個重要的特性：在常態曲線下，以平均數 $\overline{X}$ 爲中心，任何一個在左邊的點與 $\overline{X}$ 之間在常態曲線下之面積是和另一相對在右邊同距離之點與 $\overline{X}$ 之間的面積相等。

常態分配另一非常重要特性是，任何點與 $\overline{X}$ 間在常態曲線下之面積是一定且已知的。〈如下圖〉

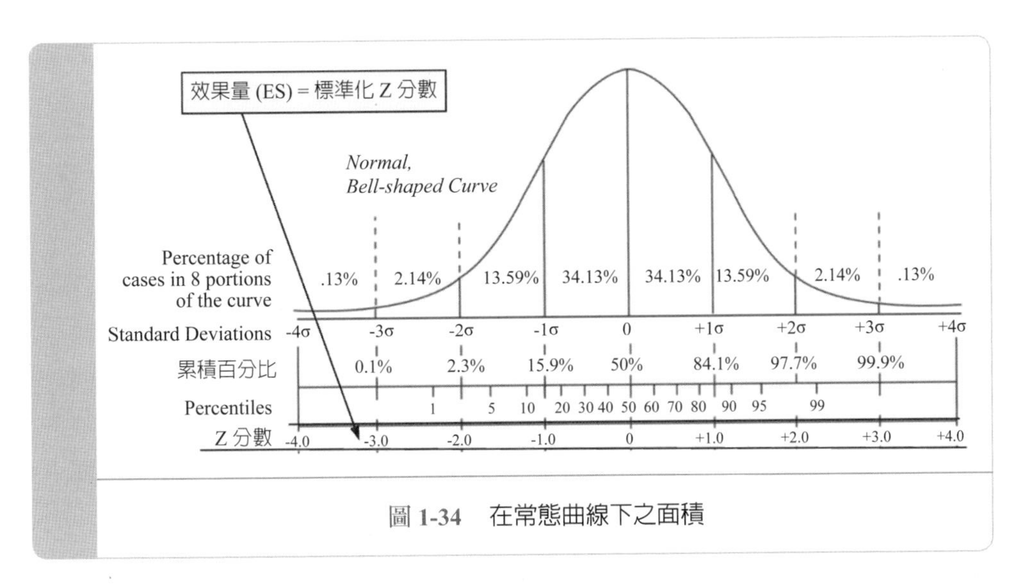

圖 1-34　在常態曲線下之面積

從常態圖可知在常態曲線下，平均數與標準差之間所占的面積是有一定的比例。如果一個變數的分配是接近常態曲線，這個面積的比例即代表所占的樣本比例。例如：如果全部樣本數是 100 人，則平均數加減一個標準差 (平均數 ±S) 就有約 68 人 (100×68.26%)。就常態分配而言，只有少數的樣本是在平均數加減三個標準差以外 (也就是說只有極少數個案的分數是比平均數加三個標準差來的大，或比平均數減三個標準差來的小)。

1-3 樣本大小的決定 (sample size)

樣本大小 n 的決定，可分成計量資料與計質資料二種情況。

一、計量資料：以常用的平均值估計為例

定理一：誤差值計算

以樣本平均數 $\overline{X}$ 估計母體平均數 μ 時，有 $(1-\alpha)100\%$ 信賴度其誤差如下：

$$e = |\overline{X} - \mu| \le z_{\frac{\alpha}{2}} \sqrt{Var(\overline{X})}$$

定理二：變異數計算 (N 為母體總數)

1. 當抽樣時，若資料為抽出後再放回，則 $Var(\overline{X}) = \frac{\sigma^2}{n}$

2. 當抽樣時，若資料為抽出後不放回，則 $Var(\overline{X}) = \frac{N-n}{N}\frac{\sigma^2}{n}$

定理三：樣本數大小

1. σ^2 已知時，若需要有 $(1-\sigma)100\%$ 信賴度，以 $\overline{X}$ 估計 μ 時，其誤差不超過 e 時，所需之樣本大小至少為：

(1) 當抽樣時，若資料為抽出後再放回，則 $n_0 = \left(\frac{z_{\frac{\alpha}{2}}\sigma}{e}\right)^2$

證明：在計算單一樣本的估計時，若因各種限制，僅能進行一次抽樣，則必須儘量降低抽樣誤差 (e)，再進行點估計及區間估計。根據中央極限定理：

$$Z = \frac{\overline{X}-\mu}{S/\sqrt{n}} = \frac{e}{S/\sqrt{n}}$$

其中，Z = 標準常態分配值，若我們欲使研究推論達到 95% 的信賴水準，則 $Z = 1.96$。

S = 樣本標準差

n = 我們所需抽取之樣本個數

μ = 母群體平均數

可忍受的誤差 (e) = 樣本平均數減去母群體平均數

故由上述公式，可以推導出所需樣本個數 n 的大小：

$$n = \frac{Z^2\sigma^2}{e^2}$$

(2) 當抽樣時，若資料為抽出後不放回，則 $n = \frac{n_0}{1+n_0/N}$

值得一提就是，當時 $n_0/N \le 0.05$，樣本大小直接取 n_0 即可。

2. σ^2 未知時，若需要有 $(1-\sigma)100\%$ 信賴度，以 $\overline{X}$ 估計 μ 時，其誤差不超過 e，所需之樣本大小的計算，則需採二階段抽樣法 (1945 年 Stein 提出，所以又稱

Stein's method two-stage sampling)，其步驟如下：

階段一：先隨機從母體中抽出一組大小爲 n_1 的樣本，並計算此組樣本之樣本變異數

$$S^2 = \sum_{i=1}^{n_1} X_i \Big/ n_1 - 1$$

階段二：需要再抽之樣本數 n_2 至少爲

(1) 當抽樣時，若資料爲抽出後再放回，則 $n_2 = n_0 - n_1$，其中

$$n_0 = \left(\frac{t_{\frac{\alpha}{2}}(n-1)}{e} S \right)^2$$

(2) 當抽樣時，若資料爲抽出後不放回，則 $n_2 = n - n_1$，其中 $n = \dfrac{n_0}{1 + n_0/N}$

例題：假定我們想估計 5,000 個學生的平均身高，並希望誤差不超過 5 公分，可靠性在 99.7% ，已知母體標準差 σ =12，請問需抽多少樣本，方能滿足這些條件？

二、計質資料：以常用的比例值估計為例

定理四：誤差值計算

以樣本比例值 $\hat{P} = X/n$ 估計母體比例值 P 時，有 $(1 - \alpha)100\%$ 信賴度認爲其誤差 $e = \left|\hat{P} - P\right| \le z_{\frac{\alpha}{2}} \sqrt{Var(\hat{P})}$

定理五：變異數計算 (N 爲母體總數)

1. 當抽樣時，若資料爲抽出後再放回，則 $Var(\hat{P}) = \dfrac{P(1-P)}{n}$
2. 當抽樣時，若資料爲抽出後不放回，則 $Var(\hat{P}) = \dfrac{N-n}{N}\dfrac{P(1-P)}{n}$

定理六：樣本數大小

1. P 已知時，若需要有 $(1 - \alpha)100\%$ 信賴度，以 $\hat{P}$ 估計 P 時，其誤差不超過 e，

所需要之樣本大小至少爲：

(1) 當抽樣時，若資料爲抽出後再放回，則 $n_0 = \left(\frac{z_{\frac{\alpha}{2}}}{e}\right)^2 P(1-P)$

> **例題**：假設在進行不良率的研究，經初步預試樣本，發現不良率 q 爲 0.1，則良率 p = 0.9，若工廠可容忍誤差比率 e = 0.03，信賴水準取 95.42%(即兩個標準差)，代入上面公式，可得所需樣本數 n 爲 400 個：
>
> $$n = \frac{(1.96)^2(0.1)(0.9)}{(0.03)^2} = 400$$
>
> 假設我們事先未對不良率做檢測，則以最大可能的樣本數來算，取 q = 0.5, p = 0.5，代入上式，可知我們所需最大樣本數，n = 1112 個。

(2) 當抽樣時，若資料爲抽出後不放回，則 $n = \frac{n_0}{1 + {n_0}/{N}}$

值得一提就是，當 ${n_0}/{N} \le 0.05$ 時，樣本大小直接取 n_0 即可。

2. P 未知時，若需要有 $(1-\alpha)100\%$ 信賴度，以 $\hat{P}$ 估計 P 時，其誤差不超過 e，所需要之樣本大小的計算有二種方法：

(1) 方法一：同定理六，P 已知時之計算方式，但取 $n_0 = \left(\frac{z_{\frac{\alpha}{2}}}{e}\right)^2 \frac{1}{4}$

> **例題**：在可容忍誤差 (e) 爲 0.05、信賴水準爲 95% 下，即可發放 384 份樣本，因爲 $N = (Z_{a/2}/e)^2 \times P \times (1-P) = (Z_{0.025}/0.05)^2 \times 0.5 \times 0.5 = 384)$。

(2) 方法二：採二階段抽樣法，其步驟如下：

階段一：先隨機從母體中抽出一組大小爲 n_1 的樣本，並計算此組樣本之樣本比例值 $\hat{P}_1 = {X}/{n_1}$

階段二：同定理六，P 已知時之計算方式，其中 P 以 $\hat{P}_1$ 取代，由此可獲得滿足上述條件之總樣本數。

> **例題**：某大學欲明瞭全校 15,000 個學生對學校圖書館的滿意比例，擬舉辦抽樣調查，試問需調查多少學生的意見，才能使我們擁有 95% 的信心，認為此組樣本的滿意比例與眞實之滿意比例相差小於 0.05？

總體來說，Roscoe(1975) 認為樣本大小介於 30~500 之間，對大多數的研究都是適當的。

1-4 Type I 誤差 α 及 Type II 誤差 β：ROC 圖切斷點的由來

顯著水準 (Type I error-α rate)、統計檢定力 (power)、樣本人數與母群的效果量 (effect size) 是四個相互關聯的統計參數，其中任何一個都可以視為其他三個的函數；也就是說，其中三個如果決定了，第四個也就被決定了 (Cohen, 1977)。簡單來說，顯著水準可視為拒絕虛無假設 (null hypothesis) 時所可能犯的誤差率，統計檢定力可視為正確拒絕虛無假設的機率，而母群的效果量可視為研究者所希望偵測出來的、存在母群體中的眞正效果或相關。當其他兩個條件保持恆定時：(1) 顯著水準界定的愈嚴格，統計檢定力就愈低。(2) 樣本人數愈少時，統計檢定力就愈低。(3) 母群效果量愈小時，愈不容易被偵測到，統計檢定力也就愈低。很多研究者都知道，如果想要偵測到一個不太大但眞正存在母群體的效果或相關，則樣本人數不能太少，否則研究結果很難有顯著的機會。

檢定進行時，除了可探測結果之顯著性，相對的存在一定的風險，即可能發生誤差的機會，常態分布是一個連續性的機率分布，檢測時所設之可信賴區間，以外之部分即為發生誤差之機率。根據檢定之前題與結果正確與否，可產生兩種不同之誤差情況，分別為第一型誤差 (α) 及第二型誤差 (β)。

一、檢定力 (1-β) vs. Type I 誤差 α 及 Type II 誤差 β

統計檢定進行時，除了可探測結果之顯著性，相對的存在一定的風險，即可能發生誤差 (error) 的機會。

假設檢定的目的就是利用統計的方式，推測虛無假設 H_0 是否成立。若虛無假設事實上成立，但統計檢驗的結果不支持虛無假設 (拒絕虛無假設)，這種錯

誤稱爲第一型錯誤 α。若虛無假設事實上不成立，但統計檢驗的結果支持虛無假設 (接受虛無假設)，這種錯誤稱爲第二型錯誤 β。

1. 何謂顯著水準 α (significance level α)？何謂型 I 誤差 (Type I error)？何謂型 II 誤差 (Type II error)？何謂檢定力 (the power of a test)？

(1) 顯著水準 α(significance level α)：α 指決策時時所犯第一型誤差的「最大機率」所以依據統計研究的容忍程度，一般我們在檢定前都要先界定最大的第一型誤差，再進行檢定。
(2) 第一型誤差 α(Type I error)：當虛無假設 H_0 爲眞，卻因抽樣誤差導致決策爲拒絕 H_0，此種誤差稱爲型 I 誤差。型 I 誤差 = 拒絕 $H_0 \mid H_0$ 爲眞，α=P(Reject $H_0 \mid H_0$ is true)
(3) 第二型誤差 β(Type II error)：當虛無假設 H_0 爲假，卻因抽樣誤差導致決策不拒絕 H_0，此種誤差稱爲型 II 誤差。型 II 誤差 = 不拒絕 $H_0 \mid H_0$ 爲假，β = P(Non-Reject $H_0 \mid H_0$ is false)
(4) 當虛無假設 H_0 爲假，經檢定後拒絕 H_0 的機率稱爲檢定力 (power)。(也就是正確拒絕 H_0 的機率)。power = P(Reject $H_0 \mid H_0$ is false)

2. 顯著水準即是型 I 誤差的最大機率，當 α 越大則 β 越小 power 越大。
3. 當 α 爲 0 則根本無法拒絕 H_0 則根本不會有 power。
4. 樣本數 n 越大則 α、β 越小 power 越大。

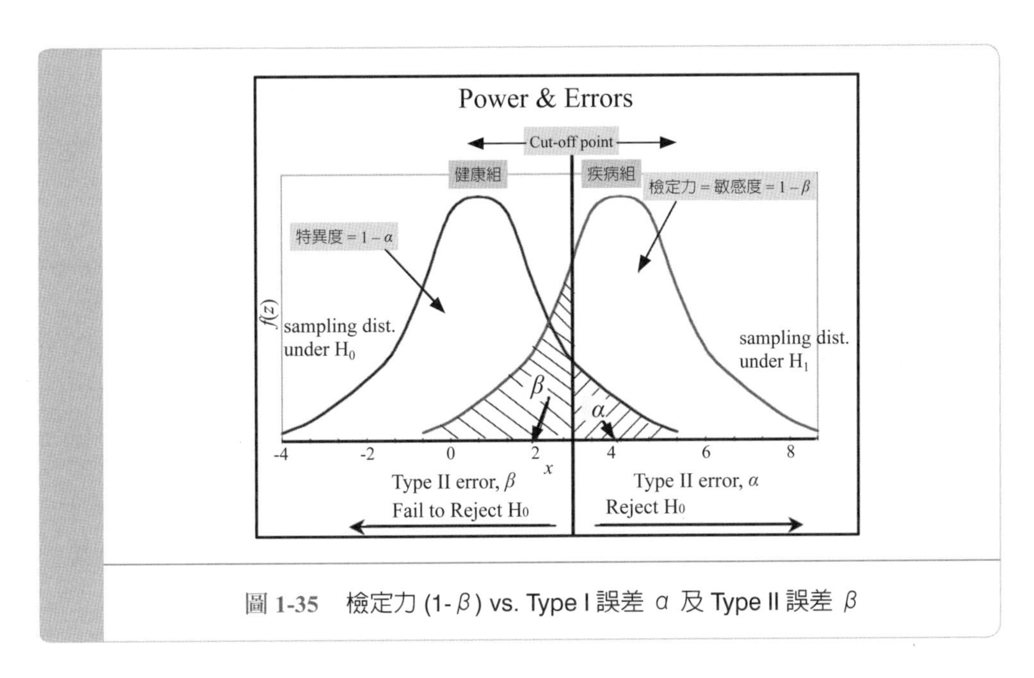

圖 1-35 檢定力 (1-β) vs. Type I 誤差 α 及 Type II 誤差 β

當我們在進行統計檢定時，基本上根據有限的樣本數量，對母體的實際分布作一推估，必然會有誤差之風險。這種「誤差」可分 2 種：

(1) 第一型誤差 (Type I error)α：當虛無假設 H_0 爲眞，卻因抽樣誤差導致決策爲拒絕 H_0(the probability of rejecting a true null hypothesis)，此種誤差稱爲 α 誤差。犯 Type I error 之機率即爲 α。

(2) 第二型誤差 (Type II error)β：當虛無假設 H_0 爲假，卻因抽樣誤差導致決策不拒絕 H_0(the probability of failing to reject a false null hypothesis)，此種誤差稱爲 β 誤差。Type II error 之機率爲 β。

	真實情況 (TRUE STATE)	
決定 (Decision)	H_0 為真：嫌疑犯真的無作案	H_1 為真 (即 H_0 為假)：嫌疑犯真的有作案
嫌疑犯無罪	正確決定 機率 p=1 – α	Type II error 機率 p=β
嫌疑犯有罪	Type Ⅰ error 機率 p=α	正確決定 機率 p=1 – β

在生物醫學領域，第一型誤差 (α) 、第二型誤差 (β) 與 ROC 分類之關係，如下表：

	真實情況 (TRUE STATE)/ 工具檢驗結果	
決定 (Decision)	H_1 為真 (結果陽性)，即 H_0 為假	H_0 為真 (工具檢驗結果為陰性)
拒絕 H_0 (判定為有病)	疾病組正確檢驗結果為有病 (陽性) 機率 p=1 – β **敏感度** (True Positive, TP) : a	Type I error: 健康組誤診為陽性 機率 p=α False Positive (FP): b
接受 H_0 (判定為沒病)	Type II error: 疾病組誤診為無病 機率 p=β False Negative(FN) : c	健康組正確檢驗結果為無病 (陰性) 機率 p=1 – α **特異度** (True Negative, TN) : d

根據檢定之前題與結果正確與否，可產生兩種不同之誤差情況，分別為第一型誤差 α 及第二型誤差 β。以利用驗孕棒驗孕為例。若用驗孕棒為一位孕婦驗孕，眞實結果是沒有懷孕，這是第一型錯誤。若用驗孕棒為一位未懷孕的女士驗孕，眞實結果是已懷孕，這是第二型錯誤。

	真實情況 (TRUE STATE)	
決定 (Decision)	H_1 為真 (即 H_0 為假)：嫌疑犯真的有作案	H_0 為真：嫌疑犯真的無作案
嫌疑犯有罪	正確決定 (**敏感度**) 機率 p=1 – β 檢定力 = 敏感度 =1 – β	Type I error(**偽陽性**) 機率 p=α
嫌疑犯無罪	Type II error (**偽陰性**) 機率 p=β	正確決定 (**特異度**) 機率 p=1 – α **特異度** =1- α

二、切斷點 (cut-off point) 調動對 Type I 誤差 (α) 與 Type II 誤差 (β) 的影響

臨床上對於糖尿病初期診斷最常使用的是空腹血糖值測定，正常人空腹血糖值平均是 100 mg/dl，標準差為 8.5 mg/dl，而糖尿病患者空腹血糖值平均為 126 mg/dl，標準差為 15.0 mg/dl，假設兩族群的空腹血糖值皆為常態分布。假如現在想利用空腹血糖值來建立一個簡單的診斷是否有糖尿病的診斷工具，假如空腹血糖值大於切斷點 C 則判定有糖尿病，反之，小於切斷點 C 則無糖尿病，下圖是以 C=115 為切斷點下，Type I 誤差 (α) 及 Type II 誤差 (β) 的關係。

由下圖可看出：當我們把切斷點 C 值提高 (往右移) 時，Type I 誤差 (α) 機率降低，但同時卻升高了 Type II 誤差 (β) 的機率，根據檢定力公式：power=1 − β，當 Type II 誤差 β 越大，則檢定力 power 也隨之變小。

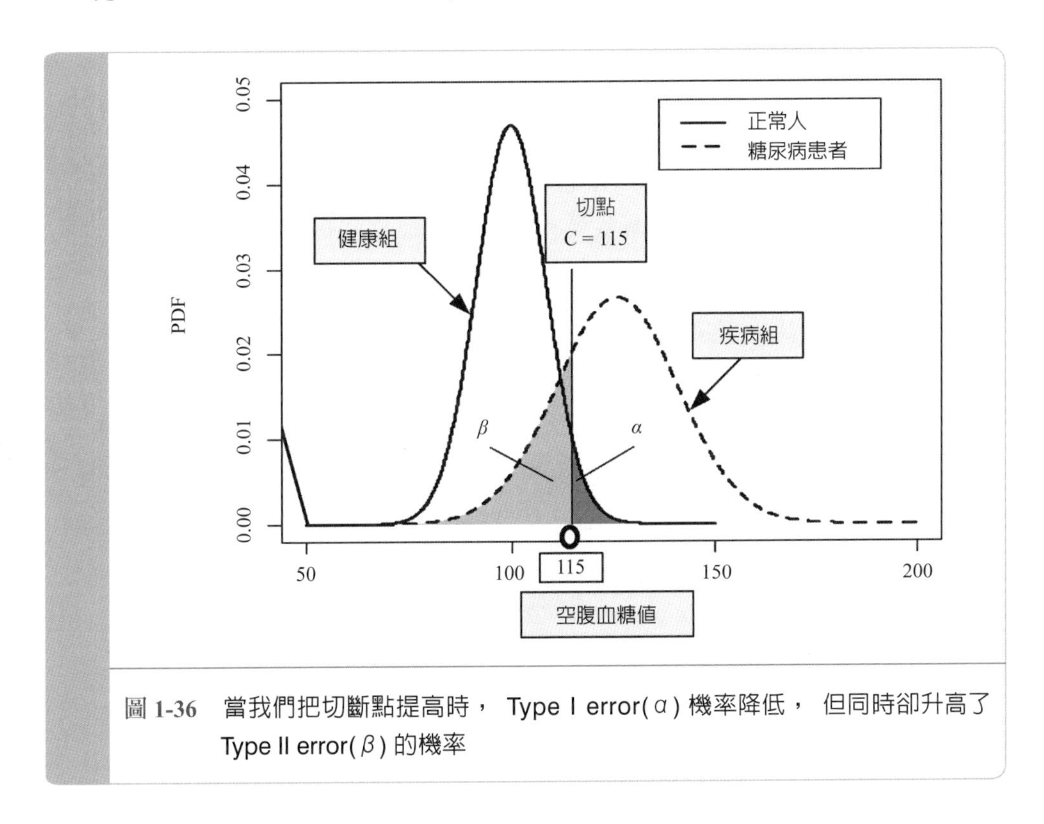

圖 1-36　當我們把切斷點提高時，Type I error(α) 機率降低，但同時卻升高了 Type II error(β) 的機率

以驗孕棒驗孕爲例，若調高驗孕棒敏感度 (斷點往左移)，雖可降低 α 誤差，但卻提高 β 誤差。

三、P 值 (P-values) 計算：通常以 Type I error(通常取 $\alpha = 0.05$) 為 P 值比較的臨界值

1. P 值是計算在虛無假設 H_0 成立時，比觀測的檢定統計值 (如 $\chi^2, z, t, HR...$) 更極端 (與虛無假設不一致) 的機率。
2. 當 P 值很小時 (通常取 $P < 0.05$) ，有二種可能：(1) 虛無假設 H_0 是正確的，但我們觀測到一筆發生機率很低的資料 (這顯然不太可能發生)；(2) 虛無假設 H_0 是錯的，資料不是來自虛無假設，這個可能性比較大，所以有充分證據來

拒絕 (reject) 虛無假設。

3. P 值可視爲當虛無假設 H_0 成立時，依據資料會拒絕虛無假設的「風險」(risk)，當風險很小時 (通常取 P<0.05) ，我們當然傾向拒絕虛無假設，所以當這風險小於我們設定的顯著水準 α 時，我們就有充分證據來拒絕虛無假設。

小結

在社會與行為科學中，犯 Type II Error (結果說「X 與 Y 無關」而實際卻相關) 遠比 Type I Error 的可能性要大。我們若能注意估計效果量，有可能讓 Type II Error 下降。

統計檢定力 (statistical power) 是經常被忽略的問題。所謂統計檢定力是指避免接受錯誤的虛無假設的機率。統計檢定力對於研究結果的影響相當大，如果檢定力太低，研究發現容易有不一致的現象產生。因此，要使研究更具價值，則研究者必須在使用統計分析方法時，特別注意統計檢定力的提升。一般來說，要增加檢定力，可由樣本大小、顯著水準，以及效果規模 (effect size) 等三方面來考量。Cohen (1977) 建議在 α 值為 0.05 的顯著水準下，檢定力至少要達到 0.8 較為合理。

我們進行 Meta 分析時，要選入多少篇的文獻才夠呢？若以 Type I Error $\alpha = 0.05$，Type II Error $\beta = 0.8$ 來計算，理想上是 24 篇以上，但事實很少找到這麼多的相似的文獻。

Chapter

02

假定(assumption)的偵測及補救法

迴歸是假定『誤差項 (ε_t) 爲獨立同態 (i.i.d.; independent and identically distributed)，且服從常態分配』，在這個『完美假設』下：OLS 估計式具有不偏 (unbiased)、一致 (consistent)、最有效率 (most efficient) 等特性。

若誤差項 (ε_t) 不服從 i.i.d. 常態分配，雖然 OLS 估計式仍有不偏之特性，但未必是有效率之估計。

迴歸分析之誤差項若違反 i.i.d. 假定之後果

1. 一般線性迴歸模型：

$$Y = X\beta+\varepsilon$$

其中，Y 與 ε 爲 T×1 行向量，β 爲 k×1 行向量，X 爲 T×k 矩陣 (k 個解釋變數之 T 個觀察值所形成之資料矩陣)。

假設誤差項彼此間的共變異數爲 $cov(\varepsilon_s, \varepsilon_t) = \sigma_{st} = \sigma^2\psi_{st}$，我們通常用一個矩陣來歸納這些共變異數 (稱爲**共變異數矩陣** covariance matrix)

$$\Omega = cov(\varepsilon) = E\,(\varepsilon\varepsilon')\sigma = \begin{pmatrix} \sigma_{11} & \sigma_{12} & \cdots & \sigma_{1T} \\ \sigma_{21} & \sigma_{22} & \cdots & \sigma_{2T} \\ \vdots & \vdots & \ddots & \vdots \\ \sigma_{T1} & \sigma_{T2} & \cdots & \sigma_{TT} \end{pmatrix}$$

(1) 對稱矩陣故 $\sigma_{st} = \sigma_{ts}$；若 s = t，$\sigma_{st} = \sigma_t^2$。

(2) 若定義 $\sigma_{st} = \sigma^2\psi_{st}$，則共變異數矩陣可表達爲 $\Omega = \sigma^2\psi$，其中 $(\psi_{st} = \psi_{ts})$

$$\psi = \begin{pmatrix} \psi_{11} & \psi_{12} & \cdots & \psi_{1T} \\ \psi_{21} & \psi_{22} & \cdots & \psi_{2T} \\ \vdots & \vdots & \ddots & \vdots \\ \psi_{T1} & \psi_{T2} & \cdots & \psi_{TT} \end{pmatrix}$$

(3) **異質變異** (heteroskedasticity)：若 $s \neq t$ 時 $\sigma_{st} = 0$(共變異數矩陣只有對角線不是 0，亦即誤差項不具相關性)，當$\sigma_t^2 = \sigma^2$ 爲常數時 (每一個誤差項的變異數都相同)，我們稱誤差項具有**同質變異** (homoskedasticity)，此時共變異數矩陣可簡寫爲 $\Omega = \sigma^2 I_T$；反之，若σ_t^2 不完全相同 (誤差項的變異數不同)，則稱誤差項具有**異質變異**。

(4) **自我相關** (autocorrelation)：若 $s \neq t$ 時 $\sigma_{st} = 0$(共變異數矩陣只有對角線不是 0，亦即誤差項不具相關性)，則我們稱誤差項不具自我相關。若 $s \neq t$ 時 $\sigma_{st} \neq 0$(共變異數矩陣非對角線元素可能不爲 0，亦即誤差項具相關性)，則我們稱誤差項具有**自我相關**或**序列相關** (serial correlation)。

(5) 誤差項可能同時具有異質變異與自我相關的特性。

如何檢定誤差項變異是否同質呢？

方法一：統計檢定誤差項變異是否存在異質的方法，STaTa 才有 (SPSS 無) 提供下列三種檢定：

(1)White test (最常使用)：SPSS 改稱爲 McClendon's Multiple Regression and Causal Analysis (Peacock 1994)。

(2)Breusch-Pagan/Godfrey test (最具一般性)。

(3)Goldfeld-Quandt test (較麻煩，且僅適用於橫斷面資料)

方法二：繪「預測値 vs. 誤差 (殘差)」的散布圖，若「上 vs. 下」、且「左 vs. 右」均勻分布，才是變異數同質。

2-1 自定 SPSS 介面 (自己習慣的介面)

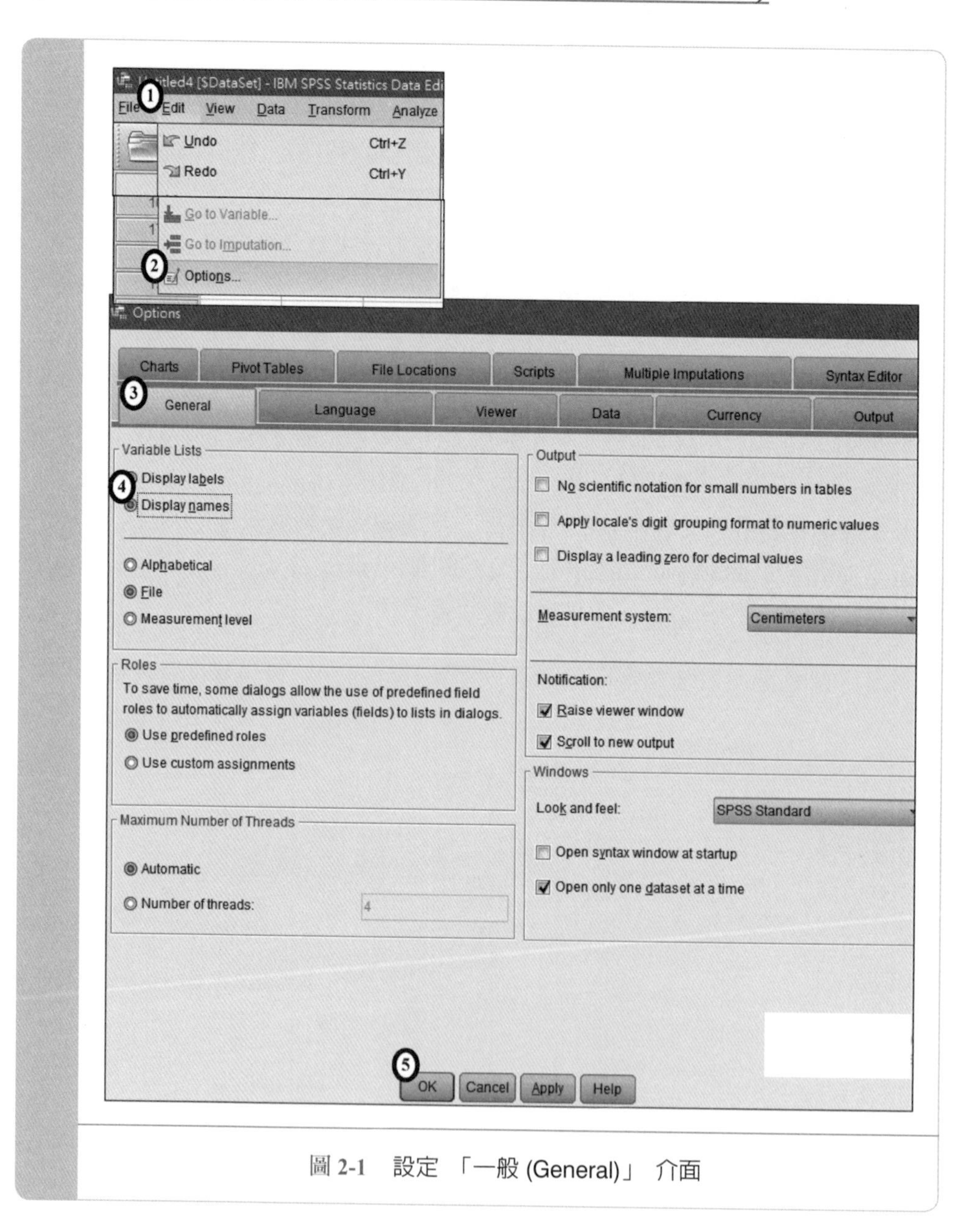

圖 2-1　設定「一般 (General)」介面

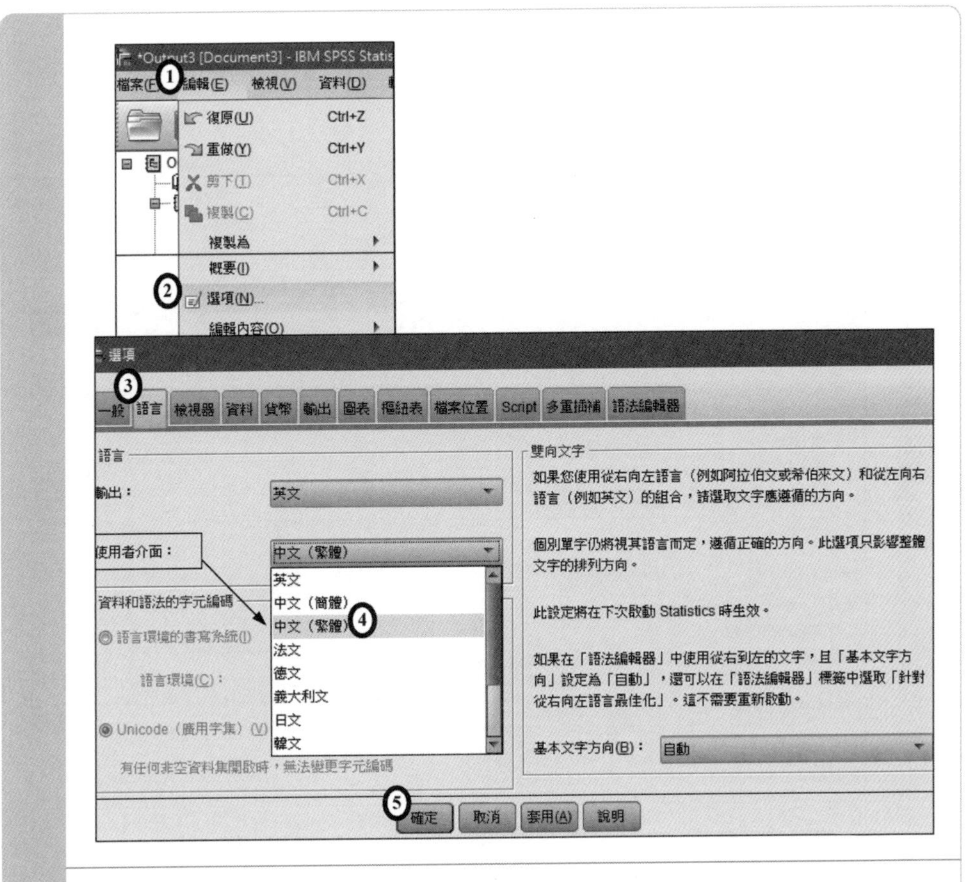

圖 2-2　設定「語言 (Language)」介面

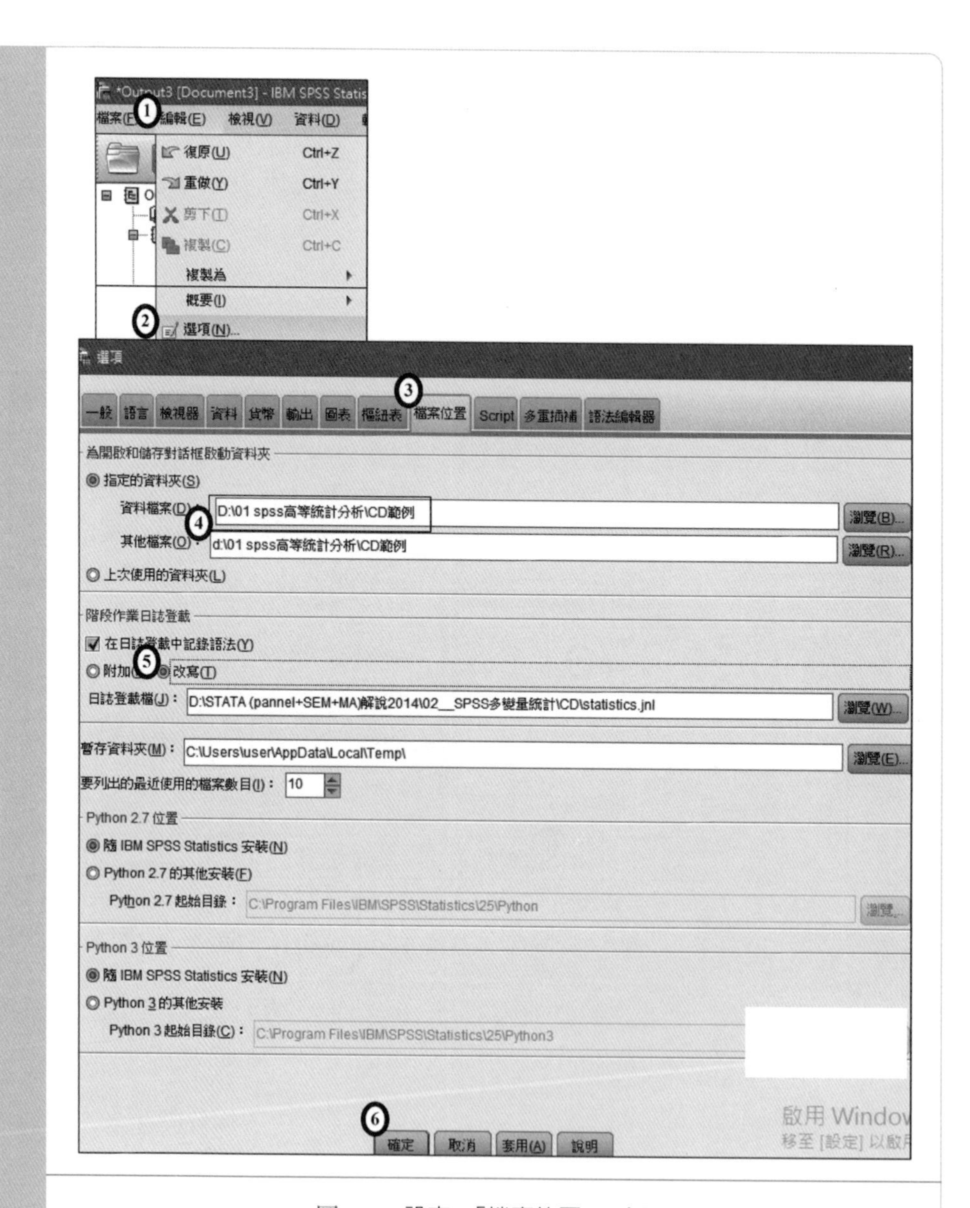

圖 2-3　設定「檔案位置」介面

2-2 資料分析前之檢查 (examining data)

統計表與統計圖旨在以有系統，有條理的方法，表現出資料的主要內容及特性，使讀者能一目瞭然，以提供有意義及有用的資訊，協助其了解問題。

統計表：將蒐集得到的資料整理成表格的形式，並以文字或數字的形式表現出來，即是所謂的統計表。

統計圖：將資料以點、線、面、體等圖形爲主，以文字數字爲輔的表現方式即爲統計圖。意即利用點的多寡，線的長短粗細、起伏趨勢，面積與體積的大小，顏色深淺來表示資料的特性者稱之爲統計圖。

常見統計圖的種類

1. 線圖 (line chart)

   以直線的高低來表示資料的特質，它最常用來表示時間數列的資料

2. 長條圖 (bar chart)

   以長條的長短來表示資料的特質，它最常用來表示類別的資料，又稱直條圖

3. 圓餅圖 (pie chart)

   以一個像一塊餅的圓形來表示全部的資料，各部分資料則以占整個圓餅的百分比來表示，類別或順序資料常用

4. 直方圖 (histogram)

   表示次數分配的的長方形圖，適合連續變數的次數直方圖，又稱多邊圖 (polygon)，肩形圖 (ogive)，柏拉圖 (Pareto chart)……。直方圖和常態 Q-Q 圖都可用於檢查資料是否服從常態分布 (接近鐘形曲線)。在直方圖提供的匯總統計資料中，如果資料服從常態分布，則平均值與中位數類似，偏度 (skew) 應接近零，並且峰度 (kurtosis) 應接近 3。如果資料高度偏斜，可選擇對資料進行變換，看是否可以使資料更接近常態分布。

在機率論和統計學中，偏度衡量實數隨機變量機率分布的不對稱性。偏度的值可以爲正，可以爲負或者甚至是無法定義。在數量上，偏度爲負 (負偏態) 就意味著在機率密度函數左側的尾部比右側的長，絕大多數的值 (包括中位數在內) 位於平均值的右側。偏度爲正 (正偏態) 就意味著在機率密度函數右側的尾部比左側的長，絕大多數的值 (但不一定包括中位數) 位於平均值的左側。偏度爲 0

就表示數值相對均勻地分布在平均值的兩側，但不一定意味著其爲對稱分布。

樣本偏態係數：$g_1 = \frac{\sum_{i=1}^{n}(X_i - \overline{X})^3 / (n-1)}{S^3}$

· 偏態係數 = 0 表示樣本分布對稱；

· 偏態係數 = + 表示樣本分布偏右；

· 偏態係數 = – 表示樣本分布偏左。

在統計學中，峰度衡量實數隨機變數概率分布的峰態。峰度高就意味著變異數增大是由低頻度的大於 (或小於) 平均值的極端差值引起的。

樣本偏態係數：$g_2 = \frac{\sum_{i=1}^{n}(X_i - \overline{X})^4 / (n-1)}{S^3} - 3$

· 峰度係數 = 0 表分布呈常態峰；

· 峰度係數 < 0 表分布呈低闊峰；

· 峰度係數 > 0 表分布呈高狹峰。

5. 散布圖 (scatter diagram, 相關圖)

可表達的資訊也是很豐富的 [誤差異質性、離群值 (outliers) 、迴歸模型適配性 (fit)] 。

散布圖 (scatter) 是用非數學的方式來辨認某現象的測量值與可能原因因素之間的關係。這種圖示方式具有快捷，易於交流，和易於理解的特點。用來繪製散布圖的數據必須是成對的 (X,Y) 。通常用垂直軸表示現象測量值 Y ，用水平軸表示可能有關係的原因因素 X 。推薦兩軸的交點採用兩個數據集 (現象測量值集，原因因素集) 的平均值。收集現象測量值時要排除其他可能影響該現象的因素。例如：測量機器制產品的錶面品質時，也要考慮到其它可能影響表面品質的因素，如進給速度、刀具狀態等。

散布圖又叫相關圖，它是將兩個可能相關的變數資料用點畫在坐標圖上，用成對的資料之間是否有相關性。這種成對的資料或許是特性一原因，特性一特性一原因的關係。通過對其觀察分析，來判斷兩個變數之間的相關關係。這種生產中也是常見的，例如熱處理時淬火溫度與工件硬度之間的關係，某種元素在材料中的含量與材料強度的關係等。這種關係雖然存在，但又難以用精確的公式或函示，在這種情況下用相關圖來分析就是很方便的。假定有一對變數 x 和 y ，x 影響因素，y 表示某一質量特徵值，通過實驗或蒐集到的 x 和 y 的資料，上用點表示出來，根據點的分布特點，就可以判斷 x 和的 y 相關情況。在我們的生活及工作中，許多現象和原因，有些呈規則的關連，有些呈不規則連。我們要瞭解它，就可藉助散布圖統計手法來判斷它們之間的相關關係。

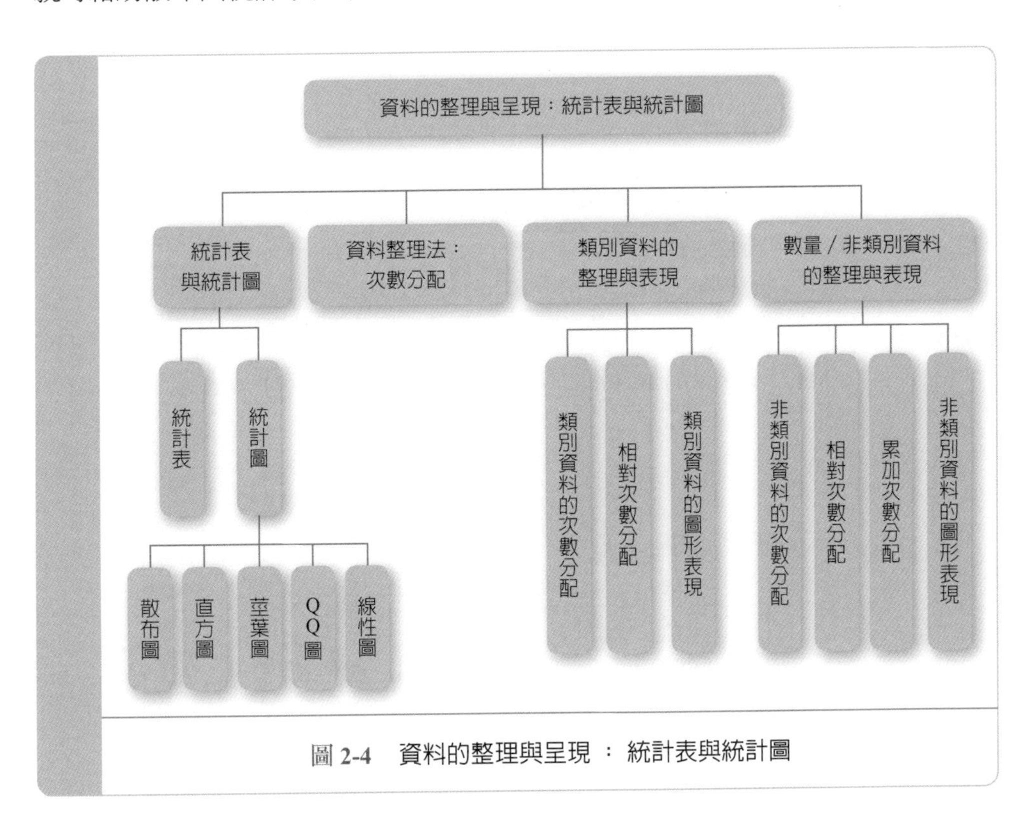

圖 2-4 資料的整理與呈現 ： 統計表與統計圖

次數的統計表稱爲類別資料的次數分配表。分組時應確保：

(1) 互斥性 (觀察值或資料只能屬於其中一組) 。

(2) 完整性 (觀察值必分屬於任何一組) 。

2-2-1 散布圖 (ggraph 指令)：最小平迴歸法錯用的 4 情況？

散布圖 (scatter) 就是隨機分配。以下例子都是同一個，最小平迴歸 (least-squares regressions)「同樣的截距、同樣的斜率」，若無繪散布圖來事先檢查樣本資料的適合性，就可能誤用：錯用在下列四情況。

範例：迴歸分析前之資料檢查

一、資料檔之內容

資料檔「quartet.sav」，如下圖所示，共四對「x → y」因果關係，樣本人數 N=11 個人。

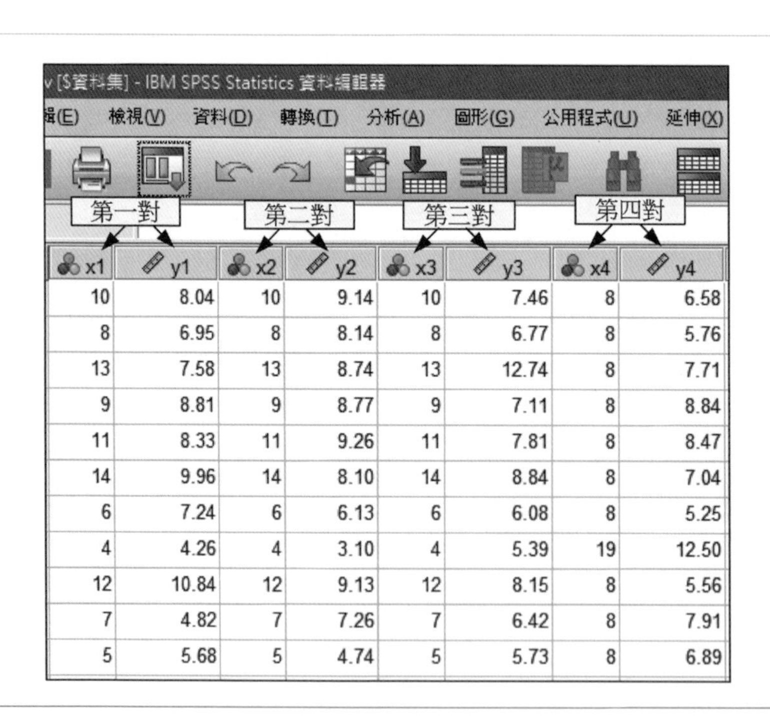

x1	y1	x2	y2	x3	y3	x4	y4
10	8.04	10	9.14	10	7.46	8	6.58
8	6.95	8	8.14	8	6.77	8	5.76
13	7.58	13	8.74	13	12.74	8	7.71
9	8.81	9	8.77	9	7.11	8	8.84
11	8.33	11	9.26	11	7.81	8	8.47
14	9.96	14	8.10	14	8.84	8	7.04
6	7.24	6	6.13	6	6.08	8	5.25
4	4.26	4	3.10	4	5.39	19	12.50
12	10.84	12	9.13	12	8.15	8	5.56
7	4.82	7	7.26	7	6.42	8	7.91
5	5.68	5	4.74	5	5.73	8	6.89

圖 2-5 「quartet.sav」 資料檔內容 (N=11 個體， 8 個連續變數)

二、分析結果與討論

Step 1 繪「x1 → y1」散布圖及迴歸線

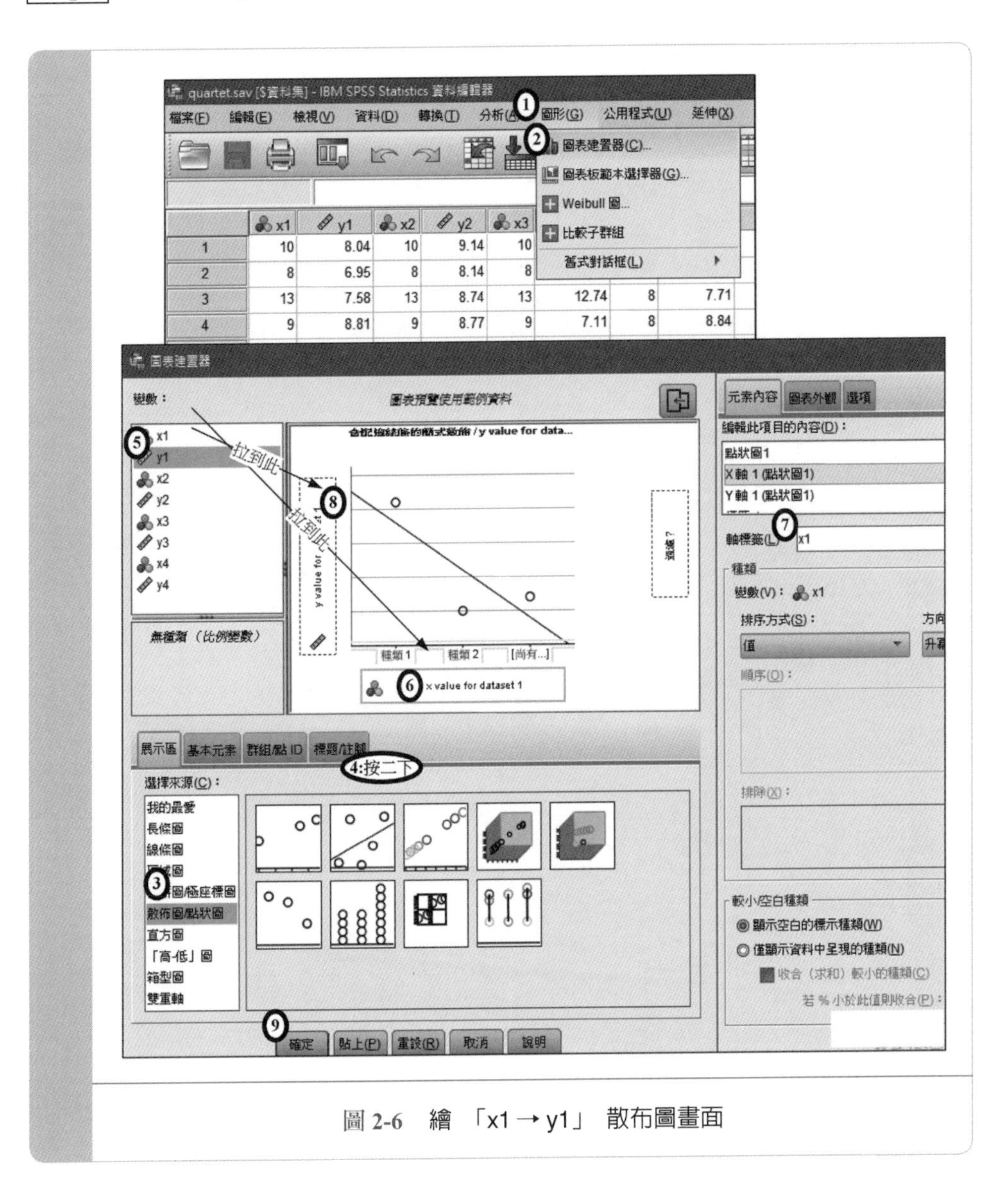

圖 2-6 繪「x1 → y1」散布圖畫面

對應的指令語法：

```
title "x1--> y1 scatter".
subtitle "scatter.sps,「quartet.sav」資料檔 ".
GET
  FILE='D:\CD 範例 \quartet.sav'.

* 圖表建置器 .
GGRAPH
  /GRAPHDATASET NAME="GraphDataset" VARIABLES= y1 x1
  /GRAPHSPEC SOURCE=INLINE
      INLINETEMPLATE=["<addFitLine  type='linear' target='pair'/> "].
BEGIN GPL
SOURCE: s=userSource( id( "GraphDataset" ) )
DATA: y1=col( source(s), name( "y1" ) )
DATA: x1=col( source(s), name( "x1" ) )
GUIDE: axis( dim( 1 ), label( "x1" ), start(0.0), delta(5) )
GUIDE: axis( dim( 2 ), label( "y1" ) )
SCALE: linear( dim( 1 ), min(0), max(20) )
SCALE: linear( dim( 2 ), min(0), max(15) )
ELEMENT: point ( position( ( x1 * y1 ) ) )
END GPL.
```

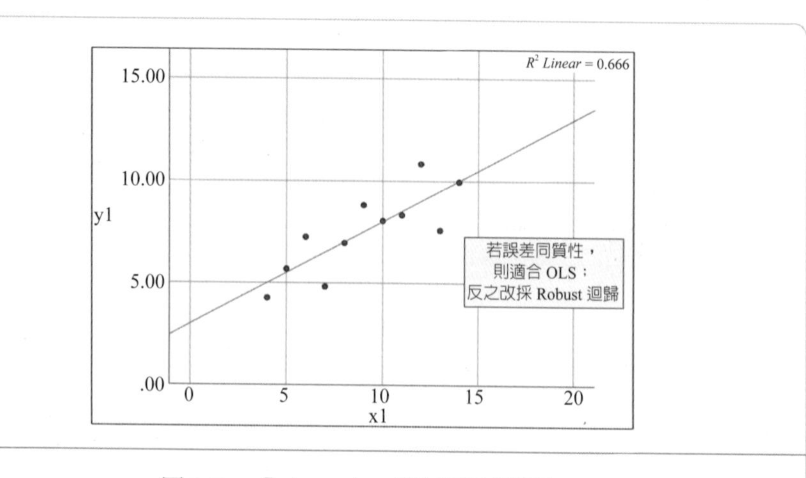

圖 2-7 「x1 → y1」 散布圖及迴歸線

Step 2「x2 → y2」散布圖及迴歸線

繪「x2 → y2」散布圖，對應的指令語法：

```
* 圖表建置器 .
GGRAPH
  /GRAPHDATASET NAME="GraphDataset" VARIABLES= y2 x2
  /GRAPHSPEC SOURCE=INLINE
      INLINETEMPLATE=["<addFitLine  type='linear' target='pair'/> "].
BEGIN GPL
SOURCE: s=userSource( id( "GraphDataset" ) )
DATA: y2=col( source(s), name( "y2" ) )
DATA: x2=col( source(s), name( "x2" ) )
GUIDE: axis( dim( 1 ), label( "x2" ), start(0.0), delta(5) )
GUIDE: axis( dim( 2 ), label( "y2" ) )
SCALE: linear( dim( 1 ), min(0), max(20) )
SCALE: linear( dim( 2 ), min(0), max(15) )
ELEMENT: point( position( ( x2 * y2 ) ) )
END GPL.
```

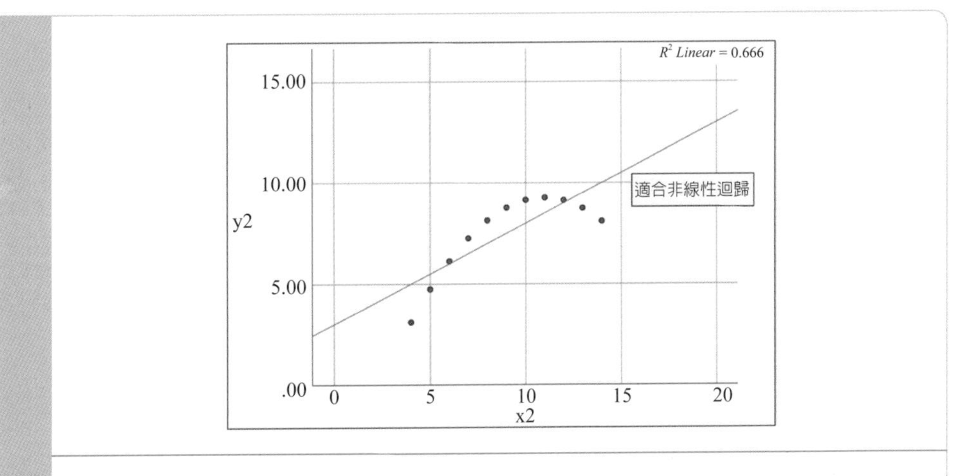

圖 2-8 「x2 → y2」 散布圖及迴歸線

Step 3 繪「x3 → y3」散布圖及迴歸線

繪「x3 → y3」散布圖畫面，對應的指令語法：

```
* 圖表建置器 .
GGRAPH
  /GRAPHDATASET NAME="GraphDataset" VARIABLES= y3 x3
  /GRAPHSPEC SOURCE=INLINE
     INLINETEMPLATE=["<addFitLine  type='linear' target='pair'/> "].
BEGIN GPL
SOURCE: s=userSource( id( "GraphDataset" ) )
DATA: y3=col( source(s), name( "y3" ) )
DATA: x3=col( source(s), name( "x3" ) )
GUIDE: axis( dim( 1 ), label( "x3" ), start(0.0), delta(5) )
GUIDE: axis( dim( 2 ), label( "y3" ) )
SCALE: linear( dim( 1 ), min(0), max(20) )
SCALE: linear( dim( 2 ), min(0), max(15) )
ELEMENT: point( position( ( x3 * y3 ) ) )
END GPL.
```

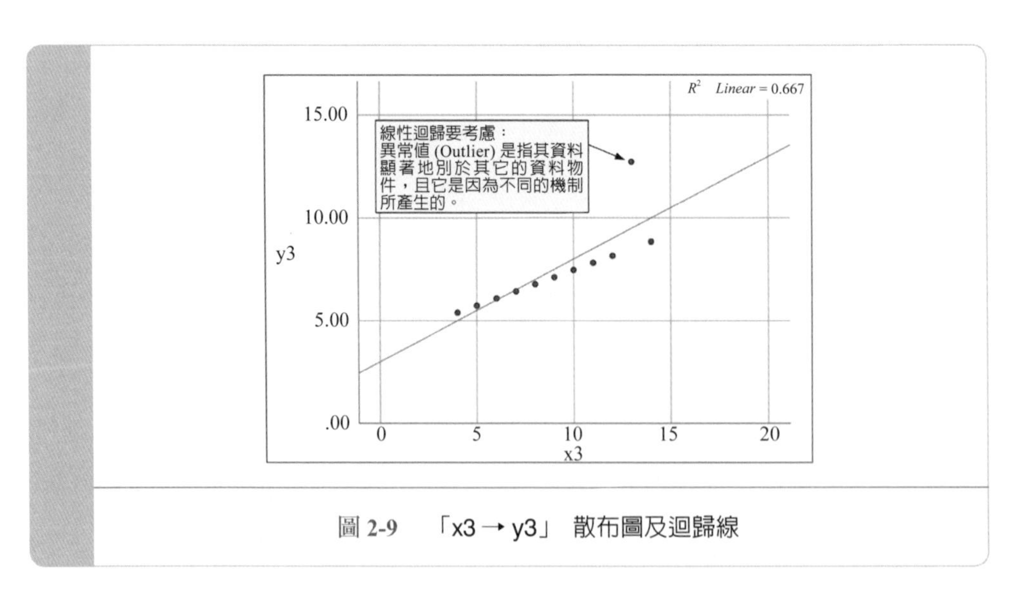

圖 2-9　「x3 → y3」散布圖及迴歸線

R^2 *Linear* = 0.667

Step 4 繪「x4 → y4」散布圖及迴歸線

繪「x4 → y4」散布圖，對應的指令語法：

```
* 圖表建置器 .
GGRAPH
  /GRAPHDATASET NAME="GraphDataset" VARIABLES= y4 x4
  /GRAPHSPEC SOURCE=INLINE
      INLINETEMPLATE=["<addFitLine  type='linear' target='pair'/> "].
BEGIN GPL
SOURCE: s=userSource( id( "GraphDataset" ) )
DATA: y4=col( source(s), name( "y4" ) )
DATA: x4=col( source(s), name( "x4" ) )
GUIDE: axis( dim( 1 ), label( "x4" ), start(0.0), delta(5) )
GUIDE: axis( dim( 2 ), label( "y4" ) )
SCALE: linear( dim( 1 ), min(0), max(20) )
SCALE: linear( dim( 2 ), min(0), max(15) )
ELEMENT: point( position( ( x4 * y4 ) ) )
END GPL.
```

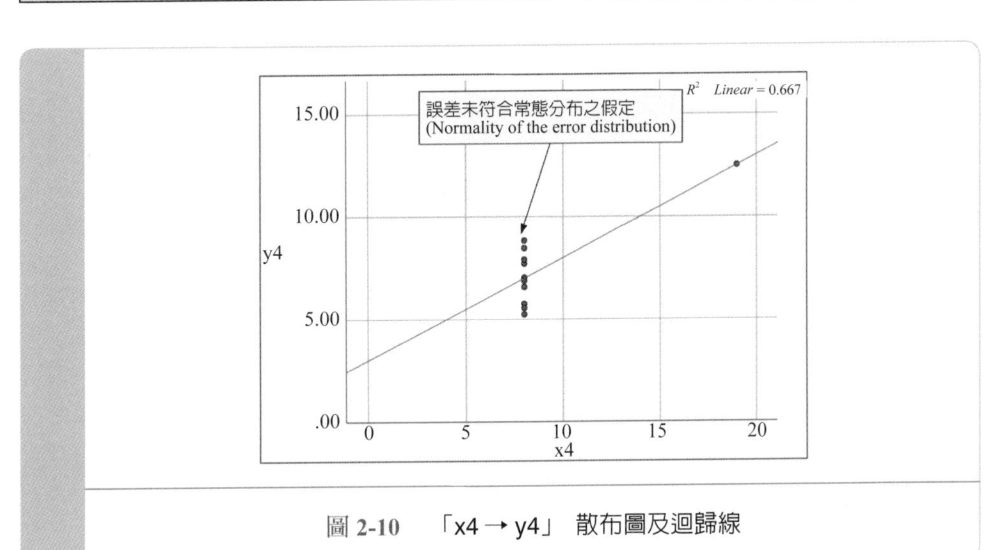

圖 2-10 「x4 → y4」 散布圖及迴歸線

2-2-2 直方圖 (ggraph 指令)

直方圖 (Histogram)，又稱柱狀圖、質量分布圖在質量管理中，如何預測並監控產品質量狀況？如何對質量波動進行分析？直方圖就是一目瞭然地把這些問題圖表化處理的工具。它通過對收集到的貌似無序的數據進行處理，來反映產品質量的分布情況，判斷和預測產品質量及不合格率。

直方圖的最主要用途在推測製程能力、計算不良率、調查是否有混入兩種以上不同群體，也可以用來測知有無假數據、設計的管制界線是否適用於實際製程管制，並藉以訂定規格與規格界限或表準值比較。

直方圖基本上是一種次數分配表，沿著橫軸以各組組界爲分界，組距爲底邊，以各組的次數爲高度，依序在固定的間距上畫出矩形高度所繪製而成之圖形。

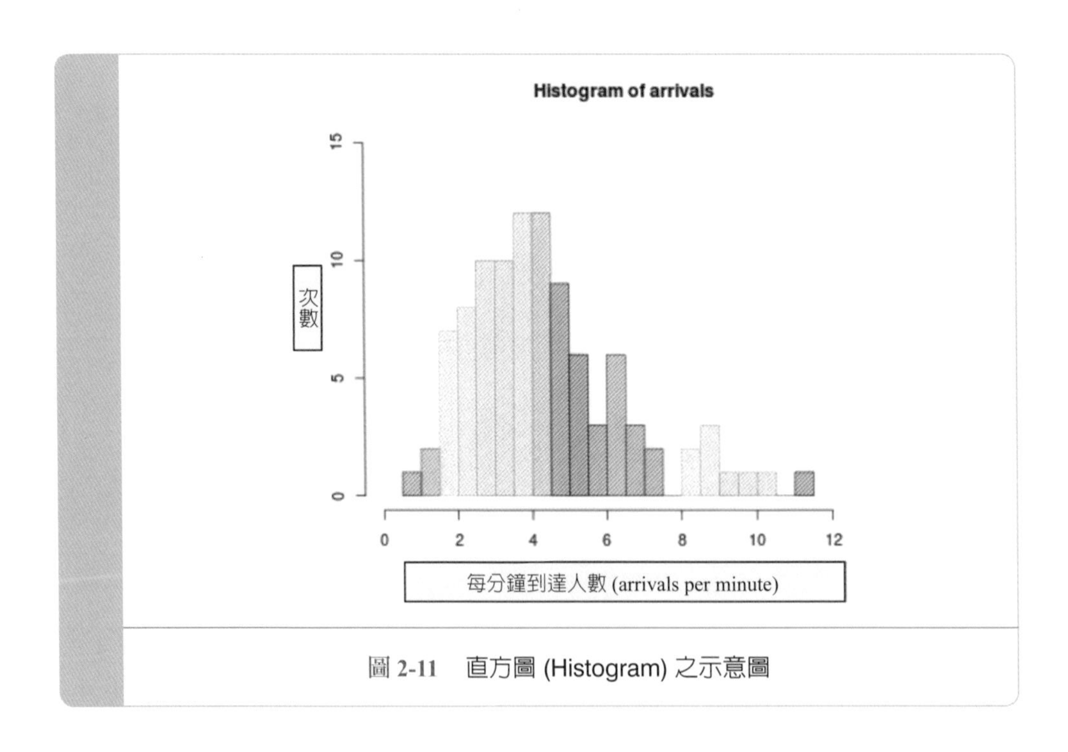

圖 2-11　直方圖 (Histogram) 之示意圖

範例：連續變數 (收入) 的直方圖

一、資料檔之內容

資料檔「prestige.sav」，如下圖所示，共有 102 種職業別的特徵 [某職業平均收入 (income)、聲望 (prestige)] 。

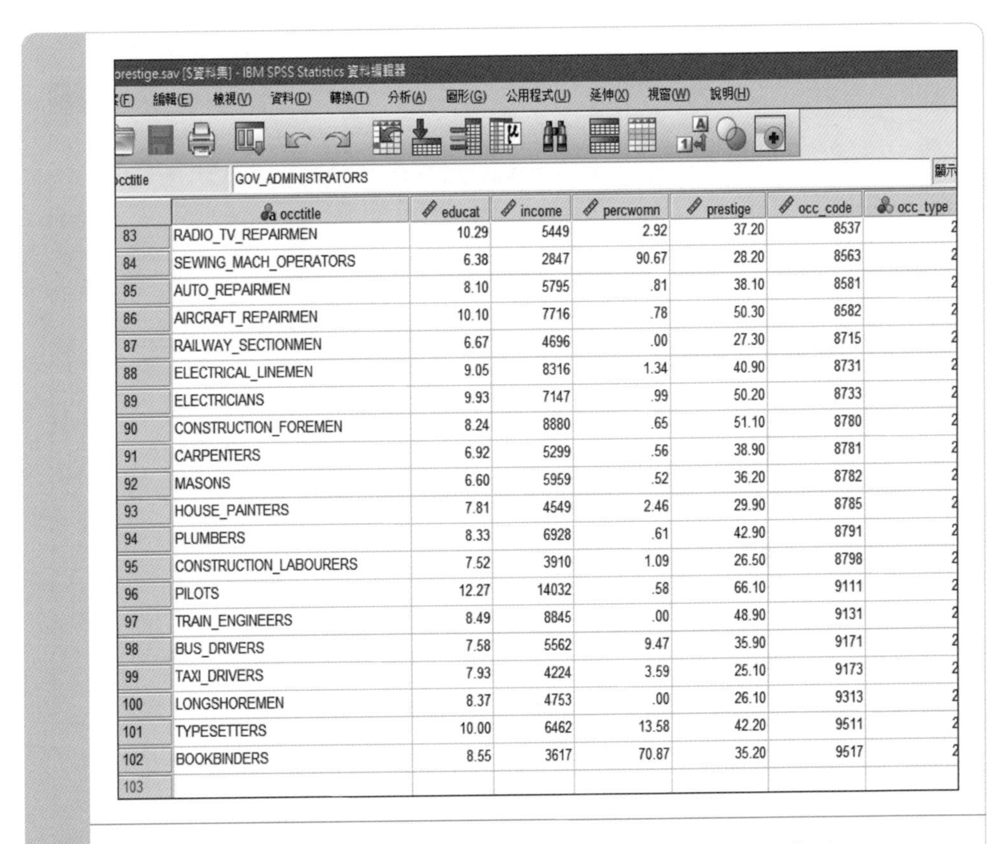

prestige.sav [$資料集] - IBM SPSS Statistics 資料編輯器

occtitle GOV_ADMINISTRATORS

	occtitle	educat	income	percwomn	prestige	occ_code	occ_type
83	RADIO_TV_REPAIRMEN	10.29	5449	2.92	37.20	8537	2
84	SEWING_MACH_OPERATORS	6.38	2847	90.67	28.20	8563	2
85	AUTO_REPAIRMEN	8.10	5795	.81	38.10	8581	2
86	AIRCRAFT_REPAIRMEN	10.10	7716	.78	50.30	8582	2
87	RAILWAY_SECTIONMEN	6.67	4696	.00	27.30	8715	2
88	ELECTRICAL_LINEMEN	9.05	8316	1.34	40.90	8731	2
89	ELECTRICIANS	9.93	7147	.99	50.20	8733	2
90	CONSTRUCTION_FOREMEN	8.24	8880	.65	51.10	8780	2
91	CARPENTERS	6.92	5299	.56	38.90	8781	2
92	MASONS	6.60	5959	.52	36.20	8782	2
93	HOUSE_PAINTERS	7.81	4549	2.46	29.90	8785	2
94	PLUMBERS	8.33	6928	.61	42.90	8791	2
95	CONSTRUCTION_LABOURERS	7.52	3910	1.09	26.50	8798	2
96	PILOTS	12.27	14032	.58	66.10	9111	2
97	TRAIN_ENGINEERS	8.49	8845	.00	48.90	9131	2
98	BUS_DRIVERS	7.58	5562	9.47	35.90	9171	2
99	TAXI_DRIVERS	7.93	4224	3.59	25.10	9173	2
100	LONGSHOREMEN	8.37	4753	.00	26.10	9313	2
101	TYPESETTERS	10.00	6462	13.58	42.20	9511	2
102	BOOKBINDERS	8.55	3617	70.87	35.20	9517	2
103							

圖 2-12 「prestige.sav」 資料檔內容 (N=102 種職業別)

二、分析結果與討論

Step 1 繪「income 連續變數」直方圖

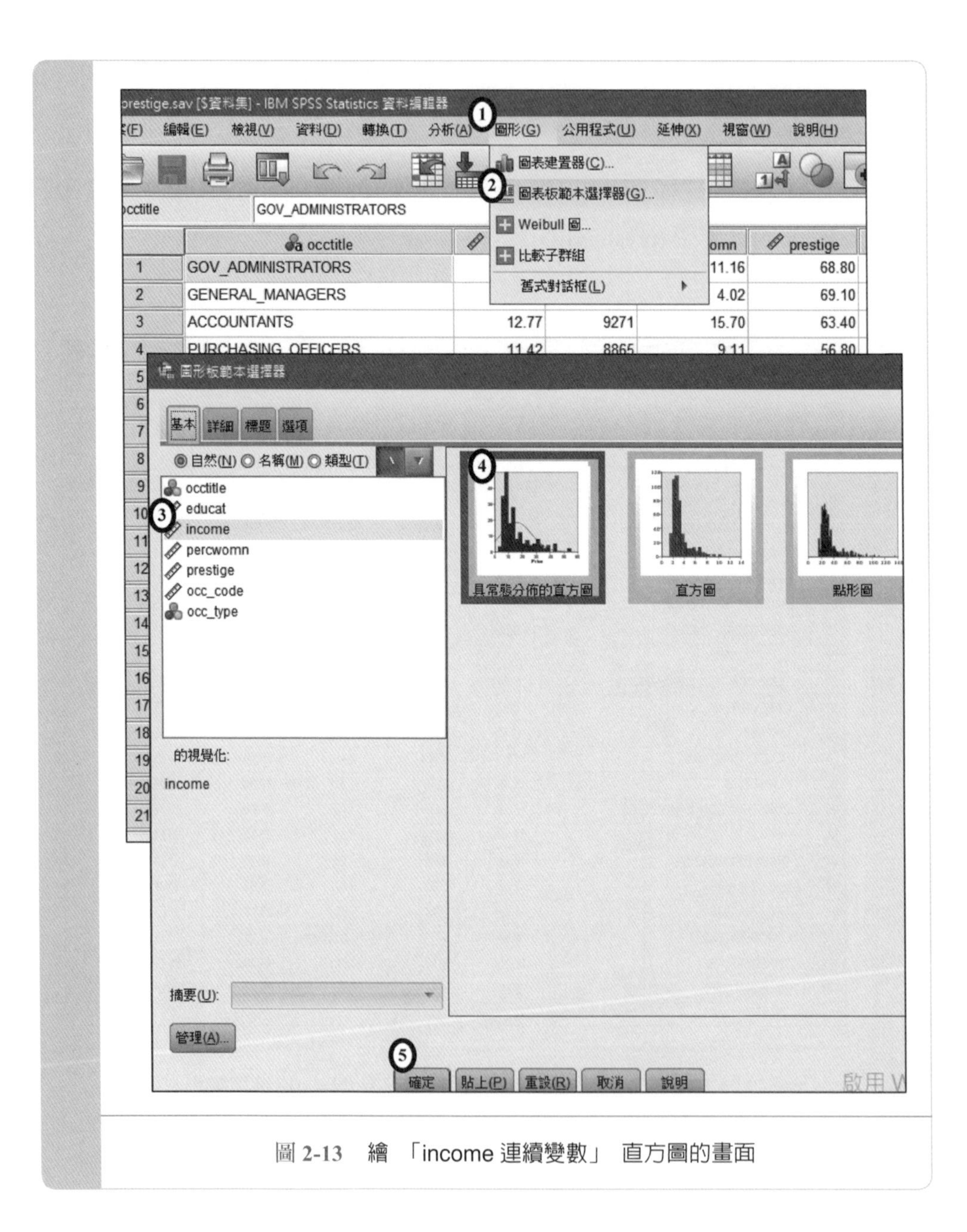

圖 2-13　繪 「income 連續變數」 直方圖的畫面

對應的指令語法：

```
title "直方圖:prestige.sav 資料檔，Histogram.sps".
GET
  FILE='D:\CD 範例\prestige.sav'.
```

```
GGRAPH
  /GRAPHDATASET NAME="graphdataset"
    VARIABLES=income[LEVEL=scale]
    MISSING=LISTWISE REPORTMISSING=NO
    /GRAPHSPEC SOURCE=VIZTEMPLATE(NAME="Histogram with Normal
Distribution"[LOCATION=LOCAL]
    MAPPING( "x"="income"[DATASET="graphdataset"]))
    VIZSTYLESHEET="Traditional"[LOCATION=LOCAL]
    LABEL='HISTOGRAM WITH NORMAL DISTRIBUTION: income'
    DEFAULTTEMPLATE=NO.
```

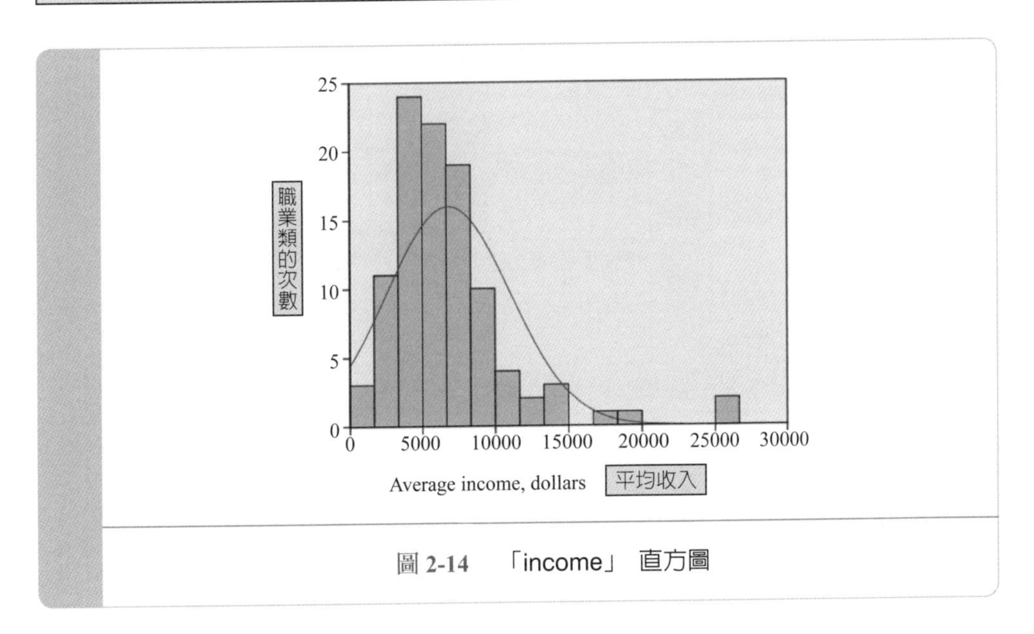

圖 2-14 「income」 直方圖

2-2-3 莖葉圖 (EXAMINE /plot stemleaf 指令)

莖葉圖 (Stem and leaf plot) 莖葉圖又稱「枝葉圖」，它的思路是將數組中的數按位數進行比較，將數的大小基本不變或變化不大的位作爲一個主幹 (莖)，將變化大的位的數作爲分枝 (葉)，列在主幹的後面，這樣就可以清楚地看到每個主幹後面的幾個數，每個數具體是多少。

範例：用 EXAMINE 指令繪「income 連續變數」莖葉圖、直方圖

承上例之資料檔「prestige.sav」，繪「income 連續變數」的莖葉圖。

Step 1 用 EXAMINE 指令繪「income 連續變數」莖葉圖、直方圖

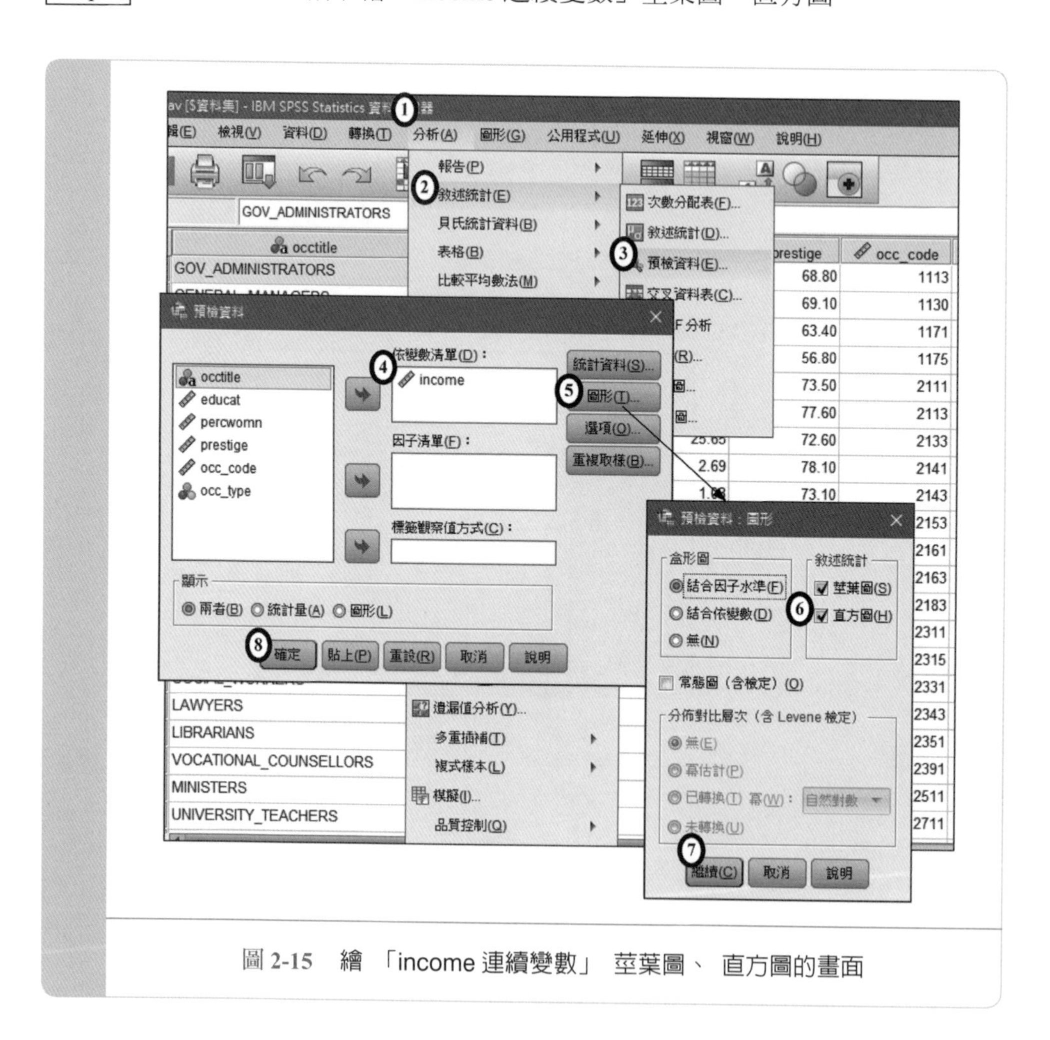

圖 2-15 繪「income 連續變數」莖葉圖、直方圖的畫面

對應的指令語法：

```
GET
  FILE='D:\CD範例\prestige.sav'.
EXAMINE VARIABLES=income
  / PLOT BOXPLOT STEMLEAF HISTOGRAM
```

```
/COMPARE GROUPS
/STATISTICS DESCRIPTIVES
/CINTERVAL 95
/MISSING LISTWISE
/NOTOTAL.
```

```
Average income, dollars Stem-and-Leaf Plot

 Frequency    Stem &  Leaf

     2.00        0 .  69
     2.00        1 .  68
     5.00        2 .  34589
    15.00        3 .  001114445667999
    14.00        4 .  00123345666777
    14.00        5 .  00111245567899
    12.00        6 .  112344556899
     8.00        7 .  01445789
    15.00        8 .  000122344788888
     2.00        9 .  25
     1.00       10 .  4
     3.00       11 .  003
     2.00       12 .  34
      .00       13 .
     2.00       14 .  01
     5.00 Extremes    (>=14558)

 Stem width:   1000
 Each leaf:        1 case(s)
```

2-2-4 二個次序變數 (vocab、educ) 之散布圖

範例：二個次序變數「vocab、educ」之散布圖

Step 1 繪二次序變數「vocab、educ」散布圖 (不含迴歸線)

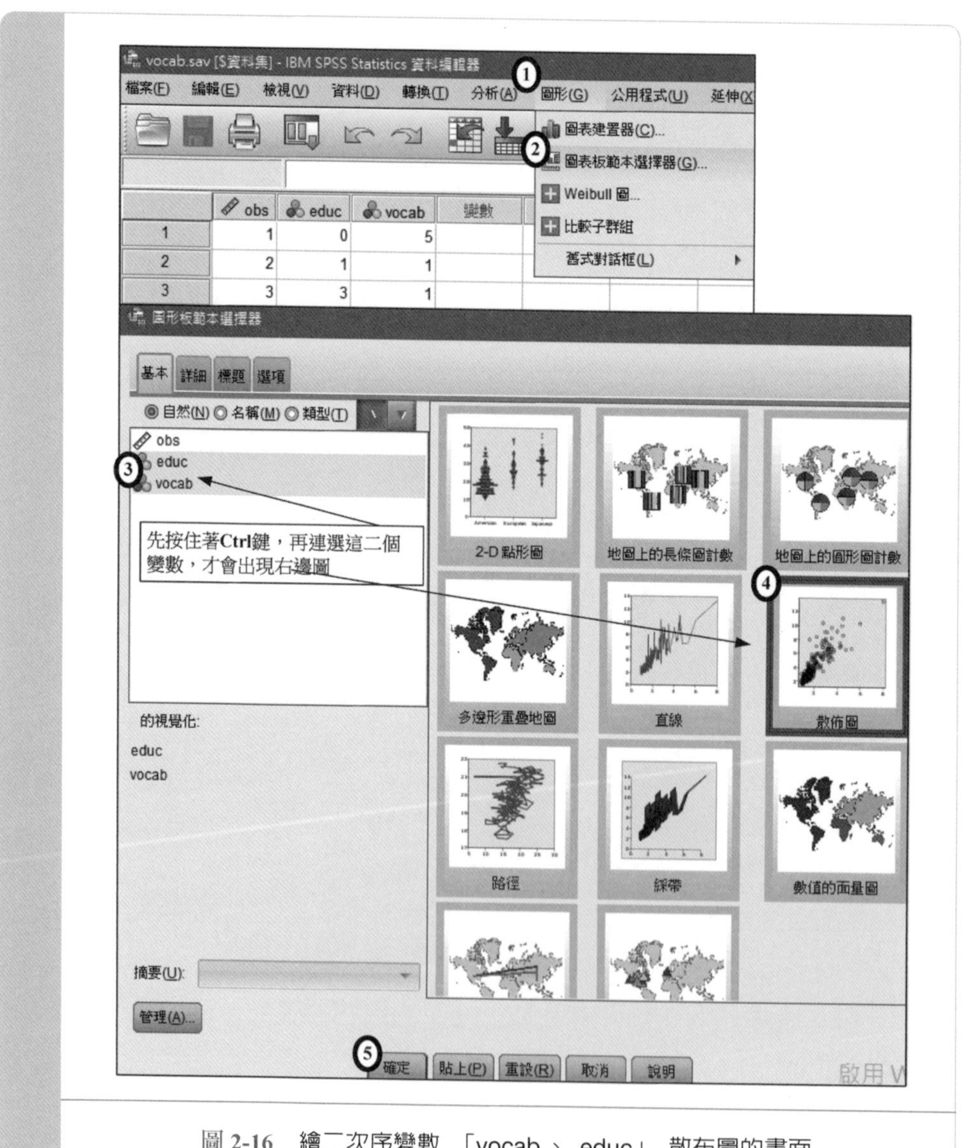

圖 2-16 繪二次序變數「vocab、educ」散布圖的畫面

對應的指令語法：

```
title "散布圖:vocab.sav 資料檔, scatter of 2 var.sps".
GET
  FILE='D:\CD 範例 \vocab.sav'.

DATASET ACTIVATE $資料集.
GGRAPH
  /GRAPHDATASET NAME="graphdataset"
    VARIABLES=vocab[LEVEL=nominal] educ[LEVEL=nominal]
    MISSING=LISTWISE REPORTMISSING=NO
  /GRAPHSPEC SOURCE=VIZTEMPLATE(NAME="Scatterplot"[LOCATION=LOCAL]
    MAPPING( "x"="educ"[DATASET="graphdataset"] "y"="vocab"[DATASET="graphdataset"]))
    VIZSTYLESHEET="Traditional"[LOCATION=LOCAL]
    LABEL='SCATTERPLOT: educ-vocab'
    DEFAULTTEMPLATE=NO.
```

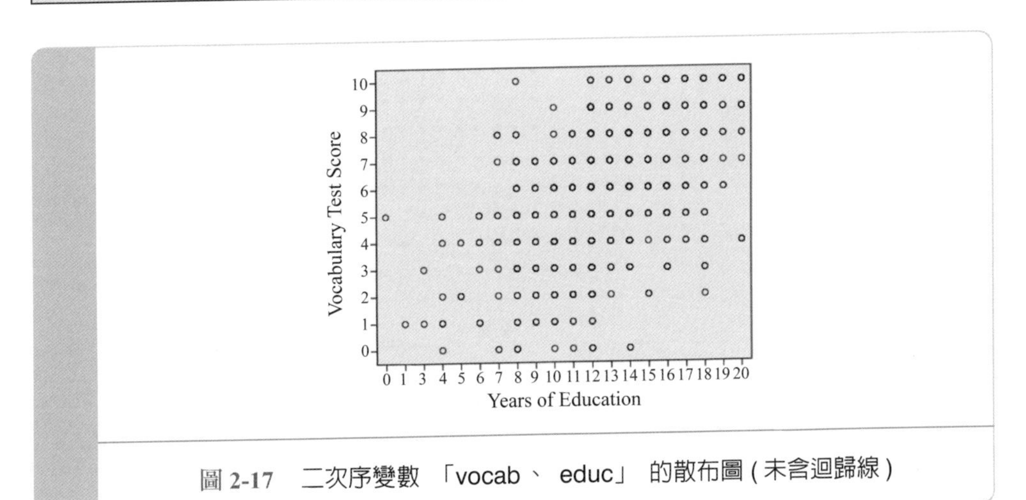

圖 2-17　二次序變數「vocab、educ」的散布圖 (未含迴歸線)

Step 2 繪二次序變數「vocab、educ」散布圖 (含迴歸線)

對應的指令語法：

```
title "散布圖:vocab.sav 資料檔, scatter of 2 var.sps".
subtile "含迴歸線之散布圖".
GET
  FILE='D:\CD 範例 \vocab.sav'.
```

```
GGRAPH
  /GRAPHDATASET NAME="GraphDataset" VARIABLES= vocab educ
  /GRAPHSPEC SOURCE=INLINE
     INLINETEMPLATE=["<addFitLine  type='linear' target='pair'/> "].
BEGIN GPL
SOURCE: s=userSource( id( "GraphDataset" ) )
DATA: vocab=col( source(s), name( "vocab" ) )
DATA: educ=col( source(s), name( "educ" ) )
GUIDE: axis( dim( 1 ), label( "學歷" ), start(0.0), delta(5) )
GUIDE: axis( dim( 2 ), label( "職業別" ), start(0.0), delta(5) )
SCALE: linear( dim( 1 ), min(0), max(20) )
SCALE: linear( dim( 2 ), min(0), max(10) )
ELEMENT: point( position( ( educ * vocab ) ) )
END GPL.
```

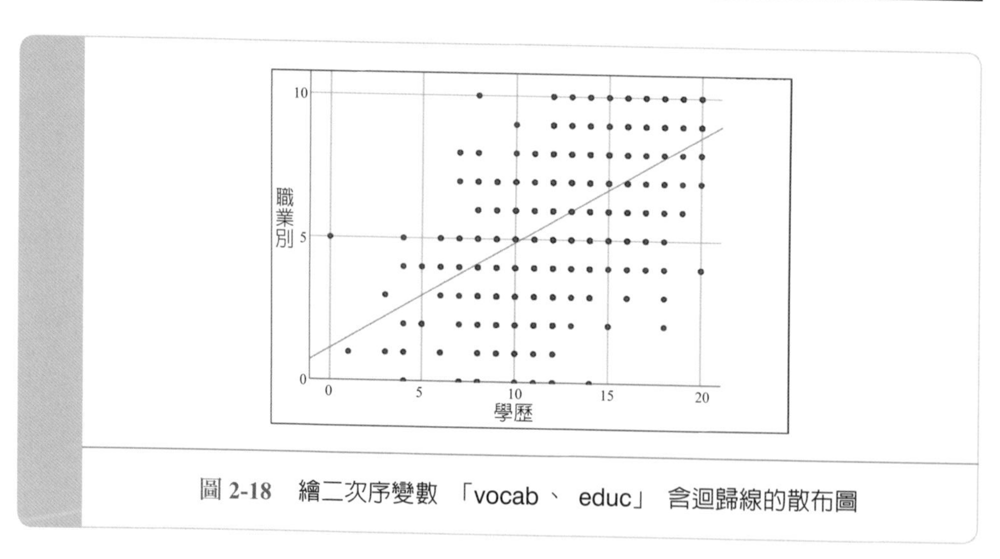

圖 2-18　繪二次序變數「vocab、 educ」含迴歸線的散布圖

Step 3 繪二次序變數「vocab、educ」Jittered scatterplot (含迴歸線)

散點圖 (scatterplots) 是了解雙變數 (bivariate) 關係的最佳方法之一。他們巧妙地展示了 x 和之間的關係的形式 y。但是，它們只有在兩個變數都是連續的時候才有效。(1) 當有一變數是離散型則「boxplots, 條件密度圖 (conditional density plots)」更能表現出「類別 vs. 連續變數」的關係。(2) 但有時候次序型變數，它若似離散變數 (例如：years of formal education)，這些次序型可亦可視連續型變

數，來了解它與其他變數 (vocab) 的近似線性關係。若在每個教育層次上 boxplot 來總結一個連續的結果 (如 vocab) 可能非常繁瑣，此時可能需要 Jitter 散點圖。

繪二次序變數「vocab 、educ」含迴歸線的 Jittered scatterplot 的對應的指令語法：

```
title " 散布圖 :vocab.sav 資料檔 , scatter of 2 var.sps".
subtile " 含迴歸線之 Jittered scatterplot".
GET
  FILE='D:\CD 範例 \vocab.sav'.
GGRAPH
  /GRAPHDATASET NAME="GraphDataset" VARIABLES= vocab educ
  /GRAPHSPEC SOURCE=INLINE
      INLINETEMPLATE=[ "<addFitLine  type='linear' target='pair'/>"].
BEGIN GPL
SOURCE: s=userSource( id( "GraphDataset" ) )
DATA: vocab=col( source(s), name( "vocab" ) )
DATA: educ=col( source(s), name( "educ" ) )
GUIDE: axis( dim( 1 ), label( "Years of Education" ), start(0.0), delta(5) )
GUIDE: axis( dim( 2 ), label( "Vocabulary Score" ), start(0.0), delta(5) )
SCALE: linear( dim( 1 ), min(0), max(20) )
SCALE: linear( dim( 2 ), min(0), max(10) )
ELEMENT: point.jitter(position( educ * vocab ) )
END GPL.
```

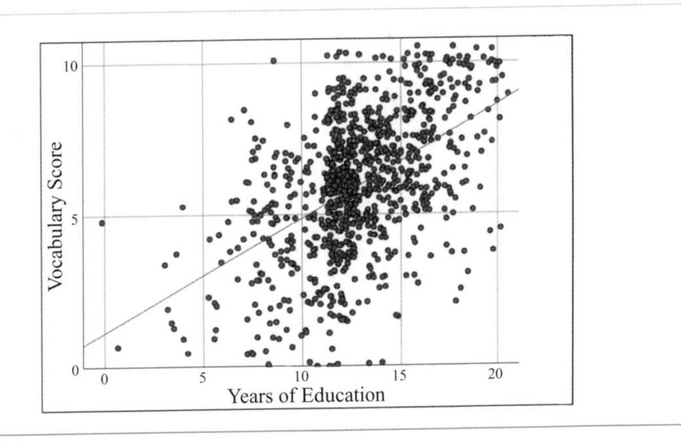

圖 2-19 繪二次序變數「vocab、 educ」含迴歸線的 Jittered scatterplot 圖

2-3 假定 (assumption) 的偵測及補求法：變數變換 (transforming data)

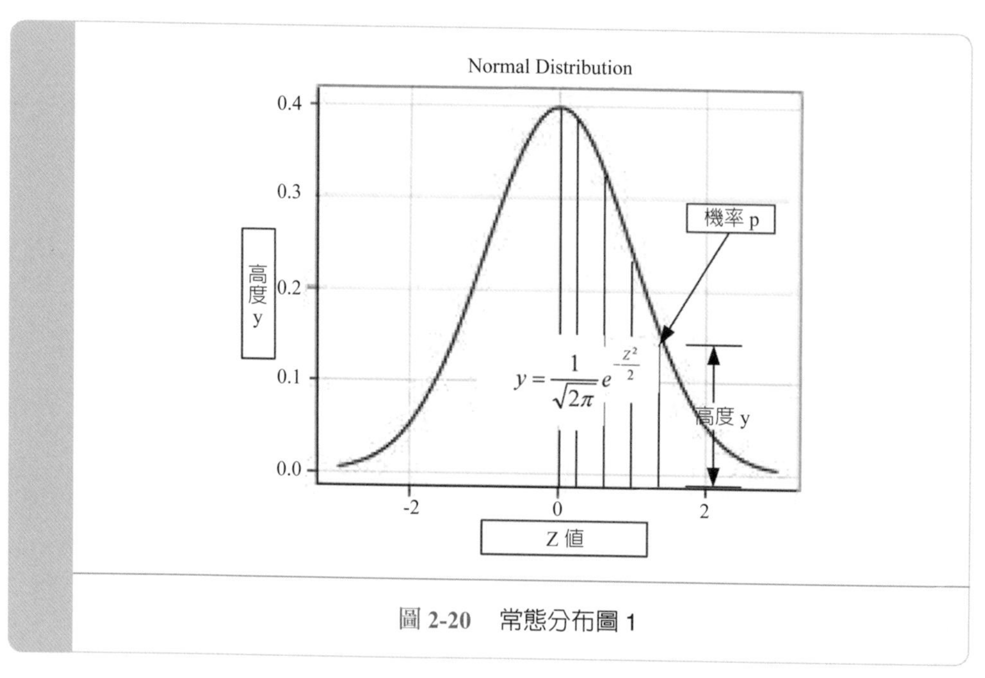

圖 2-20 常態分布圖 1

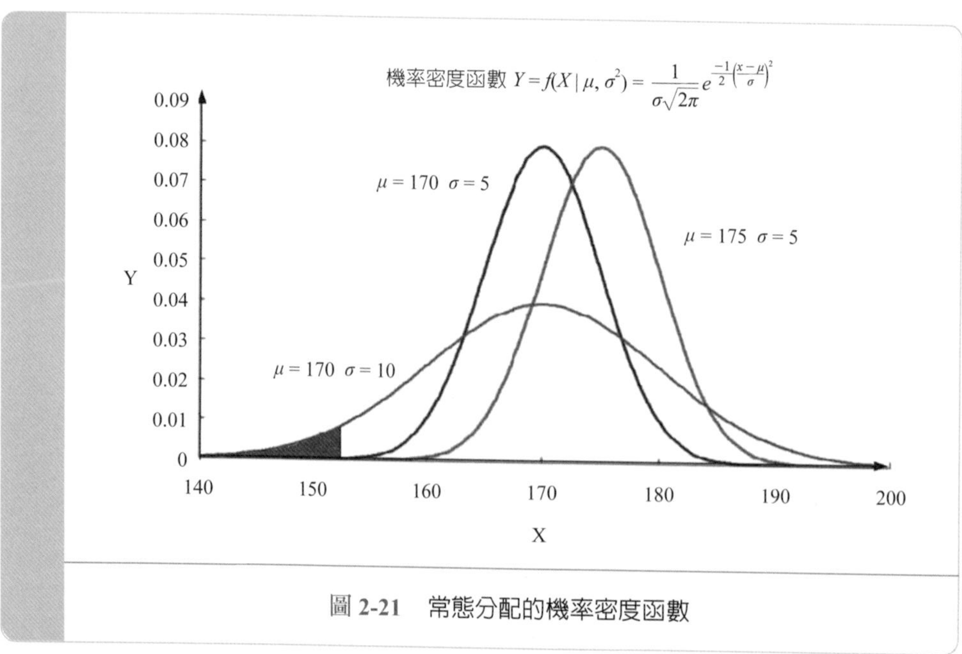

圖 2-21 常態分配的機率密度函數

常態分布「高斯分布」(Gaussian distribution)：將一連續變數之觀察值發生機率以圖呈現其分布情形，且具有以下特性：

1. 以平均數爲中線，構成左右對稱之單峰、鐘型曲線分布。
2. 觀察值之範圍爲負無限大至正無限大之間。
3. 變數之平均數、中位數和衆數爲同一數值。
4. 標準差 (standard deviation)：
   (1) 68.3% 的數值，落在平均數 ±1 個標準差間。
   (2) 95.4% 的數值，落在平均數 ±2 個標準差間。
   (3) 99.7% 的數值，落在平均數 ±3 個標準差間。

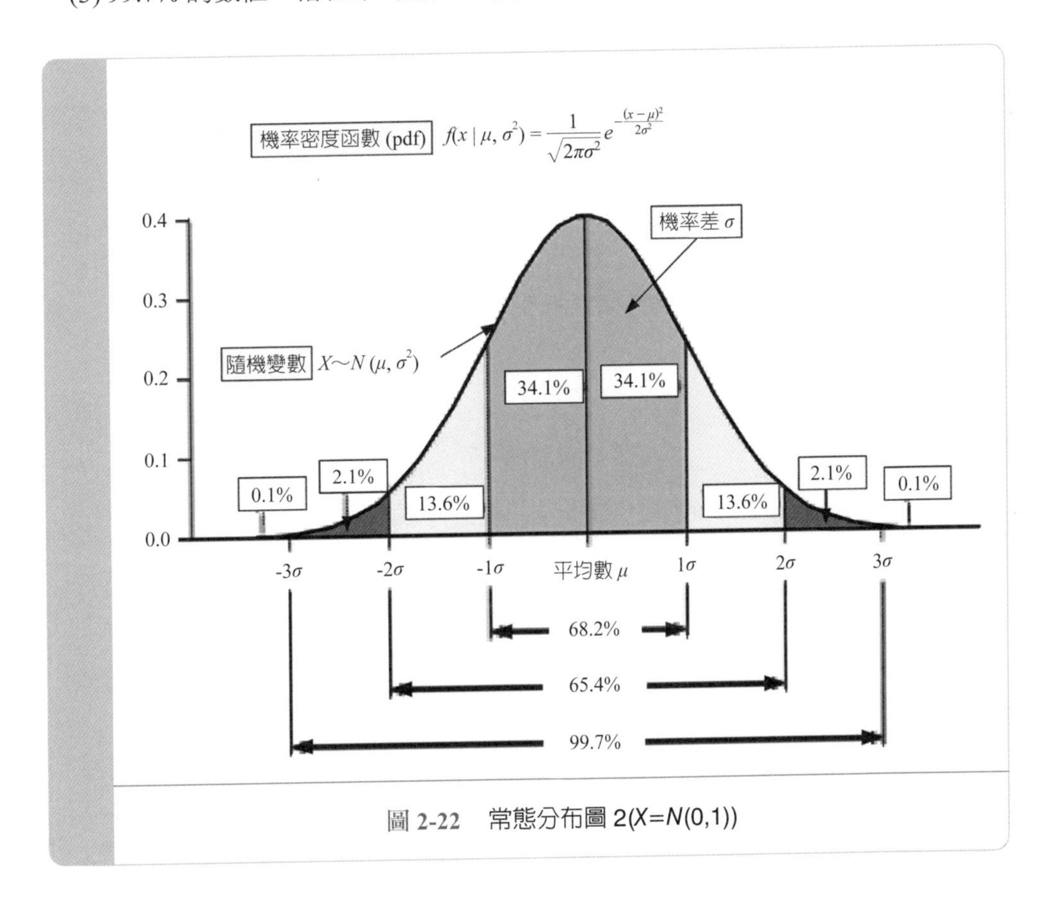

圖 2-22 常態分布圖 2(X=N(0,1))

常態曲線最重要的特性是：

1. 其形狀爲左右對稱若鐘形之曲線。

【注意：對稱不一定爲常態分布，但常態分布一定爲對稱】

2. 此曲線只有一個衆數，並與中位數及平均數是三合一的。
3. 其曲線的兩尾是向兩端無限延伸。
4. 曲線之形狀完全由 μ、σ^2 決定。

因此，雖然實際調查得到的資料，不可能是這種完美的理論模式，但許多實際得到之變項的資料分配是相當接近這種模式，因此可以假定它們的分配是常態的，進而使我們得以運用常態曲線的理論特性。

由於變數只有 μ、σ^2，因此常態族群可表示爲：

$$X \sim N(\mu,\sigma^2)$$

隨機變數 x 屬於 Normal Distribution 常態分布，其 PDF 爲：

$$y = f(x) = \frac{1}{\sigma\sqrt{2\pi}} e^{\frac{-(x-\mu)^2}{2\sigma^2}}$$

標準常態分布

常態分布的最簡單情況稱爲標準常態分布。這是常態特例 $\mu = 0$ 且 $\sigma = 1$，其概率密度函數爲：

$$\varphi(x) = \frac{1}{\sqrt{2\pi}} e^{-\frac{1}{2}x^2}$$

$$p(Z < z) = \int_{-\infty}^{\infty} \frac{1}{\sqrt{2\pi}} \exp(-\frac{1}{2}z^2)dz$$

因爲常態分布的積分剛好是 1，公式如下：

$$f(x) = \frac{1}{\sigma\sqrt{2\pi}} e^{-\frac{(x-\mu)^2}{2\sigma^2}}$$

所謂**標準常態分布表 (z 表)**，其平均**數爲 0**，**變異數爲 1** 的常態分布，它的機率密度函數變成：

$$f(x) = \frac{1}{\sqrt{2\pi}} e^{-\frac{x^2}{2}}$$

也就是 **Z～N(0,1)**；Z 特指標準常態分布。

常態分布對應的 Z 值

常態曲線及分配是一種理論模式，但透過這理論模式，配合平均數及標準差，我們可以對實證研究所得之資料分配，做相當精確之描述及推論。能做到這一點是因常態曲線本身有些重要且已知的特性。常態曲線最重要的特性是其形狀爲左右對稱若鐘形之曲線。此曲線只有一個衆數，並與中位數及平均數是三合一的。其區線的兩尾是向兩端無限延伸。因此，雖然實際調查得到的資料，不可能是這種完美的理論模式，但許多實際得到之變項的資料分配是相當接近這種模式，因此可以假定它們的分配是常態的，進而使我們得以運用常態曲線的理論特性。

資料標準化方法是將原來資料中的分數變成 Z scores(Z 分數)，一種標準常態分配之分數。原來的分數可以是任何單位測量到的，如「元」、「歲」或「分」。在轉變成 Z 分數後，這些單位就消失了，而原來的平均數會成爲 0，原來的標準差則成爲 1。例如：在經過智力測驗後，小明的 IQ 分數是 120 分，而此分數是比整個樣本的平均數多一個標準差，也就是 10 分。當整個樣本的 IQ 的分數轉換成 Z 分數後，整個樣本的平均數是 0，而小明的 IQ 分數也就成了 1。

轉換原始分數成爲 Z 分數的公式爲：

$$Z=\frac{X_i-\overline{X}}{S}$$

由此公式可知，當 $X_i=\overline{X}$ 時，$Z=0$，也就是 $\overline{X}$ 在標準常態分配下的 Z 分數等於 0。此外，一個原來分數等於原來的 $\overline{X}$ 加上一個 S 時，經由公式 (1) 之轉換，即成 $Z=1$，即 $X_i=\overline{X}+1S$ 時，

$$Z=\frac{(\overline{X}+1S)-\overline{X}}{S}=1$$

這也和剛才提及在標準常態分配中 S = 1 之說。同理可知，當一個原始分數轉成 Z 分數是 1 時，那此原始分數就是比平均數高一個標準差的分數。

任何分數經標準化成 Z 分數後，此 Z 分數與 $\overline{X}(=0)$ 之間在常態曲線下之面積。此表有三欄，其中一部分如下表：

(a) Z	(b) Area Between Mean and Z	(c) Area Beyond Z
0.00	0.0000	0.5000
0.01	0.0040	0.4960
0.02	0.0080	0.4920
0.03	0.0120	0.4880
⋮	⋮	⋮
1.00	0.3413	0.1587
1.01	0.3438	0.1562
1.02	0.3461	0.1539
1.03	0.3485	0.1515
⋮	⋮	⋮
1.50	0.4332	0.0668
1.51	0.4345	0.0655
1.52	0.4357	0.0643
1.53	0.4370	0.0630
⋮	⋮	⋮

表 2-1 尋找某 Z 分數以上或以下之面積的方法

	當 Z 分數為	
尋找面積	正	負
在 Z 分數以上 (比 Z 分數大的部分)	看 c 欄	將 b 欄所呈現的面積加 0.5000 或 50%
在 Z 分數以上 (比 Z 分數小的部分)	將 b 欄所呈現的面積加 0.5000 或 50%	看 c 欄

在常態曲線下，尋找兩個 Z 分數之間面積的方法如下表：

表 2-2 尋找兩個 Z 分數之間面積的方法

狀況	尋找步驟
兩個 Z 分數都在平均數的同一邊	由 b 欄找到每一個 Z 分數與平均數之間的面積，然後將大的面積減去小的面積
兩個 Z 分數是分在平均數的兩邊	由 b 欄找到每一個 Z 分數與平均數之間的面積，然後將兩個面積相加

連續隨機變數的機率值就是它的機率分配曲線與橫軸所圍的部份面積，亦即它的機率密度函數在部份範圍的積分值，通常都利用查表的方式配合簡單的計算來求常態分配的機率值。在使用上，不可能替每一個常態分配一個機率表，因而取一個常態分配爲標準，以它的機率表求得所有常態分配的機率值，目前所有的常態分配表一律是取 $\mu = 0$，$\sigma = 1$ 的常態分配，稱此常態分配爲標準常態分配。$P(Z < z)$ 爲斜線部份的面積（如下圖）。

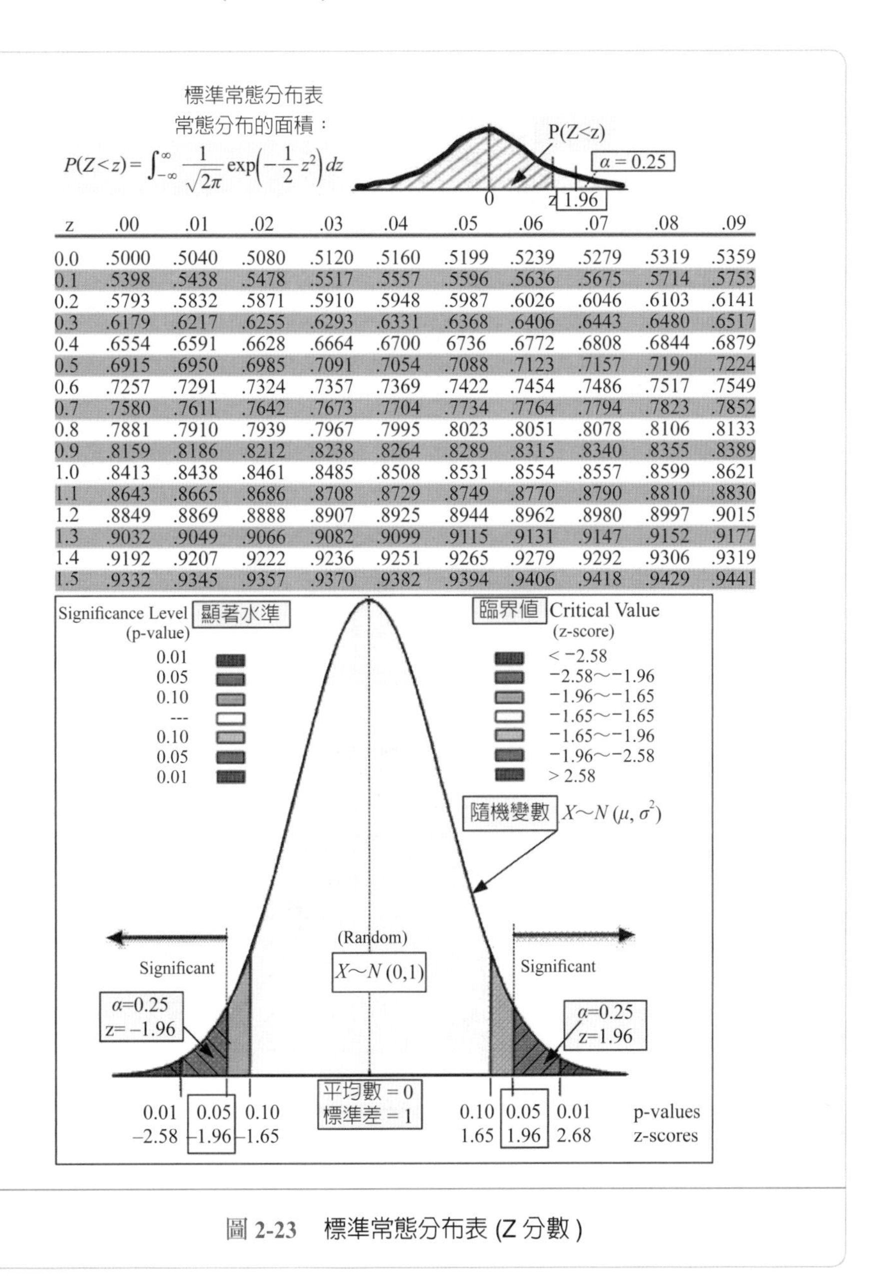

z	.00	.01	.02	.03	.04	.05	.06	.07	.08	.09
0.0	.5000	.5040	.5080	.5120	.5160	.5199	.5239	.5279	.5319	.5359
0.1	.5398	.5438	.5478	.5517	.5557	.5596	.5636	.5675	.5714	.5753
0.2	.5793	.5832	.5871	.5910	.5948	.5987	.6026	.6046	.6103	.6141
0.3	.6179	.6217	.6255	.6293	.6331	.6368	.6406	.6443	.6480	.6517
0.4	.6554	.6591	.6628	.6664	.6700	6736	.6772	.6808	.6844	.6879
0.5	.6915	.6950	.6985	.7091	.7054	.7088	.7123	.7157	.7190	.7224
0.6	.7257	.7291	.7324	.7357	.7369	.7422	.7454	.7486	.7517	.7549
0.7	.7580	.7611	.7642	.7673	.7704	.7734	.7764	.7794	.7823	.7852
0.8	.7881	.7910	.7939	.7967	.7995	.8023	.8051	.8078	.8106	.8133
0.9	.8159	.8186	.8212	.8238	.8264	.8289	.8315	.8340	.8355	.8389
1.0	.8413	.8438	.8461	.8485	.8508	.8531	.8554	.8557	.8599	.8621
1.1	.8643	.8665	.8686	.8708	.8729	.8749	.8770	.8790	.8810	.8830
1.2	.8849	.8869	.8888	.8907	.8925	.8944	.8962	.8980	.8997	.9015
1.3	.9032	.9049	.9066	.9082	.9099	.9115	.9131	.9147	.9152	.9177
1.4	.9192	.9207	.9222	.9236	.9251	.9265	.9279	.9292	.9306	.9319
1.5	.9332	.9345	.9357	.9370	.9382	.9394	.9406	.9418	.9429	.9441

圖 2-23　標準常態分布表 (Z 分數)

t 分布與 Z 分布異同 (similarities and differences between t distribution and Z distribution)

t 分布的特質：

(1) 以 μ 為中心左右對稱

(2) 形狀像鐘形

(3) 兩尾端向左右兩端無限延伸

(4) 自由度 df 越大，曲線分散程度越小，即越高窄

(5) t 分布的圖形較 N(0,1) 來的矮寬。

Z 分布 (標準常態分布) 的特質：

(1) 以 μ 為中心左右對稱

(2) 形狀像鐘形

(3) 兩尾端向左右兩端無限延伸

(4) 平均數 $\mu = 0$，$\sigma^2 = 1$

(5) 所有可能值主要介在 μ+-2σ 之間

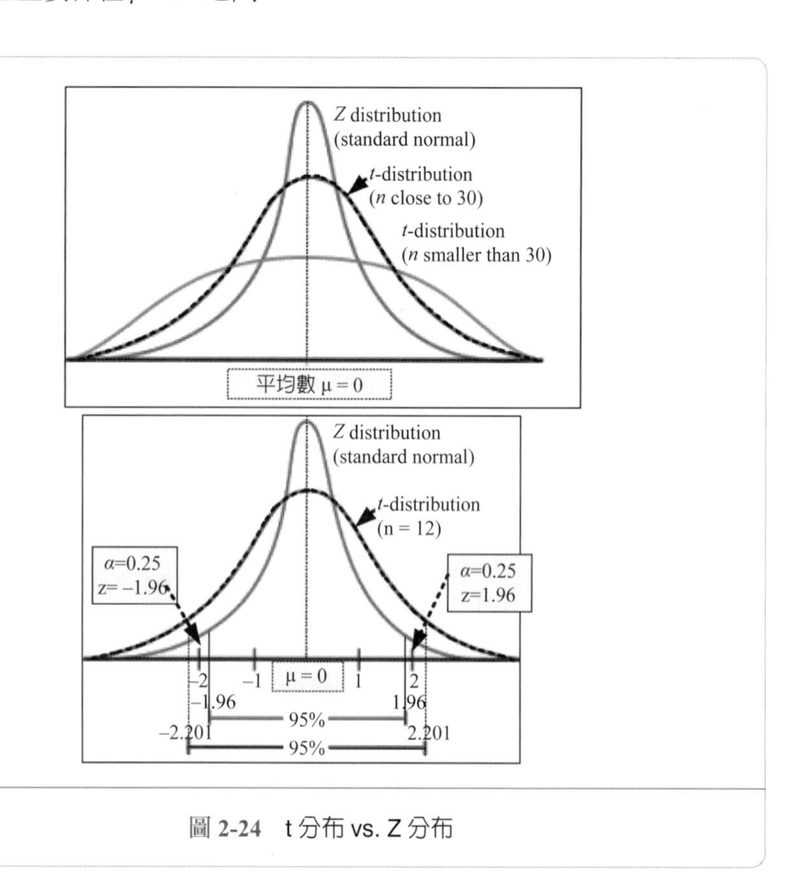

圖 2-24 t 分布 vs. Z 分布

2-3-1 用線形圖檢視連續變數是否符合常態性的假定(assumption)

範例：用線形圖檢視連續變數是否符合常態性的假定

常態性的檢定有多種，我們介紹常用的方式如下：

1. Histogram(直方圖)：直方圖若是呈現的分配，是中間較高，兩邊較低，則符合常態分配的型態。
2. Stem-and-leaf(莖葉圖)：Stem 是莖，也就是觀察的值，leaf 是次數，觀察值發生的次數，看莖葉圖時，必須轉 90° 看，也是如同常態分配的型態中間較高，兩邊較低。
3. skewness(偏度)：資料有可能的左偏和右偏的分布，偏度的統計值 Z skewness 檢定公式如下：

$$\text{Z skewness} = \frac{skewness}{\sqrt{6/N}} \quad \text{N 是樣本數 (Hair, 1998)}$$

在 95% 的信心水準下，臨界值是 1.96，也就是說，z 值介於 1.96 時，接受為常態分配。若是在 99% 的信心水準下，臨界值是 ±2.58，也就是說 z 值介於 ±2.58 時，接受為常態分配。

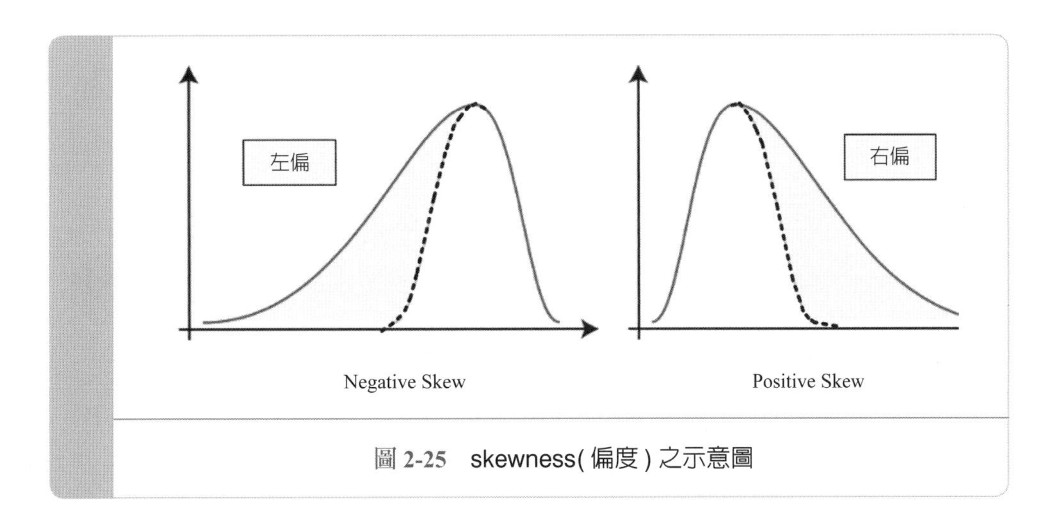

圖 2-25　skewness(偏度) 之示意圖

偏度爲負 (負偏態) 就意味著在概率密度函數左側的尾部比右側的長，絕大多數的值 (包括中位數在內) 位於平均值的右側。

4. kurtosis(峰度)：在統計學中，峰度衡量實數隨機變數概率分布的峰態。峰度高就意味著變異數增大是由低頻度的大於或小於平均值的極端差值引起的。峰度值越接近 3，越符合常態。

$$g_2 = \frac{m_4}{m_2^2} - 3 = \frac{\frac{1}{n}\Sigma_{i=1}^{n}(x_i - \bar{x})^4}{\left(\frac{1}{n}\Sigma_{i=1}^{n}(x_i - \bar{x})^2\right)^2} - 3$$

$$g_2 = \frac{1}{n}\sum_{i=1}^{n} z_i^4 - 3$$

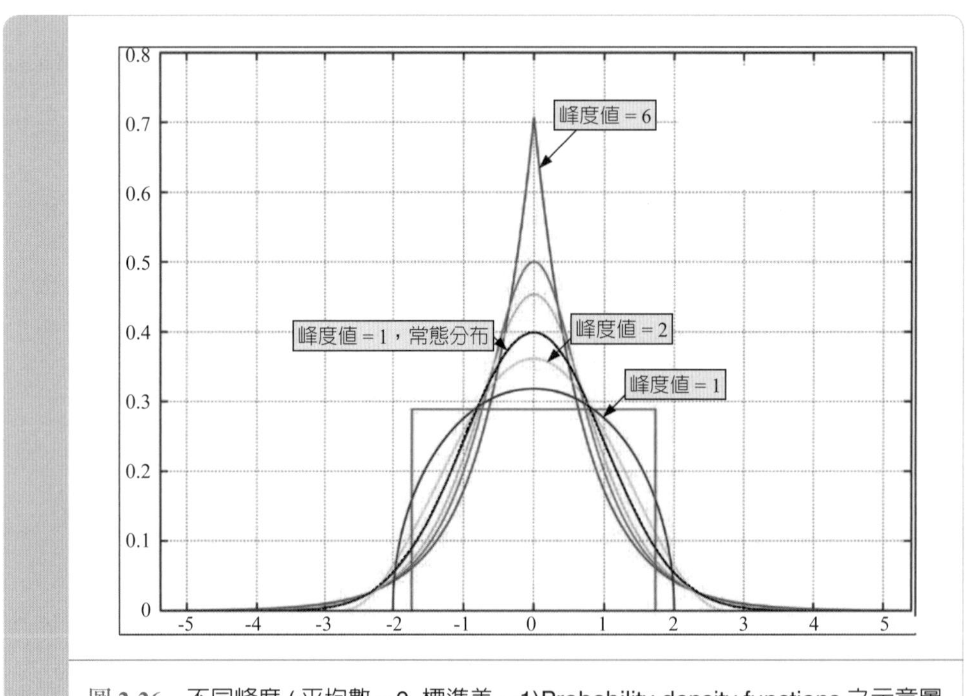

圖 2-26　不同峰度 (平均數 =0, 標準差 =1)Probability density functions 之示意圖

5. kolmogorov-Smirnov(K-S) 檢定：用來檢定樣本數 50 個以上的常態性。

6. Shapiro-wilk(S-W) 檢定：用來檢定樣本數在 50 個以下的常態性假定。

一、資料檔之內容

資料檔「prestige.sav」，如下圖所示，共有 102 種職業別的特徵 [某職業平均收入 (income)、聲望 (prestige)]。

prestige.sav [$資料集] - IBM SPSS Statistics 資料編輯器

檔(F) 編輯(E) 檢視(V) 資料(D) 轉換(T) 分析(A) 圖形(G) 公用程式(U) 延伸(X) 視窗(W) 說明(H)

occtitle GOV_ADMINISTRATORS

	occtitle	educat	income	percwomn	prestige	occ_code	occ_type
83	RADIO_TV_REPAIRMEN	10.29	5449	2.92	37.20	8537	2
84	SEWING_MACH_OPERATORS	6.38	2847	90.67	28.20	8563	2
85	AUTO_REPAIRMEN	8.10	5795	.81	38.10	8581	2
86	AIRCRAFT_REPAIRMEN	10.10	7716	.78	50.30	8582	2
87	RAILWAY_SECTIONMEN	6.67	4696	.00	27.30	8715	2
88	ELECTRICAL_LINEMEN	9.05	8316	1.34	40.90	8731	2
89	ELECTRICIANS	9.93	7147	.99	50.20	8733	2
90	CONSTRUCTION_FOREMEN	8.24	8880	.65	51.10	8780	2
91	CARPENTERS	6.92	5299	.56	38.90	8781	2
92	MASONS	6.60	5959	.52	36.20	8782	2
93	HOUSE_PAINTERS	7.81	4549	2.46	29.90	8785	2
94	PLUMBERS	8.33	6928	.61	42.90	8791	2
95	CONSTRUCTION_LABOURERS	7.52	3910	1.09	26.50	8798	2
96	PILOTS	12.27	14032	.58	66.10	9111	2
97	TRAIN_ENGINEERS	8.49	8845	.00	48.90	9131	2
98	BUS_DRIVERS	7.58	5562	9.47	35.90	9171	2
99	TAXI_DRIVERS	7.93	4224	3.59	25.10	9173	2
100	LONGSHOREMEN	8.37	4753	.00	26.10	9313	2
101	TYPESETTERS	10.00	6462	13.58	42.20	9511	2
102	BOOKBINDERS	8.55	3617	70.87	35.20	9517	2
103							

圖 2-27　「prestige.sav」 資料檔內容 (N=102 種職業別)

二、分析結果與討論

Step 1 用線形圖檢視連續變數是否符合常態性的假定 **(assumption)**

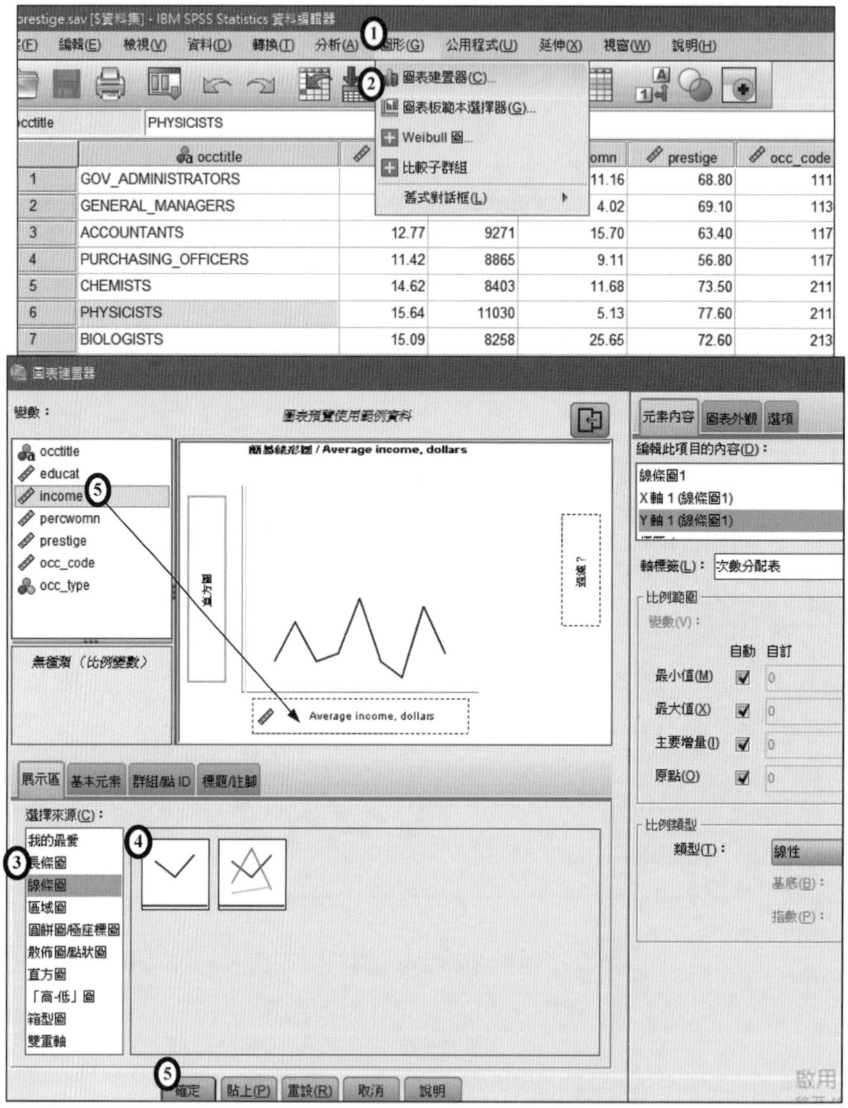

圖 2-28 「用線形圖檢視連續變數是否符合常態性」 畫面

對應的指令語法：

```
title " 線形圖：prestige.sav 資料檔 , line of normal.sps".
subtitle " 用線形圖檢視連續變數是否符合常態性的假定 "
```

```
GET
  FILE='D:\CD範例\prestige.sav'.

GGRAPH
  /GRAPHDATASET NAME="graphdataset" VARIABLES=income
  /GRAPHSPEC SOURCE=INLINE.
BEGIN GPL
SOURCE: s=userSource(id("graphdataset"))
DATA: income=col(source(s), name("income"))
GUIDE: axis(dim(1), label("平均收入"))
GUIDE: axis(dim(2), label("密度"))
ELEMENT: line(position(density.kernel.epanechnikov(income, nearestNeighbor(85))))
END GPL.
```

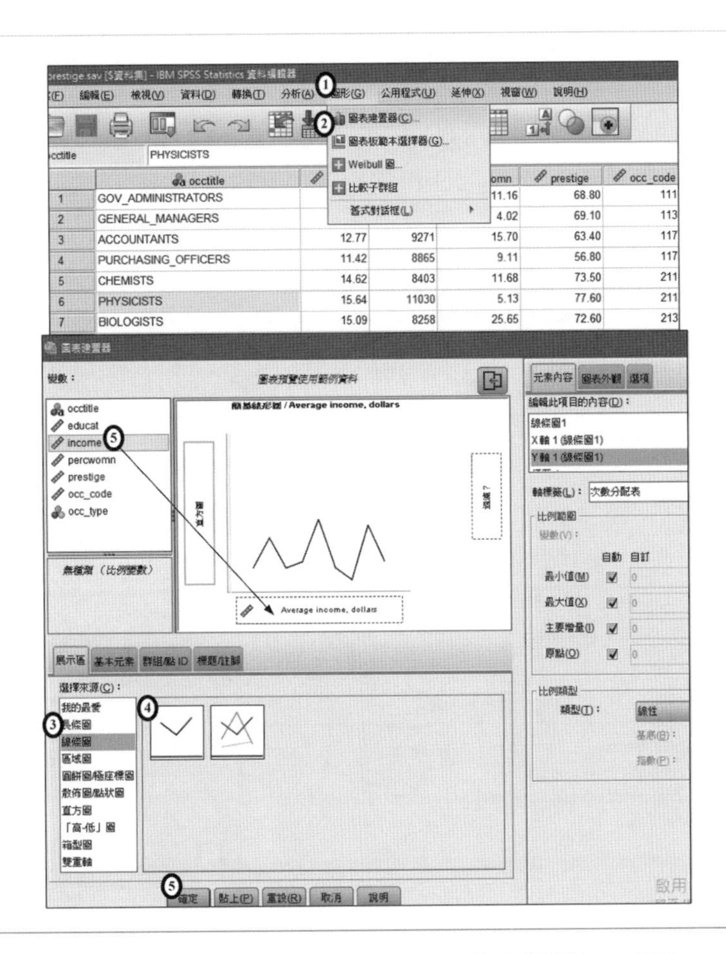

圖 2-29　「用線形圖檢視連續變數是否符合常態性」 畫面

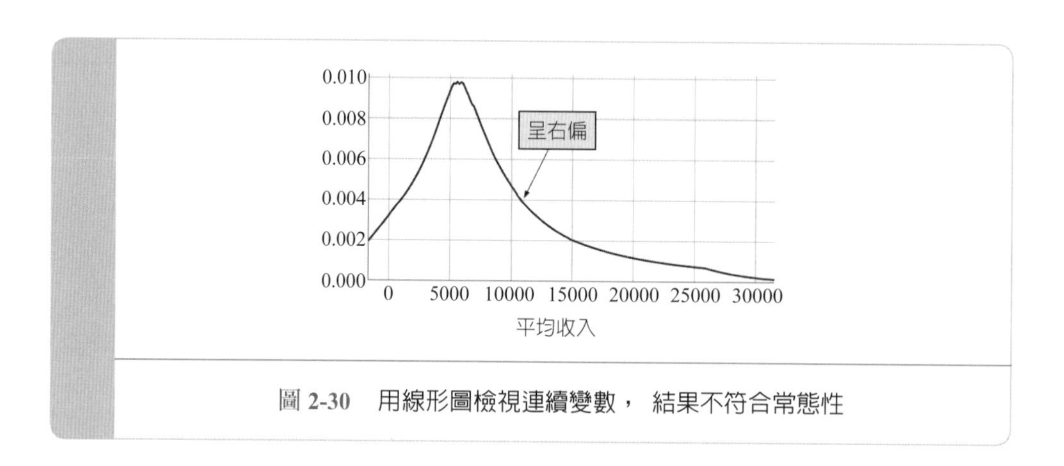

圖 2-30 用線形圖檢視連續變數， 結果不符合常態性

Step 2 改用檢定法 (Shapiro-Wilk) 檢視連續變數是否符合常態性的假定 (assumption)

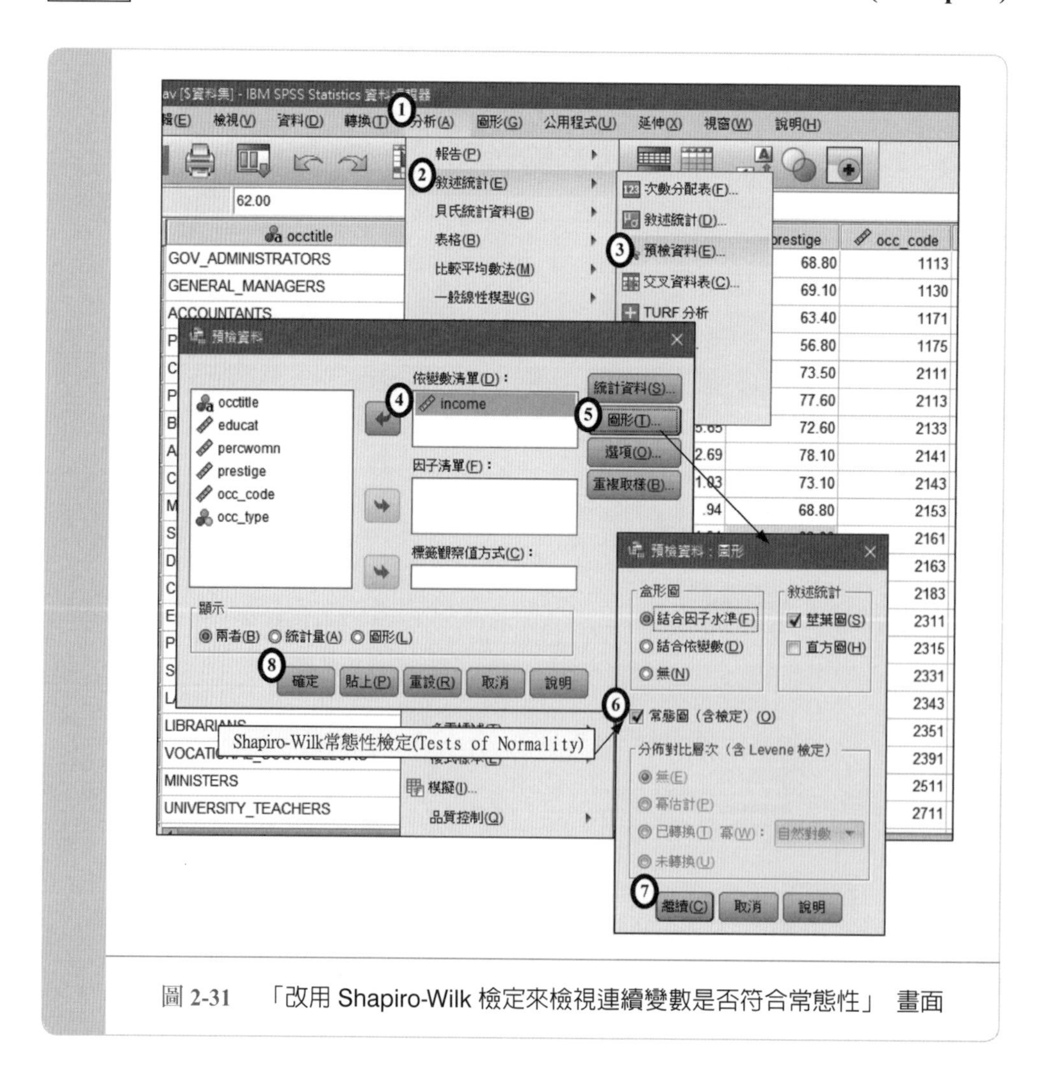

圖 2-31 「改用 Shapiro-Wilk 檢定來檢視連續變數是否符合常態性」 畫面

對應的指令語法：

```
title "線形圖：prestige.sav 資料檔，line of normal.sps".
subtitle "改用檢定法檢視連續變數是否符合常態性的假定".
GET
  FILE='D:\CD 範例 \prestige.sav'.

EXAMINE VARIABLES=income
  /PLOT BOXPLOT STEMLEAF NPPLOT
  /COMPARE GROUPS
  /STATISTICS DESCRIPTIVES
  /CINTERVAL 95
  /MISSING LISTWISE
  /NOTOTAL.
```

* 改用檢定法檢視連續變數是否符合常態性.

Tests of Normality

	Kolmogorov-Smirnov[a]			Shapiro-Wilk		
	Statistic	df	Sig.	Statistic	df	Sig.
Average income, dollars	.164	102	.000	.815	102	.000

a. Lilliefors Significance Correction

1. Shapiro-Wilk 常態性檢定 (Tests of Normality)：用來檢定樣本數在 50 個以下的常態性假定。若 p 值 (Sig.) 大於型 I 誤差 $\alpha(= 0.05)$ 值，則接受虛無假設 H_0：連續變數符合常態；反之則違反常態。
2. 本例 income 的 Shapiro-Wilk=0.815(p<0.05) ，拒絕「虛無假設 H_0：連續變數符合常態」，結果顯示 income 變數違反常態性，故不宜直接做迴歸分析的依變數。要先做 log(x) 變數變換。
3. kolmogorov-Smirnov(K-S) 檢定：用來檢定樣本數 50 個以上的常態性。本例 income 的 K-S=0.164(p<.05)，拒絕「虛無假設 H_0：連續變數符合常態」。

Step 3 做 log(x) 變數變換 (正規化)，再檢視連續變數是否符合常態性的假定

對應的指令語法：

```
subtitle "先用 log(10)，再用線形圖檢視連續變數是否符合常態性".

* 先變數變換 :log(10).
compute income10=lg10(income).
exe.

GGRAPH
  /GRAPHDATASET NAME="graphdataset" VARIABLES=income10
  /GRAPHSPEC SOURCE=INLINE.
BEGIN GPL
SOURCE: s=userSource(id("graphdataset"))
DATA: income10=col(source(s), name("income10"))
GUIDE: axis(dim(1), label("Average Income"))
ELEMENT:line(position(density.kernel.epanechnikov(income10, nearestNeighbor(85))))
END GPL.
```

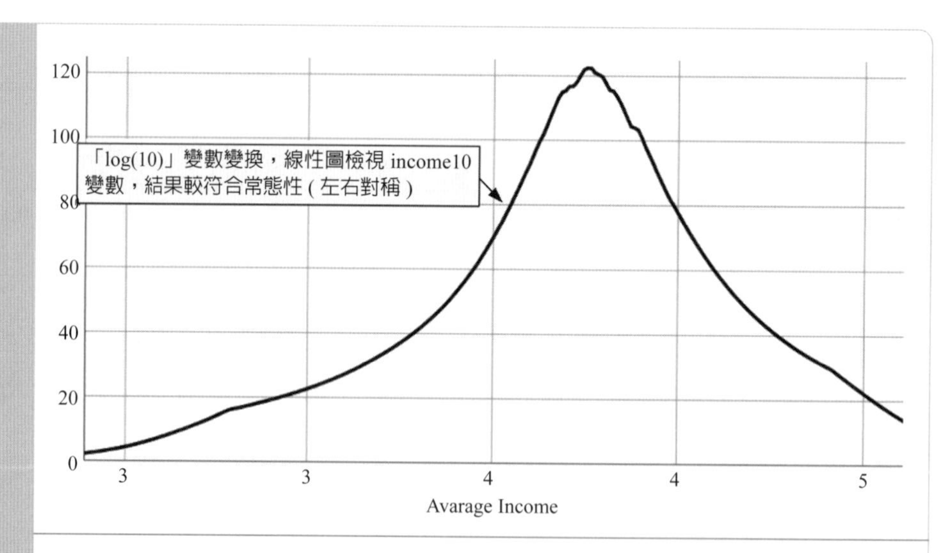

圖 2-32　先用 「先用 log(10)」 變數變換， 再線形圖檢視 income10 變數， 結果符合常態性

由於 income10 變數比 income 變數更符合常態性的假定，故 income10 才可做後續的迴歸分析、ANOVA、ANCOVA 的依變數)。

2-3-2 曲線關係就違反直線性假定：改用加權 (weighted) OLS 迴歸

當「誤差項的變異數不是常數」時的處理方式。一般來說，常使用「最小平方法 (ordinal least squares, OLS)」來估計迴歸模型中的參數，用 OLS 方法所估計出的參數值具有「不偏」、「一致」且「有最小變異數」的良好性質，但是當「誤差項的變異數不是常數」時，OLS 方法不再具有最小變異數，因此，我們需考慮其他解決方法，比如加權最小平方法 (weighted least squares, WLS)。

OLS 和 WLS 差異在哪呢？使用 OLS 背後的假設條件是誤差項的變異數是常數 (假設觀察值的變化是一樣的、穩定的)，因此 OLS 對每一個觀察值一視同仁，權重值 (weight) 皆設定為 1；當違反此假設時 (觀察值的變化很大，不再是穩定的)，WLS 對變化很大的觀察值給予較低的權重 (甚至接近於 0，可以忽略)。以下將舉一個例子來說明違反假設條件「誤差項的變異數是常數」時，使用 OLS 及 WLS 估計結果的差異。

本例旨在求「某職業平均收入 (income) 來預測聲望 (prestige)」OLS 迴歸。在 OLS 迴歸分析前，有四個假定 (assumptions) 要符合：

Assumption 1：直線性 (Linearity) vs. 曲線關係

簡單地說，OLS 迴歸假定 independent variabl 與 dependent variable 呈現線性的關係。畫個圖就可以看出來了。下圖右就非線性關係，下圖左才是線性關係。

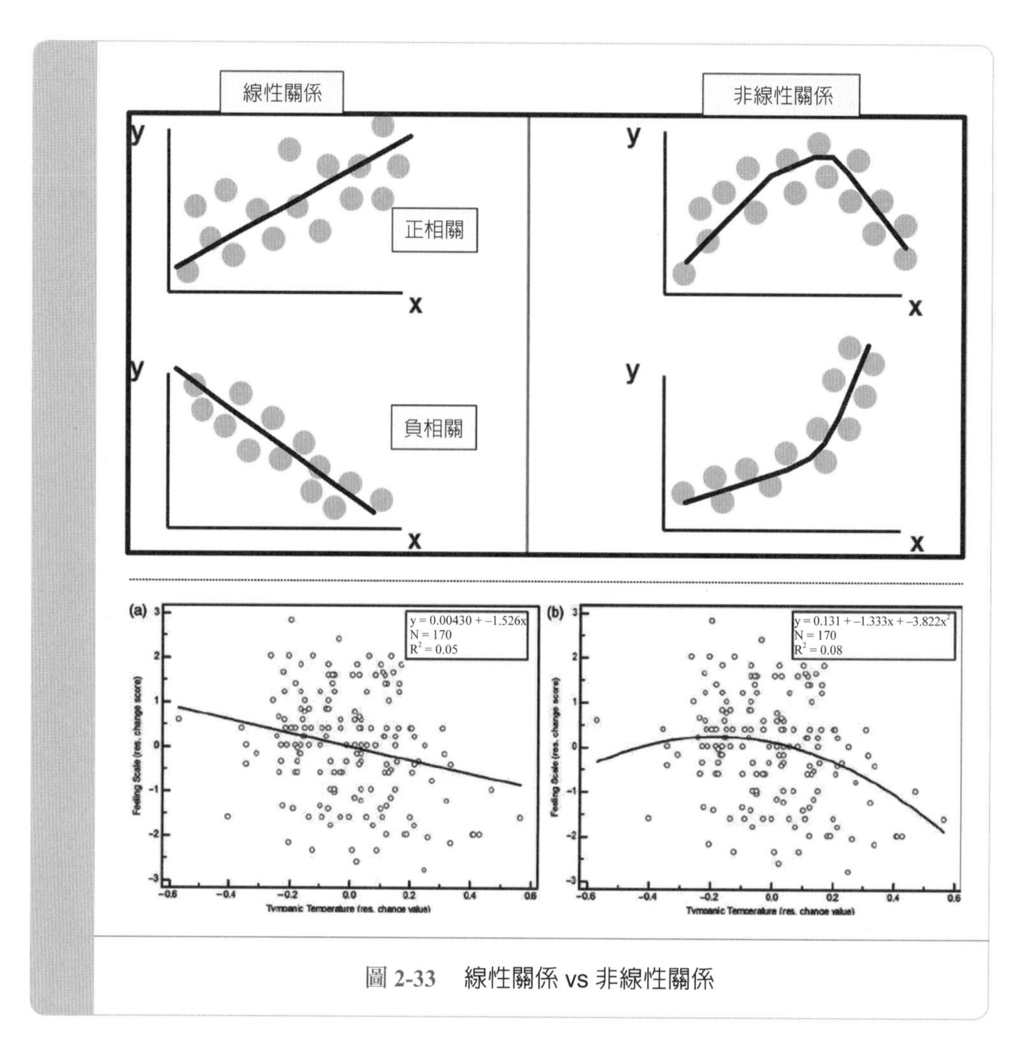

圖 2-33 線性關係 vs 非線性關係

曲線相關又稱非線性相關，是指兩列伴隨相變化的變數，未能形成直線關係。曲線相關有很多種，如果現象相關點的分布不表現為直線的關係，而近似於某種曲線方程的關係，例如表現為拋物線、雙曲線、指數曲線等非直線形式，則這種關係就是非線性相關。也就是說在兩個相關現象中，自變數 x 值發生變動，依變數 y 也隨之發生變動，這種變動不是均等的，在圖像上的分布是各種不同的曲線形式。常見曲線關係的研究模型，包括：

1. 施肥量 (x) 和單位面積產量 (y) 之間的關係，在一定數量界限內，施肥量增加，單位面積產量理應增加，但一旦施肥量超過一定數量，單位面積產量反而出現下降情況，這就是一種非線性相關。

2. 焦慮程度 (x) 與學業成績 (y) 亦是曲線關係。
3. 企業經理人薪酬 (x) 與經營風險之關係。
4. 公司舉債 (x) 與現金持有 (y) 之間爲一個 U 字型的曲線關係。
5. 百大製造業製造服務化 (x) 與財務績效 (y)：倒 U 型曲線關係之驗證。
6. 研發聯盟之科技多角化 (x) 與企業績效 (y) 之曲線關係。
7. 失業率 (x) 與通貨膨脹率 (y) 之間的關係爲凹向 (concave) 的曲線關係。
8. DC 馬達設計參數 (x) 與風扇性能 (y) 的曲線關係。
9. 瀝青混合料空隙率 (x) 與礦料級配 (y) 的曲線關係。

Assumption 2 : 誤差項獨立性 (independence of the errors)

誤差項之間要獨立的。這跟時間序列 (time series)regression 比較有相關。詳情請見作者二本書：《Panel-data 迴歸模型：STaTa 在廣義時間序列的應用》該書內容包括：多層次模型、GEE 、工具變數 (2SLS) 、動態模型……。《總體經濟與財務金融：STaTa 時間序列分析》該書內容包括：誤差異質性、動態模型、序列相關、時間序列分析、VAR 、共整合……。

Assumption 3 : 誤差同質性 (homoscedasticity)

誤差項之間要同質。詳情請見作者：《STaTa 與高等統計分析》一書，該書內容包括：迴歸建模及診斷、重複測量……。

Assumption 4 : 誤差呈現常態分布 (normality of the error distribution)

其實很多統計的基本假設都是當 sample 達到一定數量，會呈現常態分配。

小結

更嚴謹來講，OLS 複迴歸 (multiple regression model) 有七個假定 (下表)，其模型為：

$$y = \beta_0 + \beta_1 X_1 + \beta_2 X_2 + \cdots + \beta_k X_k + e$$

由於 SPSS 並無提供這七個假定的補救法，建議參考作者 STaTa 一系列的書來解。

OLS 七個假定	診斷法	違反假定的補救法
A1. 線性 (linear)：係指迴歸模型 β_1 和 β_2 為一次式。	(1) 橫斷面： test、testparm 指令 (Wald test of linear hypotheses). testnl 指令 (Wald test of nonlinear hypotheses)	(1) 橫斷面：改用非線性迴歸，例如 Poisson 迴歸、負二項迴歸、probit、logit 等模型。 (2)panel： xtpoisson、xtnbreg 等指令。 詳見見作者《Panel-data 迴歸模型》一書第 8 章。
A2. 誤差 ε's 與解釋變數 X's 係無相關 (uncorrelated)： $E(\varepsilon_i \mid X_i) = 0$ (1)若解釋變數(regressor)是內生性 (endogenous)，則違反 A2 假定： $E(\varepsilon_i \mid X_i) = 0$ (2) 當 $\mathrm{Cov}(x, \varepsilon) \neq 0$ 時，OLS 是有偏誤的。此時，自變數 x 是內生性 (endogenous) 的。	(1) 橫斷面：Wu-Hausman 內生性檢定 (「estat endogenous」指令。 (2)panel-data：**xthtaylor** 指令。	(1) 橫斷面：二階段最小平方法 (2SLS) **ivregress 2sls** 指令。 (2)panel：二階段最小平方法 (2SLS)。最常見用 xtivreg 指令。 隨機解釋變數 (random regressor) 與工具變數 (instrumental variable)：隨機模型 (gllamm、xtabond、xtcloglog、xtgee、xtintreg、xtlogit、xtmelogit、xtmepoisson、xtmixed、xtnbreg、xtpoisson、xtprobit、xtreg、xtregar、xttobit 等指令搭配 re 選項)、兩階段迴歸 (xtivreg 指令、ivregress 指令)。至於工具變數之兩階段迴歸，請見作者《Panel-data 迴歸模型》第 6 章。
A3. 誤差預期值 (the expected value of the error) 為 0 $E(\varepsilon_i \mid X_i) = 0$ $\Leftrightarrow E(Y_i) = \beta_1 + \beta_2 X_i$	(1) 橫斷面：量表當測量工具來施測，量表本身一定有誤差存在，故其信度不可能為 1 之完美狀態。	(1) 橫斷面：SEM, Errors-in-variables 迴歸 (eivreg 指令)
A4. 誤差變異數 (the variance of the error) 同質性 (homoskedasticity) $E(\varepsilon_i \mid X_i) = \sigma^2 = Var(Y_t \mid X_i)$	(1) 橫斷面：lvr2plot 圖法 **predict d1, cooksd** 指令， estat hettest 指令 **whitetst** 指令 (2) 縱斷面：見《STaTa 在財務金融與經濟分析的應用》ch07 ARCH、GARCH。	(1) 橫斷面：來源 http://www.ats.ucla.edu/stat/stata/dae/rreg.htm 強健 (robust) 迴歸 **rreg** 指令 . 分量迴歸。 (2) 縱斷面：見《STaTa 在財務金融與經濟分析的應用》ch07 ARCH、GARCH。

OLS 七個假定	診斷法	違反假定的補救法
	(3)panel-data：見作者《Panel-data 迴歸模型》一書。	(3)panel：Stata 各種迴歸指令中勾選 Robust 選項之穩健標準誤、重新定義變數 (將原始的線性模型轉換為 log-log 模型) 、加權最小平方法、或者將 xtreg 指令改成「xtgls…, panels(hetero) corr(ar1)」指令。詳見《Panel-data 迴歸模型》第 4 章介紹。
A5. 序列獨立 (series independent)：誤差之間彼此獨立，不互相影響 (ε's uncorrelated with each other) $Cov(\varepsilon_t, \varepsilon_S \mid X_t) = 0 = Cov(Y_t, Y_S \mid X_t)$	(1) 縱斷面：見《STaTa 在財務金融與經濟分析的應用》ch3、ch9、ch10。 (2)panel-data：見《Panel-data 迴歸模型》第 3 章及第 9 章。	(1) 縱斷面：見《STaTa 在財務金融與經濟分析的應用》ch3、ch9、ch10。 (2)panel：改用動態迴歸，xtgls、xtregar、xtgee、xtmepoisson、xtabond 指令，將落遲項 (lags) 一併納入迴歸分析。詳見《Panel-data 迴歸模型》第 3 章及第 9 章。
A6. 是非隨機變數，至少有兩個觀察值。(並由 A2 隱含 $Cov(X_t, \varepsilon_t) = 0$)	STaTa 目前無指令可解	STaTa 目前無指令可解
A7. 干擾項又稱誤差。ε_t～符合 $N(0, \sigma^2)$。 干擾項 (Distubances) 是 iid (常態分布，平均數 0，固定變異數)。	來源：Stata 高統 ch02 (1) 橫斷面：方法 1：用 Statag 指令 **iqr**、**swilk**(Shapiro-Wilk W 常態檢定) PP 圖、QQ 圖、Shapiro-Wilk W 、Shapiro-Francia W、Kolmogorov-Smirnov D (2) 縱斷面：時間序列常態性 Jarque-Bera 檢定 (3)panel-data： varnorm 、vecnorm 事後指令。	(1) 橫斷面：方法 1：非常態變數取 log(x) 變數變換。 方法 2：改用無母數 (nonparametric) 方法：Kolmogorov-Smirnov 檢定，Kruscal-Wallis 檢定、Wilcoxon Rank-Sum 檢定。 (2) 縱斷面：非常態變數取 log(x) 變數變換。 (3)panel：非常態變數取 log(x) 變數變換。

註：網底字為 Stata 指令

違反 OLS 基本假定時做法

1. 增加虛擬變數 (dummy variable)：(1) 虛擬變數設定，如各時間之虛擬變數。(2)CHOW 檢定找到轉折點之後，再分轉折點「前 vs. 後」時段之各別 OLS 迴歸。
2. 異質變異 (heteroskedasticity)：STaTa 各種迴歸指令中勾選 Robust 選項之穩健標準誤、重新定義變數 (將原始的線性模型轉換為 log-log 模型) 、加權最小平方法、或者將 xtreg 指令改成「xtgls…, panels(hetero) corr(ar1)」指令。詳見《**Panel-data 迴歸模型**》書第 4 章介紹。
3. 誤差自我相關 (auto-correlation) 或序列相關 (series correlation)：詳見《**Panel-data 迴歸模型**》第 3 章及第 7 章單根共整合。

一、資料檔之內容

資料檔「prestige.sav」，如下圖所示，共有 102 種職業別的特徵 [某職業平均收入 (income)、聲望 (prestige)] 。

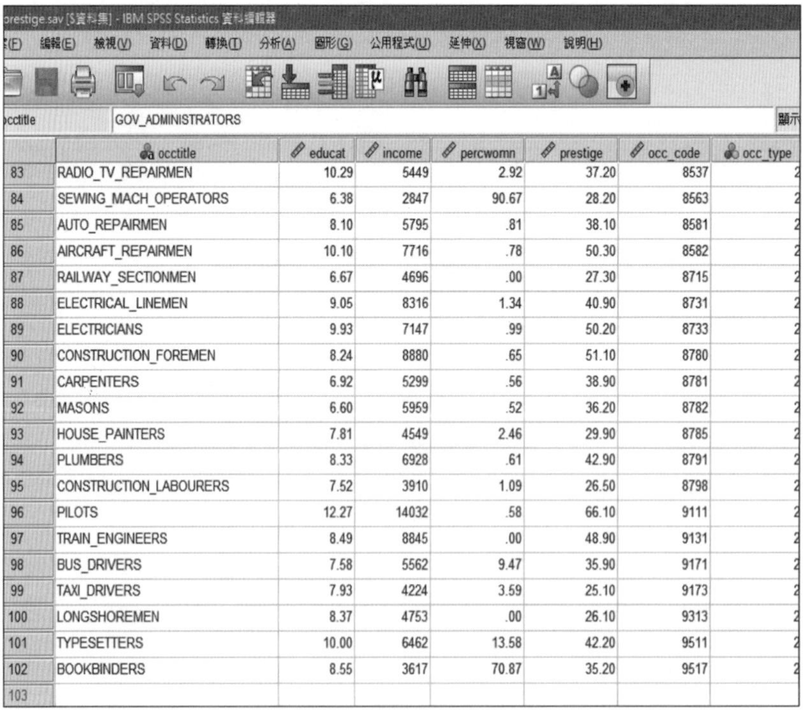

prestige.sav [S資料集] - IBM SPSS Statistics 資料編輯器

occtitle GOV_ADMINISTRATORS

	occtitle	educat	income	percwomn	prestige	occ_code	occ_type
83	RADIO_TV_REPAIRMEN	10.29	5449	2.92	37.20	8537	2
84	SEWING_MACH_OPERATORS	6.38	2847	90.67	28.20	8563	2
85	AUTO_REPAIRMEN	8.10	5795	.81	38.10	8581	2
86	AIRCRAFT_REPAIRMEN	10.10	7716	.78	50.30	8582	2
87	RAILWAY_SECTIONMEN	6.67	4696	.00	27.30	8715	2
88	ELECTRICAL_LINEMEN	9.05	8316	1.34	40.90	8731	2
89	ELECTRICIANS	9.93	7147	.99	50.20	8733	2
90	CONSTRUCTION_FOREMEN	8.24	8880	.65	51.10	8780	2
91	CARPENTERS	6.92	5299	.56	38.90	8781	2
92	MASONS	6.60	5959	.52	36.20	8782	2
93	HOUSE_PAINTERS	7.81	4549	2.46	29.90	8785	2
94	PLUMBERS	8.33	6928	.61	42.90	8791	2
95	CONSTRUCTION_LABOURERS	7.52	3910	1.09	26.50	8798	2
96	PILOTS	12.27	14032	.58	66.10	9111	2
97	TRAIN_ENGINEERS	8.49	8845	.00	48.90	9131	2
98	BUS_DRIVERS	7.58	5562	9.47	35.90	9171	2
99	TAXI_DRIVERS	7.93	4224	3.59	25.10	9173	2
100	LONGSHOREMEN	8.37	4753	.00	26.10	9313	2
101	TYPESETTERS	10.00	6462	13.58	42.20	9511	2
102	BOOKBINDERS	8.55	3617	70.87	35.20	9517	2
103							

圖 2-34 「prestige.sav」 資料檔內容 (N=102 種職業別)

二、分析結果與討論

Step 1 散布圖 + 線形圖來檢視因果兩變數是曲線關係或直線關係

對應的指令語法：

```
title " 線形圖 + 散布圖 : prestige.sav 資料檔 , 直線性 (Linearity).sps".
subtitle " 線形圖 + 散布圖來檢視因果兩變數是曲線關係或直線關係 ".

formats prestige (f3.0).
GGRAPH
  /GRAPHDATASET NAME="GraphDataset" VARIABLES= prestige income
  /GRAPHSPEC SOURCE=INLINE.
BEGIN GPL
SOURCE: s=userSource( id( "GraphDataset" ) )
DATA: prestige=col( source(s), name( "prestige" ) )
DATA: income=col( source(s), name( "income" ) )
GUIDE: axis( dim( 1 ), label( "Average Income, Dollars" ), start(0.0), delta(5000) )
GUIDE: axis( dim( 2 ), label( "prestige" ), start(0.0), delta(40) )
SCALE: linear( dim( 1 ), min(0), max(30000) )
SCALE: linear( dim( 2 ), min(0), max(120) )
ELEMENT: point( position( income * prestige ) )
ELEMENT: line(position(smooth.loess(income * prestige)))
END GPL.
```

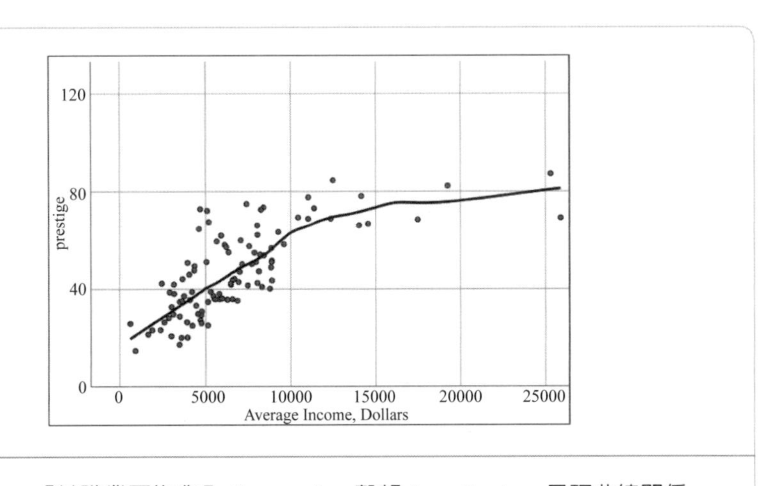

圖 2-35 「某職業平均收入 (income) →聲望 (prestige)」 呈現曲線關係

Step 2 因自變數與依變數呈現曲線關係，故改用 weighted OLS regression

由於 SPSS 不像 STaTa 有提供十七種 Robust 迴歸的搭配指令，故只能依照下列 5 個步驟，人工方式來做加權最小平方法 (weighted OLS) 迴歸。

Step 2a 求線性迴歸的殘差 (residual)「RES_1」

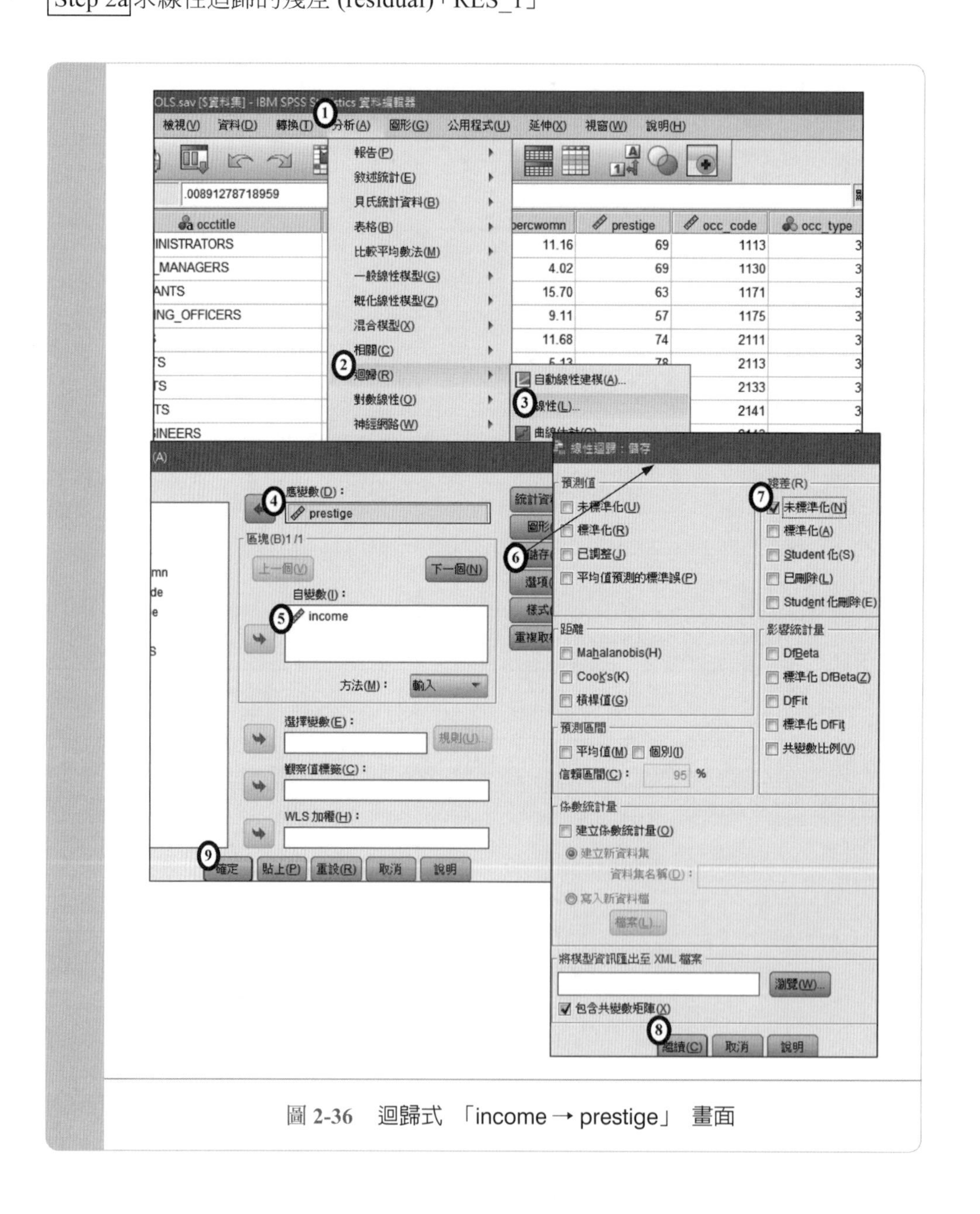

圖 2-36 迴歸式「income → prestige」畫面

對應的指令語法：

```
REGRESSION
  /MISSING LISTWISE
  /STATISTICS COEFF OUTS R ANOVA
  /CRITERIA=PIN(.05) POUT(.10)
  /NOORIGIN
  /DEPENDENT prestige
  /METHOD=ENTER income
  /SAVE RESID.
```

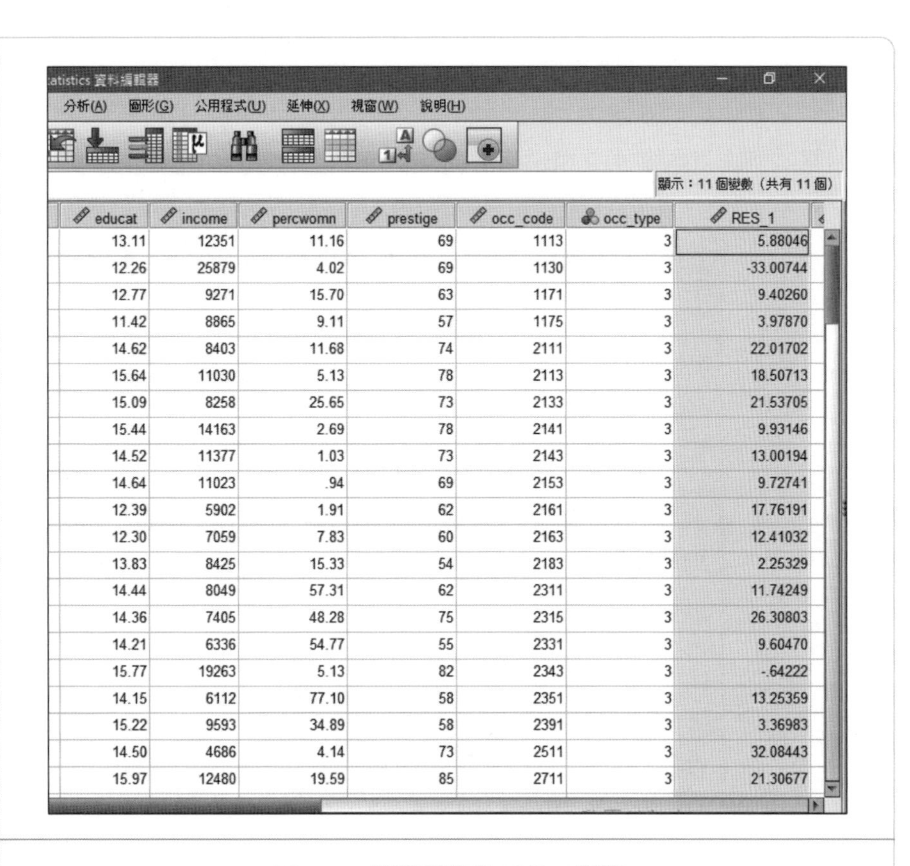

educat	income	percwomn	prestige	occ_code	occ_type	RES_1
13.11	12351	11.16	69	1113	3	5.88046
12.26	25879	4.02	69	1130	3	-33.00744
12.77	9271	15.70	63	1171	3	9.40260
11.42	8865	9.11	57	1175	3	3.97870
14.62	8403	11.68	74	2111	3	22.01702
15.64	11030	5.13	78	2113	3	18.50713
15.09	8258	25.65	73	2133	3	21.53705
15.44	14163	2.69	78	2141	3	9.93146
14.52	11377	1.03	73	2143	3	13.00194
14.64	11023	.94	69	2153	3	9.72741
12.39	5902	1.91	62	2161	3	17.76191
12.30	7059	7.83	60	2163	3	12.41032
13.83	8425	15.33	54	2183	3	2.25329
14.44	8049	57.31	62	2311	3	11.74249
14.36	7405	48.28	75	2315	3	26.30803
14.21	6336	54.77	55	2331	3	9.60470
15.77	19263	5.13	82	2343	3	-.64222
14.15	6112	77.10	58	2351	3	13.25359
15.22	9593	34.89	58	2391	3	3.36983
14.50	4686	4.14	73	2511	3	32.08443
15.97	12480	19.59	85	2711	3	21.30677

圖 2-37　資料檔新增 RES_1 變數

Coefficients[a]

Model		Unstandardized Coefficients B	Unstandardized Coefficients Std. Error	Standardized Coefficients Beta	t	Sig.
1	(Constant)	8.487	1.336		6.352	.000
	Average income, dollars	.000	.000	.102	1.021	.310

a. Dependent Variable: absRES

1. 未加權之 OLS 線性迴歸式爲：

$$Prestige=8.487+0.00*income$$

2. 因本例自變數與依變數是曲線關係，故不宜用未加權之 OLS 線性迴歸式。

Step 2b 求殘差 (residual) 的絕對值，存至 absRES 新變數

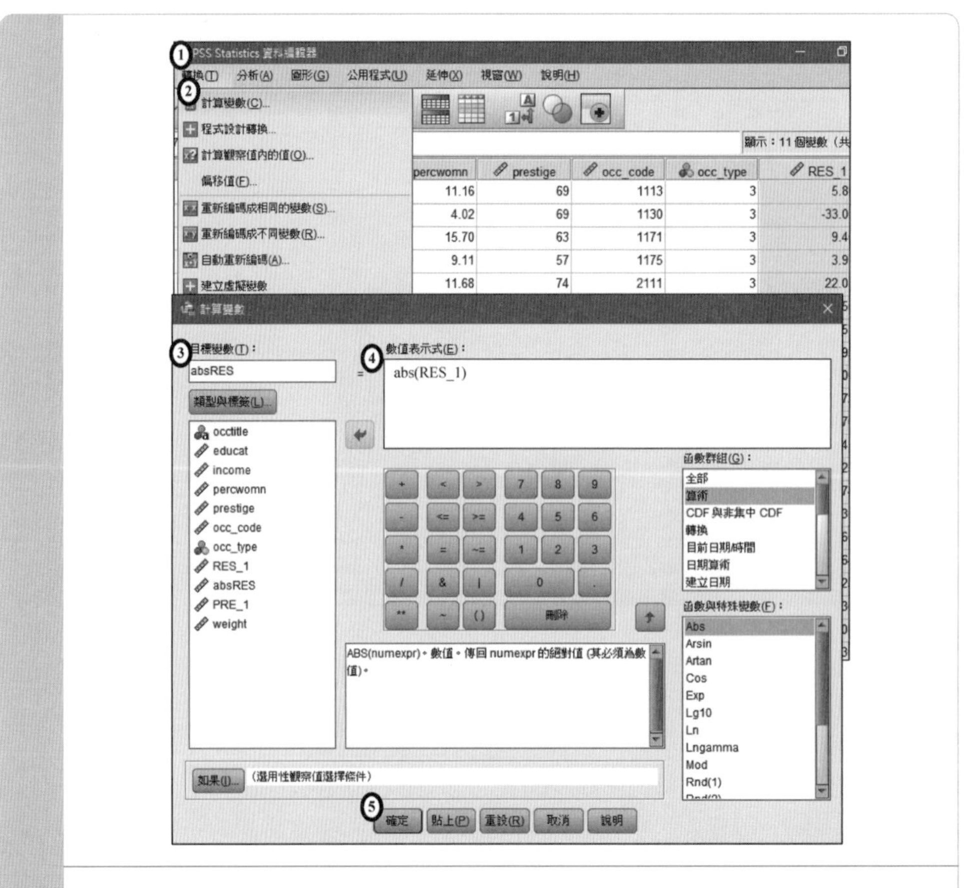

圖 2-38 「求殘差 (RES_1) 的絕對值 ： absRES 變數」 畫面

對應的指令語法：

```
COMPUTE absRES=abs(RES_1).
EXECUTE.
```

此時資料檔，再新增 absRES 變數。

Step 2c 殘差的絕對值當 OLS 的依變數，自變數不變，求殘差「預測值」「PRE_1」

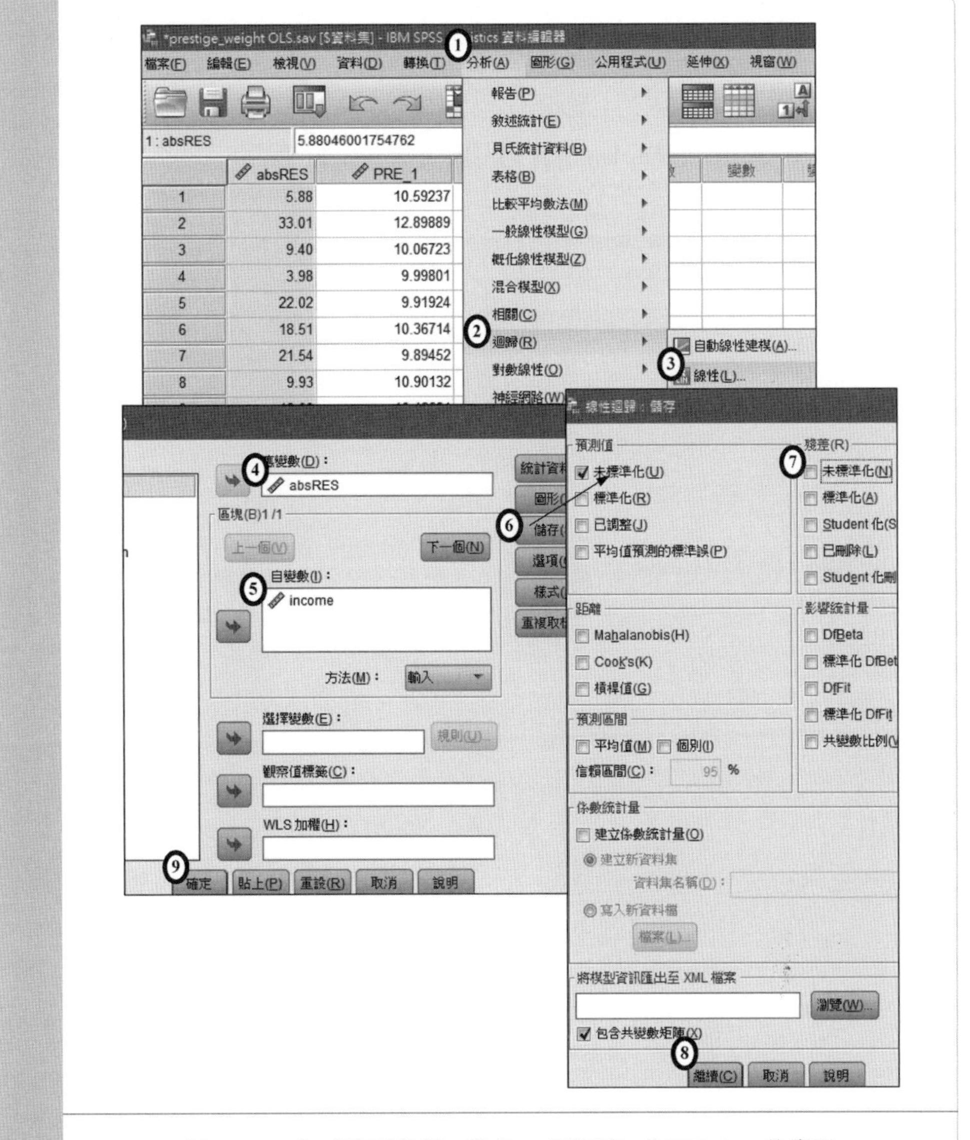

圖 2-39　求「自變數們→殘差」預測值「PRE_1」的畫面

對應的指令語法：

```
REGRESSION
  /MISSING LISTWISE
  /STATISTICS COEFF OUTS R ANOVA
  /CRITERIA=PIN(.05) POUT(.10)
  /NOORIGIN
  /DEPENDENT absRES
  /METHOD=ENTER income
  /SAVE PRED.
```

此時資料檔又新增 PRE_1 變數。

Step 2d 殘差「預測值 PRE_1」平方的倒數，當 weight 變數，

$$\text{weight} = \frac{1}{(\hat{\varepsilon})^2} = \frac{1}{(\text{誤差預測值})^2}$$

$$\text{即weight} = \frac{1}{(\text{PRE\_1})^2}$$

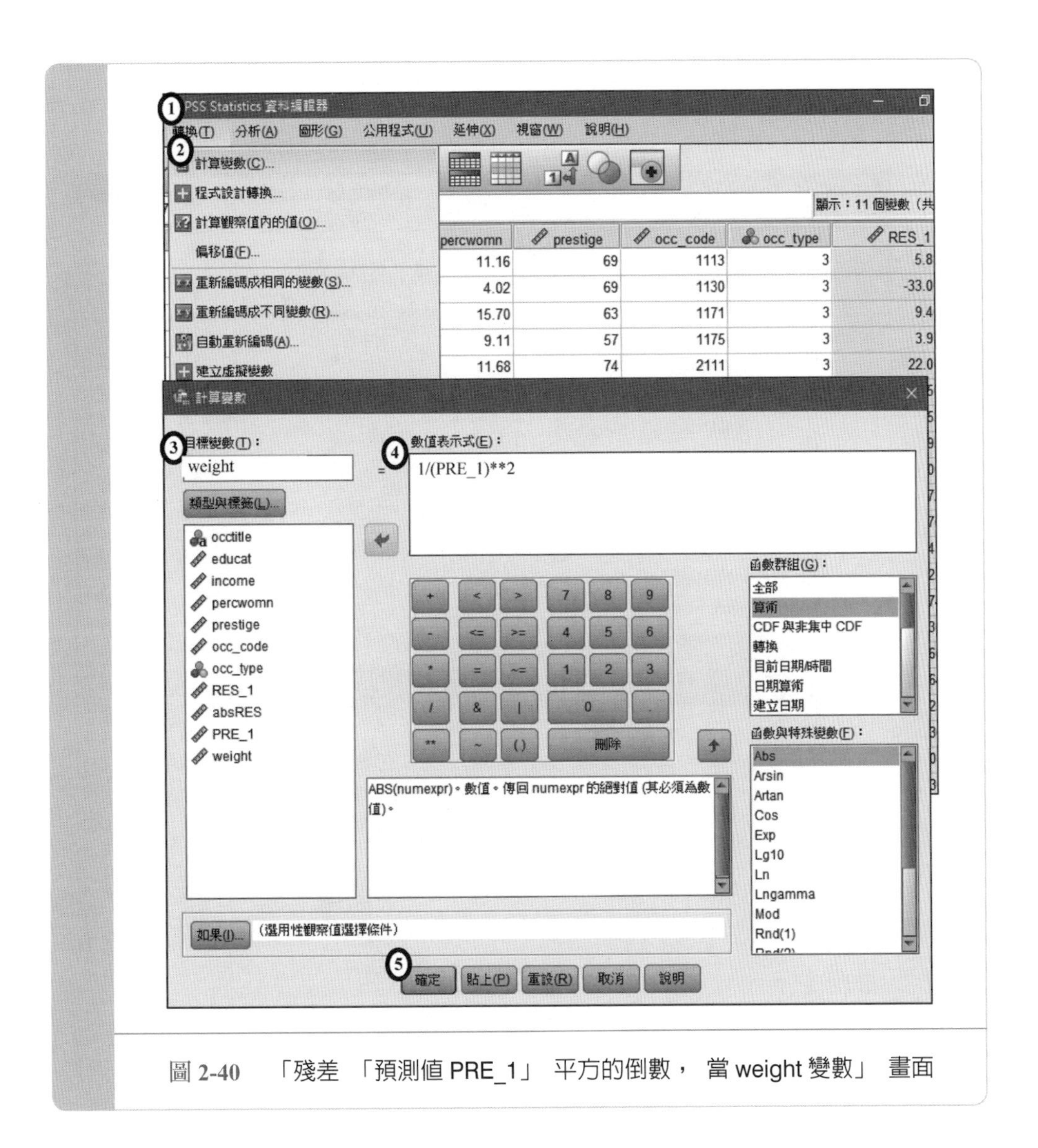

圖 2-40 「殘差「預測值 PRE_1」平方的倒數，當 weight 變數」畫面

對應的指令語法：

```
* Step 2d. 殘差「預測值 PRE_1」平方的倒數，當 weight 變數 .
COMPUTE weight=1/(PRE_1)**2.
EXECUTE.
```

此時資料檔再新增 weight 變數。

Step 2e 以 weight 當 OLS 的加權值，重新做原始的迴歸式

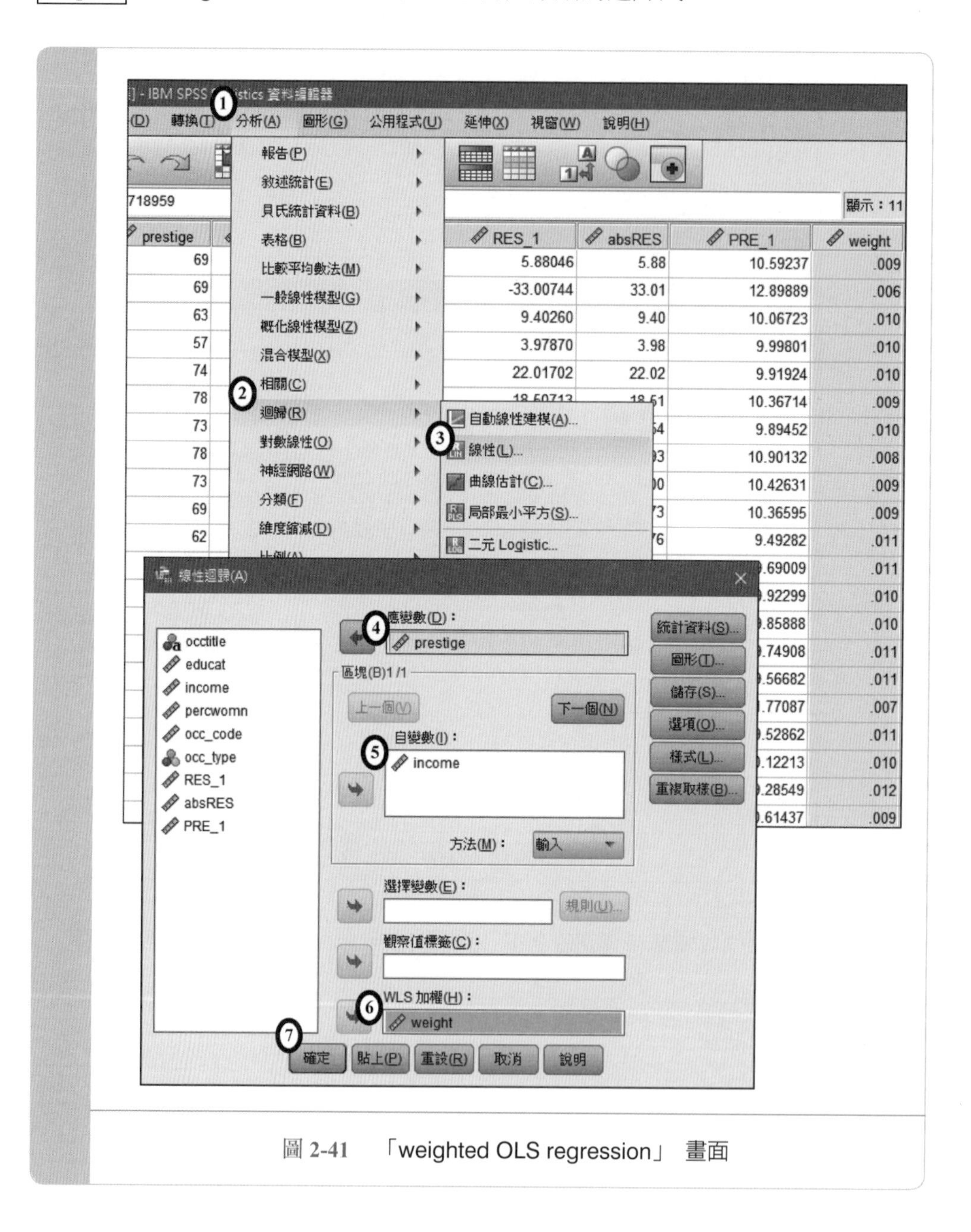

圖 2-41 「weighted OLS regression」 畫面

對應的指令語法：

```
* Step 2d. 以 weight 當 OLS 的加權值，重新做原始的迴歸式 .
REGRESSION
  /MISSING LISTWISE
  /REGWGT=weight
  /STATISTICS COEFF OUTS R ANOVA
  /CRITERIA=PIN(.05) POUT(.10)
  /NOORIGIN
  /DEPENDENT prestige
  /METHOD=ENTER income.
```

Coefficients[a,b]

Model		Unstandardized Coefficients		Standardized Coefficients	t	Sig.
		B	Std. Error	Beta		
1	(Constant)	25.118	2.321		10.820	.000
	Average income, dollars	.003	.000	.709	10.044	.000

a. Dependent Variable: Pineo-Porter prestige score occ.
b. Weighted Least Squares Regression - Weighted by weight

1. 未加權 OLS，不適合「自變數與依變數的曲線關係」。
2. 加權後 OLS，才適合「自變數與依變數的曲線關係」，其迴歸式爲：

$$prestige=25.118+0.003*income$$

$$\text{聲望}=25.118+0.003*\text{某職業平均收入}$$

3.「income 對 prestige」迴歸係數 =0.03($t=10.044, p<.05$)，達到 $\alpha=.05$ 顯著水準。

2-3-3 變數變換（迴歸分析）：違反誤差常態性的假定就做 log(x) 變換

本例旨在求 1970 年，101 個國家的「人均收入 (per-capita income) 來預測嬰

兒死亡率 (infant mortality rate)」OLS 迴歸。

範例：線形圖來檢視「誤差常態性」的假定 (assumption)

一、資料檔之內容

資料檔「leinhard.sav」，如下圖所示，共有 105 個國家 (分析單位)。

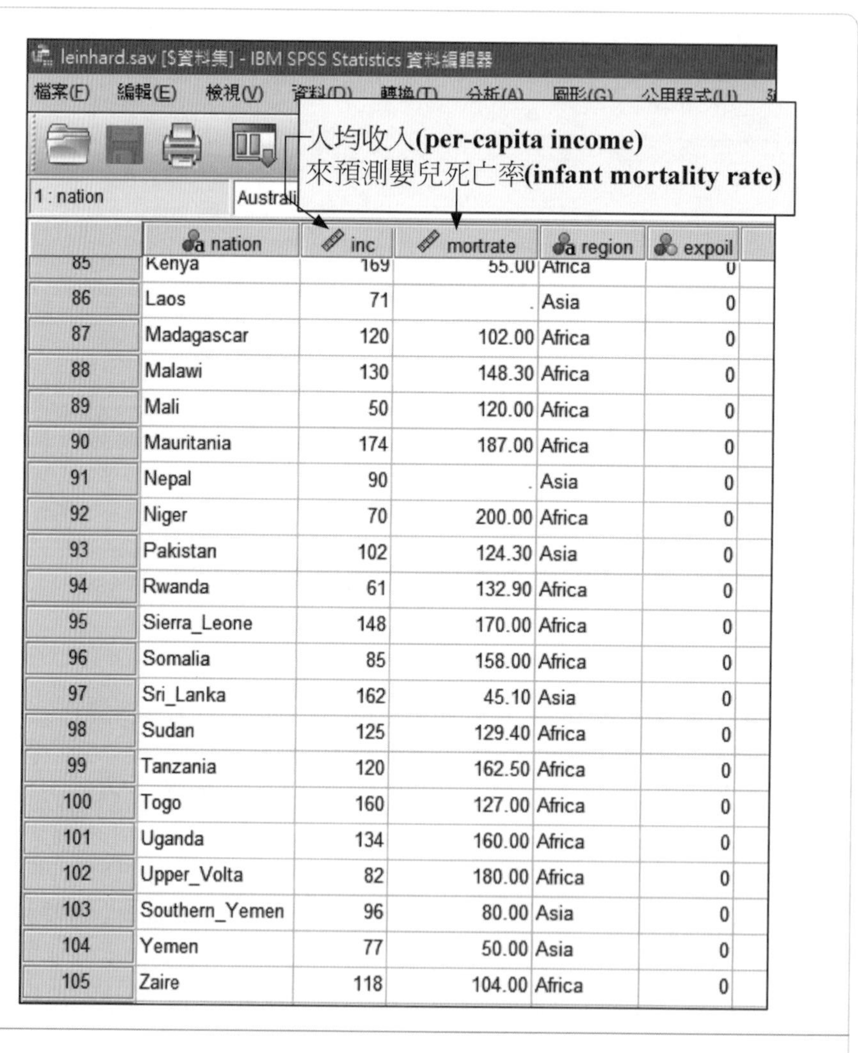

	nation	inc	mortrate	region	expoil
85	Kenya	169	55.00	Africa	0
86	Laos	71	.	Asia	0
87	Madagascar	120	102.00	Africa	0
88	Malawi	130	148.30	Africa	0
89	Mali	50	120.00	Africa	0
90	Mauritania	174	187.00	Africa	0
91	Nepal	90	.	Asia	0
92	Niger	70	200.00	Africa	0
93	Pakistan	102	124.30	Asia	0
94	Rwanda	61	132.90	Africa	0
95	Sierra_Leone	148	170.00	Africa	0
96	Somalia	85	158.00	Africa	0
97	Sri_Lanka	162	45.10	Asia	0
98	Sudan	125	129.40	Africa	0
99	Tanzania	120	162.50	Africa	0
100	Togo	160	127.00	Africa	0
101	Uganda	134	160.00	Africa	0
102	Upper_Volta	82	180.00	Africa	0
103	Southern_Yemen	96	80.00	Asia	0
104	Yemen	77	50.00	Asia	0
105	Zaire	118	104.00	Africa	0

圖 2-42 「leinhard.sav」資料檔內容 (N=105 個國家， 有效樣本 N=101 國家)

二、分析結果與討論

Step 1 線形圖＋散布圖來檢視因果兩變數是否符合誤差常態性

```
title "線形圖＋散布圖：leinhard.sav 資料檔，log(x) 變換 .sps".
subtitle "線形圖＋散布圖來檢視因果兩變數是否符合誤差常態性".
get file 'd:leinhard.sav'.

GRAPH
  /SCATTERPLOT(BIVAR)=inc WITH mortrate.
```

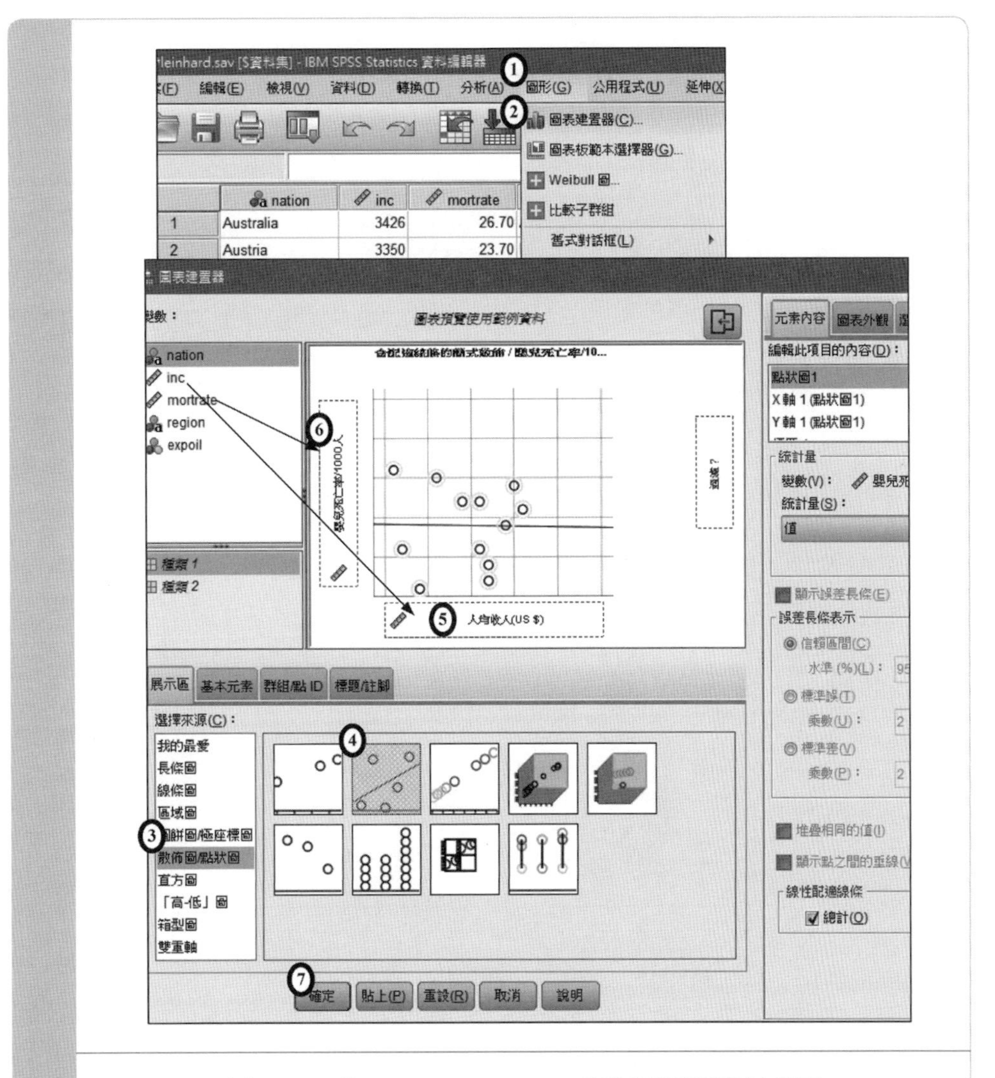

圖 2-43　「inc WITH mortrate」 散布圖及線形圖之畫面

對應的指令語法：

```
GGRAPH
  /GRAPHDATASET NAME="graphdataset" VARIABLES=inc mortrate MISSING=LISTWISE
REPORTMISSING=NO
  /GRAPHSPEC SOURCE=INLINE
  /FITLINE TOTAL=YES.
BEGIN GPL
  SOURCE: s=userSource(id("graphdataset"))
  DATA: inc=col(source(s), name("inc"))
  DATA: mortrate=col(source(s), name("mortrate"))
  GUIDE: axis(dim(1), label("人均收入 (US $)"))
  GUIDE: axis(dim(2), label("嬰兒死亡率 /1000 人"))
  GUIDE: text.title(label("含配適線條的簡式散布 / 嬰兒死亡率 /1000 人 依據 人均收入
(US $)"))
  ELEMENT: point(position(inc*mortrate))
END GPL.

* 更精減指令為 .
GRAPH
  /SCATTERPLOT(BIVAR)=inc WITH mortrate.
```

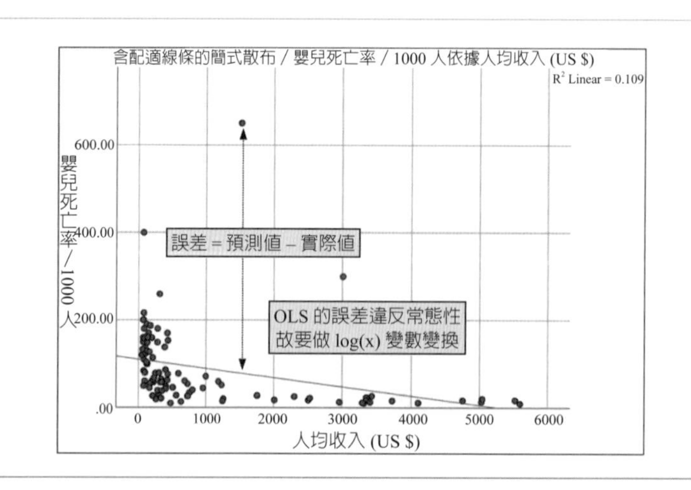

圖 2-44　「in 對 mortrate」 的散布圖及線形圖

上圖顯示，誤差違反常態性，故要做 log(x) 變數變換。

Step 2 做 log(x) 變數變換 (正規化)

```
subtitle "Step 2: 做 log(x) 變數變換 ".
compute lmortrat=lg10(mortrate).
compute linc=lg10(inc).
execute.
```

Step 3 繪新變數「log(inc) 對 log(mortrate)」的散布圖及線形圖

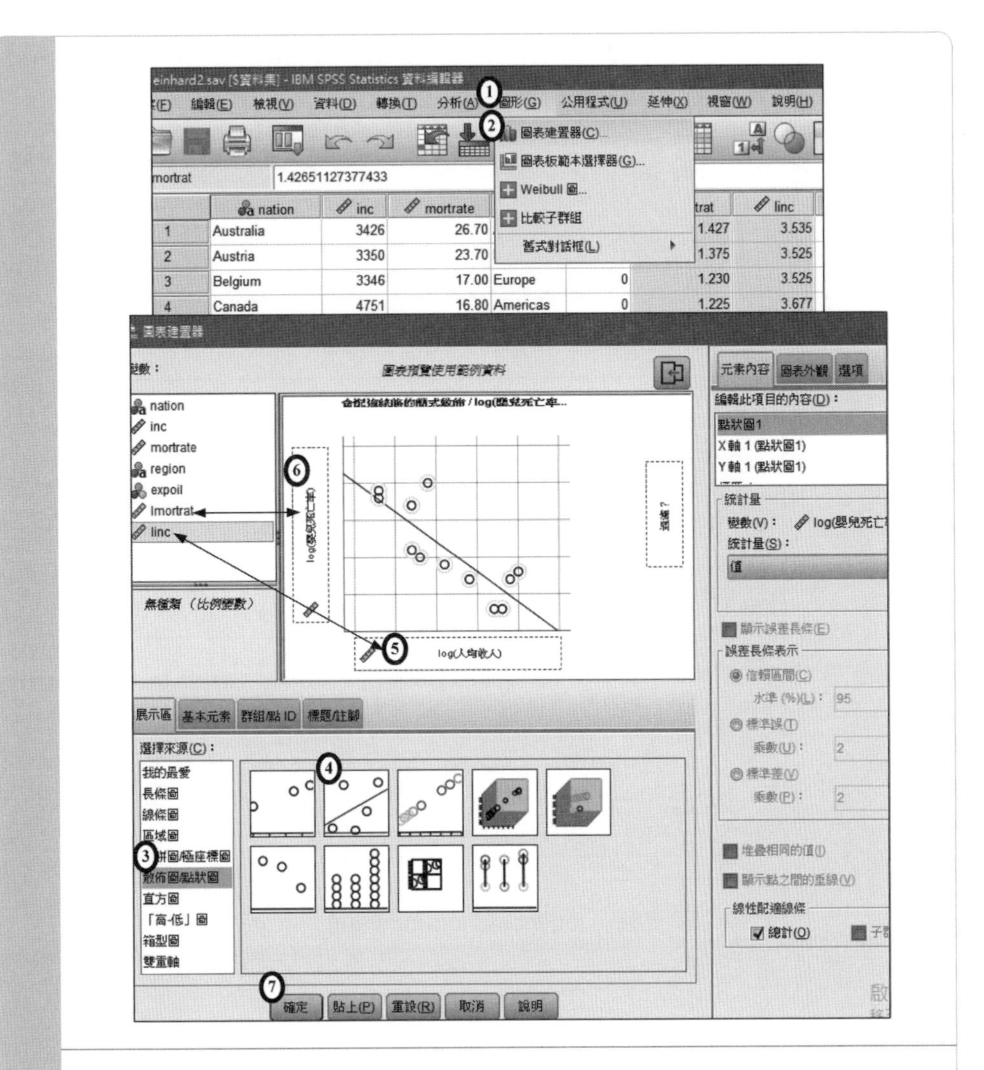

圖 2-45　繪新變數 「log(inc) 對 log(mortrate)」 散布圖及線形圖的畫面

對應方指令語法：

```
subtitle "Step 3: 繪新變數「log(inc) 對 log(mortrate)」的散布圖及線形圖 ".
* 圖表建置器 .
GGRAPH
  /GRAPHDATASET NAME="graphdataset" VARIABLES=linc lmortrat
MISSING=LISTWISE REPORTMISSING=NO
  /GRAPHSPEC SOURCE=INLINE
  /FITLINE TOTAL=YES.
BEGIN GPL
  SOURCE: s=userSource(id("graphdataset"))
  DATA: linc=col(source(s), name("linc"))
  DATA: lmortrat=col(source(s), name("lmortrat"))
  GUIDE: axis(dim(1), label("log( 人均收入 )"))
  GUIDE: axis(dim(2), label("log( 嬰兒死亡率 )"))
  GUIDE: text.title(label(" 含配適線條的簡式散布 / log( 嬰兒死亡率 ) 依據 log( 人均收
入 )"))
  ELEMENT: point(position(linc*lmortrat))
END GPL.
```

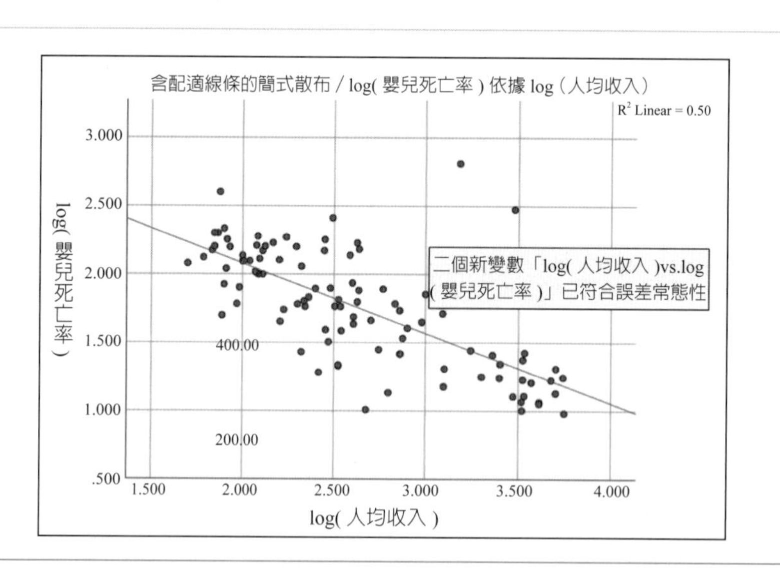

圖 2-46　新變數 「log(inc) 對 log(mortrate)」 的散布圖及線形圖

上圖顯示：二個新變數「log(人均收入) 對 log(嬰兒死亡率)」已符合誤差常態性。故可放心將這二個新變數納入迴歸分析。

Step 4 求「log(人均收入) 預測 log(嬰兒死亡率)」的迴歸式

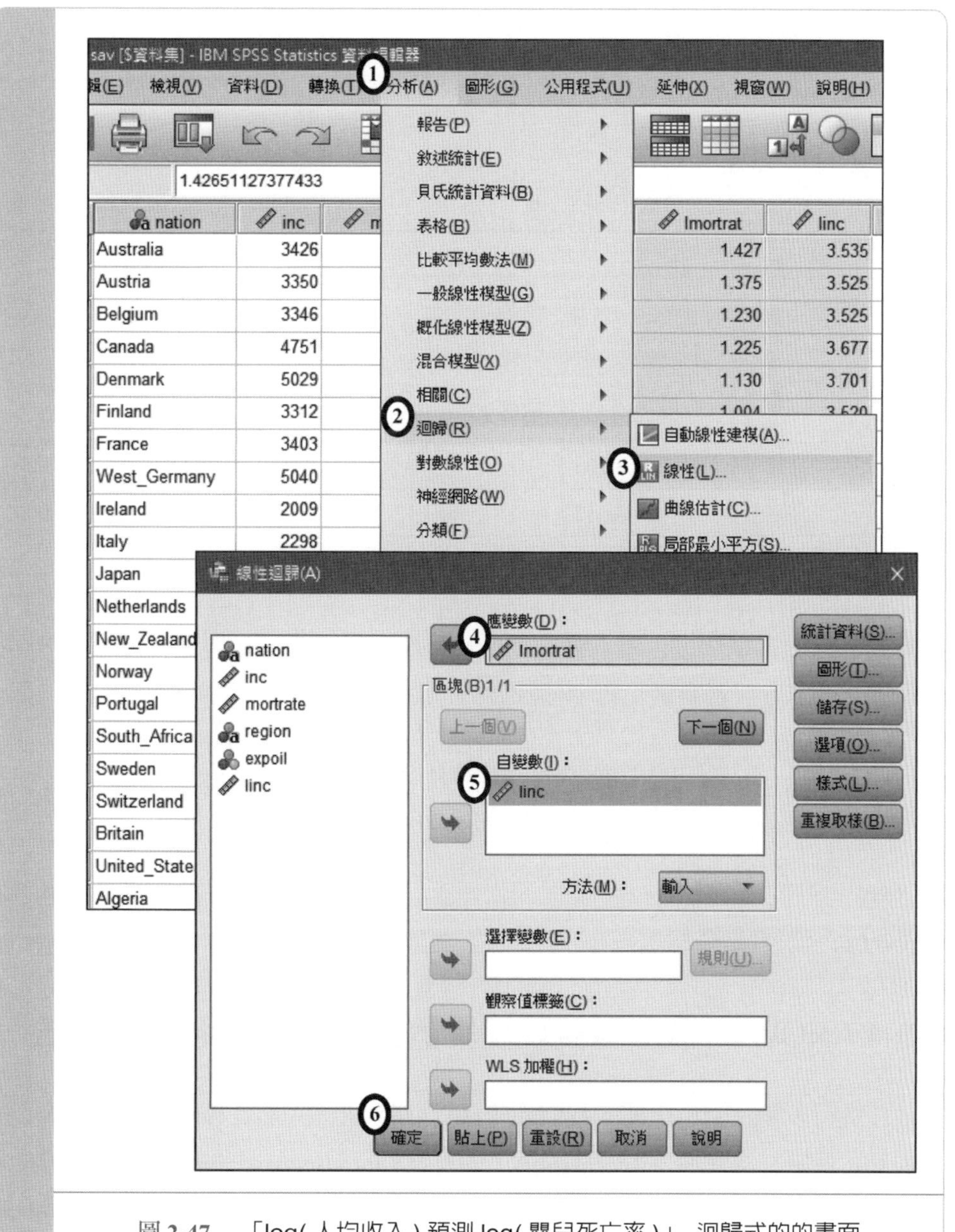

圖 2-47 「log(人均收入) 預測 log(嬰兒死亡率)」 迴歸式的的畫面

對應的指令語法：

```
subtitle "Step 7: 求「log( 人均收入 ) 預測 log( 嬰兒死亡率 )」的迴歸式 ".
REGRESSION
  /MISSING LISTWISE
  /STATISTICS COEFF OUTS R ANOVA
  /CRITERIA=PIN(.05) POUT(.10)
  /NOORIGIN
  /DEPENDENT lmortrat
  /METHOD=ENTER linc.
```

Coefficients[a]

Model		Unstandardized Coefficients		Standardized Coefficients	t	Sig.
		B	Std. Error	Beta		
1	(Constant)	3.103	.137		22.575	.000
	log(人均收入)	-.512	.051	-.709	-9.992	.000

a. Dependent Variable: log(嬰兒死亡率)

1. 經過 log(x) 正規化之二個新變數「log(人均收入) 對 log(嬰兒死亡率)」已符合誤差常態性，故可放心做 OLS 迴歸，並求迴歸式為：

lmortrat=3.103-0.512* linc

log(嬰兒死亡率)=3.103-0.512* [log(人均收入)]

2. 「log(人均收入) 預測 log(嬰兒死亡率)」迴係係數 =-0.512(效果量 t=-9.99, $p<0.05$)，二者是負相關。

2-3-4 ANOVA：盒形圖發現變異數異質性：改用 Welch 法

在進行多變量分析之前，我們須先確認收集而來的樣本，必須符合多變量分析的基本假定有：常態性 (normality)，同質性 (homoscedasticity) 也稱為變異數相等，和直線性 (linearity)。若是變數和變量無法符合多變量分析的基本假定，則可以透過資料的轉換，以達到符合多變量分析的基本假定。

變異數分析 (ANOVA) 分析流程

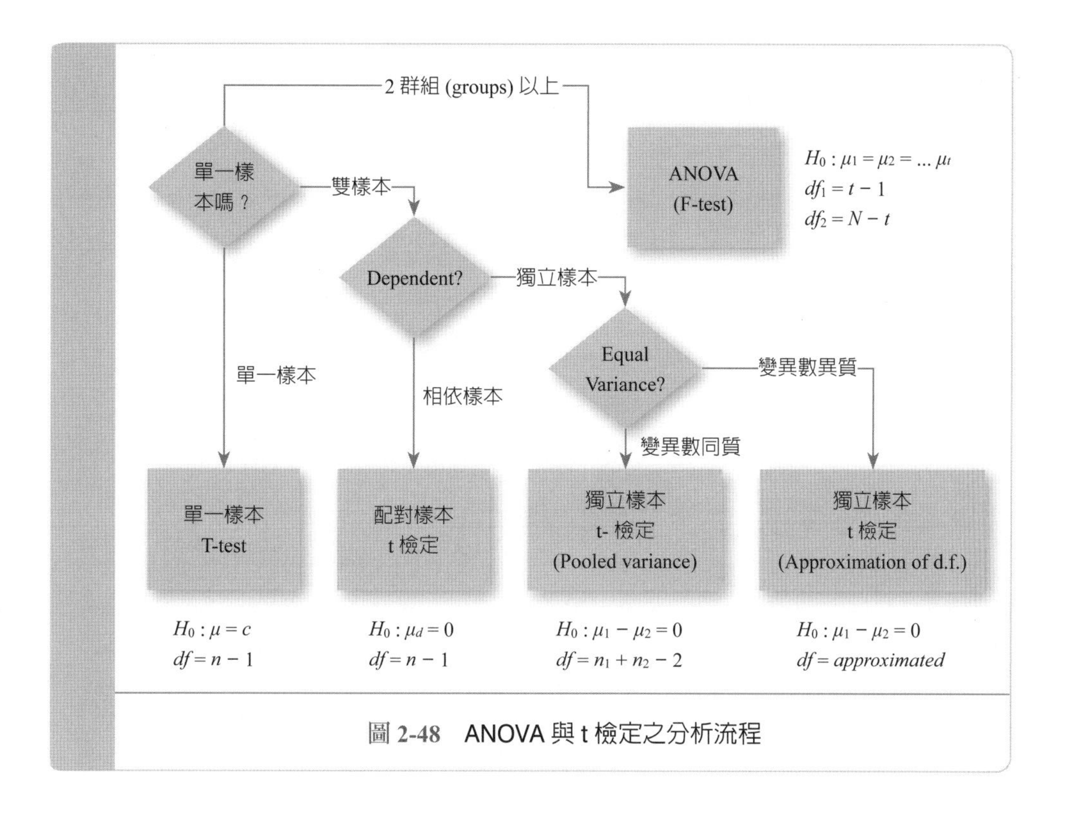

圖 2-48　ANOVA 與 t 檢定之分析流程

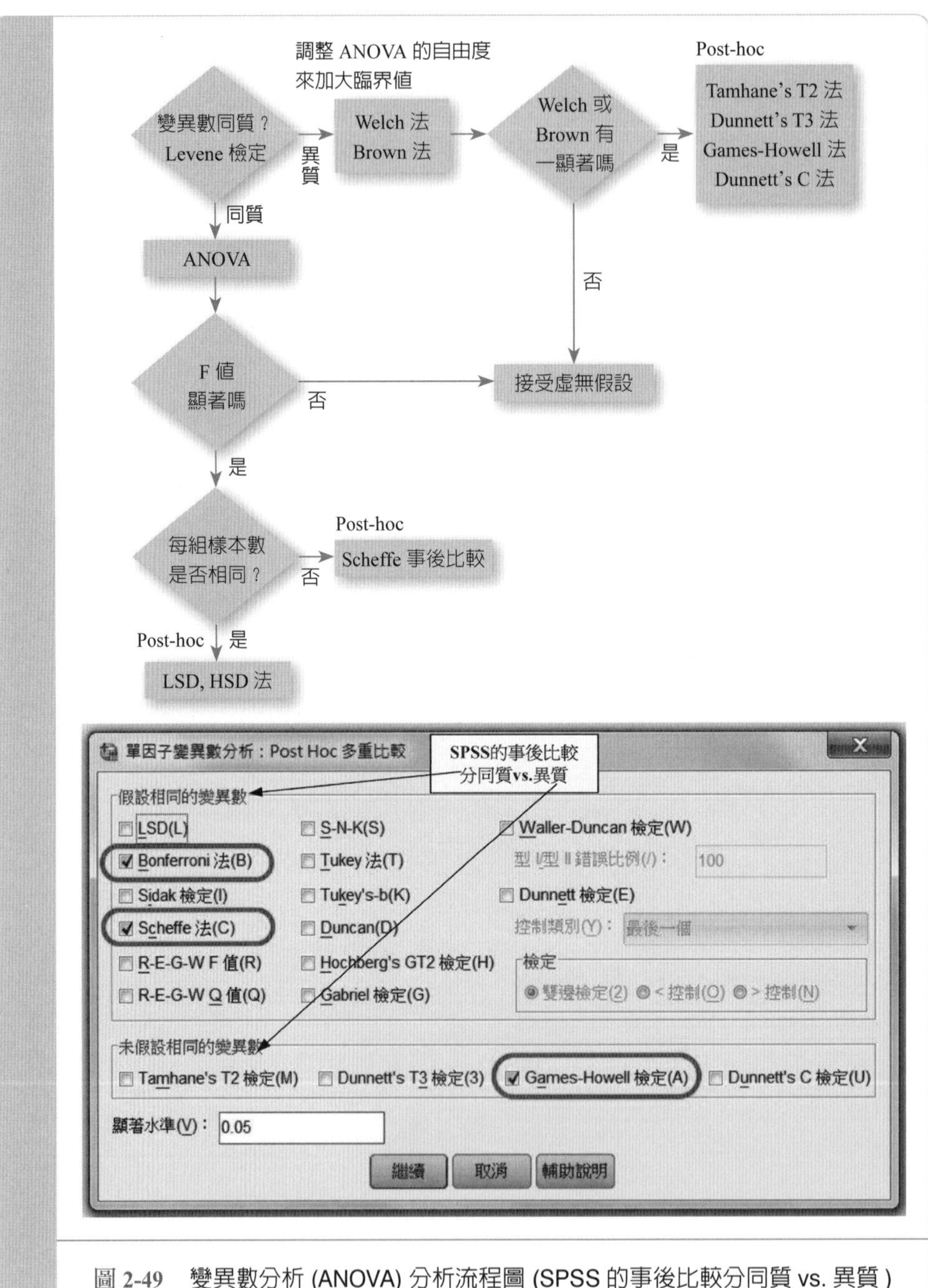

圖 2-49　變異數分析 (ANOVA) 分析流程圖 (SPSS 的事後比較分同質 vs. 異質)

異質性分析流程

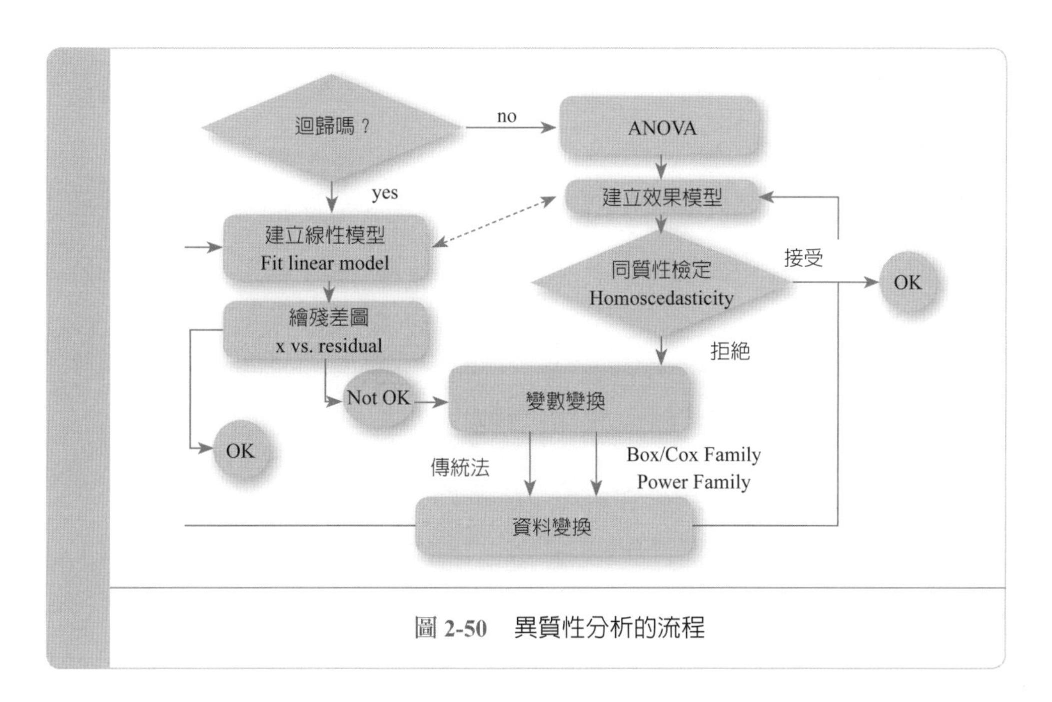

圖 2-50　異質性分析的流程

盒形圖

通常，變異數分析 (ANOVA) 分析流程如上圖。但 ANOVA 分析前，可由盒形圖快速檢視樣本資料的同質性。

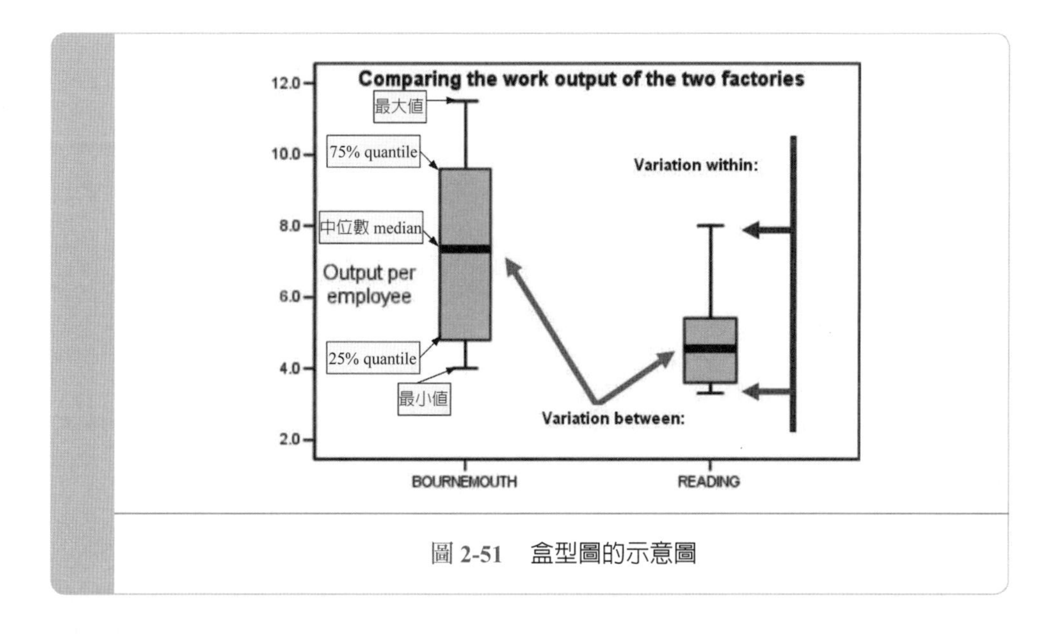

圖 2-51　盒型圖的示意圖

範例：盒形圖發現變異數異質性：改用 Welch 法

本例旨在比較「英、美、加及其它國家，四個地區 (nation)」公司雇用「董事和行政職人數 (intrlcks)」是否有差異。故屬於單因子 ANOVA 分析。

一、資料檔之內容

資料檔「ornstein.sav」，如下圖所示，「英、美、加及其它國家，四個地區 (nation)」，共有 247 家公司。

av [$資料集] - IBM SPSS Statistics 資料編輯器

輯(E) 檢視(V) 資料(D) 轉換(T) 分析(A) 圖形(G) 公用程式(U) 延伸(X)

247

A因子 → nation　依變數 → intrlcks

firmno	assets	sector	nation	intrlcks
227	318	AGR	CAN	2
228	312	MAN	US	2
229	305	AGR	UK	4
230	304	MER	US	4
231	303	WOD	UK	3
232	297	CON	CAN	2
233	276	MIN	CAN	9
234	270	MAN	CAN	4
235	261	CON	UK	1
236	256	MAN	US	1
237	245	MIN	CAN	11
238	241	MIN	US	3
239	225	AGR	US	6
240	225	MIN	UK	8
241	220	AGR	US	0
242	201	AGR	US	5
243	200	MAN	US	0
244	188	MAN	US	0
245	160	AGR	CAN	0
246	158	AGR	CAN	5
247	119	AGR	CAN	6

圖 2-52 「ornstein.sav」 資料檔內容 (N=247 家公司)

二、分析結果與討論

Step 1 繪「intrlcks BY nation」盒型圖，來檢視各組變異數是否同質？

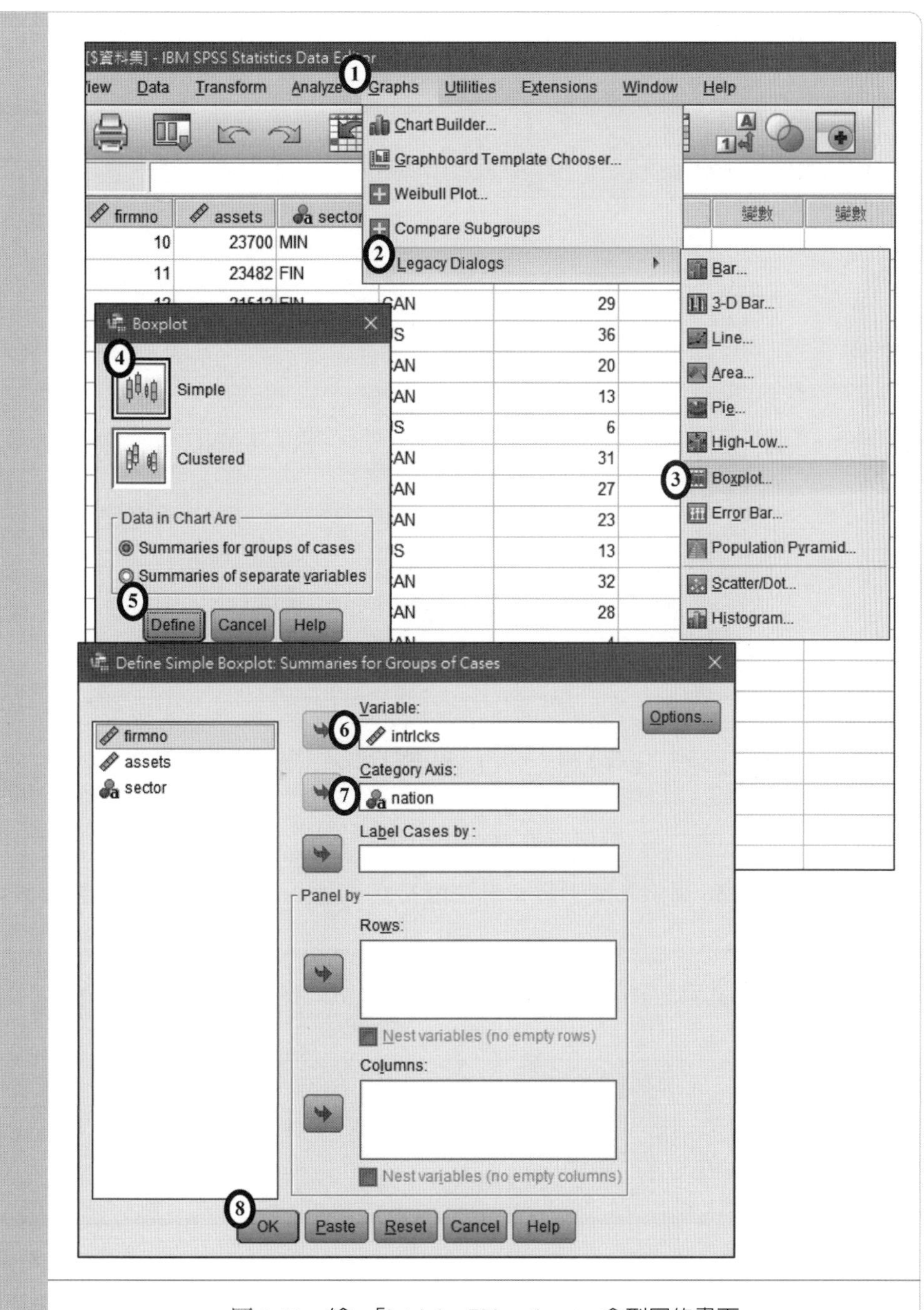

圖 2-53　繪「intrlcks BY nation」盒型圖的畫面

對應的指令語法：

```
title " 盒型圖 : ornstein.sav 資料檔 , ANOVA 異質性檢定 .sps".
get file 'd:\CD\ornstein.sav'.

subtitle " 繪「intrlcks BY nation」盒型圖 ".
EXAMINE
  VARIABLES=intrlcks BY nation /PLOT=BOXPLOT/STATISTICS=NONE.
```

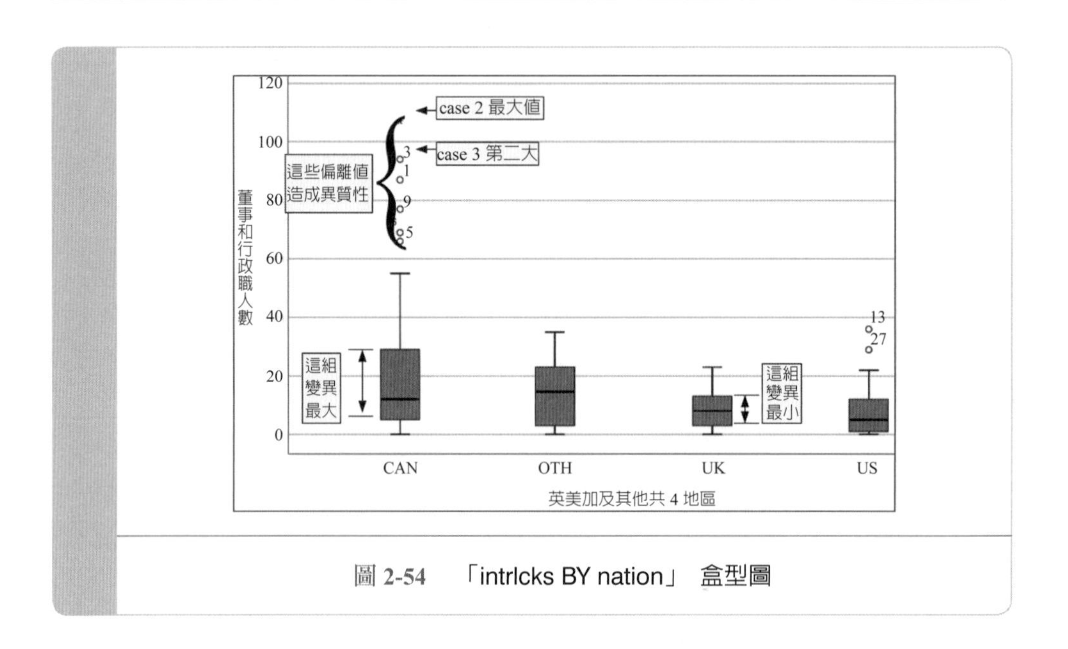

圖 2-54　「intrlcks BY nation」 盒型圖

Step 2 由於 nation 是字串型變數，無法直接當 ANOVA 的因子，故將它數值型變數 area

對應的指令語法：

```
subtitle " 由於 nation 是字串型變數，無法直接當 ANOVA 的因子，故將它數值型變數 area".
RECODE nation ('CAN'=1) ('OTH'=2) ('UK'=3) ('US'=4) INTO area.
VARIABLE LABELS  area ' 四個地區 '.
EXECUTE.
```

此時資料檔新增數值型變數 area。

Step 3 ANOVA 分析：area 當因子，intrlcks 依變數，做變異數同質性檢定

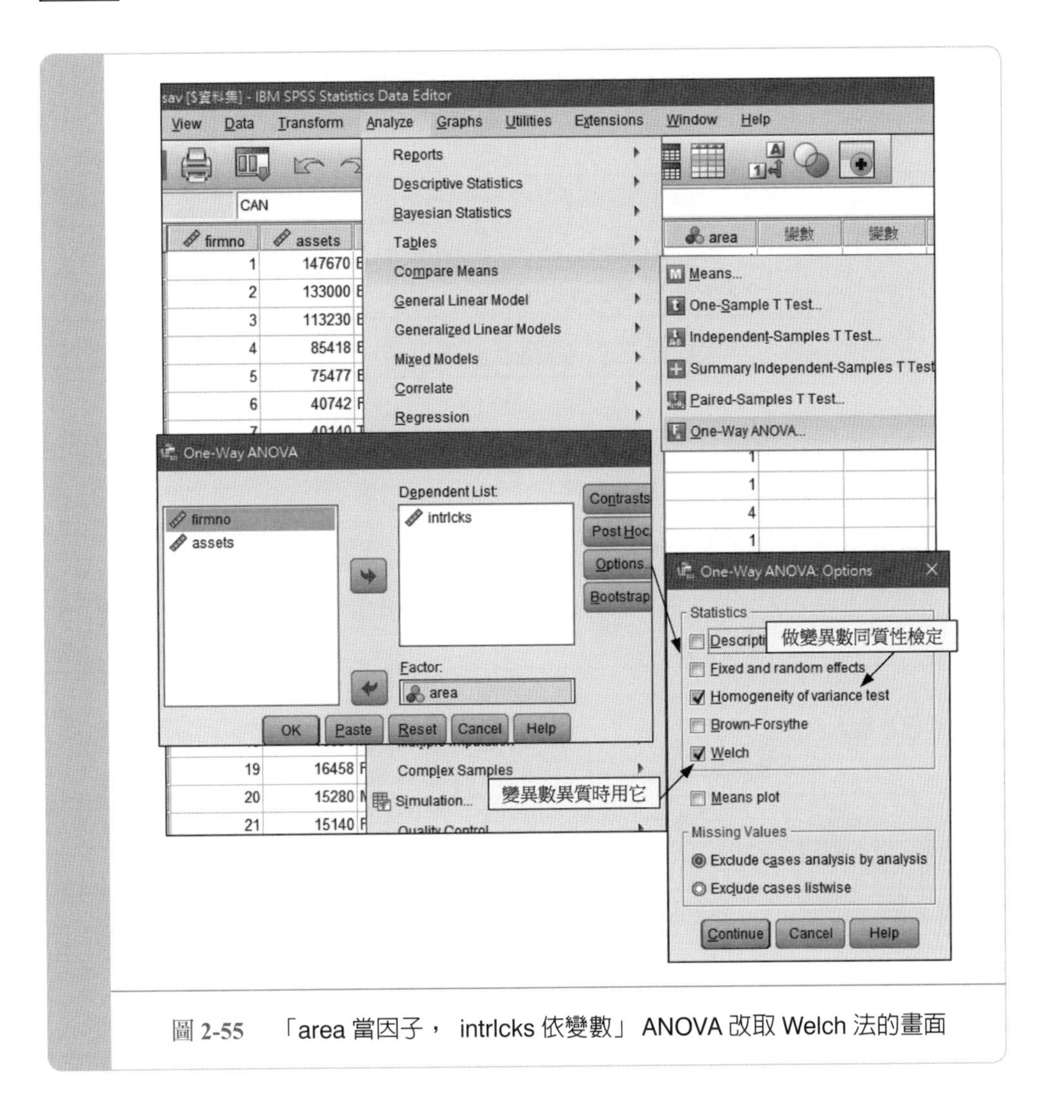

圖 2-55 「area 當因子， intrlcks 依變數」 ANOVA 改取 Welch 法的畫面

對應的指令語法：

```
subtitle "ANOVA 分析 :area 當因子，intrlcks 依變數，做變異數同質性檢定 ".
ONEWAY intrlcks BY area
  /STATISTICS HOMOGENEITY WELCH
  /MISSING ANALYSIS.
```

【A. 分析結果說明】：變異數同質性檢定

Test of Homogeneity of Variances

		Levene Statistic	df1	df2	Sig.
董事和行政職人數	Based on Mean	16.688	3	244	.000
	Based on Median	9.224	3	244	.000
	Based on Median and with adjusted df	9.224	3	140.408	.000
	Based on trimmed mean	13.397	3	244	.000

1. 變異數同質性 Levene 檢定，Levene 值 $_{(3,244)}$= 16.688 (p<.05)，故拒絕虛無假設：變異數同質。
2. 變異數異質時改選用 Welch 法。

【B. 分析結果說明】：變異數異質時改選用 Welch 法

ANOVA

董事和行政職人數

	Sum of Squares	df	Mean Square	F	Sig.
Between Groups	8693.024	3	2897.675	12.810	.000
Within Groups	55193.363	244	226.202		
Total	63886.387	247			

1. 變異數異質時改選用 Welch 法，故以上 $F_{(3,244)}$ 值的整數自由度要改實數。

Robust Tests of Equality of Means

董事和行政職人數

	Statistic[a]	df1	df2	Sig.
Welch	13.945	3	46.552	.000

a. Asymptotically F distributed.

1. 變異數異質時改選用 Welch 法，調整後 $F_{(3,46.552)}$ 值爲 =13.945(非原始 F=12.810)。
2. 因子 area 在依變數 intrlcks 的效果達到顯著 (F=13.945, p<.05)，故你可再做 Scheffe 事後比較。

Chapter

03

勝算比(odds ratio)、卡方檢定、Logistic迴歸

1. 類別資料的產生

   原發性類別資料：當被測定的變項的本質是名義性的屬性，例如性別資料、宗教信仰等等距尺度或比例尺度所測得知資料 (如分數、身高、體重等) ，常常為簡化資料起見，常以分組方式化簡為類別變項，例如將身高分為低、中、高三組。

2. 類別資料的處理型態：次數與百分比。
3. 類別資料的呈現：次數分配表 (frequency table) 與列聯表 (contingency table)。
4. 類別資料的分析：卡方檢定與其他關聯性分析法。

3-1 適用條件

依變數 (outcome) / 自變數 (predictor)	縱貫面研究 類別變數	橫斷面研究 類別變數
單一類別變數	卡方檢定：關聯性分析 Tetrachoric correlations (限 Binary 變數) Odds ratio(logistic 迴歸)	對稱性 Chi-Square Tetrachoric correlations(限 Binary 變數)Odds ratio(logistic 迴歸)
類別變數 + 連續變數	Odds ratio(logistic 迴歸)	Odds ratio(logistic 迴歸)

一、基本概念

類別資料：指在測量的過程中以名義尺度或順序尺度所收集到的資料，如性別、高 vs. 低血糖類型。或者以等距 (工作滿足、考試成績)、比率尺度 (有絕對原點，如工作所得、年齡、高 vs. 低血糖類型) 所測量到的連續變數資料，經化簡為類別變數時 (如父母社會經濟地位 (SES) 分為高、中、低三組) 的資料。

二、兩個類別變數的統計檢定

1. 卡方檢定：「類別變數」的統計檢定可以卡方檢定來進行推論統計檢定。

卡方檢定 χ^2(chi-square test)：樣本觀察到的次數 (或百分比) 與理論或母群體的分配次數 (或百分比) 之間是否有顯著差異。又稱交叉分析 (以細格次數來進行交叉比較) 或百分比檢定 (細格中數據是次數、百分比)。

2. 四分相關 (Tetrachoric correlations)

由於很多連續變數，例如血糖 >160 就列爲糖尿病，但這種「人爲」將連續變數強制轉成二分類別變數，就不適合卡方檢定來考驗「2×2 交叉表的關連性」，故需改用四分相關。範例請見作者《高等統計分析：應用 SPSS 分析》一書。

3. 勝算比 (odds ration)

定義：**Odds**
The ratio of events to not-events (risk of having an events divided by the risk of not having it)

定義：勝算比 **Odds Ratio (OR)**
The odds of the event occurring in one group divided by the odds of the event occurring in the other group

定義：**Relative risk or Risk Ratio (RR)**
The risk of the events in one group divided by the risk of the event in the other group

定義：**Risk difference (RD; -1 to +1)**
Risk in the experimental group minus risk in the control group

以下公式中，a，b，c，d 是指下表 22 表格之交叉細格人數。

表 3-1 交叉表之細格人數及邊際人數

	實驗組 (treated)	對照組 (not treated)	合計
死亡 Death(case)	a_i 人	b_i 人	$n1_i$ 人
存活 Survival(control)	c_i 人	d_i 人	$n2_i$ 人
合計	$m1_i$ 人	$m2_i$ 人	T_i 人

例如：有篇原始論文其個別研究數據如下 2×2 交叉表，其 odd ration 的手算公式如下：

表 3-2 實驗處理的效果，與對照組做比較

人數	實驗組	控制組	
死亡 (event)	已知 1 人	已知 2 人	Odds ratio $= \frac{1\times 34}{39\times 2} = 0.436$ Ln(odds ratio)=Ln(0.436)= –0.83 因 OR<1，故實驗組處理效果優於控制組。
存活	推算 (40 – 1) = 39	推算 (36 – 2) = 34	
合計	已知 $N_E = 40$	已知 $N_E = 36$	

3-2 卡方檢定：關聯性分析

一、卡方分配 (chi-square distribution)

卡方分布 ($\chi^2_{(df=k)}$) 是機率論與統計學中常用的一種機率分布。k 個獨立的標準常態分布變數的平方和服從自由度爲 k 的卡方分布。卡方分布亦是一種特殊的伽瑪 (gamma) 分布。

由卡方分布延伸出來皮爾森 (Pearson) 卡方檢定常用於：(1) 樣本某性質的比例分布與母體理論分布的適配度；(2) 同一母體的兩個隨機變數是否獨立；(3) 二或多個母體同一屬性的同質性檢定。

二、卡方之數學定義

若 k 個隨機變數 $Z_1, Z_2, \cdots, Z_k$ 是相互獨立，且符合標準常態分布的隨機變數 (數學期望爲 0、變異數爲 1)，則隨機變數 Z 的平方和：

$$X = \sum_{i=1}^{k} Z_i^2 \sim \chi^2_{(k)} \text{分布}$$

三、卡方布的機率密度函數為

$$f_k(k) = \frac{(\frac{1}{2})^{k/2}}{\Gamma(k/2)} x^{k/2-1} e^{-x/2}$$

其中 $x \geq 0$，當 $x \leq 0$ 時 $f_k(x) = 0$。這裡 Γ 代表 Gamma 函數。

自由度 $k > 0$。卡方分布的期望值爲 k，變異數爲 2k。

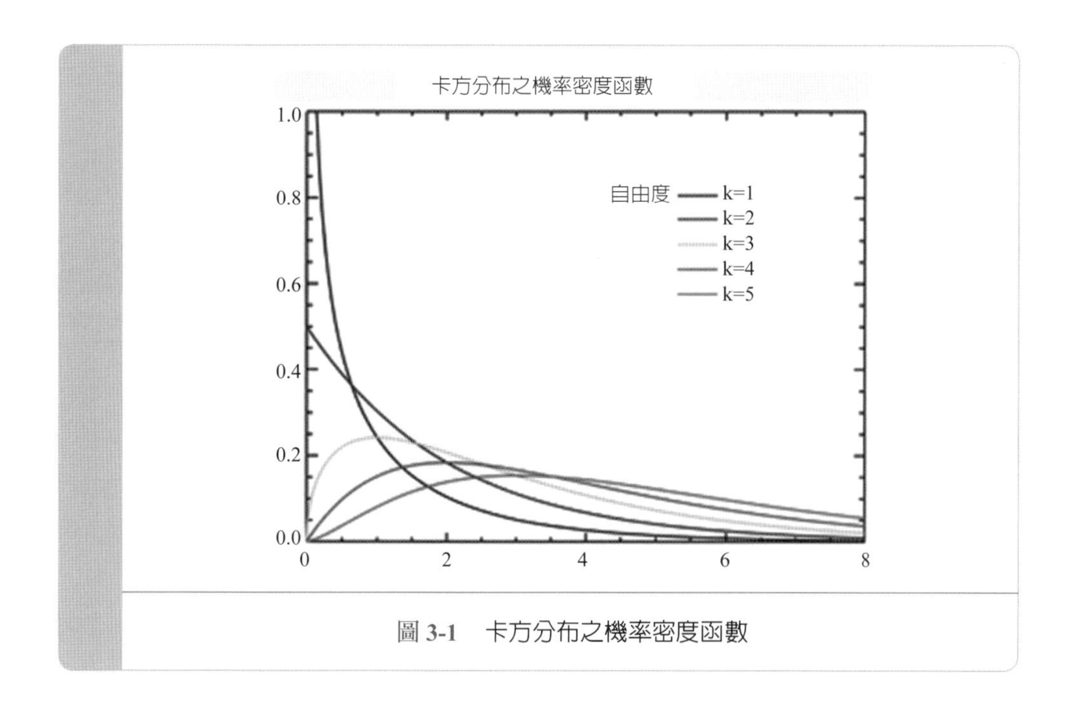

圖 3-1　卡方分布之機率密度函數

在大多數涉及卡方分布的書中都會提供它的累積分布函數的對照表。此外許多表格計算軟體，如 OpenOffice.org Calc 和 Microsoft Excel 中都包括卡方分布函數。

卡方檢定之應用例子，包括：

1. 應用 RFM 於照明產業經營績效——以 W 公司為例。
2. 電信業者推動行動上網業務之行銷策略探討。
3. 已購買癌症保險再購者之特性分析——以 X 壽險公司為例。
4. 個股新聞對股價影響之研究——以臺股為例。
5. 集成分類器結合特徵選取與多字詞判斷疾病分類碼。
6. 應用關聯法則分析不同科別高血壓處置的差異。
7. 健康風險標準與社會經濟政策相關因素研究——以自來水中 THMs 為例。
8. 利用 DNA 混合樣本於 SNP 相關研究之統計分析。
9. 企業風險管理在我國電子零組件產業的實施現況。
10. 假釋制度與假釋決定之影響因素——雲林監獄之實證研究。
11. 國際級工程公司設計能耐提昇個案研究——以人才培育與專業強化觀點。
12. 影響房屋貸款逾期因素之實證分析。

13. 影響中小企業貸款提前清償因素之實證分析。
14. 創意設計導入教學中之成效研究。
15. 性侵犯前科類型及其影響因子之研究。
16. 臺灣基金投資者之投資決策研究。
17. 影響智慧家庭採用電能資訊管理系統之因素分析——市場調查法。
18. 殺人罪量刑之實證研究。
19. 評估臺灣獸醫醫療法制定對社會層面影響與先行調查。
20. 急性中風病患就醫資料分析。
21. 探討罹患青光眼之相關影響因素
22. 影響消費性貸款逾期因素之實證分析
23. 工作滿意度決定因素之性別差異

3-2-1 卡方檢定之介紹

假設檢定係統計上對參數的假設，是對一個或多個參數的論述，而其中我們欲檢定其正確性的為虛無假設 (null hypothesis)，虛無假設通常由研究者決定，反應研究者對未知參數的看法。相對於虛無假設的其他有關參數之論述是對立假設 (alternative hypothesis)，它通常反應了執行檢定的研究者對參數可能數值的另一種 (對立的) 看法 (換句話說，對立假設通常才是研究者最想知道的)。我們常見的，假設檢定的種類包括：t 檢定，Z 檢定，卡方檢定，F 檢定等等。

皮爾森卡方檢定 (Pearson chi-squared test) 是最有名卡方檢定之一，其他常用的卡方檢定還有葉氏連續性校正 (Yates's correction for continuity)、概似比檢定 (Likelihood-ratio test)、Portmanteau 檢定 (Portmanteau test) 等，它們的統計值之機率分配都近似於卡方分配，故稱卡方檢定)。皮爾森卡方檢定最早由卡爾·皮爾森在 1900 年發表，用於類別變數 (categorical variables) 的檢定。科學文獻中，當提及卡方檢定而沒有特別指明類型時，通常即指皮爾森卡方檢定。

卡方檢定的 4 種統計檢定

(一) 適配度檢定 (test of goodness of fit)：適用於某一個變數實際觀察的次數分配是否與某個理論分配或母群分配相符合所進行的統計檢定，若檢定 (卡方值) 未達顯著，表示該變數的分布與母群相同，反之，則與母群不同，就比較不適合作推論。

其檢定公式爲：

$$\chi^2 = \sum_{i=1}^{k} \frac{(f_o - f_e)^2}{f_e} \sim \text{符合}\chi^2_{(k-1)}\text{分配}，df = k - 1$$

f_o：觀察 (observed) 次數。

f_e：期望 (expected) 次數。

df：自由度。

適配度檢定的主要目的在檢定我們實際蒐集到的資料，其觀察次數與根據某種理論推測出來的期望次數，是否相接近。

例 (參考林清山，民 81)

某學者想研究不同色調的色紙對幼兒的吸引力是否不同，他呈現 7 種色紙供 280 名幼兒選擇最喜歡的一種，結果如下表所示：

色彩	紅	橙	黃	綠	藍	靛	紫
人數	52	48	44	31	29	30	46

本例題研究者使用 280 名幼兒爲受試者，如果「幼兒對 7 種色調的喜歡程度相同」這一個說法可以成立的話，則理論上每一種色調被選擇到的理論次數 (f_e) 應該都是 40。這些資料代入公式來檢定觀察次數與理論次數是否一致。得：

$$\chi^2 = \frac{(52-40)^2}{40} + \frac{(48-40)^2}{40} + \frac{(44-40)^2}{40} + \frac{(31-40)^2}{40}$$

$$+ \frac{(29-40)^2}{40} + \frac{(30-40)^2}{40} + \frac{(46-40)^2}{40} = 14.05(p < 0.05)$$

$$\text{查表 } \chi^2_{.95(6)} = 12.592$$

解釋：

根據觀察資料計算出來的 χ^2 值爲 14.05，其 P 值爲 0.029，小於 0.05 顯著水準，應拒絕虛無假設 H_0，即不同的色調對幼兒有不同的吸引力存在。

(二) 獨立性檢定：檢測「**同一個樣本兩個類別變數**」的實際觀察值，是否具有特殊的關聯，如果檢定的卡方值未達顯著，表示兩個變數相互獨立，如果

檢定 (卡方值) 結果達到顯著，表示兩個變數不獨立，具有關聯，如某公司學歷分布與性別有否關聯。

列聯表 (contingency table) 的二個變數是否彼此獨立常是研究者感興趣的假設。兩變數是否獨立其定義爲：若某細格的機率恰等於決定此細格的兩類變數之邊緣機率之乘積，則兩變數爲獨立。

常用來檢定列變數與行變數是否獨立的統計量稱爲**皮爾森卡方** (Pearson chi-square)，其計算方法是將每一細格的殘差 (觀察次數減期望次數) 平方，再除以期望次數，再全部加總起來，其公式爲：

$$\chi^2 = \sum_i \sum_j \frac{(O_{ij} - E_{ij})^2}{E_{ij}} \sim \text{符合} \chi^2_{(I-1)(J-1)} \text{分布}$$

其中 O_{ij} 爲實際觀察次數，E_{ij} 爲理論期望次數。

(三) 百分比同質性檢定 (test of homogeneity of proportions)：檢定**同一變數在兩個樣本**的分布情況，如公私立大學學生的性別分布是否一樣。如果檢定 (卡方值) 未達顯著，表示兩個樣本是同質的，反之，如果檢定 (卡方值) 達到顯著，表示兩個樣本不同質。

(四) 多重列聯表分析

多重列聯表：有三個 (或以上) 類別變數的列聯表，在獨立性檢定方面用「G^2 統計法」處理多個類別變數的關聯分析。

3-2-2 卡方檢定之實作 (獨立性檢定、百分同質性)

卡方檢定獨立性 (chi-square test for independence)，又稱爲 Pearson 卡方檢定或卡方關聯性檢定 (chi-square test of association)，旨在發現兩個類別變數 (categorical variables) 之間是否存在關係。

一、獨立性檢定 (test of independence)

獨立性檢定又稱爲關連性檢定 (test of association)。其主要目的在考驗二個以上的自變數與自變數之間有無關連存在。如果彼此有關連存在，則可繼續了解二者之關連的性質與程度。換句話說，獨立性檢定的目的在瞭解自母群中取樣而來的一組受試者的兩個設計變數之間是否互爲獨立？如果不是互爲獨立，則二者的關連性的性質和程度如何？因此，在進行獨立性檢定時，I×J 交叉表的兩個變數均爲設計變數，且爲 2×2 交義表，則其 χ^2 公式可改寫成：

$$\chi^2 = \frac{N(AD - BC)^2}{(A+B)(C+D)(A+C)(B+D)}$$

A	B	A + B
C	D	C + D
A + C	B + D	

其中 A, B, C 和 D 代表 2×2 交叉表內各細格人數，

二、卡方獨立性檢定 (test of independence) 的假定 (assumptions)

當您選擇使用卡方檢定分析您的數據以獲得獨立性時，您需要確保要分析的數據「通過」兩個假定。您需要這樣做，因爲如果您的數據通過了這兩個假定，則僅適用於使用卡方檢定進行獨立性檢查。否則，則不能使用卡方檢定來確定獨立性。這兩個假定是：

Assumption #1：兩個變數限定是次序 (ordinal) 型或名義型 (nominal level) 變數 (即類別型數據)，才可進行卡方檢定。

Assumption #2：這兩個變數應該由兩個或更多的類別、獨立組所組成。符合這一標準的獨立變數包括：性別 (2 組：男性和女性) 、種族 (3 組：白人，非洲裔美國人和西班牙裔)、身體活動程度 (4 組：久坐，低，中等和高)、職業別 (例如：5 組：外科醫生，醫生，護士，牙醫，治療師) 等等。

三、範例：卡方檢定：二個類別變數的獨立性檢定 (參考林清山 p295，民 81)

某研究者想了解教育程度與其社經水準是否有關連存在，乃以 283 人爲受試，調查的資料如下：

SES / Ed_Level		社經水準 (SES) 低	中	高	合計
教育程度	大學	6	17	20	43
	高中	15	26	24	65
	國中	31	34	13	78
	小學	42	45	10	97
合計		94	122	67	283

代入公式：

$$\chi^2 = 283\left[\frac{6^2}{43\times 94}+\frac{17^2}{43\times 122}+\cdots\cdots+\frac{10^2}{97\times 67}-1\right]$$
$$= 34.5328\ (p < 0.05)$$

查表 $\chi^2_{.95(6)} = 12.592$

代入公式：

$$\Phi^2 = \frac{X^2}{N} = \frac{34.5328}{283} = 0.1120$$

代入克瑞瑪 V_c 統計數 (Cramer's statistic)

$$V_c = \sqrt{\frac{\Phi^2}{\min(I-1, J-1)}} = \sqrt{\frac{0.1120}{\min(4-1, 3-1)}} = \sqrt{\frac{0.1120}{2}} = 0.247$$

代入「預測關連性指標」(index of predictive association) 公式：

$$\lambda = \frac{\sum \max f_{ij} - \max f_{i.}}{N - \max f_{i.}}$$
$$= \frac{(42+45+24)-97}{283-97} = 0.075$$ (從社經水準預測教育程度)

一、資料檔之內容

資料檔「關連性檢定 .sav」，如下圖所示，共有 283 個人。

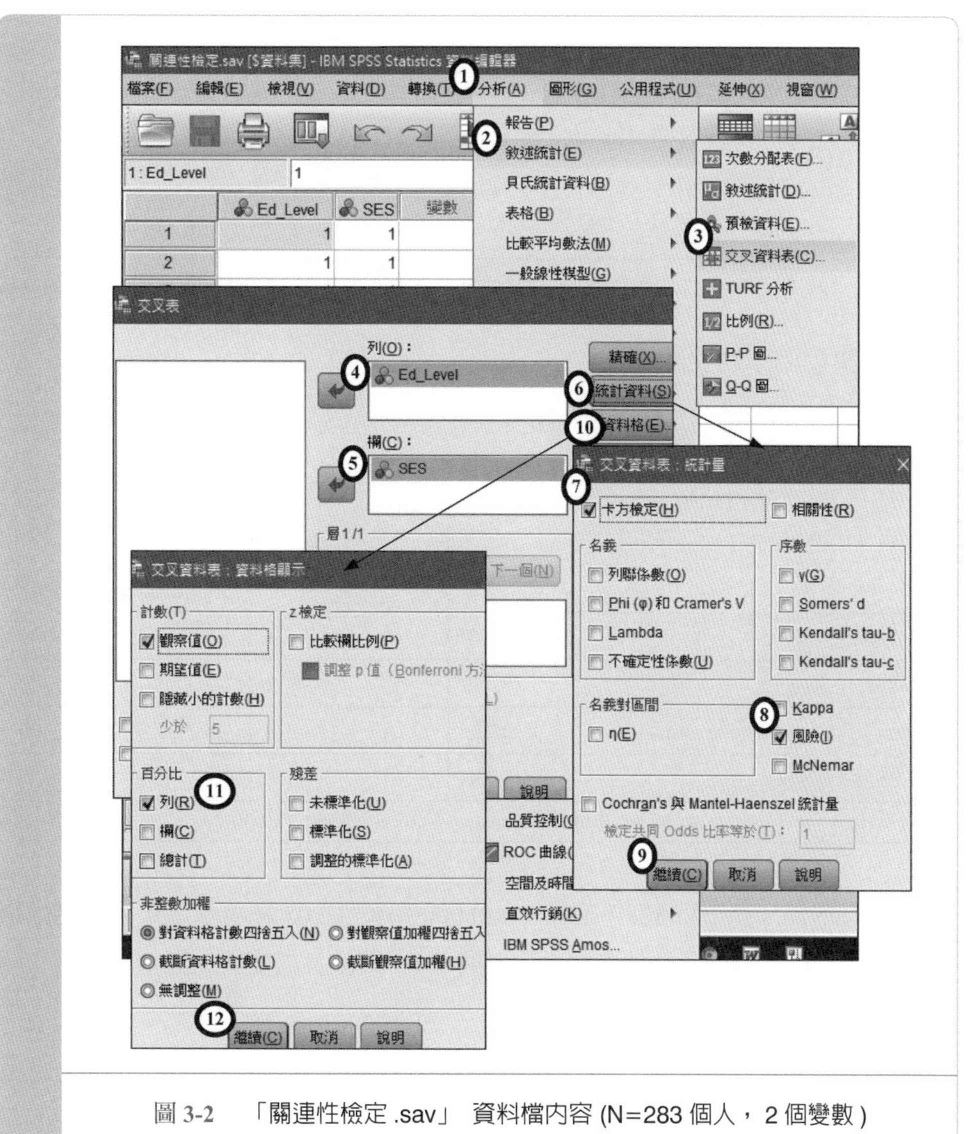

圖 3-2 「關連性檢定 .sav」 資料檔內容 (N=283 個人，2 個變數)

對應的指令語法：

```
title " 卡方檢定 : 關連性檢定 .sav 資料檔 ,chi-squared.sps".
GET
  FILE='D:\CD 範例 \ 關連性檢定 .sav'.
```

```
CROSSTABS
  /TABLES=Ed_Level BY SES
  /FORMAT=AVALUE TABLES
  /STATISTICS=CHISQ RISK
  /CELLS=COUNT ROW
  /COUNT ROUND CELL.
```

二、分析結果與討論

【**A.** 分析結果說明】：卡方獨立性檢定

Chi-Square Tests

	Value	df	Asymptotic Significance (2-sided)
Pearson Chi-Square	34.533[a]	6	.000
Likelihood Ratio	35.172	6	.000
Linear-by-Linear Association	30.237	1	.000
N of Valid Cases	283		

a. 0 cells (0.0%) have expected count less than 5. The minimum expected count is 10.18.

1. 求得 Pearson's χ^2=34.5328，df=6，p=0.000，達到 0.05 顯著水準，故拒絕虛無假設「H_0 教育程度與社經水準之間無關連」，即教育程度與社經水準之間有關連存在。

Ed_Level * SES Crosstabulation

			SES			
			低	中	高	Total
Ed_Level	大學	Count	6	17	20	43
		% within Ed_Level	14.0%	39.5%	46.5%	100.0%
	高中	Count	15	26	24	65
		% within Ed_Level	23.1%	40.0%	36.9%	100.0%
	國中	Count	31	34	13	78
		% within Ed_Level	39.7%	43.6%	16.7%	100.0%

國小	Count	42	45	10	97
	% within Ed_Level	43.3%	46.4%	10.3%	100.0%
Total	Count	94	122	67	283
	% within Ed_Level	33.2%	43.1%	23.7%	100.0%

由上圖之交叉細格亦可看出：

1. 大學教育程度受試的社經地位屬「高」的居數 (46.5%)，高中程度 (40%) 與國中教育程度 (43.6%) 屬「中」社經地位者占多數，而國小教育程度社經地位則以「低」者 (43.3%) 及「中」者 (46.4%) 居多。
2. 教育程度越高，其屬「低」社經地位的比率就愈低，由 43.3% 降至 14.0%。相對地，教育程度愈高者，其屬「高」社經地位比率就愈高，由 9.3% 升至 46.5%。

3-3 卡方檢定包含於 logistic 迴歸：勝算比

概率 (probabilities) 介於 0 和 1。比方說，成功的概率是 0.8，因此 P = 0.8。

失敗的概率則是：Q = 1 – P = 0.2。

賠率是從 0 至無窮大 probabilities 和範圍來決定。比值被定義爲成功的概率的比率和故障的可能性。成功的機率：

odds(成功)= P /(1-P) 或 P / Q = 0.8/0.2 = 4，

也就是說，成功的機率是 4 比 1。失敗的機率會：

odds(失敗)= Q / P = 0.2/0.8 = 0.25。

它眞正的意思是失敗的賠率是 1 至 4。成功和失敗的機率彼此是倒數，即 1/4 = 0.25 和 1/0.25 = 4。

接下來，我們將添加一個變數的公式，這樣我們可以計算勝算比。

這個例子是改編自 Pedhazur(1997)。假設十分之七的男性被錄取到一個工科學校，而十分之三的女性被錄取。故男性被錄取概率是：

P = 7/10 = 0.7 Q = 1 – 0.7 = 0.3

如果你是男性，被錄取的概率是 0.7，沒有被錄取的概率是 0.3。

相反地，女性被錄取的概率是：

P = 3/10 = 0.3 Q = 1 – 0.3 = 0.7

如果你是女性，被錄取的概率是 0.3，沒有被錄取的概率是 0.7。

現在我們可以用概率來計算錄取的機率爲男性和女性，

odds(男)= 0.7/0.3 = 2.33333

odds(女)= 0.3/0.7 = 0.42857

接下來，被錄取的 odds ratio 是：

OR = 2.3333/.42857 = 5.44

因此，對於男性，被錄取的 odds 爲女性的 5.44 倍。

一、勝算比 (Odds Ratio, OR) 、Natural Log of Odds Ratio(LOR) 的定義

下表 2×2 交叉表中，a, b, c, d 分別代表實驗組、控制組的成功失敗的細格人數 (cell frequenceies)

表 3-3 **2×2 交叉表之示意**

	實驗組 (treated group)	**對照組 (not treated group)**
失敗 (Events)	a_i 人	b_i 人
成功 (Non-Events)	c_i 人	d_i 人

定義：勝算比 (Odds Ratio, OR) 、勝算比之自然對數 (Natural Log of Odds Ratio, LOR)

以上面之 2×2 交叉表來說，勝算比 (OR) = $\frac{a \times d}{c \times b}$

勝算比之自然對數 (LOR) = $Ln(\frac{a \times d}{c \times b})$

二、勝算比 (Odds Ratio, OR) 、Natural Log of Odds Ratio(LOR) 的實例

表 3-4　以人數來計算 OR 及 LOR 之示意

公式	OR= $\frac{a \times d}{c \times b}$	LOR=$Ln(\frac{a \times d}{c \times b})$
	實驗組 (treated group)	對照組 (not treated group)
Events	a_i 人	b_i 人
Non-Events	c_i 人	d_i 人

實例 1：實驗組與控制組之效果沒顯著差異

有關風險的計算，OR 及 LOR 的算法，如下二個表所示。

表 3-5　OR 及 LOR 的計算值 (情況一，以「負面事件」人數來算)

	OR= 1，	LOR=0	OR= 1,	LOR=0
人數	Experimental group (有處理)	Control group (無處理)	Experimental group (有處理)	Control group (無處理)
Events	10 人	10 人	100 人	100 人
Non-Events	5 人	5 人	50 人	50 人

實例 2：實驗組效果顯著優於控制組

表 3-6　OR 及 LOR 的計算值 (情況二，以「成敗」人數來算)

	OR= 4	LOR=1.39	OR=0.25 ,	LOR= -1.39
人數	實驗組之處理	對照組	實驗組之處理	對照組
失敗 (Events)	20 人	10 人	10 人	20 人
成功 (Non-Events)	10 人	20 人	20 人	10 人

實例 3：機率來算 OR, LOR

相對地，若 2×2 交叉表，改以聯合機率分配 (population cell probabilities)，則其風險的計算，如下表所示。

表 3-7 **OR 及 LOR 的計算值 (情況三，以「成敗」機率來算)**

機率	OR= 1	LOR=0	OR=16,	LOR= 2.77
	實驗組之處理	對照組	實驗組之處理	對照組
失敗 (Events)	0.4	0.4	0.4	0.1
成功 (Non-Events)	0.1	0.1	0.1	0.4

表 3-8 **實例：風險減少 (∵勝算比 <1)**

	Experimental group (**E**)	Control group (**C**)	合計
Events(**E**)	EE = 15	CE = 100	115
Non-Events(**N**)	EN = 135	CN = 150	285
合計 subjects(**S**)	ES = EE + EN = 150	CS = CE + CN = 250	400
Event rate (ER)	EER = EE / ES = 0.1, or 10%	CER = CE / CS = 0.4, or 40%	

表 3-9 **實例：風險增加 (∵勝算比 >1)**

	Experimental group (**E**)	Control group (**C**)	合計
Events(**E**)	EE = 75	CE = 100	175
Non-Events(**N**)	EN = 75	CN = 150	225
合計 subjects(S)	ES = 150	CS = 250	400
Event rate (ER)	EER = 0.5 (50%)	CER = 0.4 (40%)	

3-3-1 odds ratio 之意義

「性別、種族、國籍、有病嗎、破產嗎？」都是類別變數 (categorical variable)。針對兩個獨立類別變數可利用卡方檢定來推論其間的相關性是否顯著，若是兩個配對類別變數可以利用 McNemar's 檢定來推論。但以上兩個方法均是在虛無假說 (H_0：兩個類別變數沒有相關) 的條件下來檢定兩個獨立類別變數之間是否有顯著的相關，並無法呈現兩者相關性的強弱。在此將介紹勝算比 (odds ratio)，它可用來呈現兩個類別變數相關的強度。

勝算比之應用例子，包括：

1. 以資訊風險管理來看資訊科技採用的效果。
2. 人類病毒疣 (經由人類乳突病毒引起) 可能爲年輕患者的風險因子發生乳癌透過關聯性資料採礦。
3. 探討產險資料之交互作用。
4. 修正條件分配勝率矩陣時最佳參考點之選取方法。
5. 利用混合加權方法對於罕見遺傳變異進行關聯性分析。
6. Meta 分析在 HIV 與肺結核的關係。
7. 慢性病與大腸直腸癌及瘜肉之相關：以配對病例對照研究。
8. 人民幣國際化程度與前景的實證分析。
9. 外資評等對股價短期影響之研究。
10. 使用分枝與限制演算法分析乳癌中的單核苷酸多型性相互作用。
11. 應用跨研究之單核苷酸多態性標記子以建立整合性遺傳風險預測模型。
12. 探討國中教師工作倦怠因素之研究。
13. 應用資料探勘技術分析多重疾病間的共病現象。
14. 學用不符對就業滿意度的影響。
15. 從年齡動態網路探討疾病盛行率。
16. 二元配對資料下根據條件勝算比建構之正確非劣性檢定。
17. 山地鄉原住民兒童過動注意力缺損症盛行率及相關危險因子之臨床調查。
18. 父母親死亡對青少年自殺死亡影響之重疊病例對照研究。
19. 國中學生個人、家庭及學校生活與幸福感關係之研究。
20. 代謝異常指標的長期追蹤家庭資料之迴歸分析研究。
21. 乾癬患者合併症及醫療資源利用。
22. 男女在教育機會上是否平等——以國中升高中 (第一志願) 來探討。

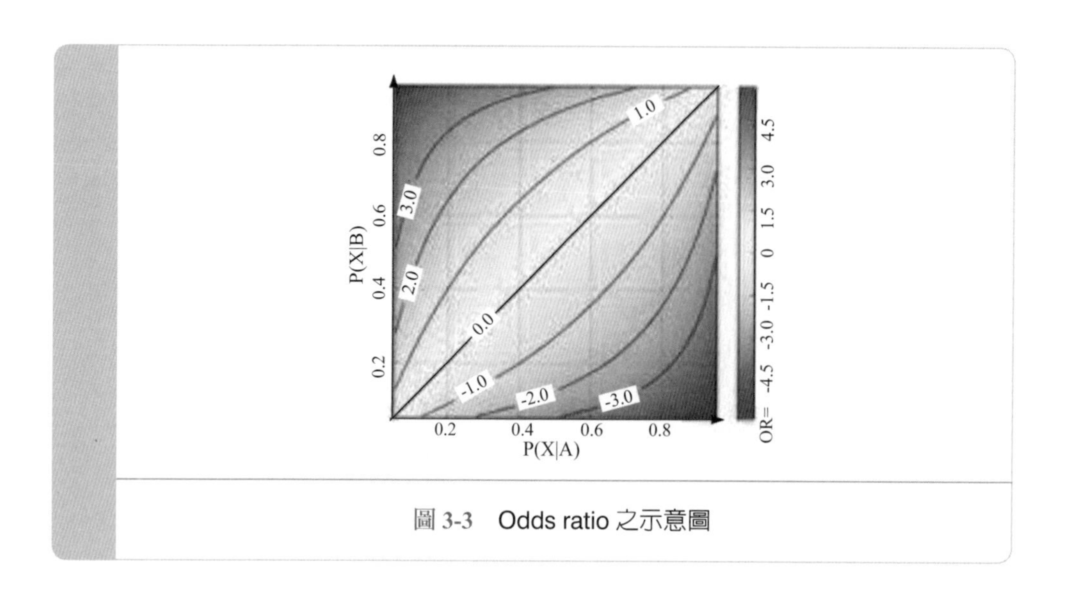

圖 3-3 Odds ratio 之示意圖

舉例來說，如果今天我們想知道：吃了 A 家快餐店跟拉肚子有沒有相關性？

表 3-10 Odss ration 之交叉表示意

	D(診斷出疾病的人) 拉肚子	D_bar(沒有疾病的人) 沒有拉肚子
實驗組：吃 A 家快餐店 E(有暴露於危險因子的人)	a 人	b 人
控制組：無吃 A 家快餐店 E_bar(無暴露於危險因子的人)	c 人	d 人

其中：

E:：吃了 A 家快餐店的人數

E_bar：沒有吃 A 家快餐店的人數

D：有拉肚子的人數

D_bar：沒有拉肚子的人數

1. odds ratio 計算公式

對於吃了 A 家快餐店的人們，$\frac{\text{有拉肚子人數}}{\text{沒拉肚子人數}} = \frac{a}{b}$ 公式 (1)

沒吃 A 家快餐店的人們，$\frac{\text{有拉肚子人數}}{\text{沒拉肚子人數}} = \frac{c}{d}$ 公式 (2)

$$\text{Odds Ratio(OR)} = \frac{\text{吃了A家快餐店拉肚子比率}}{\text{沒吃A家快餐店拉肚子比率}} = \frac{a \times d}{c \times b}$$

(1) 若 Odds Ratio(OR) >1，那就表示，吃了 A 家快餐店的人，拉肚子的 Odds 高於沒吃的人 (而且 OR 越高，這個趨勢越明顯)。

(2) 若 Odds Ratio(OR)=1，那就表示，有沒有吃 A 家快餐店跟拉肚子沒有什麼相關。兩者 Odds 一樣多嘛。

(3) 相反地，若 OR<1，則吃 A 家快餐店的人，拉肚子的 Odds 低於沒吃的人。

2. 當我們藉由統計得出 Odds Ratio 之時，往往還要搭配信賴區間來看最後的結果。這是怎麼說呢？

承接本例子，如果我們不幸得出 OR= 1.5，單純看來，似乎 A 家快餐店不要吃比較好。

但是如果我們又算出了 95% 信賴區間是 [0.9, 2.1] ，包含「OR=1」點，所以有一定機率，A 家快餐店還是可以吃的 (OR =1 , 有沒有吃跟拉肚子沒有相關)。

反之，如果今天95%CI=[1.2, 1.8]，未含「OR=1」點，則A家快餐店就不能吃了。

上述例子，A 家快餐店能不能吃，係實驗設計的 OR 值；相對地，OR 亦可應用至非實驗設計之調查法。例如：下表所示，OR=0.436(<1) ，顯示隔代教養會提高「子女偏差行為」的風險比。

表 3-11 「odds ratio」交叉表的應用數據

	實地實驗組：隔代教養	對照組：正常家庭	odds ratio = $\frac{1 \times 34}{39 \times 2}$ = 0.436 Ln(odds ratio)=Ln(0.436)= –0.83
Event: 偏差行為	已知 1 人	已知 2 人	
No Event: 正常行為	推算 (40 – 1)=39	推算 (36 – 2)=34	
合計	已知 $N_E = 40$	已知 $N_E = 36$	

3-3-2 列聯表 (contingency table)、相對風險、勝算比 (odds ratio) 及卡方檢定 (crosstabs、logistic regression 指令)

「性別、種族、國籍、有病嗎、破產嗎？」都是類別變數 (categorical variable)。針對兩個獨立類別變數可利用卡方檢定來推論其間的相關性是否顯著，若是兩個配對類別變數可以利用 McNemar's 檢定來推論。但以上兩個方法均是在虛無假說 (H_0: 兩個類別變數沒有相關) 的條件下來檢定兩個獨立類別變數之間是否有顯著的相關，並無法呈現兩者相關性的強弱。在此將介紹勝算比 (odds ratio)，它可用來呈現兩個類別變數相關的強度。

例如：傳統實驗設計，如下表所示，OR=0.436(<1)，顯示實驗處理「死亡率」event 低於控制組。

表 3-12 Event(死亡否) 與實驗組別 (treated) 之交叉表

自變數 / 依變數	實驗組 (treated)	對照組 (control)	手算公式：
Event: 死亡	A=1 人	B=2 人	odds ratio = $\frac{1\times 34}{39\times 2}=0.436$ Ln(odds ratio)=Ln(0.436)= –0.83
No Event: 存活	C=39 人	D=34 人	
合計	已知 $N_E=40$	已知 $N_E=36$	

範例：列聯表 (contingency table)、相對風險 (relative risk)、勝算比 (odds ratio) 及卡方檢定

研究者想知道，吃 Aspirin 藥片對有效抑制心臟病復發嗎 (disease)，採用「案例組—控制組」研究設計，實驗處理組吃 Aspirin 藥片 (case 組)，控制組吃安慰劑 (Placebo 組)。經若干月後，醫師再檢查這 250 名病患是有心臟病復發嗎？

Group	Heart Disease		Total
	Yes +	No –	
Placebo	20	80	100

Group	Heart Disease		Total
	Yes +	No –	
Aspirin	15	135	150
Total	35	215	250

Odds ratio(安慰劑對阿斯匹靈有心臟病)=(20/80)/(15/135)=2.25
相對風險 (安慰劑對阿斯匹靈有心臟病)=(20/100)/(15/150)= 0.2/0.1 = 2
(安慰劑的人心臟病發作的風險是阿斯匹靈人的兩倍)

一、資料檔之內容

資料檔「crosstab.sav」，如下圖所示，共有 250 名心臟病患。

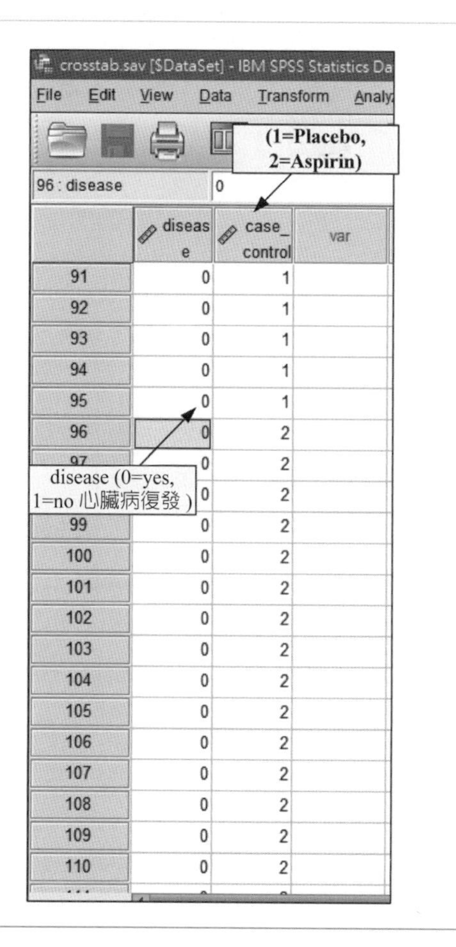

圖 3-4 「crosstab.sav」 資料檔 (N=250 名心臟病患，2 個變數)

二、分析結果與討論

Step 1 用 (crosstabs 指令)

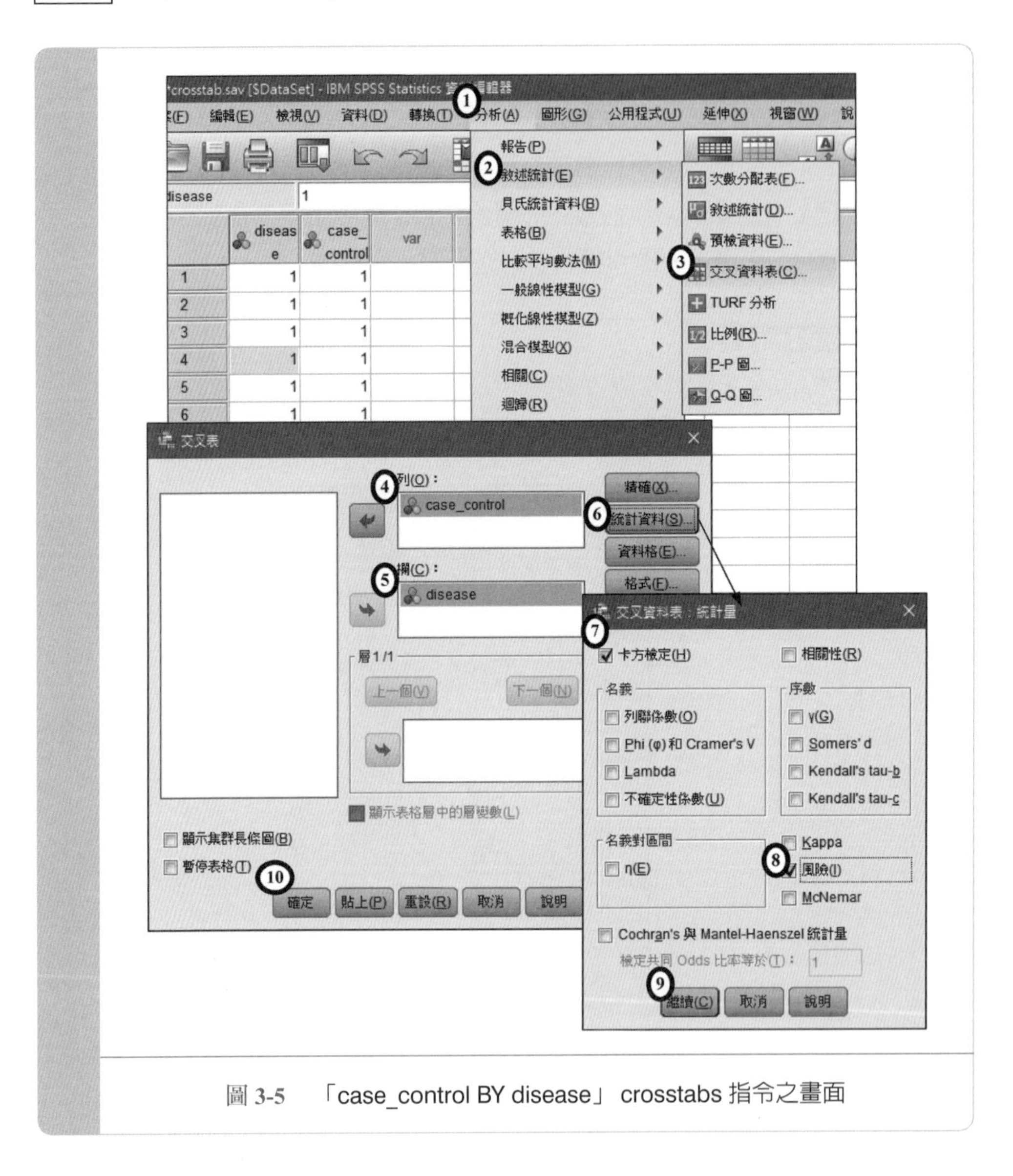

圖 3-5 「case_control BY disease」 crosstabs 指令之畫面

對應的指令語法：

```
title "交叉表: crosstab.sav資料檔, crosstab.sps".

CROSSTABS
  /TABLES=case_control BY disease
  /FORMAT=AVALUE TABLES
  /STATISTICS=CHISQ RISK
  /CELLS=COUNT
  /COUNT ROUND CELL.
```

【分析結果說明】：相對風險 **(relative risk)**、勝算比 **(odds ratio)** 及卡方檢定

案例—控制組 * 心臟病復發嗎 Crosstabulation

Count

		心臟病復發嗎		Total
		yes 心臟病	no 心臟病	
案例 - 控制組	安慰劑	20	80	100
	吃 Aspirin	15	135	150
Total		35	215	250

Chi-Square Tests

	Value	df	Asymptotic Significance (2-sided)	Exact Sig. (2-sided)	Exact Sig. (1-sided)
Pearson Chi-Square	4.983[a]	1	.026		
Continuity Correction[b]	4.187	1	.041		
Likelihood Ratio	4.876	1	.027		
Fisher's Exact Test				.039	.021
Linear-by-Linear Association	4.963	1	.026		
N of Valid Cases	250				

a. 0 cells (0.0%) have expected count less than 5. The minimum expected count is 14.00.

b. Computed only for a 2×2 table

1. 卡方值 = 4.983 (p<.05) ，表示「=case_control 、disease」這二個類別變數有顯著關聯。

Risk Estimate

	Value	95% Confidence Interval	
		Lower	Upper
Odds Ratio for 案例一控制組 (安慰劑 / 吃 Aspirin)	2.250	1.090	4.643
For cohort 心臟病復發嗎 = yes 心臟病	2.000	1.076	3.717
For cohort 心臟病復發嗎 = no 心臟病	.889	.795	.994
N of Valid Cases	250		

1. odds ratio= 2.250 倍。無吃比有吃阿斯匹靈心臟病發作的勝算比是 2.250 倍。
2. 相對風險 = 2.0 倍，無吃比有吃阿斯匹靈心臟病發作的勝算比是 2 倍。

Group	Heart Disease		Total
	Yes +	No –	
Placebo	20	80	100
Aspirin	15	135	150
Total	35	215	250

3. Odds ratio(安慰劑對阿斯匹靈有心臟病)=(20/80)/(15/135)= 2.25
4. 相對風險 (安慰劑對阿斯匹靈有心臟病)=(20/100)/(15/150)= 0.2/0.1 = 2
   (安慰劑的人心臟病發作的風險是阿斯匹靈人的兩倍)

Step2 Logistic 迴歸分析 (logistic regression 指令)

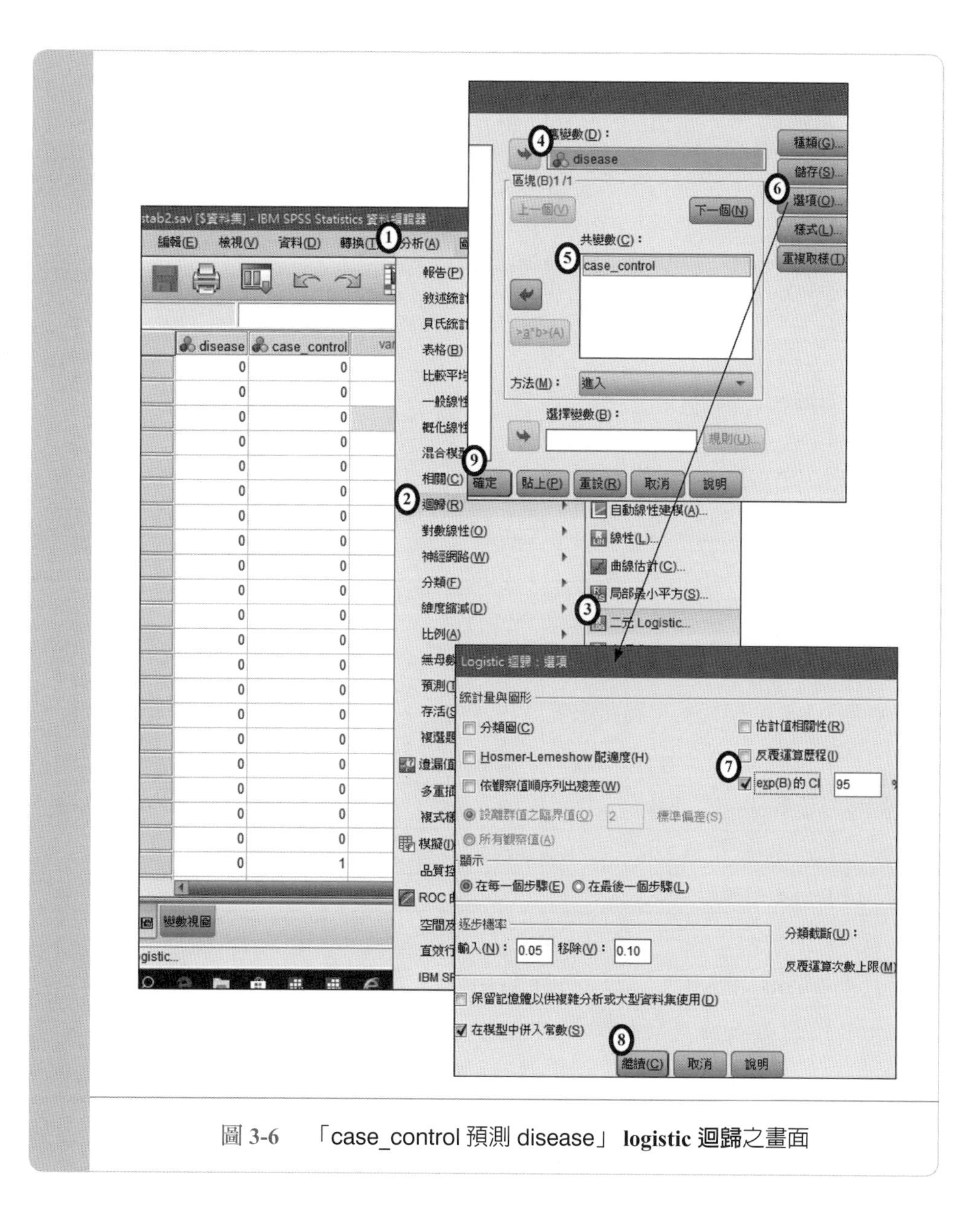

圖 3-6 「case_control 預測 disease」 logistic 迴歸之畫面

對應的指令語法：

```
title " crosstab2.sav 資料檔 ".

GET
```

```
  FILE='D:\CD 範例 \crosstab.sav'.
* 重新編成虛擬 (dummy) 變數 .
RECODE case_control (1=0) (2=1).
EXECUTE.

* 重新編成虛擬 (dummy) 變數之後，另存新資料檔：crosstab2.sav.
SAVE OUTFILE='D:\CD 範例 \crosstab2.sav'
  /COMPRESSED.
subtitle " 二個虛擬 (dummy) 變數：「case_control 預測 disease」logistic 迴歸 ".
LOGISTIC REGRESSION VARIABLES disease
  /METHOD=ENTER case_control
  /PRINT=CI(95)
  /CRITERIA=PIN(0.05) POUT(0.10) ITERATE(20) CUT(0.5).
```

Block 1: Method = Enter

Variables in the Equation

		B	S.E.	Wald	df	Sig.	Exp(B)	95% C.I.for EXP(B)	
								Lower	Upper
Step 1[a]	case_control	.811	.370	4.815	1	.028	2.250	1.090	4.643
	Constant	1.386	.250	30.749	1	.000	4.000		

a. Variable(s) entered on step 1: case_control.

1. 在上表，迴歸係數 B 、S.E.(standard errors) 、及 p-values(Sig.)，都可看出 case_control 預測 disease 達統計顯著性。
2. case_contro(0= 安慰劑) 增加一單位 (1= 吃 Aspirin)，「odds of no 心臟病」就增加 2.250 單位。
3. $Ln\left(\frac{P_{no心臟病}}{1-P_{no心臟病}}\right) = Ln\left(\frac{P_{no心臟病}}{P_{yes心s心}}\right) = 1.386 + 0.811 \times (case\_control = 1)$

   $= \exp(1.386) + \exp(0.811) \times (case\_control = 1)$

   其中 (case_control =1) 表示若括弧內的判別式成立，則代入 1，若不成立則代入 0。

   上列迴歸方程式可解釋爲未控制「其它共變數」的影響時，吃 Aspirin「no

心臟病」的勝算爲吃安慰劑的 2.25(=exp$^{0.811}$) 倍，且有統計上顯著的差異 (p=0.028<.05)。

4. ln(ODDS)= 0.575 + 0.811×(case_control =1)
   odds prediction equation 是 ODDS= $e^{(a+bx)}$
   對 case_contro(0= 吃安慰劑) 而言，ODDS = $e^{(1.386+0.811(0))} = e^{(1.386)} = 4.00$.
   對 case_contro(1= 吃 Aspirin) 而言，ODDS = $e^{(1.386+0.811(1))} = e^{(2.197)} = 9.00$.
   也就是說，吃 Aspirin 者「no 心臟病」的可能性比吃安慰劑的可能性高 9 倍。

3-3-3 卡方 logistic 迴歸：同意人類可對實驗貓大腦注入藥物嗎 (logistic regression、crosstabs 指令)

二元 (Binary) logistic 迴歸，也稱爲 Logit 模型，用來模擬 binary 結果變數 (即依變數、反應變數)。在 Logit 迴歸模型中，依變數的 log odds ，係是一群預測變數 (predictor variables) 的線性組合。

邏輯斯迴歸用於預測類別變數 [通常是二元的 (banary)]。(1) 對於類別依變數，如果所有的預測變數都是連續變數且分布良好的，則通常使用判別 (discriminant) 函數分析。(2) 如果所有預測變數都是類別的 (categorical) ，通常採用 logistic 分析。(3) 如果預測變數是連續變數和類別變數的混合或者它們不是很好地分布 (∵邏輯斯迴歸沒有對預測變數的分布做出假設)，則往往選擇邏輯斯迴歸。Logistic 迴歸特別流行於醫學研究中，其中，依變數 (y) 是患者是否患有疾病。

對於邏輯斯迴歸，預測的依變數是特定受試者將處於某一類別 (例如：小明患有某疾病的概率，給定其預測變數的分數集合) 的概率的函數。

所謂，Binary 是指「0、1」所組合的數據，故 SPSS 的 Logit 迴歸或 Logistic 迴歸，依變數的編碼，只限「0、1」，編碼不可是「1、2」。

範例：Binary logistic 迴歸：同意人類可對實驗貓大腦注入藥物嗎？

Wuensch 和 Poteat(1998) 的心理學研究，發表在「Journal of Social Behavior and Personality ，1998, 13, 139-150」係很有名的邏輯斯迴歸的例子。要求大學生 (N = 315) 假裝他們在大學研究委員會任職，聽證會由大學教職員進行動物研究投訴。抱怨 (complaint) 包括用簡單但情緒化的語言來描述研究。實驗測試：貓進行立體定位手術，並將套管植入他們的大腦中。然後透過套管將化學物質注入貓的大腦，並進行貓各種心理測試 (various psychological tests)。測試完成後，對貓的大腦進行組織學分析。因爲有人認爲，研究亦可用計算機模擬完成，故本例被投訴要求撤銷「研究者進行此項研究的授權」，並將貓移交給提出投訴的動物權利組織。

Wuensch 和 Poteat(1998) 爲了保護他的研究，研究者解釋瞭如何採取措施確保動物在任何時候都不會感到疼痛，而且計算機模擬不能代替動物研究的解釋。每位參與者閱讀下列五種：描述研究目標和益處之不同情境，包括：

1. 化妝品 (cosmetic)：測試新型護髮液的化學毒性。
2. 理論 (theory)：評估關於大腦中特定細胞核功能的兩種敵對理論 (competing theories)。
3. 肉類 (meat)：測試合成生長激素 (synthetic growth hormone) 據說有增加肉類產量的潛力。
4. 獸醫 (veterinary)：試圖尋找治療家貓和瀕危野生貓科動物的腦部疾病的治療方法。
5. 醫療 (medical)：評估可治癒年輕成年人虛弱疾病 (debilitating disease) 的治療法。

在閱讀案例材料後，315 位參與者被要求決定 (decide) 是否撤銷 Wissen 博士的授權進行研究，並且填寫 Dr. Forysth 的道德職位問卷 (Journal of Personality and Social Psychology, 1980, 39, 175-184) ，其中包括 20 題 Likert-type 的問卷，每個項目都有一個從「完全不同意」到「完全同意」的 9 點計分量表。(1) 在這個工具的相對主義 (relativism) 構面得分較高的人就拒絕普遍的概念道德原則 (universal moral principles) ，更喜歡對行爲進行個人和情境分析。(2) 在理想主義 (idealism) 構面得分較高的人就認爲，道德行爲總是只會帶來好的後果，決不會造成不好的後果，也決不會混淆好的和壞的後果。

委員會常見犯錯是：將自己投射到別人身上，因此本研究假定 (assumed) 所有人都透過「好 vs. 壞」權衡結果來做出道德決定 (ethical decisions)：但是對於理想主義者 (idealism) 來說，任何不良後果的存在都可能使行爲變得不道德，而不管後果如何。Hal Herzog 及其在西卡羅來納州的學生所做的研究表明，動物權利活動家傾向於高度理想主義和低相對主義。「理想主義和相對主義、性別」與大學生同不同意對動物研究的態度有關嗎？讓我們進行邏輯斯迴歸來求解。

一、資料檔之內容

資料檔「Logistic.sav」，如下圖所示，共有 315 個人。

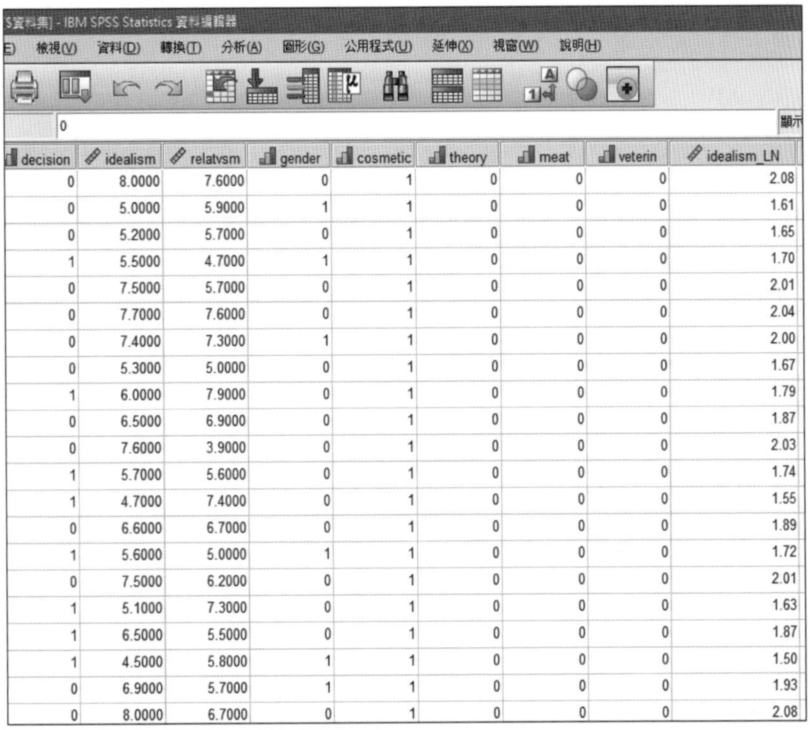

S資料集] - IBM SPSS Statistics 資料編輯器

E) 檢視(V) 資料(D) 轉換(T) 分析(A) 圖形(G) 公用程式(U) 延伸(X) 視窗(W) 說明(H)

decision	idealism	relatvsm	gender	cosmetic	theory	meat	veterin	idealism_LN
0	8.0000	7.6000	0	1	0	0	0	2.08
0	5.0000	5.9000	1	1	0	0	0	1.61
0	5.2000	5.7000	0	1	0	0	0	1.65
1	5.5000	4.7000	1	1	0	0	0	1.70
0	7.5000	5.7000	0	1	0	0	0	2.01
0	7.7000	7.6000	0	1	0	0	0	2.04
0	7.4000	7.3000	1	1	0	0	0	2.00
0	5.3000	5.0000	0	1	0	0	0	1.67
1	6.0000	7.9000	0	1	0	0	0	1.79
0	6.5000	6.9000	0	1	0	0	0	1.87
0	7.6000	3.9000	0	1	0	0	0	2.03
1	5.7000	5.6000	0	1	0	0	0	1.74
1	4.7000	7.4000	0	1	0	0	0	1.55
0	6.6000	6.7000	0	1	0	0	0	1.89
1	5.6000	5.0000	1	1	0	0	0	1.72
0	7.5000	6.2000	0	1	0	0	0	2.01
1	5.1000	7.3000	0	1	0	0	0	1.63
1	6.5000	5.5000	0	1	0	0	0	1.87
1	4.5000	5.8000	1	1	0	0	0	1.50
0	6.9000	5.7000	1	1	0	0	0	1.93
0	8.0000	6.7000	0	1	0	0	0	2.08

圖 3-7　「Logistic.sav」 資料檔內容 (N=315 個人)

二、分析結果與討論

Step 1 **僅受試者性別 (Gender)，當作二分預測變數 (Dichotomous Predictor)**

首先，讓我們考慮一個簡單的 [雙變量 (bivariate)] 邏輯斯迴歸，將受試者的決定 (decisions) 當作爲二分 (dichotomous) 準則變數：0 =“ 停止研究 (stop the research)”，1 =“繼續研究 (continue the research)”。性別 (gender) 是二分預測變數，性別編碼爲：0 = 女性，1 = 男性。

我們的迴歸模型將會預測 logit，也就是做出一個或另一個決定的可能性的自然對數。即 $\ln(\frac{\hat{Y}}{1-\hat{Y}}) = a + bX$，其中 $\hat{Y}$ 是用 1 編碼的事件的預測概率 (繼續研

究) 而不是 0(停止研究)，性別變數 X 是預測變變數。

我們的模型將透過疊代最大概似過程 (ML) 來建構。ML 程序將以迴歸係數的任意值來開始，並建構用於預測觀測數據的初始模型。然後，它將評估這種預測中的誤差並改變迴歸係數，以便在新模型下使觀測數據的可能性更大。重複這個過程直到模型收斂。也就是說，直到最新模型和先前模型之間的差異是微不足道的 (trivial)。

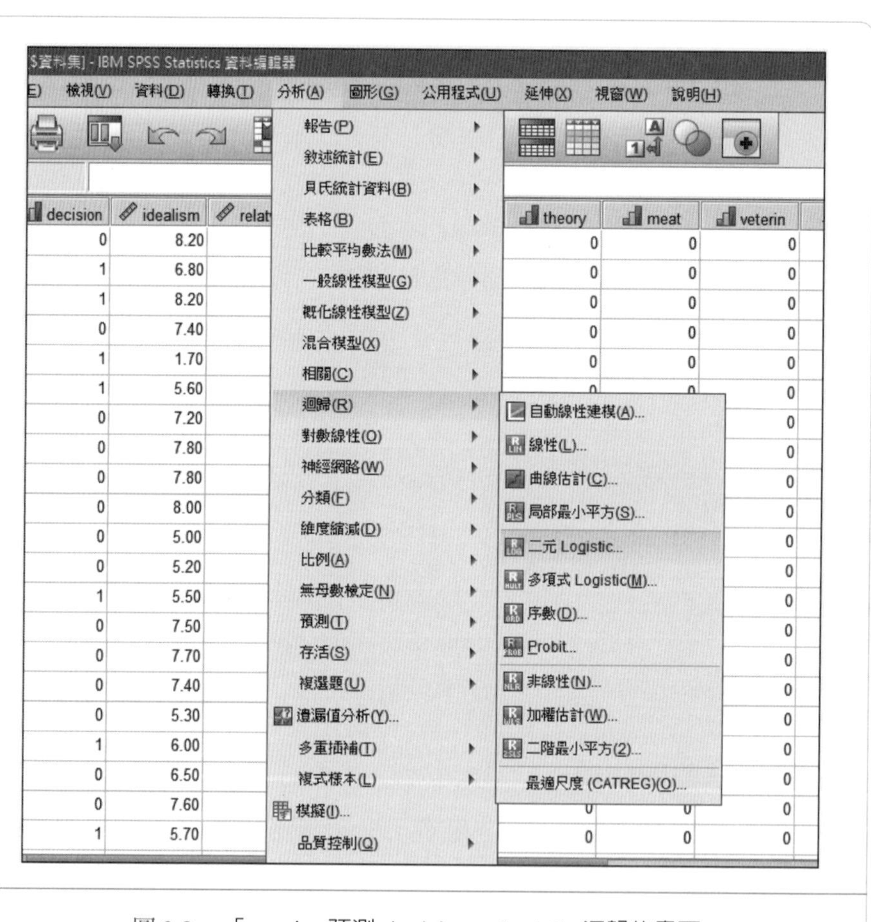

圖 3-8 「gender 預測 decision」 logistic 迴歸的畫面

對應的指令語法：

```
title "logistic 迴歸：Logistic.sav 資料檔，Logistic.sps".
subtitle "簡單 logistic 迴歸：「gender 預測 decision」".
GET
  FILE='D:\CD 範例 \Logistic.sav'.

LOGISTIC REGRESSION VARIABLES decision
  /METHOD=ENTER gender
  /CRITERIA=PIN(.05) POUT(.10) ITERATE(20) CUT(.5).
```

【A. 分析結果說明】：簡單 Logistic 迴歸

Case Processing Summary

Unweighted Cases[a]		N	Percent
Selected Cases	Included in Analysis	315	100.0
	Missing Cases	0	.0
	Total	315	100.0
Unselected Cases		0	.0
Total		315	100.0

a. If weight is in effect, see classification table for the total number of cases.

1. 看看統計輸出。可看到 315 個 cases 納入分析。

【B. 分析結果說明】：分類表

Classification Table[a,b]

			Predicted		
			同意動物實驗嗎		Percentage Correct
Observed			stop	continue	
Step 0	同意動物實驗嗎	stop	187	0	100.0
		continue	128	0	.0
	Overall Percentage				59.4

a. Constant is included in the model.
b. The cut value is .500

1. Block 0 輸出模型之截距 (SPSS 將其稱爲 Constant) 的模型。考慮到兩個決策選項的基準比率 (187/315 = 59% 決定停止研究，41% 決定允許研究繼續)，並且沒有其他信息，最好的策略是預測。

【C. 分析結果說明】：納入迴歸式的變數：分有沒有納入共變數二種情況

Variables in the Equation

		B	S.E.	Wald	df	Sig.	Exp(B)
Step 0	Constant	-.379	.115	10.919	1	.001	.684

1. 在「Variables in the Equation」，不含斜率 (intercept-only model) 時，ln(odds) = -.379. 上等式左右兩邊都取 exponentiate ，即可求得預測的 odds [Exp(B)] = 0.684，表示「decision =1(continue the research)」的勝算是 0.684。由於 128 人決定 decided to continue the research，但 187 人決定 stop the research，故實際觀察的 (observed) odds 是 128/187 =0.684.

Variables in the Equation

		B	S.E.	Wald	df	Sig.	Exp(B)
Step 1[a]	男性嗎	1.217	.245	24.757	1	.000	3.376
	Constant	-.847	.154	30.152	1	.000	.429

a. Variable(s) entered on step 1: 男性嗎 .

1. 在上表，迴歸係數 B 、S.E.(standard errors) 、及 p-values(Sig.) ，都可看出 gender 預測 decision 均達統計顯著性。
2. 女性 (gender=0) 增加一單位 (gender=1 男性)，「odds of continue the research」就增加 3.376 單位。
3. $Ln\left(\frac{P_{\text{continue the research}}}{1-P_{\text{continue the research}}}\right) = Ln\left(\frac{P_{\text{continue the research}}}{P_{\text{stop the research}}}\right) = 0.429 + 3.376 \times (\text{gender} = 1)$

$= \exp(-0.847) + \exp(1.217) \times (\text{gender} = 1)$

其中 (gender=1) 表示若括弧內的判別式成立，則代入 1，若不成立則代入 0。

上列迴歸方程式可解釋爲未控制「idealism 、relatvsm 、cosmetic 、theory 、

meat」的影響時，男性決定「continue the research」的勝算爲女性的 3.376 (=exp$^{1.217}$) 倍，且有統計上顯著的差異 (p=0.000)。

上列迴歸方程式亦可解釋爲在「沒有其它解釋」的影響下，男性決定「continue the research」頻率的相對風險爲女性的 5.223(=exp$^{1.653}$) 倍，且有統計上顯著的差異 (p<0.05)。

4. ln(ODDS)= –.847+1.217Gender

odds prediction equation 是 ODDS= $e^{(a+bx)}$

對女性 (gender=0) 而言，ODDS = $e^{(.847+1.217(0))} = e^{(.847)} = 0.429.$

對男性 (gender=0)而言，ODDS = $e^{(.847+1.217(1))} = e^{(0.37)} = 1.448.$

也就是說，男性決定繼續研究的可能性比決定停止研究的可能性高 1.448 倍。

5. 對女性而言，轉換勝算爲機率値 (**convert odds to probabilities**)，可求得：

$$\hat{Y} = \frac{ODDS}{1+ODDS} = \frac{0.429}{1.429} = 0.30$$

對男性而言，轉換勝算爲機率値 (**convert odds to probabilities**)，可求得：

$$\hat{Y} = \frac{ODDS}{1+ODDS} = \frac{1.448}{2.448} = 0.59$$

也就是說，我們的模型預測 59% 的男性會決定繼續研究。

【C. 分析結果說明】：特異度 $(1-\alpha)$、敏感度 $(1-\beta)$、僞陽性 (α)、僞陰性 (β)

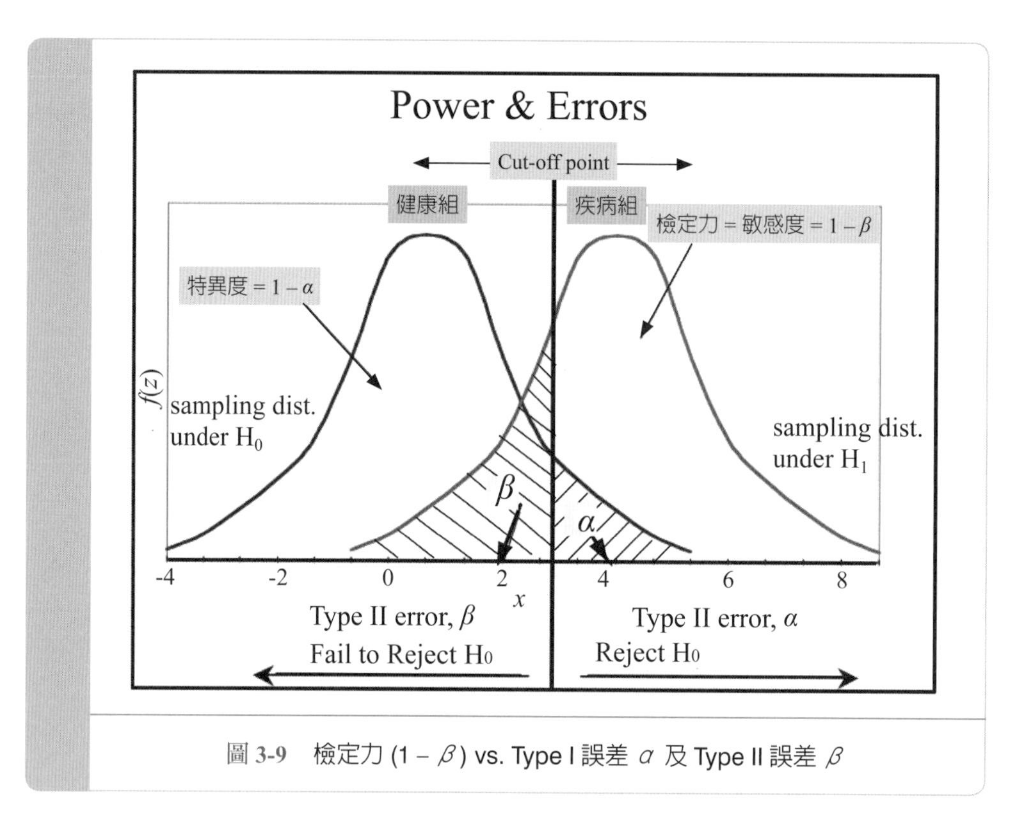

圖 3-9 檢定力 $(1-\beta)$ vs. Type I 誤差 α 及 Type II 誤差 β

Classification Table[a]

Observed			Predicted 同意動物實驗嗎 stop	Predicted 同意動物實驗嗎 continue	Percentage Correct
Step 1	同意動物實驗嗎	stop	140	47	74.9
		continue	60	68	53.1
	Overall Percentage			66.0	

a. The cut value is .500

1.「Classification Table」顯示，該規則允許我們正確分類觀察預測事件 (deciding to continue the research) 的受試者有 68/128 = 53%，它就是預測的敏感度 (sensitivity of prediction)：Pr(correct | event did occur)，也就是正確預測事件發

生的百分比。我們也看到，特異性 (specificity) =140/187 = 75% ，Pr(correct | event did not occur) ，也就是正確預測的未發生的百分比。總體而言，我們的預測在 315 次中爲 208 次，總體成功率爲 66% 。回想一下，有 intercept 模型只有 59% 。

2. 我們可以聚焦分類的錯誤率。
   (1) 僞陽性 (**false positive** ，***α***) 會預測事件發生時，但事實並非如此。決策「decision to continue the research」有 115 次。該預測錯誤有 47 次，僞陽性(***α***)爲 47/115 = 41% 。
   (2) 僞陰性 (**false negative** ，***β***) 會預測「the event would not occur when, in fact, it did occur」事件在事實上不會發生時就不會發生。決策「not to continue the research」有 200 次。這個預測錯誤有 60 次，因爲 60/200 = 30% 的僞陰性率。

Step 2 卡方檢定 **(Pearson Chi-Square Contingency Table** 分析 **)**

卡方檢定旨在分析二個類別之間的關聯性。本例卡方檢定旨在分析性別 (gender) 與動物研究決策 (decision) 之間是否存在顯著關係卡方檢定的分析如下圖。

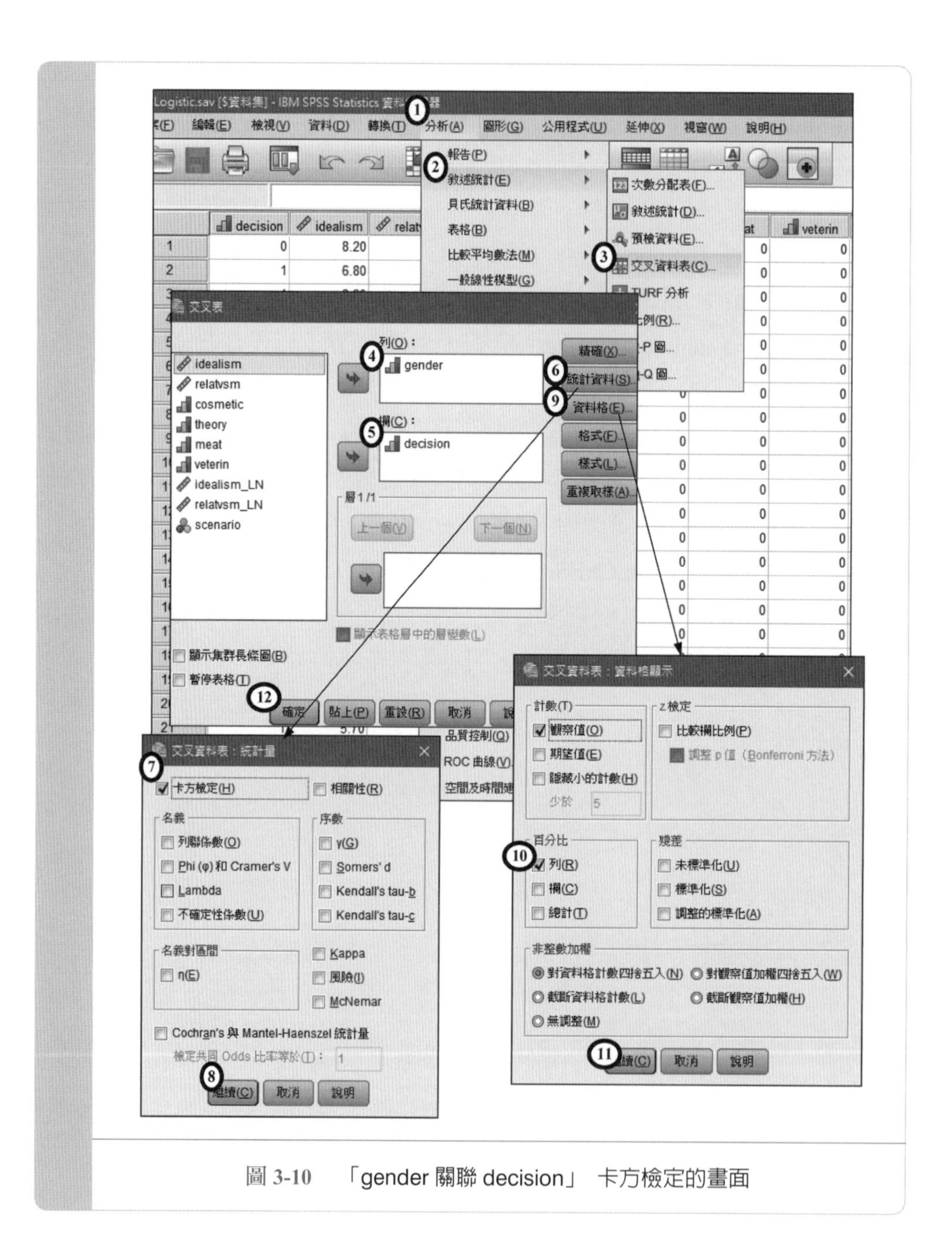

圖 3-10 「gender 關聯 decision」 卡方檢定的畫面

對應的指令語法：

```
subtitle "「gender 關聯 decision」卡方檢定".
CROSSTABS
  /TABLES=gender BY decision
  /FORMAT=AVALUE TABLES
  /STATISTICS=CHISQ
  /CELLS=COUNT ROW
  /COUNT ROUND CELL.
```

【**E.** 分析結果說明】：卡方檢定之交叉表

男性嗎 * 同意動物實驗嗎 Crosstabulation

			同意動物實驗嗎		
			stop	continue	Total
男性嗎	Female	Count	140	60	200
		% within 男性嗎	70.0%	30.0%	100.0%
	Male	Count	47	68	115
		% within 男性嗎	40.9%	59.1%	100.0%
Total		Count	187	128	315
		% within 男性嗎	59.4%	40.6%	100.0%

1. 求得「gender 關聯 decision」卡方值 =25.653(df=1)，它與先前用 logistic 迴歸所求得 (Chi-Square=25.685) 很相似。故在簡單的例子，你想像「this logistic regression is nearly equivalent to a simple Pearson Chi-Square」，但要記住，一旦你添加額外的預測變數 (可以是分類的或連續變數)，你就不能用簡單的 Pearson 卡方檢定。

Chi-Square Tests

	Value	df	Asymptotic Significance (2-sided)	Exact Sig. (2-sided)	Exact Sig. (1-sided)
Pearson Chi-Square	25.685[a]	1	.000		
Continuity Correction[b]	24.492	1	.000		

Likelihood Ratio	25.653	1	.000		
Fisher's Exact Test				.000	.000
Linear-by-Linear Association	25.604	1	.000		
N of Valid Cases	315				

a. 0 cells (0.0%) have expected count less than 5. The minimum expected count is 46.73.

b. Computed only for a 2x2 table

Step 3 多重預測變數 (Multiple Predictors)：Categorical 及 Continuous 混合

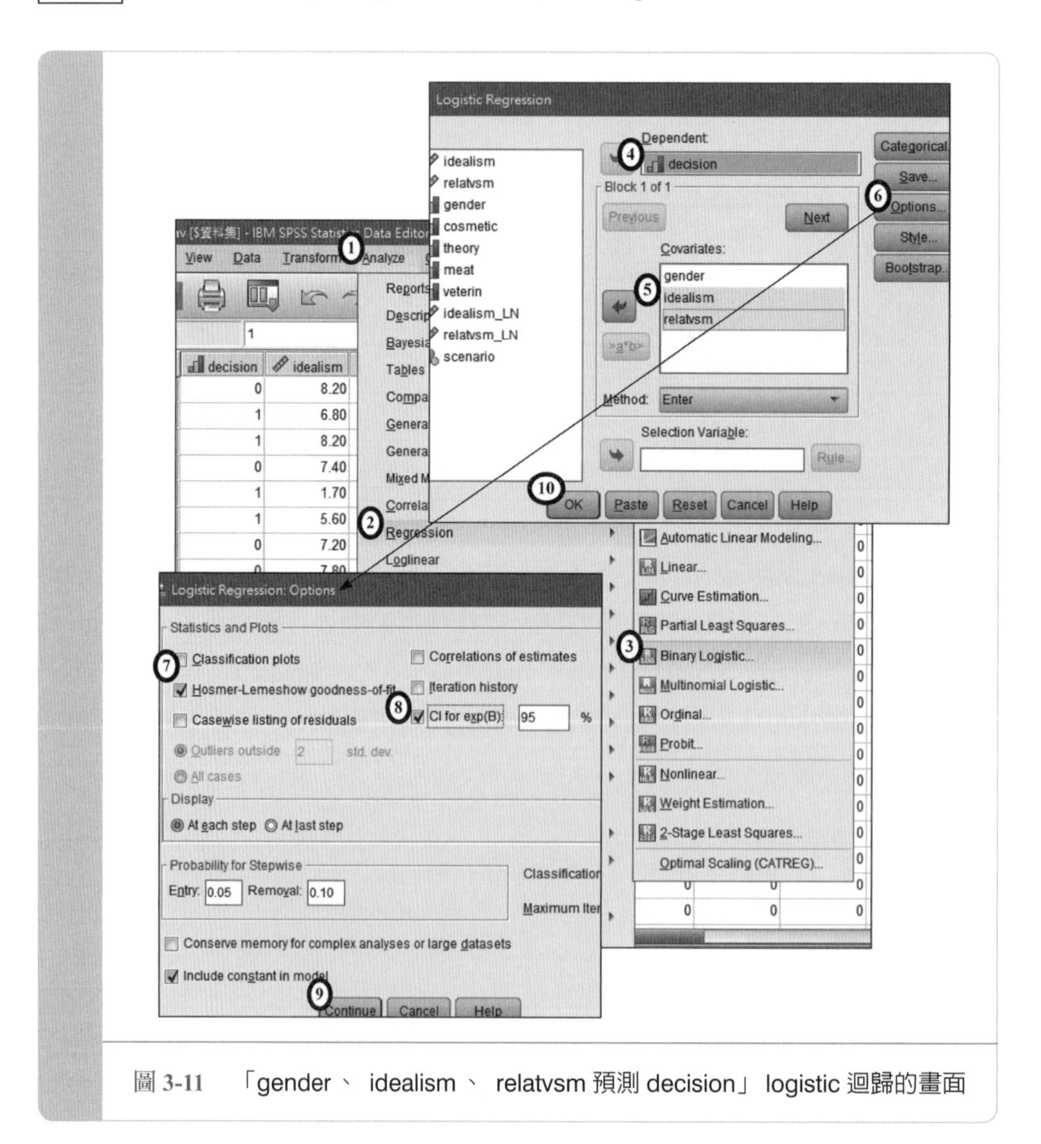

圖 3-11　「gender、 idealism、 relatvsm 預測 decision」 logistic 迴歸的畫面

對應的指令語法：

```
subtitle "「gender、idealism、relatvsm預測decision」logistic迴歸".
LOGISTIC REGRESSION VARIABLES decision
  /METHOD=ENTER gender idealism relatvsm
  /PRINT=GOODFIT CI(95)
  /CRITERIA=PIN(0.05) POUT(0.10) ITERATE(20) CUT(0.5).
```

【F. 分析結果說明】：改善了模型適配度

Block 1: Method = Enter

Model Summary

Step	-2 Log likelihood	Cox & Snell R Square	Nagelkerke R Square
1	346.503[a]	.222	.300

a. Estimation terminated at iteration number 4 because parameter estimates changed by less than .001.

1. 定義：$\log L(\tilde{\beta}_i)$ 爲所有 β 均爲 0 的情況下，所求出之對數最大概似值

$$-2[\log L(\tilde{\beta}_i) - \log L(\tilde{\beta}_i)]$$

2. 回想，只一個預測變數 gender 時，2 Log Likelihood=399.913(df=1)；此時再加二個「倫理思想」預測變數「idealism relatvsm」時，2 Log Likelihood= 346.503 (df=2)，對數概似值減了 53.41 。再將此 53.41 及 df=2 都鍵入 Computer 畫面 (下圖)，即可求卡方值的 p 值。

Step 4 **Hosmer-Lemeshow 適合度檢定**

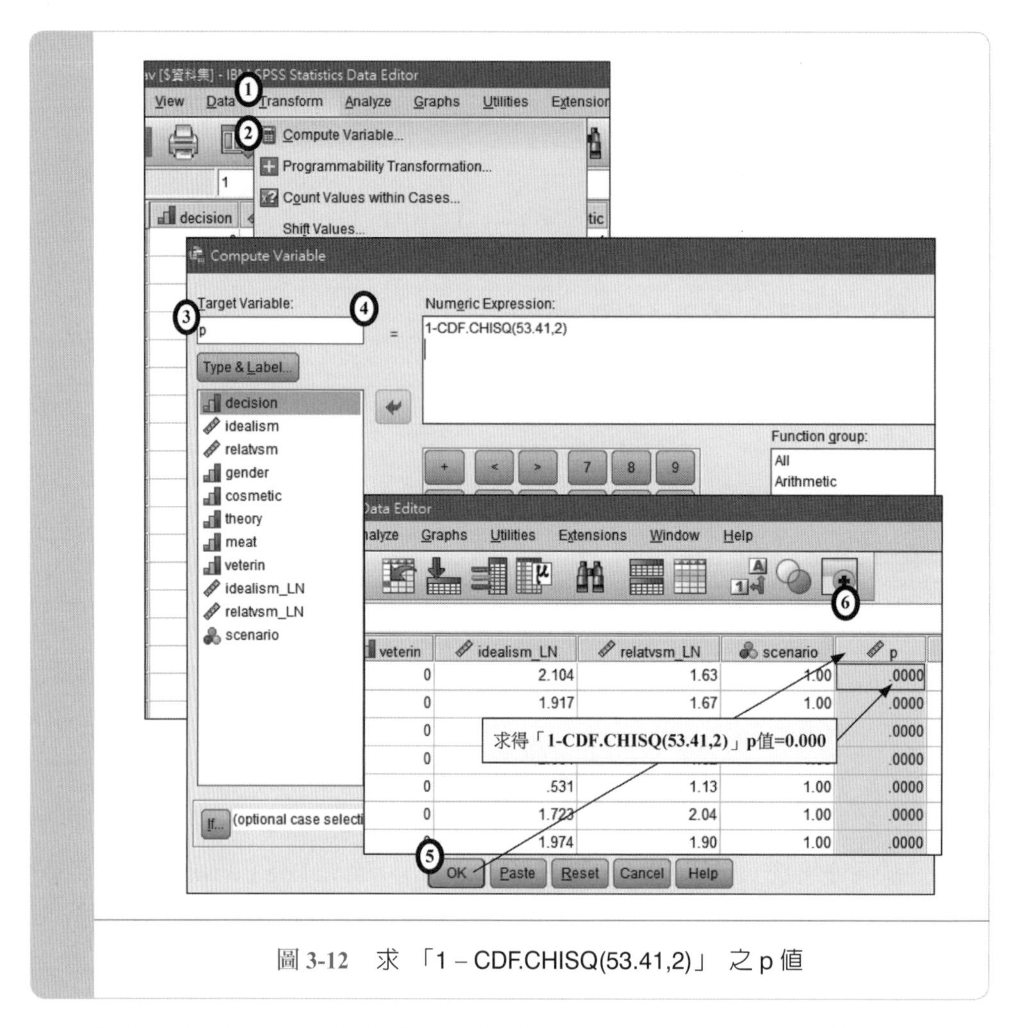

圖 3-12 求「1 – CDF.CHISQ(53.41,2)」之 p 值

我們的結論是，加入道德意識形態「idealism relatvsm」二變數，顯著改善了模型適配度，χ^2**(2,** N **= 315) = 53.41,** p **< .001.**

【**G.** 分析結果說明】：分類成功率改善多少？

Classification Table[a]

Observed			Predicted 同意動物實驗嗎 stop	continue	Percentage Correct
Step 1	同意動物實驗嗎	stop	151	36	80.7
		continue	55	73	57.0
	Overall Percentage				71.1

a. The cut value is .500

1. 請注意，我們的整體分類成功率已從 66% 提高至 71%。

【**H.** 分析結果說明】：**Hosmer-Lemeshow** 檢定：適合度檢定

1. Hosmer-Lemeshow 統計值：越大值表示該十分位數 (decile) 的實際值和預測值之間差異越大。
2. H-L 檢定的 p 值越大，則 Andrews test statistic 的值越小。

Hosmer and Lemeshow Test

Step	Chi-square	df	Sig.
1	8.810	8	.359

1. 計算卡方統計量，將觀察到的頻率與線性模型下的預期頻率進行比較。當卡方不顯著 ($p>0.05$) 時，表示數據適配模型很好。
2. Hosmer-Lemeshow 適配度檢定，$\chi^2=8.81$，$p = 0.846$ ($p > 0.05$) 未達顯著水準，表示上述三個自變數所建立的迴歸模式適配度非常理想。

Contingency Table for Hosmer and Lemeshow Test

		同意動物實驗嗎 = stop		同意動物實驗嗎 = continue		
		Observed	Expected	Observed	Expected	Total
Step 1	1	29	29.331	3	2.669	32
	2	30	27.673	2	4.327	32
	3	28	25.669	4	6.331	32
	4	20	23.265	12	8.735	32
	5	22	20.693	10	11.307	32
	6	15	18.058	17	13.942	32
	7	15	15.830	17	16.170	32
	8	10	12.920	22	19.080	32
	9	12	9.319	20	22.681	32
	10	6	4.241	21	22.759	27

Step 5 Box-Tidwell 交互作用檢定

雖然邏輯斯迴歸通常被認爲沒有假定 (assumptions)，但我們確實假定連續預測變數和 logit (log odds) 之間的關係是線性的。這個假定可透過，模型中包含連續預測數量和它們的日誌之間的相互作用來測試。如果這種相互作用很重要，那麼這個假定就會違反。我應該告誡你，樣本量也是一個因素，所以當樣本數 N 很大時，你不應該關心一個顯著的相互作用。

下面我將展示如何新增預測變數的自然對數。如果預測變數的值爲 0 或更小，則將每個得分添加一個常數，使得沒有值爲 0 或更小。

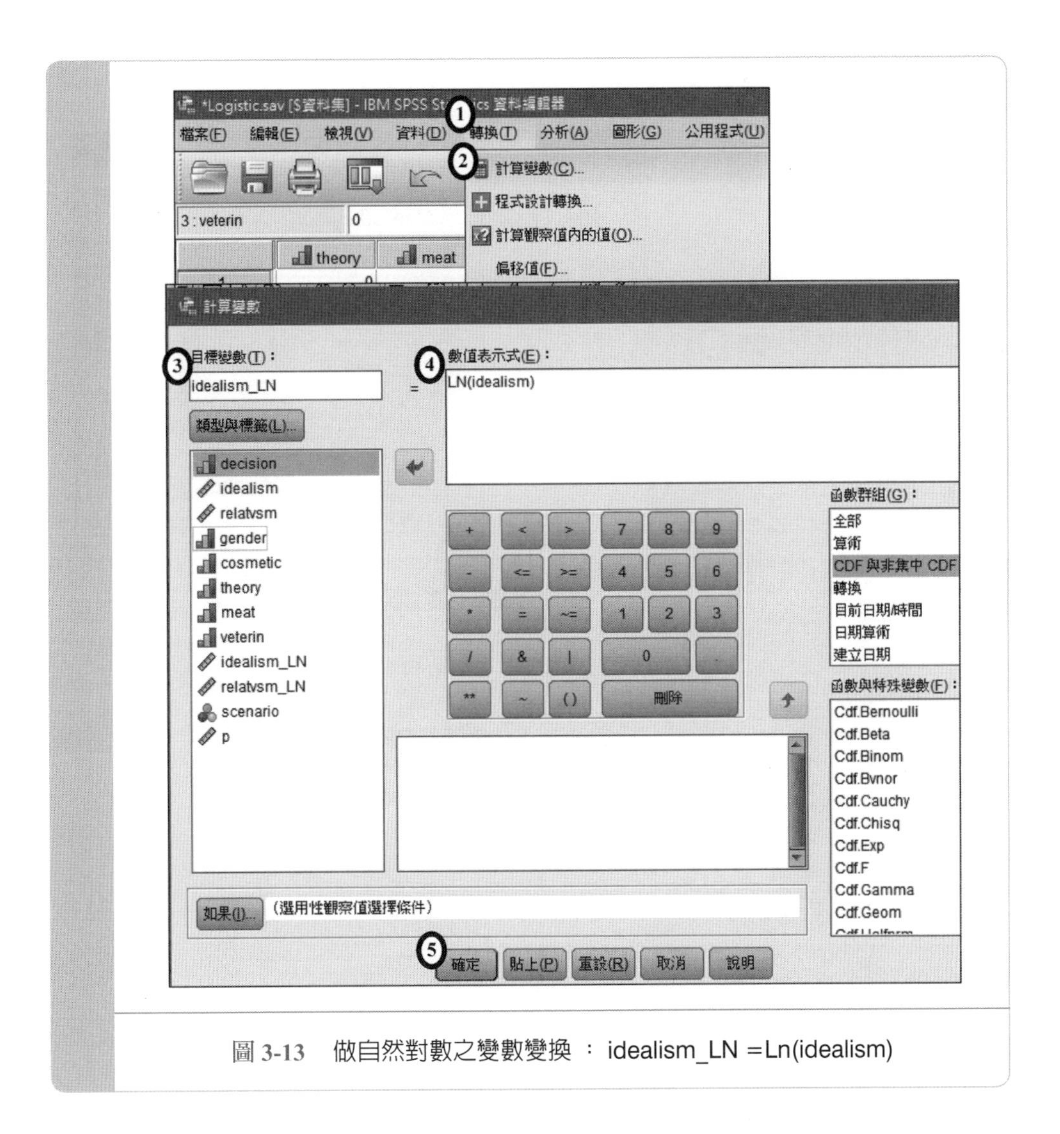

圖 3-13　做自然對數之變數變換 ： idealism_LN =Ln(idealism)

下圖顯示瞭如何輸入「交互條件」。在左側窗格中，選擇要包含在交互中的兩個預測變量，然後單擊「> a * b>」按鈕。

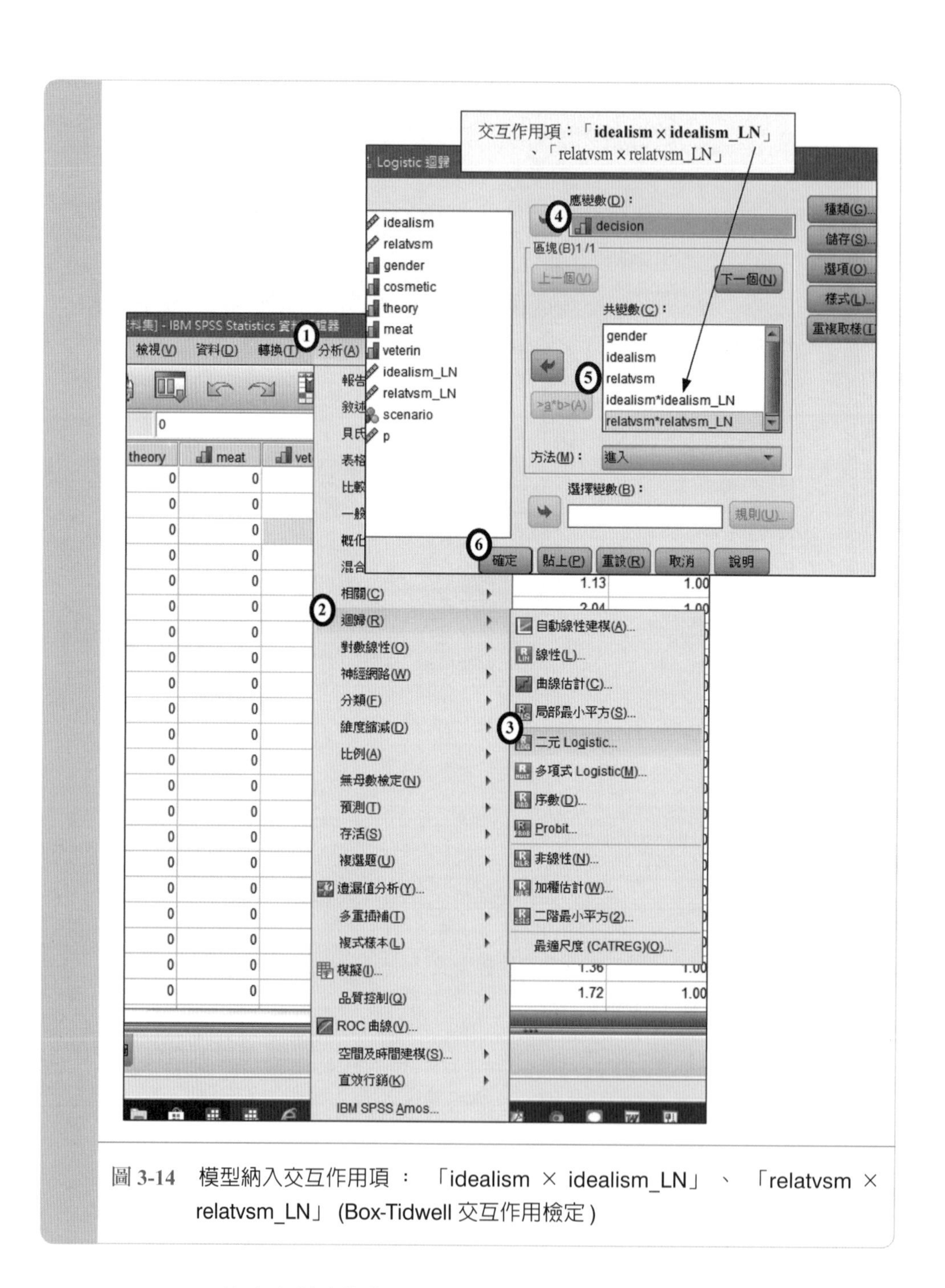

圖 3-14 模型納入交互作用項：「idealism × idealism_LN」、「relatvsm × relatvsm_LN」(Box-Tidwell 交互作用檢定)

Box-Tidwell 檢定之對應的指令語法：

```
LOGISTIC REGRESSION VARIABLES decision
  /METHOD=ENTER gender idealism relatvsm idealism*idealism_LN relatvsm*relatvsm_LN
  /CRITERIA=PIN(.05) POUT(.10) ITERATE(20) CUT(.5).
```

【I. 分析結果說明】：Box-Tidwell 交互作用檢定結果

Block 1: Method = Enter

Variables in the Equation

		B	S.E.	Wald	df	Sig.	Exp(B)
Step 1[a]	男性嗎	1.147	.269	18.129	1	.000	3.148
	理想主義得分	1.130	1.921	.346	1	.556	3.097
	相對主義得分	1.656	2.637	.394	1	.530	5.240
	理想主義得分 by ln(理想主義)	-.652	.690	.893	1	.345	.521
	相對主義得分 by ln(相對主義)	-.479	.949	.254	1	.614	.620
	Constant	-5.015	5.877	.728	1	.393	.007

a. Variable(s) entered on step 1: 男性嗎 , 理想主義得分 , 相對主義得分 , 理想主義得分 * ln(理想主義), 相對主義得分 * ln(相對主義).

1.「idealism × idealism_LN」、「relatvsm × relatvsm_LN」交互作用項都未達顯著 (p>0.05)。故本例可忽略這二個交互作用項。假如其中一個「交互作用項」達顯著，則應嘗試添加預測變數的 powers[即多項式 (polynomial)]。

Step 6 當 K > 2 個類別 (categorical) 之預測變數 (predictor)

除了「gender 、idealism 、relatvsm」，再增加「cosmetic 、theory 、meat 、veterin」四個情境變數。

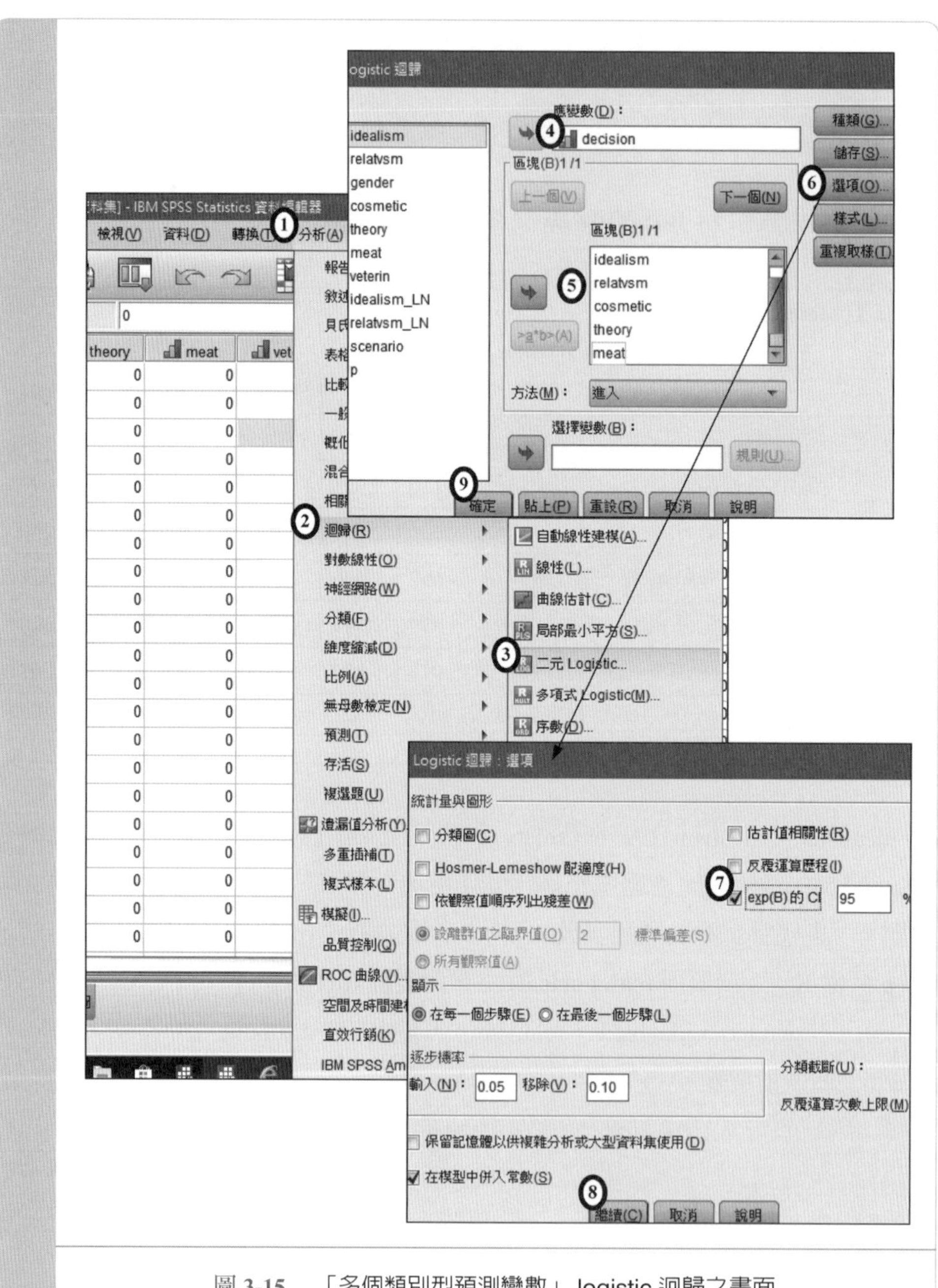

圖 3-15　「多個類別型預測變數」 logistic 迴歸之畫面

對應的指令語法：

```
subtitle "使用K > 2個類別(categorical)預測變數(predictor)".
LOGISTIC REGRESSION VARIABLES decision
  /METHOD=ENTER gender idealism relatvsm cosmetic theory meat veterin
  /PRINT=CI(95)
  /CRITERIA=PIN(0.05) POUT(0.10) ITERATE(20) CUT(0.5).
```

【J. 分析結果說明】:「多個類別型預測變數」logistic 迴歸分析

Block 0: Beginning Block

Variables not in the Equation

			Score	df	Sig.
Step 0	Variables	男性嗎	25.685	1	.000
		理想主義得分	47.679	1	.000
		相對主義得分	7.239	1	.007
		測新型護髮液的化學毒性	.003	1	.955
		兩種敵對理論	2.933	1	.087
		增加肉類產量	.556	1	.456
		貓科腦部疾病的治療法	.013	1	.909
	Overall Statistics		77.665	7	.000

1. 定義：$\log L(\tilde{\beta}_i)$ 爲所有 β 均爲 0 的情況下，所求出之對數最大概似值

$$-2[\log L(\tilde{\beta}_i) - \log L(\tilde{\beta}_i)]$$

2. Block 0 “Variables not in the Equation” 印出，假如將單個預測變量添加到模型中(已經具有截距)，則 –2 LL 將下降多少 Score。

Block 1.

Omnibus Tests of Model Coefficients

		Chi-square	df	Sig.
Step 1	Step	87.506	7	.000

	Block	87.506	7	.000
	Model	87.506	7	.000

1. **Block 1**. Under **Omnibus Tests of Model Coefficients** (在模型係數的綜合測試下)，卡方 =87.506 (p>.05)，可發現最新模型明顯優於只有截距的模型。

Model Summary

Step	-2 Log likelihood	Cox & Snell R Square	Nagelkerke R Square
1	338.060[a]	.243	.327

a. Estimation terminated at iteration number 5 because parameter estimates changed by less than .001.

1.「**Model Summary**」顯示，多個類別型預測變數比較優，因爲模型適配度 R^2 再次增加，–**2 Log Likelihood**(–2 對數概似值) 從 346.503 降至 338.06。這是否具有統計意義？χ^2 是 df=4(每個虛擬變數就占一個 df) 的兩個 –**2 log likelihood** 值 8.443 之間的差異。可使用 compute 指令求出「p=1 – CDF.CHISQ(8.443,4)」upper-tailed 的 p 值 = 0.0766，表示達統計顯著性。但是，我將保留這些虛擬變數，因爲我對每個虛擬變量進行比較都有先驗興趣 (priori interest)。

Classification Table[a]

Observed			Predicted: 同意動物實驗嗎 stop	Predicted: 同意動物實驗嗎 continue	Predicted: Percentage Correct
Step 1	同意動物實驗嗎	stop	152	35	81.3
		continue	54	74	57.8
	Overall Percentage			71.7	

a. The cut value is .500

1. Classification Table，顯示分類成功率小幅增加，從 71% 升至 72%。
2. Classification Table 就可手算出 Logit 迴歸模型的：Sensitivity, Specificity, False Positive Rate, and False Negative Rate (使用內定的 cutoff=0.5)。

Sensitivity	正確預測事件的百分比
Specificity	未發生正確預測的百分比
False Positive Rate	預測事件的不正確百分比
False Negative Rate	預測不存在的不正確百分比

本例，預測的事件是繼續研究 (continue the research) 的決定 (decision)。

Variables in the Equation

		B	S.E.	Wald	df	Sig.	Exp(B)	95% C.I.for EXP(B)	
								Lower	Upper
Step 1[a]	gender	1.255	.277	20.586	1	.000	3.508	2.040	6.033
	idealism	-.701	.114	37.891	1	.000	.496	.397	.620
	relatvsm	.326	.127	6.634	1	.010	1.386	1.081	1.777
	cosmetic	-.709	.420	2.850	1	.091	.492	.216	1.121
	theory	-1.160	.428	7.346	1	.007	.314	.136	.725
	meat	-.866	.424	4.164	1	.041	.421	.183	.966
	veterin	-.542	.410	1.751	1	.186	.581	.260	1.298
	Constant	2.279	1.033	4.867	1	.027	9.766		

a. Variable(s) entered on step 1: gender, idealism, relatvsm, cosmetic, theory, meat, veterin.

1.「Variables in the Equation」印出迴歸係數 (regression coefficients) 及勝算比 (odds ratios).
2. Wald χ^2 值：在其他預測因子的背景下，檢定每個預測因子的獨特貢獻：即保持其他預測因子不變。也就是說，消除預測變數之間的任何重疊。請注意，本例除了 cosmetic research 及 veterinary research 二個虛擬變數外，其餘五個預測變數都達「α=.05」統計顯著性。我也注意到，Wald χ^2 常被批評爲過於保守，即缺乏足夠的檢定力 (power=1 – β)。另一變通方法是透過，從完整 (full) 模型中刪除每個預測變數並檢定它減少多少「–2 log likelihood」所增加的顯著性，來檢定每個預測變數是否該刪除。當然，這會要求你建構 p + 1 個模型，其中，p 是預測變數的數量。

接著來解釋 4 個情境變數 (虛擬變數) 的勝算比 (odds ratios)。

(1) 理想主義 (idealism) 的 0.496(0.5) 勝算比表示，被訪者的理想主義得分每增加 1 分，勝算的概率就會減半。爲了更容易解釋，將這個勝算比倒置，理想主義上每增加一個點，受訪者不贊成研究的機率就翻倍。

(2) 相對主義 (relativism) 效果較小，且呈相反方向，9 點計分量表的相對主義，每增加一單，決定「同意研究」的可能性增加「1.39 倍 (乘法因子)」。

(3) 場景 (scenario) 虛擬變數的 odds ratios ，是比較「醫療以外的每個場景與醫療場景」。對於理論 (theory) 虛擬變數，odds ratios=0.314，表示同意 theory-testing research 的可能性是醫學研究的 0.314 倍。

(4) coding 情景變數影響的虛擬變數，倒置的 odds ratios ($\frac{1}{0.421} = 2.38$)，表示：同意醫療情景的可能性是肉類 (meat) 情景的 2.38 倍，它高於理論 (theory) 情景的 3.22 倍。

Chapter

04

兩組平均數之比較：t檢定值≒Meta的效果量

4-1 t 檢定之簡介

一、t 檢定的適用情況

自變數 / 依變數	縱貫面研究 單一類別變數 (Binary 變數)	橫斷面研究 單一類別變數 (Binary 變數)
單一連續變數	相依樣本 t 檢定	相依樣本 t 檢定

t 檢定 (t-test) 適用的條件是：

當自變數是類別變數 (nominal scale)，依變數是等距 (interval scale) 時使用。但是僅是用於自變數只有兩類的變數中，像性別便只有兩種屬性。自變數若是超過兩類，則需要使用其他的資料分析方法，如 ANOVA。

二、獨立 t 檢定的概念

(一) 使用狀況

如欲比較一組樣本的平均值與某一定值間之差異 (one sample test)，或是兩組樣本的平均值間是否存在差異 (two sample test)，且其對應值是連續 (continuous)，則使用獨立 t 檢定。其樣本間必定是具有獨立事件 (independent event) 的特性，亦即兩兩樣本間不會相互影響。例如：城市 vs. 鄉村學生的成績比較，則採用獨立 t 檢定。

(二) 前提假定 (assumption)

相依變數 (dependent variable) 的本質必須是連續數 (continuous variable)，且是隨機樣本 (random sample)，亦即是從母群體 (population) 中隨機抽樣而的。如果不是連續數，則必須採用無母數分析 (nonparametric test)。

1. 相依變數的母群體必須是常態分布 (normal distribution)

常態性檢定法有二種方法：(1)「Shapiro-Wilk W test」；(1)「Shapiro-Francia W' test」。若檢定結果不是常態分布，則不可使用獨立 t 檢定，亦改爲無母數分析。

2. 觀察值皆為獨立事件 (independent event)

就是獨立隨機變數 (independent random variable) 且 grouping 變數只有一組或兩組，即第一組的樣本不會影響第二組的樣本，反之亦然。例如性別 (gender)，男性樣本一定不會影響是女性樣本的量測。如果不是獨立事件而是相依樣未(前測 vs. 後測)，則應該採用配對 t 檢定。

3. 兩組的樣本之變異數 (variance, s) 常態且同質性 (homoscedasticity)

如果是異質性 (heterogeneity)，則其統計值 t 必須調整臨界值之自由度。

(三) 檢定假設 (Hypothesis testing)

獨立 t 檢定主要在於比較兩組樣本間的平均值是否存在差異，可視爲變異數分析 (ANOVA) 的特例 (只兩群組平均數之檢定)。

one sample test：檢定其樣本平均值與母群體平均值(某特定數值)是否不同。其虛無假設爲 H_0：$X_{mean} = m$

two sample test：檢定兩組樣本平均值之差值(某特定數值)是否不同。其虛無假設爲 H_0：$X_{mean1} = X_{mean2}$

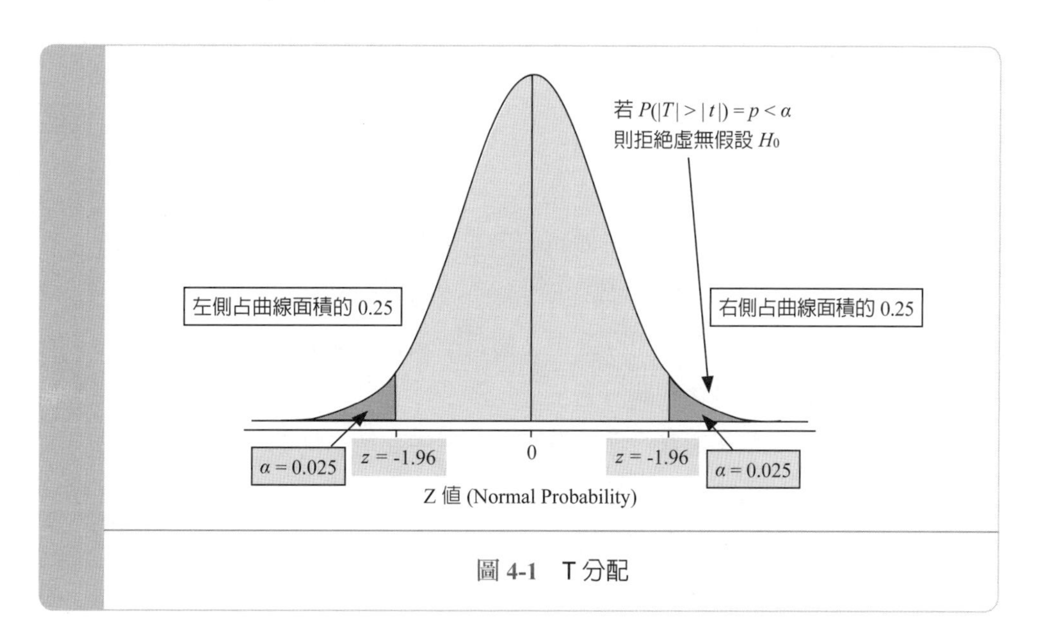

圖 4-1　T 分配

(四) 資料鍵入格式

獨立 t 檢定是檢定兩組的平均值是否差異，故資料鍵入時，除了要比較的相依變數外，應有一的變數當作是自變數 (independent variable)，且其分組 (grouping) 變數只能有兩組，例如男 vs. 女、實驗組 vs. 控制組。這種分組變數之編碼，SPSS 限定爲「0 或 1」binary 碼。

(五) 三種 t 檢定公式

請見第 1 章。

4-2 t 檢定之解說：comparing group means

變異數分析 (ANOVA) 和 t 檢定分析常被廣泛使用來比較群組的平均數。例如：獨立樣本 t 檢定可比較農村 vs. 城市地區之個人年收入差異或檢查男女學生之間的平均績點 (GPA) 的差別；採用配對 t 檢定，則可比較「實驗處理前 vs. 後」結果的變化。

在 t 檢定，變數之平均數比較應是實質可解釋的。在方程式「依變數 Y ← A 因子」中，公式左邊之反應變數是 interval 或 ratio scaled(連續變數) ，公式右側變數應該是 binary 變數 (categorical ，類別變數)。t 檢定也可以比較 binary 變數的比例 (proportions) ，即自變數的成功率或成功百分比。當樣本數 N > 30 時，t 分配就會近似 z 分配。

t 檢定之應用例子，包括：

1. 白內障患者驗光與配鏡之分析研究。
2. 以 CART 分析五大人格與金手獎得獎選手關係之研究。
3. IFRS 與我國財務會計準則差異之研究——以運輸產業爲例。
4. 金融控股公司旗下銀行與證券公司之經營績效在公司成立前後之比較。
5. 身體意象與醫學美容之相關研究。
6. 大學生外食的從衆與消費行爲之研究——以中部地區爲例。
7. 臺灣中部高科技業其指標性污染物的建立。
8. 臺灣上市櫃企業財務危機預警模式之實證研究。
9. 羽球社團組織氛圍、團隊凝聚力與滿意度關係之研究。
10. 縮減法定工時對人民時間分配的影響。
11. 利用決策樹與統計 t 檢定分析子宮內膜異位症病患之治療方式比較。
12. 農會信用部經營績效之研究——以彰化縣與南投縣農會信用部爲例。
13. 導遊服務特性之研究——以臺灣與大陸遊客爲例。
14. 急性中風病患就醫資料分析。
15. 應用近景雷射掃描儀作模擬土方量測之研究。

16. 國中教師選用教科書之重要因素分析。
17. 企業社會責任投資組合的股票績效研究。
18. 雲林縣國小轉型優質評鑑指標評定重要性與實際達成之差異性研究。
19. 在臺日系企業人力招聘之研究。
20. 從事室內設計行業人格特質之研究。

4-2-1 單變量：Student's t-distribution

在概率和統計學中，Student's 的 t 分布 (或者簡單的 t 分布) 是連續概率分布族中的任何成員，在樣本量小和人口標準偏差的情況下估計常態分布的人口的平平均值是未知的。它由 William Sealy Gosset 以 Student's 的名字發表。

t 分布在許多廣泛使用的統計分析中起作用，包括用於評估兩個樣本平均值之間的差異的統計學顯著性的 Student's t 檢定，兩個總體平均值之間差異的信賴區間的構建以及線性迴歸分析。Student's 的 t 分布也出現在來自 normal family 庭的數據的貝葉斯 (Bayesian normal family) 分析中。

如果我們從常態分布中取 n 個觀測值的樣本，那麼 ν= n – 1 個自由度的 t 分布可以定義爲樣本平平均值相對於眞實平平均值的位置分布除以樣本標準差，乘以標準差$\sqrt{n}$。這樣，用這種方式，t 分布可以用來表示你有多自信，任何給定的範圍都將包含眞正的平均值。

t 分布是對稱的，鐘形的，就像常態分布一樣，但尾巴更重，這意味著它更容易產生遠離其平平均值的值。這對理解某些類型的隨機量比例的統計行爲很有用，其中分母的變化被放大，並且當分母的比率接近於 0 時可能產生偏離值。學生的 t 分布是廣義雙曲分布的特例。

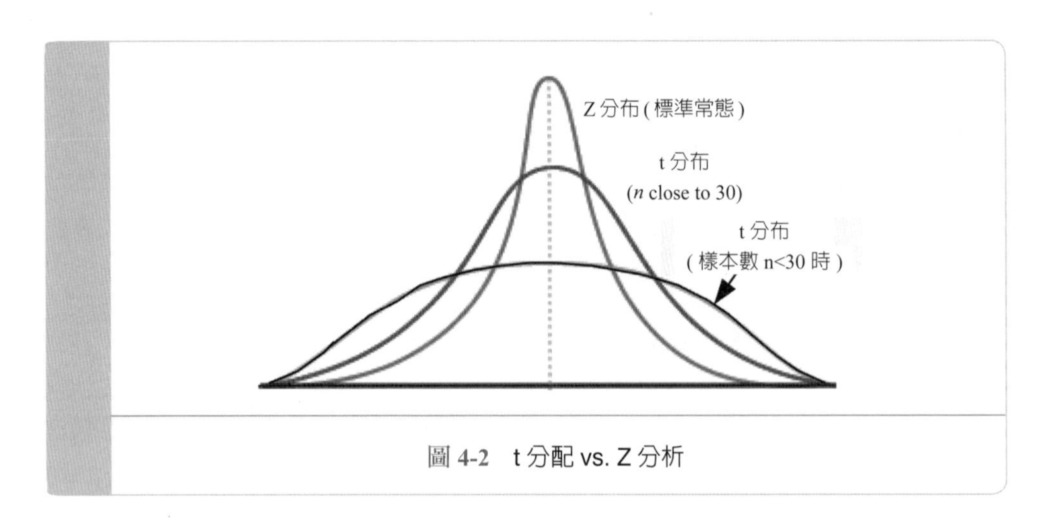

圖 4-2　t 分配 vs. Z 分析

Student's t 分布之機率密度函數 (Probability density function, pdf)

$$f(t)=\frac{\Gamma\left(\frac{v+1}{2}\right)}{\sqrt{v\pi}\,\Gamma\left(\frac{v}{2}\right)}\left(1+\frac{t^2}{v}\right)^{-\frac{v+1}{2}}$$

其中 v(讀作 nu) 是自由度的數量，Γ(讀作 Gamma) 是伽馬函數。這也可以寫成：

$$f(t)=\frac{1}{2\sqrt{v}\,\mathrm{B}\left(\frac{1}{2},\frac{v}{2}\right)}\left(1+\frac{t^2}{v}\right)^{-\frac{v+1}{2}}$$

其中，B 是 Beta 函數。特別地，當整數值自由度 v 時：

1. 對 $v > 1$ 之偶數 (even)

$$\frac{\Gamma\left(\frac{v+1}{2}\right)}{\sqrt{v\pi}\,\Gamma\left(\frac{v}{2}\right)}=\frac{(v-1)(v-3)\cdots 5\cdot 3}{2\sqrt{v}(v-2)(v-4)\cdots 4\cdot 2}$$

2. 對 $v > 1$ 之奇數 (odd)

$$\frac{\Gamma\left(\frac{v+1}{2}\right)}{\sqrt{v\pi}\,\Gamma\left(\frac{v}{2}\right)}=\frac{(v-1)(v-3)\cdots 4\cdot 2}{\pi\sqrt{v}(v-2)(v-4)\cdots 5\cdot 3}$$

概率密度函數是對稱的，它的整體形狀類似於平均值爲 0 和變異數爲 1 的常態分布變數的鐘形，除了它稍微更低和更寬。隨著自由度的增長，t 分布以平均值 0 和變異數 1 接近常態分布。由於這個原因，v 也被稱爲常態分布參數

4-2-2 t 檢定的條件：假定 (assumption)

t 檢定係假定樣本是服從常態分配且隨機抽樣的。故你探討的變數應該是「隨機變數」。此外，測量的變數值應與其它變數是獨立發生的。換句話說，一個事件的發生並不改變另一事件發生的概率。這個屬性被稱爲「統計獨立性」。時間序列通常都有可能統計上的相關，稱爲自我相關 (autocorrelated)。

t 檢定係假定「隨機抽樣」，本身沒有任何取樣偏誤 (bias)。如果研究者故意選擇他喜歡屬性的樣本，就違反非隨機抽樣的原則，故他的推論既不可靠也沒外在效度 (generalized)。在一個實驗中，受試者應隨機被分配到控制組或處理組 (實驗組)，讓兩組除了處理效果的影響外，並沒有任何系統性差異 (性別差、年齡差)。假如在實驗中，受試者可以決定「參加或不參加」實驗 (即非隨機分派)，則採用獨立樣本 t 檢定可能「低估或高估」控制組和處理組之間的差異。

t 檢定另一個假定是「母群常態」。如果違反這個假定，樣本平均數就不是集中趨勢的最佳估計 (不偏估計量)，則 t 檢定是無效的。圖 4-1 中，左側圖是標準常態分配，右側圖是的雙峰分配。即使這兩個分配具有相同的平均數和變異數，我們不能大膽地做他們的平均數比較。

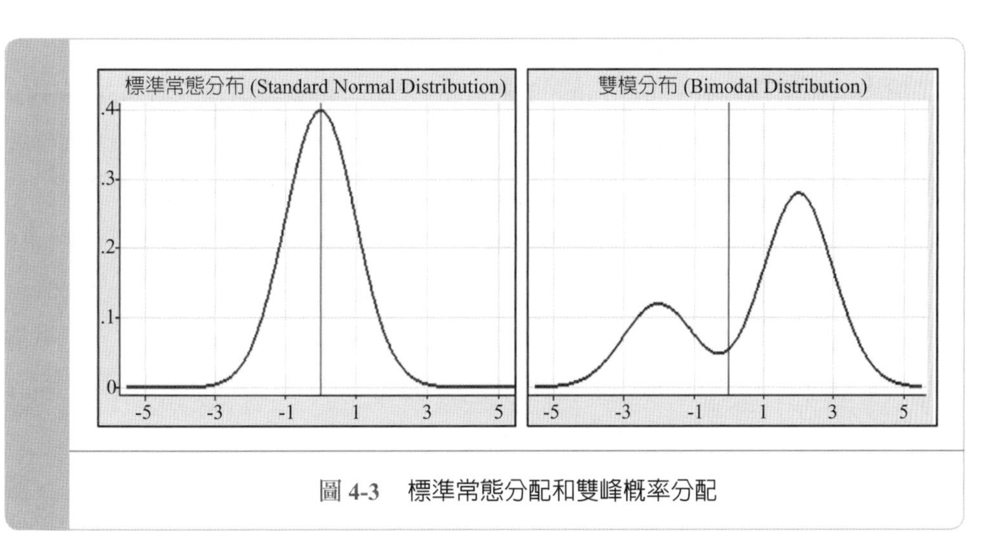

圖 4-3 標準常態分配和雙峰概率分配

違反常態性的假定時，單尾檢定會比雙尾檢定來得嚴重 (Hildebrand et al. 2005: 329。如下圖所示，單尾檢定在違背常態性的情形下結果會變得不可靠。圖中，紅色曲線所代表的標準常態分配 (α=0.01)，表示左邊有 1% 的單尾拒絕區。非標準常態分配之藍細曲線，亦有 1% 的單尾拒絕區。「垂直綠線」指示你的檢定統計量，會落入非常態分配的拒絕區，但卻不會落入標準常態分配的紅色拒絕區。由此可見，如果母群爲非常態分配，但單尾 t 檢定假定母群是常態的，因而會錯誤的拒絕虛無假設。

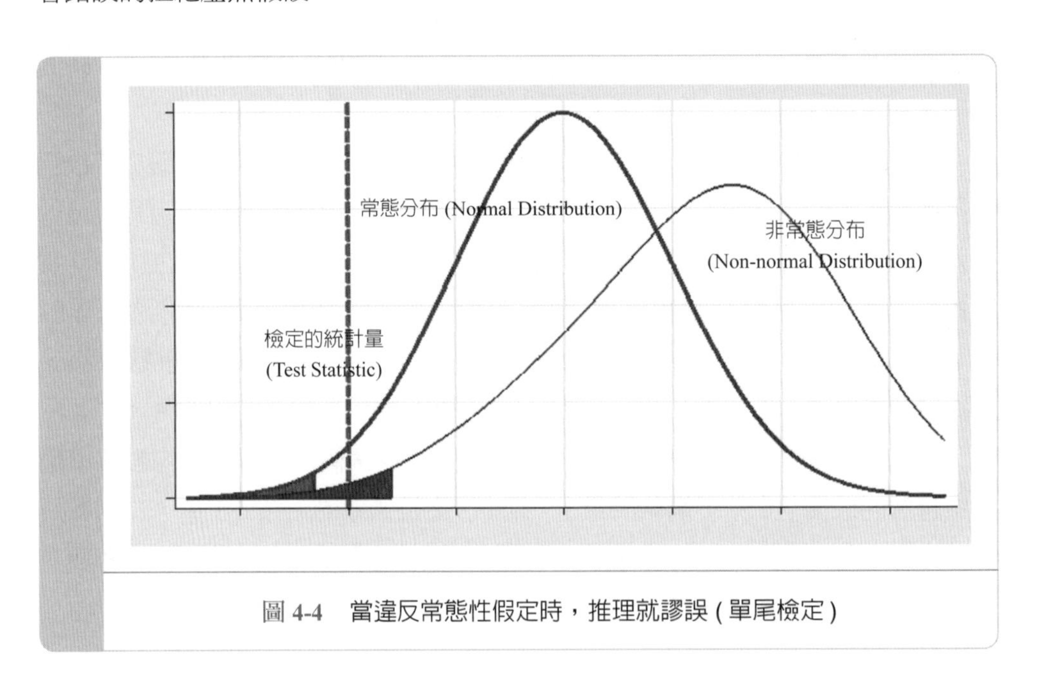

圖 4-4　當違反常態性假定時，推理就謬誤 (單尾檢定)

由中心極限定理 (Central Limit Theorem) 來看，常態性假定在現實世界中，並不構成系統性問題。該定理認爲，只要樣本數夠大，樣本平均數的分配就會近似常態分配。即，當 $N_1 + N_2 \geq 30$，在實務上，你就不用太擔心常態性假定。

但樣本數較小時，違反常態性就會有問題。你可能會繪一個直方圖，PP 圖、QQ 圖或進行 Shapiro-Wilk W(N <= 2000) ，Shapiro-Francia W(N <= 5000) ，Kolmogorov-Smirnov D(N> 2000) ，及時間序列常態性 Jarque-Bera 檢定。如果常態性假定被違反，你就要改用無母數 (nonparametric) 方法：Kolmogorov-Smirnov 檢定，Kruscal-Wallis 檢定、Wilcoxon Rank-Sum 檢定。

t 檢定可分爲：單一樣本中 t ，成對樣本 t ，及獨立樣本 t。(1) 單一樣本 t 檢定檢查，如果母群的平均數是異於某一個假設值 (通常情況爲「0」)。(2) 兩個樣本 t，檢定來自不同的母群且不配對的，例如如，男 vs. 女學生的 GPA) 的平均數差異。(3) 配對樣本 t，配對 (例如：前測 vs. 後測) 的個體差異來進行檢查。

由中心極限定理 (Central Limit Theorem) 來看，常態性假定在現實世界中，並不構成系統性問題。該定理認爲，只要樣本數夠大，樣本平均數的分配就會近似常態分配。當≧ 30，在實務上，你就不必太擔心常態性假定。

但樣本數較小時，違反常態性就會有問題。例如在繪一個直方圖，PP 圖和 QQ 圖或進行 Shapiro-Wilk W(N <= 2000) ，Shapiro-Francia W(N <= 5000) ，Kolmogorov-Smirnov D (N > 2000)，及時間序列常態性 Jarque-Bera 檢定。如果常態性假定被違反，你就要改用無母數 (nonparametric) 方法：Kolmogorov-Smirnov 檢定，Kruscal-Wallis 檢定或 Wilcoxon Rank-Sum 檢定，以上這此方法選用就要你視情況而定。

t 檢定可分爲：(1) 單一樣本 t 檢定檢查，如果母群的平均數是異於某一個假設值 (通常情況爲「0」)；(2) 兩個樣本 t，檢定來自不同的母群且不配對的，例如：男 vs. 女學生的 GPA) 的平均數差異；(3) 配對樣本 t，配對 (例如：前測 vs. 後測) 的個體差異來進行檢查。

4-2-3 單變量：Student's t 檢定 (t-test)

t-test 是用來檢定 2 個獨立樣本的平均數差異是否達到顯著的水準。

這二個獨立樣本可以透過分組來達成，計算 t 檢定時，會需要 2 個變數，依變數 (y) 爲觀察值，自變數 x 爲分組之組別，其資料的排序如下：

檢定 2 個獨立樣本的平均數是否有差異 (達顯著水準) 得考慮從 2 個母體隨機抽樣本後，其平均數 u 和變異數 σ 的各種情形，分別有平均數 u 相同而變異數平方相同或不同時的情形，平均數 u 不同而變異數平方相同或不同的情形，我們整理如下表：

在計算 2 個母體的平均數有無差異時，若是母體的變異數爲已知，則使用 z 檢定，一般很少用，在一般情形下，母體的變異數爲未知的情形下，我們都會使用獨立樣本的 t 檢定，若是樣本小，母體不是常態分布，則會使用無母數分析，我們整理 t 檢定於 2 個獨立母體平均數的比較時，使用時機如下表：

1. 大樣本 ($n \geq 30$) 變異數 σ 已知——使用 z 檢定 變異數 σ 未知——使用 t 檢定
2. 小樣本 ($n < 30$)，母體常態分配 變異數 σ 已知——使用 z 檢定 變異數 σ 未知——使用 t 檢定
3. 小樣本 ($n < 30$)，母體非常態分配 無論變異數已知或未知——使用無母數分析

t 檢定的程序

我們進行 t 檢定的目的是要用來拒絕或無法拒絕先前建立的虛無假設 (Null hypothesis)，我們整理 t 檢定的程序如下：

Step-1：計算 t 值

t 值 = u_1 (平均數) – u_2 (平均數) / 組的平均數標準差

u_1 是第一組的平均數

u_2 是第二組的平均數

Step-2：查 t 臨界值 (critical value)

在研究者指定可接受 t 分配型 I(type I) 誤差機率 α(0.05 或 0.01)。

樣本 1 和樣本 2 的 degree of freedom = (N1 + N2) – 2

我們可以透過查表，得到 t 臨界值 (critical)。

Step-3：比較 t 值和 t critical 標準值

當 t 值 $>$ t 臨界值時，會拒絕虛無假設 (Null hypothesis)(H_0:$u_1 = u_2$)，

也就是 $u_1 \neq u_2$，兩群有顯著差異，接著，我們就可以

檢定平均數的大小或高低，來解釋管理上意義

當 t 值 $<$ t 臨界值時，不會拒絕 (有些研究者視爲接受)Null hypothesis ，也就是接受「H_0:$u_1 = u_2$」，表示兩群無顯者差異，我們就可以解釋管理上的意義。

小結

t 檢定有二個假定：隨機抽樣和母群常態 (normality)。當兩個樣本具有相同的母群變異數，獨立樣本 t 檢定採用合併 (pooled) 變異數；反之，二組各自的變異數就要納入公式計算，且改採自由度的近似值。

4-2-4 獨立樣本 t 檢定 vs. 單因子變異數分析

獨立樣本 t 檢定限定為兩個群組的平均數比較；單因子 ANOVA(變異數分析)，則可以比較兩群組以上的平均數。因此，t 檢定也是單因子變異數分析的一種特例。但這二種分析都無需去暗示 (imply)「Y ← A 因子」方程式左側和右側變數之間的因果關係。當自由度 df=1 時，不論兩組樣本數是否是平衡 (N1=N2)，變異數分析的 F 統計量就等於 t 值的平方 (T^2)。

表 4-1　獨立樣本 t 檢定 vs. 單因子變異數分析的比較

Y ← A 因子	獨立樣本 t 檢定	單因子變異數分析
依變數 Y	Interval 變數或比例變數	Interval 或比例變數
自變數 A	binary 變數	類別變數
虛無假設 H_0	MU1 = MU2 ($\mu_1 = \mu_2$)	MU1 = MU2 = MU3…
概率分配	T 分配	F 分配
樣本大小	平衡 / 非平衡樣本	平衡 / 非平衡樣本

4-2-5 t 檢定、ANOVA，使用 STaTa、SAS 和 SPSS 之差別

SPSS 用「ttest」(或 ttesti) 指令來執行 t-tests。「anova」及「oneway」指令來執行 one-way ANOVA。SPSS 也用「prtest」或「prtesti」指令來比較 binary 變數的比例 (proportions)。「ttesti」及「prtesti」可用來印出匯總信息 (包括樣本數、平均數或百分比、標準差)。

表 4-2 **SPSS、SAS 和 SPSS 的相關 Procedures 和指令**

	SPSS 軟體指令	SAS 軟體 PROC	SPSS 軟體指令
常態性檢定	.swilk;. sfrancia	UNIVARIATE	EXAMINE
Equal Variance Test	.oneway	TTEST	T-TEST
無母數統計法	.ksmirnov; .kwallis	NPAR1WAY	NPARTESTS
Comparing Means (t 檢定)	.ttest; .ttesti	TTEST; MEANS; ANOVA	T-TEST
ANOVA 分析	.anova; .oneway	ANOVA	ONEWAY
GLM*	.glm family(某分布) link(…)	GLM; MIXED	GLM; MIXED
Comparing Proportions	.prtest; prtesti	(point-and-click)	

GLM*：SPSS GLM 指令無法執行 t 檢定

4-2-6 t 檢定資料檔的編碼安排

表 4-3 **獨立樣本 t 的資料欄位**

Variable	Group 變數
x	0
x	0
x	0
x	0
...	...
Y	1
Y	1
...	...

表 4-4 **相依樣本 t 的資料欄位**

Variable1	Variable2
x	Y
x	Y

Variable1	Variable2
x	Y
x	…
…	…

4-3 t 檢定 (t 考驗)：三種型 t-test 實作

表 4-5 三種 t 檢定之 SPSS 指令

SPSS 指令	資料檔之變數說明
title " 單一樣本 t 檢定 . auto.sav 資料檔 ". T-TEST /TESTVAL=20 /MISSING=ANALYSIS /VARIABLES=mpg /CRITERIA=CI(.95).	SPSS 系統存在硬碟 auto.sav 資料檔。連續變數 mpg 是「汽車每加侖走幾英哩」。
title " 獨立樣本 t 檢定 . fuel3.sav 資料檔 ". T-TEST GROUPS=treated(0 1) /MISSING=ANALYSIS /VARIABLES=mpg /CRITERIA=CI(.95).	SPSS 網站擷取 fuel3.sav 資料檔。 連續變數 mpg「汽車每加侖走幾英哩」。 treated 為 Binary 變數，限用 0 或 1 編碼。
title " 相依樣本 t 檢定 . fuel.sav 資料檔 " T-TEST PAIRS=mpg1 WITH mpg2 (PAIRED) /CRITERIA=CI(.9500) /MISSING=ANALYSIS.	SPSS 網站上擷取 fuel.sav 資料檔。共 2 個連續變數： 實驗前 mpg1 。 實驗後 mpg2 。

上述三個 t 檢定，分析結果如下：

一、單一樣本 t 之分析

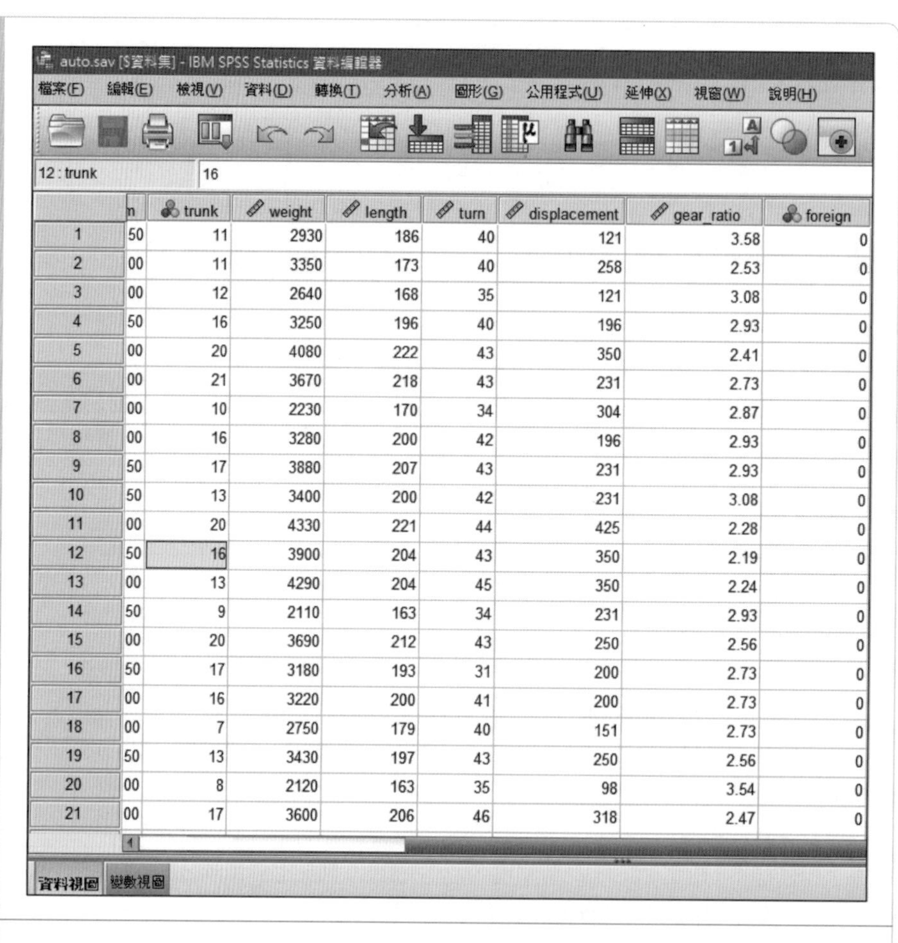

	n	trunk	weight	length	turn	displacement	gear_ratio	foreign
1	50	11	2930	186	40	121	3.58	0
2	00	11	3350	173	40	258	2.53	0
3	00	12	2640	168	35	121	3.08	0
4	50	16	3250	196	40	196	2.93	0
5	00	20	4080	222	43	350	2.41	0
6	00	21	3670	218	43	231	2.73	0
7	00	10	2230	170	34	304	2.87	0
8	00	16	3280	200	42	196	2.93	0
9	50	17	3880	207	43	231	2.93	0
10	50	13	3400	200	42	231	3.08	0
11	00	20	4330	221	44	425	2.28	0
12	50	16	3900	204	43	350	2.19	0
13	00	13	4290	204	45	350	2.24	0
14	50	9	2110	163	34	231	2.93	0
15	00	20	3690	212	43	250	2.56	0
16	50	17	3180	193	31	200	2.73	0
17	00	16	3220	200	41	200	2.73	0
18	00	7	2750	179	40	151	2.73	0
19	50	13	3430	197	43	250	2.56	0
20	00	8	2120	163	35	98	3.54	0
21	00	17	3600	206	46	318	2.47	0

圖 4-5 「auto.sav」 資料檔內容 (N=74,12 variables)

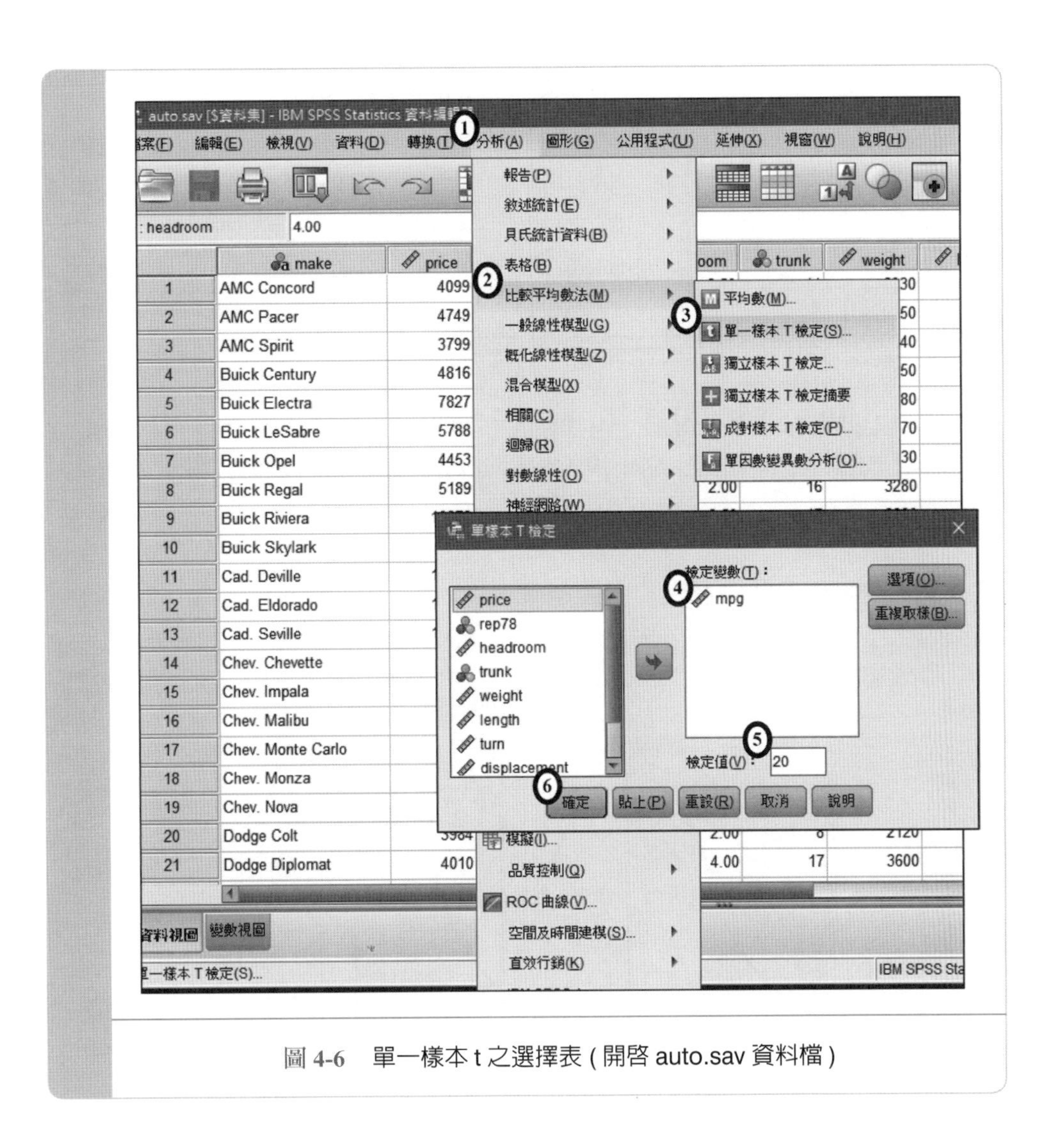

圖 4-6　單一樣本 t 之選擇表 (開啓 auto.sav 資料檔)

對應的指令語法：

```
GET
  FILE='D:\CD 範例 \auto.sav'.
title " 單一樣本 t 檢定 . auto.sav 資料檔 ".
T-TEST
  /TESTVAL=20
  /MISSING=ANALYSIS
  /VARIABLES=mpg
  /CRITERIA=CI(.95).
```

One-Sample Test

	Test Value = 20					
	t	df	Sig. (2-tailed)	Mean Difference	95% Confidence Interval of the Difference	
					Lower	Upper
mpg	1.929	73	.058	1.297	–.04	2.64

1. t=1.929，單尾 p>0.05，拒絕「H_0: mean = 20mpg」，接受「H_1: mean>20mpg」，故汽車平均的耗油率，有 95% 汽車每加侖 (4 公升左右) 可跑超過 20 英哩。

二、獨立樣本 t 之分析

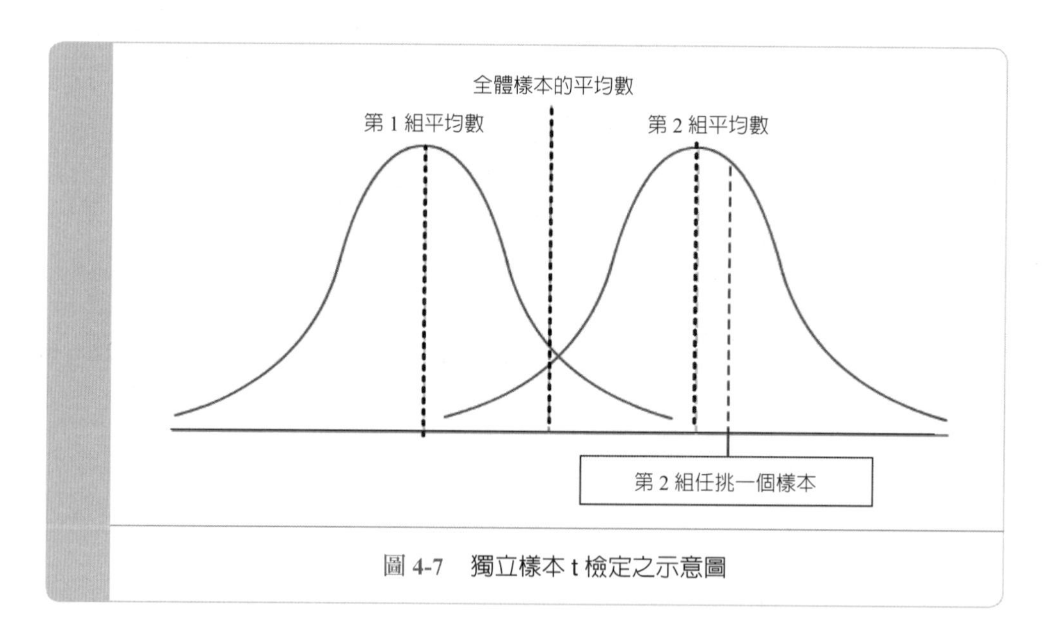

圖 4-7　獨立樣本 t 檢定之示意圖

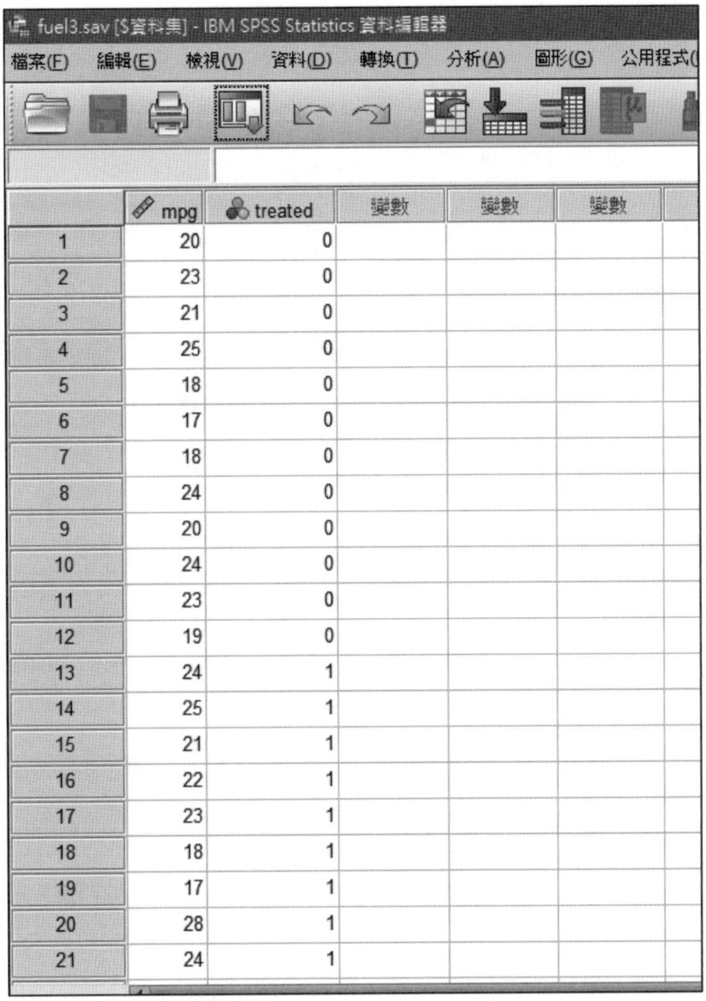

fuel3.sav [$資料集] - IBM SPSS Statistics 資料編輯器

檔案(F) 編輯(E) 檢視(V) 資料(D) 轉換(T) 分析(A) 圖形(G) 公用程式(

	mpg	treated	變數	變數	變數
1	20	0			
2	23	0			
3	21	0			
4	25	0			
5	18	0			
6	17	0			
7	18	0			
8	24	0			
9	20	0			
10	24	0			
11	23	0			
12	19	0			
13	24	1			
14	25	1			
15	21	1			
16	22	1			
17	23	1			
18	18	1			
19	17	1			
20	28	1			
21	24	1			

圖 4-8 「fuel3.sav」 資料檔內容 (N=24, 2 variables)

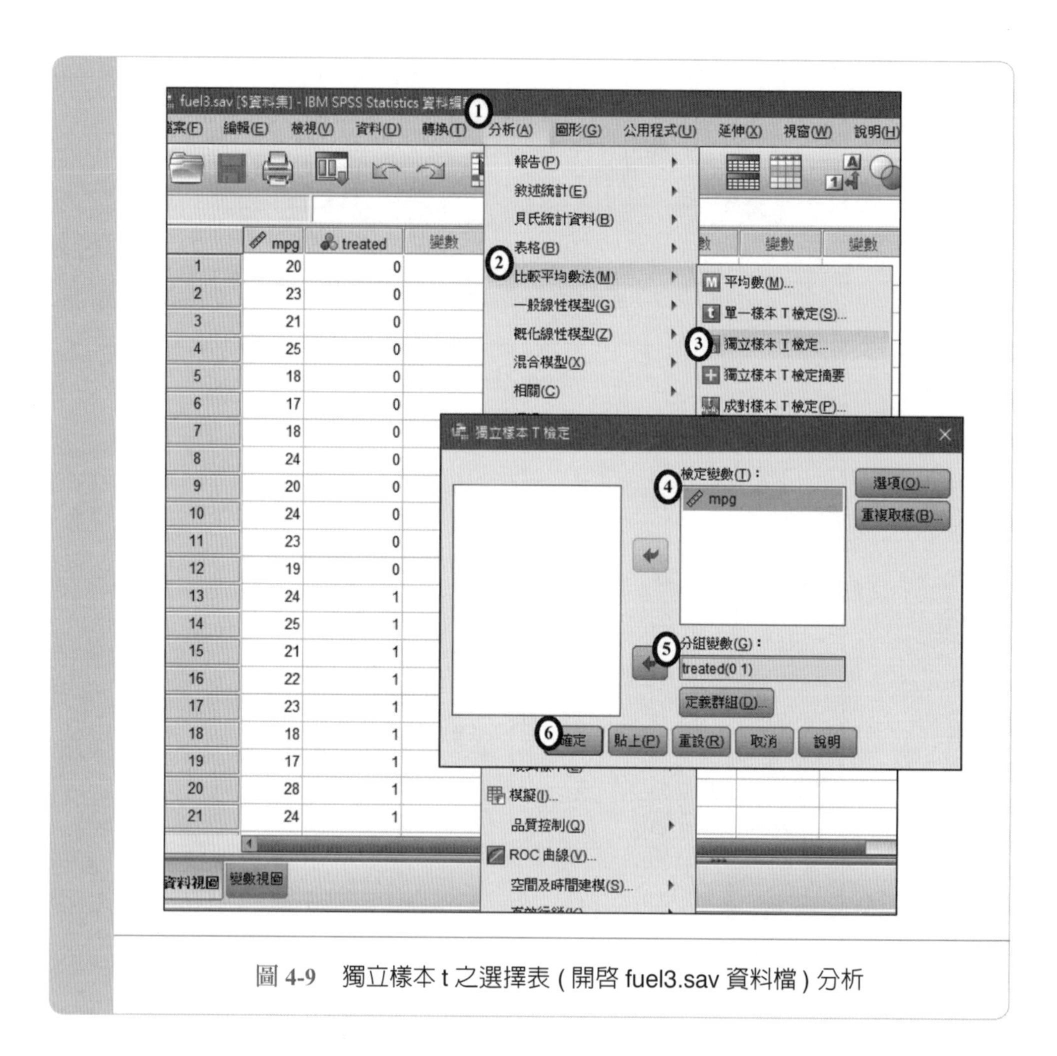

圖 4-9　獨立樣本 t 之選擇表 (開啓 fuel3.sav 資料檔) 分析

t 檢定若你發現，二組 (實驗組 vs. 控制組) 變異數不相等，則 ANOVA 指令勾選 Welch's 法，來調整 t 檢定的自由度，此自由度的值會變成非整數。

對應的指令語法：

```
title " 獨立樣本 t 檢定 . fuel3.sav 資料檔 ".
GET
  FILE='D:\CD 範例 \fuel3.sav'.

T-TEST GROUPS=treated(0 1)
  /MISSING=ANALYSIS
  /VARIABLES=mpg
  /CRITERIA=CI(.95).
```

		Independent Samples Test								
		Levene's Test for Equality of Variances		t-test for Equality of Means						
									95% Confidence intervall of Difference	
		F	Sig.	1	df	Sig. (2-talled)	Mean Difference	Std. Error Difference	Lower	Upper
mpg	Equal variances assumed	.034	.855	-1.428	22	.167	-1.750	1.226	-4.292	
	Equal variances not assumed			-1.428	21.362	.168	-1.750	1.226	-4.296	

1. 若這二組(實驗組 vs. 控制組)變異數不相等，則 ANOVA 指令勾選 Welch's 法，來調整 t 檢定的自由度，此自由度的値爲 23.24(非整數)。
2. 若採雙尾 t 檢定，T= –1.428，p=0.166>0.025(取 $\alpha/2$) ，所以「**接受**」虛無假設 $H_0 : Mean_1 = Mean_2$，即實驗組 vs. 控制組兩組之實驗效果，在平均數上並無顯著差異；即對立假設 $H_1 : Mean_1 = Mean_2$ 不成立。
3. 若採單尾 t 檢定，且實驗前，你就認定「控制組效果 < 實驗組」，則 T= –1.428，p=0.0833>0.05(取 α)，所以「**接受**」虛無假設 $H_0 : Mean_1 = Mean_2$，即對立假設 $H_1 : Mean_1 = Mean_2$ 不成立。

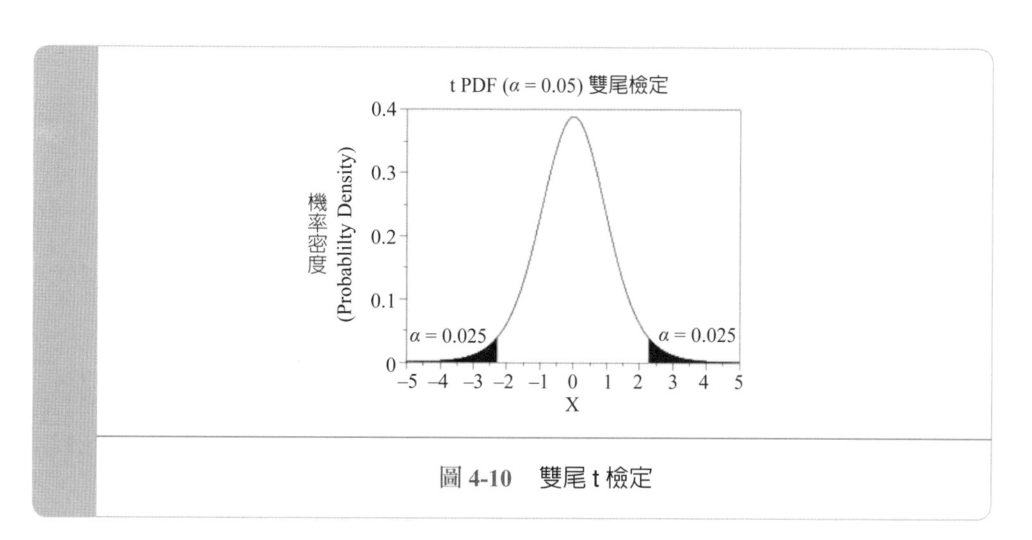

圖 4-10　雙尾 t 檢定

三、相依樣本 t 之分析

fuel.sav [$DataSet] - IBM SPSS Statistics Data Ed

File Edit View Data Transform Analyz

	mpg1	mpg2	var
1	20	24	
2	23	25	
3	21	21	
4	25	22	
5	18	23	
6	17	18	
7	18	17	
8	24	28	
9	20	24	
10	24	27	
11	23	21	
12	19	23	
13			

圖 4-11 「fuel.sav」 資料檔內容 (N=12, 2 variables)

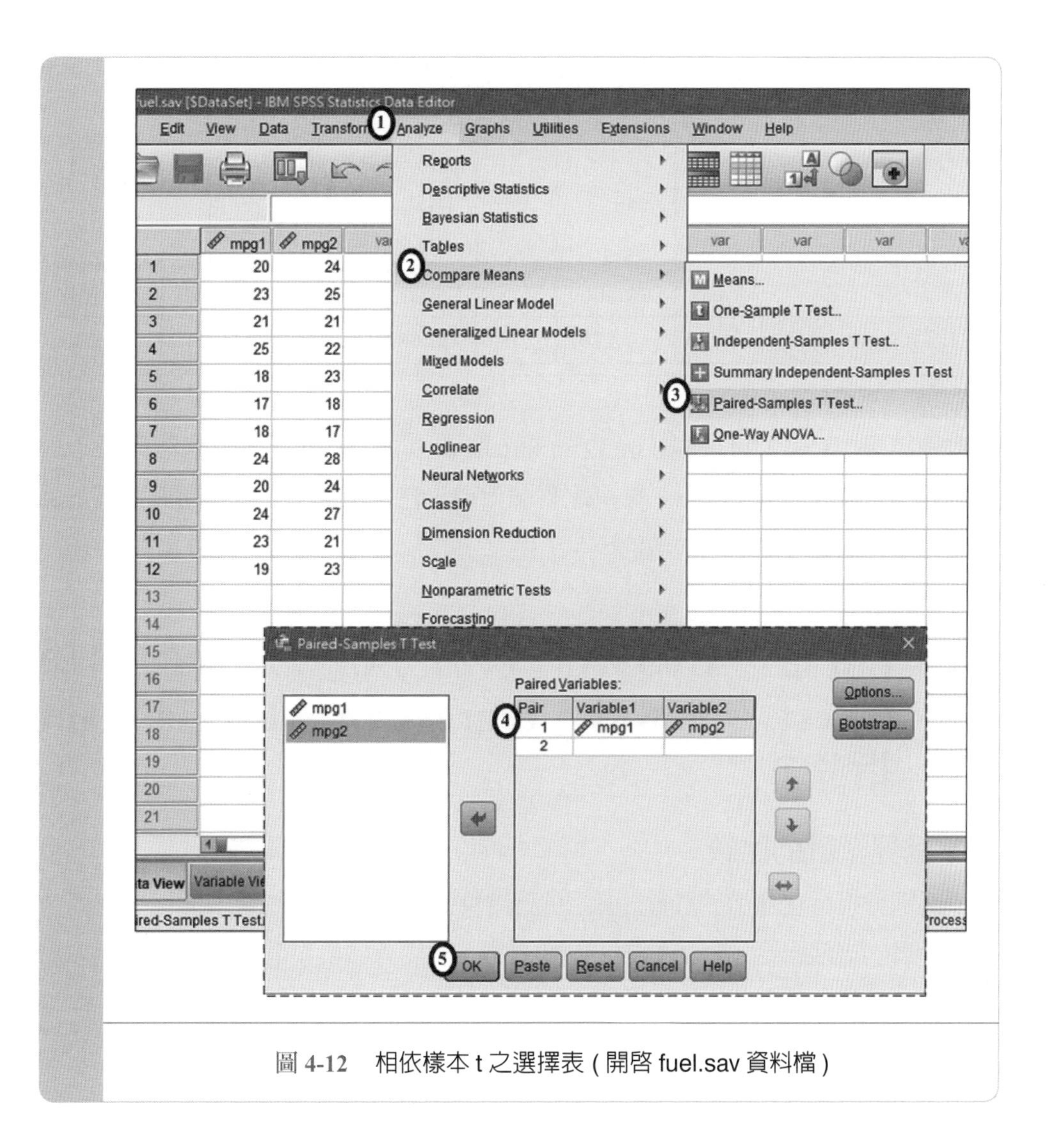

圖 4-12　相依樣本 t 之選擇表 (開啟 fuel.sav 資料檔)

對應的指令語法：

```
title " 相依樣本 t 檢定 . fuel.sav 資料檔 "
GET
  FILE='D:\CD 範例 \fuel.sav'.

T-TEST PAIRS=mpg1 WITH mpg2 (PAIRED)
  /CRITERIA=CI(.9500)
  /MISSING=ANALYSIS.
```

Paired Samples Test

	Paired Differences					t	df	Sig. (2-tailed)
	Mean	Std. Deviation	Std. Error Mean	95% Confidence Interval of the Difference Lower	Upper			
Pair 1 mpg1 - mpg2	-1.750	2.701	.780	-3.466	-.034	-2.244	11	.046

1. 本例結果：t =–2.24，p=0.0232>0.05(取 α=0.05) ，所以接受虛無假設 H_0 : $Mean_1 = Mean_2$，即前測 vs. 後測之實驗效果，在平均數上並沒有顯著差異，表示你的實驗處理效果是失敗的。

4-4 t 檢定、ANOVA、判別分析、迴歸的關係 (t-test、oneway、regression、discriminant 指令)

一、常見統計的比較

區別分析旨在運用於計算一組預測變數 (自變數) 包括知識、價值、態度、環保行爲的線性組合，對依變數 (間斷變數) 接受有機農產品更高售價之意願加以分類，並檢定其再分組的正確率。

下表有 4 種功能相當的統計技術。

統計技術	自變數 (解釋變數)X_i	依變數 (應變數)Y
1. 判別 / 區別分析 (discriminant analysis) (**discrim** 指令)	自變數 (預測變數 (predictor variable)) 數量不限 Interval scale or ratio scale(連續變數) Nominal scale or ordinal scale(轉化為虛擬變數)	單一個依變數 (分組變數)。 三項式以上 (三類以上) Nominalscale or ordinal scale 。

統計技術	自變數 (解釋變數)X_i	依變數 (應變數)Y
2. 簡單迴歸分析 (**reg** 指令)	1. 單一個自變數 (預測變數 (predictor variable))。 2. Interval scale or ratio scale(連續變數)。 3. Nominal scale or ordinal scale(轉化為虛擬變數)。	單一個依變數 (效標變數 (criterion variable))。 Interval scale or ratio scale(連續變數)。
3. 複迴歸分析 (含 logistic regression) (**reg** 指令)	1. 兩個 (含) 以上自變數 (預測變數 (predictor variable))。 2. Interval scale or ratio scale(連續變數)。 3. Nominal scale or ordinal scale(轉化為虛擬變數)。	單一個依變數 (效標變數 (criterion variable))。 Interval scale or ratio scale(連續變數)。
4. 邏輯斯迴歸分析 (logistic 指令)	1. 自變數 (預測變數 (predictor variable)) 數量不限。 2. Interval scale or ratio scale(連續變數)。 3. Nominal scale or ordinal scale(轉化為虛擬變數)。	單一個依變數。 兩項式 (二分)Nominal scale

邏輯斯迴歸用於預測類別變數 [通常是二元的 (banary)]。(1) 對於類別依變數，如果所有的預測變數都是連續變數且分布良好的，則通常使用判別 (discriminant) 函數分析。(2) 如果所有預測變數都是類別的 (categorical)，通常採用 logistic 分析。(3) 如果預測變數是連續變數和類別變數的混合或者它們不是很好地分布 (∵邏輯斯迴歸沒有對預測變數的分布做出假設)，則往往選擇邏輯斯迴歸。Logistic 迴歸特別流行於醫學研究中，其中，依變數 (y) 是患者是否患有疾病。

對於邏輯斯迴歸，預測的依變數是特定受試者將處於某一類別 (例如：小明患有某疾病的概率，給定其預測變數的分數集合) 的概率的函數。

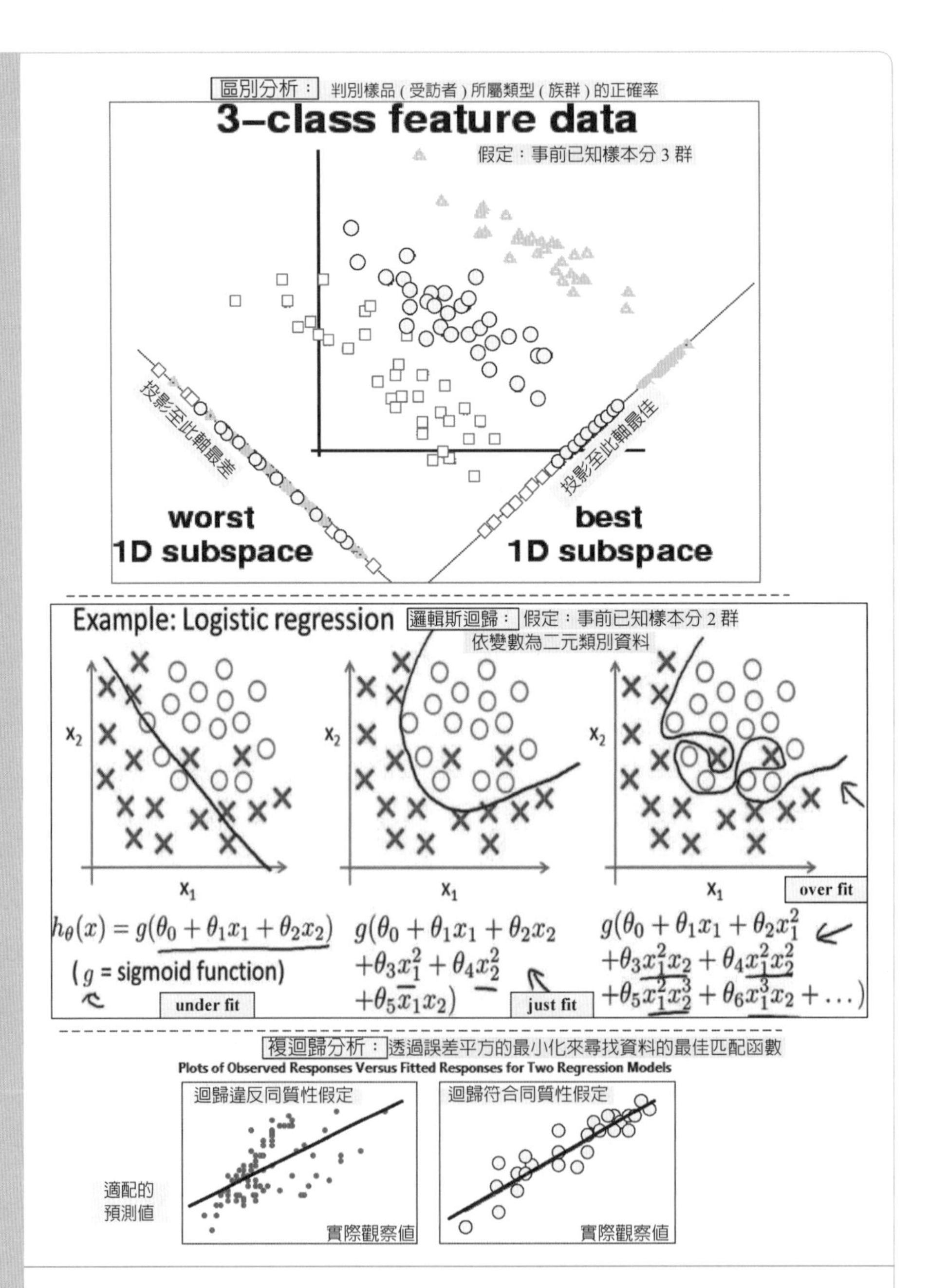

圖 4-13　區別分析與邏輯斯迴歸、 複迴歸分析之比較圖

二、MANOVA 與 discriminant analysis 的差異

MANOVA 旨在瞭解各集群 (組) 樣本在哪幾個依變數的平均值達到顯著水準。區別分析透過得到自變數之線性組合方成函數，瞭解自變數 (觀測值) 在依變數 (集群、組數) 上分類的正確性，進而獲悉哪些自變數 (預測變數) 可以有效區分類別。

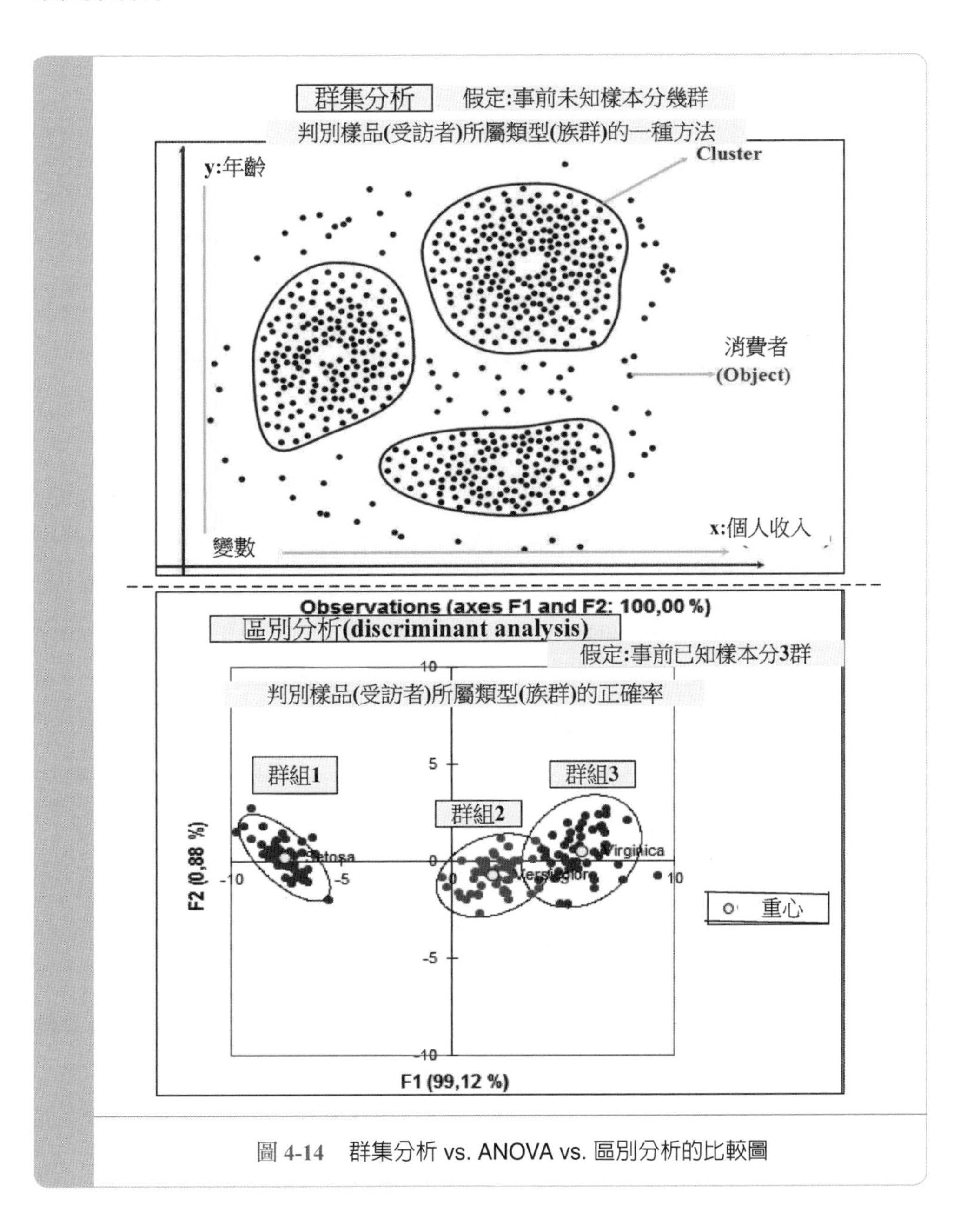

圖 4-14　群集分析 vs. ANOVA vs. 區別分析的比較圖

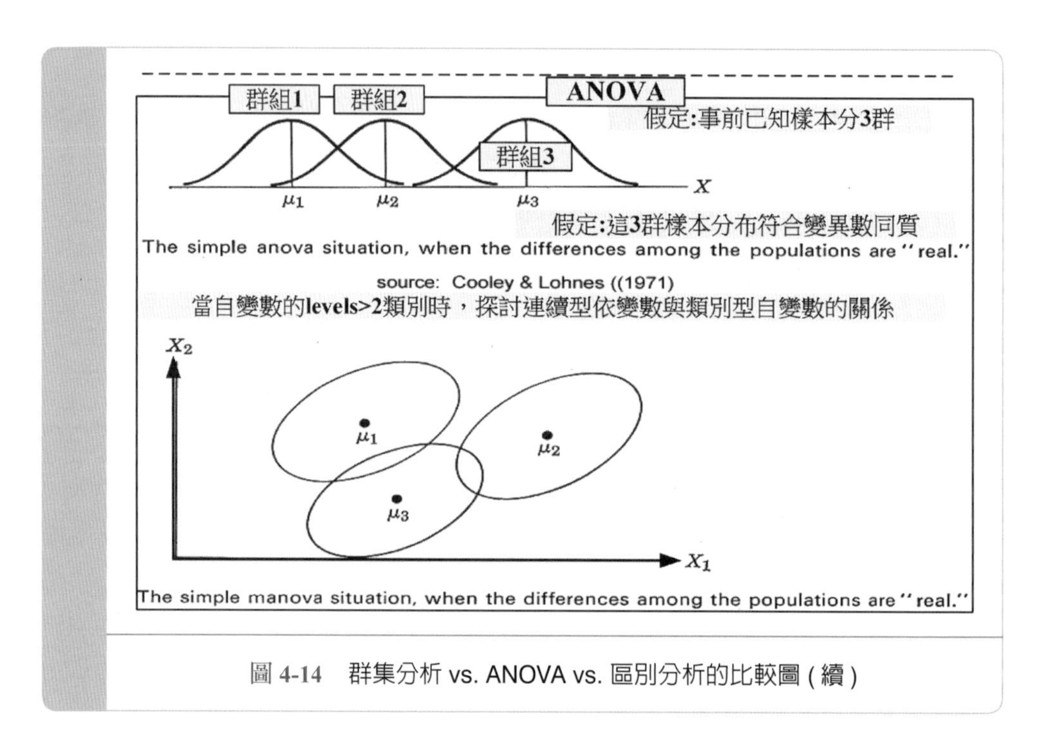

圖 4-14 群集分析 vs. ANOVA vs. 區別分析的比較圖 (續)

三、單變量：t 檢定、ANOVA 、線性迴歸之隸屬關係

變異數分析 (**an**alysis **o**f **va**riance ，ANOVA) 爲資料分析中常見的統計模型，主要爲探討連續型 (Continuous) 資料型態之依變數 (dependent variable) 與類別型資料型態之自變數 (independent variable) 的關係，當自變數的 levels 超過 2 個類別情況下，檢定其各類別間平均數是否相等 (虛無假設「H_0: $\mu_1 = \mu_2$」)。Student's t 檢定旨在分析兩組平均數是否相等，t 檢定可視爲是 ANOVA 的特例，即 ANOVA 檢定求出的 F 值會等於 Student's t 值的平方。而且 ANOVA 亦是線性迴歸分析的特例。如下圖所示。

範例：t 檢定 vs. ANOVA vs. 線性迴歸的分析，請見本書「8-1 t 檢定、ANOVA 、判別分析 、迴歸的隸屬關係」。

變異數分析 (ANOVA) vs. t 檢定

變異數分析依靠 F 分布爲機率分布的依據，利用平方和 (Sum of square) 與自由度 (Degree of freedom) 所計算的組間與組內均方 (Mean of square) 估計出 F 值，若有顯著差異則考量進行事後比較或稱多重比較 (Multiple comparison) ，較常見

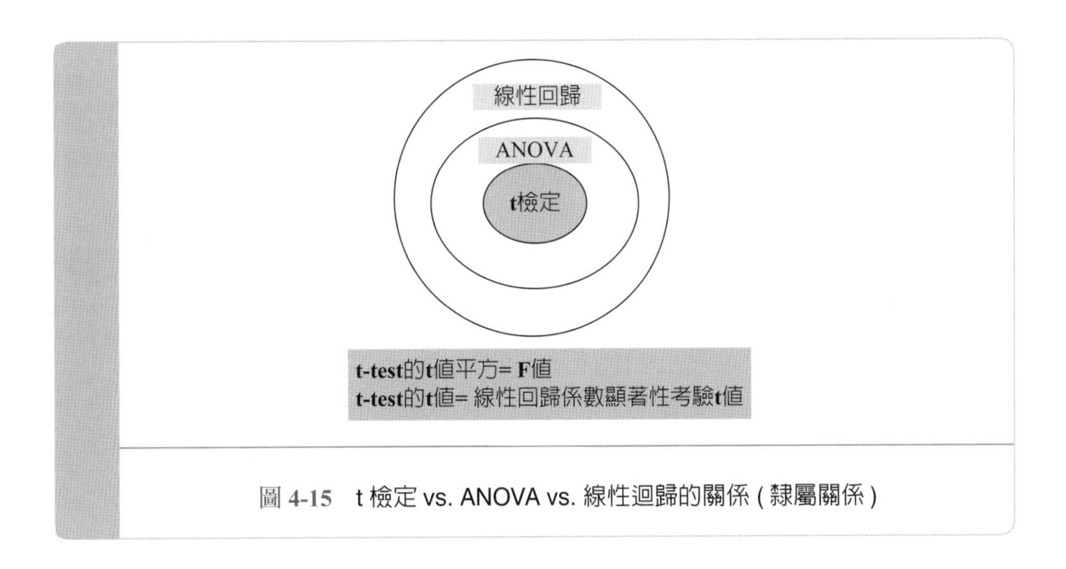

圖 4-15　t 檢定 vs. ANOVA vs. 線性迴歸的關係 (隸屬關係)

的爲 Scheffé's method 、Tukey-Kramer method 與 Bonferroni correction，用於探討其各組之間的差異爲何。

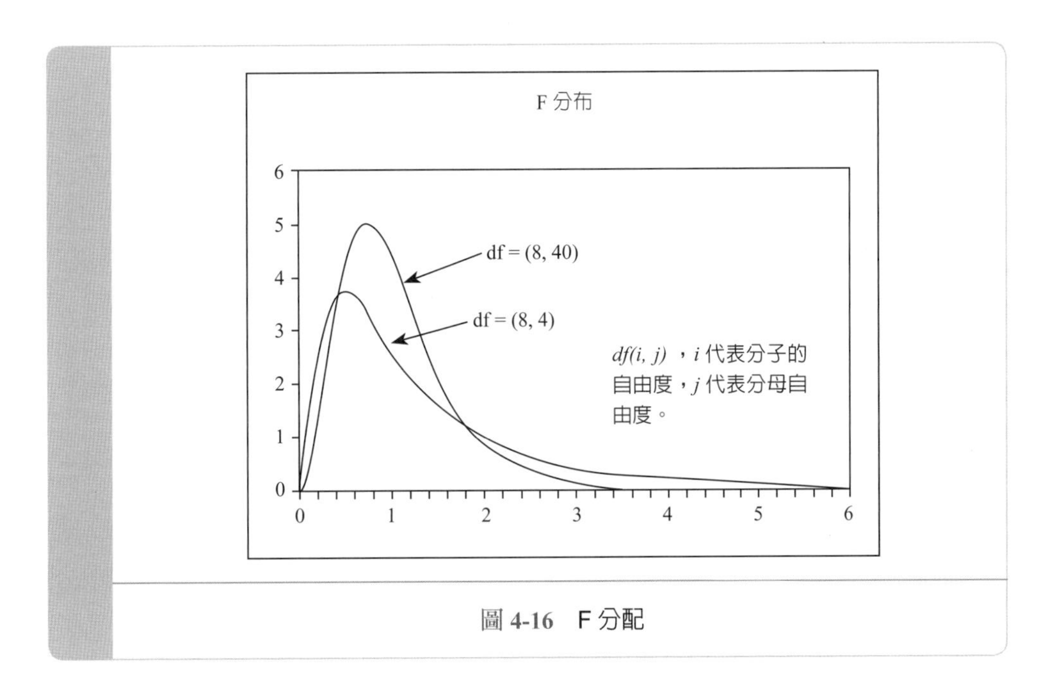

圖 4-16　F 分配

定義：自由度 (df)
在統計學中，自由度 (degree of freedom, df) 是指當以樣本的統計量來估計母體的參數 (平均數，變異數) 時，樣本中獨立或能自由變化的數據的個數，稱爲該統計量的自由度。一般來說，自由度等於自變數減掉其衍生量數；舉例來說，變異數的定義是樣本減平均值 (一個由樣本決定的衍伸量)，因此對 N 個隨機樣本而言，其自由度爲 N-1。

在變異數分析的基本運算概念下，依照所感興趣的因子 (類別型變數) 數量而可分爲單因子 (one way) 變異數分析、雙因子 (two way) 變異數分析、多因子變異數分析三大類，依照因子的特性不同而有三種型態：固定效應變異數分析 (fixed-effect analysis of variance) 、隨機效應變異數分析 (random-effect analysis of variance) 與混合效應變異數分析 (Mixed-effect analaysis of variance)。然而第三種型態在後期發展上被認爲是 Mixed model 的分支，更進一步探討可參考作者《有限混合模型 (FMM)：STaTa 分析 (以 EM algorithm 做潛在分類再迴歸分析)》、《多層次模型 (HLM) 及重複測量：使用 STaTa》二本書。

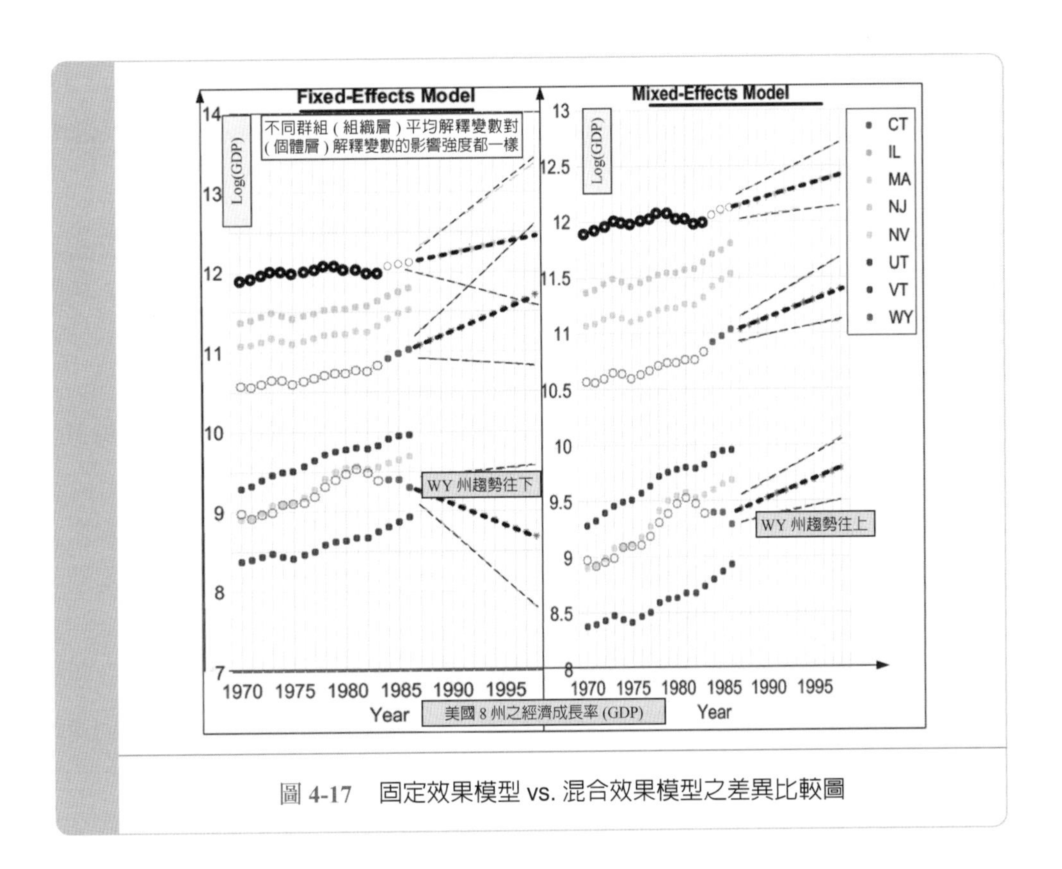

圖 4-17　固定效果模型 vs. 混合效果模型之差異比較圖

ANOVA(ONEWAY 指令)、MANOVA(GLM、MANOVA)、以及 MANCOVA 多數採固定效果模型；相對地，重複測量也是多層次模型之一，它採混合效果模型 (MIXED 指令)，混合模型等同重複測量 ANOVA 及 ANCOVA。

四、第一型誤差 (Type I error, α) vs. 第二型誤差 (Type I error, β)

ANOVA 優於兩組比較的 Student's t 檢定之處，在於後者會導致多重比較 (multiple comparisons) 的問題而致使第二型誤差 (Type I error ，α) 的機會增高，因此比較多組平均數是否有差異則是 ANOVA 天下。

定義：第一型誤差 (Type I error, α) vs. 第二型誤差 (Type I error, β)

統計檢定進行時，除了可探測結果之顯著性，相對的存在一定的風險，即可能發生誤差 (error) 的機會。

假設檢定的目的就是利用統計的方式，推測虛無假設 H_0 是否成立。若虛無假設事實上成立，但統計檢驗的結果不支持虛無假設 (拒絕虛無假設)，這種錯誤稱爲第一型錯誤 α。若虛無假設事實上不成立，但統計檢驗的結果支持虛無假設 (接受虛無假設)，這種錯誤稱爲第二型錯誤 β。

1. 何謂顯著水準 α (significance level α)？何謂型 I 誤差 (type I error)？何謂型 II 誤差 (type II error) ？何謂檢定力 (the power of a test)？
   (1) 顯著水準 α (significance level α)：α 指決策時時所犯第一型誤差的「最大機率」所以依據統計研究的容忍程度，一般我們在檢定前都要先界定最大的第一型誤差，再進行檢定。
   (2) 第一型誤差 α (type I error)：當虛無假設 H_0 爲眞，卻因抽樣誤差導致決策爲拒絕 H_0，此種誤差稱爲型 I 誤差。型 I 誤差 = 拒絕 H_0 | H_0 爲眞，α = P(Reject H_0 | H_0 is true)
   (3) 第二型誤差 β (type II error)：當虛無假設 H_0 爲假，卻因抽樣誤差導致決策不拒絕 H_0，此種誤差稱爲型 II 誤差。型 II 誤差 = 不拒絕 H_0 | H_0 爲假，β = P(Non-Reject H_0 | H_0 is false)
   (4) 當虛無假設 H_0 爲假，經檢定後拒絕 H_0 的機率稱爲檢定力 (power)。(也就是正確拒絕 H_0 的機率)。power = P(Reject H_0 | H_0 is false)
2. 顯著水準即是型 I 誤差的最大機率，當 α 越大則 β 越小 power 越大。
3. 當 α 爲 0 則根本無法拒絕 H_0 則根本不會有 power。
4. 樣本數 n 越大則 α、β 越小 power 越大。

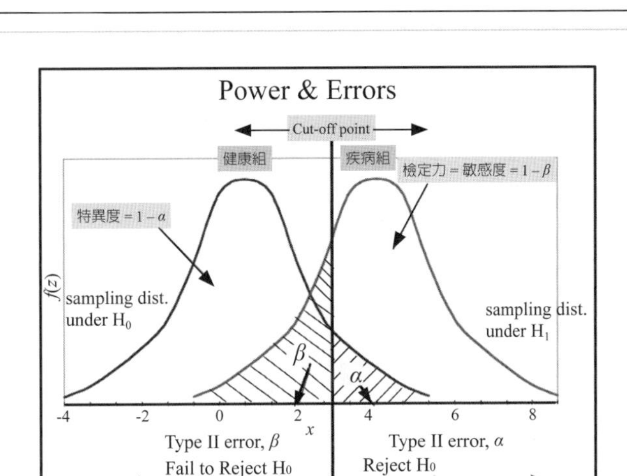

圖 4-18　檢定力 (1–β) vs. Type I 誤差 α 及 Type II 誤差 β

當我們在進行統計檢定時，基本上根據有限的樣本數量，對母體的實際分布作一推估，必然會有誤差之風險。這種「誤差」可分 2 種：

(1) 第一型誤差 (type I error) α：當虛無假設 H_0 爲眞，卻因抽樣誤差導致決策爲拒絕 H_0(the probability of rejecting a true null hypothesis)，此種誤差稱爲 α 誤差。Type I error 之機率即爲 α。

(2) 第二型誤差 (type II error) β：當虛無假設 H_0 爲假，卻因抽樣誤差導致決策不拒絕 H_0(the probability of failing to reject a false null hypothesis)，此種誤差稱爲 β 誤差。Type II error 之機率爲 β。

第一型誤差 (α)、第二型誤差 (β) 與 ROC 分類之關係，如下表：

	真實情況 (TRUE STATE) / 工具檢驗結果	
決定 (Decision)	H_1 為真 (結果陽性)，即 H_0 為假	H_1 為真 (工具檢驗結果為陰性)
拒絕 H_0 (判定為有病)	疾病組正確檢驗結果為有病 (陽性) 機率 $p = 1 - \beta$ **敏感度** (True Positive, TP) : a	Type I error: 健康組誤診為陽性 機率 $p = \alpha$ False Positive(FP): b
接受 H_0 (判定為沒病)	Type II error: 疾病組誤診為無病 機率 $p = \beta$ False Negative(FN) : c	健康組正確檢驗結果為無病 (陰性) 機率 $p = 1 - \alpha$ **特異度** (True Negative, TN) : d

根據檢定之前題與結果正確與否，可產生兩種不同之誤差情況，分別爲第一型誤差 α 及第二型誤差 β。以利用驗孕棒驗孕爲例。若用驗孕棒爲一位孕婦驗孕，眞實結果是沒有懷孕，這是第一型錯誤。若用驗孕棒爲一位未懷孕的女士驗孕，眞實結果是已懷孕，這是第二型錯誤。

	真實情況 (TRUE STATE)	
決定 (Decision)	H_1 為真 (即 H_0 為假)：嫌疑犯真的有作案	H_0 為真：嫌疑犯真的無作案
嫌疑犯有罪	正確決定 (**敏感度**) 機率 p = 1 − β 檢定力 = 敏感度 = 1 − β	Type I error (**偽陽性**) 機率 p = α
嫌疑犯無罪	Type II error (**偽陰性**) 機率 p = β	正確決定 (**特異度**) 機率 p = 1 − α 特異度 = 1 − α

五、多變量：變異數分析 (MANOVA)

在統計學中，多變量變異數分析 (MANOVA) 是比較多元樣本平均值的一個程序。當有兩個 (以上) 依變數時才會使用多變量程序 (multivariate procedure)，並且常伴隨著個別依變數的顯著性檢定 (significance tests)。

自變數的變化是否對依變數有顯著效果 (significant effects)？背後意味著二作事：

1. 什麼是依變數之間的關係？
2. 什麼是自變數之間的關係？

所謂單變量分析 (univariate analysis) 是只分析一個依變數的統計法，如 t 檢定、變異數分析等，重視的是變數各自的變異數和平均數。但在行爲科學研究中所探討的問題，往往必須同時使用到兩個或兩個以上的依變數，這時就必須使用多變量分析。

多變數分析或稱多變量分析統計法 (multivariate statistical analysis)，可用來同時分析兩個或兩個以上依變數的觀察資料，這些資料可能是觀察來自一個或來自幾個母群的個體而得到的行爲樣本。多變量分析將這些依變數視爲彼此有關的融合體，同時加以考慮，而不將他們視爲彼此無關，可以分離出來單獨分析的變數。故此法重視各變數的共變數，更甚於重視他們各自的平均數和變異數。

當我們的研究資料中，依變數不再只有一個，而是有多個依變數，此時便需要使用多變量變異數分析。ANOVA 程序雖然可以個別計算每個依變數之變異數，但這樣做忽略了依變數之間的相關。

單因子多變量變異數分析 (multivariate analysis of variance, MANOVA)，適用於一個因子 (自變數) 、二個以上的變量 (依變數) 的情況，其中，自變數爲間斷變數 (名義 (normal)/ 類別 (類別) 、次序 (ordinal) 變數) 型態，而依變數爲連續變數 (等距 (interval) 、比率 (ratio) 變數) 型態。

(一) 因子與變量的專有名詞

因子 (factor)	指自變數 / 解釋變數 (independent variables)	一個因子 (類別變數)x，稱為單因子 (one-way) 二個因子 (類別變數)，稱為二因子 (two-way)
變量 (variate)	指依變數 (dependent variables)	一個依變數 y，稱為單變量 (univariate) 多個依變數 Y，稱為多變量 (multivariate)

爲何不能分別進行多次的「單變量變異數分析」，來取代複雜的「單因子多變量變異數分析」？那是因爲，多次「單變量變異數分析」的作法，會忽略多個變量之間的關連性，若多個變量之間具有關連性，則多次「單變量變異數分析」的作法也會造成第一類型誤差 α 的犯錯累積。

(二) 自變數與依變量本質的數量組合

依變數 (DV) 個數	自變數 (IV) 個數	依變數本質 (Nature)	檢定 / 考驗 (Tests)
1 個	0 IVs (1 population)	等距 & 名義	one-sample t-test
		次序 or 等距	one-sample median
		類別 (2 categories)	binomial test
		類別	Chi-square goodness-of-fit

依變數 (DV) 個數	自變數 (IV) 個數	依變數本質 (Nature)	檢定 / 考驗 (Tests)
1 個	1 IV with 2 levels (independent groups)	等距 & 名義	2 independent sample t-test
		次序 or 等距	Wilcoxon-Mann Whitney test
		類別	Chi- square test Fisher's exact test
1 個	1 IV with 2 or more levels (independent groups)	等距 & 名義	one-way ANOVA
		次序 or 等距	Kruskal Wallis
		類別	Chi- square test
1 個	2 or more IVs (independent groups)	等距 & 名義	paired t-test
		次序 or 等距	Wilcoxon signed ranks test
		類別	McNemar
1 個	1 interval IV	等距 & 名義	correlation simple linear regression
		次序 or 等距	non-parametric correlation
		類別	simple logistic regression
1 個	1 or more 等距 IVs and/or 1 or more 類別 IVs	等距 & 名義	multiple regression analysis of covariance
		類別	multiple logistic regression discriminant analysis
2 個以上	1 IV with 2 or more levels (independent groups)	等距 & 名義	one-way MANOVA
2 個以上	2 or more	等距 & 名義	multivariate multiple linear regression
2 sets of 2 or more	0	等距 & 名義	canonical correlation
2 or more	0	等距 & 名義	factor analysis

(三) ANOVA, ANCOVA, MANOVA 三者比較

人們比較常接觸的是 ANOVA，但還是會與 ANCOVA 與 MANOVA 搞混這三個統計觀念。

1. ANOVA(anlysis of variance)

變異數分析，當研究問題爲比較多組 (通常兩組以上) 平均值的差異，大家有印象的話，當想要比較兩組的平均值是採用 t 檢定。舉例有三組病人，研究者想比較三組病人在身高 (連續變數) 上是否有差異，就是採用 ANOVA 。初學者有時會被 ANOVA 中的 Variance 所誤導，明明是比較平均值，爲什麼要在名稱裡面擺個 Variance 呢？其實如果了解 ANOVA 計算過程，他就是利用變異數來進行比較的動作，該精髓就是在 Partitioned total variance 。

2. ANCOVA(analysis of covariance)

共變數分析係以 ANOVA 爲基底，再加迴歸概念，討論額外納入的變數是否能減少 Error sum of square(Error SS, SS_E) ，而這個「額外納入的變數」是連續型變數之 Covariate。簡言之，是看控制這個 Covariate 之後各組間的結果是否有差異。

例如：我想討論這群學生數學能力的差別，而這群學生被隨機選派使用兩種不同學程之中，再測驗該學生數學成績。假設有這些學生的 IQ 值，當然會考慮到 IQ 影響學生數學能力的差異，所以在比較這兩組學生能力高低時，如果將 IQ 放入控制，想必提高測驗的敏感度。除了 IQ 之外我能不能再放入其他可能會影響數學能力的變數呢？當然可以啦，模型就變成多重共變數 (multiple covariates) 囉，它亦是一般化迴歸分析之一特例？

3. MANOVA(multivariate analysis of variance)

上述 ANOVA, ANCOVA 都在討論一個依變數 (Depedent variable, Outcome, y)，但眞實世界有時會想考慮多個 y，因此就有 MANOVA 的出現。

小結

ANOVA 與其延伸應用不只有這些，甚至針對細格人數不平衡 (unbalanced) 的資料模式有不同的處理方式。此外，你亦要小心判定 ANOVA 假定 (assumption) 等前提條件是否符合。有關 ANOVA 假定的診斷及補救法，請見作者《STaTa 與高等統計分析》、《多層次模型 (HLM) 及重複測量：使用 STaTa》二本專書。

(四)(單因子)單變量/多變量之變異數分析的統計法

(單因子)單變量變異數分析	F 檢定
(單因子)多變量變異數分析	Wilks Λ (Wilks Lambda)

多變量變異數分析 (multivariate analysis of variance, MANOVA) 在概念上屬於單變量變異數分析 (univariate analysis of variance, UNIANOVA) 的延伸，在 ANOVA 中檢定單一個依變數在各組平均值的差異，虛無假設是各組平均值皆相等，利用 F 值進行統計驗證。在 MANOVA 中，同時檢定各組間在兩個以上依變數之形心 (centroid) 的差異。

進行 MANOVA 時，主要是希望同時瞭解數個依變數的平均值是否有差異性，而非單獨對一個依變數之平均值的差異性。

	自變數 解釋變數：X1	因變數(依變數) 反應變數：Y1
One-way ANOVA 單因子變異數分析	單一個自變數 [預測變數 (predictor variable)] Nominal scale or ordinal scale	單一個依變數 [效標變數 (criterion variable)] Interval scale or ratio scale[連續變數(項)]
Multi-way ANOVA 多因子變異數分析	兩個(含)自變數以上 [預測變數 (predictor variable)] Nominal scale or ordinal scale	單一個依變數 [效標變數 (criterion variable)] Interval scale or ratio scale[連續變數(項)]
多變量變異數分析 (multivariate analysis of variance)	名目變數或次序變數 Nominal scale or ordinal scale	同時兩個(含)依變數以上 [效標變數 (criterion variable)] Interval scale or ratio scale[連續變數(項)]
單因子多變量變異數分析 (one-way multivariate analysis of variance)	單一個自變數 [預測變數 (predictor variable)] Nominal scale or ordinal scale	同時兩個(含)依變數以上 [效標變數 (criterion variable)] Interval scale or ratio scale[連續變數(項)]
多因子多變量變異數分析 (multi-way multivariate analysis of variance)	兩個(含)自變數以上 [預測變數 (predictor variable)] Nominal scale or ordinal scale	同時兩個(含)依變數以上 [效標變數 (criterion variable)] Interval scale or ratio scale[連續變數(項)]

六、MANOVA 與 ANOVA 的關係

MANOVA 是廣義的變異數分析 (ANOVA)，儘管與單變數變異數分析不同，MANOVA 使用結果變數之間的共變數 (covariance) 來檢定平均值差異的顯著性。

在單變數 **ANOVA** 中 sums of squares(SS)，延伸到 **MANOVA**，就變成正定矩陣 (positive-definite)，其對角線元素爲單變數 **ANOVA** 中 sums of squares (SS)；非對角線元素爲 cross-products(CP)。MANOVA 的常態性係指誤差分布的常態性假定 (assumption)，此誤差 (SS_E) 符合 Wishart 分布 (定義如下)。

定義：正定矩陣 (positive-definite)

在線性代數裡，正定矩陣是埃爾米特矩陣 (Hermitian matrix) 的一種，有時會簡爲正定矩陣。在雙線性代數中，正定矩陣的性質類似複數中的正實數。與正定矩陣相對應的線性算子是對稱正定雙線性形式 (複數中則對應埃爾米特正定雙線性形式)。

埃爾米特矩陣也稱自伴隨矩陣，是共軛對稱的方陣。埃爾米特矩陣中每一個第 i 行第 j 列的元素都與第 j 行第 i 列的元素的複共軛。

對於

$$A = \{a_{i,j}\} \in C^{m \times n}$$

有：

$$a_{i,j} = \overline{a_{j,i}}，其中\ \overline{(\cdot)}\ 爲共軛算子。$$

記做：

$$A = A^H$$

例如：

$$\begin{bmatrix} 3 & 2+i \\ 2-i & 1 \end{bmatrix}$$

就是一個埃爾米特矩陣。

顯然，埃爾米特矩陣主對角線上的元素都是實數的，其特徵値也是實數。對於只包含實數元素的矩陣 (實矩陣) ，如果它是對稱陣，即所有元素關於主對角線對稱，那麼它也是埃爾米特矩陣。也就是說，實對稱矩陣是埃爾米特矩陣的特例。

定義：正定矩陣

一個 $n \times n$ 的實對稱矩陣 M 是正定的，若且唯若對於所有的非 0 實係數向量 z，都有 $z^T Mz > 0$。其中 z^T 表示 z 的轉置。

對於複數的情況，定義則爲：一個 $n \times n$ 的埃爾米特矩陣 (或厄米矩陣)M 是正定的若且唯若對於每個非 0 的複向量 z，都有 $z^* Mz > 0$。其中 z^* 表示 z 的共軛轉置。由於 M 是埃爾米特矩陣，經計算可知，對於任意的複向量 z ，$z^* Mz$ 必然是實數，從而可以與 0 比較大小。因此這個定義是自洽的。

如何判別正定矩陣：

對 $n \times n$ 的埃爾米特矩陣 M，下列性質與「M 爲正定矩陣」等價：

1. 矩陣 M 的所有的特徵値 λ_i 都是正的。根據譜定理，M 必然與一個實對角矩陣 D 相似 (也就是說 $M = P^{-1}DP$ ，其中 P 是正矩陣或者說 M 在某個正交基可以表示爲一個實對角矩陣)。因此，M 是正定陣若且唯若相應的 D 的對角線上元素都是正的。
2. 半雙線性形式

$$\langle x, y \rangle = x^* My$$

定義了一個 c^n 上的內積。實際上，所有 c^n 上的內積都可看做由某個正定陣通過此種方式得到。

3. M 是 n 個線性無關的 k 維向量 $x_1, \cdots, x_n \in \mathbb{C}^k$ 的 Gram 矩陣，其中的 k 爲某個正整數。更精確地說，M 定義爲：

$$M_{ij} = <x_i, x_j> = x_i^* x_j \ .$$

換句話說，M 具有 A^*A 的形式，其中 A 不一定是方陣，但需要是單射的。

4. M 的所有順序主子式，也就是順序主子陣的行列式都是正的 (西爾維斯特準則)。明確來說，就是考察下列矩陣的行列式：

· M 左上角 1×1 的矩陣

· M 左上角 2×2 的矩陣

....

· M 自身。

對於半正定矩陣來說，相應的條件應改爲所有的主子式非負。順序主子式非負並不能推出矩陣是半正定的，比如以下例子：

$$\begin{bmatrix} 1 & 1 & 1 \\ 1 & 1 & 1 \\ 1 & 1 & 0 \end{bmatrix}$$

5. 存在唯一的下三角矩陣 L，其主對角線上的元素全是正的，使得：

$$M = LL^*$$

其中 L^* 是 L 的共軛轉置，T 這一分解被稱爲 Cholesky 分解。

對於實對稱矩陣，只需將上述性質中的 $\mathbb{C}^n$ 改爲 $\mathbb{R}^n$，將「共軛轉置」改爲「轉置」就可以了。

定義：Wishart 分布

威沙特分布 (1928) 是統計學上的一種半正定矩陣隨機分布。這個分布在多變數分析的共變異矩陣估計上相當重要。

Wishart 分布是多維度的廣義卡方 (chi-squared) 分布，或者非整數自由度的 gamma 分布。

Wishart 機率分布，是對稱、非負數的正定矩陣 (symmetric, nonnegative-definite matrix-valued random variables (“random matrices”))。

這些分布在多元統計量的共變數矩陣的估計中是非常重要的。在 Bayesian 統計中，所述 Wishart 分布是多變數常態隨機向量的事前機率之共軛矩陣 (conjugate prior of the inverse covariance-matrix of a multivariate-normal random-vector)。

定義

假設 X 為一 n×p 矩陣，其各行 (row) 來自同一均值向量為 0 的 p 維多變數常態分布且彼此獨立。

$$X_{(i)} = (x_i^1, \ldots, x_i^p) \sim N_p(0, v)$$

Wishart 分布是 p×p 隨機矩陣的概率分布。

Wishart	
符號	$X \sim W_p(V, n)$
參數	$n > p - 1$ degrees of freedom (real) $V > 0$ scale matrix ($p \times p$ pos. def)
支持	$X(p \times p)$ positive definite matrix
PDF	$\dfrac{\lvert X\rvert^{(n-p-1)/2} e^{-\mathrm{tr}(V^{-1}X)/2}}{2^{\frac{np}{2}} \lvert V\rvert^{n/2} \Gamma_p\left(\frac{n}{2}\right)}$ · Γ_p is the multivariate gamma function · tr is the trace function
平均數	$E[X] = nV$
衆數	$(n - p - 1)V$ for $n \geq p + 1$
變異數	$\mathrm{Var}(X_{ij}) = n(v_{ij}^2 + v_{ii}v_{jj})$
Entropy	see below
CF	$\Theta \mapsto \lvert I - 2i\Theta V\rvert^{-\frac{n}{2}}$

七、依變數之間的關係 (correlation of dependent variables)

單變量：變異數分析 (analysis of variance ，ANOVA) 為資料分析中常見的統計模型，主要為探討連續型 (Continuous) 資料型態之依變數 (dependent variable) 與類別型資料型態之自變數 (independent variable) 的關係，當自變數的因子中包含等於或超過三個類別情況下，檢定其各類別間平均數是否相等的統計模式，廣義上可將 student's t 檢定中變異數相等 (equality of variance) 的合併 t 檢定 (pooled t-test) 視為是變異數分析的一種，基於 t 檢定為分析兩組平均數是否相等，並且採用相同的計算概念，而實際上當變異數分析套用在合併 t 檢定的分析上時，產生的 F 值則會等於 t 檢定的平方項。

單變數：變異數分析依靠 F 分布爲機率分布的依據，利用平方和 (sum of square) 與自由度 (degree of freedom) 所計算的組間與組內均方 (mean of square) 估計出 f 值，若有顯著差異則考量進行事後比較或稱多重比較 (multiple comparison)，較常見的爲 Scheffé's method、Tukey-Kramer method 與 Bonferroni correction，用於探討其各組之間的差異爲何。

多變量：變異數分析 (multivariate analysis of variance and covariance，MANOVA) 是 ANOVA 的延伸。Wilks(1932)、Pillai(1955)、Lawley(1938)、Hotelling(1951)、Roy(1939) 等人都是多變數的先進。

MANOVA 常見的多變數統計量有 4 個 Wilks' lambda(Λ)、Pillai's trace、Lawley–Hotelling trace、Roy's largest root。爲什麼只有這四個統計量呢？Arnold (1981), Rencher (1998), Rencher and Christensen (2012), Morrison (1998), Pillai (1985) 及 Seber (1984) 認證：這四項檢定都是可接受的，無偏誤 (unbiased) 及不變的 (invariant)。漸近地，Wilks's lambda，Pillai's trace、Lawley–Hotelling trace、Roy's largest root 都趨近相同，但是當樣本違反虛無 (null) 假設和小樣本時，這 4 個統計量在行爲上會不同的，Roy's largest root 與其他三個不同，甚至是漸近的。

例如：當樣本違反「平均值向量相等」null 假定時，Roy 的最大根是最有效的，這樣平均值向量在 p 維空間內傾向在一條線上。但在多數其他情況，Roy's largest root 比其他三個統計數字更差。Pillai's trace 比其它三者更適合違反常態性 (nonnormality)、或異質性 (heteroskedasticity) 資料。故你的樣本資料非常態或誤差異質時，你就捨棄 Wilks's lambda 改採用 Pillai's trace。

MANOVA 基於 model 變異矩陣的乘積 Σ_{model}，誤差變異的反矩陣 Σ_{res}^{-1}。$A = \Sigma_{model} \times \Sigma_{res}^{-1}$。虛無假設：$\Sigma_{model} = \Sigma_{residual}^{-1}$，這意味著此乘積項 A～I(單位矩陣)。

不變性考慮，意味著 MANOVA 統計量應該是該矩陣乘積的奇異值分解 (singular value decomposition) 的量度 (magnitude)，但由於對立假設 (alternative hypothesis) 的多維度性質，故沒有唯一的選擇。

最常見 MANOVA 統計量是基於 A 矩陣的根 (roots)/ 特徵值 (eigenvalues) λ_p。

1. Samuel Stanley Wilks'

$$\Lambda_{Wilks} = \prod_{1\cdots p} (1/(1+\lambda_p)) = \det(I+A)^{-1} = \det(\Sigma_{res})/\det(\Sigma_{res} + \Sigma_{model})$$

2. Pillai-M. S. Bartlett trace

$$\Lambda_{Pillai} = \sum_{1\cdots p} (\lambda_p/(1+\lambda_p)) = \mathrm{tr}((I+A)^{-1})$$

3. Lawley-Hotelling trace

$$\Lambda_{LH} = \sum_{1\cdots p} (\lambda_p) = \mathrm{tr}(A)$$

4. Roy's greatest root (又稱 Roy's largest root)

$$\Lambda_{Roy} = max_p(\lambda_p) = \|A\|_\infty$$

繼續討論每一個的優點，儘管 greatest root 只能導致 significance 上，但實際利益有限。更進一步的複雜性時，除了 Roy's greatest root，這些統計在虛假設下的分布不是直接的，只能在一些低維度情況下來逼近。最爲人知的 Wilks'lambda 近似值是由 C.R. Rao 推導出來。

在特殊情況：自變數只有兩組時，以上 4 種統計數據是相同的，且退化爲 Hotelling 的 T-square 檢定。

八、依變數的相關性 (Correlation of dependent variables)

MANOVA 優於 ANOVA 的地方，就是它會考慮「**依變數的相關性及自變數的效果量** (effect sizes)」。

但是，當研究設計只有兩個組及兩個依變數時，若「相關性 = 較小標準化效果量與較大標準化效果量的比率」時，MANOVA 的統計檢定力 (power) 會最低。

$$\text{correlation} = \frac{\text{the smaller standardized effect size}}{\text{the larger standardized effect size}}$$

九、ANOVA 之假定 (assumptions)：

運行變異數分析 (ANOVA) 分析數據集時，樣本數據應符合以下標準：

1 常態性：每個條件的分數應該從正態分布的人群中抽樣。

2. 變異數同質性：每個母群體應該有相同的誤差變異數 σ_ε^2。同質性檢定就是分析組內變異數是否相同，如果不同質，沒有繼續分析的意義。

3. 共變數矩陣的球形：確保 F 比率與 F 分布的適配性。

十、MANOVA 之假定 (assumptions)：

1. 獨立性：參與者所組成自變數的 levels 之間必須是相互獨立的。
2. 共變數矩陣的同質性 (homogeneity of covariance matrices)：Box's M 檢定，若 p 值 (Sig.) 大於型 I 誤差 α(= 0.05) 值，則接受虛無假設：共變數矩陣是同質 (相等的)。
3. 變異數同質性：每個組群應該有相同的誤差變異數σ_{ε}^{2}。而且事後比較 (Post-hoc) 可挑 Scheffe 、Tukey 等。
   (1) Levene's 檢定 (homogeneity of variance)，若 p 值 (Sig.) 大於型 I 誤差 α(= 0.05) 值，則接受虛無假設：跨組的依變數之誤差是同質 (相等的)。
   (2) Mauchly’s Test of Sphericity：共變數矩陣的球形：確保 F 比率與 F 分布的適配性。若 p 值 (Sig.) 大於型 I 誤差 α(= 0.05) 值，則拒絕虛無假設：covariances are unequal，因此你能確定 "assume sphericity" 。
   (3) 變異數異質時：事後比較改挑 Tamhanes’s T2、Dunnett’s T3 等。如果各組人數大於 50 時，則改用 Games-Howell 會較 T3 法更佳。
4. 多變量常態性：你對每一個依變數，都做單變量常態性檢定。例如：繪常態機率圖 (normal quantile-quantile plot，簡稱 normal Q-Q plot)，是一種能看出資料分布情形，是否符合常態分配的圖，橫軸顯示的是理論分位數，縱軸則是樣本分位數，資料點散布於圖上 45° 線周圍，並有一條虛擬的常態線通過。

Chapter

05

獨立樣本ANOVA、重複測量ANOVA

ANOVA 及無母數統計之分析流程圖

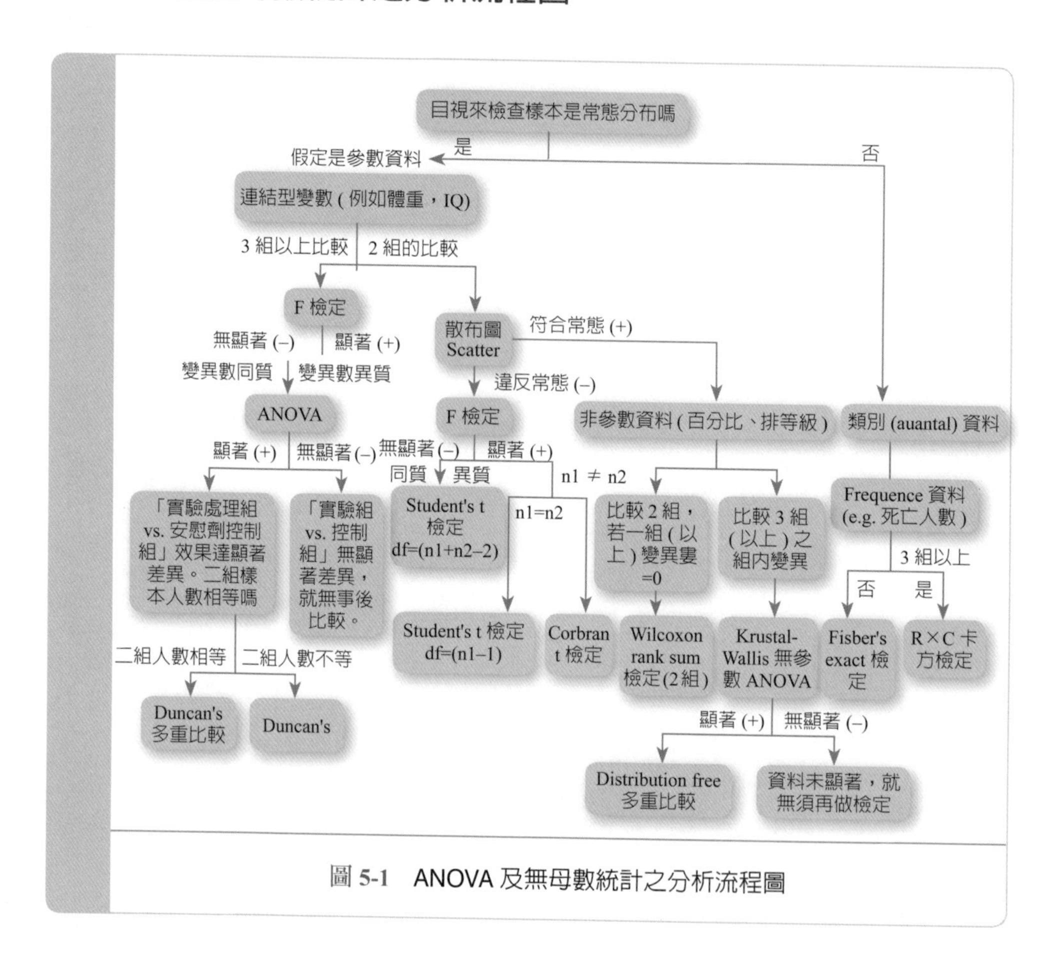

圖 5-1 ANOVA 及無母數統計之分析流程圖

變異數分析 (ANOVA) 分析流程

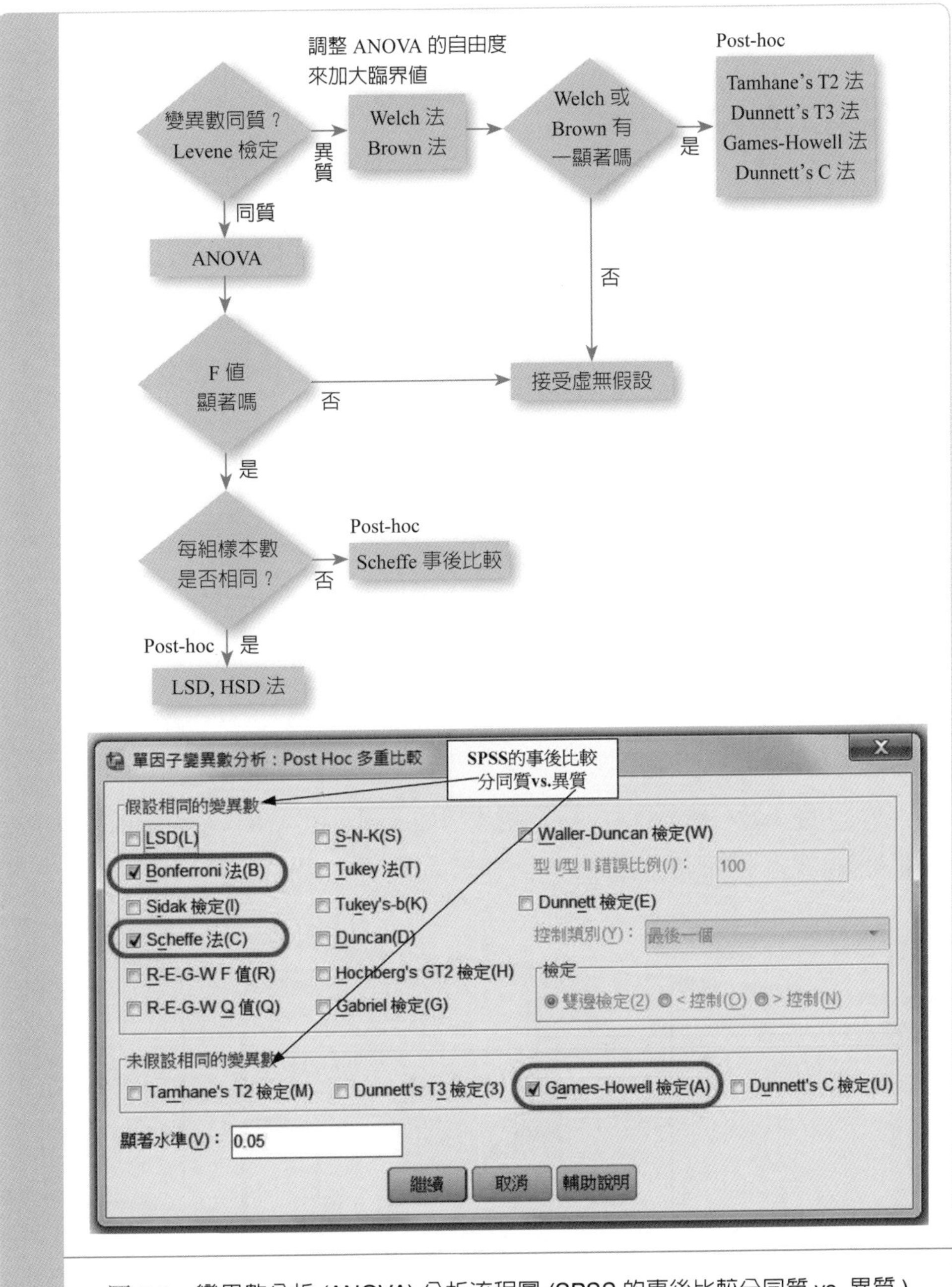

圖 5-2 變異數分析 (ANOVA) 分析流程圖 (SPSS 的事後比較分同質 vs. 異質)

異質性分析流程

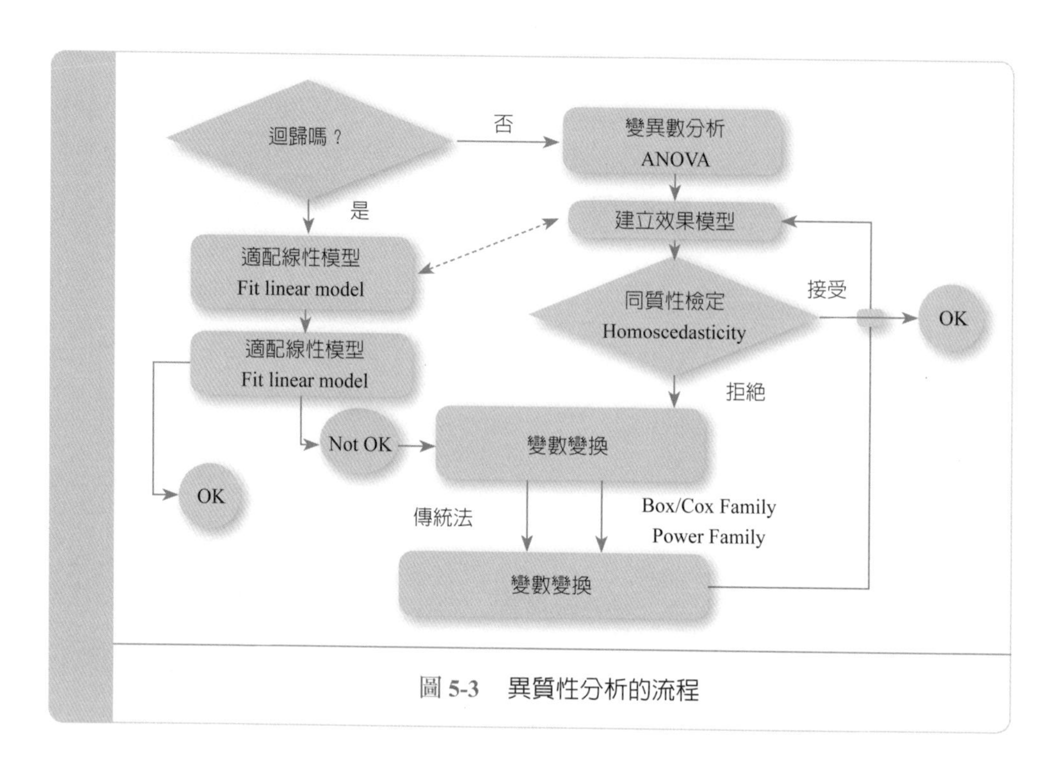

圖 5-3 異質性分析的流程

盒形圖

通常，變異數分析 (ANOVA) 分析流程如上圖。但 ANOVA 分析前，可由盒形圖快速檢視樣本資料的同質性。

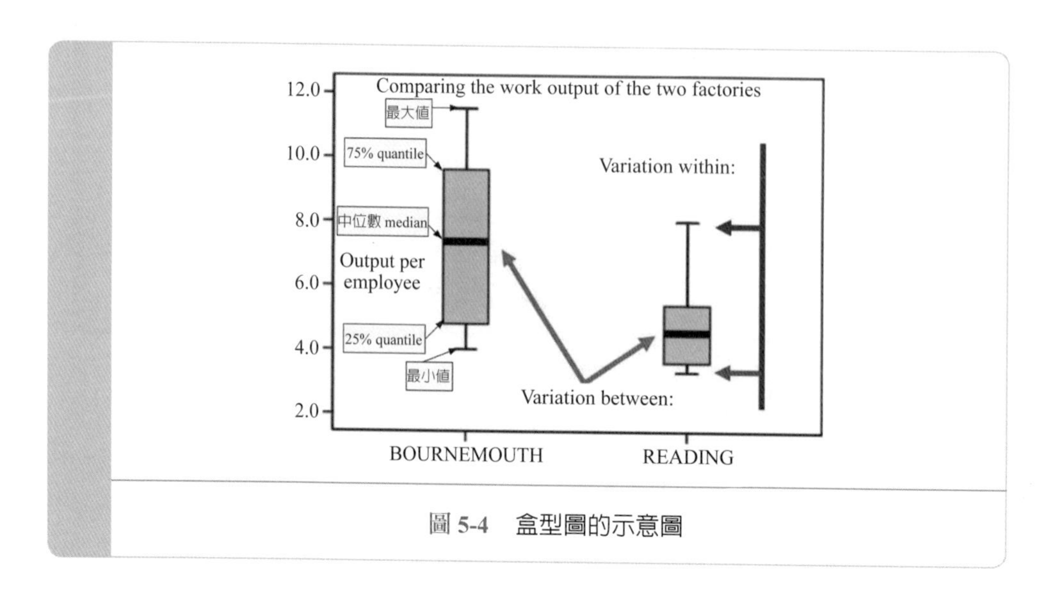

圖 5-4 盒型圖的示意圖

5-1 變異數分析 (ANOVA) 之簡介

5-1-1 ANOVA【基本概念】

一、變異數分析的應用領域

ANOVA 之應用例子，包括：

--------------- 管理類 ------------------------

1. 以資產規模 (a 因子) 觀點，分析國內鋼鐵業之財務營運績效 (y)。
2. 公司員工個人特徵 (a 因子) 對組織變遷接受度 (y) 影響之研究。
3. 網路商城的消費者行爲 (y) 研究。
4. 高爾夫球之模仁流道設計 (a 因子) 與製程參數 (b 因子) 研究。
5. 金融控股公司購併銀行 (a 因子) 之綜效 (y) 分析：台新金控與彰化銀行購併案例。
6. 羽球社團組織氛圍 (a 因子)、團隊凝聚力 (b 因子) 與滿意度關係之研究。
7. 政府組織再造之會計品質研究。
8. 垃圾委外與自行清運 (a 因子) 對清除機構安全文化 (y) 影響評估之研究。
9. 消費者選擇溫體豬肉 (a 因子) 與冷凍豬肉行爲 (y) 之研究。

--------------- 工程類 ------------------------

10. 封裝結構之尺寸 (a 因子) 與材料參數 (b 因子) 對熱傳效益 (y) 之影響。
11. 應用田口法於 cBN-TiC 與 WC-Co 複合擠型之製程最佳化 (y)。
12. 營建廢棄物產出因子 (a 因子) 建立之研究。
13. 半導體廠空調系統節能效益 (y) 分析——以十二吋 DRAM 廠爲例。
14. 實驗計畫法 (a 因子) 於三金屬粉末光纖雷射燒結 (y) 之最佳化。
15. 以田口實驗方法 (a 因子) 應用於 IC 最佳化雷射參數 (y) 研究。
16. 銅金屬材料表面燒結釉料 (y) 之特性 (a 因子) 分析。
17. 太陽光電熱能複合系統結合反射板之系統設置參數 (a 因子) 設計最佳化 (y) 與實務驗證。

--------------- 生醫類 ------------------------

18. 乳癌術後存活病患心理介入方案 (a 因子) 之心理健康結果 (y) 評估。

19. 白內障患者驗光 (a 因子) 與配鏡 (y) 之分析研究。

二、變異數分析的適用時機

自變數 依變數	縱貫面研究 2 Levels 以上之類別變數
單一連續變數	相依樣本 ANOVA

1. 變異數分析適用的條件是

當自變數是類別變數 (nominal scale)，依變數是等距 (interval scale) 時使用。但 t-test 僅是適用於自變數只有兩類的變數中，像性別便只有兩種屬性。自變數若是超過兩類，則需要使用其他的資料分析方法，如 ANOVA。

2. 變異數分析目的

在比較兩個群組母體平均數是否有差異時，可以用常態分配 (當母體標準差已知或是兩個樣本數皆大於 30 時) 或 t 分配 (當母體標準差未知且至少有一個樣本數小於 30 時) 進行比較；但是在比較多個群組的母體平均數是否有差異時，必須改用變異數分析。

三、變異數分析的概念

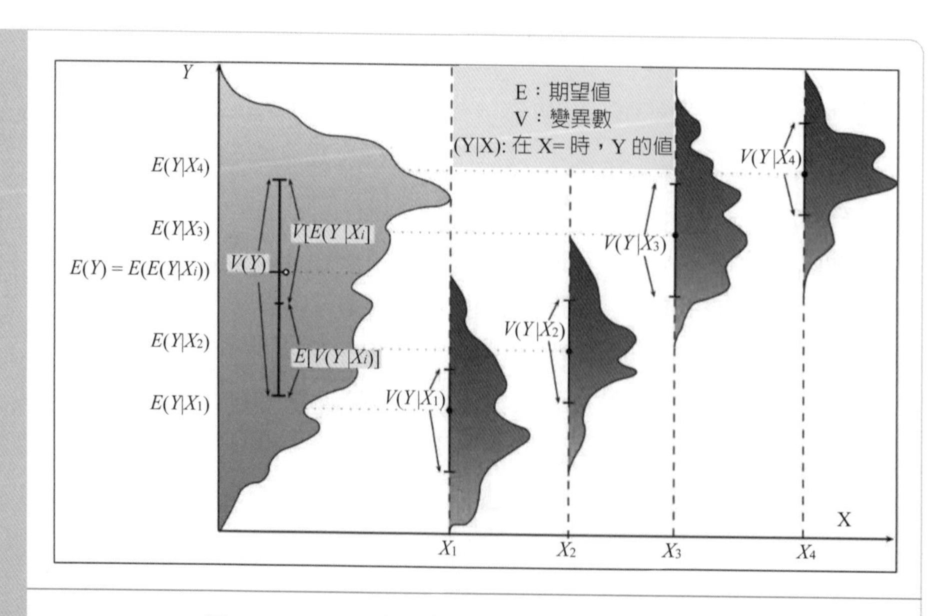

圖 5-5 ANOVA 之示意圖 (四組的變異數不盡相同)

(一) 使用狀況

變異數 (S^2) 代表觀測資料與平均數之間的離散程度，當變異數愈小代表資料分布愈集中，變異數愈大代表資料分布愈分散。在進行變異數分析時，必須先找出個別群組的平均數與總平均數。利用觀測值與總平均數之間差距平方的總和，找出總變異，而總變異 (SS_T) 可以分成兩大類：一種爲可解釋的變異，也就是群組間 (Between group) 的變異 (SS_B) ，當此值很小時，代表個別群組平均數與總平均數之間沒有顯著差異；另一種爲不可解釋的變異，也就是各個群組內 (Within group) 的變異 (SS_W) ，此變異是由合理的機率所造成。因爲我們是比較多個群組平均數之間的變異以及群組內的變異，因此這個方法被稱爲變異數分析。

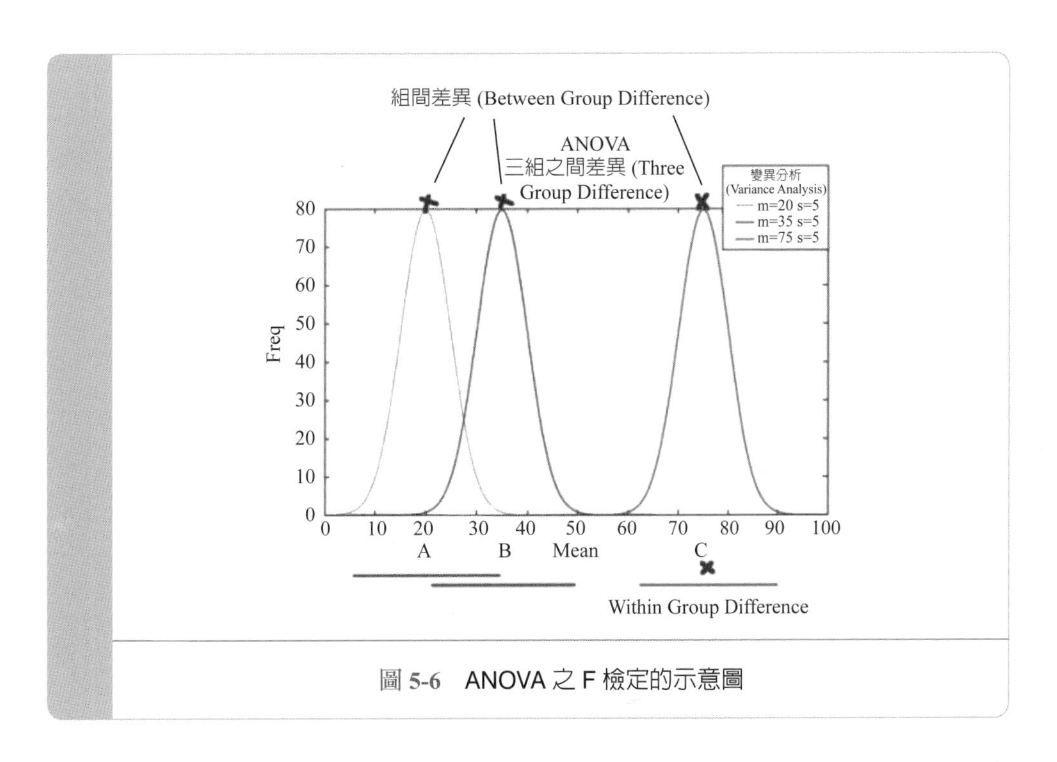

圖 5-6　ANOVA 之 F 檢定的示意圖

(二) 變異數分析的前提假定 (assumption)：簡單隨機樣本、常態性、變異數同質

1. 從每個母體中抽取一組簡單隨機樣本，且母體之間相互獨立。

由於調查整個母體會花費過多的時間與成本、或者是受限於實驗特性等因素，無法對母體進行調查，此時必須進行抽樣調查。當我們使用簡單隨機抽樣時，可以確保資料具有不偏性 (每個個體中選的機率都一樣) 與獨立性 (一個個體中選與否不影響其他個體中選的機率)。

2. 母體皆為常態分配。

當母體皆爲常態分配時，抽樣分配必然服從常態分配。

3. 母體在各類別的變異數同質。

若母體間離散程度相同，則造成差異的原因在於平均數不相同。

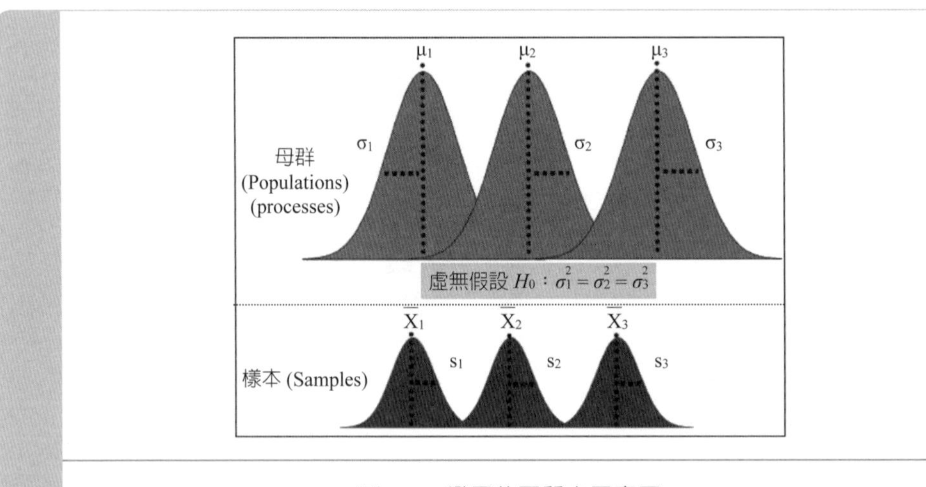

圖 5-7　變異數同質之示意圖

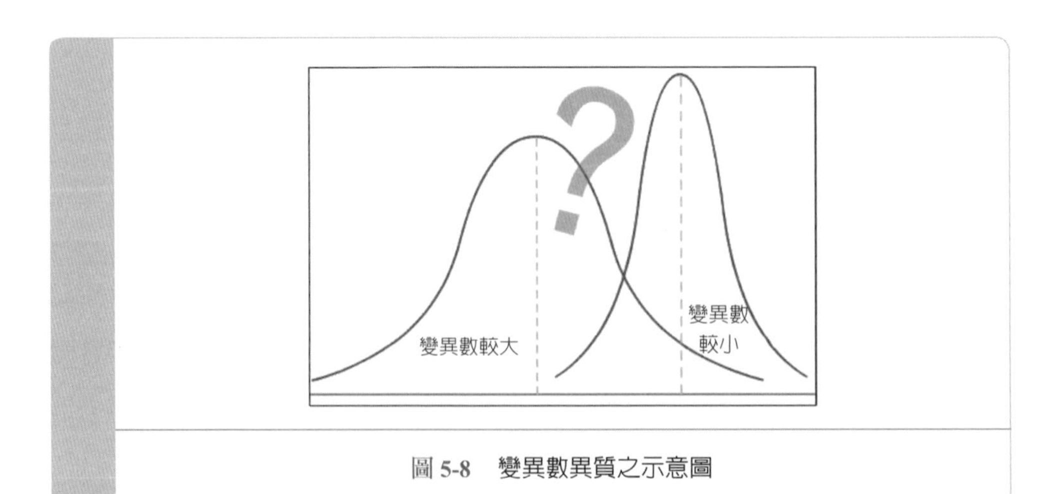

圖 5-8　變異數異質之示意圖

(三) 檢定假設 (Hypothesis testing)

虛無假設 H_0：母體平均數皆相同，$H_0：\mu_1 = \mu_2 = \cdots = \mu$

對立假設 H_1：母體平均數不完全相同，H_1：有一個 $\mu_i \neq \mu_j$

值得一提的是，很多人會將對立假設寫成母體平均數「完全不相等」，這跟上述的「不完全相等」之間有所差異。所謂「完全不相等」，代表所有的母體平均數的值都不相同；所謂「不完全相等」，則代表至少有一個母體平均數跟其他的母體平均數的值不同。「不完全相等」有包含「完全不相等」的情況，但「完全不相等」僅是「不完全相等」中的一種可能性，切勿搞混。

(四) 變異數分析使用的檢定統計量：F 分配

F 分配的主要特性：

1. F 分配是一個家族：家族的特定成員是由兩個參數所決定：分子自由度與分母自由度。隨著自由度的改變，曲線形狀也會隨之改變。
2. F 分配是連續的：F 分配的值介於 0 到無窮大
3. F 分配不可能為負值：F 的最小值為 0
4. F 分配為正偏分配：分配的長尾在右側，隨著分子與分母的自由度的增加，分配愈趨近於常態分配，如下圖所示。
5. F 分配為漸進線，不會與 X 軸有交會

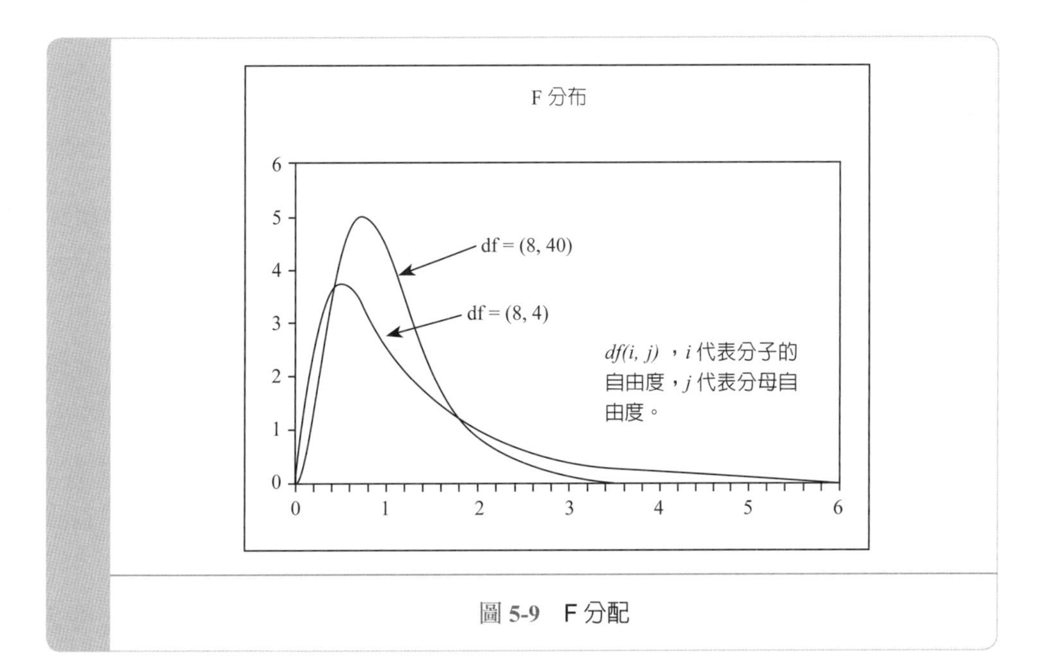

圖 5-9　F 分配

(五) ANOVA 之 F 檢定公式

公式請見第 1 章。

5-1-2 ANOVA【重點整理】

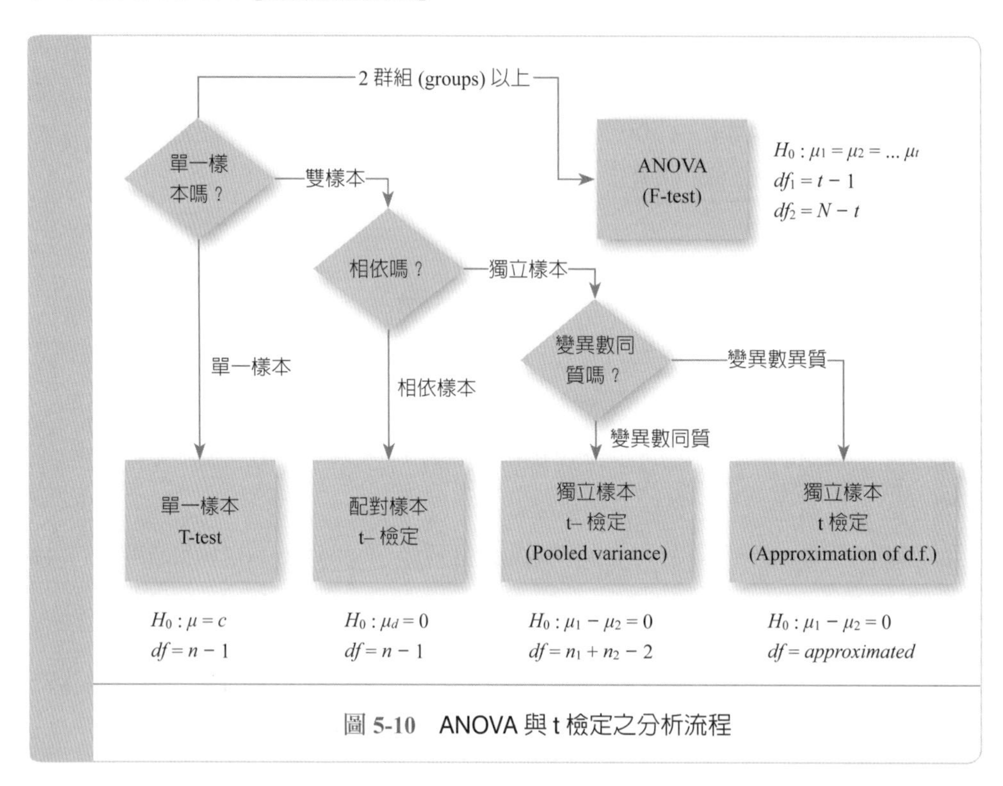

圖 5-10　ANOVA 與 t 檢定之分析流程

一、ANOVA 之重點整理

變異數分析 (Analysis of variance，簡稱 ANOVA) 爲資料分析中常見的統計模型，主要爲探討連續型 (continuous) 資料型態之依變數 (dependent variable) 與類別型資料型態之自變數 (independent variable) 的關係，當自變數的因子中包含等於或超過三個類別情況下，檢定其各類別間平均數是否相等的統計模型，廣義上可將 t 檢定中變異數相等 (equality of variance) 的合併 t 檢定 (pooled t-test) 視爲是變異數分析的一種，基於 t 檢定爲分析兩組平均數是否相等，並且採用相同的計算概念，而實際上當變異數分析套用在合併 t 檢定的分析上時，產生的 F 值則會等於 t 檢定的平方項。

變異數分析依靠 F 分布爲機率分布的依據，利用平方和 (Sum of square) 與自

由度 (Degree of freedom) 所計算的組間與組內均方 (Mean of square) 估計出 F 值，若有顯著差異則考量進行事後比較或稱多重比較 (Multiple comparison)，較常見的爲 Scheffé's method、Tukey-Kramer method 與 Bonferroni correction，用於探討其各組之間的差異爲何。

在變異數分析的基本運算概念下，依照所感興趣的因子數量而可分爲單因子變異數分析、雙因子變異數分析、多因子變異數分析三大類，依照因子的特性不同而有三種型態，固定效果變異數分析 (fixed-effect analysis of variance)、隨機效果變異數分析 (random-effect analysis of variance) 與混合效果變異數分析 (Mixed-effect analaysis of variance)，然而第三種型態在後期發展上被認爲是 Mixed model 的分支，關於更進一步的探討可參考本章節 Mixed model 的部份。

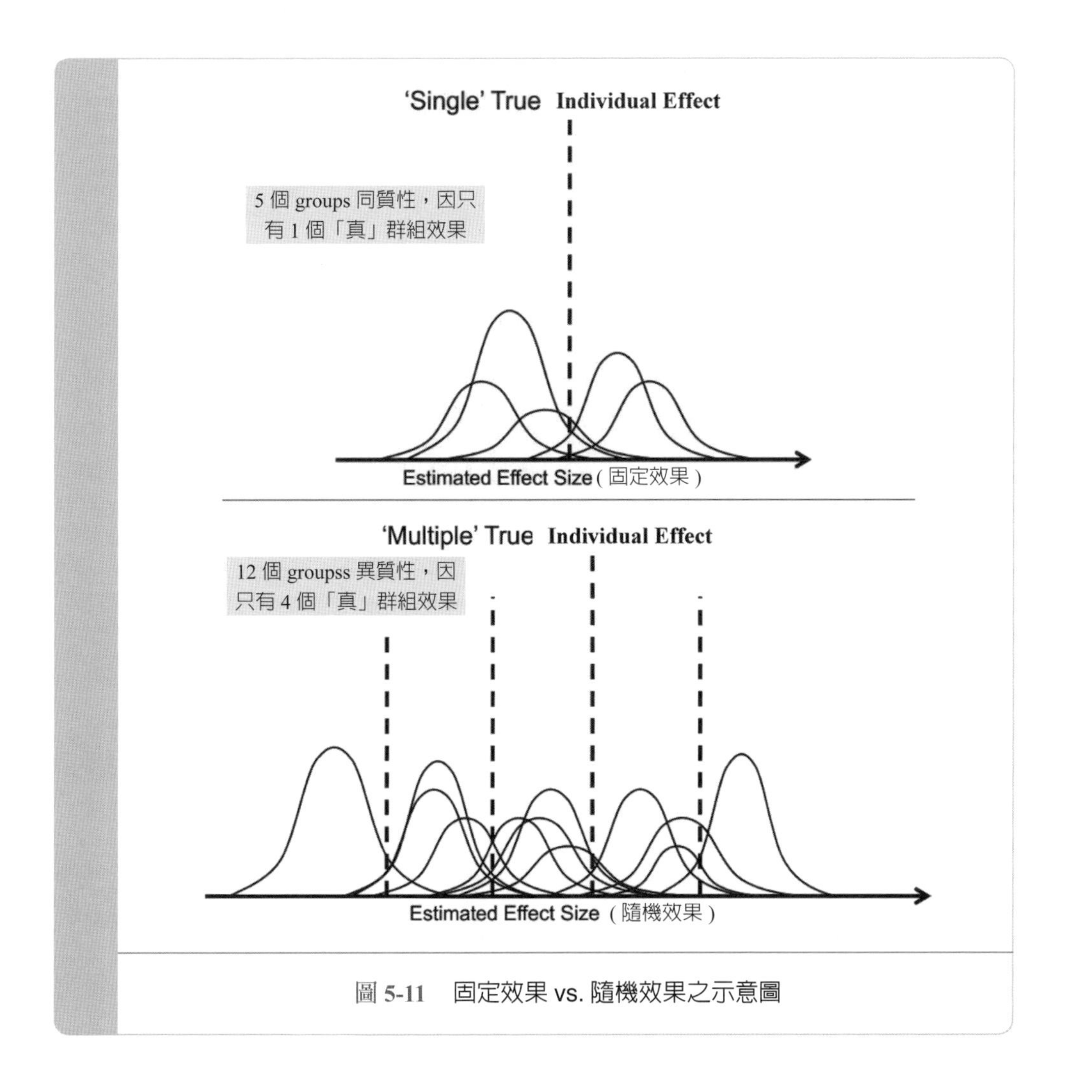

圖 5-11　固定效果 vs. 隨機效果之示意圖

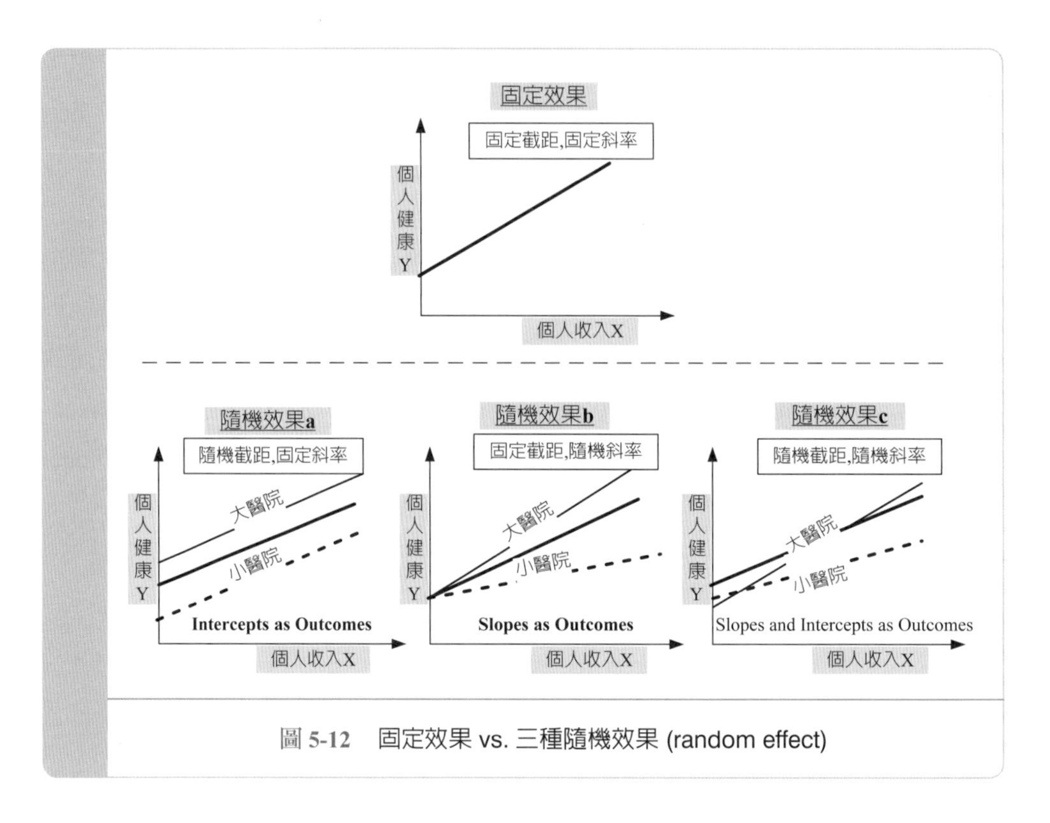

圖 5-12　固定效果 vs. 三種隨機效果 (random effect)

變異數分析優於兩組比較的 t 檢定之處，在於後者會導致多重比較 (multiple comparisons) 的問題而致使第一型誤差 (Type one error) 的機會增高，因此比較多組平均數是否有差異則是變異數分析的主要命題。

在統計學中，變異數分析 (ANOVA) 是一系列統計模型及其相關的過程總稱，其中某一變數的變異數可以分解爲歸屬於不同變數來源的部分。其中最簡單的方式中，變異數分析的統計測試能夠說明幾組數據的平均值是否相等，因此得到兩組的 t 檢定。在做多組雙變數 t 檢定的時候，誤差的機率會越來越大，特別是第一型誤差，因此變異數分析只在二到四組平均值的時候比較有效。

變異數分析的目的，即在於探究反應値 (依變數) 之間的差異，是受到那些主要因子 (自變數) 的影響，以作爲往後擬定決策時的參考情報。反應値 (依變數) 間之差異，統計學上稱爲「變異」。

變異數分析法，乃將樣本之總變異 (平方和) 分解爲各原因所引起之平方和及實驗變異所引起之平方和，然後將各平方和化爲不偏變異數，使其比値爲 F 統計量後，即可根據 F 分配以檢定各原因所引起之變異是否顯著。

二、二因子 (two way)ANOVA 分析流程

二因子變異數分析是利用變異數分析法來處理兩個自變數的統計方法，主要是想了解這兩個自變數 (因子) 之間是否有交互作用效果存在。二因子變異數分析有下列三種實驗設計：(1) 受試者間設計：獨立樣本；(2) 受試者內設計：相依樣本；(3) 混合設計：有一個自變數採受試者間設計，另一個自變數採受試者內設計。

二因子變異數分析主要是想了解這兩個因子之間是否有交互作用存在，即 A 因子的不同水準是否隨著 B 因子水準不同而有不同的效果。若交互作用達顯著，則進一步分析其單純主要效果。即 A 因子在 B 因子的哪一個水準有顯著效果，以及 B 因子在 A 因子的哪一個水準有顯著效果。若單純主要效果顯著，則可比較水準間的差異。分析的流程見下圖。

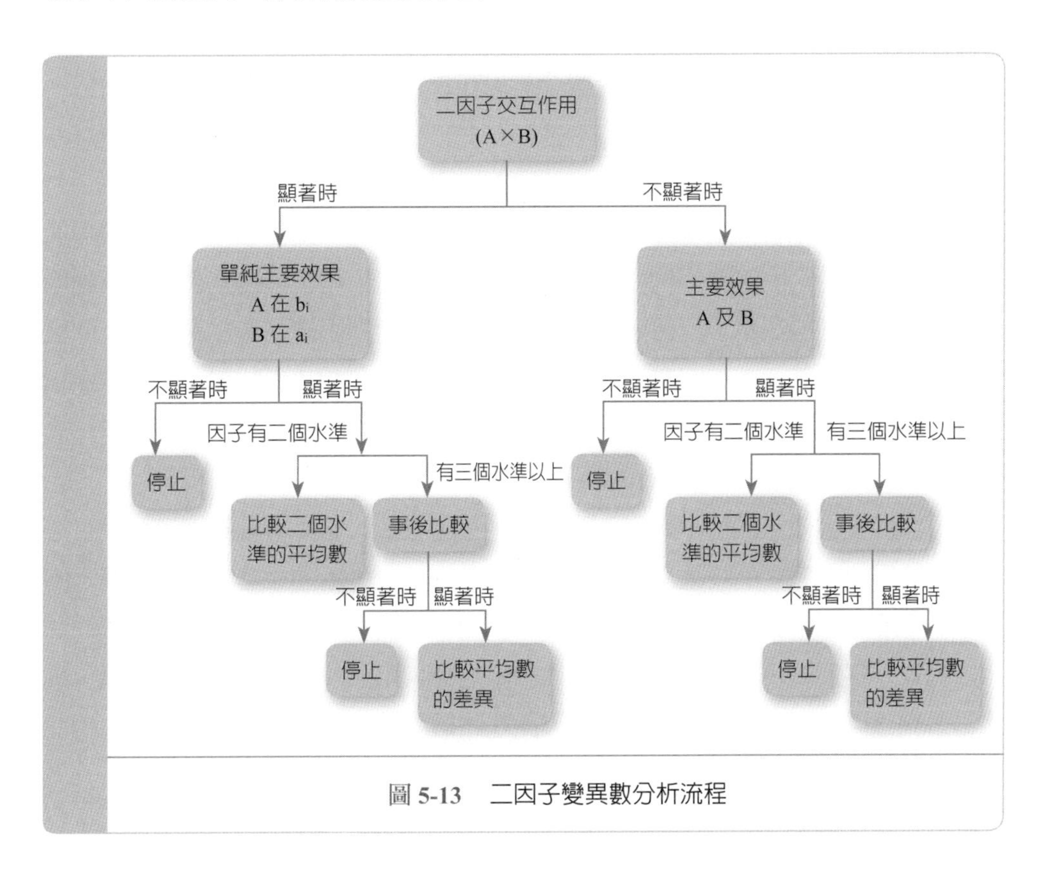

圖 5-13　二因子變異數分析流程

三、ANOVA 的模型型態

資料分析中常見的統計模型，主要爲探討連續型 (continuous) 資料型態之依變數 (dependent variable) 與類別型資料型態之自變數 (independent variable) 的關係，當自變數的因子中包含等於或超過三個類別情況下，檢定其各類別間平均數是否相等的統計模型，廣義上可將 t 檢定中變異數相等 (equality of variance) 的合併 t 檢定 (pooled t-test) 視爲是變異數分析的一種，基於 t 檢定爲分析兩組平均數是否相等，並且採用相同的計算概念，而實際上當變異數分析套用在合併 t 檢定的分析上時，產生的 F 值則會等於 t 檢定的平方項。

在統計學中，變異數分析 (ANOVA) 是一系列統計模型及其相關的過程總稱，其中某一變數的變異數 (Variance) 可以分解爲歸屬於不同變數來源的部分。其中最簡單的方式中，變異數分析的統計測試能夠說明幾組數據的平均值是否相等，因此得到兩組的 t 測試。在做多組雙變數 t 測試的時候，錯誤的幾率會越來越大，特別是第 I 型誤差 (α)。因此，變異數分析只在二到四組平均值的時候比較有效。

變異數分析分爲三種型態：

1. 固定效果模型 (Fixed-effects models)

用於變異數分析模型中所考慮的因子爲固定的情況，換言之，其所感興趣的因子是來自於特定的範圍，例如要比較五種不同的汽車銷售量的差異，感興趣的因子爲五種不同的汽車，反應變數爲銷售量，該命題即限定了特定範圍，因此模型的推論結果也將全部著眼在五種汽車的銷售差異上，故此種狀況下的因子便稱爲固定效果。

2. 隨機效果模型 (Random-effects models)

不同於固定效果模型中的因子特定性，在隨機效果中所考量的因子是來自於所有可能得母群體中的一組樣本，因子變異數分析所推論的並非著眼在所選定的因子上，而是推論到因子背後的母群體，例如：藉由一間擁有全部車廠種類的二手車公司，從所有車廠中隨機挑選 5 種車廠品牌，用於比較其銷售量的差異，最後推論到這間二手公司的銷售狀況。因此在隨機效果模型下，研究者所關心的並非侷限在所選定的因子上，而是希望藉由這些因子推論背後的母群體特徵。

3. 混合效果模型 (Mixed-effects models)

此種混合效果絕對不會出現在單因子變異數分析中，當雙因子或多因子變異數分析同時存在固定效果與隨機效果時，此種模型便是典型的混合型模型。

四、重複測量 ANOVA 分析的特色

1. 重複測量 (repeated measure) 實驗是指受試者 (subject) 重複參與一因子 (factor) 內每一層次 (level)。即重複測量實驗的數據違反了一般變異數分析的個案數值獨立的要求，所以需要一些新的統計檢定方法，能解決個案數值非獨立的問題——重複測量變異數分析。
2. 重複測量變異數分析的優點：需要的受試者人數較少；殘差的變異數降低，使得 F 檢定值較大，所以統計檢定力 (power)「$1-\beta$」較大。
3. 重複測量變異數分析不適合有練習效果 (practice effect) 或持續效果 (carryover effect) 的情況
4. 分析前，先列出資料的排列 (layout)，以便瞭解因子的屬性 (受試者內或間因子)。同一受試者重複參與一因子內每一層次的測量，此因子便稱爲受試者內因子 (within factor)。受試者內因子通常是研究者可操控的因子，如時間。受試者沒有參與因子內每一層次，此因子稱爲受試者間因子 (between factor)。受試者間因子通常是研究者不可操控的因子，如個案的性別、年齡。
5. ANOVA 的假定：
   (1) 依變數 (dependent variable)：
      (a) 必須是連續變數 (continuous variable)
      (b) 必須爲隨機樣本 (random variable) →從母群體 (population) 中隨機抽樣得到。
   (2) 依變數的母群體：必須是常態分布 (normal distribution)
   (3) 相依事件 (dependent event)：樣本須爲相依 (dependent) →每組樣本之間不獨立，即選擇一案例爲樣本時，會影響另一樣本是否被納入。
   例如：分析一群高血壓患者，平均服藥前、服藥後 5 分鐘、服藥後 30 分鐘以及服藥後 1 小時之血壓值是否有差異，需同時納入 4 次量測值，故爲相依事件。
6. 重複測量變異數分析的前提假定 (statistical assumption) 爲相同受試者內因子的不同層次間 Y 差異值的變異數相同，此前提假設稱爲球型假設 (assumption of sphericity)。例如：受試者內因子 A 有 3 個層次，分別爲 A1、A2、A3，則球型假設是指 A1 – A2、A1 – A3、A2 – A3 的變異數相同。

7. Repeated measures ANOVA 的分析法有二：
   (1) 單層次：多變量方法 (multivariate approach) 或單變量方法 (univariate approach) 來執行重複測量變異數分析。
   (2) 多層次模型，詳情先本章節的實例介紹。

五、重複測量在生物醫學研究上的應用

在臨床實驗或介入型研究，經常需要對同一個受試個體 (Subject) 在不同的時間點觀察其反應，當觀察的時間點只有兩個時，可以用來分析的統計方法爲 paired t-test；如果觀察的個體數目太少，則會建議使用相依樣本的無母數檢定方法，如：Wilcoxon signed-rank test ，若反應變數爲類別型資料，且資料爲相依樣本的情況下，其統計檢定方法爲 McNemar Test。

如果觀察的時間點有兩個以上時，上述的方法則不再適用，此時，就必須使用到一些重複測量的方法，包括：

1. Hotelling T^2：反應變數爲連續型資料，且符合常態分配假設之下，可分析單一樣本或兩樣本的重複測量，是單變量 t-test 的延伸。
2. Friedman's test：反應變數爲連續型資料，且爲小樣本的情況下使用，爲單一樣本重複測量。由於是無母數檢定方法，原始值必需先轉爲 rank 型態。
3. Cochran's Q test：反應變數爲類別型資料 (二元型態，binomial) 的情況下可使用，爲單一樣本重複測量，且爲無母數檢定方法。基本假定爲不同時間點，感興趣的事件發生的機率相等。
4. 重複測量型變異數分析 (Repeated Measures ANOVA)：
   其中兩個重要的基本假定爲 (1)：不同個體 (subject) 之間無關聯性；(2) 同一個個體 (subject) 在不同時間 (visit) 的測量有相關。在共變異數矩陣 (Covariance matrix) 的分析中有一個基本的假設，同一個個體 (subject) 在不同時間 (visit) 的測量之相關都一樣。事實上，距離愈前期的測量結果愈遠，測量的相關會愈來愈弱，與臨床上許多的實際狀況不符，這樣的相關矩陣稱爲 Compound Symmetry(CS)。檢定這項基本假定的方法爲 Mauchly's test of Sphericity(球面性假定)，SPSS MANOVA 有提供此幼能，若不符基本假定，應採取更適合的方法。

   Repeated Measures ANOVA 可分析單一樣本與多組樣本的重複測量，反應變數

爲連續型資料，且需符合常態分配的基本假定。資料爲橫向資料，若有任一次的資料中有缺失值，將整個 subject 被刪除，因此分析的資料特性必須是完整資料 (Complete case)。對於會隨時間改變的解釋變數 (例如每次所測量的除反應變數以外之生化值)，無法一一對應至每一個時間點的反應變數，因此僅能分析不隨時間改變的解釋變數 (例如性別)。

5. 線性混合模型 (Linear Mixed model)(mixed 、xtmixed 指令)：
   Mixed model 的使用時機必需爲反應變數爲連續型資料且需符合常態分配的基本假定。由於不同測量時間的資料爲縱向資料，當有一個時間點的資料爲缺失值 (missing) ，只會被刪除有缺失的特定時間點資料，其他資料會被保留下來，因此所使用的資料爲可用的資料 (available data) ，在有缺失值的情況下，仍有很好的估計。由於資料是縱向的，因此會隨時間改變的解釋變數可以放在模型中分析。此外，Mixed model 最主要的特色是混合了兩種效果 (effect)，包括 fixed effect(固定效果) 與隨機效果 (random effect)，其中 fixed effect 爲研究者要用來作比較用的變數，如治療方法 (treatment) 、不同測量時間 (visit) 等；random effect 所放的變數主要作爲調整變數用，例如：將多中心研究中的不同醫學中心 (center) 放在 random effect ，調整不同醫學中心間的差異。若是介入型研究，要將基期的資料特別挑出，且放在解釋變數中。

六、樣本配對 (matched-pair) 後隨機分派到各組

1. 在組內受試者設計，也就是重複測量設計 (repeatedmeasures design) 時，使用對抗平衡次序 (counterbalanced order) 給受試者施以自變數的處理，使研究的結果不會因處理的次序而引起偏差。
2. 給控制組 / 對照組使用安慰劑 (placebo)。控制組接受一個「假」的實驗處理，而實驗組接受「眞」的實驗處理 (treatment)。
3. 以單盲 (single-blind) 或雙盲 (double-blind) 的方式來實施實驗處理。單盲是指受試者對當次的處理，不知道是眞處理 (眞藥) 或假處理 (安慰劑)；雙盲是指受試者和施測者均不知當次的處理是眞或是假，以免引起心理上或預期性的效果。
4. 艾維斯效果 (Avis effect)：控制內在效度威脅的一種方法，受試者可能會因爲身在控制組而特別努力。

5-2 one way ANOVA 分 析 (oneway、oneway /contrast、oneway /posthoc、unianova /print = etasq.、oneway /polynomial 指令)

「單向變異數分析」是以類別變數爲自變數、連續變數爲應變數，所以是二維表。但，在卡方分析中，二維表卻是以「雙向卡方」爲主，又可爲「單向卡方」。

「單因子變異數分析」，因子就是自變數。所以，就是自變數、應變數各 1 的雙變數分析。

表 5-1 ANOVA 摘要表

Scurce of Variation	Degrees of Freedom	Mean of Squares	F-Ratio
Within Groups	n-k	$MS_w = \frac{\Sigma\Sigma(x_{ij} - \bar{x}_j)^2}{r1 - k}$	MS_b/MS_w
Between Groups	k-1	$MS_b = \frac{\Sigma n_j(\bar{x}_j - \bar{x})^2}{k - 1}$	
Total	n-1	$MS_{tot} = \frac{\Sigma\Sigma(x_{ij} - \bar{x})^2}{n - 1}$	

5-2-1 one way ANOVA：四種教學法的教學效果比較 (oneway 指令)

範例：四種教學法的教學效果 (oneway、oneway /contrast、oneway /posthoc、unianova /print = etasq.、oneway / polynomial 指令)

一、問題說明

例子：各組人數相同時 (參考林清山，民 81，P315)

某研究將某國小六年級學生隨機分派成四個班，分別接受自然科四種教學法，想了解這四種教學法對自然科成績的影響。這些學生參加實驗一年後，其自然科成就測驗如下表。問這四種教學法的教學效果是否有所不同？

虛無假設「$H_0: \mu_1 = \mu_2 = \mu_3 = \mu_4$」

表 5-2 四種教學法的研究資料

	演　講	自　學	啓　發	編　序	
	4	5	9	7	
	3	7	8	9	
	5	4	9	5	
	7	6	6	8	
	6	5	8	7	
ΣX	25	27	40	36	$\Sigma\Sigma X = 128$
$\Sigma\Sigma X^2$	135	151	326	268	$\Sigma\Sigma X^2 = 880$
$\bar{x}_{.j}$	5.0	5.4	8.0	7.2	$\bar{x}_{..} = 6.4$

獨立樣本單因子變異數分析的計算公式如下：

$$SS_t = \Sigma\Sigma(X_{ij} - \bar{X}..)^2$$

$$= \Sigma\Sigma X^2 - \frac{(\Sigma\Sigma X)^2}{N} = 880 - \frac{(128)^2}{20} = 60.8$$

$$SS_w = \Sigma\Sigma(X_{ij} - X_{.j})^2$$

$$= \Sigma\Sigma X^2 - \Sigma\frac{(\Sigma X)^2}{N_j}$$

$$= [135 - \frac{(25)^2}{5}] + [151 - \frac{(27)^2}{5}] + [326 - \frac{(40)^2}{5}] + [268 - \frac{(36)^2}{5}]$$

$$= 880 - \frac{(25)^2 + (27)^2 + (40)^2 + (36)^2}{5} = 30.0$$

$$SS_b = n\Sigma(X_{.j} - \bar{X}..)^2$$

$$= \frac{(25)^2 + (27)^2 + (40)^2 + (36)^2}{5} - \frac{(128)^2}{20} = 30.8$$

代入公式：$F = \dfrac{\dfrac{SS_b}{df_b}}{\dfrac{SS_w}{df_W}} = \dfrac{\dfrac{SS_b}{k-1}}{\dfrac{SS_w}{k(n-1)}} = \dfrac{\dfrac{30.8}{4-1}}{\dfrac{30.0}{4(5-1)}} = 5.48$

查表 $F_{.95(3,16)} = 3.24$，計算所得 F 值大於臨界 F 值，故拒絕 H_0：$\mu_1 = \mu_2 = \mu_3 = \mu_4$，結果顯示這四種教學法的教學效果有所不同。

表 5-3 單因子變異數分析摘要表

變異來源	SS	df	MS	F
組間 (實驗處理)	SS_b	$df_b = k - 1$	SS_b/df_b	MS_b/MS_w
組內 (誤差)	SS_w	$df_w = k(n - 1)$	SS_w/df_w	
總和	SS_t	$N - 1$		

* $F_{1-\alpha(k-1,N-k)}$

薛費法 (Scheffe) 事後多重比較

由於本例所求出的 $F = 5.48(P < 0.05)$，達顯著差異，所以我們必須再進行多重事後比較 (Multiple post hoc comparison)，以了解到底哪些組平均數之間存有差異。

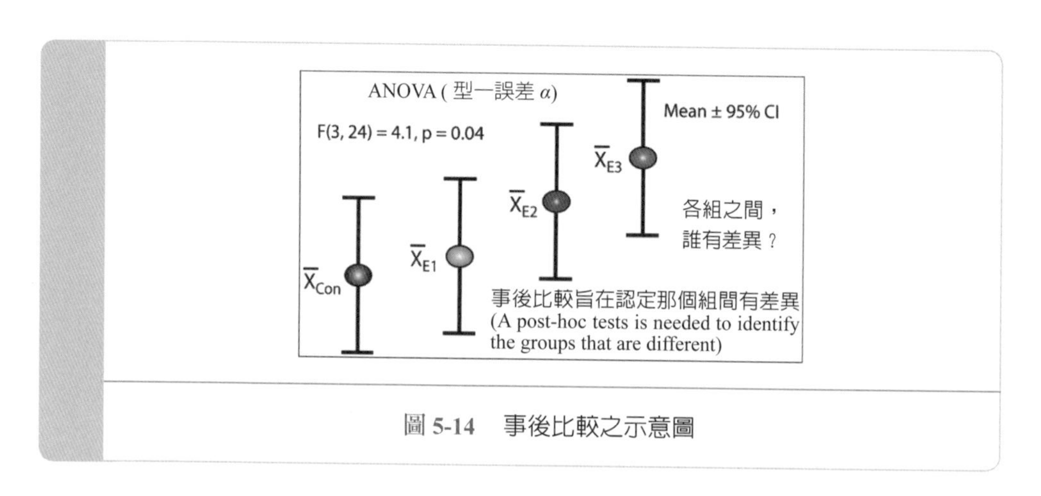

圖 5-14　事後比較之示意圖

事後比較法中，不管是 HSD 法或 Newman-Keuls 法，均只適用於各組人數均同為 n 的時候，以及只適用於比較兩個平均數之間的差異的時候。如果各組人數不相等，或者想要進行複雜的比較，亦即每次比較包含兩個以上平均數之間的差異時，就可以使用這裡要討論的薛費法 (Scheffe method，簡稱 S 法)。

使用 S 法時要用到下面的 F 公式：

$$F = \frac{(c_j\overline{X}_j + c_{j'}\overline{X}_{j'} + \cdots\cdots + c_{j''}\overline{X}_{j''})^2}{MS_w(\frac{c_j^2}{n_j} + \frac{c_{j'}^2}{n_{j'}} + \cdots\cdots + \frac{c_{j''}^2}{n_{j''}})}$$

這裡的 c_j，$c_{j'}$，或 $c_{j''}$ 均表示「比較係數」。n_j，$n_{j'}$，或 $n_{j''}$ 均表示各組人數。以上列公式所計算出來的 F 值如果大於下列的 F' 值，則該項比較便算達到顯著水準：

$$F' = (k-1)F_{1-\alpha(k-1,N-k)}$$

這裡，k – 1 是組間變異數估計值 (均方)MS_b 的自由度，N – k 是組內變異數估計值 MS_w 的自由度。Scheffe 法的誤差率也是以 α_{EW} 爲觀念單位，不是以每次一對比較的誤差率 (α_{PC}) 爲觀念單位。

我們先以 S 法來檢定本例裡的六個每次一對平均數之間的比較：

$$\Psi_1 = \overline{X_1} - \overline{X_4} \text{ 時 } F = \frac{\left[(1)(5.0)+(-1)(7.2)^2\right]}{1.875\left[\dfrac{(1)^2}{5}+\dfrac{(-1)^2}{5}\right]}$$

$$= \frac{(5.0-7.2)^2}{0.75} = 6.45$$

$$\Psi_2 = \overline{X_1} - \overline{X_3} \text{ 時 } F = \frac{\left[(1)(5.0)+(-1)(8.0)\right]^2}{1.875\left[\dfrac{(1)^2}{5}+\dfrac{(-1)^2}{5}\right]}$$

$$= \frac{(5.0-8.0)^2}{0.75} = 12.0^*$$

$$\Psi_3 = \overline{X_1} - \overline{X_2} \text{ 時 } F = \frac{(5.0-5.4)^2}{0.75} = 0.21$$

$$\Psi_4 = \overline{X_2} - \overline{X_4} \text{ 時 } F = \frac{(5.4-7.2)^2}{0.75} = 4.32$$

$$\Psi_5 = \overline{X_2} - \overline{X_3} \text{ 時 } F = \frac{(5.4-8.0)^2}{0.75} = 9.01$$

$$\Psi_6 = \overline{X_3} - \overline{X_4} \text{ 時 } F = \frac{(8.0-7.2)^2}{0.75} = 0.85$$

查表 $F_{.95(3.16)} = 3.24$，再乘以 $(k-1) = 4-1 = 3$，便得臨界值 F'：

$$F' = (k-1)F_{1-\alpha(k-1,N-k)} = 3 \times F_{.95(3.16)} = 3 \times 3.24 = 9.72$$

最後將以上六種比較結果，整理成如下表之摘要表。因之，上面幾個比較之中，只有 $\varphi_2 = X_1 - X_3$ 達到顯著水準。此一結果與用 HSD 法和 Newman-Keuls 法的結果略有出入，亦即，只得到一個達到顯著水準的比較。換言之，Scheffe 法的統計檢定力要比 HSD 法的統計檢定力爲低。因此，每次兩個平均數的簡單比較時，還是建議使用 HSD 法 (參看 Kirk ，1982，p.121)。

表 5-4 資料的薛費氏法事後比較

教學法	平均數	1 演講	2 自學	4 編序	3 啓發
1 演　講	$\overline{X_1} = 5.0$	–			
2 自　學	$\overline{X_2} = 5.4$		–		
4 編　序	$\overline{X_4} = 7.2$			–	
3 啓　發	$\overline{X_3} = 8.0$	*	*		–

$*P < 0.05$

雖然，每一次對平均數的簡單比較使用 HSD 法比使用 Scheffe 法爲好，但 Scheffe 法則特別適用於各組人數不同或需要複雜比較的情況。

二、資料檔之內容

「1_way_ANOVA_P315.sav」資料檔，自變數 a 爲教學法 (有 4 levels)，依變數 y 爲教學效果。內容如下圖。

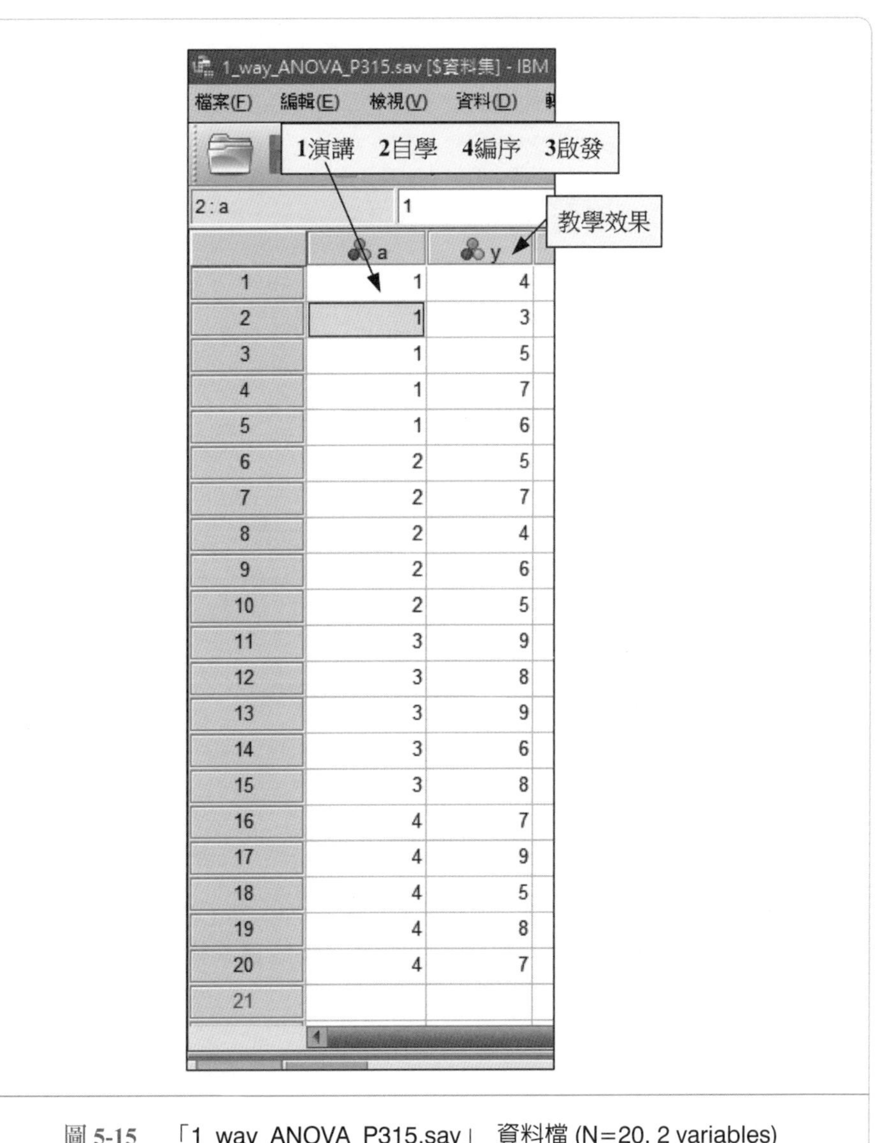

圖 5-15 「1_way_ANOVA_P315.sav」 資料檔 (N=20, 2 variables)

三、分析結果與討論

Step 1 求各組平均數

對應的指令語法：

```
title "1_way_ANOVA_P315.sav, anova.sps".
subtitle "各組平均數".

GET
  FILE='D:\CD範例\1_way_ANOVA_P315.sav'.
means tables=y by a.
```

Report

y

a	Mean	N	Std. Deviation
1 演講	5.00	5	1.581
2 自學	5.40	5	1.140
3 啓發	8.00	5	1.225
4 編序	7.20	5	1.483
Total	6.40	20	1.789

Step 2 ANOVA F 檢定 + 變異數同質性

ANOVA 分析時，應考量：

1. 假定符合「變異數同質」時，通常選：Tukey 法、Scheffe 法。
2. 假定違反「變異數同質」時，ANOVA 摘要表改用「Welch」法。而 ANOVA 事後多重比較則改選 Games-Howell 檢定，來校正 F 檢定之分母自由度 (實數有小數點)。

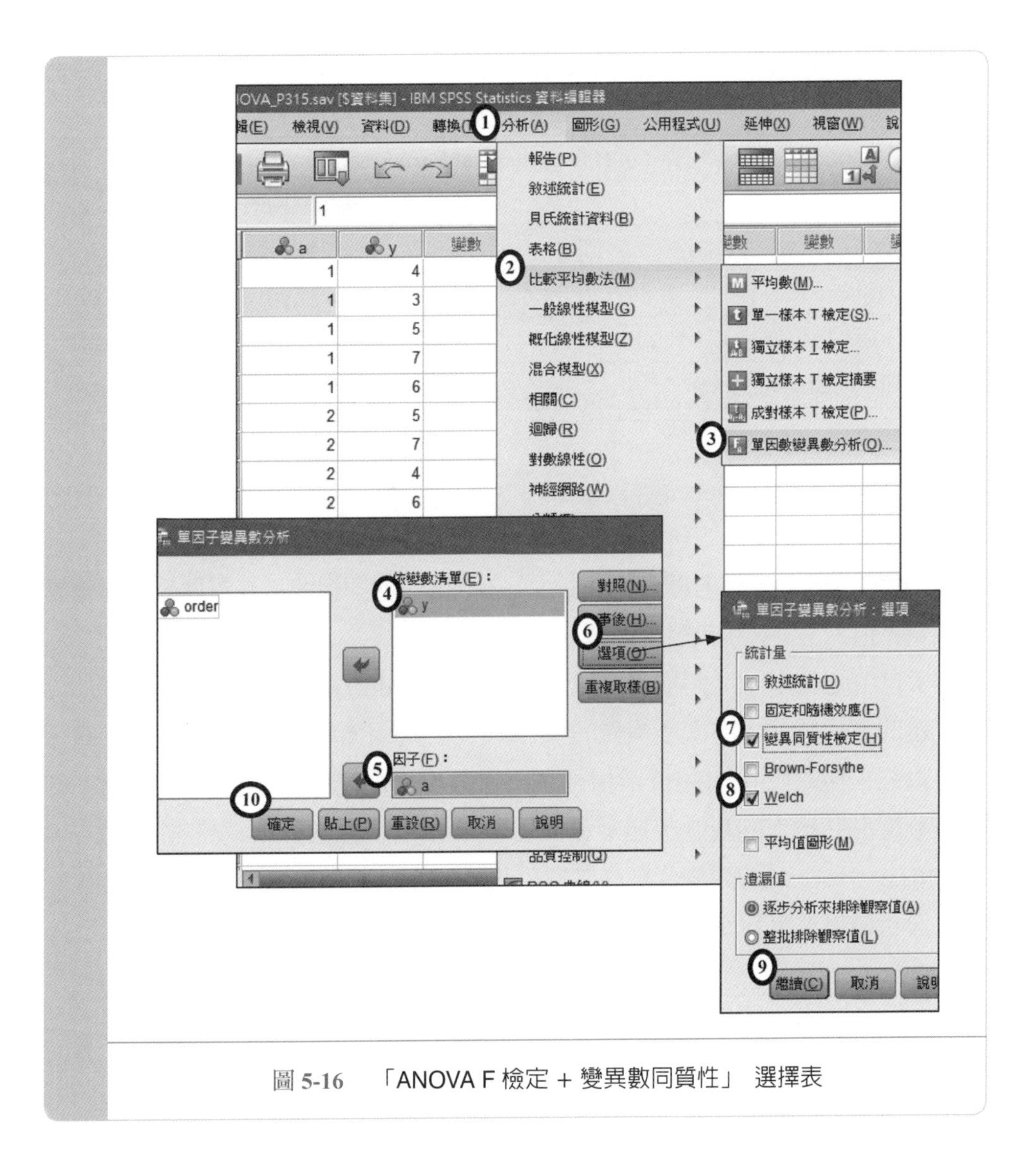

圖 5-16 「ANOVA F 檢定 + 變異數同質性」 選擇表

對應的指令語法：

```
subtitle "單因子 ANOVA F檢定".

ONEWAY y BY a
  /STATISTICS HOMOGENEITY WELCH
  /MISSING ANALYSIS.
```

【A. 分析結果說明】：變異數同質性檢定

Test of Homogeneity of Variances

		Levene Statistic	df1	df2	Sig.
y	Based on Mean	.244	3	16	.864
	Based on Median	.237	3	16	.870
	Based on Median and with adjusted df	.237	3	15.563	.870
	Based on trimmed mean	.239	3	16	.868

1. Levene's 檢定 (homogeneity of variance)：本例，p 值 (Sig.) 大於型 I 誤差 α(= 0.05) 值，故接受虛無假設：跨組的依變數之誤差是同質 (相等的)。
2. 變異數同質性檢定，若顯著性 (Sig.) 小於 0.05，亦即組間具異質性，亦即變異數差異很大，可能導致對平均數比較的誤判。
3. 分子自由度 (df1) 就是組間自由度，分母自由度 (df2) 就是組內自由度。
4. 若組間具異質性，亦即變異數差異很大，若是因極端值 (outliers) 造成的，可以經由極端值 (outliers) 清掃稱，再次分析。極端值 (outliers) 清掃時，就是分配形狀檢查的功能，通常會使用 Box 圖來視覺檢查，請見本書「2-3-4 ANOVA：盒形圖發現變異數異質性：改用 Welch 法」。

【B. 分析結果說明】：ANOVA 摘要表

ANOVA

y

	Sum of Squares	df	Mean Square	F	Sig.
Between Groups	30.800	3	10.267	5.476	.009
Within Groups	30.000	16	1.875		
Total	60.800	19			

Robust Tests of Equality of Means

y

	Statistic[a]	df1	df2	Sig.
Welch	5.134	3	8.821	.025

a. Asymptotically F distributed.

1. ANOVA 分析結果，得 $F_{(3,16)} = 5.48$，p<0.05，故拒絕 H_0。即 4 種教學方法對學習效有顯著的差異。由於自變數 a 有 4 個 levels，故需再做組別兩兩之間的事後比較，Scheffe 事後比較，顯示 (level 1 vs. level 3) 及 (level 2 vs. level 3) 都達到顯著差異 (p<0.05)。即「演講法效果＜啓發法」、「自學法效果＜啓發法」。「啓發法平均效果－演講法平均效果＝3」、「啓發法平均效果－自學法平均效果＝2.6」。
2. 求得 $F_{(3,16)} = 5.48$，(p<.05)。故拒絕虛無假設 H_0：$\mu_1 = \mu_2 = \mu_3 = \mu_4$，表示至少有一個 $\mu_i \neq \mu_j$。因此得再進行「各組間比較的組合」或事後比較 (Scheffe、Tukey) 法。

Step 3-1 ONEWAY「自訂各組間比較的組合」:「對照 (Contrast)」

如果組別超過(含)3 組，才需要做「多重比較 (Multiple Comparison)」，包括：自定的「對照 (Contrast)」及系統內建的「事後比較 (Post Hoc)」二種。

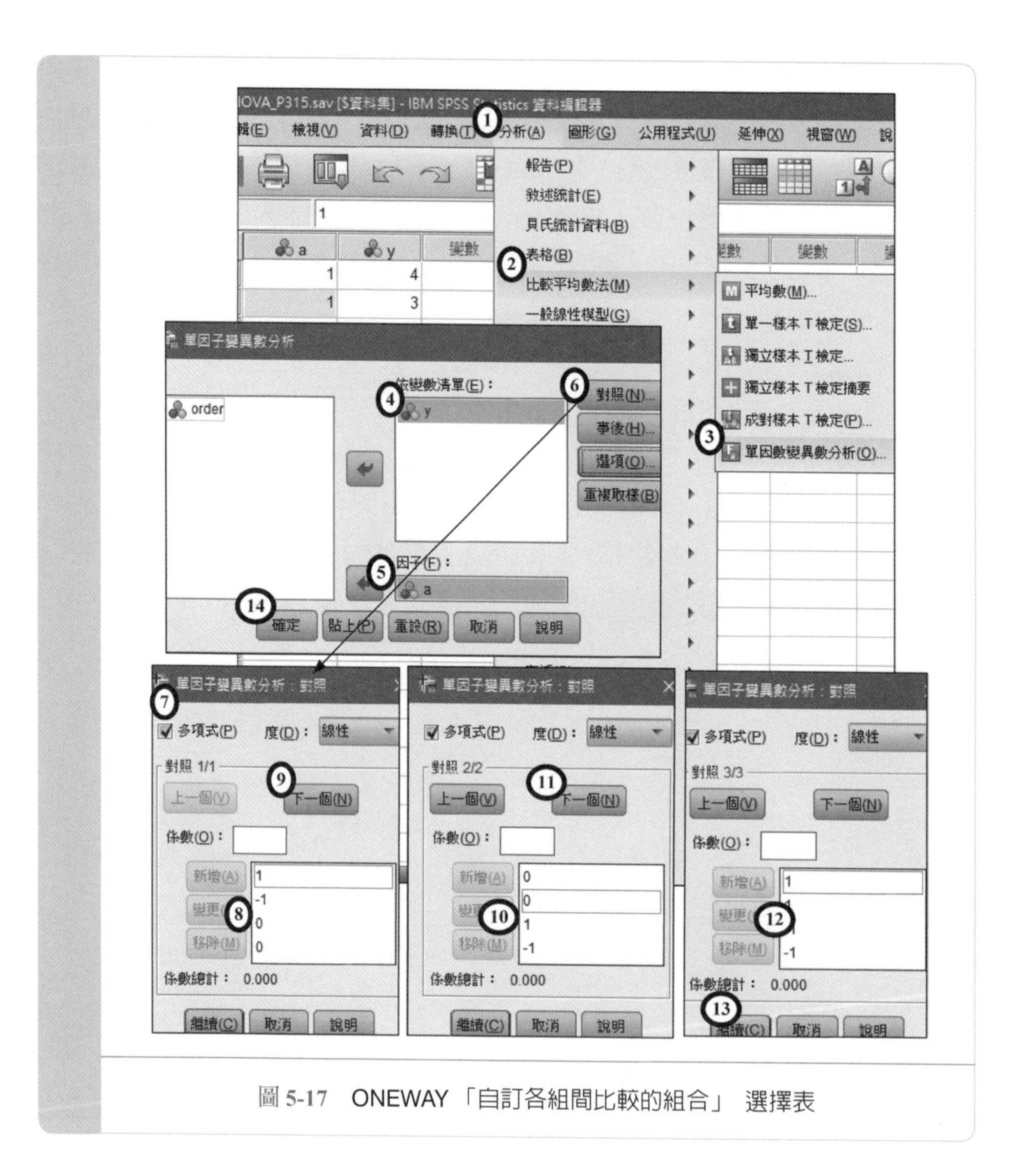

圖 5-17　ONEWAY「自訂各組間比較的組合」 選擇表

對應的指令語法：

```
subtitle "自訂 ANOVA 各組比較的組合".
ONEWAY y BY a
  /POLYNOMIAL=1
  /CONTRAST=1 -1 0 0
  /CONTRAST=0 0 1 -1
  /CONTRAST=1 1 -1 -1.
```

Contrast Coefficients

	a			
Contrast	1 演講	2 自學	3 啓發	4 編序
1	1	-1	0	0
2	0	0	1	-1
3	1	1	-1	-1

Contrast Tests

		Contrast	Value of Contrast	Std. Error	t	df	Sig. (2-tailed)
y	Assume equal variances	1	-.40	.866	-.462	16	.650
		2	.80	.866	.924	16	.369
		3	-4.80	1.225	-3.919	16	.001
	Does not assume equal variances	1	-.40	.872	-.459	7.275	.660
		2	.80	.860	.930	7.724	.381
		3	-4.80	1.225	-3.919	14.970	.001

1. 以上三個 Contrast ，若 t 值絕對值 >1.96，表示你自定「各組間比較」達顯著差異。
2. 第 3 個「CONTRAST=1 1 –1 –1」，就是你只想對比「組一 + 組二」vs.「組三 + 組四」。本例求得「CONTRAST=1 1 –1 –1」的 t 值絕對值 >1.96，t 值負的，表示此自定「組一 + 組二」效果顯著低於「組三 + 組四」。

Step 3-2 ANOVA「事後比較 (Post Hoc)」：TUKEY 法

如果組別超過 (含)3 組，才需要做「多重比較 (Multiple Comparison)」，包括：自定的「對照 (Contrast)」及系統內建的「事後比較 (Post Hoc)」二種。

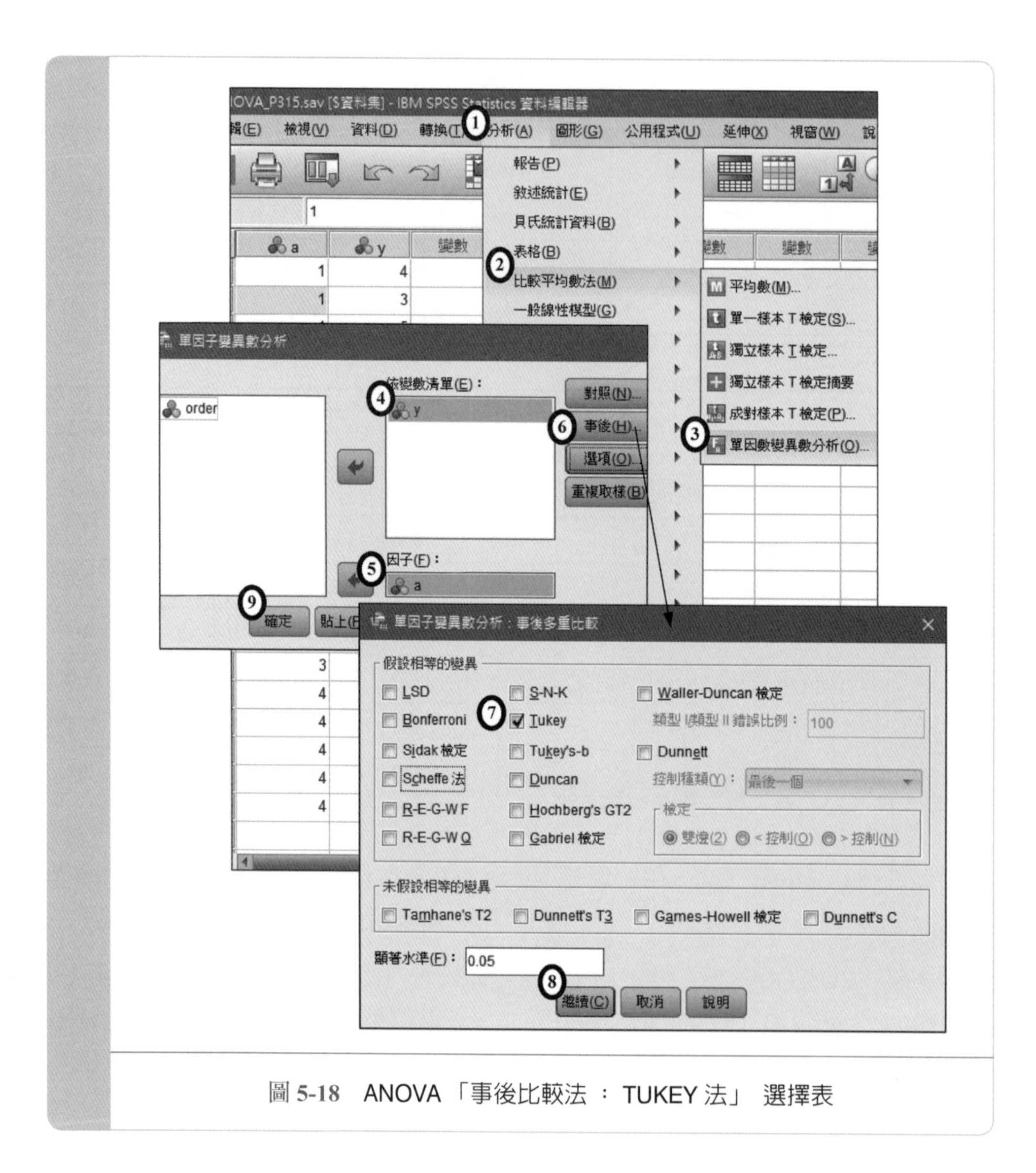

圖 5-18　ANOVA「事後比較法：TUKEY 法」 選擇表

對應的指令語法：

```
subtitle "ANOVA 事後比較法：TUKEY 法 ".
ONEWAY y BY a
 /POSTHOC = TUKEY ALPHA(.05).
```

Multiple Comparisons

Dependent Variable: y

Tukey HSD

(I) a	(J) a	Mean Difference (I – J)	Std. Error	Sig.	95% Confidence Interval	
					Lower Bound	Upper Bound
1 演講	2 自學	–.400	.866	.966	–2.88	2.08
	3 啓發	–3.000*	.866	.015	–5.48	–.52
	4 編序	–2.200	.866	.091	–4.68	.28
2 自學	1 演講	.400	.866	.966	–2.08	2.88
	3 啓發	–2.600*	.866	.038	–5.08	–.12
	4 編序	–1.800	.866	.202	–4.28	.68
3 啓發	1 演講	3.000*	.866	.015	.52	5.48
	2 自學	2.600*	.866	.038	.12	5.08
	4 編序	.800	.866	.793	–1.68	3.28
4 編序	1 演講	2.200	.866	.091	–.28	4.68
	2 自學	1.800	.866	.202	–.68	4.28
	3 啓發	–.800	.866	.793	–3.28	1.68

*. The mean difference is significant at the .05 level.

1. 因 ANOVA F 值達顯著差異，才需再做 Scheffe 、Tukey 事後比較。
2. 二組「Mean Difference」除以「Std. Error」即是 t 值 (報表沒印出)，若「Sig.」<0.05，則表示該二組「Mean Difference」達到顯著性 (標示「*」)。
3. 例如：組一效果的平均數 =5.0；組四效果的平均數 =8.0。二組的「Mean Difference」爲 –3.0。因「Sig.」<0.05，表示組一的效果顯著低於組四。

y

Tukey HSD[a]

a	N	Subset for alpha = .05	
		1	2
1 演講	5	5.00	
2 自學	5	5.40	
4 編序	5	7.20	7.20
3 啓發	5		8.00
Sig.		.091	.793

Means for groups in homogeneous subsets are displayed.
a. Uses Harmonic Mean Sample Size = 5.000.

Step 4 **A 因子對依變數 Y 的效果量 Eta squared**

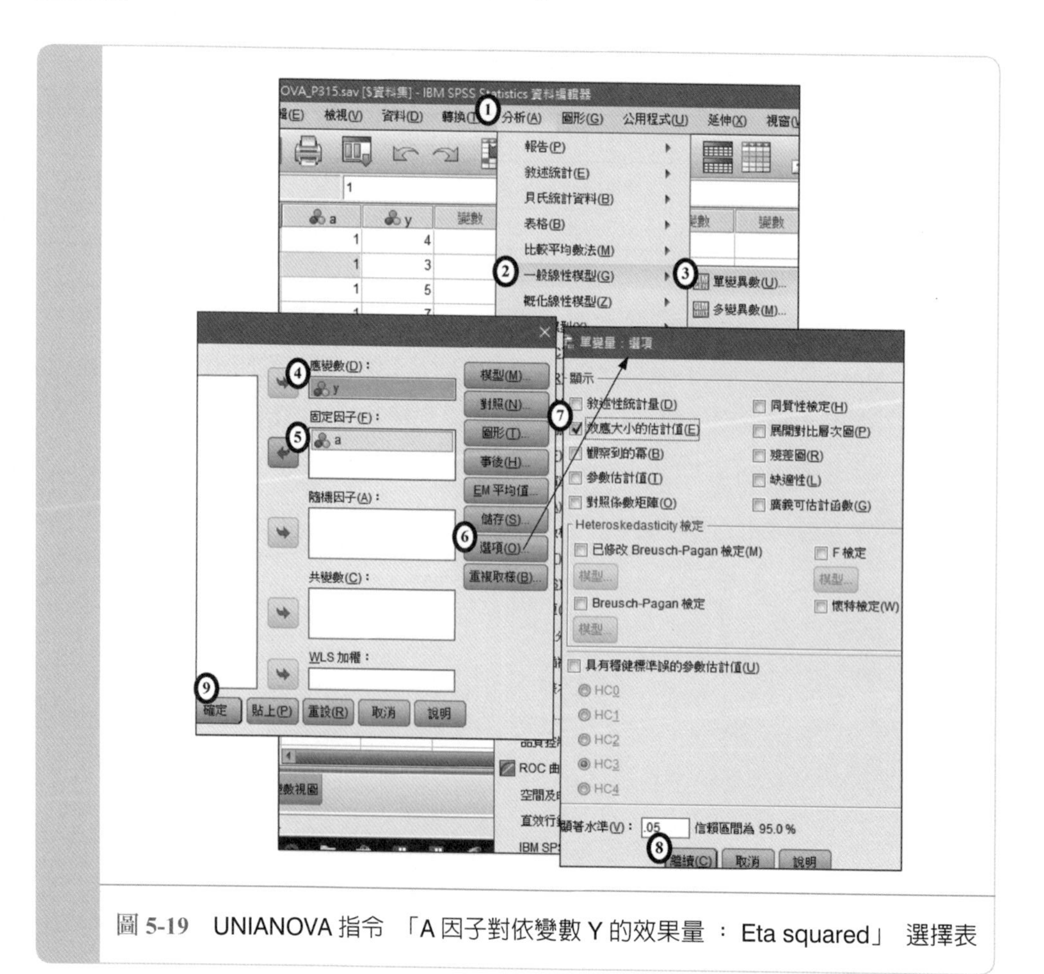

圖 5-19 UNIANOVA 指令「A 因子對依變數 Y 的效果量：Eta squared」選擇表

對應的指令語法：

```
subtitle "A因子對依變數Y的效果量E ta squared".
UNIANOVA y BY a
 /PRINT = ETASQ.
```

Tests of Between-Subjects Effects

Dependent Variable: y

Source	Type III Sum of Squares	df	Mean Square	F	Sig.	Partial Eta Squared
Corrected Model	30.800[a]	3	10.267	5.476	.009	.507
Intercept	819.200	1	819.200	436.907	.000	.965
a	30.800	3	10.267	5.476	.009	.507
Error	30.000	16	1.875			
Total	880.000	20				
Corrected Total	60.800	19				

a. R Squared = .507 (Adjusted R Squared = .414)

1. A 因子對依變數 Y 的效果量 (effect size)：$\eta^2 = .507$，表示 A 因子可解釋依變數 Y 高達 50.7% 變異。
2. η^2 值越大，代表實驗操弄因子對依變數的效果越大。

Step 5 A 因子在依變數 Y 的趨勢分析

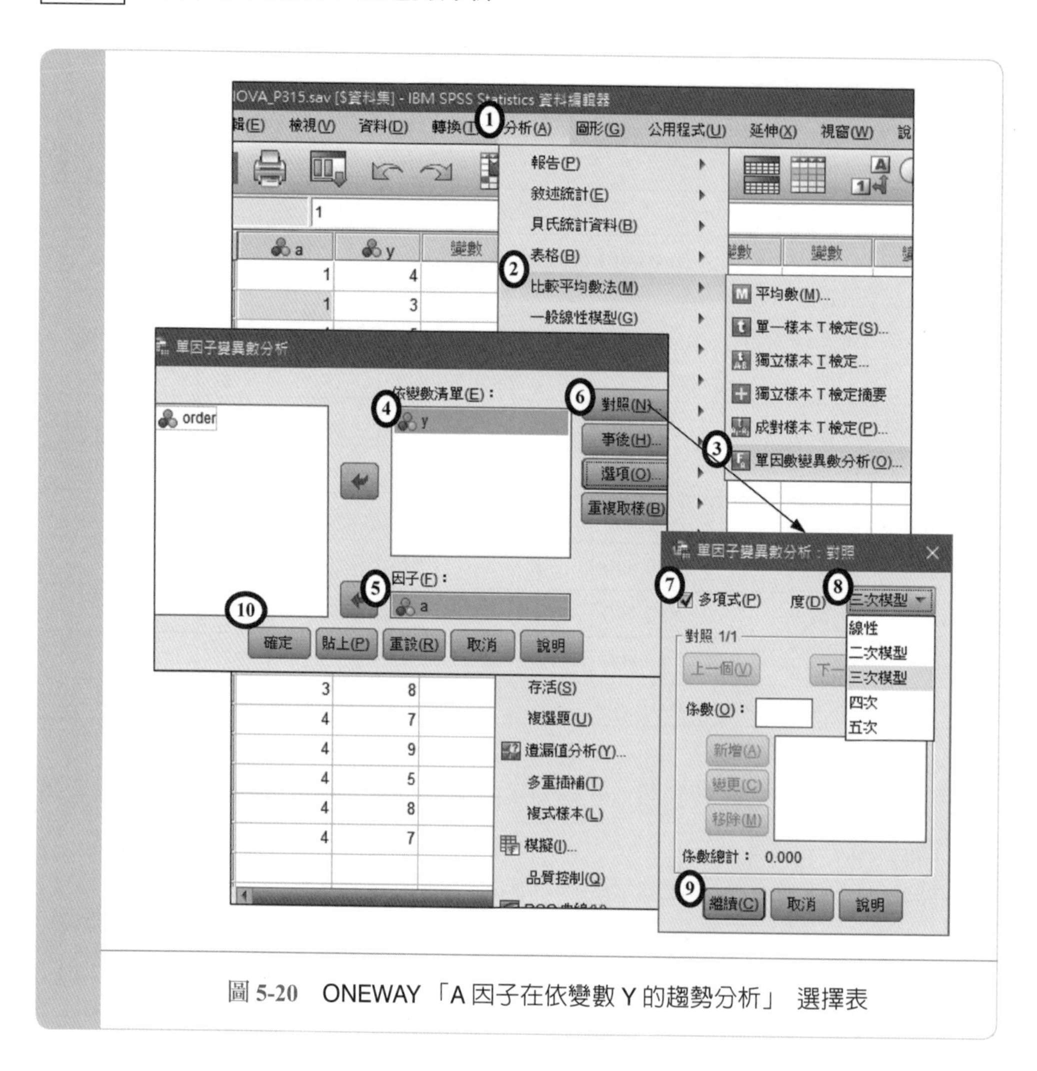

圖 5-20 ONEWAY「A 因子在依變數 Y 的趨勢分析」 選擇表

對應的指令語法：

```
subtitle "A因子在依變數Y的趨勢分析".

GET
  FILE='D:\CD範例\1_way_ANOVA_P315.sav'.
ONEWAY y BY a
 /POLYNOMIAL= 3.
```

ANOVA

y

			Sum of Squares	df	Mean Square	F	Sig.
Between Groups	(Combined)		30.800	3	10.267	5.476	.009
	Linear Term	Contrast	21.160	1	21.160	11.285	.004
		Deviation	9.640	2	4.820	2.571	.108
	Quadratic Term	Contrast	1.800	1	1.800	.960	.342
		Deviation	7.840	1	7.840	4.181	.058
	Cubic Term	Contrast	7.840	1	7.840	4.181	.058
Within Groups			30.000	16	1.875		
Total			60.800	19			

1. 本例 Linear Term Contrast 的 $p<.05$，表示 A 因子 (4 組) 在依變數 Y 的趨勢符合線性遞增趨勢。
2. 另此，從各組平均數亦可看出「線性遞增」趨勢。假設 A 因子代表：a1=1 單位劑量、a2=2 單位劑量、a3=3 單位劑量、a4=4 單位劑量。依變數 Y 代表醫療效果。則本實驗結果，發現劑量 A 與醫療效果 Y 呈現「線性遞增」關係。
3. 另此，從各組平均數亦可看出「線性遞增」趨勢。假設 A 因子代表每日讀書時間長短：a1= 一小時、a2= 二小時、a3= 三小時、a4= 四小時。依變數 Y 代表學習效果。則本教學實驗結果，發現讀書時間長短 A 與學習效果 Y 呈現「線性遞增」關係 (如下圖)。

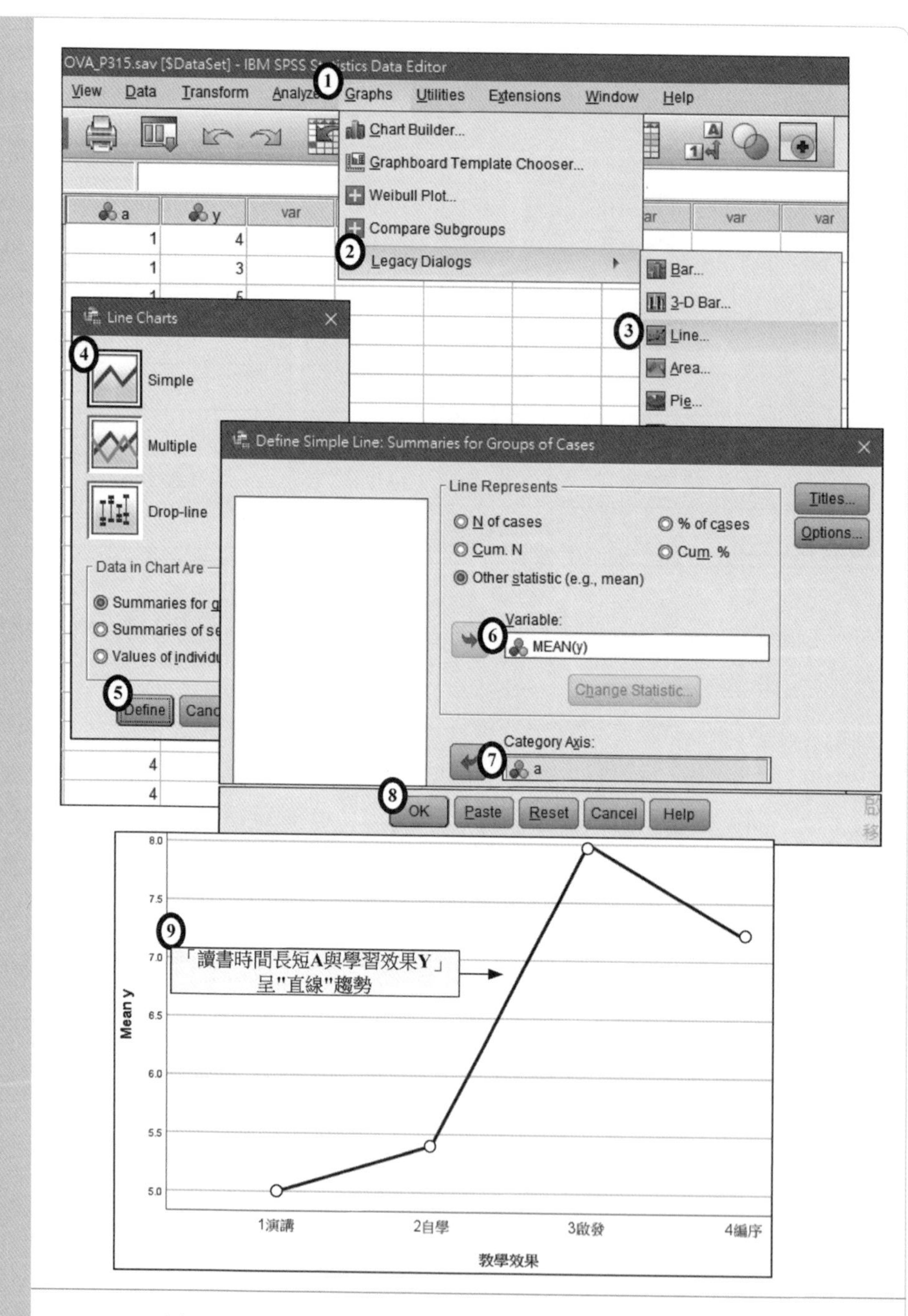

圖 5-21 繪「讀書時間長短 A 與學習效果 Y」趨勢線形圖

5-2-2 單因子 ANOVA：A 因子 (四組) 在連續變數 Y 的平均數比較 (oneway 、oneway /contrast 、oneway / posthoc 、unianova /print = etasq 、oneway / polynomial 指令)

Step 1 新建資料檔

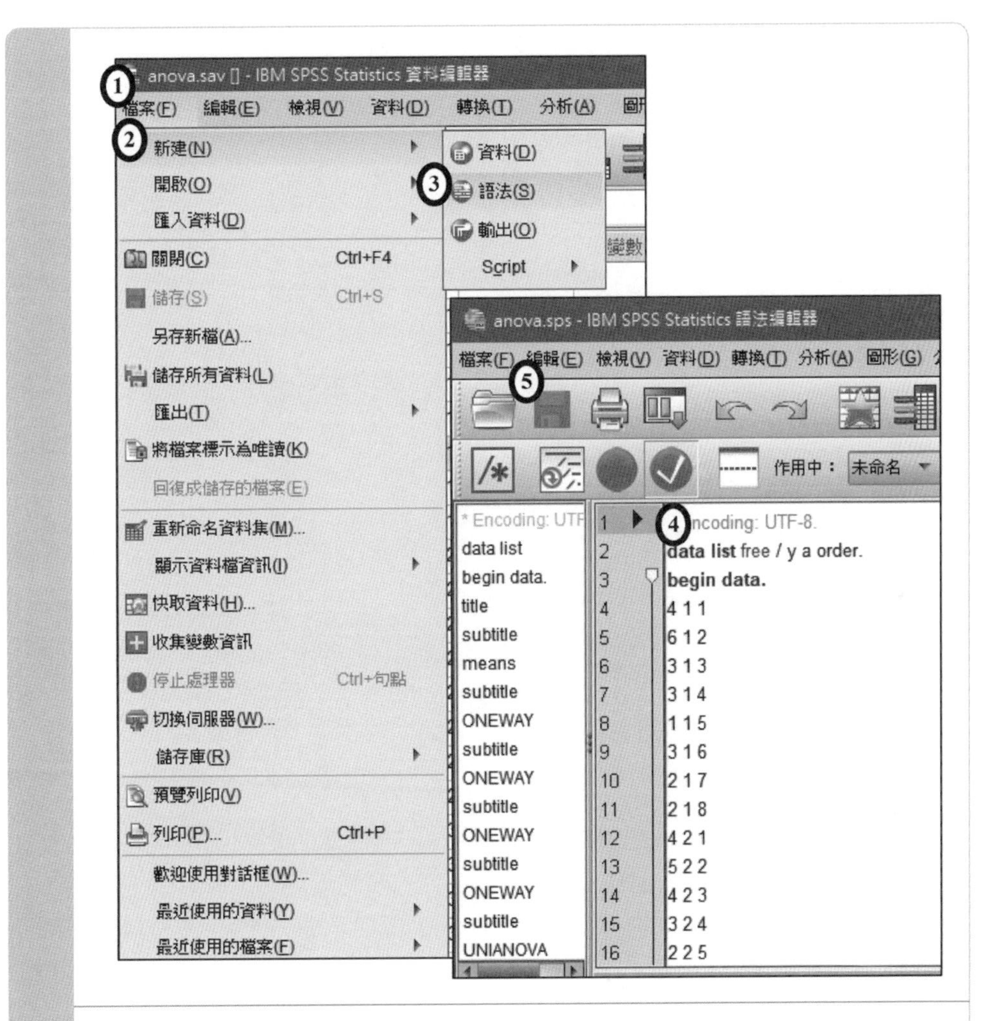

圖 5-22 用 SPS S「data list free」 搭配 「begin data. …end data.」 這對指令「新建資料檔」 畫面

對應的指令語法：

```
data list free / y a order.
begin data.
4 1 1
6 1 2
3 1 3
3 1 4
1 1 5
3 1 6
2 1 7
2 1 8
4 2 1
5 2 2
4 2 3
3 2 4
2 2 5
3 2 6
4 2 7
3 2 8
5 3 1
6 3 2
5 3 3
4 3 4
3 3 5
4 3 6
3 3 7
4 3 8
3 4 1
5 4 2
6 4 3
5 4 4
6 4 5
7 4 6
8 4 7
10 4 8
end data.
```

```
title "anova.sav, anova.sps".
* 存檔至 anova.sav 資料檔 .
SAVE OUTFILE='D:\CD 範例 \anova.sav'
  /COMPRESSED.
```

Step 2 求各組平均數

對應的指令語法：

```
title "anova.sav, anova.sps".
subtitle " 各組平均數 ".
means tables=y by a.
```

Report

y

a	Mean	N	Std. Deviation
組一	3.00	8	1.512
組二	3.50	8	.926
組三	4.25	8	1.035
組四	6.25	8	2.121
Total	4.25	32	1.884

Step 3 **ANOVA F 檢定 + 變異數同質性**

ANOVA 分析時，應考量：

1. 假定符合 " 變異數同質 " 時，通常選：Tukey 法、Scheffe 法。
2. 假定違反 " 變異數同質 " 時，ANOVA 摘要表改用「Welch」法。而 ANOVA 事後多重比較則改選 Games-Howell 檢定，來校正 F 檢定之分母自由度 (實數有小數點)。

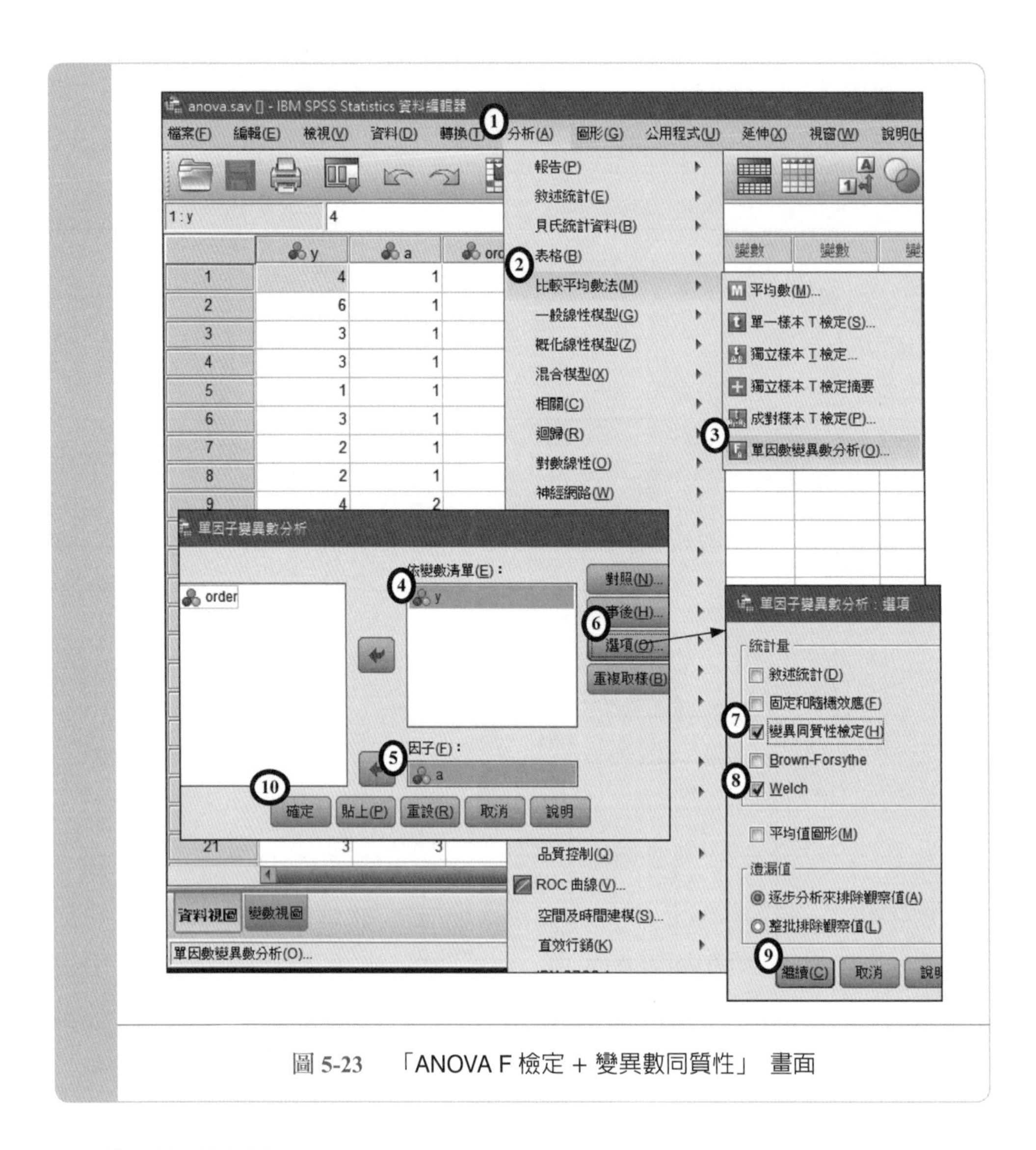

圖 5-23　「ANOVA F 檢定 + 變異數同質性」 畫面

對應的指令語法：

```
subtitle "單因子 ANOVA F 檢定".
ONEWAY y BY a
  /STATISTICS HOMOGENEITY WELCH
  /MISSING ANALYSIS.
```

Test of Homogeneity of Variances					
		Levene Statistic	df1	df2	Sig.
y	Based on Mean	1.293	3	28	.296
	Based on Median	1.037	3	28	.391
	Based on Median and with adjusted df	1.037	3	18.590	.399
	Based on trimmed mean	1.273	3	28	.303

1. Levene's 檢定 (homogeneity of variance)：本例，p 值 (Sig.) 大於型 I 誤差 $\alpha(= 0.05)$ 值，故接受虛無假設：跨組的依變數之誤差是同質 (相等的)。
2. 變異數同質性檢定，若顯著性 (Sig.) 小於 0.05，亦即組間具異質性，亦即變異數差異很大，可能導致對平均數比較的誤判。
3. 分子自由度 (df1) 就是組間自由度，分母自由度 (df2) 就是組內自由度。
4. 若組間具異質性，亦即變異數差異很大，若是因極端值 (outliers) 造成的，可以經由極端值 (outliers) 清掃稱，再次分析。極端值 (outliers) 清掃時，就是分配形狀檢查的功能，通常會使用 Box 圖來視覺檢查，請見本書「2-3-4 ANOVA：盒形圖發現變異數異質性：改用 Welch 法」。

ANOVA

y

	Sum of Squares	df	Mean Square	F	Sig.
Between Groups	49.000	3	16.333	7.497	.001
Within Groups	61.000	28	2.179		
Total	110.000	31			

1. 求得 $F_{(3,28)} = 7.497 (p < .05)$。故拒絕虛無假設 H_0：$\mu_1 = \mu_2 = \mu_3 = \mu_4$，表示至少有一個 $\mu_i \neq \mu_j$。因此得再進行「各組間比較的組合」或事後比較 (Scheffe 、Tukey) 法。

Step 4-1 ONEWAY「自訂各組間比較的組合」:「對照 (Contrast)」

如果組別超過 (含)3 組，才需要做「多重比較 (Multiple Comparison)」，包括：自定的「對照 (Contrast)」及系統內建的「事後比較 (Post Hoc)」二種。

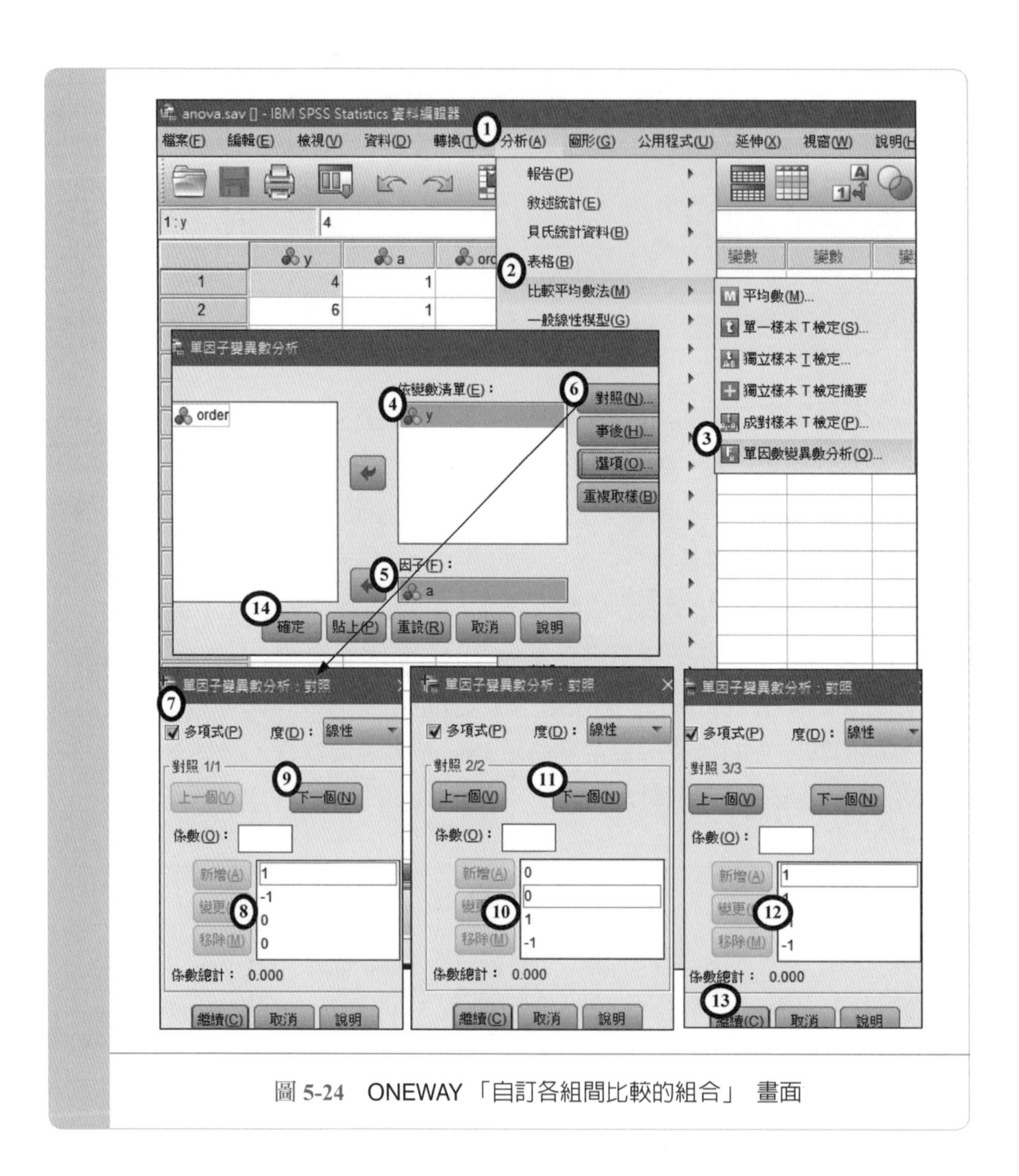

圖 5-24　ONEWAY「自訂各組間比較的組合」 畫面

對應的指令語法：

```
subtitle " 自訂 ANOVA 各組比較的組合 ".
ONEWAY y BY a
  /POLYNOMIAL=1
  /CONTRAST=1 -1 0 0
  /CONTRAST=0 0 1 -1
  /CONTRAST=1 1 -1 -1.
```

Contrast Coefficients

Contrast	a 組一	組二	組三	組四
1	1	–1	0	0
2	0	0	1	–1
3	1	1	–1	–1

Contrast Tests

		Contrast	Value of Contrast	Std. Error	t	df	Sig. (2-tailed)
y	Assume equal variances	1	–.50	.738	–.678	28	.504
		2	–2.00	.738	–2.710	28	.011
		3	–4.00	1.044	–3.833	28	.001
	Does not assume equal variances	1	–.50	.627	–.798	11.603	.441
		2	–2.00	.835	–2.397	10.155	.037
		3	–4.00	1.044	–3.833	19.431	.001

1. 以上三個Contrast，若t值絕對值>1.96，表示你自定「各組間比較」達顯著差異。
2. 第 2 個「CONTRAST=0 0 1 –1」，就是你只想對比「組三 vs. 組四」，並將「組一及組二」排除在這次「組間效果」的對比。本例求得「CONTRAST=0 0 1 –1」的 t 值絕對值 >1.96，t 值負的，表示此自定「組三效果顯著低於組四」。如此類推其他…。

Step 4-2 ANOVA「事後比較 (Post Hoc)」：TUKEY 法

如果組別超過(含)3組，才需要做「多重比較(Multiple Comparison)」，包括：自定的「對照 (Contrast)」及系統內建的「事後比較 (Post Hoc)」二種。

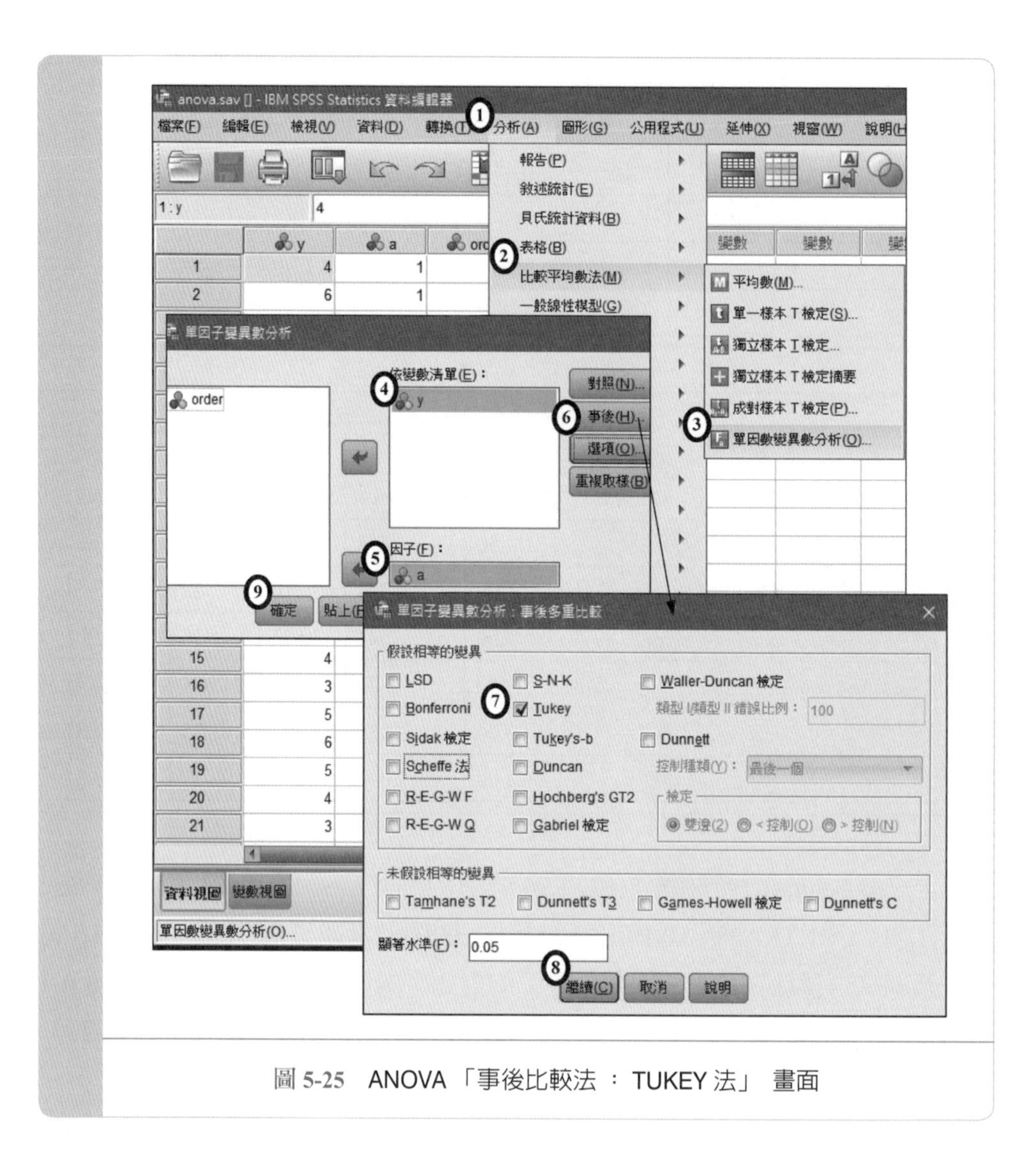

圖 5-25 ANOVA「事後比較法：TUKEY 法」畫面

對應的指令語法：

```
subtitle "ANOVA 事後比較法：TUKEY 法".
ONEWAY y BY a
 /POSTHOC = TUKEY ALPHA(.05).
```

Multiple Comparisons						
Dependent Variable: y						
Tukey HSD						
		Mean Difference			95% Confidence Interval	
(I) a	(J) a	(I-J)	Std. Error	Sig.	Lower Bound	Upper Bound
組一	組二	–.500	.738	.905	–2.51	1.51
	組三	–1.250	.738	.346	–3.26	.76
	組四	–3.250*	.738	.001	–5.26	–1.24
組二	組一	.500	.738	.905	–1.51	2.51
	組三	–.750	.738	.741	–2.76	1.26
	組四	–2.750*	.738	.005	–4.76	–.74
組三	組一	1.250	.738	.346	–.76	3.26
	組二	.750	.738	.741	–1.26	2.76
	組四	–2.000	.738	.052	–4.01	.01
組四	組一	3.250*	.738	.001	1.24	5.26
	組二	2.750*	.738	.005	.74	4.76
	組三	2.000	.738	.052	–.01	4.01

*. The mean difference is significant at the .05 level.

1. 因 ANOVA F 值達顯著差異，才需再做 Scheffe、Tukey 事後比較。
2. 二組「Mean Difference」除以「Std. Error」即是 t 値 (報表沒印出)，若「Sig.」< 0.05，則表示該二組「Mean Difference」達到顯著性 (標示「*」)。
3. 例如：組一效果的平均數 =3.0；組四效果的平均數 =6.25 。二組的「Mean Difference」爲 –3.250。因「Sig.」<0.05，表示組一的效果顯著低於組四。

Homogeneous Subsets

y

Tukey HSD[a]

a	N	Subset for alpha = .05	
		1	2
組一	8	3.00	
組二	8	3.50	

組三	8	4.25	4.25
組四	8		6.25
Sig.		.346	.052

Means for groups in homogeneous subsets are displayed.
a. Uses Harmonic Mean Sample Size = 8.000.

1. 印出各組的效果平均數。

Step 5 A 因子對依變數 Y 的效果量 Eta squared

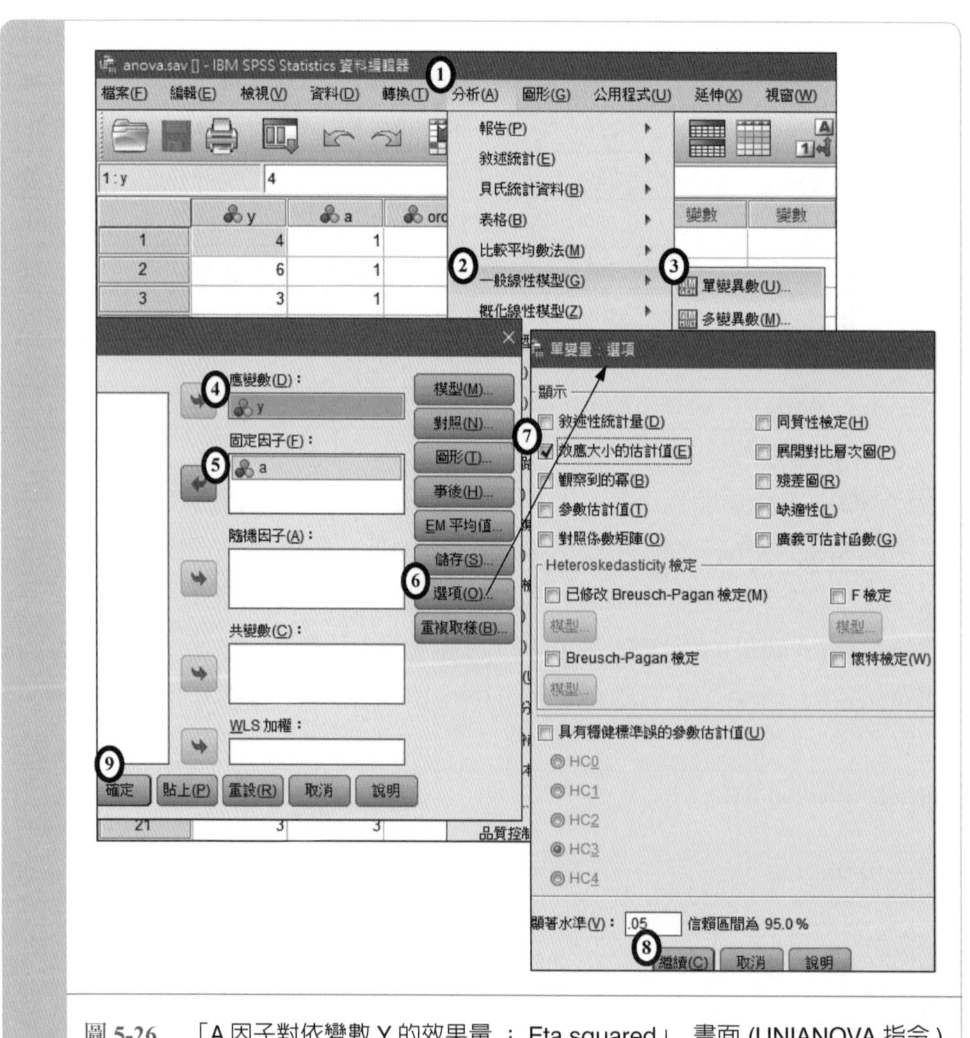

圖 5-26 「A 因子對依變數 Y 的效果量 ： Eta squared」 畫面 (UNIANOVA 指令)

對應的指令語法：

```
subtitle "A因子對依變數Y的效果量Eta squared".
UNIANOVA y BY a
 /PRINT = ETASQ.
```

Tests of Between-Subjects Effects

Dependent Variable: y

Source	Type III Sum of Squares	df	Mean Square	F	Sig.	Partial Eta Squared
Corrected Model	49.000[a]	3	16.333	7.497	.001	.445
Intercept	578.000	1	578.000	265.311	.000	.905
a	49.000	3	16.333	7.497	.001	.445
Error	61.000	28	2.179			
Total	688.000	32				
Corrected Total	110.000	31				

a. R Squared = .445 (Adjusted R Squared = .386)

1. A 因子對依變數 Y 的效果量 (effect size)：$\eta^2 = .445$，表示 A 因子可解釋依變數 Y 高達 44.5% 變異。
2. η^2 值越大，代表實驗操弄因子對依變數的效果越大。

Step 6 **A** 因子在依變數 **Y** 的趨勢分析

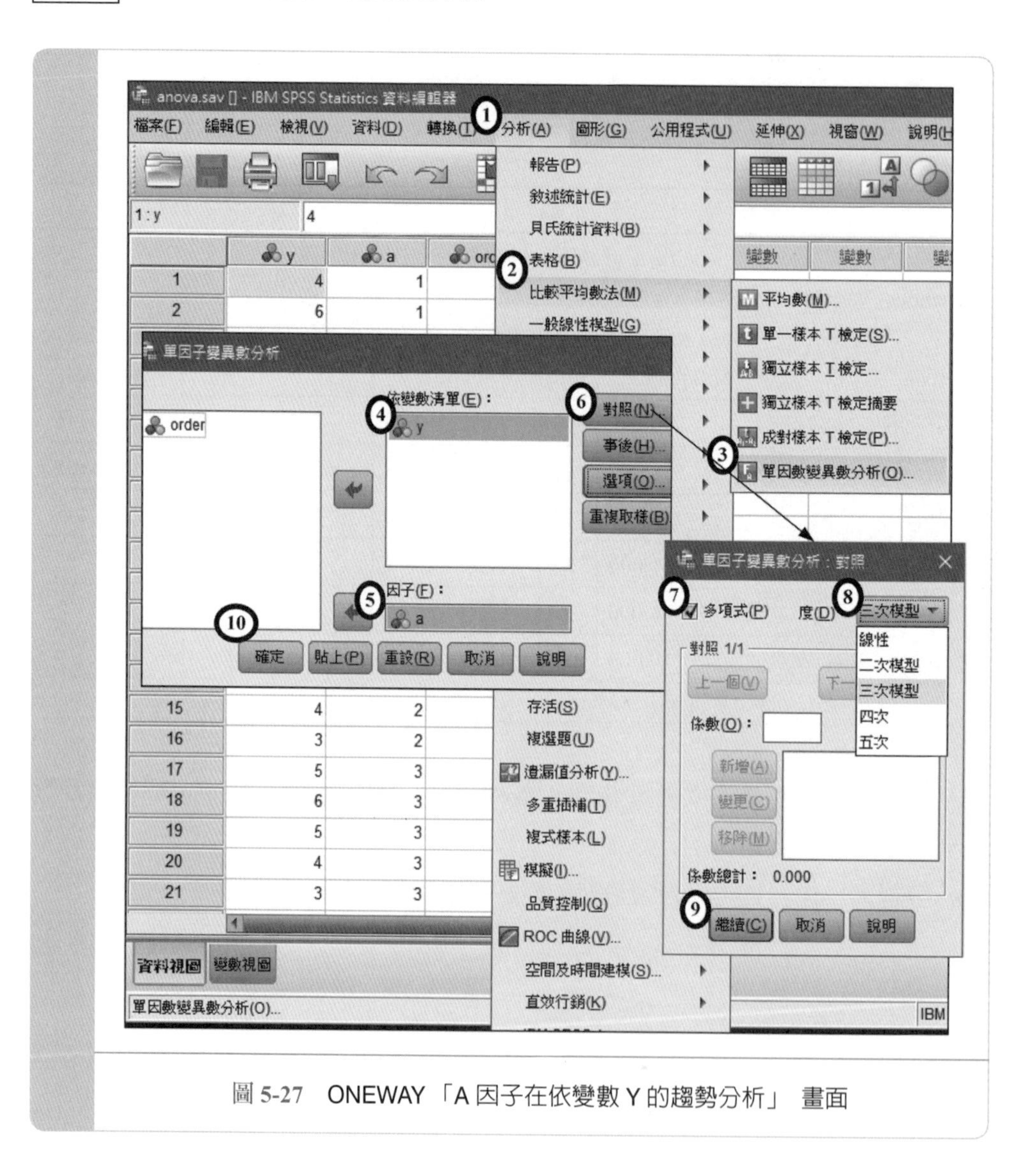

圖 5-27 ONEWAY「A 因子在依變數 Y 的趨勢分析」 畫面

對應的指令語法：

```
subtitle "A 因子在依變數 Y 的趨勢分析 ".
ONEWAY y BY a
 /POLYNOMIAL= 3.
```

ANOVA

y

			Sum of Squares	df	Mean Square	F	Sig.
Between Groups	(Combined)		49.000	3	16.333	7.497	.001
	Linear Term	Contrast	44.100	1	44.100	20.243	.000
		Deviation	4.900	2	2.450	1.125	.339
	Quadratic Term	Contrast	4.500	1	4.500	2.066	.162
		Deviation	.400	1	.400	.184	.672
	Cubic Term	Contrast	.400	1	.400	.184	.672
Within Groups			61.000	28	2.179		
Total			110.000	31			

1. 本例 Linear Term Contrast 的 p<.05，表示 A 因子 (4 組) 在依變數 Y 的趨勢符合線性遞增趨勢。
2. 另此，從各組平均數亦可看出「線性遞增」趨勢。假設 A 因子代表：a1=1 單位劑量、a2=2 單位劑量、a3=3 單位劑量、a4=4 單位劑量。依變數 Y 代表醫療效果。則本實驗結果，發現劑量 A 與醫療效果 Y 呈現「線性遞增」關係 (如下圖)。

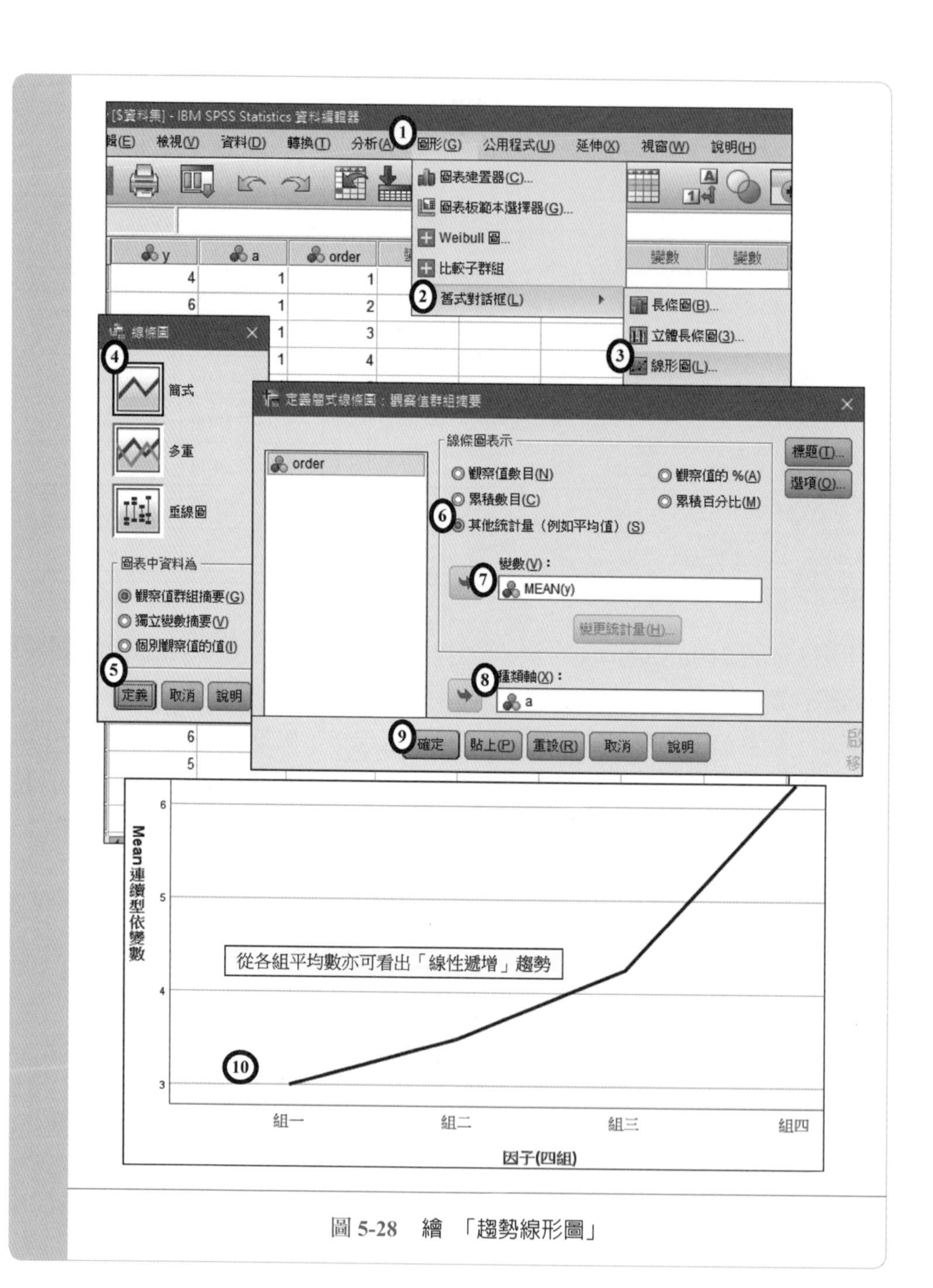
[$資料集] - IBM SPSS Statistics 資料編輯器
圖形(G)
圖表建置器(C)...
圖表板範本選擇器(G)...
Weibull 圖...
比較子群組
舊式對話框(L)
長條圖(B)...
立體長條圖(3)...
線形圖(L)...
線條圖
簡式
多重
垂線圖
圖表中資料為
觀察值群組摘要(G)
獨立變數摘要(V)
個別觀察值的值(I)
定義 取消 說明
定義簡式線條圖：觀察值群組摘要
order
線條圖表示
觀察值數目(N)
觀察值的 %(A)
累積數目(C)
累積百分比(M)
其他統計量（例如平均值）(S)
變數(V)：
MEAN(y)
變更統計量(H)...
種類軸(X)：
a
確定 貼上(P) 重設(R) 取消 說明
標題(T)...
選項(O)...
Mean 連續型依變數
從各組平均數亦可看出「線性遞增」趨勢
組一
組二
組三
組四
因子(四組)

圖 5-28 繪 「趨勢線形圖」

5-3 two way ANOVA 分析

常見的 ANOVA 分析法可分為：單因子變異數分析與二因子變異數分析；二因子變異數分析是利用變異數分析法來處理兩個自變數的統計方法，主要是想了解這兩個自變數 (因子) 之間是否有交互作用效果存在。相較於單因子變異數分析，二因子變異數分析有以下的優點：

1. 同時研究兩個因子比個別研究單一因子要來得有效率。
2. 藉著在模型中引進的第二個對反應變數有影響的變數，可以降低殘差部分的差異。
3. 若因子間具有交互作用時，可研究因子間的交互作用所造成的影響。

二因子變異數分析有下列三種實驗設計：(1) **受試者間設計**——獨立樣本；(2) **受試者內設計**——相依樣本；(3) **混合設計**——有一個自變數採受試者間設計，另一個自變數採受試者內設計。

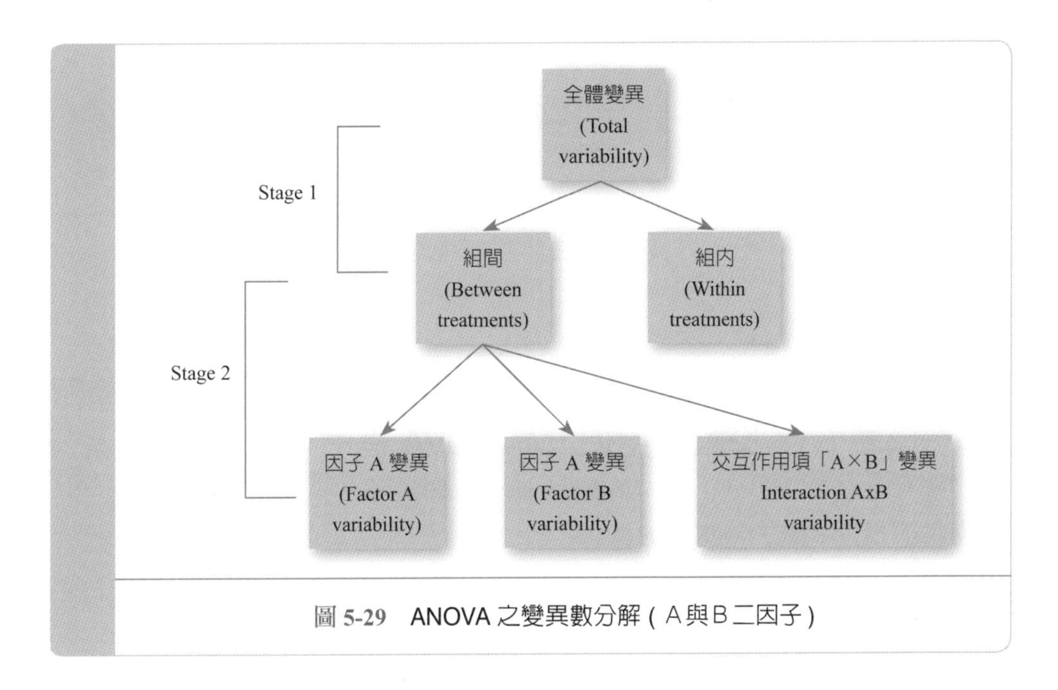

圖 5-29 ANOVA 之變異數分解 (A與B二因子)

二因子變異數分析主要是想了解這兩個因子之間是否有交互作用存在，即 A 因子的不同水準是否隨著 B 因子水準不同而有不同的效果。若交互作用達顯著，則進一步分析其單純主要效果。即 A 因子在 B 因子的哪一個水準有顯著效果，以及 B 因子在 A 因子的哪一個水準有顯著效果。若單純主要效果顯著，則可比較水準間的差異。分析的流程見下圖。

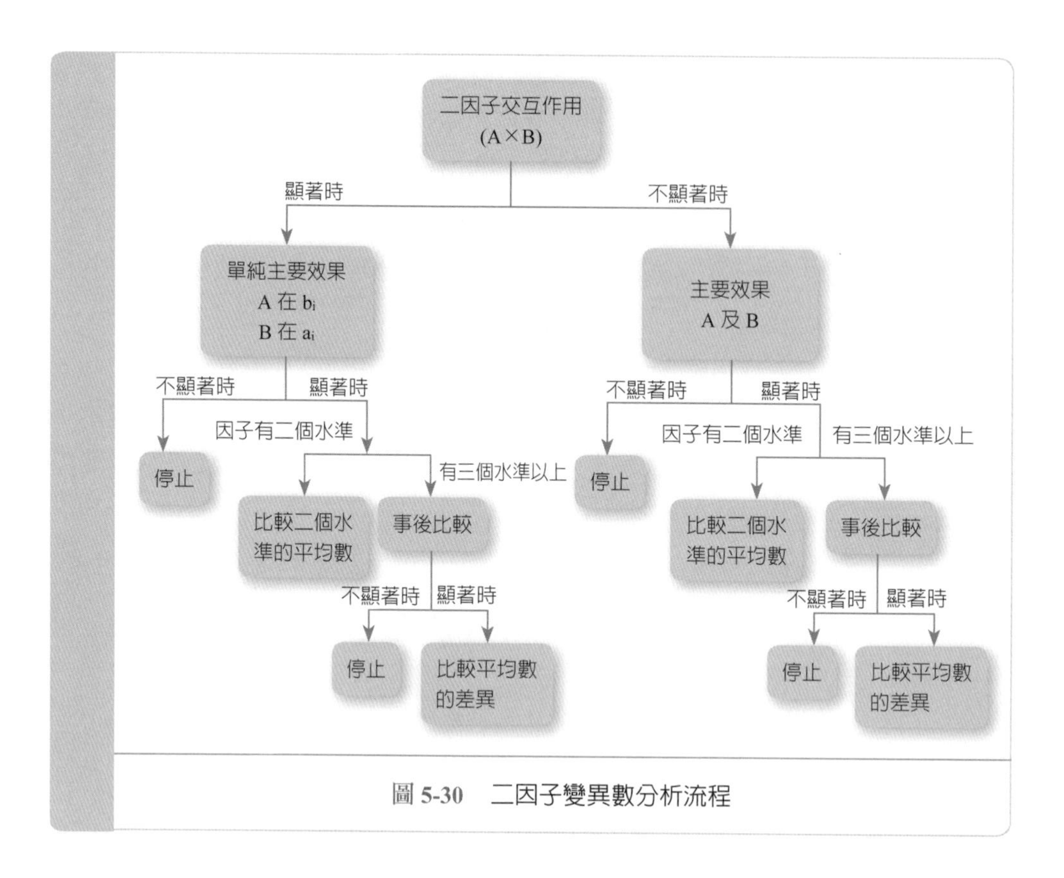

圖 5-30　二因子變異數分析流程

5-3-1 two way ANOVA：教室氣氛 (a) 和教學方法 (b) 對學習成就 (y)：交互作用項 (MANOVA 指令)

範例 二因子獨立樣本 ANOVA

一、問題說明

例子：(參考林清山，民 81，P371)

某研究者想了解不同教室氣氛 (A 因子) 和不同教學方法 (B 因子) 對學生學習成就 (依變數 Y) 的影響，研究結果如下表。試問：(1) 二種教室氣氛對學生學習是否有不同的影響？(2) 三種教學方法對學生學習是否有不同的影響？(3) 教室氣氛與教學方法之間是否有交互作用存在？N=30。

二因子 ANOVA 有三個虛無假設：

H_0 : A 因子所有 p 個水準的 $\alpha_i = 0$(或 $\sigma_\alpha^2 = 0$)

H_0 : B 因子所有 q 個水準的 $\beta_j = 0$(或 $\sigma_\beta^2 = 0$)

H_0 : 所有 $p \times q$ 個細格的 $\alpha\beta_{ij} = 0$ (或 $\alpha\beta_{ij} = 0$)

表 5-5 二因子在學習成就 (依變數 Y) 的資料

A 因子 \ B 因子	演講 b1	自學 b2	啓發 b3
嚴肅 a1	4	1	3
	9	3	9
	8	4	6
	9	5	5
	6	3	9
輕鬆 a2	3	7	11
	8	3	8
	5	4	10
	6	2	12
	3	5	9

實際計算步驟：

[AB 摘要表]

	b_1	b_2	b_3	
a_1	36	16	32	84
a_2	25	21	50	96
	61	37	82	180

[計算代號]

$$(1) = \frac{G^2}{npq} = \frac{(180)^2}{5(2)(3)} = 1080$$

$$(2) = \Sigma\Sigma X^2 = 4^2 + 9^2 + 8^2 + \cdots\cdots + 10^2 + 12^2 + 9^2 = 1326$$

$$(3) = \frac{\Sigma A^2}{nq} = \frac{(84)^2 + (96)^2}{5 \times 3} = 1084.8$$

$$(4) = \frac{\Sigma B^2}{np} = \frac{(61)^2 + (37)^2 + (82)^2}{5 \times 2} = 1181.4$$

$$(5) = \frac{\Sigma (AB)^2}{n} = \frac{(36)^2 + (16)^2 + (32)^2 + (25)^2 + (21)^2 + (50)^2}{5} = 1228.4$$

[計算方式]

公式	SS	df
SS_t=(2) – (1)	=246.0	npq – 1
$SS_{b.cell}$=(5) – (1)	=148.4	pq – 1
SS_A=(3) – (1)	=4.8	p – 1
SS_B=(4) – (1)	=101.4	q – 1
$SS_{A \times B}$=(5) – (3) – (4)+(1)	=42.2	(p – 1)(q – 1)
Residual=$SS_{w.cell}$=(2) – (5)	=97.6	pq(n – 1)

1. 先假定現在有六個小組，每個細格中的五個人 (n=5) 爲一小組。然後求這六個小組的總離均差平方和 (SS_t)、組間離均差平方和 ($SS_{b.cell}$)、和組內離均差平方和 ($SS_{w.cell}$)。因爲表 5-5 三十個分數的總和爲 $\sum_i^2\sum_j^3\sum_m^5 X = 180$，平方和爲 $\sum_i^2\sum_j^4\sum_m^5 X^2 = 1326$，故：

$$SS_t = 1326 - \frac{(180)^2}{30} = 1326 - 1080 = 246.0$$

$$SS_{b.cell} = \frac{(36)^2 + (16)^2 + (32)^2 + (25)^2 + (21)^2 + (50)^2}{5} - \frac{(180)^2}{30} = 1228.4 - 1080 = 148.4$$

$$SS_{w\ cell} = 246.0 - 148.4 = 97.6$$

2. 其次，要假定全體只根據 A 因子分爲 α_1 及 α_2 兩組，每組有 nq=5×3=15 個人。然後求 A 因子的組間離均差平方和。亦即：

$$SS_A = \frac{(84)^2 + (96)^2}{15} - \frac{(180)^2}{30} = 1084.8 - 1080 = 4.8$$

3. 再假定全體受試者只根據 B 因子分爲 b_1，b_2，和 b_3 等三組，每組有 np=5×2=10 個人。然後求 B 因子的組間離均差平方和：

$$SS_B = \frac{(61)^2 + (37)^2 + (82)^2}{10} - \frac{(180)^2}{30} = 1181.4 - 1080 = 101.4$$

4. 其次求 A 因子和 B 因子交互作用的離均差平方和 SS_{AB}。因爲 $SS_{b.cell} = SS_A + SS_B + SS_{AB}$，所以：

$$SS_{AB} = SS_{b.cell} - SS_A - SS_B$$
$$SS_{AB} = 148.4 - 4.8 - 101.4 = 42.2$$

表 5-6　變異數分析摘要表

變界來源	SS	df	MS	F
A(教室氣氛)	4.8	1	4.80	1.18
B(教學方法)	101.4	2	50.70	12.46*
A×B(交互作用)	42.2	2	21.10	5.18*
w.cell(誤差)	97.6	24	4.07	
total(全體)	246.0	29		

$F_{.95(1,24)} = 4.26$　　$*F_{.95(2,24)} = 3.40$

5. 列出上面變異數分析摘要表：由上表之變異數分析的結果可以看出，A 與 B 兩因子之交互作用達顯著水準，F=5.18，大於 $F_{.95(2,24)}$=3.40，故虛無假設 H_0：所有 2×3=6 個細格的 $\alpha\beta_{ij} = 0$ 應予以拒絕。換言之，教室氣氛之不同是否影響學生的學習效果，必須視所採用的教學方法是哪一種而定。由於交互作用達顯著差異，我們要記得進行單純 (simple) 主要效果檢定。

二、資料檔之內容

「2_way_ANOVA_P371.sav」資料檔，自變數 a 爲教室氣氛 (有 2 levels)，自變數 b 爲教學方法 (有 2 levels)，依變數 y 爲學習成就。內容如下圖。

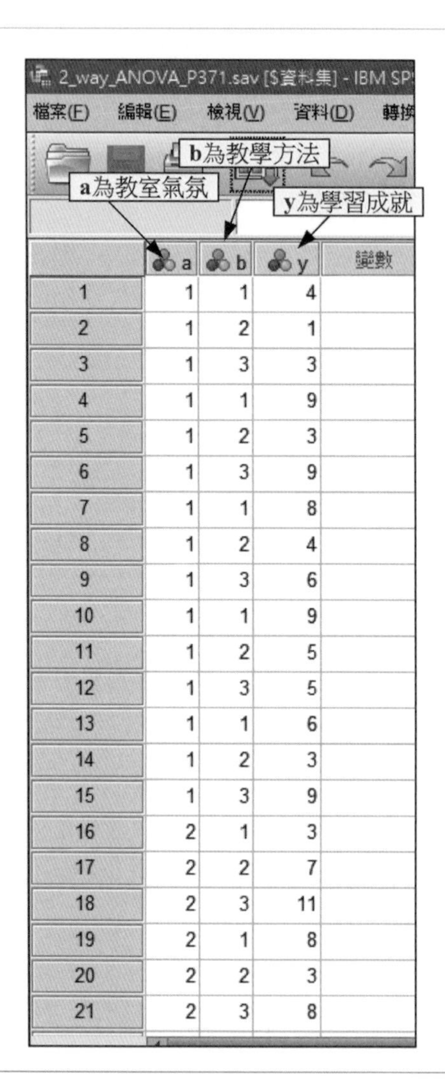

	a	b	y
1	1	1	4
2	1	2	1
3	1	3	3
4	1	1	9
5	1	2	3
6	1	3	9
7	1	1	8
8	1	2	4
9	1	3	6
10	1	1	9
11	1	2	5
12	1	3	5
13	1	1	6
14	1	2	3
15	1	3	9
16	2	1	3
17	2	2	7
18	2	3	11
19	2	1	8
20	2	2	3
21	2	3	8

圖 5-31 「2_way_ANOVA_P371.sav」 資料檔 (N= 30, 3 variables)

三、分析結果與討論

Step 1 獨立樣本二因子 **ANOVA**：交互作用項有顯著嗎？

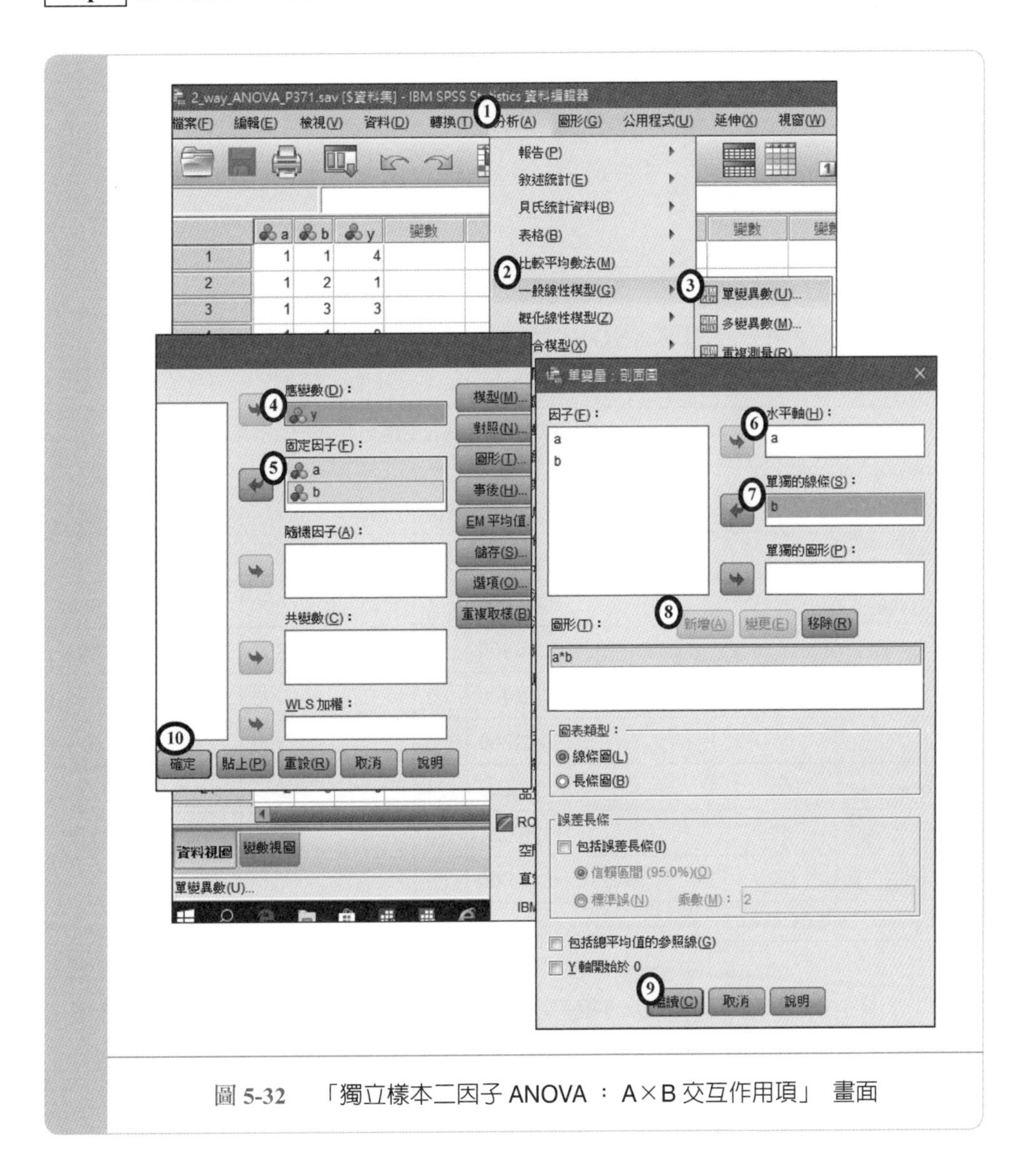

圖 5-32 「獨立樣本二因子 ANOVA ： A×B 交互作用項」 畫面

對應的指令語法

```
title "二因子 ANOVA: 2_way_ANOVA_P371.sav 資料".
```

```
GET
  FILE='D:\CD 範例 \2_way_ANOVA_P371.sav'.

UNIANOVA y BY a b
  /METHOD=SSTYPE(3)
  /INTERCEPT=INCLUDE
  /PLOT=PROFILE(a*b) TYPE=LINE ERRORBAR=NO MEANREFERENCE=NO YAXIS=AUTO
  /CRITERIA=ALPHA(0.05)
  /DESIGN=a b a*b.
```

【**A.** 分析結果說明】二因子 **ANOVA** 摘要表

Tests of Between-Subjects Effects

Dependent Variable: y

Source	Type III Sum of Squares	df	Mean Square	F	Sig.
Corrected Model	148.400[a]	5	29.680	7.298	.000
Intercept	1080.000	1	1080.000	265.574	.000
a	4.800	1	4.800	1.180	.288
b	101.400	2	50.700	12.467	.000
a * b	42.200	2	21.100	5.189	.013
Error	97.600	24	4.067		
Total	1326.000	30			
Corrected Total	246.000	29			

a. R Squared = .603 (Adjusted R Squared = .521)

上表所示之二因子 ANOVA 摘要表，顯示 A 因子與 B 因子有交互作用效果，F=5.189(p<0.05)，拒絕「H_0：所有 $p \times q$ 個細格的 $\alpha\beta_{ij}=0$」，故交互作用達顯著性。因此先暫時不要急著看「B 因子對依變數的主要效果」，而是還要做事後之單純主要效果 (simple main effect) 檢定，即「A 因子在 b1、b2、b3 的效果」、及「B 因子在 a1、a2 的效果」。

【B. 分析結果說明】二因子交互作用圖

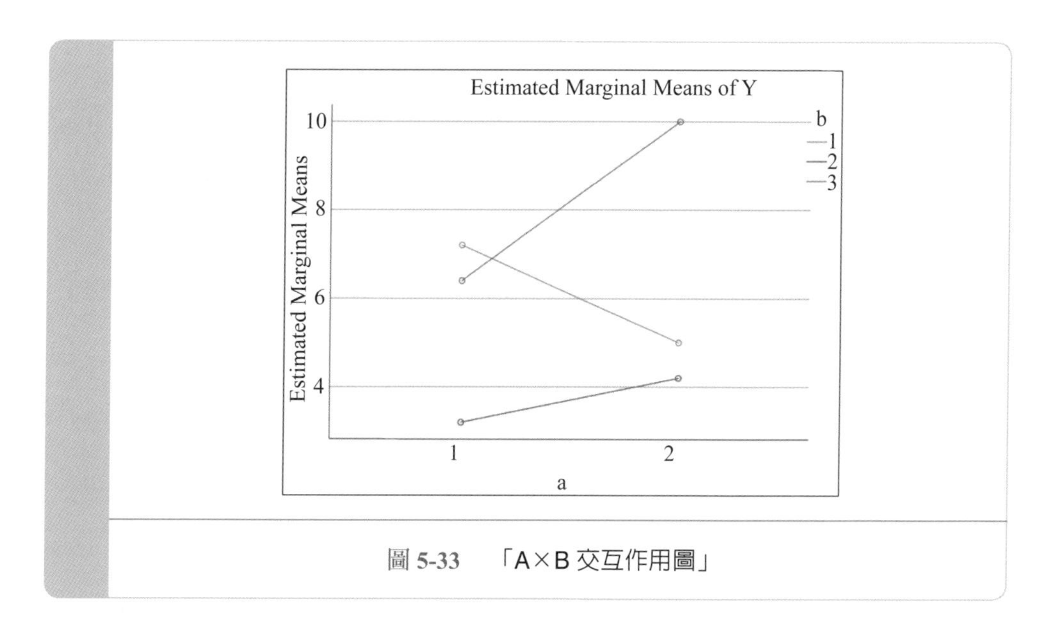

圖 5-33 「A×B 交互作用圖」

Step 2 A 在 B_j 因子主要效果 (simple main effect) 之事後比較的語法

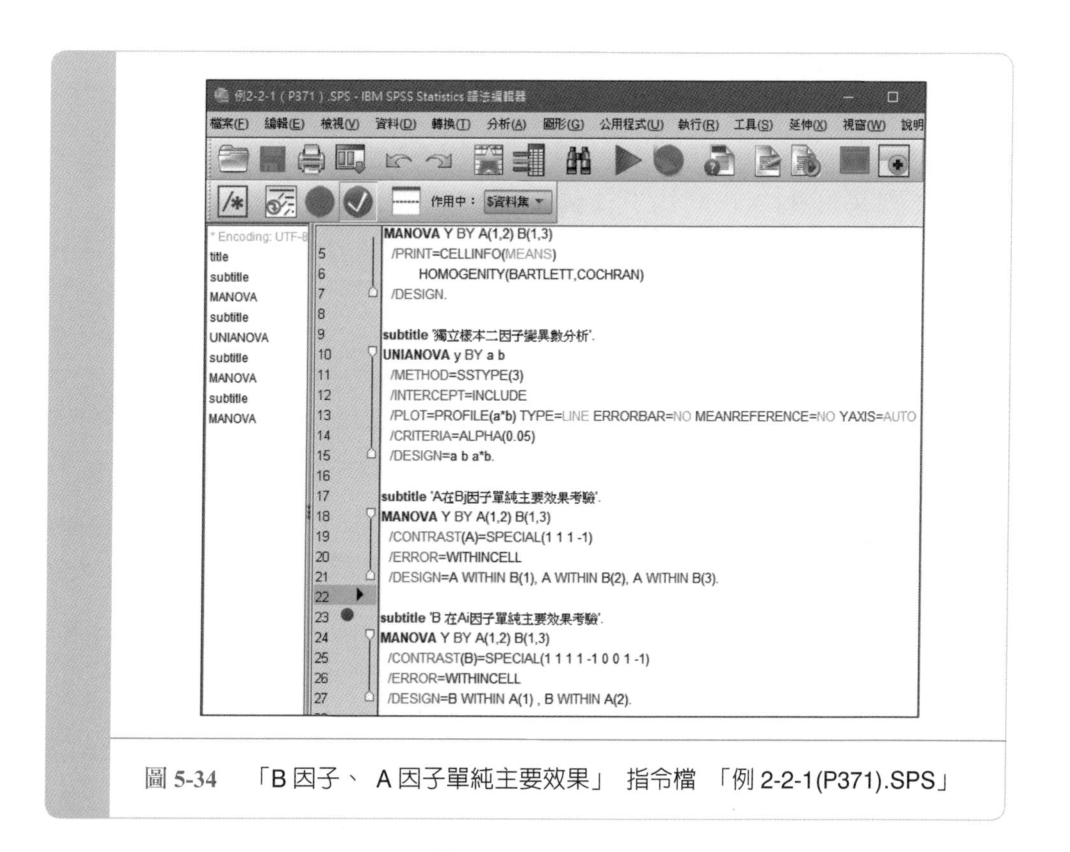

圖 5-34 「B 因子、 A 因子單純主要效果」 指令檔 「例 2-2-1(P371).SPS」

程式共分1段，第一段進行「獨立樣本二因子ANOVA：變異數同質性檢定」，第二段進行「獨立樣本二因子變異數分析」；第三段進行「A因子單純主要效果檢定」；第四段進行「B因子單純主要效果檢定」。

當單純主要效果達顯著時，即進行事後比較。程式中第四段「Contrast(B)」即表示B因子在A(1)及在A(2)的事後比較。「special」副命令中所指定比較係數，是可由使用者自定。因B因子有三個水準，故其比較矩陣應爲3×3，如下：

$$
\begin{array}{r} \\ \text{常數項} \\ \text{比較一} \\ \text{比較二} \end{array}
\begin{array}{c} \begin{array}{ccc} B_1 & B_2 & B_3 \end{array} \\ \begin{bmatrix} 1 & 0 & 1 \\ 1 & -1 & 0 \\ 0 & 1 & -1 \end{bmatrix} \end{array}
$$

第一列爲常數項的比較係數，第二列爲B因子第一個水準與第二個水準效果的比較，第三列爲第二個水準與第三個水準之B因子效果之比較。寫成一橫列，則爲

／ contrast(B)=special(1 1 1 1 － 1 0 0 1 － 1)

「/DESIGN=B WITHIN A(1) , B WITHIN A(2).」，旨在檢定在A(1)及在A(2)之B因子單純主要效果。A因子後面的括號表示水準數。

第四段程式段主要在「檢定B因子單純主要效果」，程式結構同第三段，因爲A因子只有二個水準，故其比較係數矩陣爲2×2，請讀者自行類推。

【C. 分析結果說明】A在B_j因子(2個levels)的單純主要效果

由於B因子主要效果的檢定結果，$F_{0.95(2,24)} = 12.467$，p<0.05，故可再做B因子3個levels之間的事後比較，指令語法如下表。

```
subtitle 'A 在 Bj 因子單純主要效果考驗 '.

DATASET CLOSE $ 資料集 .
GET
  FILE='D:\CD 範例 \2_way_ANOVA_P371.sav'.

MANOVA Y BY A(1,2) B(1,3)
  /CONTRAST(A)=SPECIAL(1 1 1 -1)
  /ERROR=WITHINCELL
  /DESIGN=A WITHIN B(1), A WITHIN B(2), A WITHIN B(3).
```

```
* * * * * A n a l y s i s   o f   V a r i a n c e -- design   1 * * * * *
 Tests of Significance for y using UNIQUE sums of squares
 Source of Variation           SS      DF        MS         F  Sig of F
 WITHIN CELLS               97.60      24      4.07
 A WITHIN B(1)              12.10       1     12.10      2.98      .097
 A WITHIN B(2)               2.50       1      2.50       .61      .441
 A WITHIN B(3)              32.40       1     32.40      7.97      .009
- - - - - - - - - - - - - - - - - - - - - - - - - - - - - - - - - - - - - -
```

所謂**單純 (simple)** 主要效果，是指 A 因子在 B 因子各水準的主要效果，或 B 因子在 A 因子各水準的主要效果。此爲 A 因子的單純主要效果檢定摘要表，其誤差項如同二因子變異數分析的「within cells」效果項。結果只有在 B(3) 的 A 因子單純主要效果達顯著水準，即嚴肅與輕鬆的教學氣氛只在啓發式教學法有顯著的差異。

```
A WITHIN B(3)
Parameter      Coeff.  Std. Err.     t-Value      Sig. t Lower -95%  CL- Upper
    4       -3.6000000   1.27541    -2.82263     .00942    -6.23231    -.96769
```

事後比較的結果，因 A 因子只有兩個水準，其事後比較的結果同單純主要效果檢定結果。僅 A WITHIN B(3) 達顯著水準。

1.「means tables=y by b.」指令，得$\overline{b_1} = 6.1$、$\overline{b_2} = 3.7$、$\overline{b_3} = 8.2$。
2. 連續三個「contrast」指令，可得$\overline{b_1} - \overline{b_3} = 2.1$ (t=–2.33, $p<0.05$)；$\overline{b_1} - \overline{b_2} = 2.4$ (t=2.66, $p<0.05$)；$\overline{b_2} - \overline{b_3} = -4.5$ (t= –4.99, $p<0.05$)。故 B 因子之事後比較，可整理成下表。

表 5-7　B 因子主要效果之事後比較結果

		b2 自學法	b1 演講法	b3 啓發法
	平均數	3.7	6.1	8.2
b2 自學法	3.7	—	2.4*	4.5*
b1 演講法	6.1		—	2.1
b3 啓發法	8.2			—

* $p < 0.05$

Step 3 **B 在 A_i 因子主要效果 (simple main effect) 之事後比較的語法**

對應的的指令語法：

```
subtitle 'B 在 A 因子單純主要效果考驗 '.
MANOVA Y BY A(1,2) B(1,3)
  /CONTRAST(B)=SPECIAL(1 1 1 1 -1 0 0 1 -1)
  /ERROR=WITHINCELL
  /DESIGN=B WITHIN A(1) , B WITHIN A(2).
```

【C. 分析結果說明】B 在 A_i 因子 (2 個 levels) 的單純主要效果

```
* * * * A n a l y s i s   o f   V a r i a n c e -- design  1 * * * * *
 Tests of Significance for y using UNIQUE sums of squares
 Source of Variation          SS      DF       MS        F  Sig of F
 WITHIN CELLS              97.60      24     4.07
 B WITHIN A(1)             44.80       2    22.40     5.51      .011
 B WITHIN A(2)             98.80       2    49.40    12.15      .000
```

1. B 因子在 A 因子二個水準的單純主要效果檢定，其誤差項仍為「within cells」。檢定結果顯示，在 A(1) 及在 A(2) 的 B 因子單純主要效果均達 .05 顯著水準。因為 B 因子有三個水準，須進一步的進行事後比較以檢定到底是哪兩個水準之間在 A(1) 嚴肅的教學氣氛之下有顯著差異，而 B 因子哪兩水準在 A(2) 輕鬆的教學氣氛之下有顯著差異。

```
B WITHIN A(1)
 Parameter      Coeff.  Std. Err.    t-Value    Sig. t Lower -95%  CL- Upper
        2  4.00000000   1.27541    3.13625    .00448    1.36769   6.63231
        3  -3.2000000   1.27541   -2.50900    .01926   -5.83231   -.56769
```

1. A(1) 之 B 因子事後比較。根據程式段「Contrast(B)」之比較係數，第一個比較參數為 B 因子第一個水準與第二個水準之比較，第二個比較參數為 B 因子第二個水準與第三個水準之比較。換句話說，參數 2 為第一個比較參數，其 t 值 =3.13625，p<.05，達顯著水準，即演講法與自學法在嚴肅的教學氣氛下有

顯著差異。參數爲第二個比較參數，其 t 值 = –2.509，p<.05，亦達顯著水準，即自學法與啓發法在嚴肅的教學氣氛下亦有顯著差異。

```
B WITHIN A(2)
Parameter      Coeff.  Std. Err.    t-Value     Sig. t Lower -95%  CL- Upper
        4  .800000000    1.27541     .62725     .53642   -1.83231   3.43231
        5 -5.8000000     1.27541   -4.54756     .00013   -8.43231   -3.16769
```

1. 在 A(2) 之 B 因子事後比較。參數 4 爲 B 因子第一個水準與第二個水準之比較，t=.62725，p>.05，未達顯著差異。參數 5 爲 B 因子第二個水準之第三個水準之比較，t= –4.54756，p<.05，達顯著水準，即在輕鬆的教學氣氛下，自學法與啓發法有顯著差異。

上述二個「單純主要效果」，再整成成下表。

表 5-8 單純主要效果之變異數摘要表

變異來源	df	F
A 因子 (教學氣氛)		
在 b_1 (演講)	1	2.98
在 b_2 (自學)	1	0.61
在 b_3 (啓發)	1	7.97*
B 因子 (教學方法)		
在 a_1 (嚴肅)	2	5.51*
在 a_1 (輕鬆)	2	12.15*
Residual(w.cell)	24	

* p<0.05

上述「單純主要效果之變異數摘要表」，可看出：

1. A 因子在 b_3 的 simple main effect 達顯著水準 (F=7.96, p<0.05)，故須再看，其事後比較。因 A 因子只有 2 個 levels，故從 A 因子在 b_3 的平均數：$\overline{a_1} = 6.4$，$\overline{a_2} = 10.0$，則$(\overline{a_1} - \overline{a_2})$= 3.6(t=2.82, P<0.05)，表示在「b_3啓發法」之環境下學習，嚴肅法 (a_1) 效果顯著低於輕鬆法 (a_2)。

2. B 因子在 a_1 及 a_2 的 simple main effect 均達顯著水準，故須再進行這方面的事後比較。因 B 因子有 3 個 levels，故：

(1) 從 B 因子在 a_1 的平均數：$\overline{b_1}=7.2$，$\overline{b_2}=3.2$，$\overline{b_3}=6.4$。($\overline{b_2}-\overline{b_1}$)= –4.0(t= –3.4, P<0.05)，表示在「a_1 嚴肅」之環境下學習，自學法 (b_2) 效果顯著低於演講法 (b_1)。此外，($\overline{b_3}-\overline{b_1}$)= –0.8(t= –0.63, P>0.05)，表示在「a_1 嚴肅」之環境下學習，啓發法 (b_3) 效果並未顯著低於演講法 (b_1)。

(2) 從 B 因子在 a_2 的事後比較，求得：$\overline{b_1}=5.0$，$\overline{b_2}=4.2$，$\overline{b_3}=10.0$。故 ($\overline{b_2}-\overline{b_1}$) = –0.8(t= –0.63, P>0.05)，表示在「a_2 輕鬆」之環境下學習，自學法 (b_2) 效果無顯著低於演講法 (b_1)。此外，($\overline{b_3}-\overline{b_1}$)=5.0(t=3.92, P<0.05)，表示在「a_2 輕鬆」之環境下學習，啓發法 (b_3) 效果顯著優於演講法 (b_1)。

5-4 單層次：重複測量的混合效果模型 (mixed effect model for repeated measure)

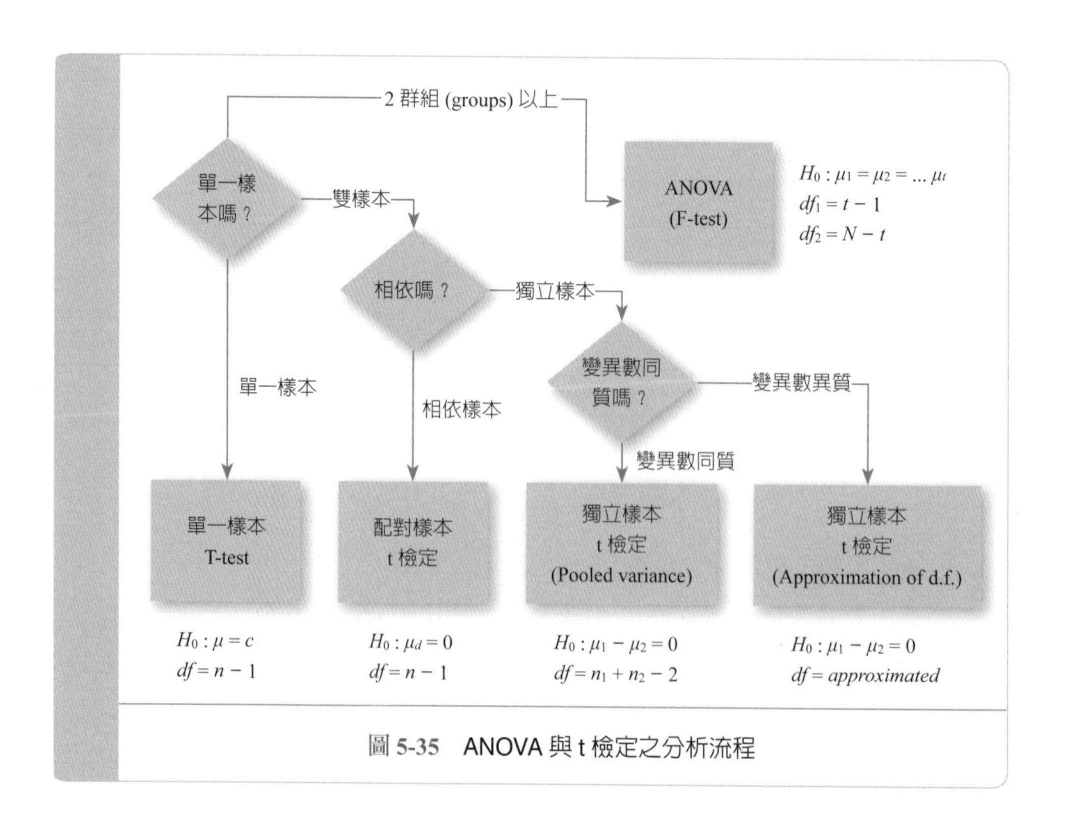

圖 5-35　ANOVA 與 t 檢定之分析流程

5-4-1 重複量測 (repeated measurement)ANOVA 的重點整理

一、重複量測 ANOVA 的概念

1. 使用狀況

如果在不同時間點 (different times) 或同時間點不同狀況 (different conditions)，量測同一個事件或物體，且其對應值是連續 (continuous)，則採用重複量測變異數分析。因兩兩量測間具有非獨立事件 (dependent) 的特性，會相互影響，故不可以使用變異數分析 (ANOVA)。例如：練習一的不同方向前伸研究，對同一受試者而言，有四個不同前伸方向的最大前伸距離，若要分析四個方向的最大前伸距離是否具有差異，則採用重複量測變異數分析。

2. 假設檢定 (hypothesis testing)

重複量測變異數分析檢測假說在於比較受試者間差異與受試者內差異。

(1) 受試者間效果 (between-subject effects) 指得是對同一受試者而言不會改變的變數，如身高、性別等。

(2) 受試者內效果 (within-subject effects) 則是指同一受試者的不同量測時間或狀況下所產生的差異，如不同前伸方向或治療前後時間。

(3) 有時候也會比較二者間的交互作用 (within-subject by between-subject interaction effect)，如「性別 × 時間」。

3. 假定 (assumption)

檢測受試者內效果 (within-subject effect) 的變數須符合 Type H covariance structure：

(1) Sphericity test：測試數據資料是否符合 Type H covariance structure。若是受試者內效果只有二級，則不需要進行 Sphericity test。

(2) 若資料不符合 Type H covariance structure 的假定，則顯著水準的自由度 (degree of freedom) 須以 Box's 做調整。Greenhouse and Geisser 最早提出 Box's 的最大可能估計值是 Greenhouse-Geisser。

(3) 但 Huynh and Feldt (1976) 則認爲在小樣本數的研究時，Greenhouse-Geisser Epsilon(你可安裝外掛指令 mauchly.ado) 較易低估顯著水準，故提出 Huynh-Feldt。

4. 統計模型 (statistical model)

相依變數 = 常數 + (受試者間差異的變數) + (受試者內差異的變數) + 交互作用

5. 共變數結構 (covariance structure)

由於不同時間或不同狀況下獲得的兩個量測間具有相關性 (correlation)，重複量測變異數分析必須考量此相關性的影響。因此受試者間的誤差 covariance structure 必須選擇正確，以確保其對平均值的影響是有效的。SPSS 常用的有上述 5 種，SPSS 則有 8 種選擇。

6. 兩個敵對之重複量測 ANOVA，那個較適配呢？

可比較二個相同固定效果但不同共變數結構的統計模型之 Akaike's Information Criteria (AIC) 與 Schwarz's Bayesian Criterion (SBC)，那個模型具有**較低的 IC** 值，則爲較適當的統計模型」)。

補充說明：迴歸模型之適配度指標：IC

1. R square 代表的是一個迴歸模型的解釋能力，假設某一線性迴歸之決定係數 R Square = 0.642，即 $R^2 = 0.642$，表示此模型的解釋能力高達 64.2%。
2. AIC (Akaike Information Criterion) 屬於一種判斷任何迴歸 (e.g 時間序列模型) 是否恰當的訊息準則，一般來說數值愈小，線性模型的適配較好。二個敵對模型優劣比較，是看誰的 IC 指標小，那個模型就較優。

   $\text{AIC} = T \times Ln(SS_E) + 2k$

   $\text{BIC} = T \times Ln(SS_E) + k + Ln(T)$
3. BIC (Bayesian information criterion) 亦屬於一種判斷任何迴歸是否恰當的訊息準則，一般來說數值愈小，線性模型的適配較好。但較少有研究者用它。
4. 判定係數 R2、AIC 與 BIC，雖然是幾種常用的準則，但是卻沒有統計上所要求的「顯著性」。故 LR test(概似比) 就出頭天，旨在比對兩個模型 (如 HLM vs. 單層固定效果 OLS) 是否顯著的好。

7. 重複測量變異數分析 (repeated measures anova) 缺點

(1) 受試者內 (within subject) 不允許的各組人數不相等。

(2) 你必須確定每個效果的正確誤差項

(3) 你要事先假定：compound symmetry/exchangeable covariance structure

(4) Repeated measures 可用 mixed model 來取代其缺點。

8. 重複測量混合模型 (repeated measures mixed model)

它具備 mixed models 的優缺點，但整體混合模型更爲靈活，優點比缺點多

優點：

(1) 自動校正每個效果之標準誤 (standard errors)

(2) 容忍各群組人數不平衡、遺漏値在在。

(3) 允許不等時間間隔 (unequal time intervals)

(4) 受試者內允許不同的共變數結構 (various within-subject covariance structures)

(5) 允許 time 被視爲分類或連續變數 (time to be treated as categorical or continuous)

缺點：

xtmixed 印出報表 (如 chi-square; the p-values) 適合大樣本分析，小樣本會有統計偏誤 (biased)。

二、重複測量 (repeated measure) vs. 混合效果模型 (mixed effect model)

在生物醫學的長期研究中，重複測量 (repeated measure) 是常使用的資料收集方法之一，會對同一個實驗對象在不同時間點上做測量，以探討不同變數的影響。例如將實驗對象依服用藥物劑量分成控制組、低劑量組、高劑量組，測量不同劑量組在不同時間點上的反應，以了解不同劑量對於治療效果、副作用或成長的影響。由於同一個實驗對象的測量値間可能會有相關，因此在資料分析時必須考慮此關係，而混合效果模型 (mixed effect model) 則是常被應用在分析此類資料的統計方法之一。

混合效果模型由兩部份組成，分別爲固定效果 (fixed effect) 與隨機效果 (random effect)，以線性混合效果模型 (linear mixed effect model) 爲例，依變數與獨立變數之間的關係可以表示成：

$$Y = X\beta + Z\gamma + \varepsilon$$

其中，X 與 Z 分別為獨立變數矩陣，β 代表固定效果的常數向量，γ 代表隨機效果的隨機向量，ε 為誤差項；γ 及 ε 假設為常態分布平均值 0 以及殘差的共變異數矩陣分別為G和R，且兩者互相獨立，即$\gamma \sim N(0, G)$、$\varepsilon \sim N(0, R)$、$\text{cov}(\gamma, \varepsilon) = 0$。

當我們要利用混合效果模型來分析重複測量資料時，我們可以宣告共變異數矩陣 R 或 G 的共變異數結構 (covariance structure) 型式以解釋重複測量之間的關係。常用的 Mixed model 殘差的共變異數矩陣共有 5 種假設型態可供挑選：

1. 無結構 (unstructured)

$$\begin{bmatrix} \sigma_1^2 & \sigma_{12} & \cdots & \sigma_{1p} \\ \sigma_{12} & \sigma_2^2 & \cdots & \sigma_{2p} \\ \vdots & \vdots & \ddots & \vdots \\ \sigma_{1p} & \sigma_{2p} & \cdots & \sigma_p^2 \end{bmatrix}$$

2. 簡易式 (simple 或 variance components)：Diagonal(對角線矩陣)：僅適用在獨立樣本資料分析，其假設為不同測量時間點的相關為 0，此假設與重複測量的資料特性不符，在重複測量中不可挑選。

$$\begin{bmatrix} \sigma_1^2 & 0 & \cdots & 0 \\ 0 & \sigma_2^2 & \cdots & 0 \\ \vdots & \vdots & \ddots & \vdots \\ 0 & 0 & \cdots & \sigma_p^2 \end{bmatrix} \text{或} \begin{bmatrix} \sigma^2 & 0 & \cdots & 0 \\ 0 & \sigma^2 & \cdots & 0 \\ \vdots & \vdots & \ddots & \vdots \\ 0 & 0 & \cdots & \sigma^2 \end{bmatrix}$$

3. 複合對稱 (compound symmetry, CS)：同一個個體 (subject) 在不同時間 (visit) 的測量之相關都一樣。

$$\begin{bmatrix} \sigma_1^2+\sigma^2 & \sigma_1^2 & \cdots & \sigma_1^2 \\ \sigma_1^2 & \sigma_1^2+\sigma^2 & \cdots & \sigma_1^2 \\ \vdots & \vdots & \ddots & \vdots \\ \sigma_1^2 & \sigma_1^2 & \cdots & \sigma_1^2+\sigma^2 \end{bmatrix}$$

4. 第一階自我迴歸 (first-order autoregressive, AR(1))：當期的反應變數與距離前一期的結果之相關是最強的，相距的期數愈遠，相關愈小，此假設最符合長期追蹤資料的假設。

$$\sigma^2\begin{bmatrix} 1 & \rho & \cdots & \rho^{p-1} \\ \rho & 1 & \cdots & \rho^{p-2} \\ \vdots & \vdots & \ddots & \vdots \\ \rho^{p-1} & \rho^{p-2} & \cdots & 1 \end{bmatrix}$$

5. Unstructure：不做任何假設，資料的特性是什麼，就是什麼，其優點爲最具彈性，但缺點爲需要估計的參數最多，追蹤的次數愈多，估計的參數就愈多。

名詞定義與解釋：在 ANOVA 模型中

1. 固定效果 (Fixed-effects)：若別人要重複你的研究，則別人只能以同樣的分類標準來分類，例如性別、年齡及教育程度，即推論是來自於目前的分類標準，通常就是研究中要探討的變數。
2. 隨機效果 (Random effects)：允許別人有不同分類標準的變數，在重複量測中，通常個案即是 random effects 變數，代表允許每一位個案的初始值 (在我們這個例子中，就是前測分數) 可以不同。
3. 混合線性模型 (mixed-effects model)：同時包含固定效果跟隨機效果，我們就稱爲混合線性模型。
4. 殘差的共變異數矩陣 (covariance structure)：用來解釋測量之間的關係，常見有以上 4 種：無結構 (unstructured)、簡易式 (Simple)、複合對稱 (Compound symmetry)、一階自迴歸模型 (First-order autoregressive, AR(1))。

6. 廣義估計方程式 (Generalized estimating equation, GEE)(**gee** 指令)

   GEE 爲半母數方法 (semiparametric)，由於具有假設少，以及較具穩健性的特性，在近幾年的分析上爲應用最廣泛的方法。可適用於類別或數值型態的資料。透過 link function(連結函數) 將各種類型的資料轉換成 GEE 可分析的型態，其殘差的共變異數矩陣的基本假定與 Mixed model 近似。資料型態亦爲縱向資料，但無法放入 random effect 在模型中。

7. 廣義線性混合模型 (GLMM)

   在長期追蹤的資料分析上，目前常用的方法爲線性混合模型 (Linear Mixed model) 及廣義估計方程式 (Generalized estimating equation, GEE)。然而，傳統的 Mixed model 僅能處理連續型的 response, GEE 無法考量隨機效果 (random effect)；所以，當 response 爲類別型資料，又需考慮隨機效果時，所用的分析方法即爲廣義線性混合模型 (GLMM)。

此外，臨床上的長期追蹤資料，常會有缺失值 (missing value) 的情形發生，當出現此種情形時，必須先探討其成因，再尋求解決的方法：如 imputation 等，不正確的處理方式將導致錯誤的結論。適當地處理缺失值的問題後，再以 GLMM 來分析其結果，才可得到最爲恰當的推論結果。

三、如何找最適配的 Covariance Structure 呢？

你可估計許多不同的共變數結構 (covariance structures)。這概念很關鍵，每個實驗可能有不同的共變數結構。重要的是要知道哪個共變數結構最適合數據的隨機「變異數和共變數」。

(一) 挑選策略 / 演算法 (Strategy/Algorithm)

1. 先挑 unstructured (UN)。
2. 再挑 compound symmetry (CS)：最簡單 RM 結構。
3. 接著挑其他 structures(that best fit the experimental design and biology of organism)。

(二) 使用模型適配準則 (Model-Fitting Statistics)

1. AIC 準則：Akaike's Information Criteria(越小越好)。
2. BIC(SBC) 準則：Schwarz's Bayesian Criteria(越小越好)。

四、重複測量的混合效果模型

重複測量實驗是指受試者 (subject) 重複參與一因子 (factor) 內每一層次 (level)。即重複測量實驗的數據違反了一般變異數分析的個案數值獨立的要求，所以需要一些新的統計檢定方法，能解決個案數值非獨立的問題——重複測量變異數分析。

重複測量變異數分析的優點：需要的受試者人數較少；殘差的變異數降低，使得 F 檢定值較大，所以統計檢定力 (power) 較大，power=1−β。注意重複測量變異數分析不適合有練習效果(practice effect)或持續效果(carryover effect)的情況。

重複測量的資料排列

建議先列出資料的排列(layout)，以便瞭解因子的屬性(受試者內或間因子)。

同一受試者重複參與某處理 (treatment) 內每一層次的測量，此因子便稱爲受試者內因子 (within factor)。受試者內因子通常是研究者可操控的因子，如時間。受試者沒有參與因子內每一層次，此因子稱爲受試者間因子 (between factor)。受試者間因子通常是研究者不可操控的因子，如個案的性別、年齡。

5-4-2 重複測量 ANOVA 之 F 檢定公式

一、重複測量型變異數分析 (Repeated Measures ANOVA)

在臨床實驗或介入型研究，經常需要對同一個受試個體 (Subject) 在不同的時間點觀察其反應。謂之重複測量型變異數分析。

其中兩個重要的基本假定爲 (1)：不同個體 (subject) 之間無關聯性；(2) 同一個個體 (subject) 在不同時間 (visit) 的測量有相關。在共變異數矩陣 (Covariance matrix) 的分析中有一個基本的假設，同一個個體 (subject) 在不同時間 (visit) 的測量之相關都一樣。事實上，距離愈前期的測量結果愈遠，測量的相關會愈來愈弱，與臨床上許多的實際狀況不符，這樣的相關矩陣稱爲 Compound Symmetry(CS)。檢定這項基本假定的方法爲 Mauchly's test of Sphericity(球面性假定)，若不符基本假定，應採取更適合的方法。

Repeated Measures ANOVA 可分析單一樣本與多組樣本的重複測量，反應變數爲連續型資料，且需符合常態分配的基本假定。資料爲橫向資料，若有任一次的資料中有缺失值，將整個 subject 被刪除，因此分析的資料特性必須是完整資料 (Complete case)。對於會隨時間改變的解釋變數 (例如每次所測量的除反應變數以外之生化值)，無法一一對應至每一個時間點的反應變數，因此僅能分析不隨時間改變的解釋變數 (例如性別)。

二、線性混合模式 (Linear Mixed model)

Mixed model 的使用時機必需爲反應變數爲連續型資料且需符合常態分配的基本假定。由於不同測量時間的資料爲縱向資料，當有一個時間點的資料爲缺失值 (missing)，只會被刪除有缺失的特定時間點資料，其他資料會被保留下來，因此所使用的資料爲可用的資料 (Available data)，在有缺失值的情況下，仍有很好的估計。由於資料是縱向的，因此會隨時間改變的解釋變數可以放在模式中分析。此外，Mixed model 最主要的特色是混合了兩種效果 (effect)，包括 fixed effect(固定效果) 與隨機效果 (random effect)，其中 fixed effect 爲研究者要用來作比較用的變數，如治療方法 (treatment)、不同測量時間 (visit) 等；random effect 所放的變數主要作爲調整變數用，例如將多中心研究中的不同醫學中心 (center) 放在 random effect，調整不同醫學中心間的差異。若是介入型研究，要將基期的資料特別挑出，且放在解釋變數中。

Mixed model 誤差之共變異數矩陣，SPSS 有 8 種，常見的共有 4 種假設可供挑選：

1. Diagonal (對角線矩陣)：僅適用在獨立樣本資料分析，其假設爲不同測量時間點的相關爲0，此假設與重複測量的資料特性不符，在重複測量中不可挑選。
2. Compound Symmetry(CS)：同一個個體 (subject) 在不同時間 (visit) 的測量之相關都一樣。
3. AR(1)(The first-order autoregressive model)：當期的反應變數與距離前一期的結果之相關是最強的，相距的期數愈遠，相關愈小，此假設最符合長期追蹤資料的假設。
4. Unstructure：不做任何假設，資料的特性是什麼，就是什麼，其優點爲最具彈性，但缺點爲需要估計的參數最多，追蹤的次數愈多，估計的參數就愈多。

三、公式：重複測量型變異數分析 (Repeated Measures ANOVA)

設 A 爲受試者內的因子 (within factor)，即同一受試者會在 A1、A2、A3 重複測量 Y(依變數)。例如：6 名受試者之運動介入都有三次重複測量：「前測、三個月後再測、六個月後再測」。

Exercise Intervention				
Subjects	**Pre-**	**3 Months**	**6 Months**	**Subject Means:**
1	45	50	55	**50**
2	42	42	45	**43**
3	36	41	43	**40**
4	39	35	40	**38**
5	51	55	59	**55**
6	44	49	56	**49.7**
Monthly Means:	**42.8**	**45.3**	**49.7**	
		Grand Mean:	**45.9**	

SS_T

same as SS_b　　全體變異 (Total Variablility)

組間變異 (Conditions Variability)
$SS_{conditions}$

組內變異 (Within-Groups Varibility)
SS_W

受試者變異 (Subject Variability)
$SS_{subjects}$

誤差變異
(Error Variability)
SS_{error}

其中 $SS_{error} = SS_w - SS_{subjects}$

或 $SS_{error} = SS_T - SS_{conditions} - SS_{subjects}$

$$SS_{time} = SS_b = \sum_{i=1}^{k} n_i(\bar{x}_i - \bar{x})^2$$

$$SS_{time} = SS_b = \sum_{i=1}^{k} n_i(\bar{x}_i - \bar{x})^2$$

$$= 6[(42.8 - 45.9)^2 + (45.3 - 45.9)^2 + (49.7 - 45.9)^2]$$

$$= 6[9.61 + 0.36 + 14.44]$$

$$= 143.44$$

$$SS_{subjects} = k \cdot \sum(\bar{x}_i - \bar{x})^2$$

$$= 3[(50 - 45.9)^2 + (43 - 45.9)^2 + (40 - 45.9)^2 + (38 - 45.9)^2 + (55 - 45.9)^2 + (49.7 - 45.9)^2]$$

$$= 658.3$$

$$SS_w = SS_{subjects} + SS_{error}$$

$$SS_{error} = SS_w - SS_{subjects}$$

$$= 715.5 - 658.3$$

$$= 57.2$$

$$F = \frac{MS_{time}}{MS_{error}} \quad \text{or} \quad F = \frac{MS_{conditions}}{MS_{error}}$$

$$MS_{time} = \frac{SS_{time}}{(k-1)} = \frac{143.44}{2} = 71.72$$

$$MS_{error} = \frac{SS_{error}}{(n-1)(k-1)} = \frac{57.2}{(5)(2)} = 5.72$$

$$F = \frac{MS_{time}}{MS_{error}} = \frac{71.72}{5.72} = 12.53$$

圖 5-36　運動介入有三次重複測量之 F 檢定公式

其 F 檢定公式爲：

$$F=\frac{MS_{time}}{MS_{error}} \quad \text{or} \quad F=\frac{MS_{conditions}}{MS_{error}}$$

5-4-3 重複測量 ANOVA 之主要效果 / 交互效果檢定 (雙層 MIXED vs. 單層 GLM 指令)

範例：重複測量型變異數分析 (Repeated Measures ANOVA)

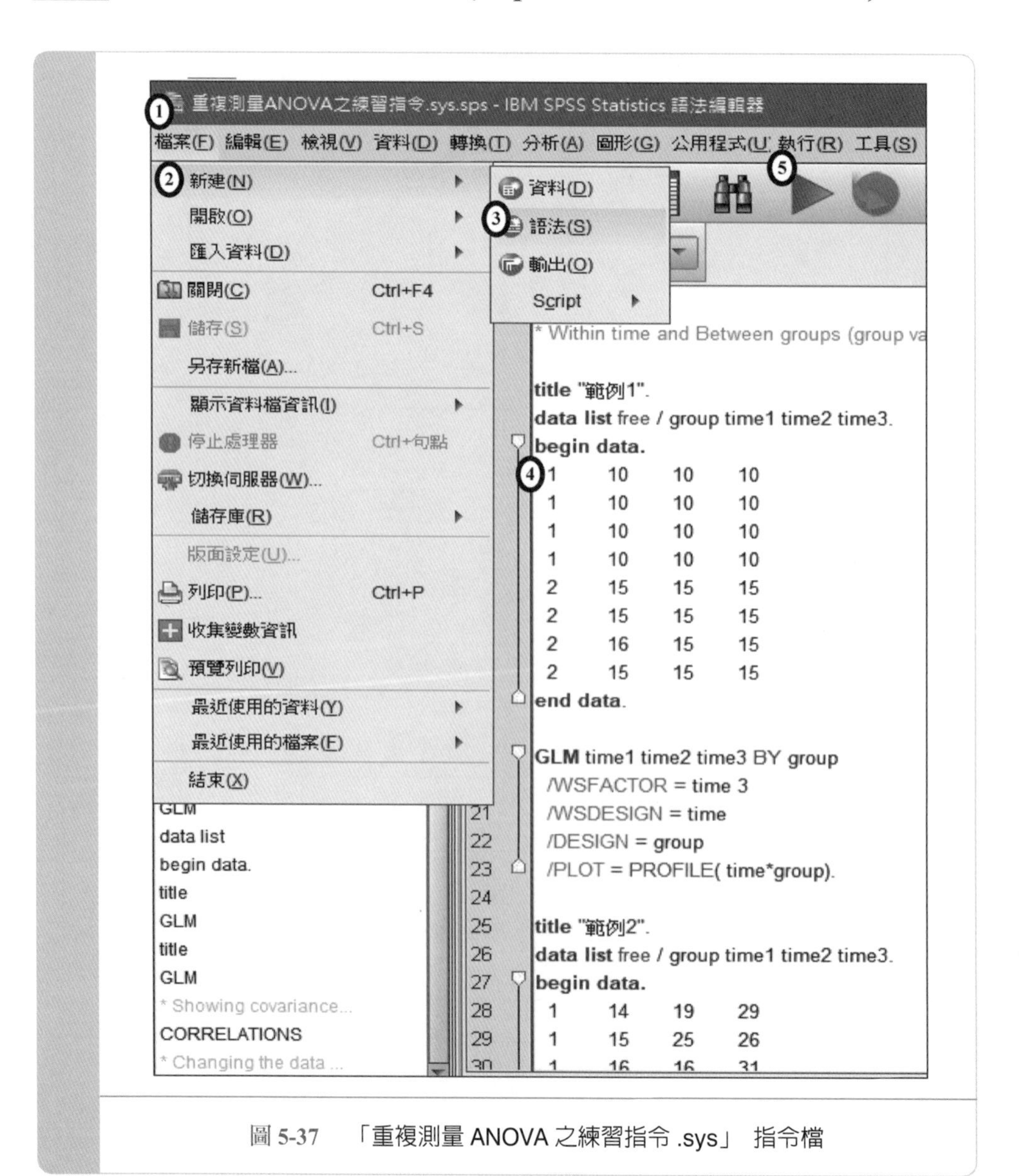

圖 5-37 「重複測量 ANOVA 之練習指令 .sys」 指令檔

```
* 使用範例之資料，如下：

* Within time and Between groups (group variable w/ two levels).

title "範例1：單因子重複測量 ANOVA".
data list free / group time1 time2 time3.
begin data.
  1        10        10        10
  1        10        10        10
  1        10        10        10
  1        10        10        10
  2        15        15        15
  2        15        15        15
  2        16        15        15
  2        15        15        15
end data.

GLM time1 time2 time3 BY group
  /WSFACTOR = time 3
  /WSDESIGN = time
  /DESIGN = group
  /PLOT = PROFILE( time*group).

title "範例2：單因子重複測量 ANOVA".
data list free / group time1 time2 time3.
begin data.
  1        14        19        29
  1        15        25        26
  1        16        16        31
  1        12        24        32
  2        10        21        24
  2        17        26        35
  2        19        22        32
  2        15        23        34
end data.

GLM time1 time2 time3 BY group
  /WSFACTOR = time 3
```

```
  /WSDESIGN = time
  /DESIGN = group
  /PLOT = PROFILE( time*group).


title "範例3：單因子重複測量ANOVA".
data list free / group time1 time2 time3.
begin data.
  1         35        25        16
  1         32        23        12
  1         36        22        14
  1         34        21        13
  2         57        43        22
  2         54        46        26
  2         55        46        23
  2         60        47        25
end data.

GLM time1 time2 time3 BY group
  /WSFACTOR = time 3
  /WSDESIGN = time
  /DESIGN = group
  /PLOT = PROFILE( time*group).
```

```
title "範例4：單因子重複測量ANOVA".
data list free / group time1 time2 time3.
begin data.
  1         35        25        12
  1         34        22        13
  1         36        21        18
  1         35        23        15
  2         31        43        57
  2         35        46        58
  2         37        48        51
  2         32        45        53
end data.
```

```
GLM time1 time2 time3 BY group
  /WSFACTOR = time 3
  /WSDESIGN = time
  /DESIGN = group
  /PLOT = PROFILE( time*group).
```

5-5 雙層次 (MIXED 指令)：重複測量的混合效果模型

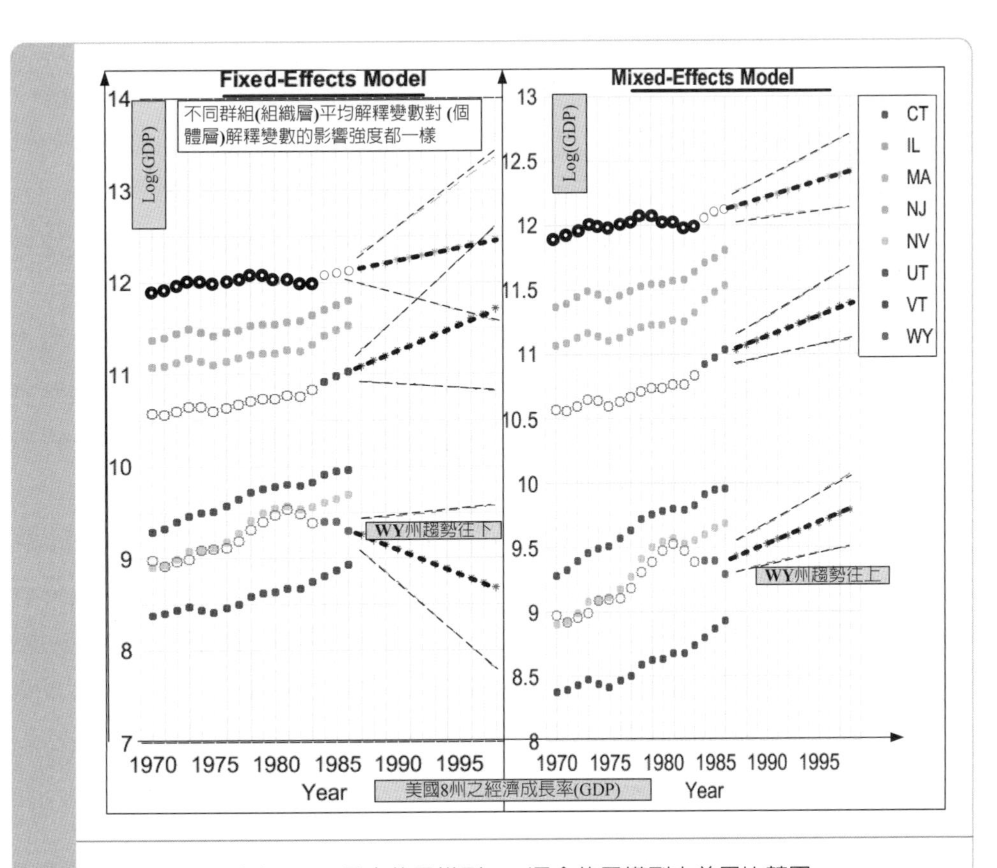

圖 5-38　固定效果模型 vs. 混合效果模型之差異比較圖

ANOVA(ONEWAY 指令)、MANOVA(GLM、MANOVA)、以及 MANCOVA 多數採固定效果模型；相對地，重複測量也是多層次模型之一，它採混合效果模型 (MIXED 指令)，混合模型等同重複測量 ANOVA 及 ANCOVA。

5-5-1 雙層次 vs. 二因子混合設計 ANOVA：wide 格式 (雙層 MIXED vs. 單層 GLM 指令)

重複測量型變異數分析 (Repeated Measures ANOVA)

其中兩個重要的基本假定爲 (1)：不同個體 (subject) 之間無關聯性；(2) 同一個個體 (subject) 在不同時間 (visit) 的測量有相關。在共變異數矩陣 (Covariance matrix) 的分析中有一個基本的假設，同一個個體 (subject) 在不同時間 (visit) 的測量之相關都一樣。事實上，距離愈前期的測量結果愈遠，測量的相關會愈來愈弱，與臨床上許多的實際狀況不符，這樣的相關矩陣稱爲 Compound Symmetry(CS)。檢定這項基本假定的方法爲 Mauchly's test of Sphericity(球面性假定)。

Repeated Measures ANOVA 可分析單一樣本與多組樣本的重複測量，反應變數爲連續型資料，且需符合常態分配的基本假定。資料爲横向資料，若有任一次的資料中有缺失值，將整個 subject 被刪除，因此分析的資料特性必須是完整資料 (complete case)。對於會隨時間改變的解釋變數 (例如每次所測量的除反應變數以外之生化值)，無法一一對應至每一個時間點的反應變數，因此僅能分析不隨時間改變的解釋變數 (例如性別)。

二因子混計 ANOVA 有三種解法：GLM 指令、MIXED 指令、MANOVA 指令。其中，「**glm** with」、「**manova** with」指令都是採用 wide form。若用分析 long form 資料檔，則可採用 **MIXED** 指令。事實上，若遇到時變變數 (time-varying covariates)，就須改用 **mixed 指令**。**varstocases** 指令可將 wide 轉成 long 格式資料檔。時變的共變數 (time-varying covariates) 的範例，請見本書第 5 章。

一、資料檔之內容

「repeated_measure_ 二因子混計 wide.sav」資料檔內容內容如下圖。

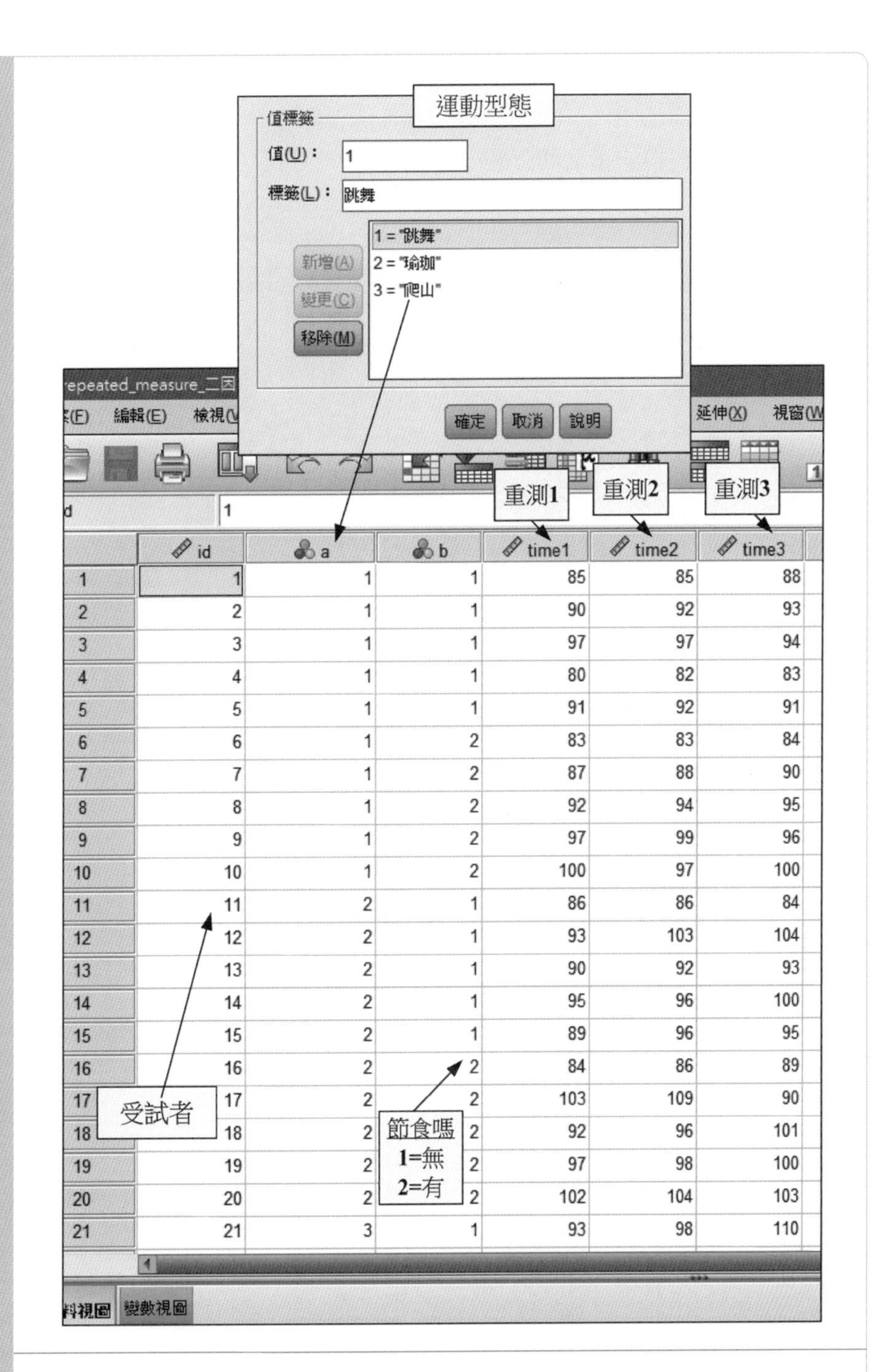

	id	a	b	time1	time2	time3
1	1	1	1	85	85	88
2	2	1	1	90	92	93
3	3	1	1	97	97	94
4	4	1	1	80	82	83
5	5	1	1	91	92	91
6	6	1	2	83	83	84
7	7	1	2	87	88	90
8	8	1	2	92	94	95
9	9	1	2	97	99	96
10	10	1	2	100	97	100
11	11	2	1	86	86	84
12	12	2	1	93	103	104
13	13	2	1	90	92	93
14	14	2	1	95	96	100
15	15	2	1	89	96	95
16	16	2	2	84	86	89
17	17	2	2	103	109	90
18	18	2	2	92	96	101
19	19	2	2	97	98	100
20	20	2	2	102	104	103
21	21	3	1	93	98	110

圖 5-39 「repeated_measure_二因子混計 wide.sav」 資料檔內容 (N=30 個人，每人重複測量 3 次)

方法一：GLM 指令

Step 1 建 SPSS 資料檔

建 SPSS 資料檔的指令如下圖。

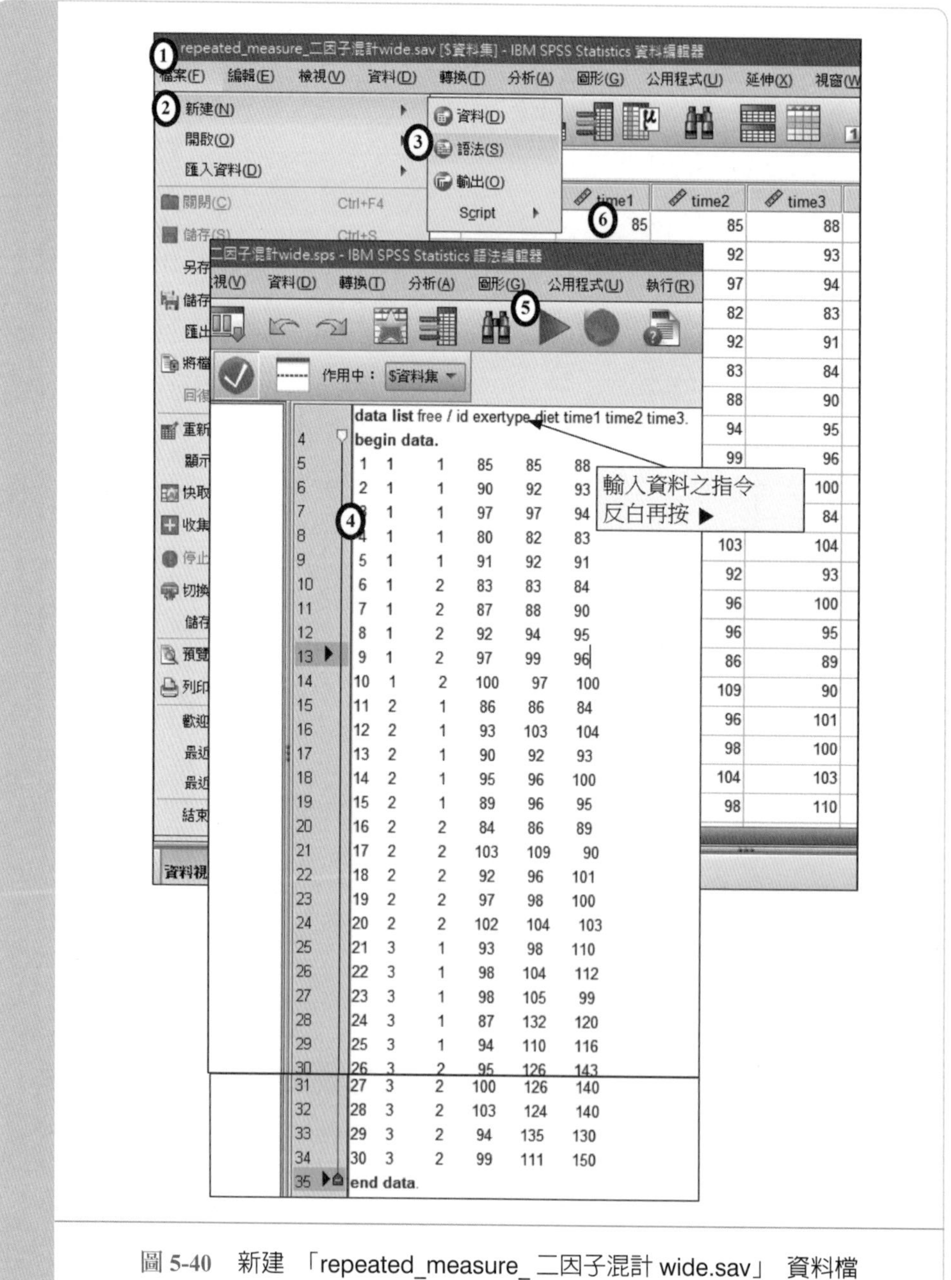

圖 5-40　新建「repeated_measure_二因子混計 wide.sav」資料檔

【A. 分析結果】二因子混合設計：wide 格式資料檔

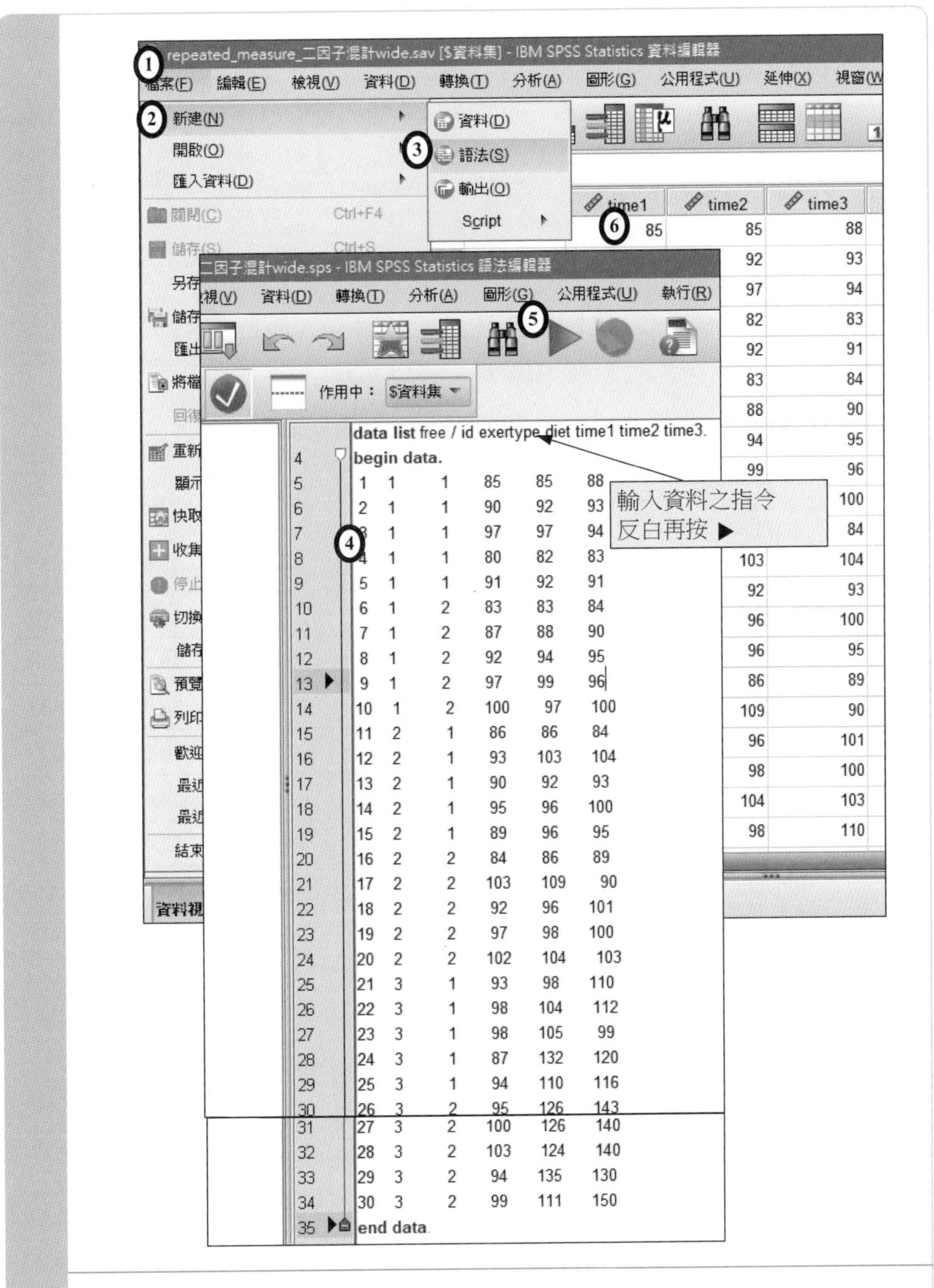

圖 5-41 「GLM time1 time2 time3 BY a」 二因子混合設計 wide 格式之 GLM 指令

對應的指令語法：

```
GLM time1 time2 time3 BY a
  /WSFACTOR=time 3 Polynomial
  /MEASURE=time
  /METHOD=SSTYPE(3)
  /PLOT=PROFILE(time*a) TYPE=LINE ERRORBAR=NO MEANREFERENCE=NO YAXIS=AUTO
  /EMMEANS=TABLES(a*time)
  /CRITERIA=ALPHA(.05)
  /WSDESIGN=time
  /DESIGN=a .
```

【B. 分析結果說明】：交互作用效果檢定

Multivariate Tests[a]

Effect		Value	F	Hypothesis df	Error df	Sig.
time	Pillai's Trace	.623	21.497[b]	2.000	26.000	.000
	Wilks' Lambda	.377	21.497[b]	2.000	26.000	.000
	Hotelling's Trace	1.654	21.497[b]	2.000	26.000	.000
	Roy's Largest Root	1.654	21.497[b]	2.000	26.000	.000
time *[a]	Pillai's Trace	.688	7.087	4.000	54.000	.000
	Wilks' Lambda	.317	10.073[b]	4.000	52.000	.000
	Hotelling's Trace	2.131	13.321	4.000	50.000	.000
	Roy's Largest Root	2.123	28.654[c]	2.000	27.000	.000

a. Design: Intercept + a
   Within Subjects Design: time
b. Exact statistic
c. The statistic is an upper bound on F that yields a lower bound on the significance level.

1. 交互作用「time*a」效果檢定，求得 **Wilks’ Lambda=0.317**(p<5.05) ，表示獨立樣本 A 因子與重複測量 time 存在交互作用，故再繪交互作用圖來檢視單純主要效果 (simple main effect) 的趨勢。

【C. 分析結果說明】：重複測量依變數的誤差同質性

Mauchly's test of Sphericitya

Measure: time

Within Subjects Effect	Mauchly's W	Approx Chi Square	df	Sig.	Epsilon[b] Greenhouse-Geisser	Huynh-Feldt	Lower-bound
time	.968	.844	2	.656	.969	1.000	.500

Tests the null hypothesis that the error covariance matrix of the orthonormatized transformed dependent varibales is proportional to an identity matrix.

a. Design: Intercept * a
Within Subjects Design: time

b. May be used to adjust the degress of freedom for the averaged tests of significance. Corrected tests are displayed in the Tests of Within-Subjects Effects table.

1. 同一個個體 (subject) 在不同時間 (visit) 的測量有相關。在共變異數矩陣 (Covariance matrix) 的分析中有一個基本的假設，同一個個體 (subject) 在不同時間 (visit) 的測量之相關都一樣。事實上，距離愈前期的測量結果愈遠，測量的相關會愈來愈弱，與臨床上許多的實際狀況不符，這樣的相關矩陣稱爲 Compound Symmetry(CS)。檢定這項基本假定的方法爲 Mauchly's test of Sphericity(球面性假定)。
2. 本例檢定結果：Mauchty's W = 0.968($\chi^2_{(2)} = 0.844$, $p > 0.05$)，接受虛無假設「H_0: 重複測量依變數的誤差同質性」。

【D. 分析結果說明】：受試者內的趨勢：線性趨勢嗎？

Tests of Within-Subjects Contrasts

Measure: time

Source	time	Type III Sum of Squares	df	Mean Square	F	Sig.
time	Linear	1915.350	1	1915.350	37.857	.000
	Quadratic	151.250	1	151.250	4.067	.054
time * a	Linear	2601.100	2	1300.550	25.705	.000
	Quadratic	122.233	2	61.117	1.644	.212
Error(time)	Linear	1366.050	27	50.594		
	Quadratic	1004.017	27	37.186		

1. 本例，重複測量 3 次 (time) ，及「time*a」交互作用項都呈線性趨勢 (F=0.857, p<0.05)。

【E. 分析結果說明】：受試者間之效果檢定

Tests of Between-Subjects Effects

Measure: time

Transformed Variable: Average

Source	Type III Sum of Squares	df	Mean Square	F	Sig.
Intercept	894608.100	1	894608.100	5802.399	.000
a	8326.067	2	4163.033	27.001	.000
Error	4162.833	27	154.179		

1. 本例，獨立樣本之 A 因子 (運動型態) 在三次重複測量 (time) 有顯著差異 (F=27.0, p<0.05)。故再看 A 因子的各 levels 在重測三次 (脈搏) 平均數事後比較，如下表：

運動型態 * time(重測三次)

Measure: time

運動型態	time	Mean	Std. Error	95% Confidence Interval Lower Bound	Upper Bound
跳舞 (a1)	1	90.200	1.849	86.406	93.994
	2	90.900	2.953	84.841	96.959
	3	91.400	3.472	84.275	98.525
瑜珈 (a2)	1	93.100	1.849	89.306	96.894
	2	96.600	2.953	90.541	102.659
	3	95.900	3.472	88.775	103.025
爬山 (a3)	1	96.100	1.849	92.306	99.894
	2	117.100	2.953	111.041	123.159
	3	126.000	3.472	118.875	133.125

1. 跳舞 (a1) 及爬山 (a3) 在重測三次 (脈搏) ，平時數都是單調遞增。相對地，瑜珈 (a2) 在重測三次 (脈搏)，先增後減的現象，如下圖所示。

【F. 分析結果說明】:「運動型態 × time」交互作用圖

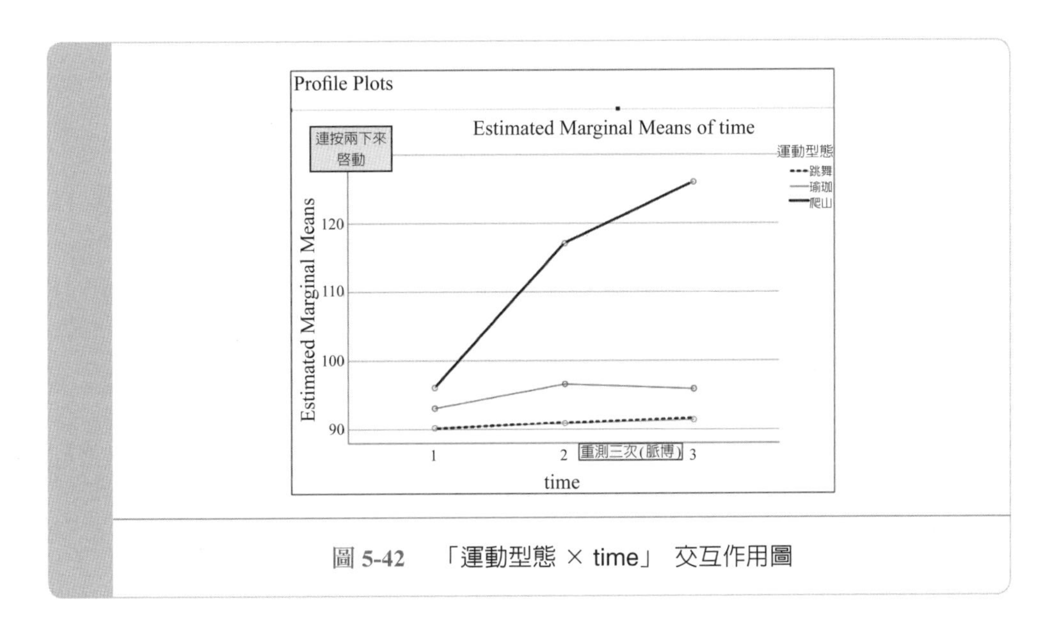

圖 5-42 「運動型態 × time」 交互作用圖

方法二：MIXED 指令：雙層次之混合模型

二因子混計 ANOVA 有三種解法：GLM 指令、MIXED 指令、MANOVA 指令。在此介紹 MIXED 指令。

Step 1. 建 wide 格式之資料檔

「repeated_measure_ 二因子混計 wide.sav」資料檔內容內容如下圖。

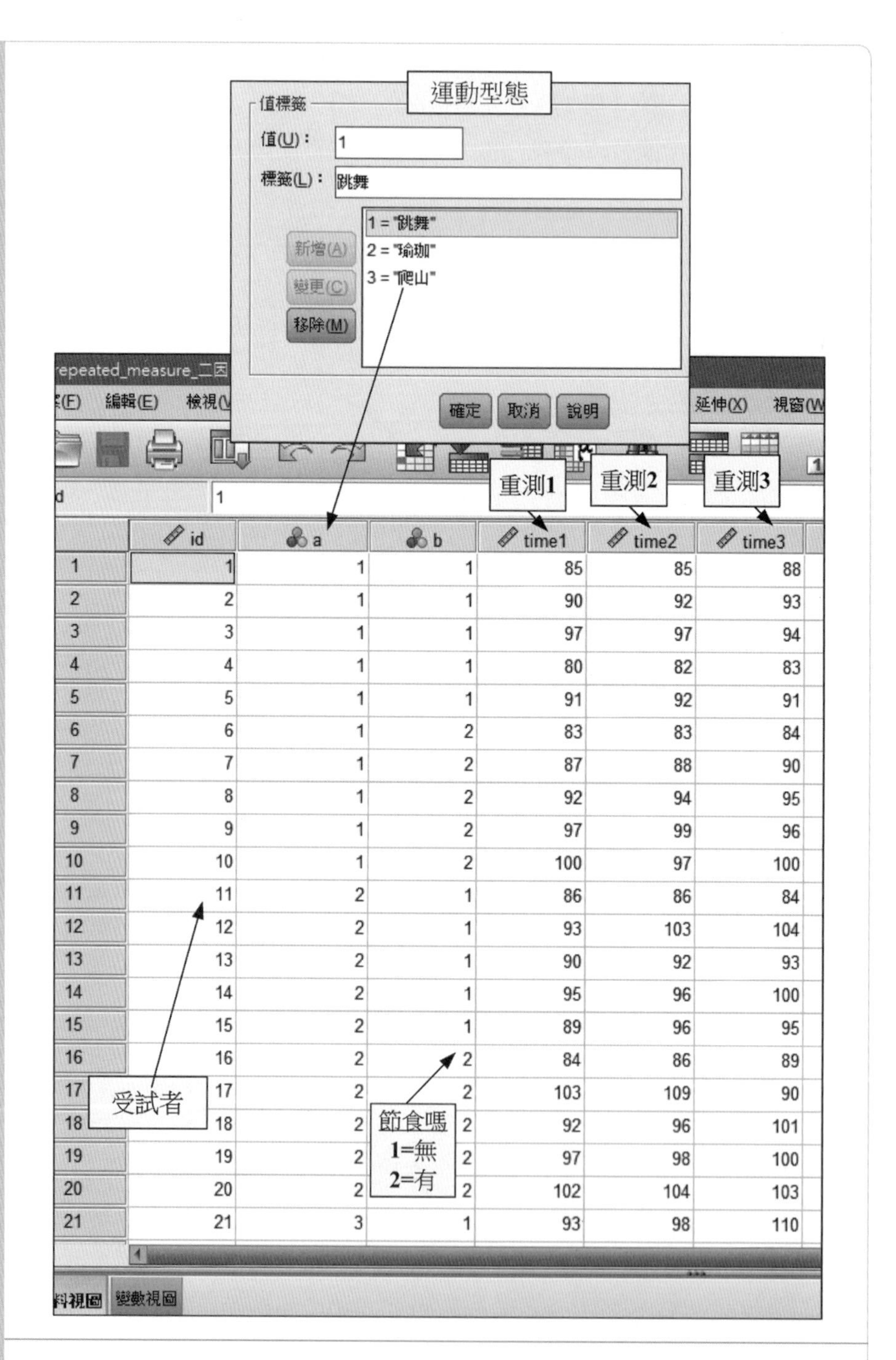

	id	a	b	time1	time2	time3
1	1	1	1	85	85	88
2	2	1	1	90	92	93
3	3	1	1	97	97	94
4	4	1	1	80	82	83
5	5	1	1	91	92	91
6	6	1	2	83	83	84
7	7	1	2	87	88	90
8	8	1	2	92	94	95
9	9	1	2	97	99	96
10	10	1	2	100	97	100
11	11	2	1	86	86	84
12	12	2	1	93	103	104
13	13	2	1	90	92	93
14	14	2	1	95	96	100
15	15	2	1	89	96	95
16	16	2	2	84	86	89
17	17	2	2	103	109	90
18	18	2	2	92	96	101
19	19	2	2	97	98	100
20	20	2	2	102	104	103
21	21	3	1	93	98	110

圖 5-43 「repeated_measure_二因子混計 wide.sav」 資料檔內容 (N=30 個人，每人重複測量 3 次)

Step 2. 用 VARSTOCASES 指令，將 wide 格式轉成 long 格式之資料檔

二因子混計 ANOVA 有二種解法：GLM 指令、MIXED 指令。其中，MIXED 指令需 long 格式資料檔。

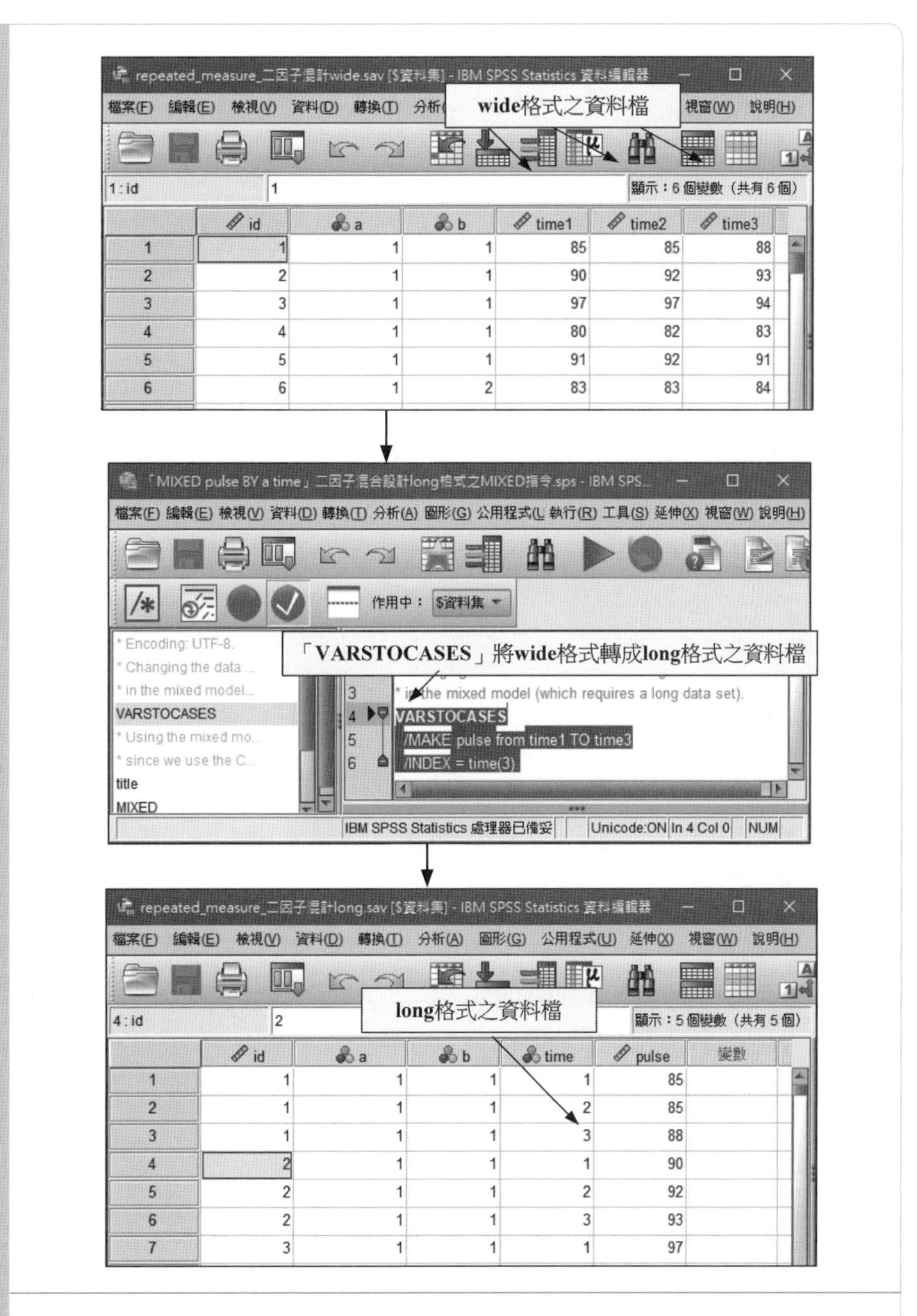

圖 5-44 「VARSTOCASES」 將 wide 格式轉成 long 格式之資料檔

對應的指令語法：

```
* Changing the data set from wide to long to be used.
* in the mixed model (which requires a long data set).
VARSTOCASES
  /MAKE pulse from time1 TO time3
  /INDEX = time(3).
```

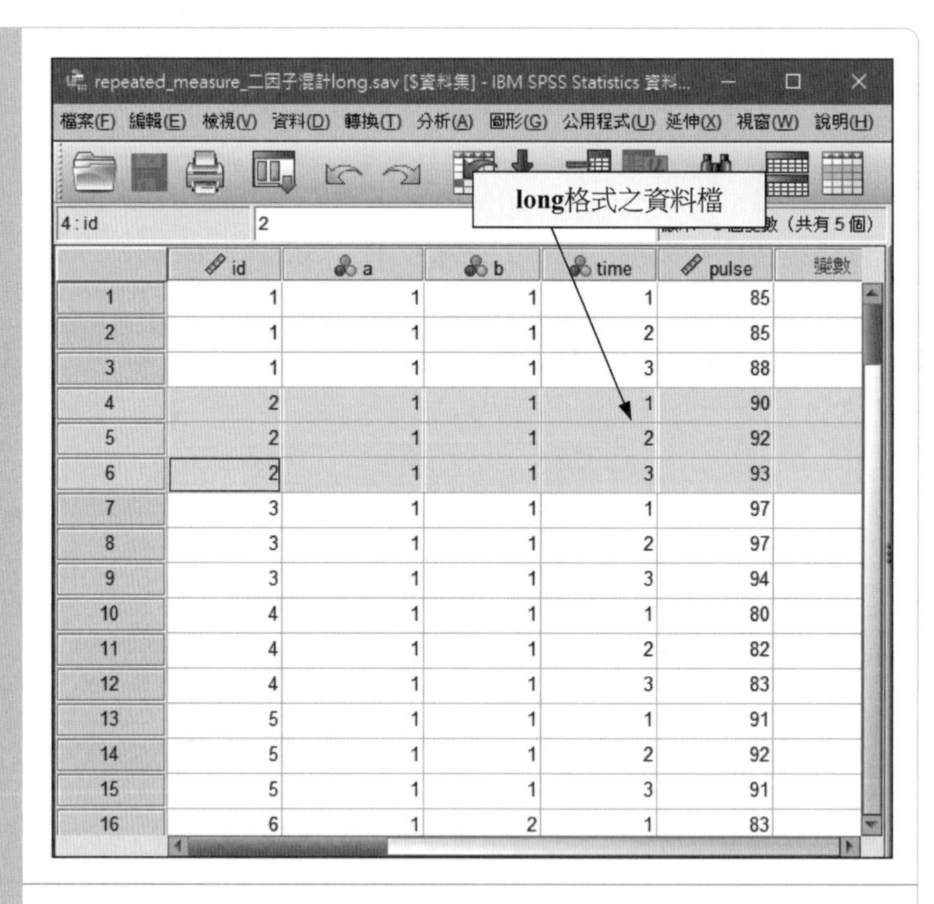

圖 5-45　轉成 long 格式之資料檔　「repeated_measure_二因子混計 long.sav」

Step 3. 用 MIXED 指令分析二因子混合設計 ANOVA

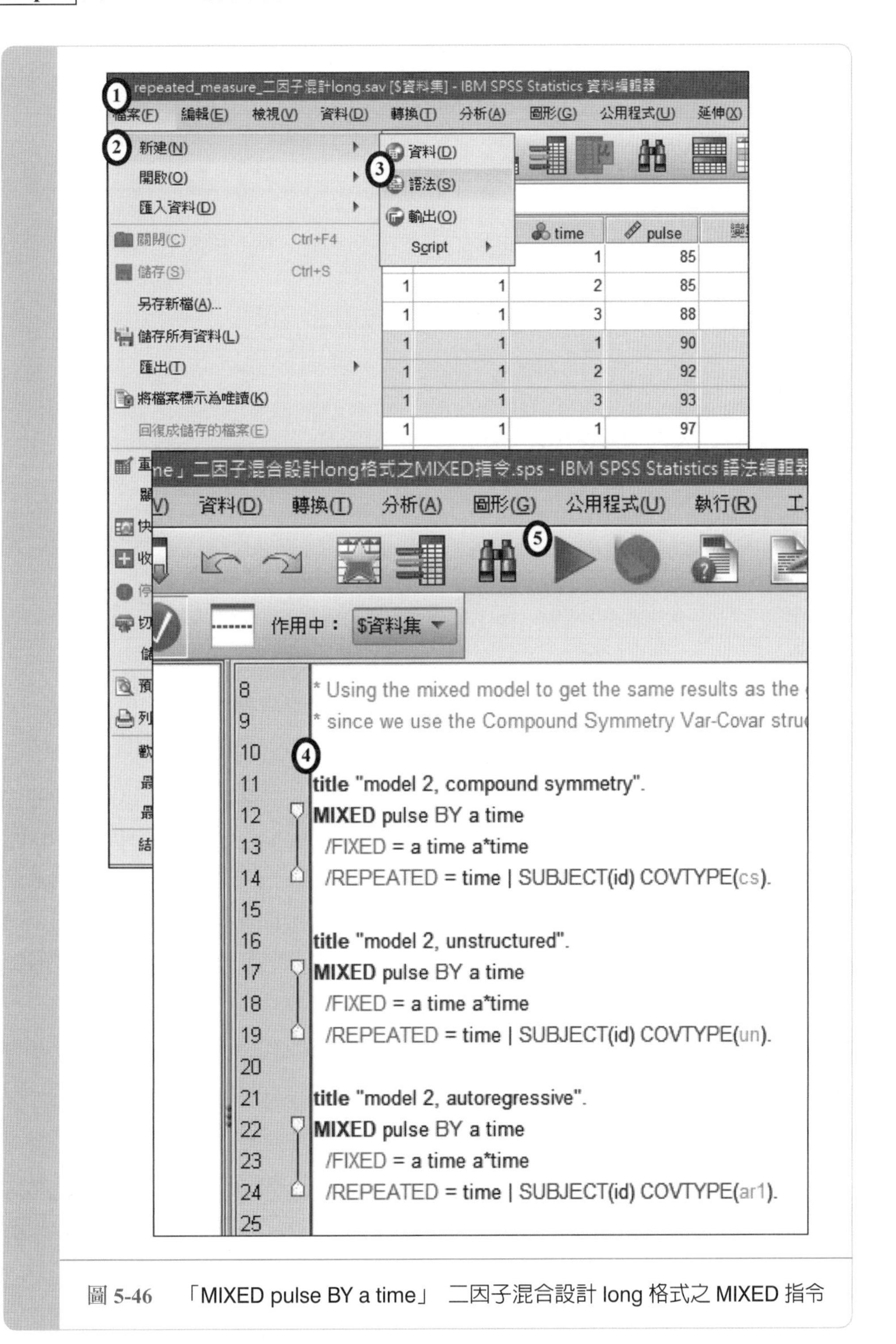

圖 5-46 「MIXED pulse BY a time」 二因子混合設計 long 格式之 MIXED 指令

對應的指令語法：

```
* Using the mixed model to get the same results as the glm .
* since we use the Compound Symmetry Var-Covar structure.

title "model 1 , compound symmetry".
MIXED pulse BY a time
  /FIXED = a time a*time
  /REPEATED = time | SUBJECT(id) COVTYPE(cs).

title "model 2 , unstructured".
MIXED pulse BY a time
  /FIXED = a time a*time
  /REPEATED = time | SUBJECT(id) COVTYPE(un).

title "model 3 , autoregressive".
MIXED pulse BY a time
  /FIXED = a time a*time
  /REPEATED = time | SUBJECT(id) COVTYPE(ar1).
```

1. 重複測量型變異數分析 (Repeated Measures ANOVA)

其中兩個重要的基本假定爲 (1)：不同個體 (subject) 之間無關聯性；(2) 同一個個體 (subject) 在不同時間 (visit) 的測量有相關。在共變異數矩陣 (Covariance matrix) 的分析中有一個基本的假設，同一個個體 (subject) 在不同時間 (visit) 的測量之相關都一樣。事實上，距離愈前期的測量結果愈遠，測量的相關會愈來愈弱，與臨床上許多的實際狀況不符，這樣的相關矩陣稱爲 Compound Symmetry(CS)。檢定這項基本假定的方法爲 Mauchly's test of Sphericity(球面性假定)。

Repeated Measures ANOVA 可分析單一樣本與多組樣本的重複測量，反應變數爲連續型資料，且需符合常態分配的基本假定。資料爲橫向資料，若有任一次的資料中有缺失值，將整個 subject 被刪除，因此分析的資料特性必須是完整資料 (complete case)。對於會隨時間改變的解釋變數 (例如每次所測量的除反應變數以外之生化值)，無法一一對應至每一個時間點的反應變數，因此僅能分析不隨時間改變的解釋變數 (例如性別)。

【A. 分析結果說明】: 敵對模型適配度 :AIC

Information Criteria[a]

-2 Restricted Log Likelihood	590.832
Akaike's Information Criterion (AIC)	594.832
Hurvich and Tsal's Criterion (AICC)	594.985
Bozdogan's Criterion (CAIC)	601.621
Schwarz's Bayesian Criterion (BIC)	599.621

The information criteria are displayed in smaller-is-better form.
a. Dependent Variable: 重測 1.

兩個敵對模型，AIC 指標愈小者，其適配度愈佳。本例 AIC=594.832。

【B. 分析結果說明】: 固定效果之多層次模型

Type III Tests of Fixed Effects[a]

Source	Numerator df	Denominator df	F	Sig.
Intercept	1	27.000	5802.399	.000
a	2	27.000	27.001	.000
time	2	54.000	23.543	.000
a * time	4	54.000	15.512	.000

a. Dependent Variable: 重測 1.

1. 主要效果 **a** 及 **time** 效果都達到 **0.05** 顯著水準。

2. 交互作用「**a * time**」亦達 **0.05** 顯著水準。

【C. 分析結果說明】：共變數之估計值

Covariance Parameters

Estimates of Covariance Parameters[a]

Parameter		Estimate	Std. Error
Repeated Measures	CS diagonal offset	43.890123	8.446658
	CS covariance	36.762963	14.267964

a. Dependent Variable: 重測 1.

方法三：MANOVA 指令

二因子混計 ANOVA 有三種解法：GLM 指令、MIXED 指令、MANOVA 指令。在此介紹 MANOVA 指令。

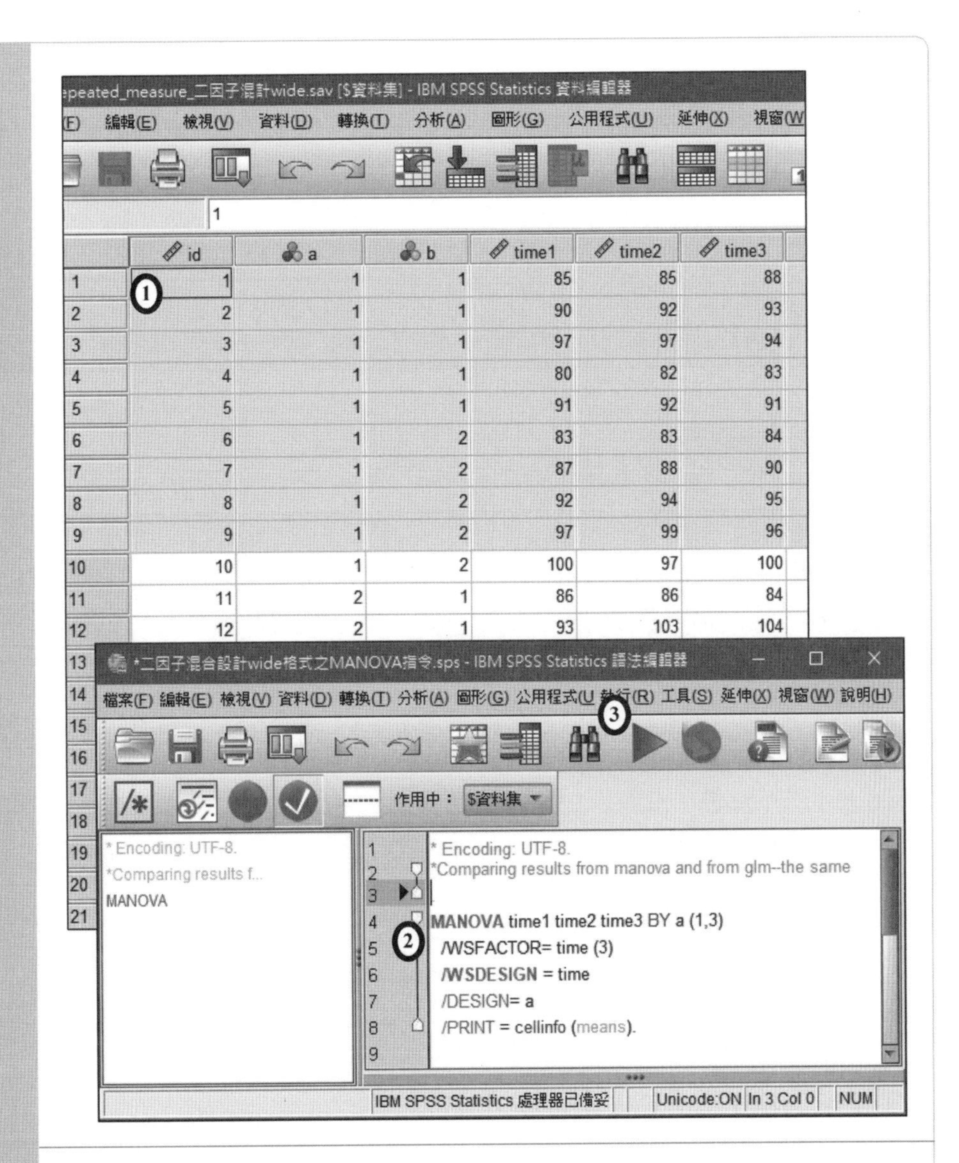

圖 5-47 「MANOVA time1 time2 time3 BY a (1,3)」 二因子混合設計 wide 格式之 MANOVA 指令

對應的指令語法：

```
*Comparing results from manova and from glm--the same .
MANOVA time1 time2 time3 BY a (1,3)
  /WSFACTOR= time (3)
  /WSDESIGN = time
  /DESIGN= a
  /PRINT = cellinfo (means).
```

【A. 分析結果說明】

Cell Means and Standard Deviations

Variable .. time1 重測1

FACTOR	CODE	Mean	Std. Dev.	N	95 percent Conf. Interval	
a	跳舞	90.200	6.546	10	85.518	94.882
a	瑜珈	93.100	6.297	10	88.595	97.605
a	爬山	96.100	4.483	10	92.893	99.307
For entire sample		93.133	6.152	30	90.836	95.430

Variable .. time2 重測2

FACTOR	CODE	Mean	Std. Dev.	N	95 percent Conf. Interval	
a	跳舞	90.900	6.118	10	86.523	95.277
a	瑜珈	96.600	7.442	10	91.277	101.923
a	爬山	117.100	12.991	10	107.807	126.393
For entire sample		101.533	14.564	30	96.095	106.972

Variable .. time3 重測3

FACTOR	CODE	Mean	Std. Dev.	N	95 percent Conf. Interval	
a	跳舞	91.400	5.337	10	87.582	95.218
a	瑜珈	95.900	6.740	10	91.078	100.722
a	爬山	126.000	16.964	10	113.865	138.135
For entire sample		104.433	18.877	30	97.385	111.482

```
- - - - - - - - - - - - - - - - - - - - - - - - - - - - - - - - - - - - - - - - - -

* * * * * * * * * * * * * * Analysis of Variance -- Design 1 * * * * * * * * * * * *

Tests of Between-Subjects Effects.

 Tests of Significance for T1 using UNIQUE sums of squares
 Source of Variation          SS      DF        MS         F  Sig of F

 WITHIN+RESIDUAL         4162.83      27    154.18
 A                       8326.07       2   4163.03     27.00      .000

- - - - - - - - - - - - - - - - - - - - - - - - - - - - - - - - - - - - - - - - - -

* * * * * * * * * * * * * * Analysis of Variance -- Design 1 * * * * * * * * * * * *

Tests involving 'TIME' Within-Subject Effect.


 Mauchly sphericity test, W =      .96806
 Chi-square approx. =              .84407 with 2 D. F.
 Significance =                      .656

 Greenhouse-Geisser Epsilon =      .96905
 Huynh-Feldt Epsilon =            1.00000
 Lower-bound Epsilon =             .50000

AVERAGED Tests of Significance that follow multivariate tests are equivalent to
univariate or split-plot or mixed-model approach to repeated measures.
Epsilons may be used to adjust d.f. for the AVERAGED results.

- - - - - - - - - - - - - - - - - - - - - - - - - - - - - - - - - - - - - - - - - -

* * * * * * * * * * * * * * Analysis of Variance -- Design 1 * * * * * * * * * * * *

 EFFECT .. A BY TIME
 Multivariate Tests of Significance (S = 2, M = -1/2, N = 12)
```

```
Test Name       Value      Approx. F     Hypoth. DF        Error DF        Sig. of F
Pillais        .68850        7.08706          4.00           54.00             .000
Hotellings    2.13135       13.32093          4.00           50.00             .000
Wilks          .31745       10.07302          4.00           52.00             .000
Roys                  .67975
Note.. F statistic for WILKS' Lambda is exact.

- - - - - - - - - - - - - - - - - - - - - - - - - - - - - - - - - - - - - - - - -

* * * * * * * * * * * * * Analysis of Variance -- Design 1 * * * * * * * * * * * *

 EFFECT .. TIME
 Multivariate Tests of Significance (S = 1, M = 0, N = 12)

Test Name         Value       Exact F     Hypoth. DF        Error DF        Sig. of F
Pillais          .62316      21.49720          2.00          26.00             .000
Hotellings      1.65363      21.49720          2.00          26.00             .000
Wilks            .37684      21.49720          2.00          26.00             .000
Roys                  .62316
 Note.. F statistics are exact.

- - - - - - - - - - - - - - - - - - - - - - - - - - - - - - - - - - - - - - - - -

* * * * * * * * * * * * * Analysis of Variance -- Design 1 * * * * * * * * * * * *

Tests involving 'TIME' Within-Subject Effect.

 AVERAGED Tests of Significance for time using UNIQUE sums of squares
 Source of Variation             SS      DF         MS          F  Sig of F

 WITHIN+RESIDUAL            2370.07      54      43.89
 TIME                       2066.60       2    1033.30      23.54      .000
 A BY TIME                  2723.33       4     680.83      15.51      .000

- - - - - - - - - - - - - - - - - - - - - - - - - - - - - - - - - - - - - - - - -
```

```
* * * * * * * * * * * * * Analysis of Variance -- Design 2 * * * * * * * * * * * *

Tests of Between-Subjects Effects.

 Tests of Significance for T1 using UNIQUE sums of squares
 Source of Variation          SS      DF        MS        F  Sig of F

 WITHIN+RESIDUAL         4162.83      27    154.18
 a                       8326.07       2   4163.03    27.00      .000

- - - - - - - - - - - - - - - - - - - - - - - - - - - - - - - - - - - - - - - - - -

* * * * * * * * * * * * * Analysis of Variance -- Design 2 * * * * * * * * * * * *

Tests involving 'TIME' Within-Subject Effect.

 Mauchly sphericity test, W =      .96806
 Chi-square approx. =              .84407 with 2 D. F.
 Significance =                      .656

 Greenhouse-Geisser Epsilon =      .96905
 Huynh-Feldt Epsilon =            1.00000
 Lower-bound Epsilon =             .50000

AVERAGED Tests of Significance that follow multivariate tests are equivalent to
univariate or split-plot or mixed-model approach to repeated measures.
Epsilons may be used to adjust d.f. for the AVERAGED results.

- - - - - - - - - - - - - - - - - - - - - - - - - - - - - - - - - - - - - - - - - -

* * * * * * * * * * * * * Analysis of Variance -- Design 2 * * * * * * * * * * * *

 EFFECT .. a BY TIME
Multivariate Tests of Significance (S = 2, M = -1/2, N = 12 )

Test Name        Value    Approx. F   Hypoth. DF      Error DF       Sig. of F
Pillais         .68850     7.08706        4.00          54.00           .000
Hotellings     2.13135    13.32093        4.00          50.00           .000
```

```
Wilks            .31745    10.07302         4.00           52.00            .000
Roys             .67975
 Note.. F statistic for WILKS' Lambda is exact.

- - - - - - - - - - - - - - - - - - - - - - - - - - - - - - - - - - - - - - - - -

* * * * * * * * * * * * * Analysis of Variance -- Design 2 * * * * * * * * * * * *

Tests involving 'TIME' Within-Subject Effect.

 AVERAGED Tests of Significance for time using UNIQUE sums of squares
 Source of Variation          SS      DF        MS         F  Sig of F

 WITHIN+RESIDUAL         2370.07      54     43.89
 TIME                    2066.60       2   1033.30     23.54      .000
 a BY TIME               2723.33       4    680.83     15.51      .000

- - - - - - - - - - - - - - - - - - - - - - - - - - - - - - - - - - - - - - - - -
```

5-5-2 雙層次 vs. 二因子混合設計 ANOVA：long 格式 (MIXED 指令)

範例：架構如下圖

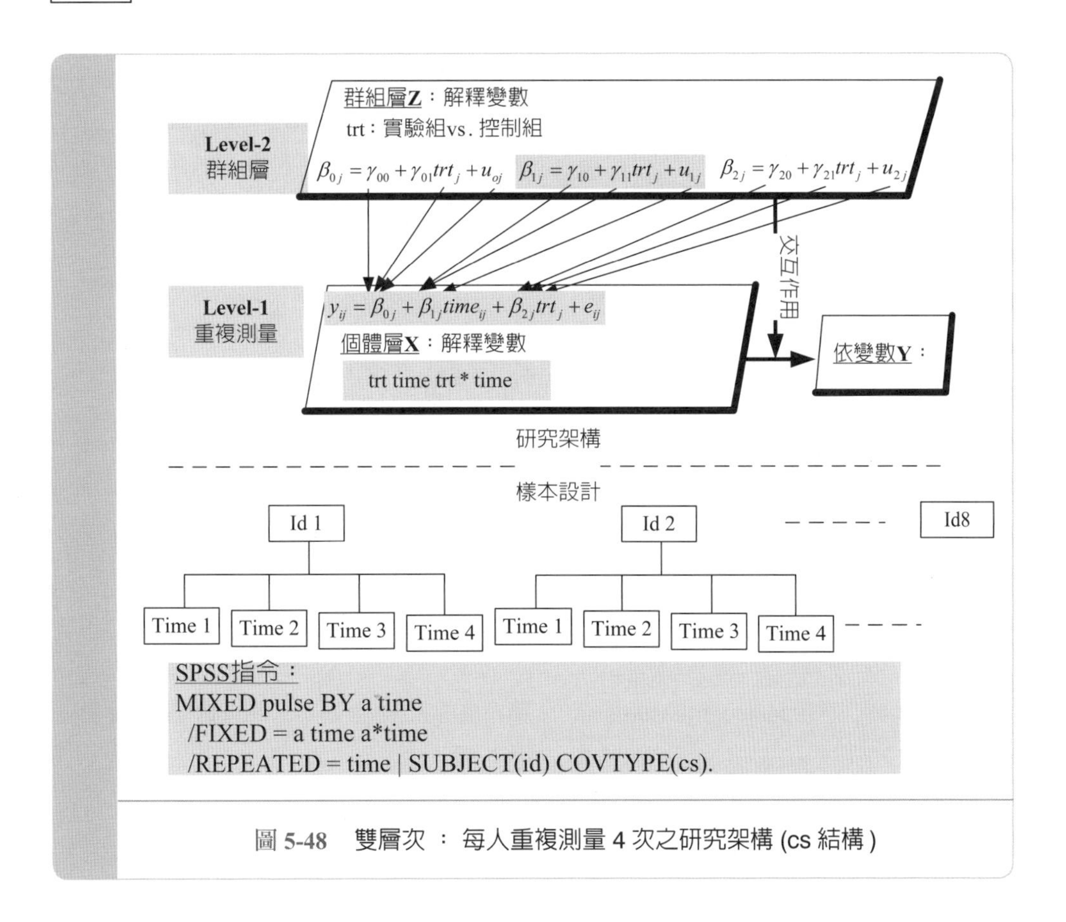

圖 5-48　雙層次 ： 每人重複測量 4 次之研究架構 (cs 結構)

縱向資料通常用於研究個人的成長、發展及個人的改變。這種形式的資料通常包含了同一個受試者在不同時間點上重複的接受測量。多變量分析和重複測量變異數分析常用來分析縱向資料。然而利用這兩項統計方法在分析縱向資料上有它的限制。縱向資料通常需要結構性的共變異數模型，殘差通常含有異質性和相依性；資料通常也屬於多層資料，重複測量是第一層，受試者是第二層。本章節旨在探討使用線性混合效果模型來建立縱向資料的模型的情形，同時也包含了如何建立模型的步驟。

一、資料檔之內容

「repeated_measures.sav」資料檔內容內容如下圖。

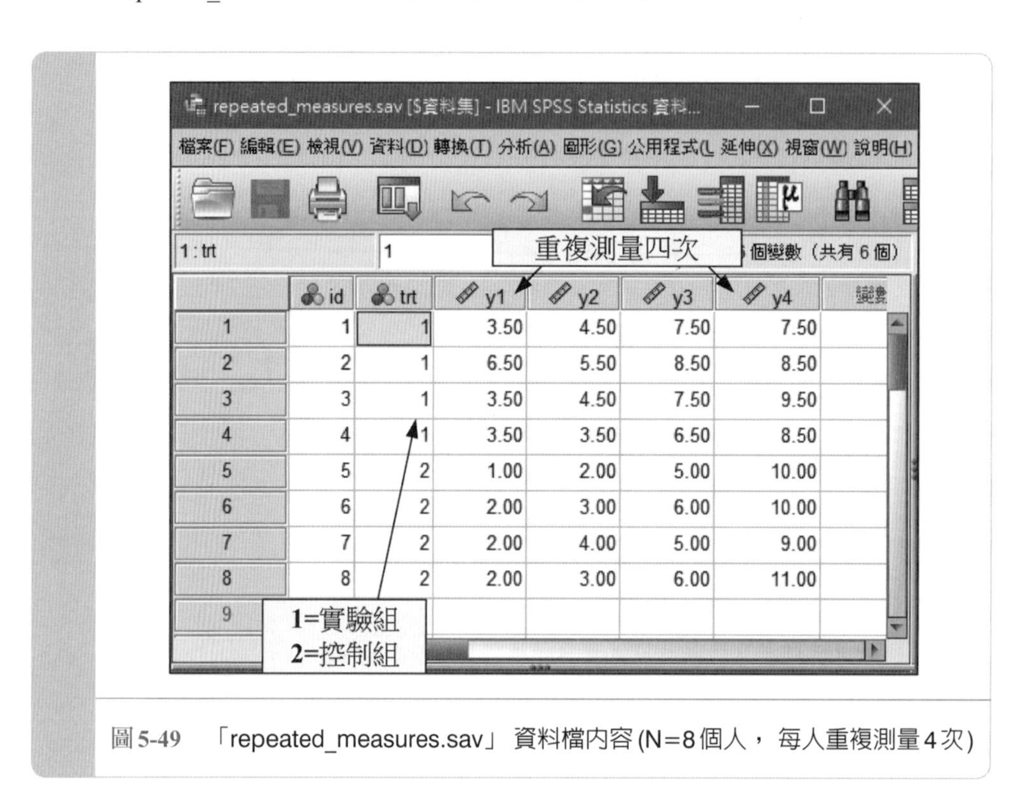

圖 5-49　「repeated_measures.sav」 資料檔內容 (N=8 個人，每人重複測量 4 次)

二、雙層次：Repeated measure ANOVA：分析步驟

Step 1. 繪混合設計二因子 ANOVA 之 wide 型交互作用圖。先探索，實驗組 vs. 控制組在 4 次重複測量之趨勢圖，如下圖。可見變數 trt(實驗組 vs. 控制組) 與重複測量 (time) 有交互作用。

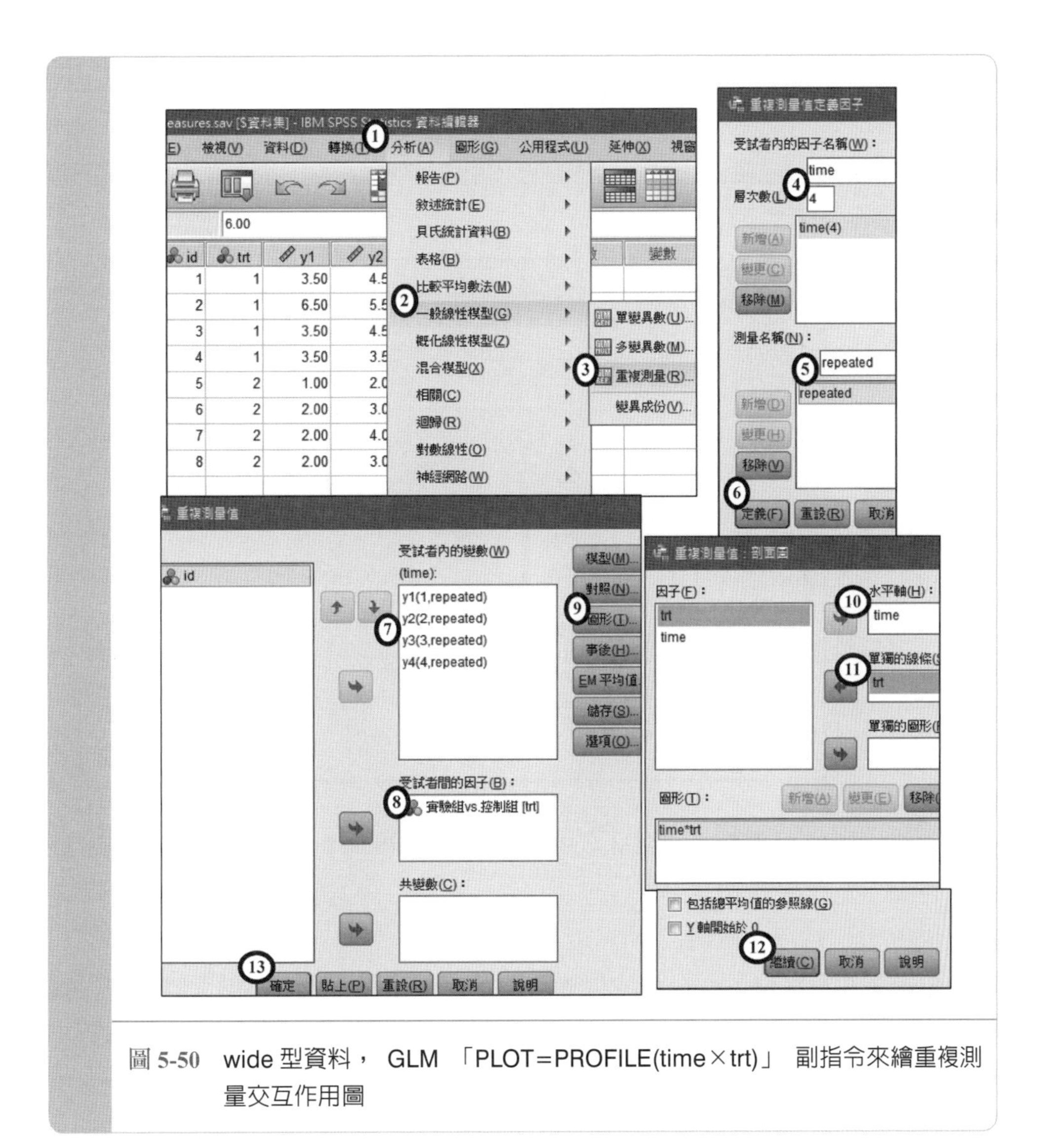

圖 5-50 wide 型資料，GLM 「PLOT=PROFILE(time×trt)」 副指令來繪重複測量交互作用圖

對應的指令語法：

```
GLM y1 y2 y3 y4 BY trt
  /WSFACTOR=time 4 Polynomial
  /MEASURE=repeated
  /METHOD=SSTYPE(3)
  /PLOT=PROFILE(time*trt) TYPE=LINE ERRORBAR=NO MEANREFERENCE=NO YAXIS=AUTO
```

```
/CRITERIA=ALPHA(.05)
/WSDESIGN=time
/DESIGN=trt.
```

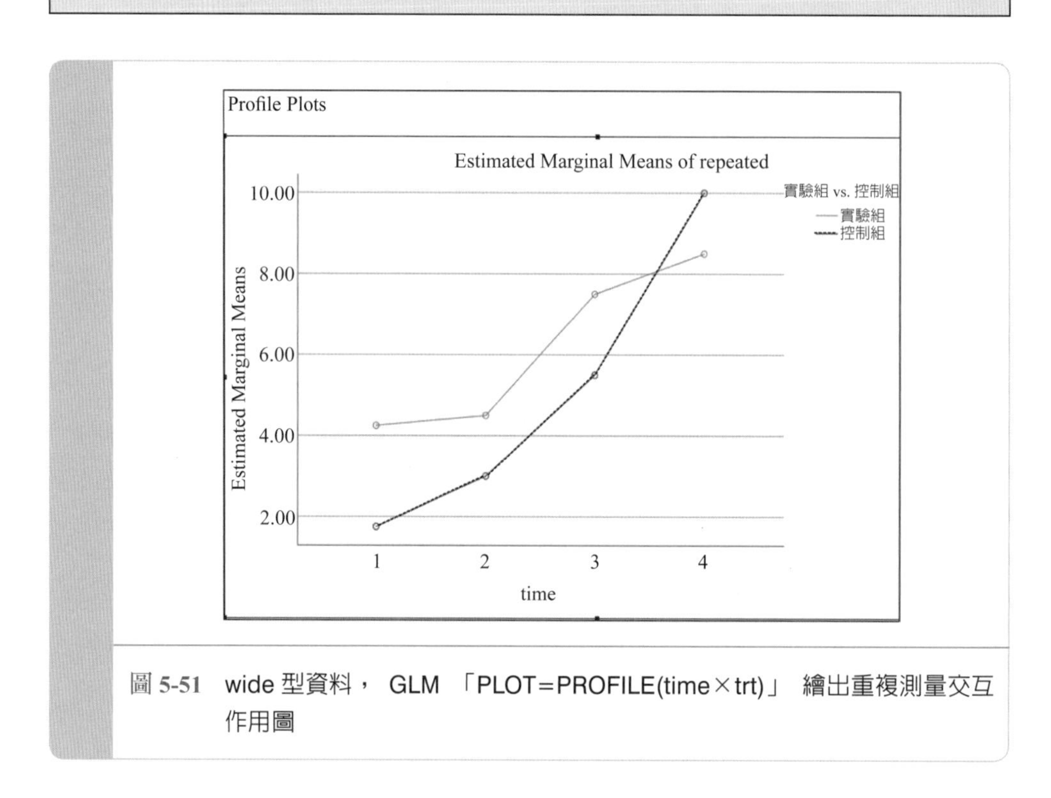

圖 5-51 wide 型資料， GLM 「PLOT=PROFILE(time×trt)」 繪出重複測量交互作用圖

由於重複量測變異數分析的依變數間是存在相關，故資料鍵入時，應視爲不同的變數 (wide 資料結構) ，不可以視爲單一變數的不同狀況資料。接著再用 VARSTOCASES 指令，將 wide 資料結構轉成 long 資料結構，MIXED 指令才可進行多層次重複測量 ANOVA 分析。

Step 2. 資料結構由 wide 型轉成 long 型 **Reshape from wide to long**

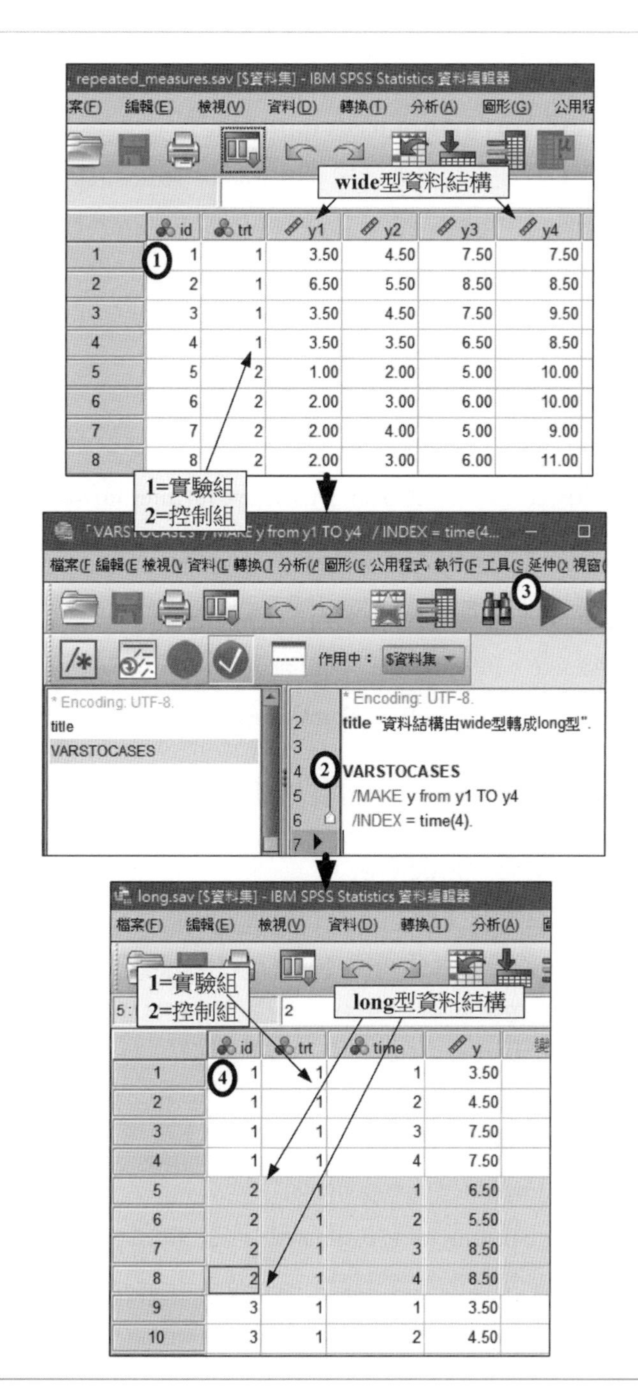

圖 5-52　「VARSTOCASES / MAKE y from y1 TO y4 / INDEX = time(4).」 將 wide 變 long 型 (存至 long.sav 檔)

Step 3. 重複測量之混合模型：Compound Symmetry 型「變異數—共變數」結構

如何找最適配的 Covariance Structure 呢？

你可估計許多不同的共變數結構 (covariance structures)。這概念很關鍵，每個實驗可能有不同的共變數結構。重要的是要知道哪個共變數結構最適合數據的隨機「變異數和共變數」。

(一) 挑選策略 / 演算法 (Strategy/Algorithm)

1. 先挑 unstructured (UN)
2. 再挑 compound symmetry (CS)：最簡單 RM 結構。
3. 接著挑其他 structures (that best fit the experimental design and biology of organism)

(二) 使用模型適配準則 (Model-Fitting Statistics)

1. AIC 準則：Akaike's Information Criteria(越小越好)。
2. BIC(SBC) 準則：Schwarz's Bayesian Criteria(越小越好)。

常見的 Covariance Structure 有四種

共變數結構 (Covariance Structure)：

由於不同時間或不同狀況下獲得的兩個量測間具有相關性 (correlation)，重複量測變異數分析必須考量此相關性的影響。因此受試者間的誤差 covariance structure 必須選擇正確，以確保其對平均值的影響是有效的。STaTa 則有 8 種共變數結構可供選擇。

型態一：Independence(VC)(TYPE= diag)

1. CS= 變異數成分 (Variance Components)。
2. 此法最簡單 (single parameter is estimated) 且是 SPSS/Stata 內定的。
3. Independence 不適合於重複測量設計 (repeated measures designs) 或時變變數。
4. VC 矩陣的非對角元素之共變數都是 0 值 (0 covariance along off-diagonal)。
5. VC 矩陣的對角元素之變變數都是 σ^2 值 [Constant variance (σ^2) along diagonal]。

$$\begin{matrix} Time\_1 \\ Time\_2 \\ Time\_3 \\ Time\_4 \end{matrix}\begin{bmatrix} \sigma^2 & 0 & 0 & 0 \\ 0 & \sigma^2 & 0 & 0 \\ 0 & 0 & \sigma^2 & 0 \\ 0 & 0 & 0 & \sigma^2 \end{bmatrix}$$

型態二：Compound symmetry/exchangeable(TYPE= cs)

1. CS= Compound symmetry(複合對稱)。
2. VC 矩陣的對角線上之變異數都相等 (Equal variances on diagonal)。
3. VC 矩陣的非對角線上之共變數都相等 [Equal covariance along off diagonal (equal correlation)]。
4. 重複測量之最簡單結構 (Simplest Structure for fitting Repeated measures)。
5. 只需要估算 2 個參數值 (Only 2 parameters need to be estimated)。
6. RANDOM 或 REPEATED 指令可以與 CS 結構一起使用 (used with CS structure)。

$$\begin{matrix} Time\_1 \\ Time\_2 \\ Time\_3 \\ Time\_4 \end{matrix}\begin{bmatrix} \sigma^2+\sigma & \sigma_1 & \sigma_1 & \sigma_1 \\ \sigma_1 & \sigma^2+\sigma & \sigma_1 & \sigma_1 \\ \sigma_1 & \sigma_1 & \sigma^2+\sigma & \sigma_1 \\ \sigma_1 & \sigma_1 & \sigma_1 & \sigma^2+\sigma \end{bmatrix}$$

型態三：Unstructured(TYPE= un)

1. UN = Unstructured (非結構)。
2. 最複雜結構。
3. 每次估計的變異數，每對的共變數 (Variance estimated for each time, covariance for each pair of times)。
4. VC 矩陣的非對角線之共變數都不同值 (Different covariances on off-diagonal)。
5. VC 矩陣的對角線之變異數都不同值 [Different variance (σ_i^2) along diagonal]。
   (1) 導致參數估計不太精確 (degrees of freedom problem)。
   (2) 非結構須要估計參數有 K + K(K – 1)/2 個。
   (3) 只 REPEATED 指令可以與 CS 結構一起使用 UN。

$$\begin{array}{l} Time\_1 \\ Time\_2 \\ Time\_3 \\ Time\_4 \end{array}\begin{bmatrix} \sigma_1^2 & \sigma_{21} & \sigma_{31} & \sigma_{41} \\ \sigma_{12} & \sigma_2^2 & \sigma_{32} & \sigma_{42} \\ \sigma_{13} & \sigma_{23} & \sigma_3^2 & \sigma_{43} \\ \sigma_{14} & \sigma_{24} & \sigma_{34} & \sigma_4^2 \end{bmatrix}$$

型態四：Autoregressive (TYPE= ar1)

1. VC 矩陣的對角線之變異數都相同值 (Equal variances on diagonal)。
2. VC 矩陣的非對角線：變異數（σ^2）乘以重複測量係數（ρ），會隨著觀察變得越來越分離而增加其 power（統計檢定力）。
3. 時間變數必須同等有序且間隔相等 (Times must be equally ordered and equally spaced)。
4. 估計二個參數 (parameters)：ρ and σ^2。
5. RANDOM 及 REPEATED 指令都可用 ar1。

$$\begin{array}{l} Time\_1 \\ Time\_2 \\ Time\_3 \\ Time\_4 \end{array}\begin{bmatrix} \sigma^2 & \rho\sigma_2 & \rho^2\sigma^2 & \rho^3\sigma^2 \\ \rho\sigma_2 & \sigma^2 & \rho\sigma^2 & \rho^2\sigma^2 \\ \rho^2\sigma^2 & \rho\sigma^2 & \sigma^2 & \rho\sigma^2 \\ \rho^3\sigma^2 & \rho^2\sigma^2 & \rho\sigma^2 & \sigma^2 \end{bmatrix}$$

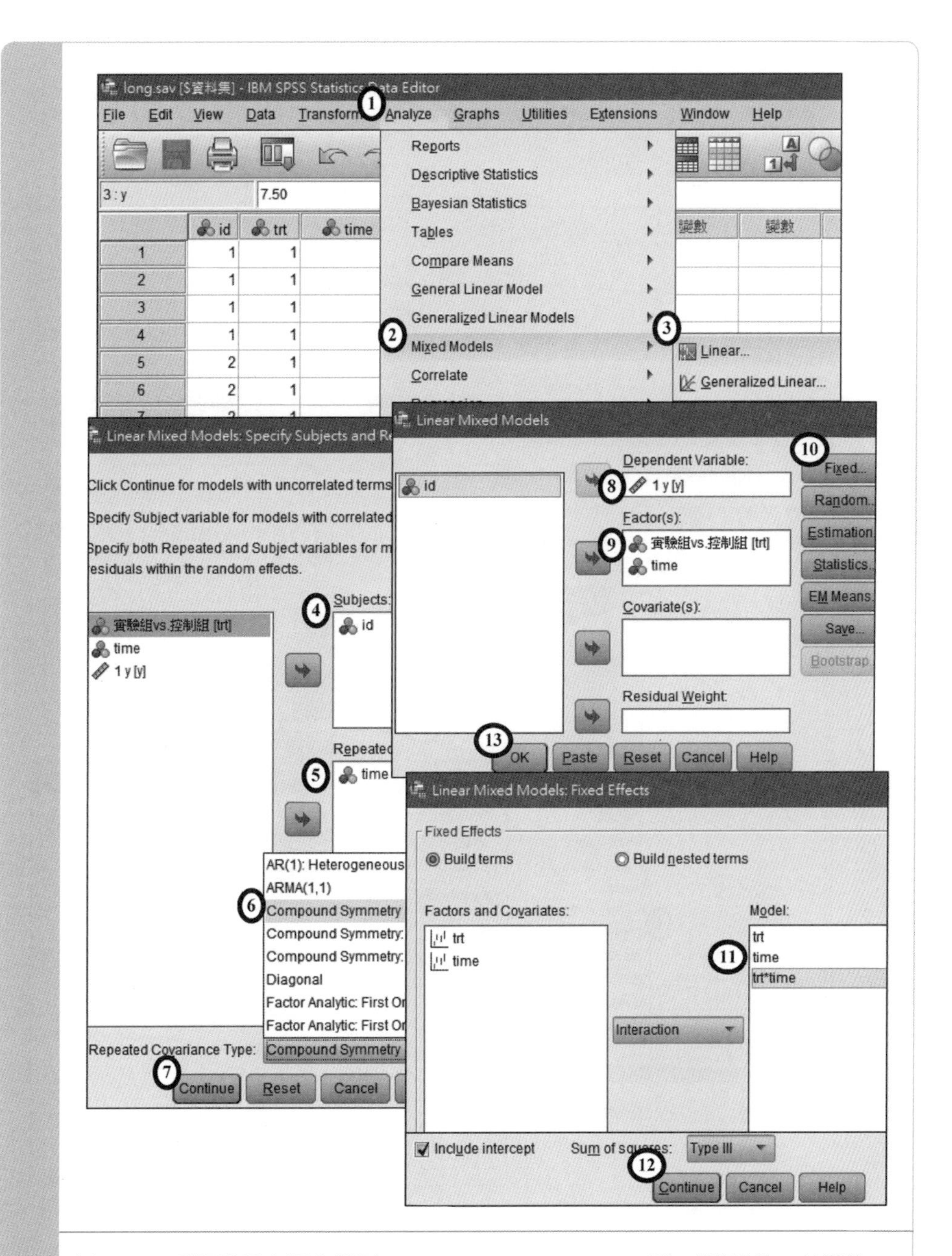

圖 5-53　重複測量之混合模型：Compound Symmetry 型「變異數－共變數」結構 (long.sav 檔)

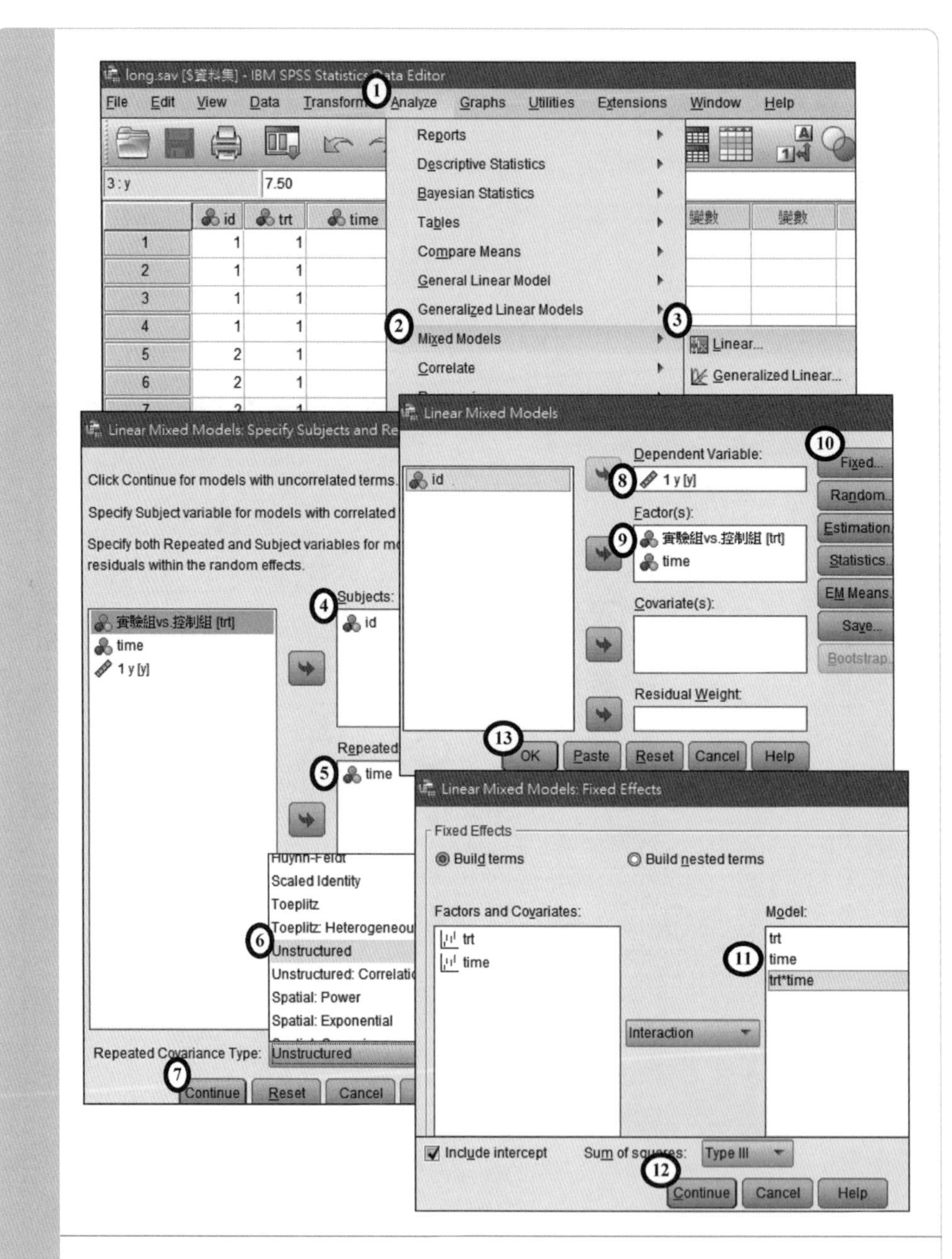

圖 5-54 COVTYPE(un)「unstructured」型混合模型之指令 (long.sav 檔)

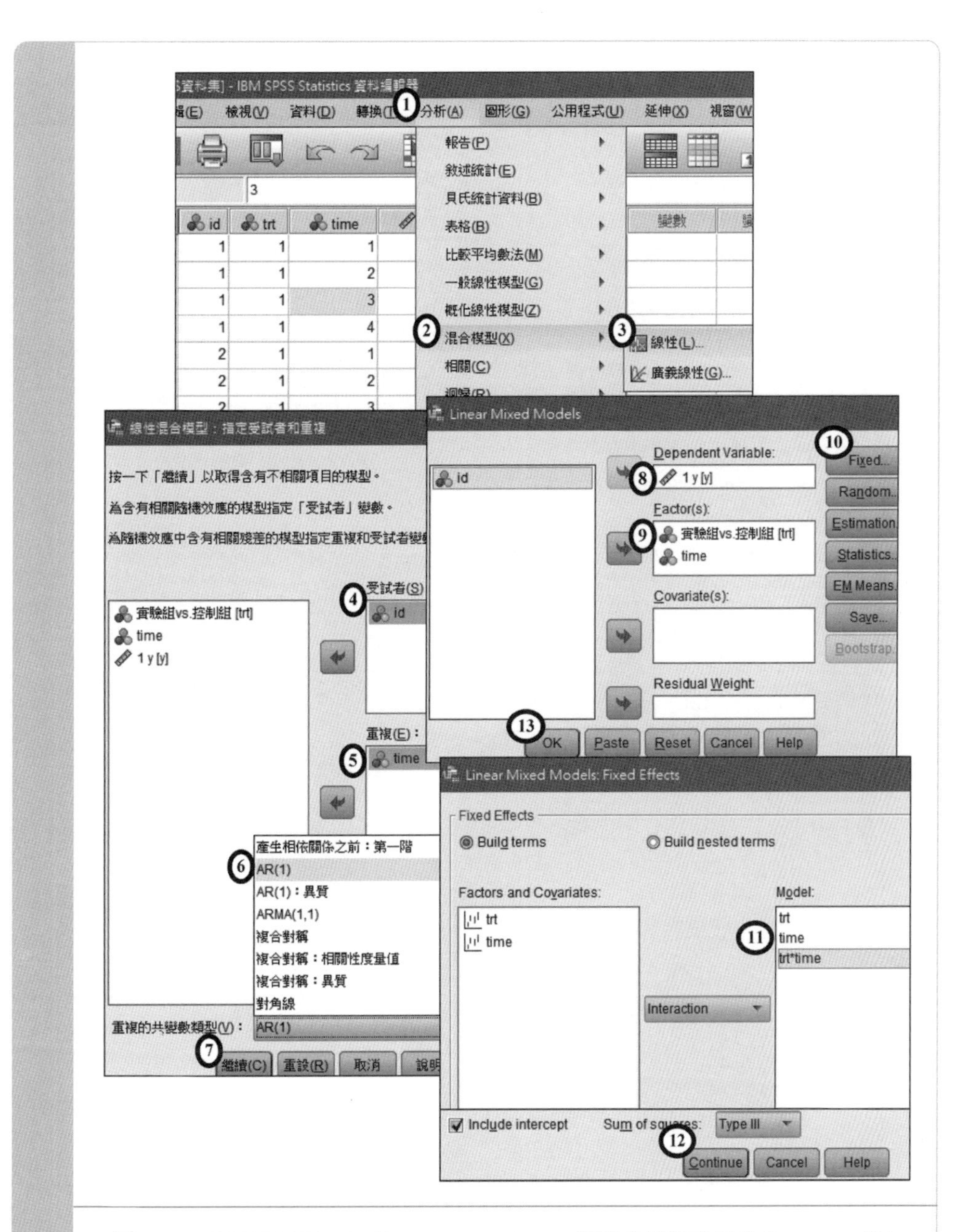

圖 5-55　COVTYPE(ar1)「autoregressive」 型混合模型之指令 (long.sav 檔)

上述三種受式者內「變異數—共變數」結構，其對應的指令如下表。

```
* Using the mixed model to get the same results as the glm .
* since we use the Compound Symmetry Var-Covar structure.

title "model 1, compound symmetry".
MIXED y BY trt time
  /FIXED = trt time trt*time
  /REPEATED = time | SUBJECT(id) COVTYPE(cs).

title "model 2, unstructured".
MIXED y BY trt time
  /FIXED = trt time trt*time
  /REPEATED = time | SUBJECT(id) COVTYPE(un).

title "model 3, autoregressive".
MIXED y BY trt time
  /FIXED = trt time trt*time
  /REPEATED = time | SUBJECT(id) COVTYPE(ar1).
```

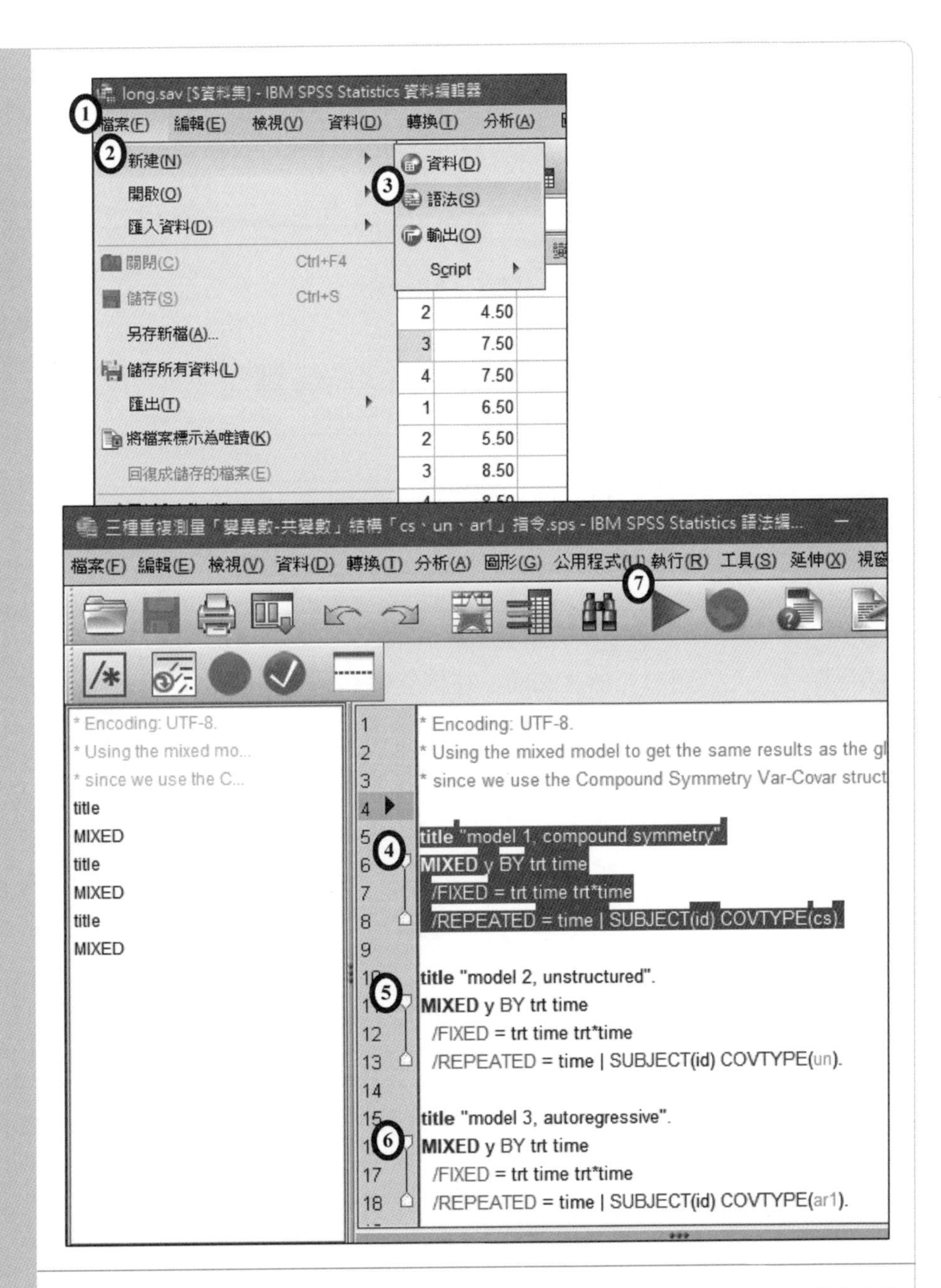

圖 5-56　三種重複測量「變異數—共變數」結構「cs、un、ar1」指令之畫面

Step 4. 採「Compound Symmetry」檢定主要效果及交互作用效果，是否達顯著？

由於三種重複測量「變異數—共變數」結構「**cs** 、**un** 、**ar1**」指令，產生的結果大同小異，故本例只解說「**cs**」執行結果。

Fixed Effects

Type III Tests of Fixed Effects[a]

Source	Numerator df	Denominator df	F	Sig.
Intercept	1	6.000	648.000	.000
trt	1	6.000	6.480	.044
time	3	18	127.890	.000
trt * time	3	18	12.740	.000

a. Dependent Variable: 1 y.

1. 結果顯示交互作用項「trt * time」在依變數 (y) 達到顯著效果 ($F_{(3,18)} = 12.74$, $p < 0.05$)。
2. 獨立樣本：「trt(實驗組 vs. 控制組)」在依變數 (y) 達到顯著效果 ($F_{(1,6)} = 6.48$, $p < 0.05$)。
3. 相依樣本：「time(重測四次)」在依變數 (y) 達到顯著效果 ($F_{(3,18)} = 127.89$, $p < 0.05$)。

小結

混合模型的優點和缺點

混合模型既有優點也有缺點，但總的來說，混合模型更加靈活，比缺點更具優勢。

混合模型的優點包括：

1. 自動計算每個效果的正確標準誤差。
2. 受試者內 (within-subject) 允許不平衡或遺漏值存在。
3. 允許不相等的時間間隔 (allows unequal time intervals)。
4. 允許不同的受試者內 (within-subject) 共變數結構 (allows various within-

subject covariance structures)。

5. 允許時間被視為類別變數或連續變數 (allows time to be treated as categorical or continuous)。

混合模型的缺點包括：

xtmixed 以卡方 (chi-square) 報告結果；此 p 值適用於大樣本，若遇到小樣本則易產生偏誤 (biased)。

Chapter

06

共變數分析(ANCOVA)

6-1 單變量：ANCOVA(共變數分析)

ANCOVA 之應用例子，包括：

1. 資訊科技輔助教學對高職生數學學習成就及學習態度之影響研究。
2. 屋頂綠化之樹木健康指標評估研究——以烏桕爲例。
3. 理財教育教學對國中生理財素養之研究。
4. 電腦輔助多媒體英語流行歌曲教學，對國小學童英語習得動機與成就之效益研究。
5. 量測時間延遲和虛擬量測系統對逐批控制之影響分析，以及新穎逐批控制技術之推導。

共變數分析之解說

實驗設計只是研究設計的一種，也是所有研究中最嚴格的，它是在控制的環境下，研究者操弄自變數，並觀察依變數的改變，旨在發現因果關係。因此「好」的實驗設計，必須同時考慮處理三類變數：(1) 有計畫的系統操弄自變數，亦即實驗者有意安排的刺激情境 (即實驗變數)。(2) 預先設計如何觀察、測量、記錄依變數，亦即等待發生的反應變數，它是實驗者所要研究的目標。(3) 控制自變數以外一切可能影響結果之外生 (extraneous) 變數，包括「干擾變數」及「中介變數」。換句話說，實驗設計要做到「MaxMinCon」上述這三項原則。此外，尚有一些影響結果準確度之因素，例如測量誤差、受試者的情緒……。

實驗設計的缺點包括：(1) 因爲依賴太多「外生變數視爲相似」(other things being equal) 之假設，故也犧牲了外在效度。(2) 實驗室實驗或實地 (field) 實驗之抽樣，不講求代表性，研究旨在求證「因果關係」。(3) 實驗設計不像調查法有描述性資料。實驗法是所有實證研究 (個案法、調查法) 中內部效果最高的，可是其外部效度是較低，因此若想提高研究設計之外部效度，概括來說，可用下列方法來「控制」外生 (extraneous) 變數：

1. 排除法：選擇相同外在變數之標準。例如：擔心「年齡」這個外生變數會影響自變數，所以隨機找同年齡 (如 18 歲) 的人當樣本。此種做法，雖提升了內部效度，但卻損及外部效度。
2. 隨機法：採用控制組 (對照組) 及實驗組，將樣本隨機分派至二組，以抵銷外生變數。

3. 共變數分析法 (Analysis of Covariance, ANCOVA)：一齊記錄外生變數，將它納入研究設計中，以共變數分析來分析。如下圖所示例子，研究者係想了解：在排除「學習態度 (Aptitude)」影響之後，不同的 Instructional method (General vs. Specific) 對學生的學習成就 (achieve) 的影響。可見 ANCOVA 是在調整「基本態度」之後，才比較二種教學方法的效果。

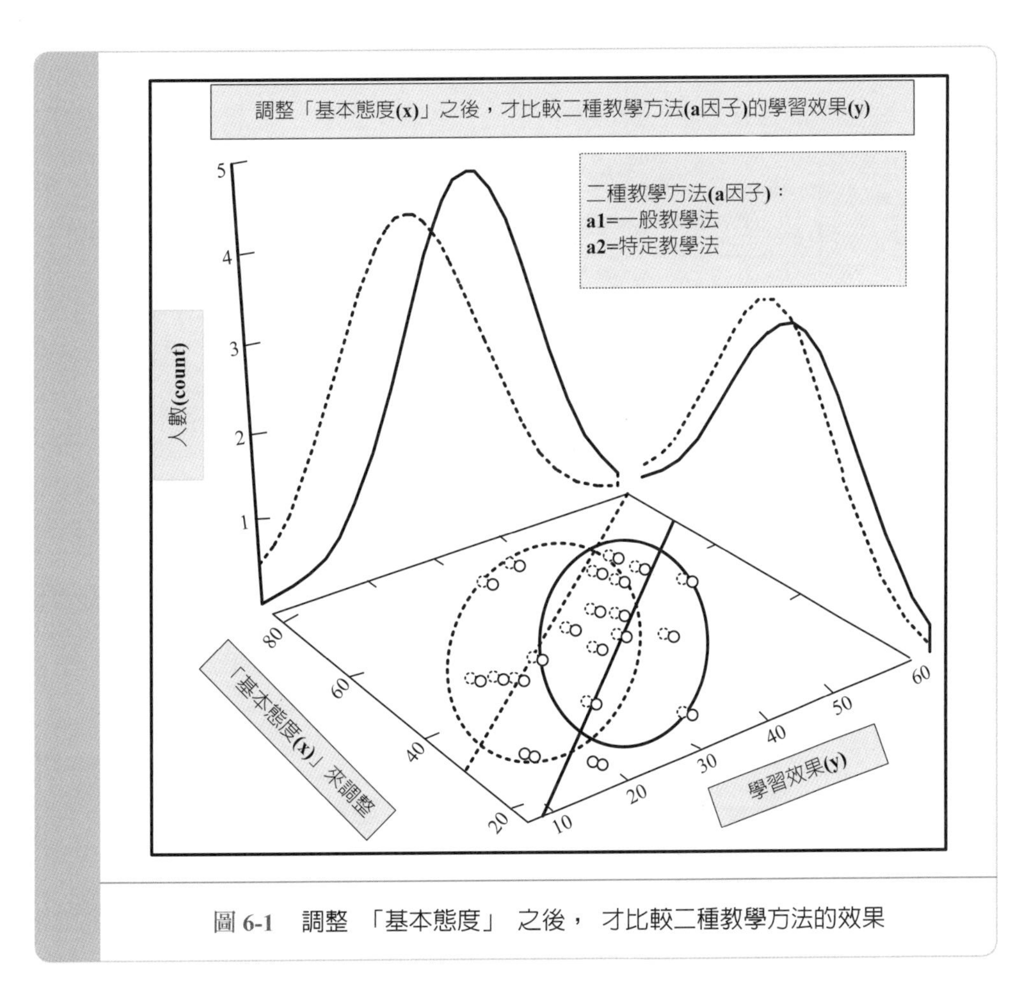

圖 6-1　調整「基本態度」之後，才比較二種教學方法的效果

4. 配對法：以外生變數來配對。在實際上，可能很難找到這樣的配對再分組至實驗組及控制組中。
5. 重複實驗：同組的人先作實驗群，也作控制組，一群當二群用，其缺點是：除了會受到 pre-test 影響外，且亦受到施測順序 (實驗－控制、控制－實驗) 的影響。

大家若對「研究方法」想進一步深入了解，可參閱本書作者張紹勳在滄海書局所著《研究方法—機率與統計》一書精闢介紹。

共變數分析即是一種統計控制的方法。它是利用直線迴歸法將其他也會影響依變數的因素，從變異數中剔除：然後根據調整過後的分數，進行變異數分析，因此共變數分析可說是變異數分析與直線迴歸的合併使用。這個其他變數，在共變數分析中，稱爲共變數。

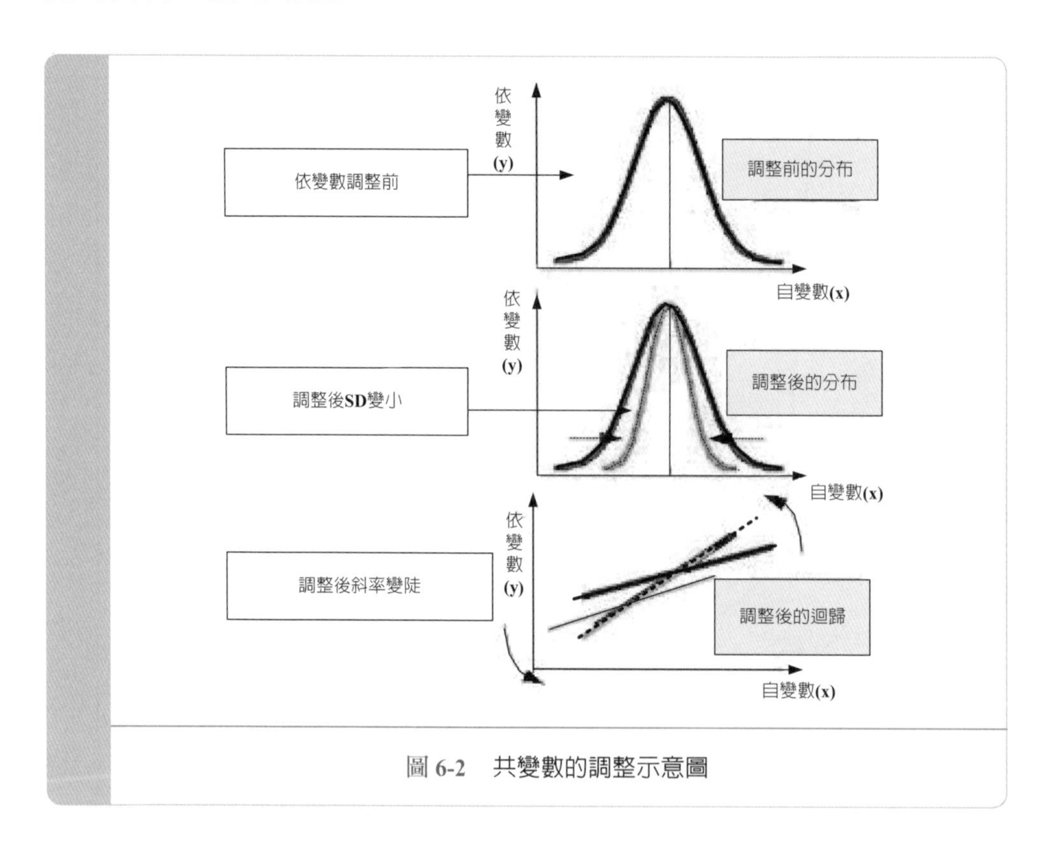

圖 6-2　共變數的調整示意圖

1. 排除和控制實驗誤差以實驗處理，效果容易顯現的方式有二：即所謂「實驗控制」和「統計控制」。共變數分析是一種統計控制的方法，即利用統計的手段來把可能影響實驗正確性的誤差加以排除。
2. 假定除了實驗變數之外，還有其他變數也會影響依變數，這將使實驗變數與依變數之間的因果關係無法確認。此時，這一其他變數等於是一種干擾變數。在共變數分析裡，稱之爲「共變量」，以 X_i 代表。

3. 根據下圖可知，進行共變數分析時，是先設法求出一條能代表各組的共同組內迴歸線，然後將代表每個人分數的座標點，沿著與此一迴歸線相平行的方向，移到$\overline{X}_.$位置(意味假定每個人的共變量分數調整為$\overline{X}_.$)，此時每人的依變數分數，便是調整過後的預測分數 Y'。最後，利用這些預測分數來進行 ANOVA，便是共變數分析。

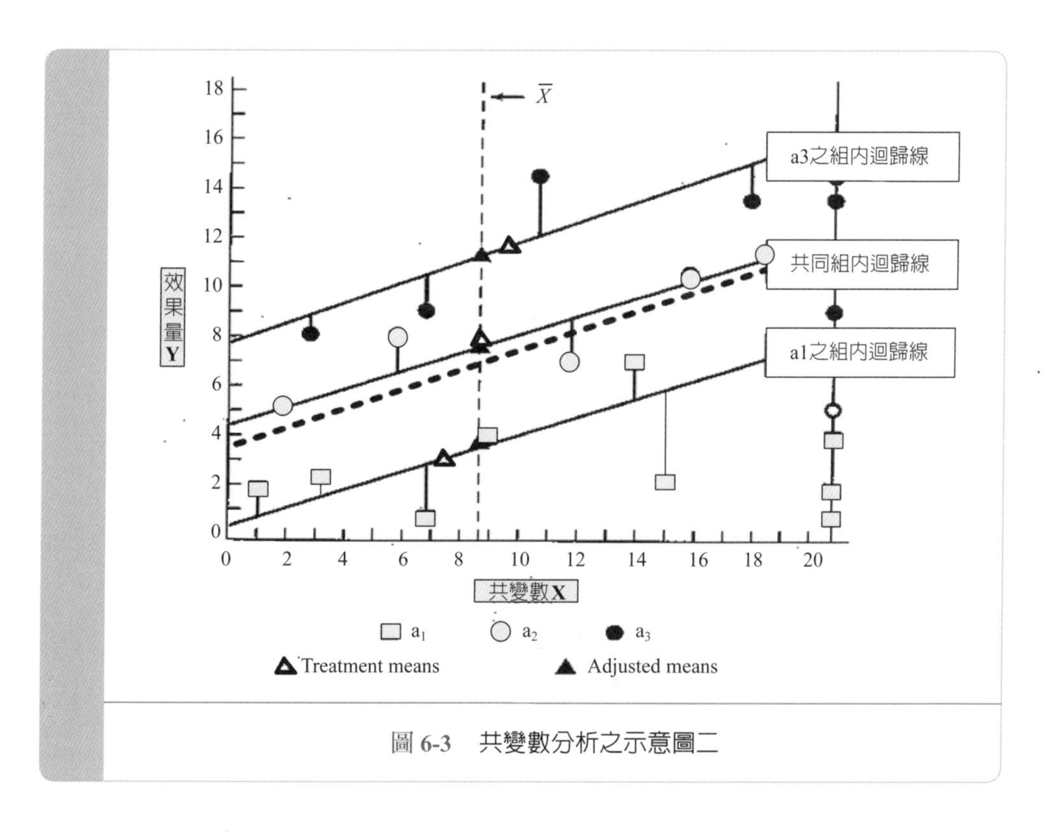

圖 6-3　共變數分析之示意圖二

4. 在實際計算過程中，我們須利用迴歸分析時的公式：

$$SS_{res} = SS_t - SS_{reg}$$

亦即，$SS_{res} = \left[\sum Y^2 - \frac{(\sum Y)^2}{N}\right] - \frac{\left[\sum XY - \frac{\sum X \sum Y}{N}\right]^2}{\left[\sum X^2 - \frac{(\sum X)^2}{N}\right]}$

然後才利用這些殘差變異 (本書以 SS' 來代表) 進行變異數分析，算出 SS'_t，SS'_b 和 SS'_w。

5. 共變數分析之前，應先進行「組內迴歸係數同質性考驗」，看看各組本身的斜率 b_{wj} 是否一樣。合乎組內迴歸係數同性質之基本假定，才繼續進行共變數分析。
6. 如果共變數分析的結果，F 值達到顯著水準，便表示即使排除共變量的解釋量部分之後，各組平均數 (意即調整平均數) 之間仍有顯著差異存在。
7. 求調整平均數的公式爲：

$$\overline{Y'_J} = \overline{Y}_J - b_w(\overline{X}_J - \overline{X}.)$$

公式中 b_{wj} 爲共同的組內迴歸係數，等於 $CP_w/SS_{w(x)}$。

共變數分析流程

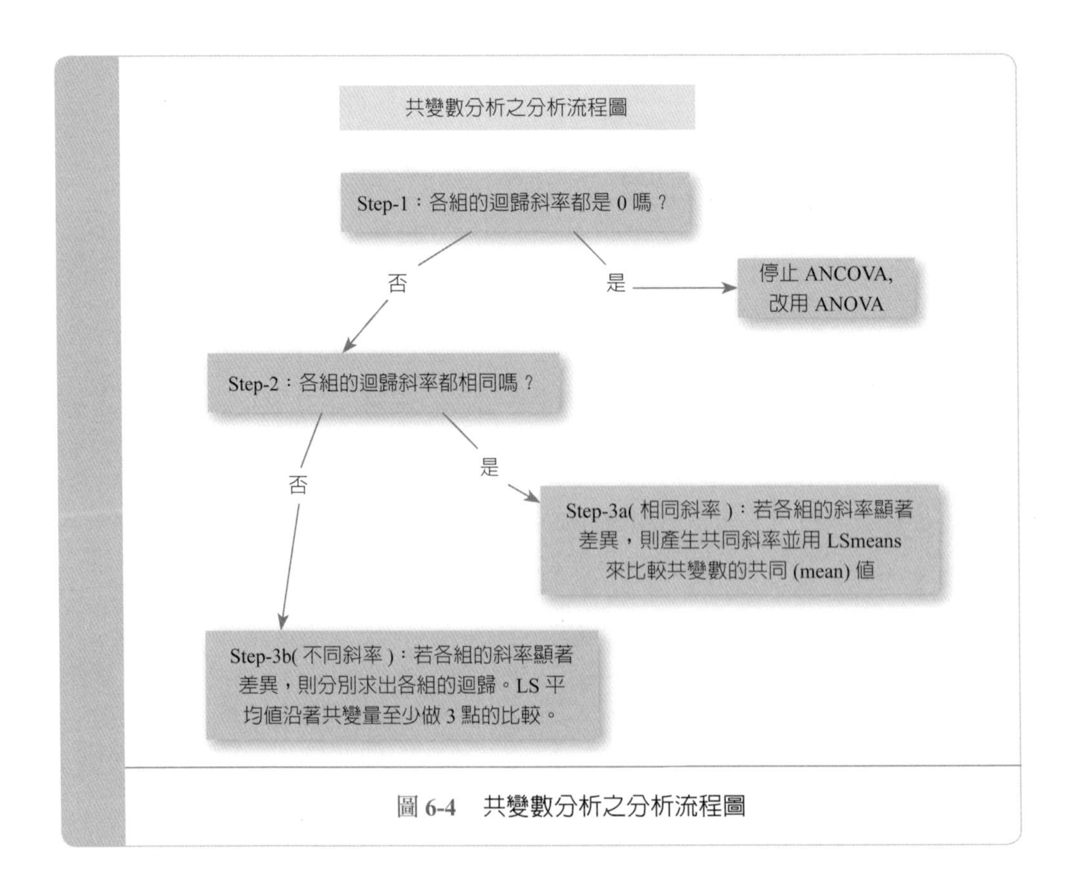

圖 6-4　共變數分析之分析流程圖

6-1-1 單因子 ANCOVA 之原理

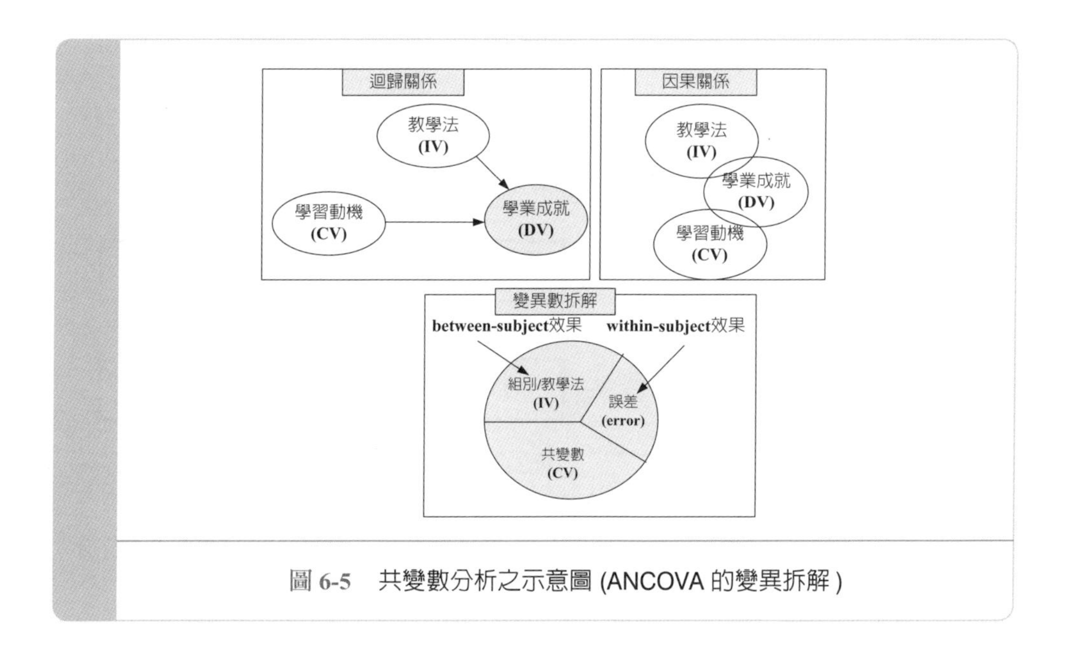

圖 6-5　共變數分析之示意圖 (ANCOVA 的變異拆解)

一、連續型變數當共變數

共變數分析 (ANCOVA)，其統計原理是在變異數分析 (ANOVA) 中再加 1 至 2 個連續型共變數 (即共變數)，以控制變數與依變數間之共變爲基礎，才進行迴歸「調整 (correction)」校正，求得「排除控制變數影響」的單純 (pure) 統計量，「單純」係指扣除「控制變數與依變數的共變」之後，類別型自變數與連續型依變數的純關係。意即：「ANCOVA= ANOVA + 連續型共變數」。

二、準實驗設計適合：混合設計二因子 ANOVA、共變數分析

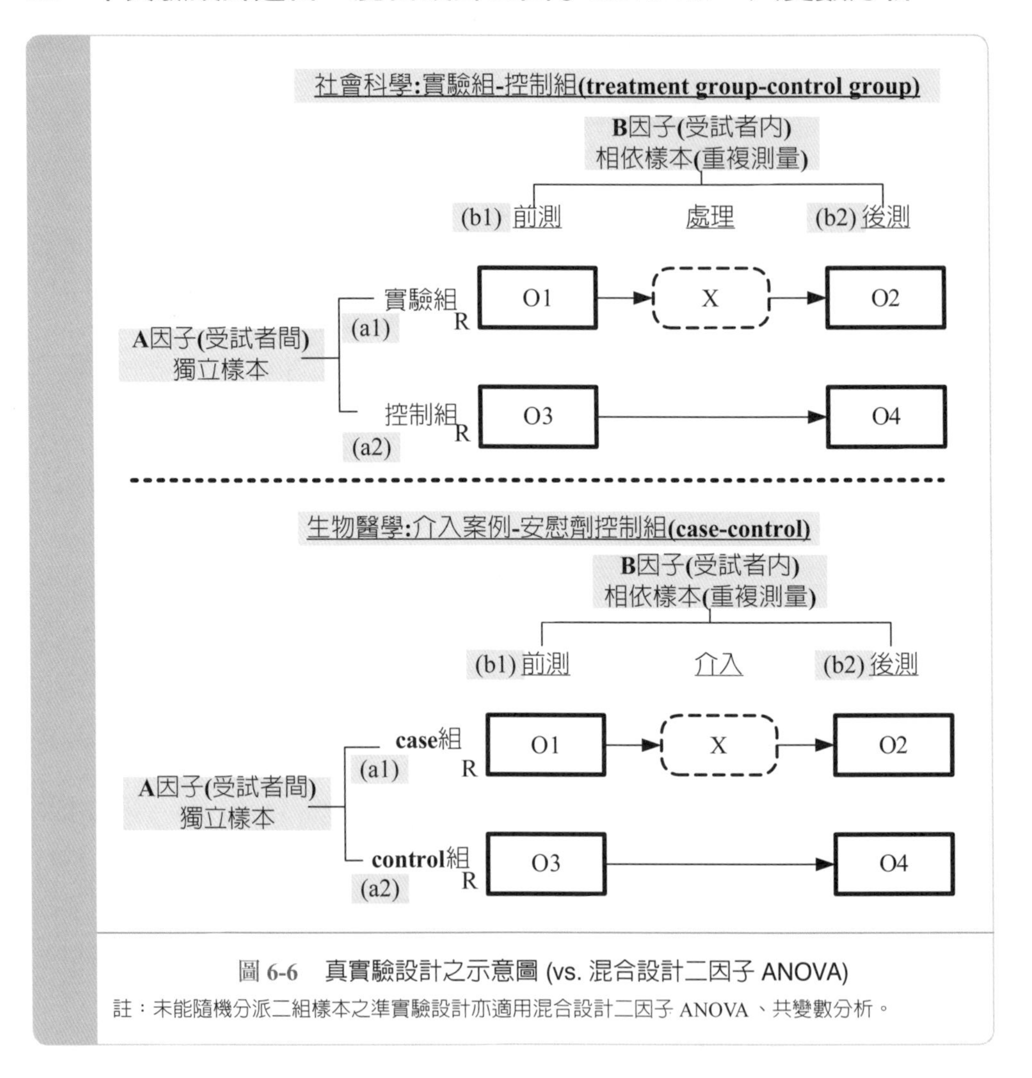

圖 6-6 真實驗設計之示意圖 (vs. 混合設計二因子 ANOVA)

註：未能隨機分派二組樣本之準實驗設計亦適用混合設計二因子 ANOVA、共變數分析。

如上圖實驗設計，共變數分析亦適用於「前測 - 後測」設計。其中，前測 (pretest) 當控制用共變數，後測 (posttest) 當依變數。值得一提的事，控制用共變數大多選擇穩定的個人特質，不易受到實驗操縱的影響者 (例如 IQ 、父母社會經濟地位 SES)。實務上，控制變數不一定要在研究前完成，你可依研究情況或方便性，在研究中、研究後再進行測量 (或調查蒐集)。

三、共變數分析 (ANCOVA) 的原理

迴歸旨在使用最小平方法或最大概似估計，來求得二個連續變數的共變 (相關)，進而產生預測用途的迴歸模型。

共變數分析以迴歸角度來看，**ANCOVA** 係將控制變數當作預測變數來用。當依變數的變異量 (variance)，若從被控制變數解釋部份中分離出來，剩下來的依變數解釋的變異就是單純的「自變數對依變數的效果 (effects) / 實驗處理」。

$$Y_{ij} = \mu + \alpha_j + \beta_j (X_{ij} - \overline{X}_{ij}) + \varepsilon_{ij}$$

上式可看出，共變數分析是在：**ANOVA** 中增加共變的作用項$\beta_j (X_{ij} - \overline{X}_{ij})$，其中，$\beta_j$ 爲**組內迴歸係數** (within groups regression coefficient)，它代表各組「X → Y」的**迴歸係數**，它也是 **ANOVA** 的假定 (assumption) 之一。若自變數 k 個類組 / 水準 (levels)，就有 k 個迴歸係數。

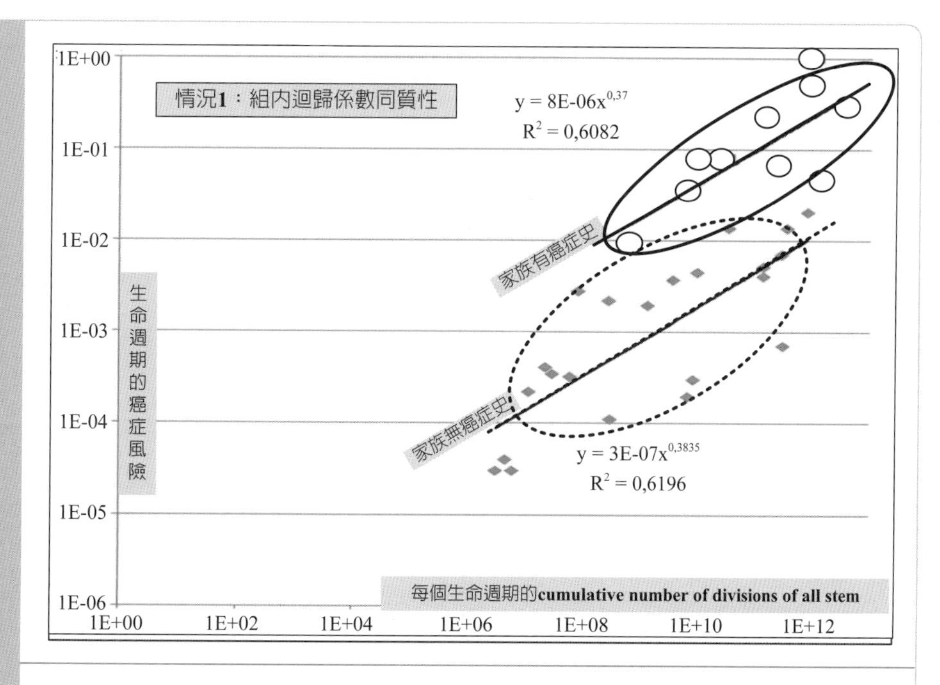

圖 6-7 組內迴歸係數 (within groups regression coefficient) 之示意圖 (ANCOVA 的假定之一)

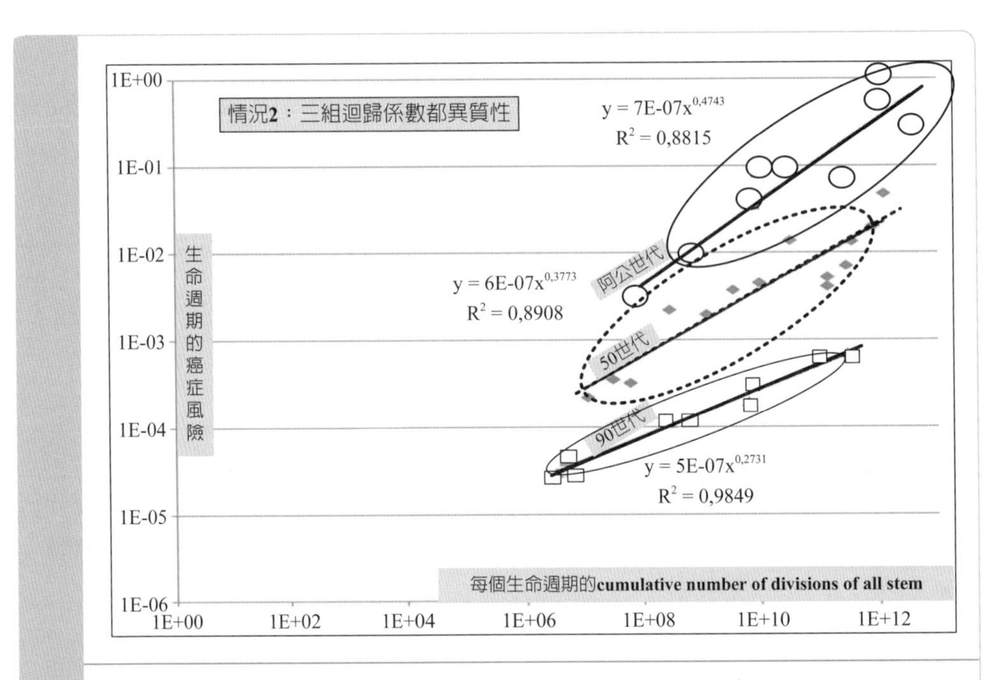

圖 6-7 組內迴歸係數 (within groups regression coefficient) 之示意圖 (ANCOVA 的假定之一)(續)

四、ANCOVA 變異數的分解

ANOVA 是將依變項的總變異量，分解成自變項效果 (Between Group) 及誤差效果 (Within Group) 二部份，其變異量分解數學式爲：$SS_T = SS_B + SS_W$，並進行 F 檢。

表 6-1 獨立樣本單因子變異數分析摘要表

變異來源 (variation source)	平方和 (SS)	自由度 (df)	均方 (MS)	F
組間 (Between Group)	SS_B	k-1	SS_B / k-1	MS_B / MS_W
組內 (Within Group)	SS_W	N-k	SS_W / N-k	
全體 (Total)	SS_T	N-1		

相對地，ANCOVA 則根據迴歸原理，將依變項的總變異量，拆解成共變項可解釋部份 (SP_{XY}) 及不可解釋部份，不可解釋變異再用 ANOVA 原理來進行分解。

因此在統計檢定中，多先行檢定共變數對依變數解釋力之 F 檢定，一併整理於 ANCOVA 摘要表 (如下表)，其變異量分解數學式為：$SS_T = SP_{XY} + (SS'_B + SS'_W)$，如下圖所示。

表 6-2　獨立樣本單因子共變數分析摘要表

Source	Sum of Squares	Degrees of Freedom	Variance Estimate (Mean Square)	*F* Ratio
Covariate	SS_{Cov}	1	MS_{Cov}	$\frac{MS_{\text{Cov}}}{MS'_W}$
Between	SS'_B	$K-1$	$MS'_B = \frac{SS'_B}{K-1}$	$\frac{MS'_B}{MS'_W}$
Within	SS'_W	$N-K-1$	$MS'_W = \frac{SS'_W}{N-K-1}$	
Total	SS'_T	$N-1$		

例子：ANCOVA

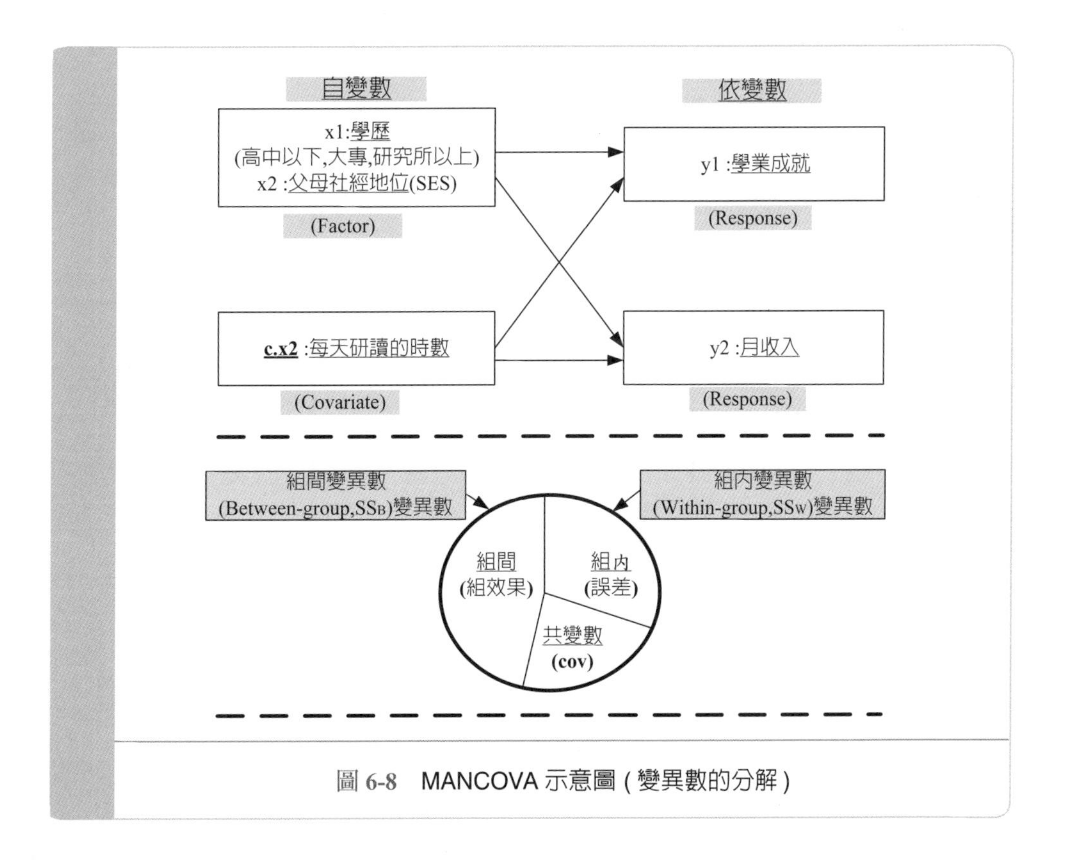

圖 6-8　MANCOVA 示意圖 (變異數的分解)

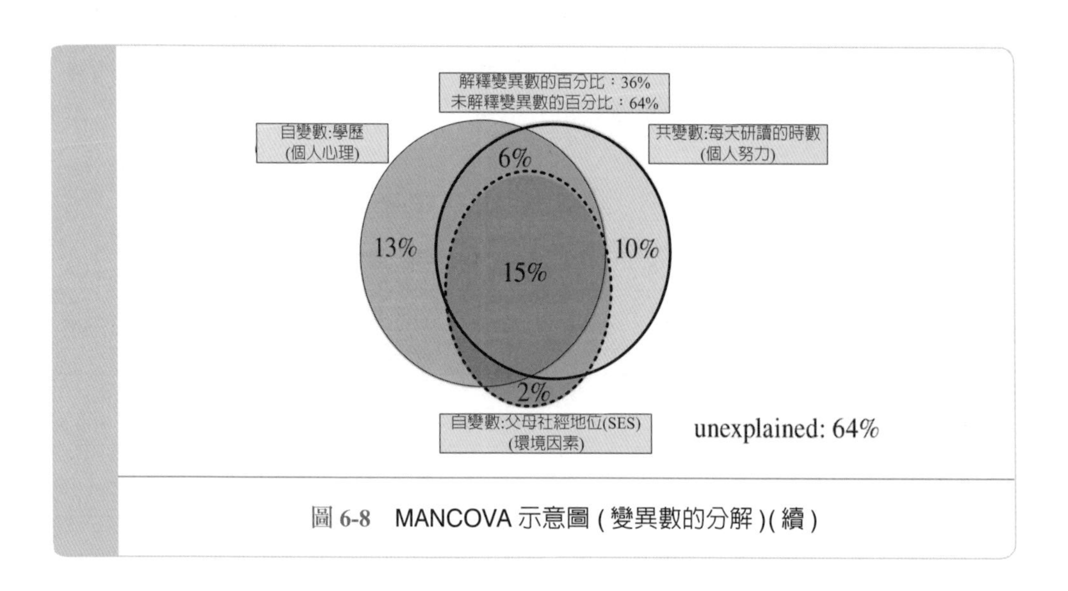

圖 6-8　MANCOVA 示意圖 (變異數的分解)(續)

五、ANCOVA 對平均數的調整

共變數納入變異數分析，就會對依變數平均數產生調整 (adjusted mean)。如下圖，當第 1 組在共變數的平均數小於第 2 組時 ($\overline{X}_1 < \overline{X}_2$) ，此時迴歸線的垂直距離擴大，各水準在 Y 變數平均值將增加；反之，若$\overline{X}_1 < \overline{X}_2$，此時迴歸線的垂直距離擴大，各水準在 Y 變數平均值將縮小。

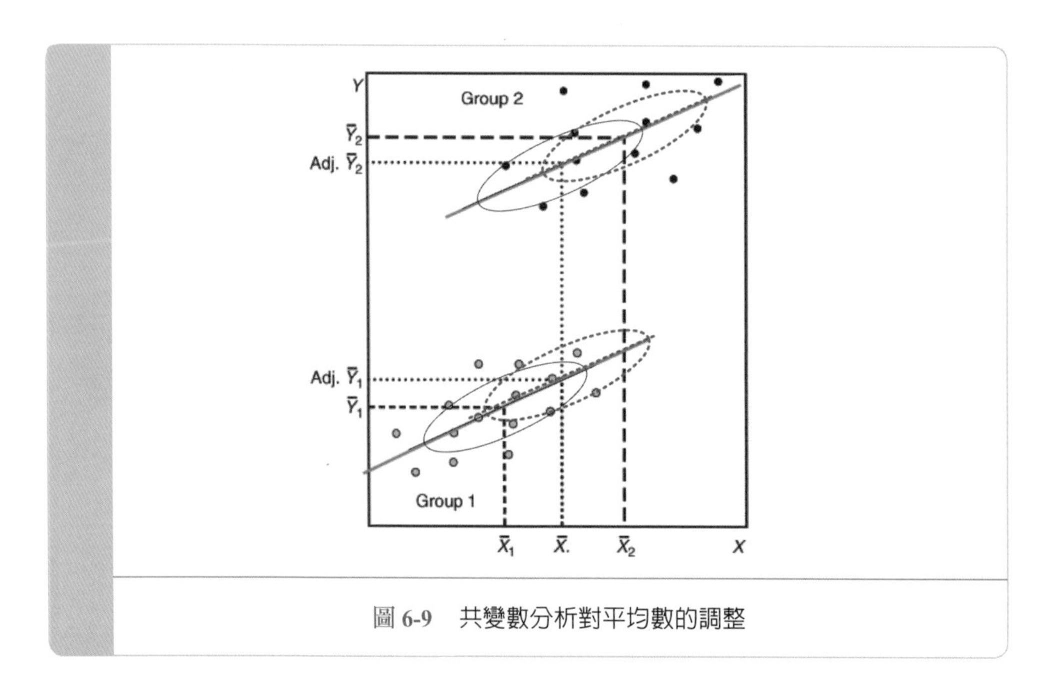

圖 6-9　共變數分析對平均數的調整

6-1-2 單因子 MANCOVA 之重點整理

共變數的多變量分析 (MANCOVA) 是單變量共變數分析 (ANCOVA) 的擴展，它考量多個依變數的情況，並考量 ANOVA 是否需要伴隨的連續「自變數－共變數」的控制 (the control of concomitant continuous independent variables – covariates – is required)。MANCOVA 設計比簡單 MANOVA 優，是它採用共變數來控制 noise 、error 的「factoring out」。常用的 ANOVA F 統計量，對應的多變量就是 Wilks' Lambda(符號 λ)，λ 代表 error variance(或 covariance) 與 effect variance(或 covariance) 之間的比率。

一、共變異數分析 (Analysis of covariance, ANCOVA) 之概念

ANCOVA 其實可以看爲是 **ANOVA** 與**迴歸分析**的結合。傳統的 **ANOVA** 主要是用來比較兩組以上的樣本的平平均值是否有差別，比如醫師要研究不同的治療組合對肝癌患者的預後是否有不同的效果，因此去比較 (1) 單純手術切除腫瘤、(2) 單純進行化療、(3) 以上兩種治療方式結合的病患的三年存活率。ANOVA 能用來比較這三組病患的三年存活率的平平均值是否有明顯不同，讓研究人員瞭解這三種治療組合的效果。

不過，ANOVA 通常必須搭配隨機**控制**實驗來進行會比較好，因爲隨機分配比較能夠提供研究人員相同的比較基準 (比如使得這三組病人的病情分布情況大致上是相近的，不致於有某一組都是病情偏重的病人，其他組病人病情卻都較輕)，這樣我們才能客觀地比較治療方式的效果差異。可是在這個例子中，這三組病人並不是透過隨機分配的方式去決定採用哪一種治療組合，醫師是依照每一位病人的**病情** (**肝腫瘤的大小**、**期數**、**病人的健康情況**等) ，建議**採取**的治療方式，而這些病情變數都會對肝癌病人的存活率造成影響，因此在此情況下直接用 ANOVA 並不恰當，最理想的方式是 ANCOVA ，因爲 ANCOVA 在比較這三組病人的存活率時，可以同時考慮或**控制**其他對病人存活率有影響的病情變數，使我們在相同的背景或基礎上去比較這三組治療方式的效果。而控制其他變數對依變數的影響也是迴歸分析的基本功能，因此 ANCOVA 可以說是結合了 ANOVA 與迴歸分析的功能。

話說如此，事實上用**複迴歸**分析就可以達到 **ANCOVA** 的目的，只要在迴歸分析模式中加入組別的虛擬變數 (dummy variables)，我們就可以看到不同組別的平平均値是否有明顯差別。以前面的例子來說，我們必須建立兩個虛擬變數，分別代表第一組與第二組的病人 (研究組)，做爲分析模式中的自變數，而以第三組爲對照組，這樣我們就可以去比較第一組和第二組的病人分別與第三組病人的三年存活率有沒有差別。

二、MANCOVA 目的

1. 降低實驗誤差

MANCOVA 類似於 ANOVA 系列中的所有檢定，MANCOVA 的主要目的是檢定組間平平均値之間的顯著差異。在樣本抽樣中，MANCOVA 設計中，共變量 (covariate) 就是要降低誤差項 MS_{error} ，提升整體 Wilks' Lambd 値，進而使處理效果 (effect) 更精準來考驗「處理 X」的顯著性。

2. 增進統計檢定力 (power)

這使研究人員有更多的統計檢定力 (power) 來檢定數據內的差異。多變量的 MANCOVA 允許多個依變數的線性組合來表達群體間差異，並同時控制其共變量。

舉例來說，MANCOVA 是合適的：假設一位科學家有興趣檢定兩種新藥對抑鬱和焦慮評分的影響。還假設科學家已掌握每個病人對藥物總體反應的資訊；若能考慮「藥物總體反應」這個共變數，將能提高靈敏度來確定每種藥物對兩個依變數的影響。

三、單變量：ANCOVA 假定 (Assumptions)

1. 假定 1：依變數與共變數之間是**直線相關** (linearity of regression)

依變數和共變數之間的迴歸關係必須是線性的。

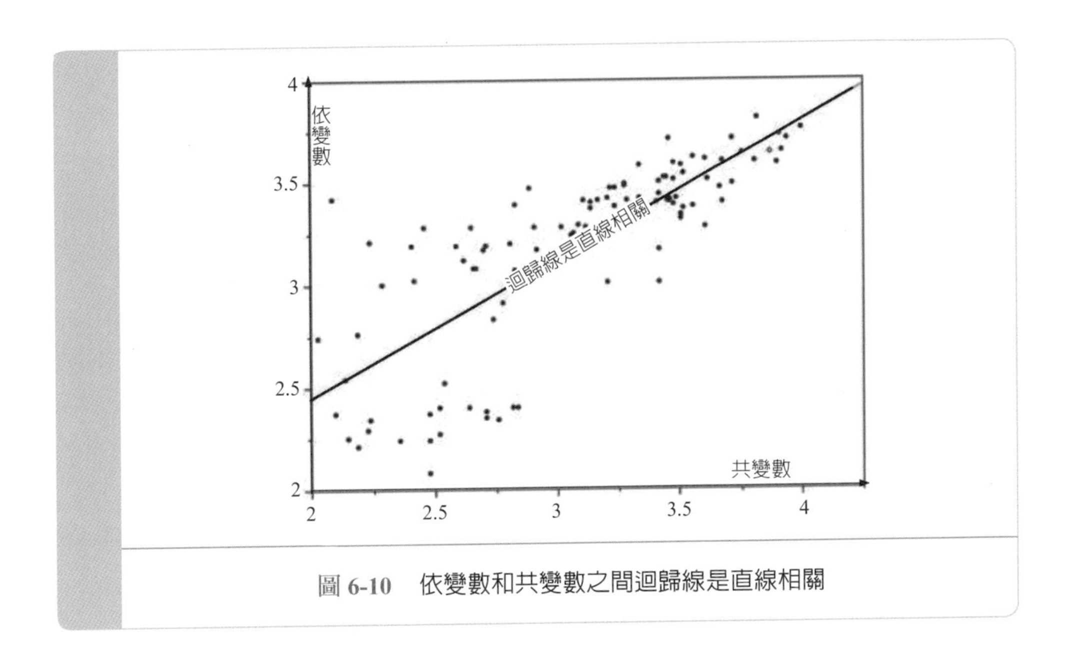

圖 6-10　依變數和共變數之間迴歸線是直線相關

2. **假定 2**：誤差變異數 σ_{ε}^{2} 同質性 (homogeneity of error variances)

誤差這個隨機變數，對於不同處理類別和觀察值，具有「零均值和變異數相等」的條件。

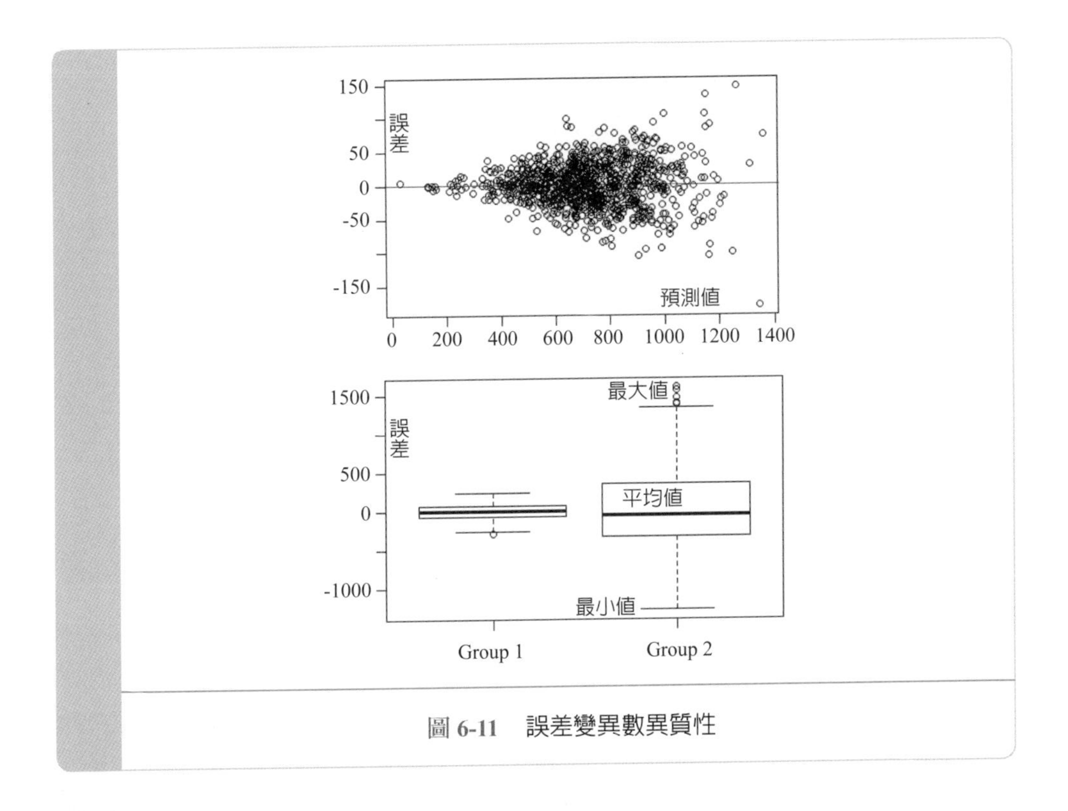

圖 6-11　誤差變異數異質性

3. **假定 3：誤差項彼此獨立** (independence of error terms)

誤差是不相關的。也就是說，誤差共變數矩陣呈對角矩陣。

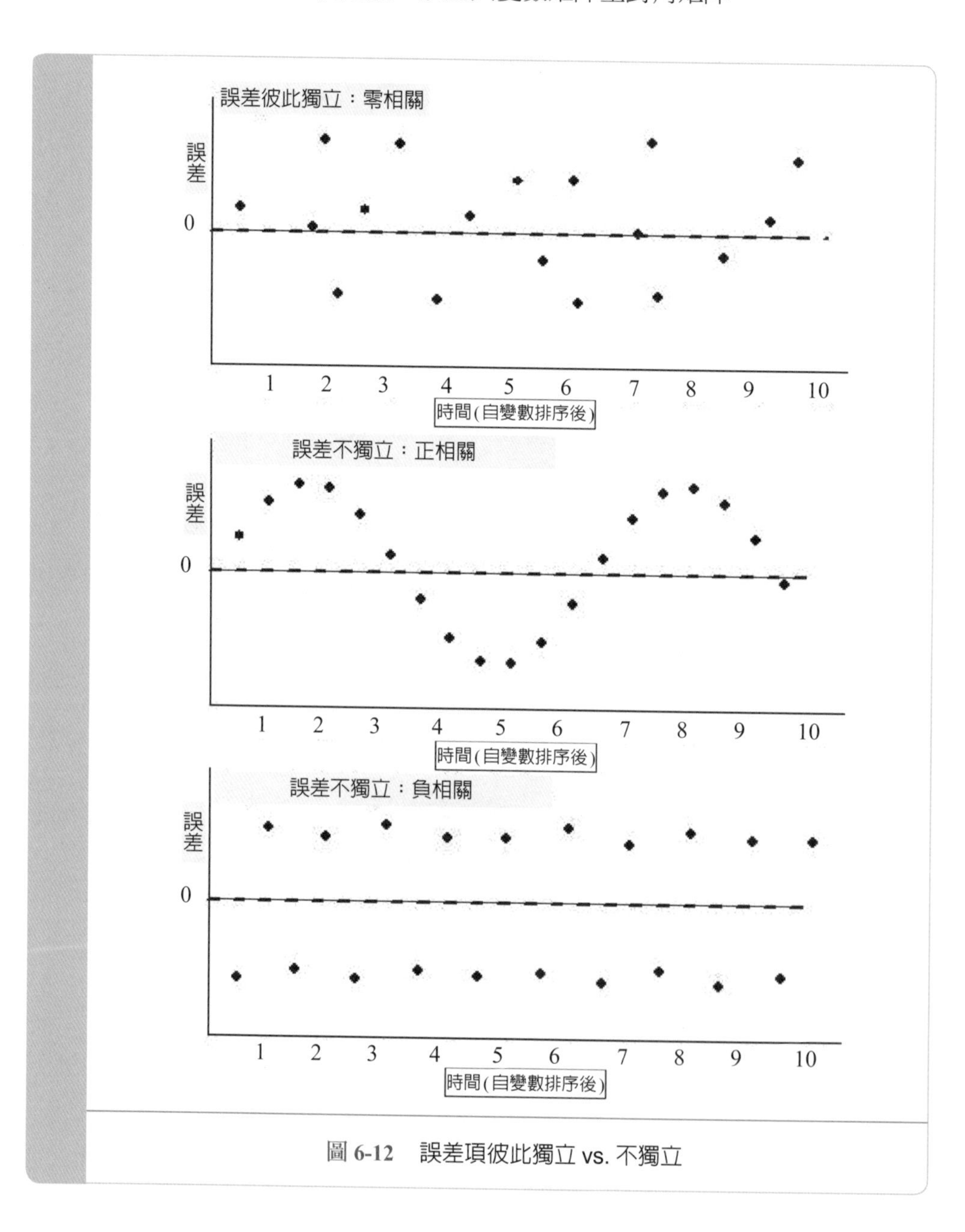

圖 6-12 誤差項彼此獨立 vs. 不獨立

4. **假定 4：誤差常態性** (normality of error terms)

該殘差 (誤差項)，應常態分布，$\varepsilon_{ij} \sim N(0,\sigma^2)$

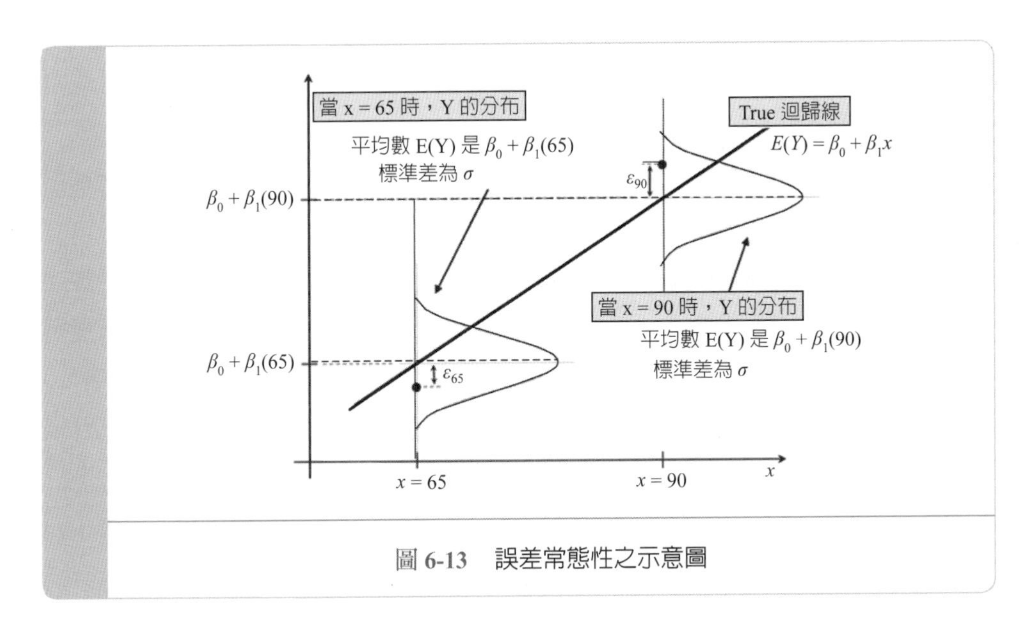

圖 6-13　誤差常態性之示意圖

5. **假定 5：組內迴歸係數同質** (homogeneity of regression slopes)

不同組間之迴歸線斜率應該是相等的，即迴歸線應該在組間平行。

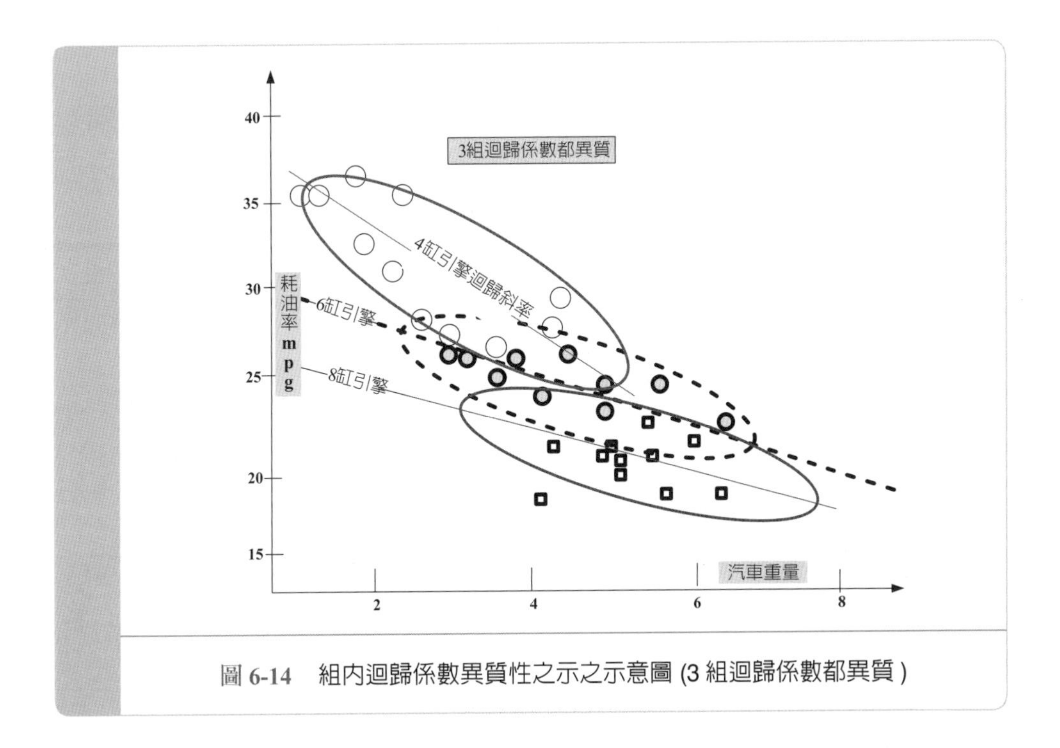

圖 6-14　組內迴歸係數異質性之示之示意圖 (3 組迴歸係數都異質)

三、多變量：MANCOVA 假定 (Assumptions)

1. 常態性 (Normality)(sktest 、swilk 、mvtest normality 指令)：對於每個組，每個依變數必須表示常態分數的分數。此外，依變數的任何線性組合都必須是常態分布的。轉化或去除異常值可以幫助確保滿足這個假定。違反此假定可能會導致第 I 型誤差 (α) 的增加。
2. 觀察值的獨立性：每個觀察值必須獨立於其他的觀察；這個假定可以通過採用隨機抽樣技術來實現。違反這一假設可能會導致型 I 誤差 (α) 的增加。
3. 變異數的同質性 (homogeneity of variances)：每個依變數必須在每個自變數之間表現出類似的變異數水平。違反這一假定可以被概念化為變異數和依變數均值之間的相關。這種違反就稱為 'heteroscedasticity' ，可以使用 Levene’s test 進行檢定。同質性檢定就是分析組內變異數是否相同，如果不同質，沒有繼續分析的意義。
4. 共變數同質性：在自變數的所有 levels 上，依變數間的互相關 (intercorrelation) 矩陣必須相等。違反此假設可能會導致 I 型誤差的增加以及統計 power($1-\beta$) 的下降。

6-1-3 單因子 ANCOVA vs. 調整用途的共變數 (連續變數) 分割為類別變數，再進行 ANOVA

範例：方法一：調整用途的共變數 (連續變數) 亦可分割為類別變數，再進行 ANOVA。方法二：共變數 (連續變數) 不分割為類別變數，直接進行 ANCOVA

共變數分析之潛在價值在於共變數 (x) 與反應變數 (y) 有高度相關。ANCOVA 與變異數分析相同，但 ANCOVA 會考慮共變數對依變數的影響而做調整。

問題說明

獨立樣本單因子共變數分析例子 (參考林清山，民 81，P483)

某研究者想研究演講法、編序教學法、和啓發式教學法對小學數學學習成績的影響。智力因素是可能影響學習成績的共變量。實驗結果如下表。問三種教學方法之間有無優劣的差異。

1. 自變數 a：教學法，屬於類別變數，有 3 個 levels。
2. 依變數 y：學習成績，屬於連續變數。
3. 共變數 x：智力，屬於連續變數。

一、資料檔之內容

「ANCOVA_p483.sav」資料檔中，自變數 a 爲教學法 (有 3 levels) ，依變數 y 爲學習成績，共變數 x 爲智力。資料檔內容如下圖。

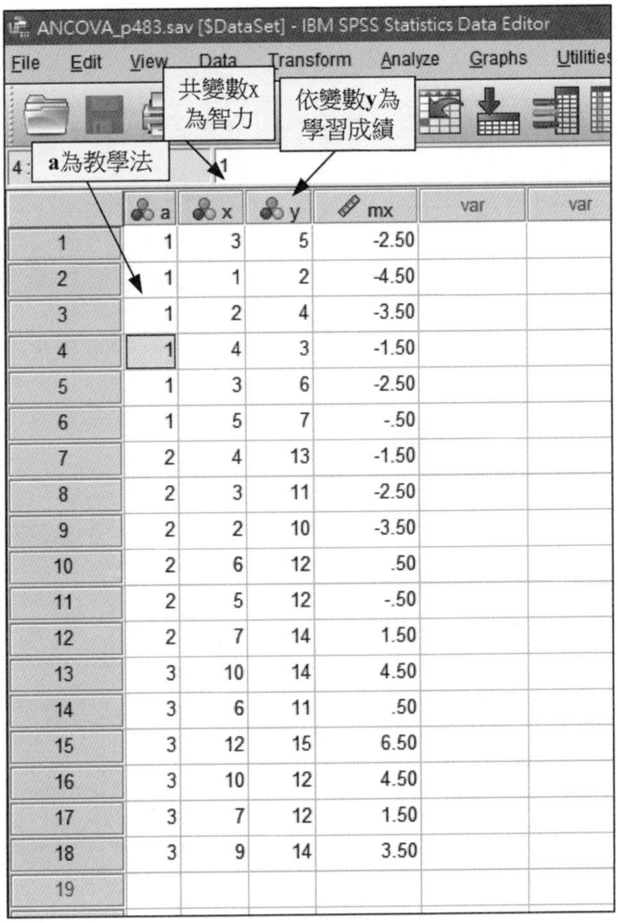

ANCOVA_p483.sav [$DataSet] - IBM SPSS Statistics Data Editor

共變數x為智力
依變數y為學習成績
a為教學法

	a	x	y	mx	var	var
1	1	3	5	-2.50		
2	1	1	2	-4.50		
3	1	2	4	-3.50		
4	1	4	3	-1.50		
5	1	3	6	-2.50		
6	1	5	7	-.50		
7	2	4	13	-1.50		
8	2	3	11	-2.50		
9	2	2	10	-3.50		
10	2	6	12	.50		
11	2	5	12	-.50		
12	2	7	14	1.50		
13	3	10	14	4.50		
14	3	6	11	.50		
15	3	12	15	6.50		
16	3	10	12	4.50		
17	3	7	12	1.50		
18	3	9	14	3.50		
19						

圖 6-15 「ANCOVA_p483.sav」 資料檔 (N=18, variables=3)

二、分析結果與討論

方法一：調整用途的共變數 (連續變數) 先分割為類別變數，再進行 ANOVA

Step 1 共變數分析之假定 **(assumption)**：組內迴歸係數同質性檢定

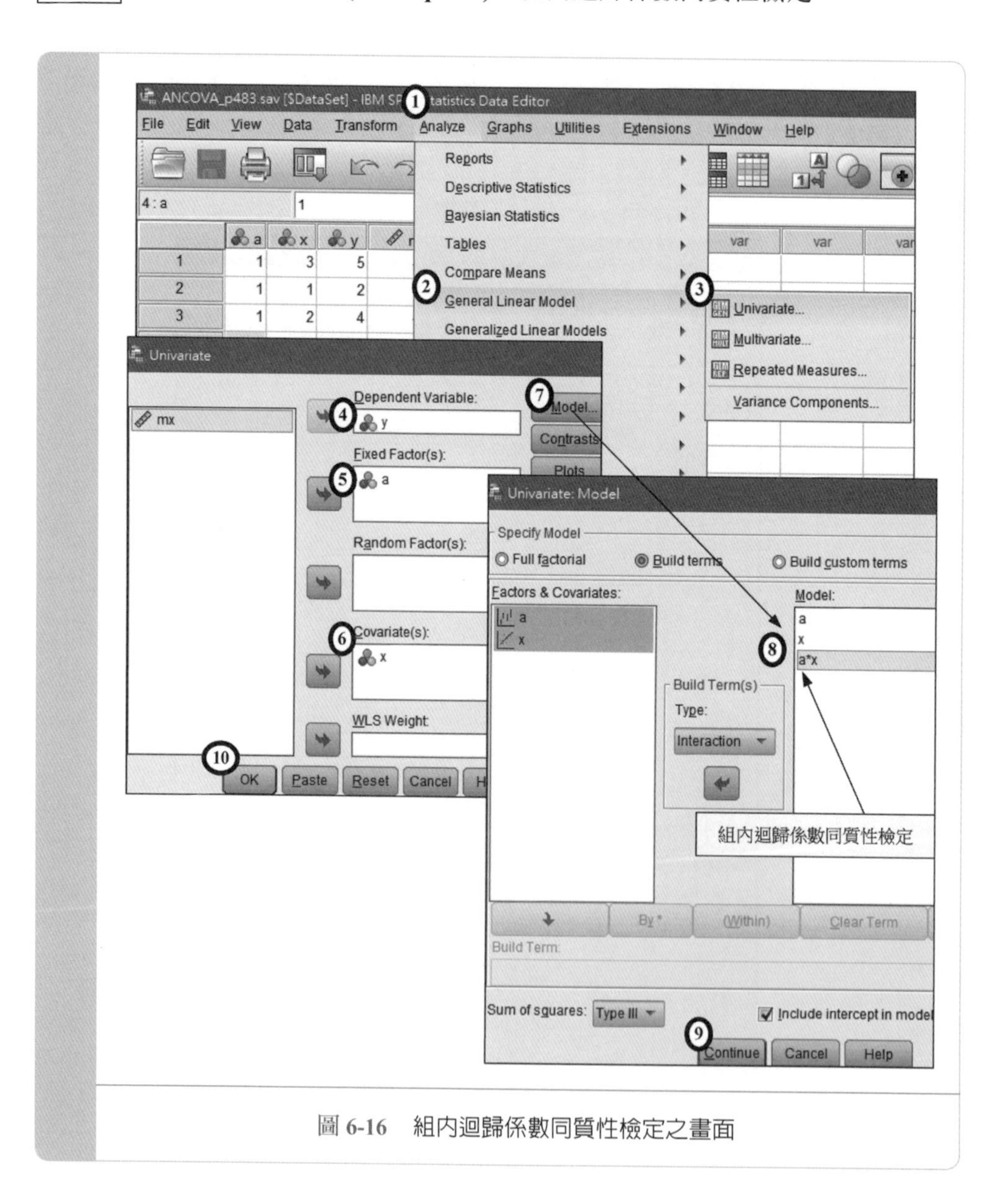

圖 6-16　組內迴歸係數同質性檢定之畫面

對應的指令語法：

```
title "組內迴歸係數同質性檢定 .sps".
GET
  FILE='D:\CD範例\ANCOVA_p483.sav'.
UNIANOVA y BY a WITH x
  /METHOD=SSTYPE(3)
  /INTERCEPT=INCLUDE
  /CRITERIA=ALPHA(0.05)
  /DESIGN=a x a*x.
```

Tests of Between-Subjects Effects

Dependent Variable: y

Source	Type III Sum of Squares	df	Mean Square	F	Sig.
Corrected Model	282.181[a]	5	56.436	41.500	.000
Intercept	59.084	1	59.084	43.446	.000
a	24.444	2	12.222	8.987	.004
x	22.434	1	22.434	16.497	.002
a * x	.734	2	.367	.270	.768
Error	16.319	12	1.360		
Total	2039.000	18			
Corrected Total	298.500	17			

a. R Squared = .945 (Adjusted R Squared = .923)

上述分析結果，顯示：

1. 組內迴歸係數同質性檢定：考驗結果，「自變數 (a) 及連續變數之共變數 (x)」交互作用項，即「a*x」項的 $F_{.95(2,12)}$ = .270 (p>0.05) ，故接受虛無假設 $H_0: \beta_{w1} = \beta_{w2} = \beta_{w3} = \beta_w$，表示這 3 組的斜率可視爲相同。故可放心地，將共變數 X(智力量分成「> 平均數、≦平均數」兩群組，其指令如下表所示。產生「離均差之智力」此新變數之後，才再進行「自變數 a(教學法) 對依變數 Y(成績) 的平均數之事後比較」。

```
* 算出共變數 X 的「mean=5.5」
DESCRIPTIVES VARIABLES=x
  /STATISTICS=MEAN STDDEV MIN MAX.

* 產生新變數 mX「智力之離均差」，即「mX = x- 平均智力」
. COMPUTE mX = x- 5.5.
EXECUTE.
```

Descriptive Statistics

	N	Minimum	Maximum	Mean	Std. Deviation
x	18	1	12	5.50	3.148
Valid N (listwise)	18				

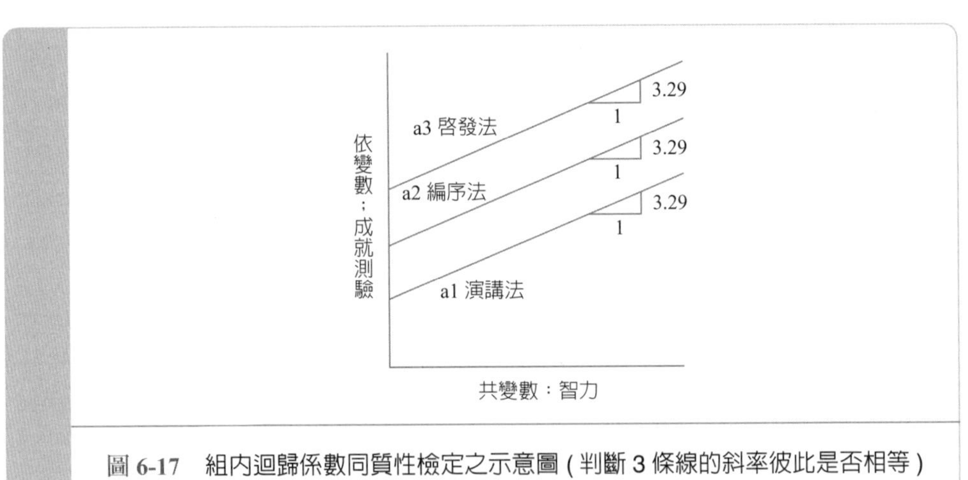

圖 6-17　組內迴歸係數同質性檢定之示意圖 (判斷 3 條線的斜率彼此是否相等)

2. X 變數之智力對成績 (Y 變數) 的主要效果達到顯著水準 ($F_{.95(1,14)}$ =16.50, p<0.05) ，故智力也是干擾之外生變數之一。此外，教學法 (a) 對學生成績 (y) 的主要效果亦達到顯著水準 ($F_{.95(2,14)}$ =8.99, P<0.05) ，故須以「智力平均以上 vs. 以下」

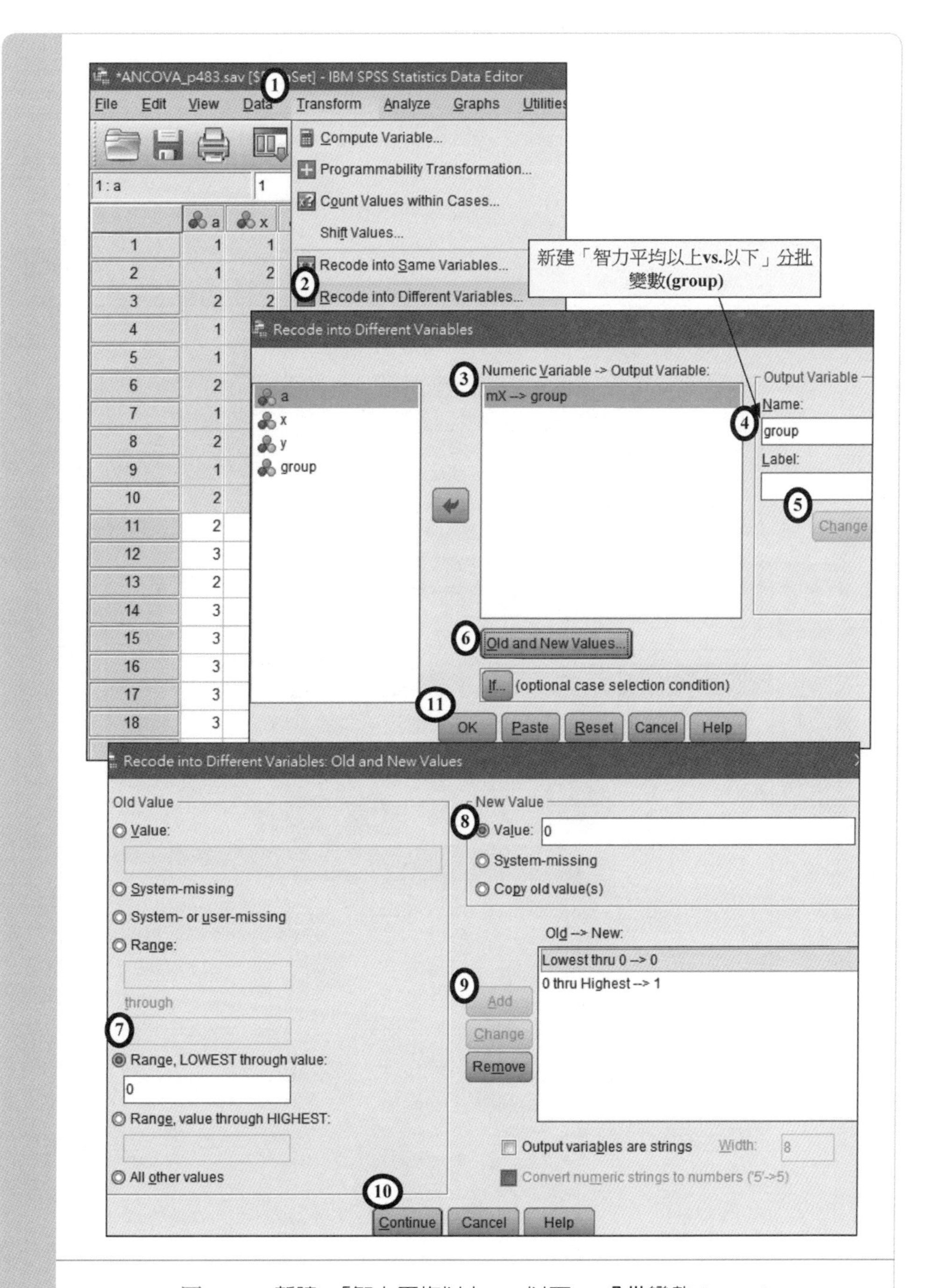

圖 6-18 新建 「智力平均以上 vs. 以下」 分批變數 (group)

對應的指令語法：

```
RECODE mX (Lowest thru 0=0) (0 thru Highest=1) INTO group.
EXECUTE.

SORT CASES  BY group.
SPLIT FILE SEPARATE BY group.
```

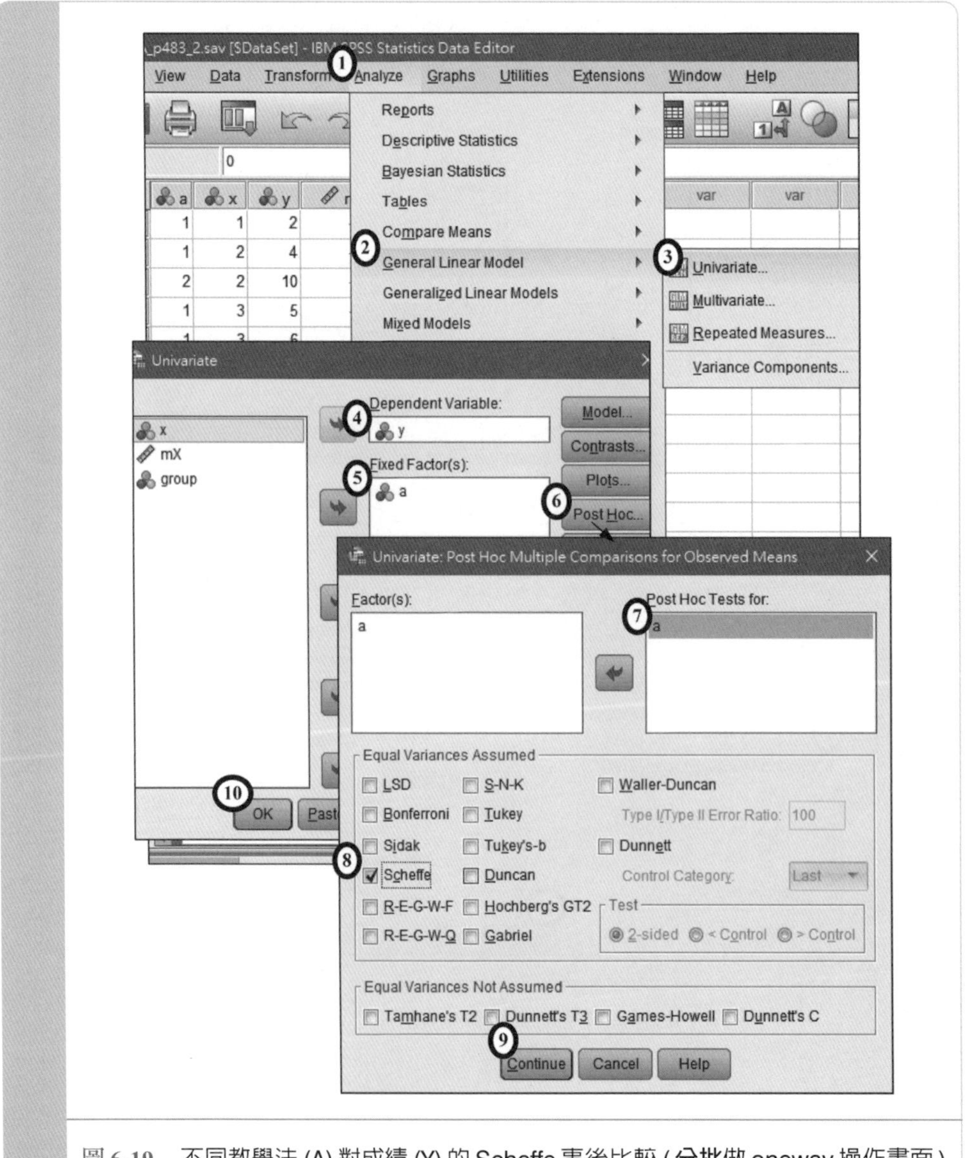

圖 6-19　不同教學法 (A) 對成績 (Y) 的 Scheffe 事後比較 (**分批**做 oneway 操作畫面)

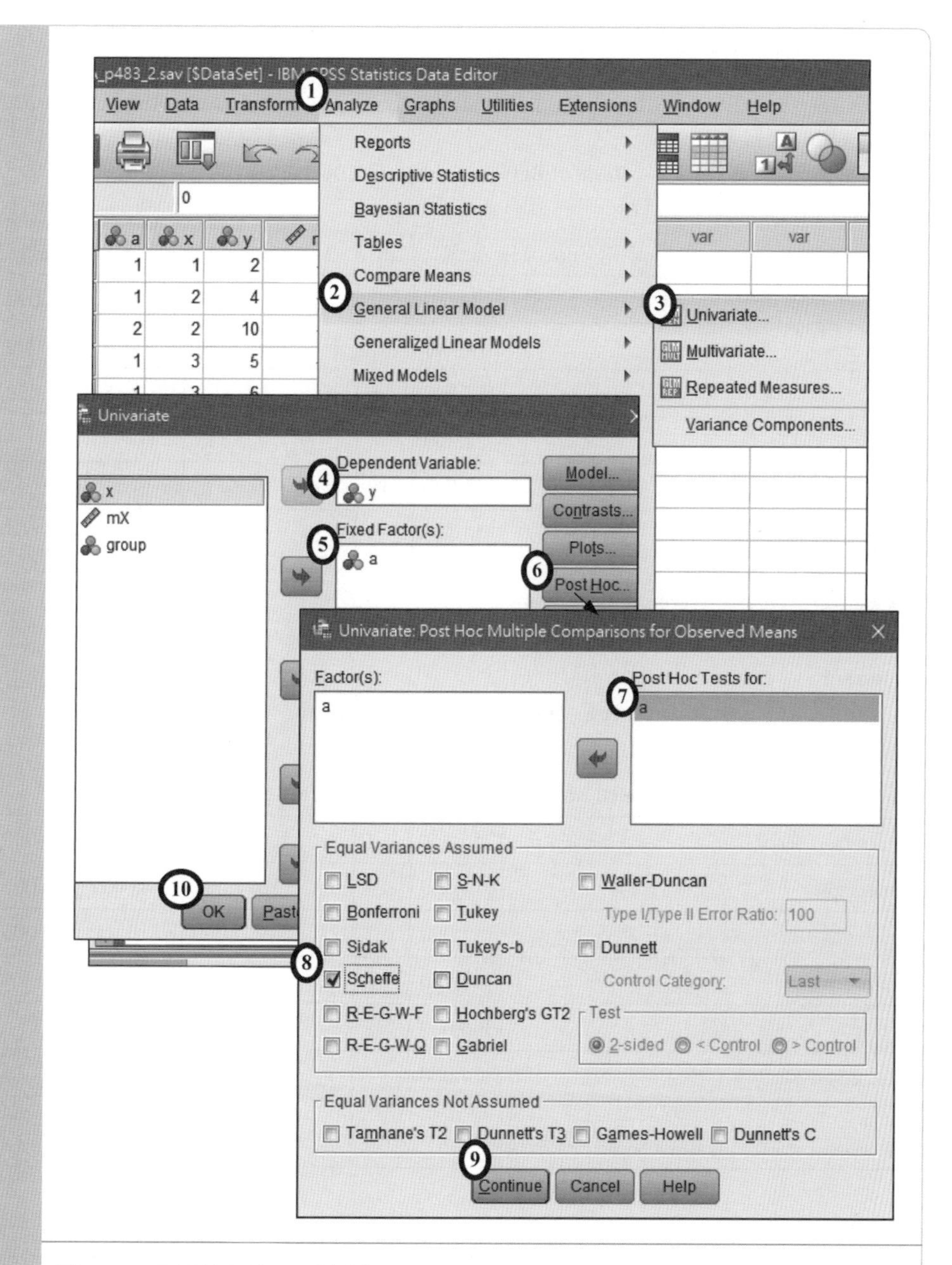

圖 6-20 不同教學法 (A) 對成績 (Y) 的 Scheffe 事後比較 (第一批 IQ> 平均數者，第二批再 IQ ≦平均數者)

(五)事後分批做各組之 scheffe 事後比較

group = 0

Tests of Between-Subjects Effects[a]

Dependent Variable: y

Source	Type III Sum of Squares	df	Mean Square	F	Sig.
Corrected Model	117.600[b]	1	117.600	41.813	.000
Intercept	614.400	1	614.400	218.453	.000
a	117.600	1	117.600	41.813	.000
Error	22.500	8	2.813		
Total	673.000	10			
Corrected Total	140.100	9			

a. group = 0

b. R Squared = .839 (Adjusted R Squared = .819)

group = 1

Tests of Between-Subjects Effects[a]

Dependent Variable: y

Source	Type III Sum of Squares	df	Mean Square	F	Sig.
Corrected Model	1.776E-15[b]	1	1.776E-15	.000	1.000
Intercept	1014.000	1	1014.000	434.571	.000
a	.000	1	.000	.000	1.000
Error	14.000	6	2.333		
Total	1366.000	8			
Corrected Total	14.000	7			

a. group = 1

b. R Squared = .000 (Adjusted R Squared = -.167)

分批做 Scheffe 事後比較，其 oneway 操作程序如上圖。結果顯示：

1. 學生高智力者 (> 平均 IQ)，N=8 人，三種不同教學法，均不會影響學生成績。
2. 學生低智力者 (≦ 平均 IQ) ，N=10 人。由於上例非隨機分派樣本至 3 組，故用「MEANS TABLES=y BY a」指令看其次數分配表。結果如下表。由此可看出，低智力者只分派至「a1 演講法」、「a2 編序法」。(3) 學生低智力者 (≦平均 IQ) 之 **scheffe** 事後比較，結果顯示「a2 編序法」效果 (M=11.5) 顯著高於「a1 演講法」(M=4.5)。

分批求各組的平均數：指令如下表

```
SORT CASES  BY group.
SPLIT FILE SEPARATE BY group.

MEANS TABLES=y BY a
  /CELLS=MEAN COUNT STDDEV.
```

group = 0

Report[a]

y

a	Mean	N	Std. Deviation
1	4.50	6	1.871
2	11.50	4	1.291
Total	7.30	10	3.945

a. group = 0

group = 1

Report[a]

y

a	Mean	N	Std. Deviation
2	13.00	2	1.414
3	13.00	6	1.549
Total	13.00	8	1.414

a. group = 1

方法二：共變數 (連續變數) 不分割為類別變數，直接進行 ANCOVA

Step 1 共變數分析之假定

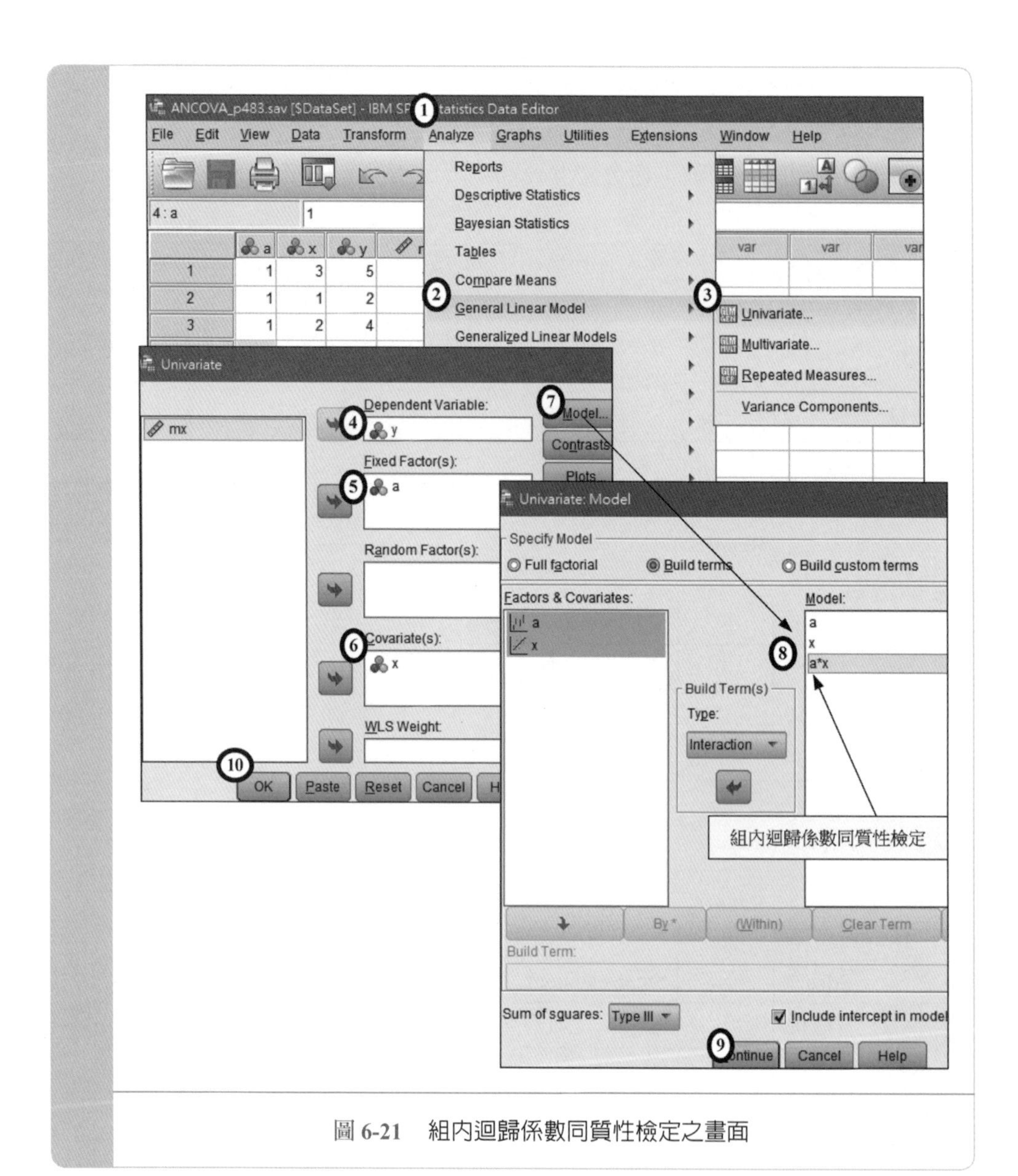

圖 6-21　組內迴歸係數同質性檢定之畫面

Tests of Between-Subjects Effects

Dependent Variable: y

Source	Type III Sum of Squares	df	Mean Square	F	Sig.
Corrected Model	282.181[a]	5	56.436	41.500	.000
Intercept	59.084	1	59.084	43.446	.000
a	24.444	2	12.222	8.987	.004

x	22.434	1	22.434	16.497	.002
a * x	.734	2	.367	.270	.768
Error	16.319	12	1.360		
Total	2039.000	18			
Corrected Total	298.500	17			

a. R Squared = .945 (Adjusted R Squared = .923)

上述分析結果，顯示：

1. 組內迴歸係數同質性檢定：考驗結果，「自變數 (a) 及 Continuous 變數之共變數 (x)」交互作用項，即「a*x」項的 $F_{.95(2,12)}$ = .270 (p>0.05)，故接受虛無假設 $H_0 : \beta_{w1} = \beta_{w2} = \beta_{w3} = \beta_w$，表示這 3 組的斜率可視爲相同。故可放心做共變數分析。

Step 2「直接」做共變數分析

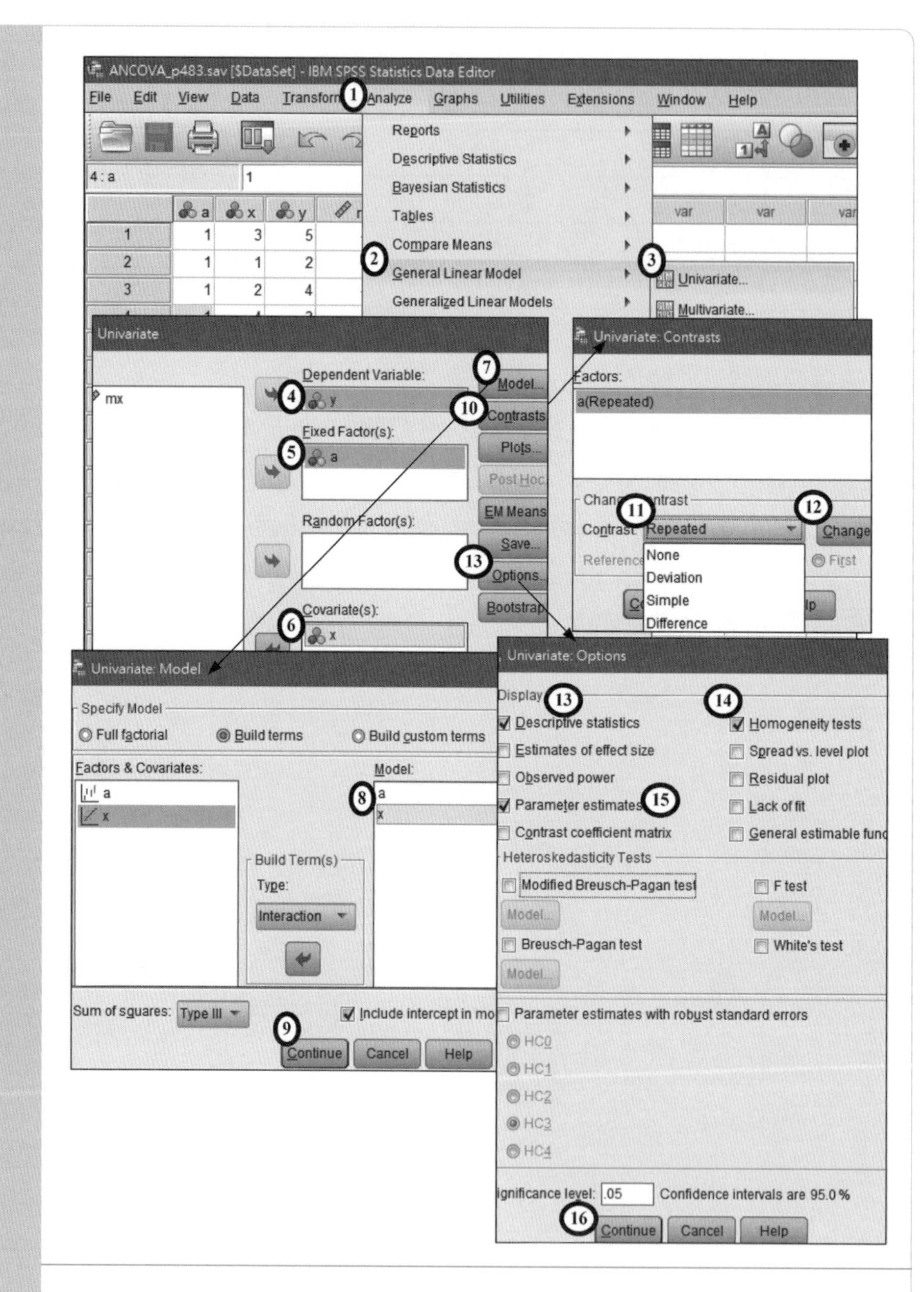

圖 6-22　ANCOVA 之操作畫面

對應的指令語法：

```
* 直接讀取 Stata 檔 "ANCOVA_p483.dta".
GET
  STATA FILE='D:\CD 範例 \ANCOVA_p483.dta'.

title "ANCOVA_p483.sav, 單因子 ANCOVA.sps".
UNIANOVA y BY a WITH x
  /CONTRAST(a)=Repeated
  /METHOD=SSTYPE(3)
  /INTERCEPT=INCLUDE
  /PRINT DESCRIPTIVE PARAMETER HOMOGENEITY
  /CRITERIA=ALPHA(.05)
  /DESIGN=a x.
```

【A. 分析結果說明】Levene's 誤差變異數同質性

Levene's Test of Equality of Error Variances[a]

Dependent Variable: y

F	df1	df2	Sig.
1.569	2	15	.241

Tests the null hypothesis that the error variance of the dependent variable is equal across groups.
a. Design: Intercept + a + x

1. Levene's Test of Equality of Error，求得 F=1.569 (p>.05)，故接受「H_0：誤差變異數同質性」，表示 3 組在依變數的變異數是同質 (相等的)。
2. 變異數同質性檢定，若顯著性 (Sig.) 小於 0.05，亦即組間具異質性，亦即變異數差異很大，可能導致對平均數比較的誤判。

【B. 分析結果說明】ANCOVA 摘要表

Tests of Between-Subjects Effects

Dependent Variable: y

Source	Type III Sum of Squares	df	Mean Square	F	Sig.
Corrected Model	281.447[a]	3	93.816	77.018	.000
Intercept	59.832	1	59.832	49.119	.000
a	114.941	2	57.470	47.180	.000
x	22.447	1	22.447	18.428	.001
Error	17.053	14	1.218		
Total	2039.000	18			
Corrected Total	298.500	17			

a. R Squared = .943 (Adjusted R Squared = .931)

1. 求得 A 因子的 F=47.18(p<.05)，表示：扣除共變數 (智力) 的影響之後，3 組教學法所產生的學習成績，有顯著的差異。

【C. 分析結果說明】多重比較

Contrast Results (K Matrix)

a Repeated Contrast			Dependent Variable y
Level 1 vs. Level 2	Contrast Estimate		-6.510
	Hypothesized Value		0
	Difference (Estimate - Hypothesized)		-6.510
	Std. Error		.678
	Sig.		.000
	95% Confidence Interval for Difference	Lower Bound	-7.963
		Upper Bound	-5.056
Level 2 vs. Level 3	Contrast Estimate		1.971
	Hypothesized Value		0
	Difference (Estimate - Hypothesized)		1.971

Std. Error		.941
Sig.		.055
95% Confidence Interval for Difference	Lower Bound	-.047
	Upper Bound	3.989

1. 排除共變數(智力)影響之後,「a=1」對依變數的效果顯著低於「a=2」(p<.05)。
2. 排除共變數(智力)影響之後,「a=2」對依變數的效果未顯著高於「a=3」(p>.05)。

6-2 為何要 MANCOVA 取代 MANOVA 呢?ANCOVA ≠ ANOVA (UNIANOVA、GLM 指令)

6-2-1 單因子 MANCOVA:3 個檢定 (GLM 指令)

在單變量共變數統計分析中,我們曾討論過,在進行實驗的研究時,除了實驗變數之外,若還有其他變數也會影響依變數,則會產生混淆效果。解決的辦法有二種:(1) 實驗控制,把這些不感興趣的變數盡量控制得完全相同,或是把它納入實驗變數中成為多因子之一。(2) 統計控制,例如採用共變數的方法來控制這些變數的影響。

共變數分析 (Analysis of Covariance, ANCOVA) 即是一種統計控制的方法。它是利用直線迴歸法將其他也會影響依變數的因素,從變異數中剔除,然後根據調整過後的分數,進行變異數分析,因此共變數分析可說是變異數分析與直線迴歸的合併使用。這個其他變數,在共變數分析中,稱為共變數。

共變數分析的基本假定除了須符合變異數分析應有的基本假定(常態性、獨立性、變異數同質性)之外,另有一個重要的假定,即「組內迴歸係數同質性 (homogeneity of within-class regression coefficient)」。即各組本身裡面根據 X(共變數)預測 Y(依變數)的斜率 (b_{wj}) 要相等。若違反迴歸係數同質性的假定時,可用詹森一內曼法 (Johnson-Neyman) 來調整。

共變數分析的步驟如下:

1. 組內迴歸係數檢定:若經過調整,仍不符合假設,則不宜進行共變數分析,各組應分別討論。

2. 共變數分析：看排除共變數的解釋量後，各組平均數之間是否有顯著差異。
3. 求調整後平均數。

將單變量共變數分析，推廣到每個處理均同時觀察二個以上依變數，即是所謂的多變量共變數分析。當然執行多變量共變數分析前，也得先符合如下基本假定 (assumption)：

1. 迴歸線平行的假定：即檢定 r 個組內迴歸線之間是否平行。其虛無假設是 H_0：$\Gamma_1 = \Gamma_2 = \cdots \Gamma_r = \Gamma$。計算結果，接受 H_0，便表示各組的迴歸線斜率是相同的，或迴歸線是相同的，顯示各組受控制變數影響的情形都是相同的。
2. 共同斜率爲 0 的假定：依變數與共變數的關係到底有多密切呢？換言之，共同斜率 Γ 是不是等於 0 呢？其虛無假設爲 H_0：$\Gamma = 0$。假如拒絕此虛無假設，則表示共同斜率不是 0，亦即共變數與依變數之關係是不可忽視的，因此必須用共變數來加以調整纔行。

假如以上假定均能符合其要求，則我們才可放心進行各組主要效果是否相等的假定檢定，也就是排除控制變數 (共變數) 之影響後，接受不同實驗處理各組之間的平均數，是否仍然有顯著的差異呢？亦即各組的主要效果是否相等呢？此項檢定的虛無假設爲：

$$H_0：\alpha_1 = \alpha_2 = \cdots = \alpha_j$$

進階的範例，請見作者《多變項統計分析：應用 SPSS 分析》一書。

6-2-2 二因子 MANOVA 與 MANCOVA 平均數及效果比較 (交互作用顯著)(UNIANOVA、GLM 指令)

共變數分析主要的目的，是要利用統計控制的方法，將會影響到實驗結果的變數以統計方法控制後，再執行分析。

共變數分析是「變異數分析」及「直線迴歸」的綜合體。先用「直線迴歸分析」將共變量影響排除之後「調整 (adjusts)Y 的平均數」，再利用「變異數分析」去考驗各組平均數之間是否仍有顯著差異。μ = 整體平均效果 α_j = 各實驗處理效果 (effect)。表示 X 與 Y 之間的迴歸係數。表示排除 X 的影響後所剩下的殘差。

範例：雙因子 MANCOVA 分析 (UNIANOVA、GLM 指令)

某研究者想探討：實施新教材與舊教材對學生的學習效果差異？不同程度班級之間，教學效果有無顯著差異存在？依變數是國文成績 (y1)、英文成績 (y2) 和數學成績 (y3)。為了防止學生智商 (z) 的干擾，決以學生的智商當共變數。下表是 24 名學生每人四個變數的觀察分數。試進行共變數分析進行並解釋其結果。

B 因子 \ A 因子	A 段班 (B1)				B 段班 (B2)				C 段班 (B3)			
	國文 (y1)	英文 (y2)	數學 (y3)	智商 (z)	國文 (y1)	英文 (y2)	數學 (y3)	智商 (z)	國文 (y1)	英文 (y2)	數學 (y3)	智商 (z)
舊教材 (a1)	30	31	34	31	41	24	36	36	30	74	35	36
	26	26	28	27	44	25	31	31	32	71	30	40
	32	34	33	33	40	22	33	34	29	69	27	36
	31	37	31	32	42	22	27	30	28	67	29	38
新教材 (a2)	51	34	36	36	57	20	31	30	52	91	33	46
	44	45	37	44	68	30	35	34	50	89	28	37
	52	41	30	41	58	25	34	29	50	90	28	42
	50	42	33	42	62	50	39	59	53	95	41	54

一、資料檔之內容

本例所建資料檔「例 5-2-2(MANCOVA2).sav」的內容，見下圖，共有 6 個變數：其中自變數 A 代表新舊不同教材 (1= 舊教材，2= 新教材)；B 代表不同班別 (1=A 段班，2=B 段班，3=C 段班)。依變數 y1 代表國文測驗；y2 代表英文測驗；y3 代表數學測驗。共變數 z 代表學生智商。

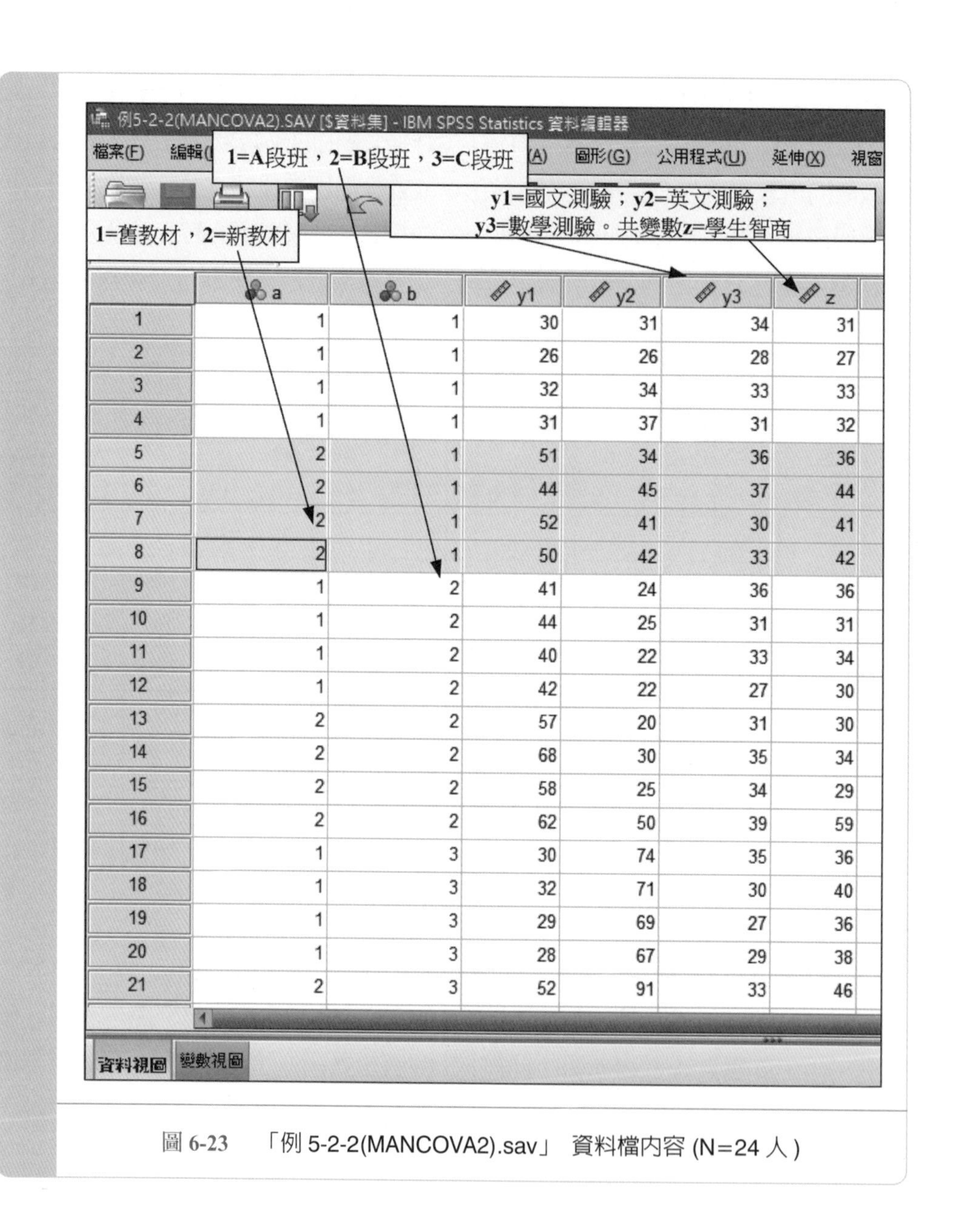

	a	b	y1	y2	y3	z
1	1	1	30	31	34	31
2	1	1	26	26	28	27
3	1	1	32	34	33	33
4	1	1	31	37	31	32
5	2	1	51	34	36	36
6	2	1	44	45	37	44
7	2	1	52	41	30	41
8	2	1	50	42	33	42
9	1	2	41	24	36	36
10	1	2	44	25	31	31
11	1	2	40	22	33	34
12	1	2	42	22	27	30
13	2	2	57	20	31	30
14	2	2	68	30	35	34
15	2	2	58	25	34	29
16	2	2	62	50	39	59
17	1	3	30	74	35	36
18	1	3	32	71	30	40
19	1	3	29	69	27	36
20	1	3	28	67	29	38
21	2	3	52	91	33	46

圖 6-23　「例 5-2-2(MANCOVA2).sav」 資料檔內容 (N=24 人)

二、分析結果與討論

ANOVA 與 ANCOVA 二者最大差異，就是 ANOVA 不調整各組在依變數的平均數；ANCOVA 會調整 (adjusts) 各組在依變數的平均數。因此，先比較 NOVA 與 ANCOVA 之「A*B」交叉細格平均數。

我們將從每個依變數 (dependent variable, DV) 及共變數 (CV) 的 factorial ANOVA 開始，透過每個「DV 與共變數」配對後 ANCOVA ，然後再進行 factorial MANOVA ，最後才是 factorial MANCOVA 分析。當我們將說明下列每個步道「效果 (effect)」的變化，來比較「ANOVA 與 ANCOVA 二者最大差異」在「調整 (adjusts) 各組在依變數的平均數」，並思考我們是否從每個「由簡易至更複雜」的分析中學到新東西。

【A. 分析結果】：二因子 MANCOVA 之指令

本例，二因子 MANCOVA 分析四大步驟的完整指令如下：

```
title "二因子 MANCOVA(交互作用顯著)".
subtitle "例 5-2-2(MANCOVA2).sav.，二因子 MANCOVA(交互作用).sps".

title "Step 1-1：Factorial ANOVA with y1 as the DV：求「AxB」各組平均數及主要效果、
      交互作用效果".
UNIANOVA y1 BY a b
  /METHOD=SSTYPE(3)
  /INTERCEPT=INCLUDE
  /PRINT DESCRIPTIVE
  /CRITERIA=ALPHA(.05)
  /DESIGN=a b a*b.

title "Step 1-2：Factorial ANOVA with y2 as the DV：求「AxB」各組平均數及主要效果、
      交互作用效果".
UNIANOVA y2 BY a b
  /METHOD=SSTYPE(3)
  /INTERCEPT=INCLUDE
  /PRINT DESCRIPTIVE
  /CRITERIA=ALPHA(.05)
  /DESIGN=a b a*b.

title "Step 1-3：Factorial ANOVA with z as the DV：求「AxB」各組平均數及主要效果、交
      互作用效果".
UNIANOVA z BY a b
  /METHOD=SSTYPE(3)
  /INTERCEPT=INCLUDE
```

```
  /PRINT DESCRIPTIVE
  /CRITERIA=ALPHA(.05)
  /DESIGN=a b a*b.

title "Step 2-1：ANCOVA with y1 as the DV, z as the covariate：求「A×B」各組平均數
       及主要效果、交互作用效果".
UNIANOVA y1 BY a b WITH z
  /METHOD=SSTYPE(3)
  /INTERCEPT=INCLUDE
  /PRINT DESCRIPTIVE
  /CRITERIA=ALPHA(.05)
  /DESIGN=z a b a*b.

title "Step 2-2：ANCOVA with y2 as the DV, z as the covariate：求「A×B」各組平均數
       及主要效果、交互作用效果".
UNIANOVA y2 BY a b WITH z
  /METHOD=SSTYPE(3)
  /INTERCEPT=INCLUDE
  /PRINT DESCRIPTIVE
  /CRITERIA=ALPHA(.05)
  /DESIGN=z a b a*b.

title "Step 3：MANOVA with「y1,y2 and y3」as the DV：求「A×B」各組平均數及主要效果、
       交互作用效果".
GLM y1 y2 y3 BY a b
  /METHOD=SSTYPE(3)
  /INTERCEPT=INCLUDE
  /PRINT=DESCRIPTIVE
  /CRITERIA=ALPHA(.05)
  /DESIGN= a b a*b.

title "Step 4：MANCOVA with「y1,y2 and y3」as the DV, z as the covariate：求「A×B」
       各組平均數及主要效果、交互作用效果".
GLM y1 y2 y3 BY a b WITH z
  /METHOD=SSTYPE(3)
  /INTERCEPT=INCLUDE
  /PRINT=DESCRIPTIVE
  /CRITERIA=ALPHA(.05)
  /DESIGN=z a b a*b.
```

【B. 分析步驟說明】

Step 1-1 Factorial ANOVA with y1 as the DV：求「A×B」各組平均數及主要效果、交互作用效果

二因子 ANOVA 分析，先 y1，再依序 y2、y3。

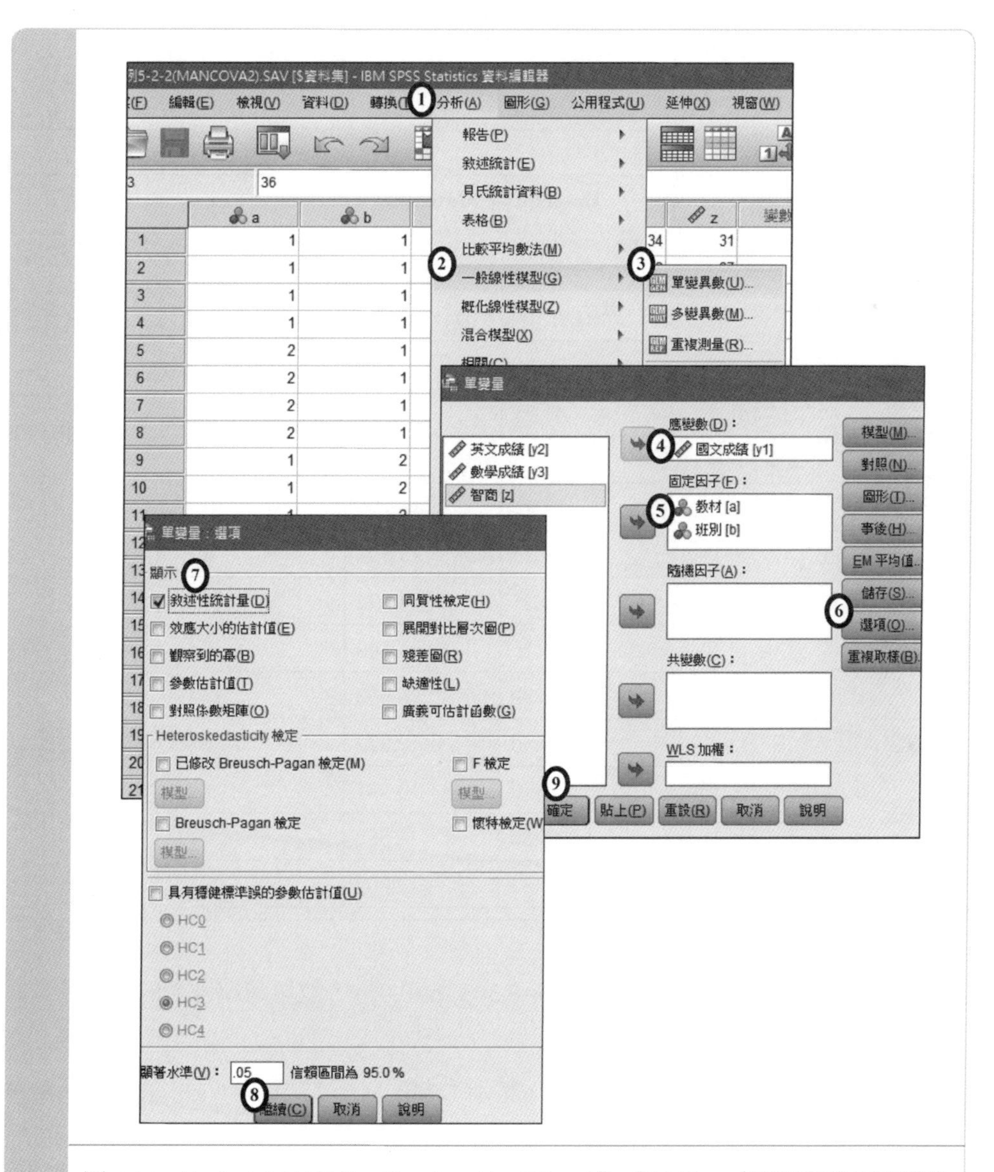

圖 6-24 Factorial ANOVA with y1 as the DV：求「A×B」各組平均數及主要效果、交互作用效果

對應的指令語法：

```
UNIANOVA y1 BY a b
  /METHOD=SSTYPE(3)
  /INTERCEPT=INCLUDE
  /PRINT DESCRIPTIVE
  /CRITERIA=ALPHA(.05)
  /DESIGN=a b a*b.
```

Descriptive Statistics

Dependent Variable: 國文成績 y1

教材	班別	Mean	Std. Deviation	N
舊教材 (a1)	A 段班 (b1)	29.75	2.630	4
	B 段班 (b2)	41.75	1.708	4
	C 段班 (b3)	29.75	1.708	4
	Total	33.75	6.196	12
新教材 (a2)	A 段班 (b1)	49.25	3.594	4
	B 段班 (b2)	61.25	4.992	4
	C 段班 (b3)	51.25	1.500	4
	Total	53.92	6.403	12
Total	A 段班 (b1)	39.50	10.823	8
	B 段班 (b2)	51.50	10.981	8
	C 段班 (b3)	40.50	11.588	8
	Total	43.83	12.002	24

1. 因交互作用項 a * b 未達顯著性 (F=0.303, p>0.05)，故可忽略 a * b 交叉細格平均數。
2. A 因子：對 y1(國文成績) 而言，a2(新教材 , M = 53.92) > a1(舊教材，M = 33.75)。
3. B 因子：對 y1(國文成績) 而言，b2(M = 40.50) > b3(M = 51.50) > b1(M = 39.50)。

Tests of Between-Subjects Effects

Dependent Variable: 國文成績 y1

Source	Type III Sum of Squares	df	Mean Squar	F	Sig.
Adjusts Model	3154.833[a]	5	630.967	71.656	.000
Intercept	46112.667	1	46112.667	5236.770	.000
a	2440.167	1	2440.167	277.117	.000
b	709.333	2	354.667	40.278	.000
a * b	5.333	2	2.667	.303	.742
Error	158.500	18	8.806		
Total	49426.000	24			
Adjusts Total	3313.333	23			

a. R Squared = .952 (Adjusted R Squared = .939)

1. 未調整平均數前：對 y1 而言，a * b 交互作用項未達顯著性 ($F=0.303$, $p>0.05$)。
2. 未調整平均數前：A 因子 (factor) 對 y1 效果達顯著性 ($F = 277.117$, $p < 0.05$)。
3. 未調整平均數前：B 因子 (factor) 對 y1 效果達顯著性 ($F = 40.278$, $p < 0.05$)。

Step 1-2 Factorial ANOVA with y2 as the DV：求「A×B」各組平均數及主要效果、交互作用效果

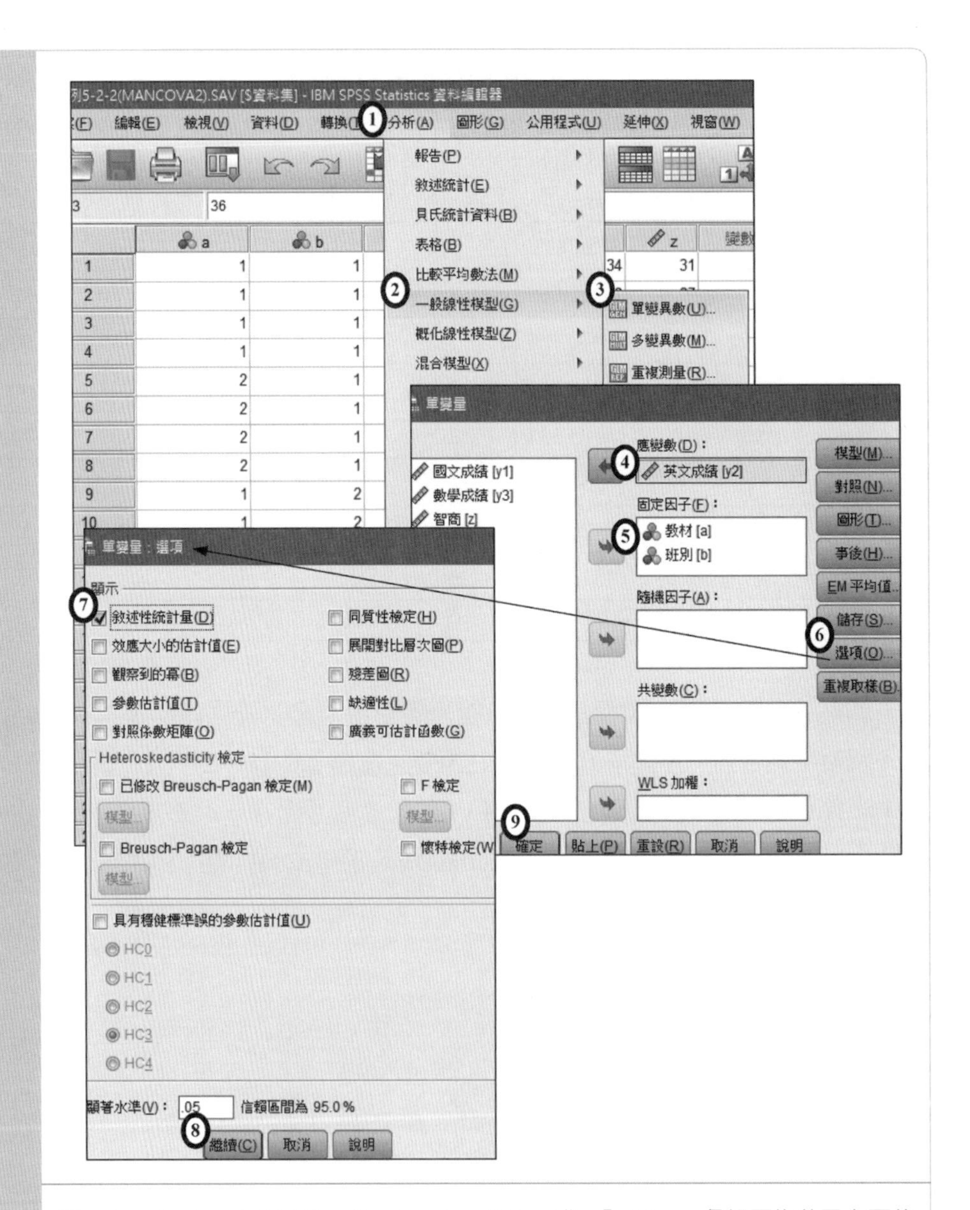

圖 6-25 Factorial ANOVA with y2 as the DV ： 求 「A×B」 各組平均數及主要效果、 交互作用效果

對應的指令語法：

```
title "Step 1-2：Factorial ANOVA with y2 as the DV：求「A×B」各組平均數及主要效果、
  交互作用效果".
UNIANOVA y2 BY a b
  /METHOD=SSTYPE(3)
  /INTERCEPT=INCLUDE
  /PRINT DESCRIPTIVE
  /CRITERIA=ALPHA(.05)
  /DESIGN=a b a*b.
```

Descriptive Statistics

Dependent Variable: 英文成績 y2

教材	班別	Mean	Std. Deviation	N
舊教材	A 段班	32.00	4.690	4
	B 段班	23.25	1.500	4
	C 段班	70.25	2.986	4
	Total	41.83	21.527	12
新教材	A 段班	40.50	4.655	4
	B 段班	31.25	13.150	4
	C 段班	91.25	2.630	4
	Total	54.33	28.529	12
Total	A 段班	36.25	6.274	8
	B 段班	27.25	9.662	8
	C 段班	80.75	11.523	8
	Total	48.08	25.527	24

1. 因交互作用項 a * b 未達顯著性 (F= 2.774, p>0.05)，才可忽略 a * b 交叉細格平均數。
2. A 因子：對 y2(英文成績) 而言，a2(新教材 , M= 54.33)>a1(舊教材 , M= 41.83)。
3. B 因子：對 y2(英文成績) 而言，32(M=80.75)>b1(M=36.25) >b2(M=27.25)。

Tests of Between-Subjects Effects					
Dependent Variable: 英文成績 y2					
Source	Type III Sum of Squares	df	Mean Square	F	Sig.
Adjusts Model	14283.833[a]	5	2856.767	73.042	.000
Intercept	55488.167	1	55488.167	1418.732	.000
a	937.500	1	937.500	23.970	.000
b	13129.333	2	6564.667	167.847	.000
a * b	217.000	2	108.500	2.774	.089
Error	704.000	18	39.111		
Total	70476.000	24			
Adjusts Total	14987.833	23			

a. R Squared = .953 (Adjusted R Squared = .940)

1. 未調整平均數前：對y2而言，a * b交互作用項未達顯著性($F = 2.774, p > 0.05$)。
2. 未調整平均數前：A 因子 (factor) 對 y2 效果達顯著性 ($F = 23.970, p < 0.05$)。
3. 未調整平均數前：B 因子 (factor) 對 y2 效果達顯著性 ($F = 167.847, p < 0.05$)。
4. 由於篇幅限制，「A，B」因子對 y2 效果的 anvoa，就省略了。

Step 1-3 Factorial ANOVA with z as the DV：求「A×B」各組平均數及主要效果、交互作用效果

求共變數 Z 對每個依變數 (y1,y2,y1) 效果是否達顯著性。

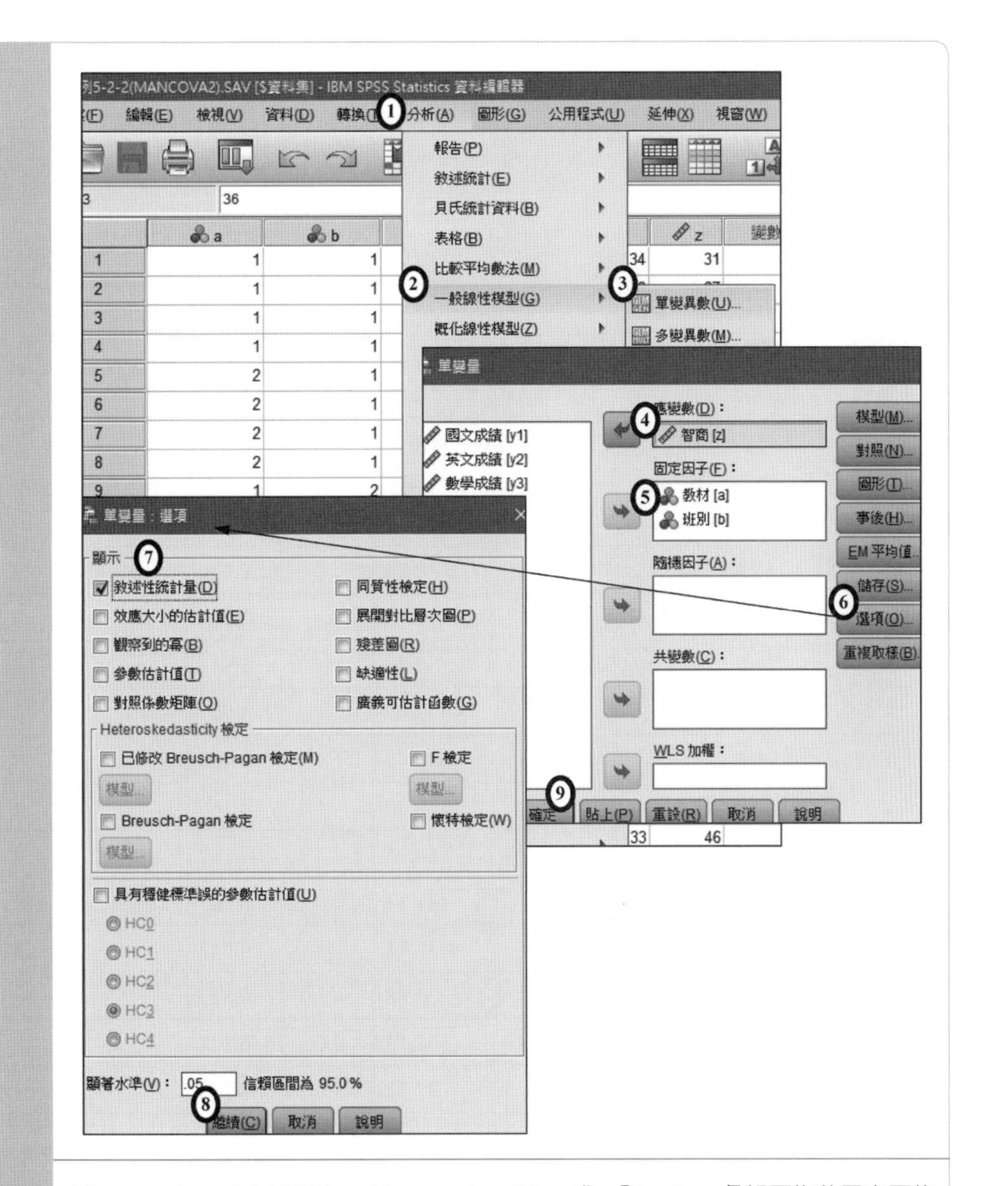

圖 6-26　Factorial ANOVA with z as the DV：求「A×B」各組平均數及主要效果、交互作用效果

對應的指令語法：

```
UNIANOVA z BY a b
  /METHOD=SSTYPE(3)
  /INTERCEPT=INCLUDE
  /PRINT DESCRIPTIVE
  /CRITERIA=ALPHA(.05)
  /DESIGN=a b a*b.
```

Descriptive Statistics

Dependent Variable: 智商 Z

教材	班別	Mean	Std. Deviation	N
舊教材	A 段班	30.75	2.630	4
	B 段班	32.75	2.754	4
	C 段班	37.50	1.915	4
	Total	33.67	3.701	12
新教材	A 段班	40.75	3.403	4
	B 段班	38.00	14.166	4
	C 段班	44.75	7.182	4
	Total	41.17	8.963	12
Total	A 段班	35.75	6.042	8
	B 段班	35.38	9.855	8
	C 段班	41.13	6.221	8
	Total	37.42	7.723	24

1. 因交互作用項 a * b 未達顯著性 (F= 0.242, p>0.05)，故可忽略 a * b 交叉細格平均數。
2. A 因子：對共變數 Z 而言，a2(新教材 , M= 41.17)>a1(舊教材 , M= 33.67)。
3. B 因子：對共變數 Z 而言，b3(M=41.13)>b1(M=35.75) >b2(M=35.38)。

Tests of Between-Subjects Effects

Dependent Variable: 智商 Z

Source	Type III Sum of Squares	df	Mean Square	F	Sig.
Adjusts Model	525.833[a]	5	105.167	2.238	.095
Intercept	33600.167	1	33600.167	714.897	.000
a	337.500	1	337.500	7.181	.015
b	165.583	2	82.792	1.762	.200
a * b	22.750	2	11.375	0.242	.788
Error	846.000	18	47.000		
Total	34972.000	24			
Adjusts Total	1371.833	23			

a. R Squared = .383 (Adjusted R Squared = .212)

1. 未調整平均數前：對共變數 Z 而言，a * b 交互作用項未達顯著性 (F= 0.242, p>0.05)。
2. 未調整平均數前：A 因子 (factor) 對共變數 Z 效果達顯著性 (F= 7.181, p<0.05)。
3. 未調整平均數前：B 因子 (factor) 對共變數 Z 效果達顯著性 (F= 1.762, p>0.05)。

Step 2-1 ANCOVA with y1 as the DV, z as the covariate：求「A×B」各組平均數及主要效果、交互作用效果

考量共變數 Z 效果之後，以上各組平均數都會被調整 (adjusts)。

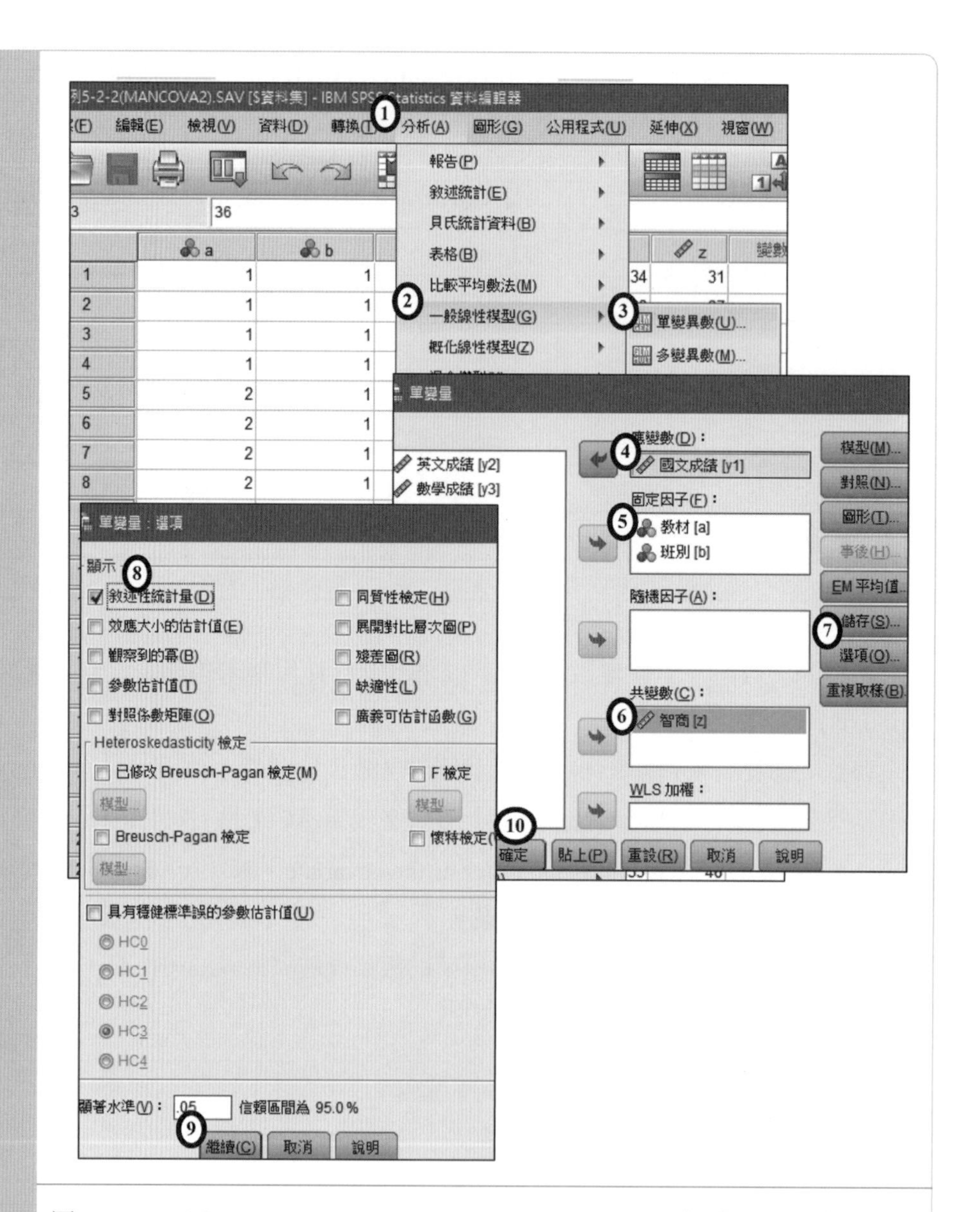

圖 6-27 ANCOVA with y1 as the DV, z as the covariate：求「A×B」各組平均數及主要效果、交互作用效果

對應的指令語法：

```
UNIANOVA y1 BY a b WITH z
  /METHOD=SSTYPE(3)
  /INTERCEPT=INCLUDE
  /PRINT DESCRIPTIVE
  /CRITERIA=ALPHA(.05)
  /DESIGN=z a b a*b.
```

Descriptive Statistics

Dependent Variable: 國文成績 y1

教材	班別	Mean	Std. Deviation	N
舊教材 a1	A 段班	29.75	2.630	4
	B 段班	41.75	1.708	4
	C 段班	29.75	1.708	4
	Total	33.75	6.196	12
新教材 A2	A 段班	49.25	3.594	4
	B 段班	61.25	4.992	4
	C 段班	51.25	1.500	4
	Total	53.92	6.403	12
Total	A 段班	39.50	10.823	8
	B 段班	51.50	10.981	8
	C 段班	40.50	11.588	8
	Total	43.83	12.002	24

1. 平均數調整後 (adjusts)：因交互作用項 a * b 未達顯著性 (F= 0.318, p>0.05) ，故可忽略 a * b 交叉細格平均數。
2. A 因子：對 y1(國文成績) 而言，a2(新教材 , 53.92)>a1(舊教材 , M= 33.75) 。
3. B 因子：對 y1(國文成績) 而言，b2(M=51.50)>b3(M=40.50) >b1(M=39.50) 。

Tests of Between-Subjects Effects

Dependent Variable: 國文成績 y1

Source	Type III Sum of Squares	df	Mean Square	F	Sig.
Adjusts Model	3161.571[a]	6	526.929	59.025	.000
Intercept	966.552	1	966.552	108.271	.000
z	6.738	1	6.738	0.755	.397
a	1630.437	1	1630.437	182.637	.000
b	707.915	2	353.957	39.649	.000
a * b	5.682	2	2.841	0.318	.732
Error	151.762	17	8.927		
Total	49426.000	24			
Adjusts Total	3313.333	23			

a. R Squared = .954 (Adjusted R Squared = .938)

1. 調整平均數後：對 y1 而言，a * b 交互作用項未達顯著性 ($F = 0.318, p > 0.05$)。
2. 調整平均數後：A 因子 (factor) 對 y1 效果達顯著性 ($F = 182.637, p < 0.05$)。
3. 調整平均數後：B 因子 (factor) 對 y1 效果達顯著性 ($F = 39.649, p < 0.05$)。
4. 共變數 Z 對 y1 效果未達顯著性 ($F = 0.755, p > 0.05$)。

Step 2-2 ANCOVA with y2 as the DV, z as the covariate：求「A×B」各組平均數及主要效果、交互作用效果

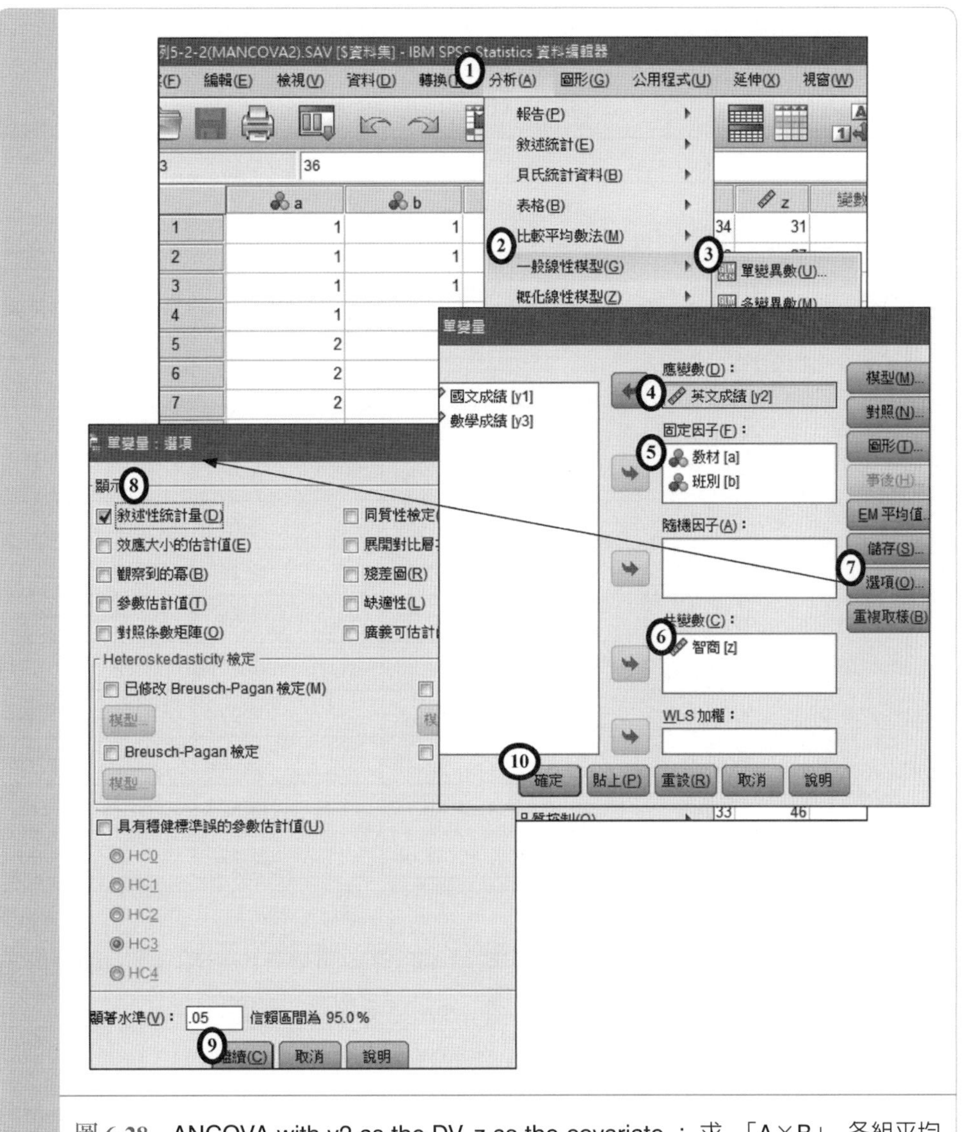

圖 6-28 ANCOVA with y2 as the DV, z as the covariate ：求 「A×B」 各組平均數及主要效果、 交互作用效果

對應的指令語法：

```
UNIANOVA y2 BY a b WITH z
  /METHOD=SSTYPE(3)
  /INTERCEPT=INCLUDE
```

```
/PRINT DESCRIPTIVE
/CRITERIA=ALPHA(.05)
/DESIGN=z a b a*b.
```

Descriptive Statistics

Dependent Variable: 英文成績 y2

教材	班別	Mean	Std. Deviation	N
舊教材 a1	A 段班	32.00	4.690	4
	B 段班	23.25	1.500	4
	C 段班	70.25	2.986	4
	Total	41.83	21.527	12
新教材 a2	A 段班	40.50	4.655	4
	B 段班	31.25	13.150	4
	C 段班	91.25	2.630	4
	Total	54.33	28.529	12
Total	A 段班	36.25	6.274	8
	B 段班	27.25	9.662	8
	C 段班	80.75	11.523	8
	Total	48.08	25.527	24

1. 平均數調整後 (adjusts)：對 y2(英文成績) 而言，因交互作用項 a * b 卻達顯著性 ($F = 12.629$, $p < 0.05$)，故不可忽略 a * b 交叉細格平均數。
2. A 因子：對 y2(英文成績) 而言，a2(新教材 , 54.33) > a1(舊教材 , M = 41.83)。
3. B 因子：對 y2(英文成績) 而言，b3(M = 80.75) > b1(M = 36.25) > b2(M = 27.25)。

Tests of Between-Subjects Effects

Dependent Variable: 英文成績 y2

Source	Type III Sum of Squares	df	Mean Square	F	Sig.
Adjusts Model	14827.997[a]	6	2471.333	262.848	.000
Intercept	192.570	1	192.570	20.481	.000
z	544.163	1	544.163	57.876	.000
a	180.370	1	180.370	19.184	.000
b	9122.329	2	4561.164	485.119	.000
a * b	237.480	2	118.740	12.629	.000
Error	159.837	17	9.402		
Total	70476.000	24			
Adjusts Total	14987.833	23			

a. R Squared = .989 (Adjusted R Squared = .986)

1. 納入「共變數 Z」調整平均數後 ANCOVA：對 y2 而言，a * b 交互作用項卻達顯著性 ($F = 12.629$, $p < 0.05$)。相對地，未納入「共變數 Z」調整平均數前，ANOVA 求得，a * b 交互作用項未達顯著性 ($F = F = 0.242$, $p > 0.05$)。可見，本例使用 ANCOVA 優於 ANOVA。
2. 調整平均數後：A 因子 (factor) 對 y2 效果達顯著性 ($F = 19.184$, $p < 0.05$)。
3. 調整平均數後：B 因子 (factor) 對 y2 效果達顯著性 ($F = 19.184$, $p < 0.05$)。
4. 共變數 Z 對 y1 效果未達顯著性 ($F = 0.755$, $p > 0.05$)。但對 y2 效果卻達顯著性 ($F = 57.876$, $p < 0.05$)。

Step 3 MANOVA with「y1, y2 and y3」as the DV：求「A×B」各組平均數及主要效果、交互作用效果

考量共變數 Z 之後，並同時納入「y1, y2 and y3」三個依變數，做 MANOVA 分析。它可當 Step 4 MANCOVA 分析的對照組。

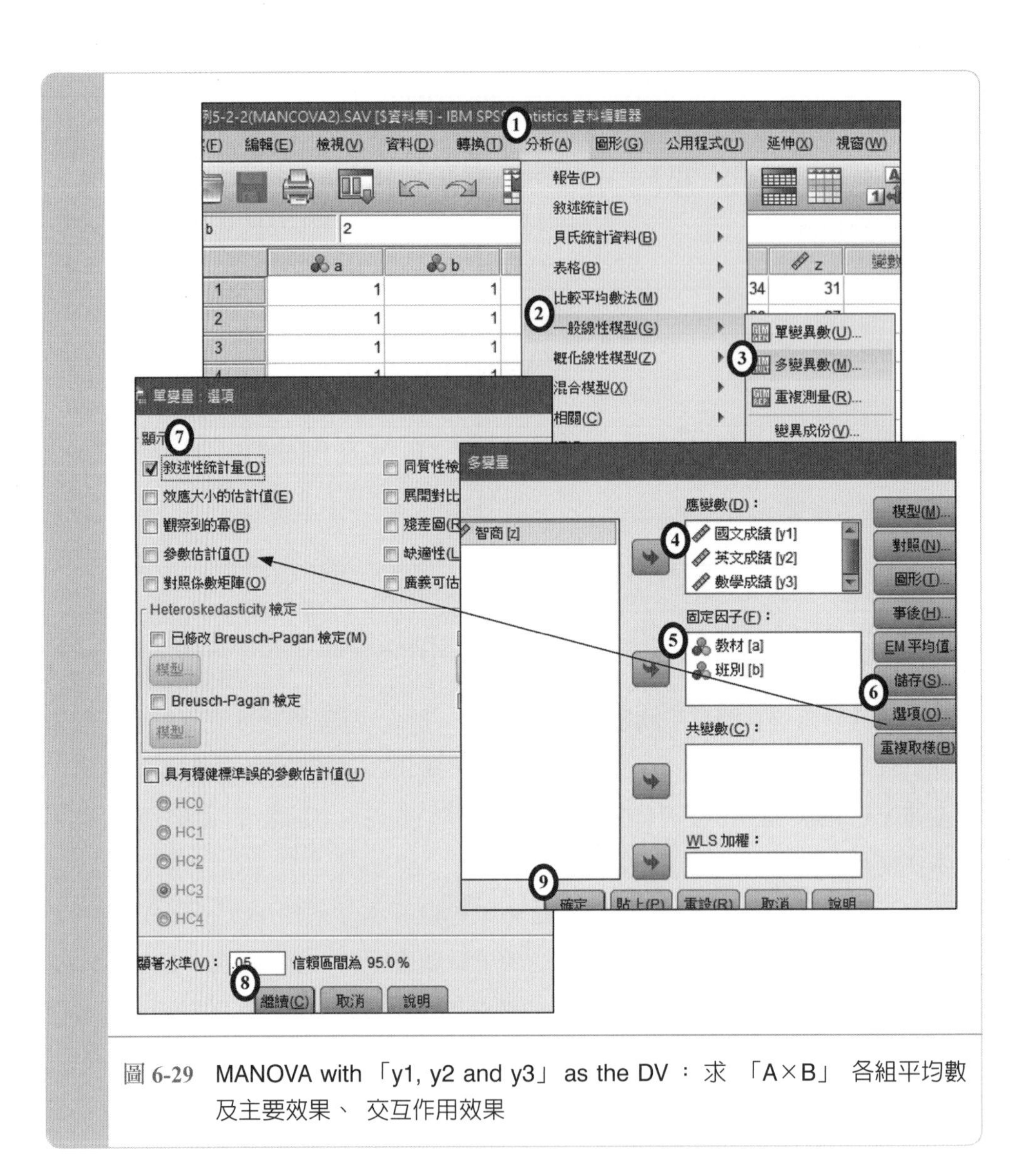

圖 6-29 MANOVA with「y1, y2 and y3」as the DV：求「A×B」各組平均數及主要效果、交互作用效果

對應的指令語法：

```
GLM y1 y2 y3 BY a b
  /METHOD=SSTYPE(3)
  /INTERCEPT=INCLUDE
  /PRINT=DESCRIPTIVE
  /CRITERIA=ALPHA(.05)
  /DESIGN= a b a*b.
```

Descriptive Statistics

	教材	班別	Mean	Std. Deviation	N
國文成績 y1	舊教材 a1	A 段班	29.75	2.630	4
		B 段班	41.75	1.708	4
		C 段班	29.75	1.708	4
		Total	33.75	6.196	12
	新教材 a2	A 段班	49.25	3.594	4
		B 段班	61.25	4.992	4
		C 段班	51.25	1.500	4
		Total	53.92	6.403	12
	Total	A 段班	39.50	10.823	8
		B 段班	51.50	10.981	8
		C 段班	40.50	11.588	8
		Total	43.83	12.002	24
英文成績 y2	舊教材 a1	A 段班	32.00	4.690	4
		B 段班	23.25	1.500	4
		C 段班	70.25	2.986	4
		Total	41.83	21.527	12
	新教材 a2	A 段班	40.50	4.655	4
		B 段班	31.25	13.150	4
		C 段班	91.25	2.630	4
		Total	54.33	28.529	12
	Total	A 段班	36.25	6.274	8
		B 段班	27.25	9.662	8
		C 段班	80.75	11.523	8
		Total	48.08	25.527	24
數學成績 y3	舊教材 a1	A 段班	31.50	2.646	4
		B 段班	31.75	3.775	4
		C 段班	30.25	3.403	4
		Total	31.17	3.070	12

	新教材 a2	A 段班	34.00	3.162	4
		B 段班	34.75	3.304	4
		C 段班	32.50	6.137	4
		Total	33.75	4.115	12
	Total	A 段班	32.75	3.012	8
		B 段班	33.25	3.655	8
		C 段班	31.38	4.749	8
		Total	32.46	3.788	24

MANOVA(當 MANCOVA 的對照組)：

1. 平均數未調整前：對「y1,y2 and y3」而言，因交互作用項 a * b 未達顯著性 (Wilks' $\Lambda = 0.692$, $p > 0.05$)，故可忽略 a * b 交叉細格平均數。
2. A 因子：對「y1, y2 and y3」整體而言，a2(新教材) > a1(舊教材)。
3. B 因子：對「y3」而言，b2 > b1 > b3。對「y1」而言，b2 > b3 > b1。對「y2」而言，b3 > b1 > b2。

Multivariate Tests[a]

Effect		Value	F	Hypothesis df	Error df	Sig.
Intercept	Pillai's Trace	.997	1782.638[b]	3.000	16.000	.000
	Wilks' Lambda	.003	1782.638[b]	3.000	16.000	.000
	Hotelling's Trace	334.245	1782.638[b]	3.000	16.000	.000
	Roy's Largest Root	334.245	1782.638[b]	3.000	16.000	.000
a	Pillai's Trace	.940	82.985[b]	3.000	16.000	.000
	Wilks' Lambda	0.060	82.985[b]	3.000	16.000	.000
	Hotelling's Trace	15.560	82.985[b]	3.000	16.000	.000
	Roy's Largest Root	15.560	82.985[b]	3.000	16.000	.000
b	Pillai's Trace	1.694	31.392	6.000	34.000	.000
	Wilks' Lambda	0.008	54.079[b]	6.000	32.000	.000
	Hotelling's Trace	35.951	89.876	6.000	30.000	.000
	Roy's Largest Root	33.337	188.907[c]	3.000	17.000	.000

a * b	Pillai's Trace	.308	1.032	6.000	34.000	.422
	Wilks' Lambda	0.692	1.078[b]	6.000	32.000	.396
	Hotelling's Trace	.445	1.112	6.000	30.000	.379
	Roy's Largest Root	.444	2.515[c]	3.000	17.000	.093

a. Design: Intercept + a + b + a * b

b. Exact statistic

c. The statistic is an upper bound on F that yields a lower bound on the significance level.

MANOVA(當 MANCOVA 的對照組)：

1. 未調整平均數前：對「y1, y2 and y3」而言，a * b 交互作用項未達顯著性 (Wilks' $\Lambda = 0.692, p > 0.05$)。
2. 未調整平均數前：A 因子 (factor) 對「y1,y2 and y3」效果達顯著性 (Wilks' $\Lambda = 0.060, p < 0.05$)。
3. 未調整平均數前：B 因子 (factor) 對「y1,y2 and y3」效果達顯著性 (Wilks' $\Lambda = 0.008, p < 0.05$)。

Step 4 MANCOVA with y1 andy2 as the DV, z as the covariate：求「A×B」各組平均數及主要效果、交互作用效果

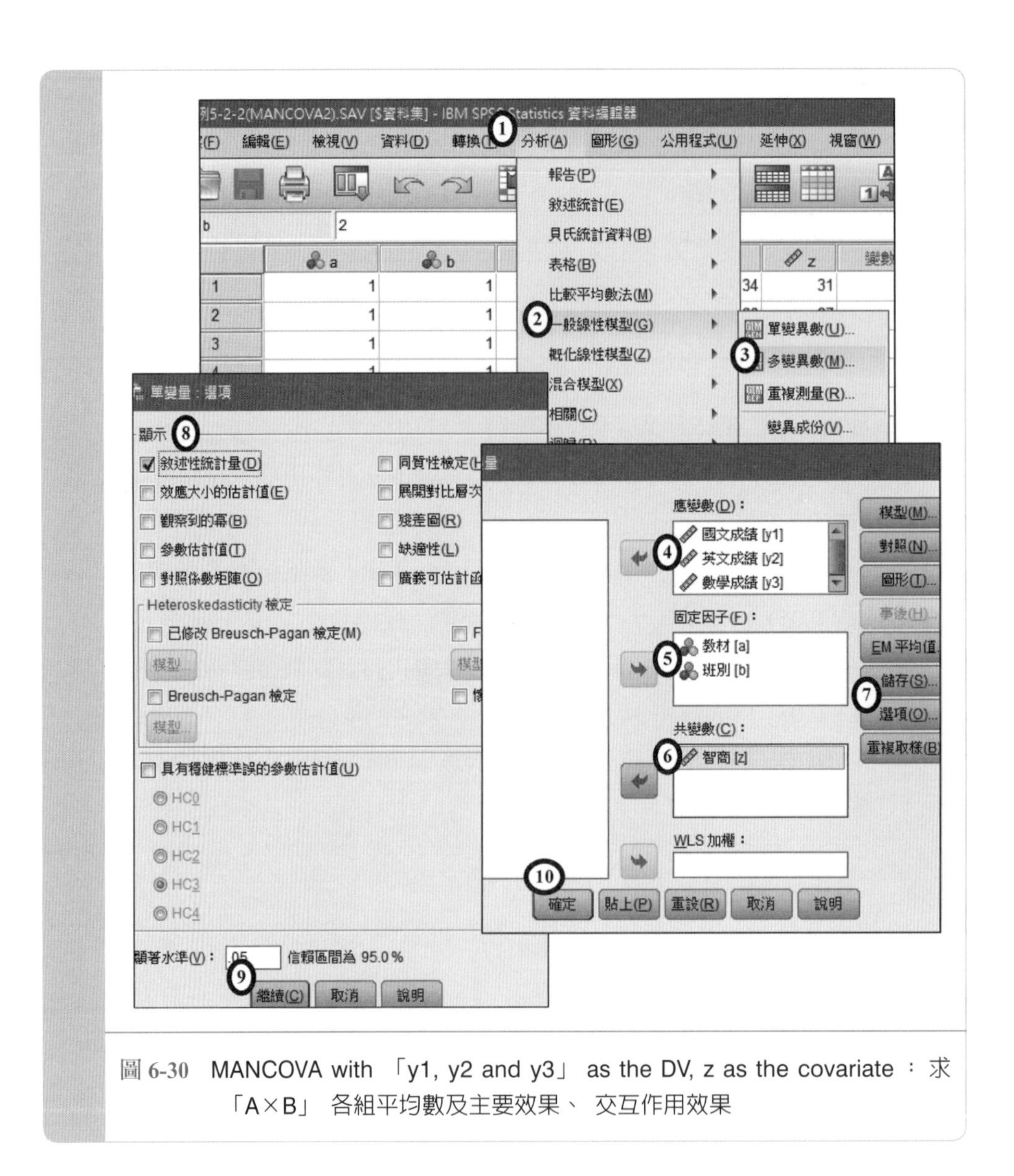

圖 6-30　MANCOVA with 「y1, y2 and y3」 as the DV, z as the covariate ：求「A×B」 各組平均數及主要效果、 交互作用效果

對應的指令語法：

```
GLM y1 y2 y3 BY a b WITH z
  /METHOD=SSTYPE(3)
  /INTERCEPT=INCLUDE
  /PRINT=DESCRIPTIVE
  /CRITERIA=ALPHA(.05)
  /DESIGN=z a b a*b.
```

Descriptive Statistics

	教材	班別	Mean	Std. Deviation	N
國文成績	舊教材	A 段班	29.75	2.630	4
		B 段班	41.75	1.708	4
		C 段班	29.75	1.708	4
		Total	33.75	6.196	12
	新教材	A 段班	49.25	3.594	4
		B 段班	61.25	4.992	4
		C 段班	51.25	1.500	4
		Total	53.92	6.403	12
	Total	A 段班	39.50	10.823	8
		B 段班	51.50	10.981	8
		C 段班	40.50	11.588	8
		Total	43.83	12.002	24
英文成績	舊教材	A 段班	32.00	4.690	4
		B 段班	23.25	1.500	4
		C 段班	70.25	2.986	4
		Total	41.83	21.527	12
	新教材	A 段班	40.50	4.655	4
		B 段班	31.25	13.150	4
		C 段班	91.25	2.630	4
		Total	54.33	28.529	12
	Total	A 段班	36.25	6.274	8
		B 段班	27.25	9.662	8
		C 段班	80.75	11.523	8
		Total	48.08	25.527	24
數學成績	舊教材	A 段班	31.50	2.646	4
		B 段班	31.75	3.775	4
		C 段班	30.25	3.403	4
		Total	31.17	3.070	12

	新教材	A 段班	34.00	3.162	4
		B 段班	34.75	3.304	4
		C 段班	32.50	6.137	4
		Total	33.75	4.115	12
	Total	A 段班	32.75	3.012	8
		B 段班	33.25	3.655	8
		C 段班	31.38	4.749	8
		Total	32.46	3.788	24

1. 調整後 (adjusts)

Multivariate Tests[a]

Effect		Value	F	Hypothesis df	Error df	Sig.
Intercept	Pillai's Trace	.883	37.909[b]	3.000	15.000	.000
	Wilks' Lambda	.117	37.909[b]	3.000	15.000	.000
	Hotelling's Trace	7.582	37.909[b]	3.000	15.000	.000
	Roy's Largest Root	7.582	37.909[b]	3.000	15.000	.000
z	Pillai's Trace	.813	21.756[b]	3.000	15.000	.000
	Wilks' Lambda	.187	21.756[b]	3.000	15.000	.000
	Hotelling's Trace	4.351	21.756[b]	3.000	15.000	.000
	Roy's Largest Root	4.351	21.756[b]	3.000	15.000	.000
a	Pillai's Trace	.916	54.330[b]	3.000	15.000	.000
	Wilks' Lambda	0.084	54.330[b]	3.000	15.000	.000
	Hotelling's Trace	10.866	54.330[b]	3.000	15.000	.000
	Roy's Largest Root	10.866	54.330[b]	3.000	15.000	.000
b	Pillai's Trace	1.720	32.796	6.000	32.000	.000
	Wilks' Lambda	0.004	75.823[b]	6.000	30.000	.000
	Hotelling's Trace	71.097	165.894	6.000	28.000	.000
	Roy's Largest Root	68.328	364.418[c]	3.000	16.000	.000

a * b	Pillai's Trace	.628	2.443	6.000	32.000	.047
	Wilks' Lambda	0.388	3.030[b]	6.000	30.000	.019
	Hotelling's Trace	1.538	3.589	6.000	28.000	.009
	Roy's Largest Root	1.511	8.057[c]	3.000	16.000	.002

a. Design: Intercept + z + a + b + a * b

b. Exact statistic

c. The statistic is an upper bound on F that yields a lower bound on the significance level.

MANCOVA(以 Step 3 :MANOVA 當對照組)：

首先要看 A*B 交互效果檢定。Wilks' lambda = 0.388 p < .05) ，故拒絕虛無假設「H_0：共變數調整後各群體交互效果相等」。表示新舊教材 (a 因子) 與 b 因子(A, B, C段班)，經共變數(智力z)調整後在三個依變數的反應效果有交互作用。

1. 調整平均數後：對「y1,y2 and y3」而言，a * b 交互作用項卻達顯著性 (Wilks' Λ = 0.388, p<0.05)。相對地，Step 3 中 MANOVA 分析，反而求得 a * b 交互作用項未達顯著性 (Wilks' Λ = 0.692, p > 0.05)，由此可證明，本例不可忽視共變數 Z 對依變數的平均數調整。
2. 調整平均數後：A 因子 (factor) 對「y1,y2 and y3」效果達顯著性 (Wilks' Λ = 0.084, p < 0.05)。相對地，Step 3 中 MANOVA 分析，A 因子 (factor) 對「y1,y2 and y3」效果亦達顯著性 (Wilks' Λ=0.060, p<0.05)。由於可見，A 因子 (factor) 對「y1, y2 and y3」效果，MANOVA 與 MANCOVA 二者分析結果一樣。
3. 調整平均數後：B 因子 (factor) 對「y1,y2 and y3」效果達顯著性 (Wilks' Λ = 0.004, p < 0.05)。相對地，Step 3 中 MANOVA 分析，B 因子 (factor) 對「y1, y2 and y3」效果達顯著性 (Wilks' Λ = 0.008, p < 0.05)。由於可見，B 因子 (factor) 對「y1, y2 and y3」效果，MANOVA 與 MANCOVA 二者分析結果一樣。

Chapter

07

線性迴歸的診斷

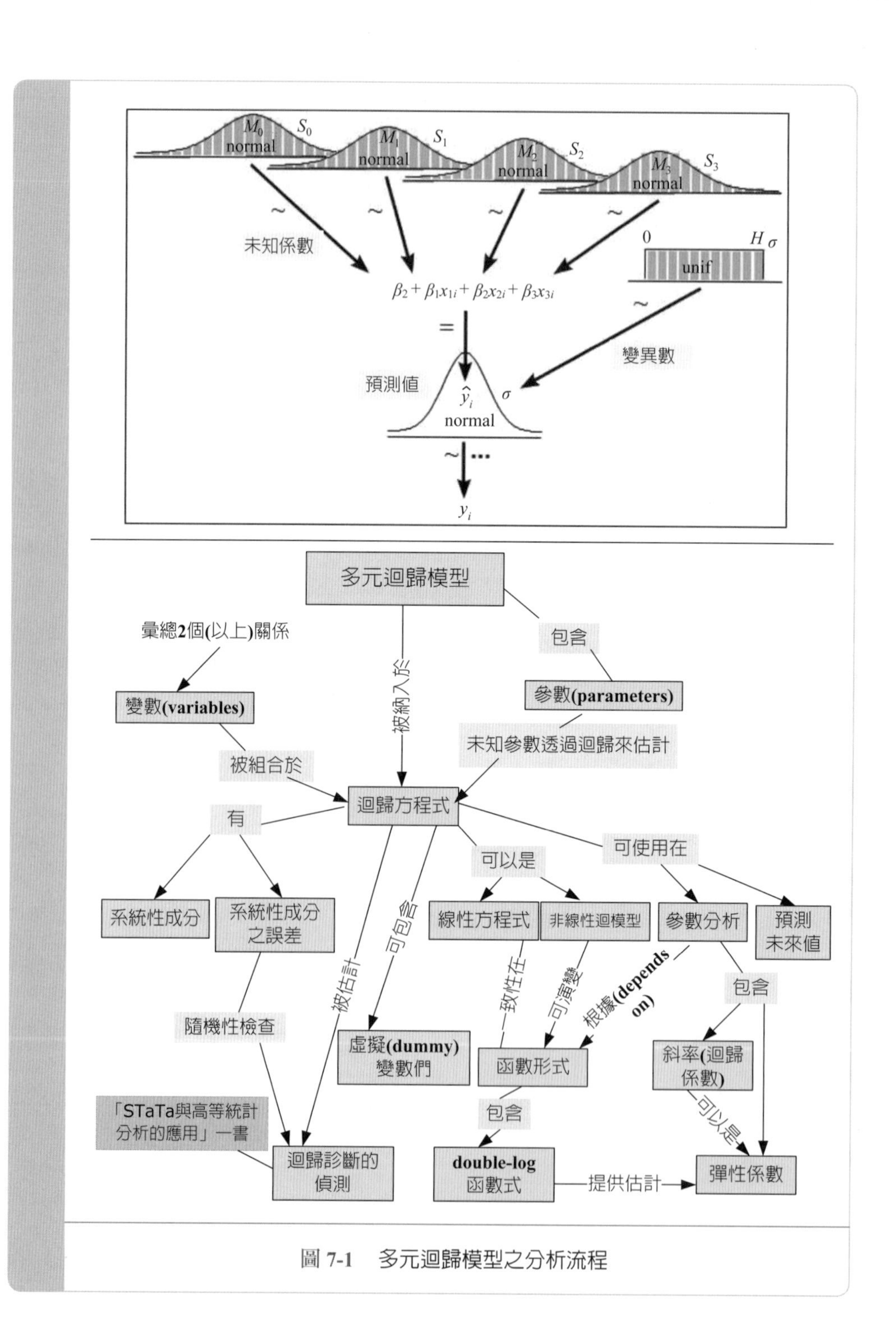

圖 7-1　多元迴歸模型之分析流程

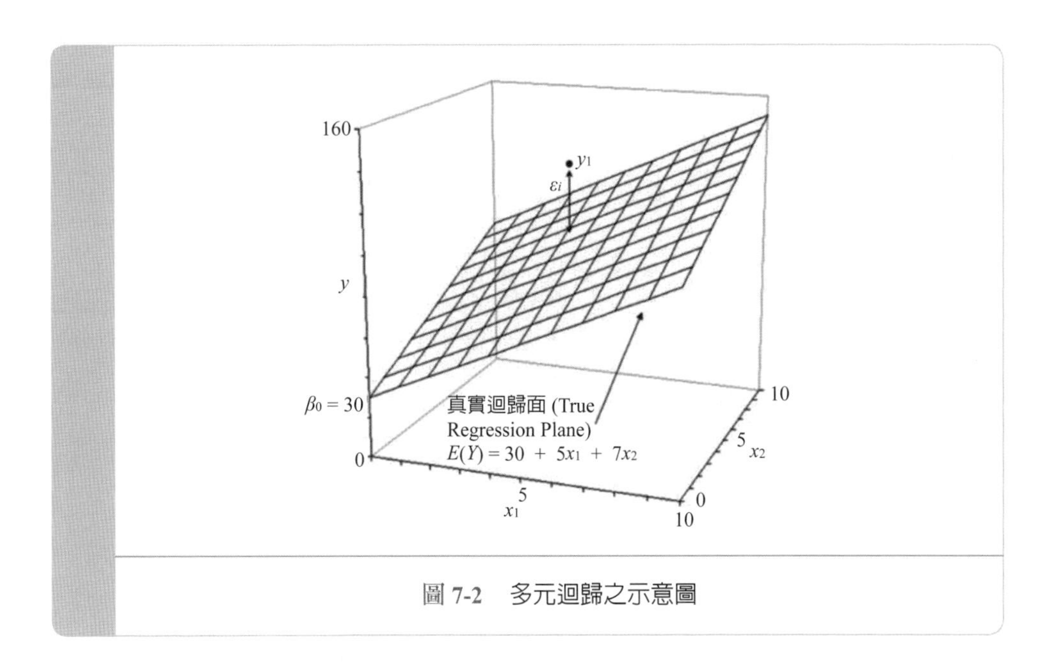

圖 7-2　多元迴歸之示意圖

多元迴歸，又稱複迴歸 (Multiple regression model)，其模型爲：

$$y = \beta_0 + \beta_1 X_1 + \beta_2 X_2 + \cdots + \beta_k X_k + e$$

1. 模型的參數 β_k 對每個觀察值而言都是相同的。
2. β_k：當 X_k 增加一單位，而所有其他變數均保持不變時的 E(y) 變動。

R：多元相關 (multiple correlation)

依變數的迴歸預測值 ($\hat{Y}$ 或 Y') 與實際觀測值 (Y) 的相關

R^2：多元相關平方

1. 表示 Y 被 X 解釋的百分比，是一種機率的概念。
2. 簡單迴歸中，僅有一個自變數，$R = r$，$R^2 = r^2$。
3. 多元迴歸中，有多個自變數，$R \neq r$，R 爲多個自變數的線性整合分數與依變數的相關。

一、多元迴歸方程式

$$Y' = b_1X_1 + b_2X_2 + a$$

$$b_1 = \frac{SS_2SP_{y1} - SP_{12}SP_{y2}}{SS_1SS_2 - SP_{12}^2}$$

$$b_2 = \frac{SS_1SP_{y2} - SP_{12}SP_{y1}}{SS_1SS_2 - SP_{12}^2}$$

$$a_{y.12} = \overline{Y} - b_1\overline{X}_1 - b_2\overline{X}_2$$

二、迴歸變異量拆解與 F 檢定

1. 依變數的變異可拆解成迴歸效果與誤差效果

$$SS_{reg} = b_1SP_{y1} + b_2SP_{y2}$$

$$SS_t = SS_{reg} + SS_e = 997049498 + 66671502 = 1063721000$$

$$R^2 = 1 - \frac{SS_e}{SS_t} = 1 - \frac{66671501.73}{1063721000} = 1 - .063 = .937$$

$$adjR^2 = 1 - \frac{SS_e / df_e}{SS_t / df_t}$$

2. 殘差為估計變異誤，開方即得估計標準誤

$$s_e = \sqrt{\frac{SS_e}{df_e}}$$

3. 迴歸解釋力的統計顯著性，可利用 F 檢定來檢驗。

(1) 分子爲迴歸解釋變異數 (SS_{reg} / df_{reg})

(2) 分母爲誤差變異數 (SS_{res} / df_{res})，相除得到 F 值。

三、迴歸分析的檢定

(一) 整體檢定

對於 R^2 的 F 檢定

(二) 事後檢定

對於個別解釋變數的顯著性檢定：t-test

若 R^2 具有統計顯著性，需進行參數的估計檢定，來決定各自變數的解釋力

$$t_{b_1} = \frac{b}{s_b}$$

$$s_{b_1} = \sqrt{\frac{s_e^2}{SS_1(1-R_{12}^2)}} \quad s_{b_2} = \sqrt{\frac{s_e^2}{SS_2(1-R_{12}^2)}}$$

Beta(β) 迴歸係數

1. 標準化迴歸係數。
2. b 係數去除單位效果 (乘以自變數標準差，除以依變數標準差)。
3. 表示其他解釋變數被控制後的淨解釋力 (邊際解釋力)。

$$Y' = b_1X_1 + b_2X_2 + a$$

$$\beta_1 = b_1\frac{s_1}{s_y}$$

$$\beta_2 = b_2\frac{s_2}{s_y}$$

四、多元迴歸假定 (assumptions)

多元迴歸分析之先前假定 (assumptions)，包括：

假定 1　直線性 (linearity)：預測變數和依變數之間是直線關係 (非曲線關係)。

1. 當 X 們與 Y 的關係被納入研究之後，迴歸分析必須建立在 Y 與 X 變數們之間具有直線關係的假定上。
2. 非線性的變數關係，需將數據進行數學轉換才能視同線性關係來進行迴歸分析 (非線性迴歸)，而類別自變數則需以虛擬變數的方式，將單一的類別自變數依各水準分成多個二分的自變數，以視同連續變數的形式來進行 (虛擬迴歸)。
3. 迴歸係數是直線 (一次)。

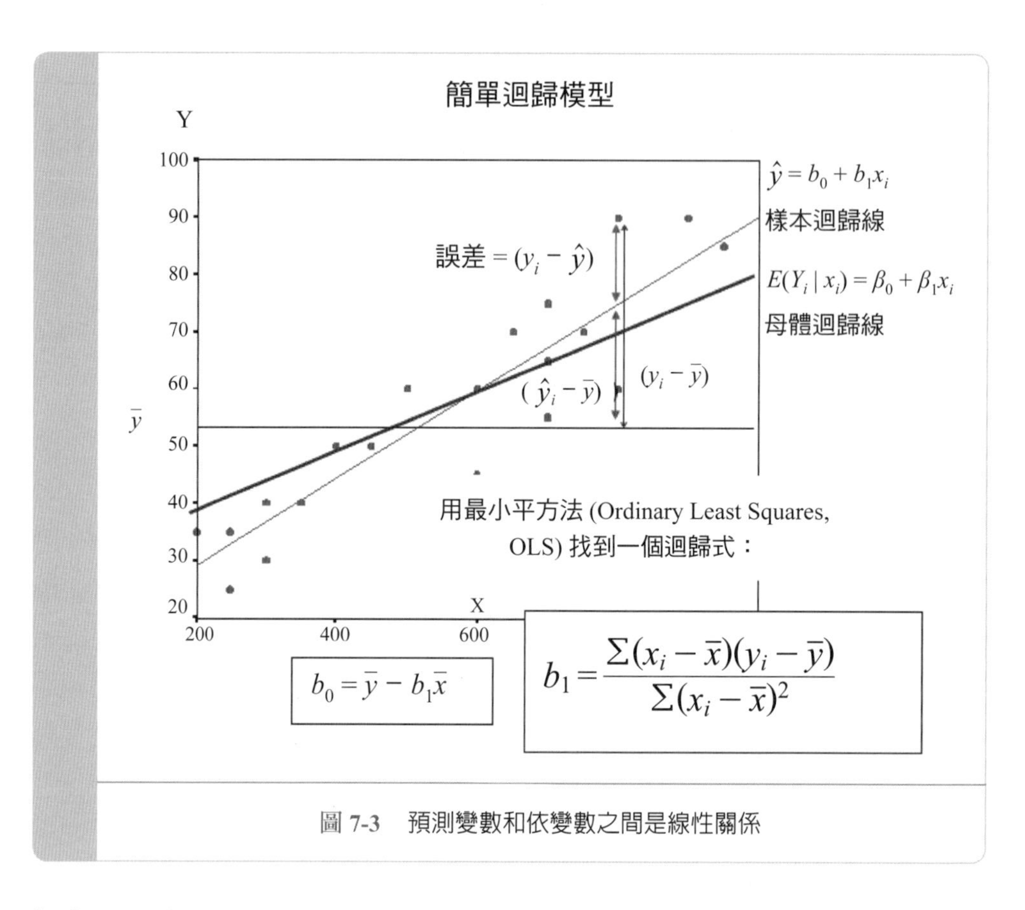

圖 7-3　預測變數和依變數之間是線性關係

假定 2　誤差常態 (normality)：OLS 是假定 (assumption)e_i 為常態分配，$e_i \sim N(0, \sigma^2)$ 或 $y_i \sim$ 符合常態分配。

常態性的假定係指迴歸分析中的所有觀察值 Y 被迴歸方程式解釋剩下的殘差是一個常態分配，即 Y 來自於一個呈常態分配的母群體。因此經由迴歸方程式所分離的誤差項 e，即由特定一群 X_i 特定值所預測得到預測值的與實際 Y_i 之間的差距，也應呈常態分配。

假定 3　誤差變異數同質性 [Homogeneity of variance (homoscedasticity)]：殘差 $e_i = Y_i - \hat{Y}_i$，e_i 是觀測值 Y_i 與配適值之間的差。迴歸分析之先前條件就是，誤差變異應該是常數的 (恆定)。

$\text{Var}(e_i) = \sigma^2$ 變異數同質性。

每組的殘差項的變異數均相等。而每一組的變異數實際上是指 $X = x_i$ 條件下的 Y 之變異數，因此 σ^2 也可以表為 $\sigma^2_{Y|X}$ /

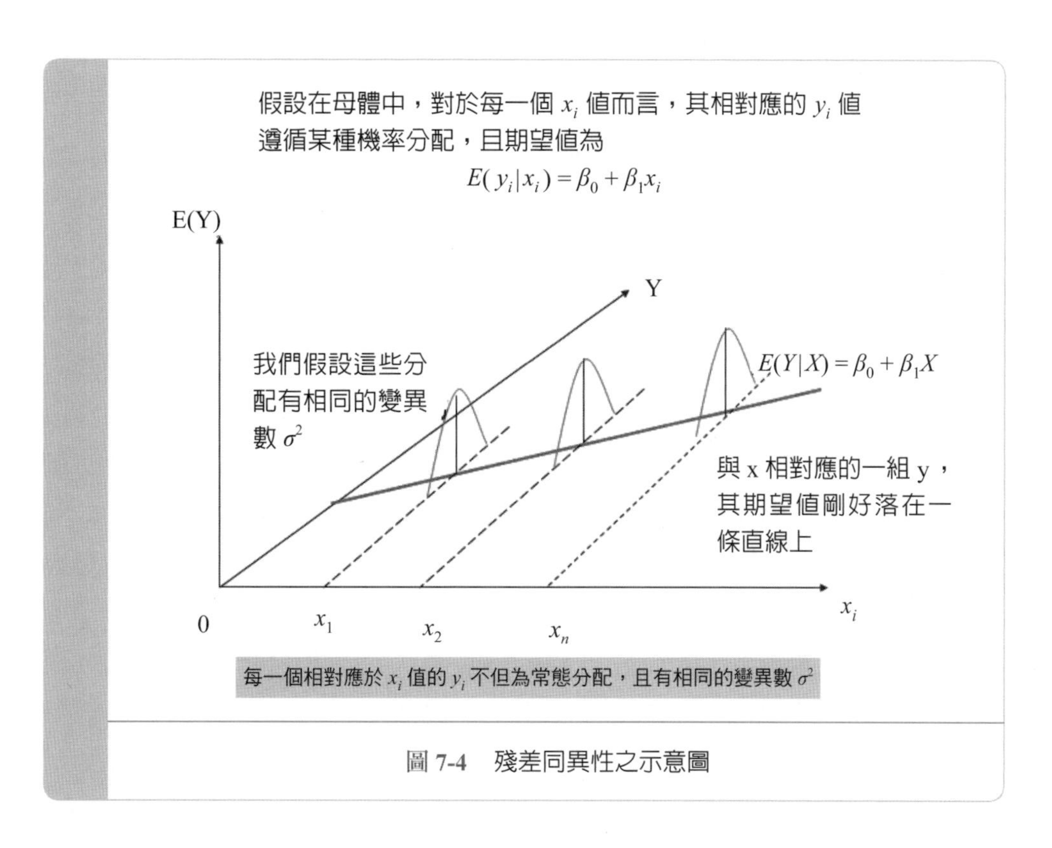

圖 7-4　殘差同異性之示意圖

假定 4　誤差彼此獨立 (independence)：每一個觀察值的誤差，應與其它觀察值的誤差無關聯。e_i 彼此不相關，即 $\text{Cov}(e_i, e_j)=0$。

誤差項除了應呈隨機化的常態分配外，不同特定值 X 所產生預測值的誤差之間應相互獨立，無相關存在，也就是無自我相關 (non-autocorrelation)，而誤差項也需與自變數 X 們相互獨立。當誤差項出現自我相關，無法獲得有效的參數估計值 (有效：估計參數的變異數)，降低統計檢定力，易得到不顯著的結果。

假定 5　無多重共線性假定

在多元迴歸分析，若自變數間相關程度過高，不但自變數之間的概念區隔模糊，難以解釋之外，在數學上會因爲自變數間共變過高，造成自變數標準誤膨脹的扭曲現象，這種自變數間過度高相關稱爲多重共線性 (multi-collinearnality)，迴歸分析應避免多重共線性的存在。

多重共線性若明顯的情況下，迴歸所計算出的參數值，變異量嚴重膨脹，使得參數估計的變異數 (標準差) 過大，進一步造成推論上的問題，如信賴區間擴大，導致 Type I 誤差 (α)，或是迴歸係數檢定不容易顯著。

多元共線性的檢定

$$\text{Tolerance} = (1 - R_i^2)$$
$$\text{VIF} = 1/\text{Tolerance} = 1/(1 - R_i^2)$$

1. 對於某一個自變數共線性的檢驗，可以使用容忍值 (tolerance) 或變異數膨脹因素 (variance inflation factor, VIF) 來評估。
2. R_i^2為某一個自變數被其他自變數當作依變數來預測時，該自變數可以被解釋的比例，$1- R_i^2$ (容忍值) 爲該自變數被其他自變數無法解釋的殘差比。
3. R_i^2 比例越高，容忍值越小，代表預測變數不可解釋殘差比低，VIF 越大，即預測變數迴歸係數的變異數增加，共變性越明顯。
4. 整體迴歸模式的共線性診斷可以透過特徵值 (eigenvalue) 與條件指數 (conditional index; CI) 來判斷。
5. 各變量相對的變異數比例 (variance proportions) ，可看出自變數之間多元共線性的結構特性。當任兩變數在同一個特徵值上的變異數比例接近 1 時，表示存在共線性組合。

五、殘餘值診斷

對殘餘值之診斷主要有兩項：

1. 異常值診斷 (influence diagnosis)：此診斷要看的是有無一些異常的個案可能對迴歸模式的估計造成不當之的影響，並膨脹 standard errors 。特別是當樣本數較小時，我們要當心此可能性。SPSS list 指令「if」選項可將標準化之殘餘值大於 3 的觀察值之 ID 報告出來。如果此類觀察值數目不多的話 (依機率，每 100 個標準化之殘餘值中會有 5 個殘餘值之 z 值大於 2) ，那我們就可說是沒有異常個案影響迴歸模式估計的問題。
2. Normality 與 hetroskedasticity：我們可利用單變數之分析來看檢視預測值和殘餘值是否爲常態分配，以及兩者間是否有相關 (依照假定迴歸模式之殘餘項應和自變數間沒有相關) ，以及殘餘值在 prediction function 之各 level 是否有相同之變異。在 SPSS 之迴歸分析中也是利用 predictive 指令將 predicted values 和 residuals 儲存後做進一步的分析。我們也可直接利用 Plots 內的選項來做這些檢視的工作。

3. 自變數應多少個才夠？(model specification)：該模型應適當界定 (應入模型的變數有遺漏嗎？不相關變數有被排除嗎？)。
4. 共線性 [Collinearity(自變數們有高相關)]：預測變數們之間若有高度共線性，就會造成迴歸係數的錯計。

7-1 自變數與依變數是直線關係 (linearity)，此假定若違反，則取 log()、開根號

直線關係 (vs. 曲線關係) 的假定 (assumption)

迴歸模型中，依變數和自變數之間的關係必須是直線性 (linearity) ，也就是說，依變數與自變數存在著相當固定比率的關係，若是發現依變數與自變數呈現非線性關係時，可以透過轉換 (transform) 成線性關係，再進行迴歸分析。

做雙變數相關之分析，旨在檢視變數間之關係是否爲線性關係和是否爲共線性 (collinearity) 之情況。最基本的作法是看雙變數之相關矩陣。如果依變數與自變數間之關係很弱或比自變數間之相關弱的話，就應質疑所設定之多元迴歸模式是否適當。

檢視自變數與依變數間是否爲線性關係的基本作法是看雙變數間之散布圖 (scatter plot)。進階且比較好的作法是在控制其他自變數後，再看某一自變數與依變數間之部分線性關係 (partial linearity)。線性關係是迴歸分析重要的假定，而且指的是自變數與依變數間之部份線性關係。我們並不用太關心自變數間是否爲線性關係，但如對自變數間關係之設定有誤時，也會導致我們對虛假關係不適當的控制和解釋上的錯誤。

探索自變數與依變數間部分線性關係的方式是在控制其他自變數後，逐一檢視某一自變數及進一步加入此自變數之平方後，看看兩個迴歸模式間是否達顯著之差異。如果是的話，則此自變數與依變數間之關係並不是線性關係。當發現自變數與依變數間並非線性關係時，除了將該自變數之平方加入迴歸分析的方法外，也可將該自變數做對數轉換 (log transformation) ，例如我們常將個人之收入做對數轉換之處理。究竟如何處理是適當的，則要以理論爲基礎。

直線性關係的診斷，範例請見本書「2-3-2 曲線關係就違反直線性假定：改用加權 (weighted)OLS 迴歸」。自行練習題如下。

(一) 問題說明

1985 年代，爲了解世界各國少子化的原因有那些？

研究者先文獻探討以歸納出，影響「世界各國出生率」的原因，並整理成下表，故分析單位爲國家。此「nations_OLS_Linearity.sav」資料檔之變數如下：

變數名稱	各國出生率的原因	編碼 Codes/Values
依變數 birth	Y : 出生率 /1000 人	連續變數
自變數 gnpcap	X1: 人均 GNP(1985)	連續變數
自變數 urban	X2: 城市人口 %(1985)	連續變數

(二) 資料檔之內容

「nations_OLS_Linearity.sav」資料檔內容如下圖。

LS_Linearity.sav [$資料集] - IBM SPSS Statistics 資料編輯器

輯(E) 檢視(V) 資料(D) 轉換(T) 分析(A) 圖形(G) 公用程式(U) 延伸(X) 視窗(W) 說明(H)

40

country	pop	birth	death	chldmort	infmort	life	food	energy	gnpcap
Algeria	21.90	41	10	8	81	61	2677	1123	2550
Argentin	30.50	23	9	1	34	70	3221	1468	2130
Australi	15.80	15	7	0	9	78	3389	5116	10830
Austria	7.60	12	12	0	11	74	3514	3217	9120
Banglade	100.60	40	15	18	123	51	1899	43	150
Belgium	9.90	12	11	0	11	75	3131	4666	8280
Benin	4.00	49	17	19	115	49	2173	35	260
Bhutan	1.20	43	21	20	133	44	2571	.	160
Bolivia	6.40	42	15	20	117	53	2146	263	470
Botswana	1.10	46	12	11	71	57	2219	380	840
Brazil	135.60	29	8	5	67	65	2633	781	1640
BurkFaso	7.90	49	21	29	144	45	1924	20	150
Burma	36.90	30	11	0	66	59	2547	74	190
Burundi	4.70	47	18	23	118	48	2116	26	230
Cameroon	10.20	47	14	10	89	55	2089	145	810
Canada	25.40	15	7	0	8	76	3239	9224	13680
CenAfrRe	2.60	42	16	27	137	49	2050	33	260
Chile	12.10	22	7	1	22	70	2602	726	1430
China	1040.30	18	7	2	35	69	2602	515	310
Colombia	28.40	27	7	3	48	65	2574	755	1320
Congo	1.90	45	12	7	77	58	2549	232	1110

圖 7-5 「nations_OLS_Linearity.sav」 資料檔 (N=109 個國家 , 15 variables)

觀察資料之特徵

```
------------------------------------------------------------------------
country         str8    %9s                   Country
pop             float   %9.0g                 1985 population in millions
birth           byte    %8.0g                 出生率 /1000 人
death           byte    %8.0g                 Crude death rate/1000 people
chldmort        byte    %8.0g                 Child (1-4 yr) mortality 1985
infmort         int     %8.0g                 Infant (<1 yr) mortality 1985
life            byte    %8.0g                 Life expectancy at birth 1985
food            int     %8.0g                 Per capita daily calories 1985
energy          int     %8.0g                 Per cap energy consumed, kg oil
gnpcap          int     %8.0g                 人均 GNP 1985
gnpgro          float   %9.0g                 Annual GNP growth % 65-85
urban           byte    %8.0g                 城市人口 % 1985
school1         int     %8.0g                 Primary enrollment % age-group
school2         int     %8.0g                 Secondary enroll % age-group
school3         byte    %8.0g                 Higher ed. enroll % age-group
------------------------------------------------------------------------
Sorted by:
```

7-2 檢定變異數的非線性及同質性 (tests on nonlinearity and homogeneity of variance)

7-2-1 殘差非線性 (nonlinearity)：迴歸式「預測值 vs. 殘差」散布圖

使用 SPSS 進行簡單和多重線性迴歸之前首先檢查變數的分布。如果您沒有驗證您的數據是否已正確輸入並檢查了合理的值，那麼您的係數可能會產生偏誤 (bias)。以類似的方式，不檢查線性迴歸的假定可能會影響估計係數和標準化誤差 (例如：迴歸分析獲得顯著效果 (significant effect)，但實際上是無顯著效果)。本節將討論如何檢查數據是否符合線性迴歸的假定。回想一下，迴歸方程 (簡單

線性迴歸) 是：

$$y_i = b_0 + b_1 x_i + \epsilon_i$$

它有下例這個假定：

$$\epsilon_i \sim N(0, \sigma^2)$$

即殘差常態分布的平均值爲 0，誤差變異數固定爲 σ^2。讓我們來看下面二圖：殘差和預測值在視覺上是什麼？

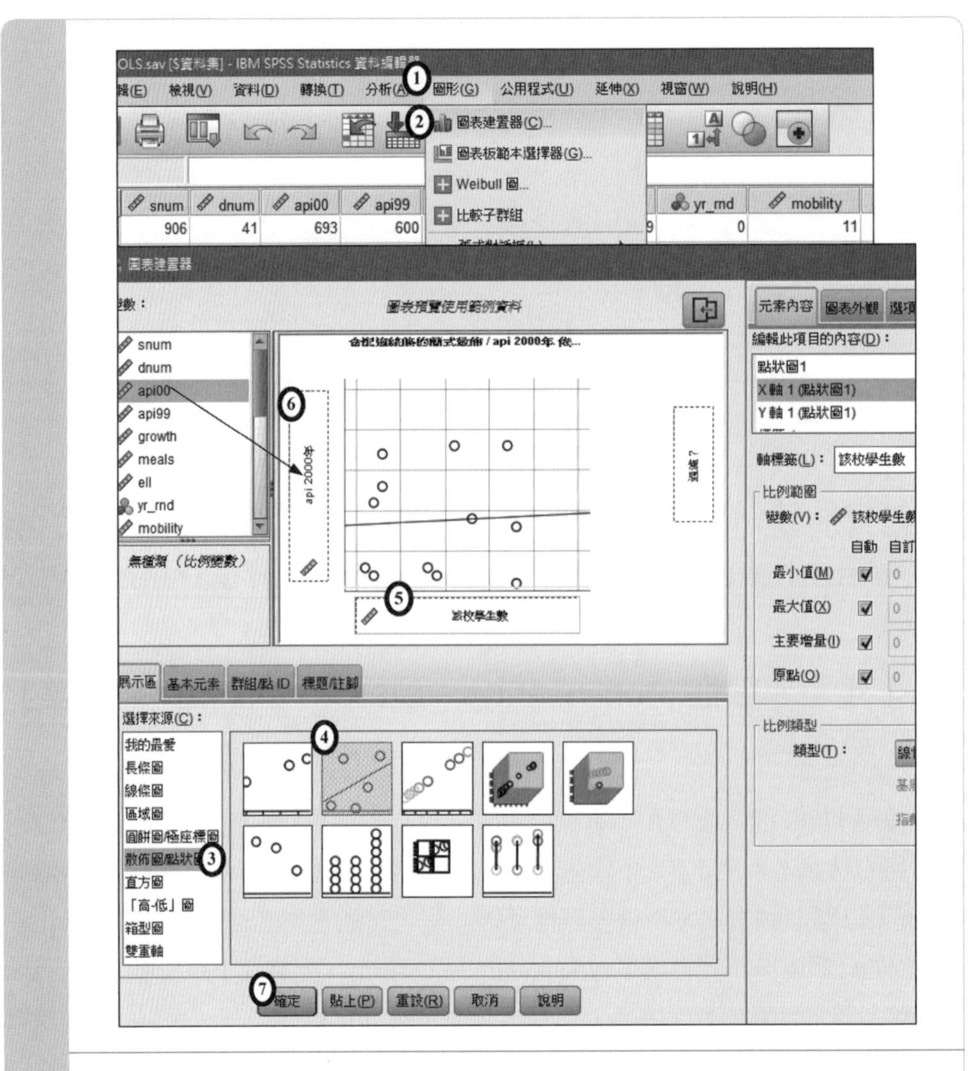

圖 7-6　「enroll 自變數預測 api00 依變數」 散布圖之畫面

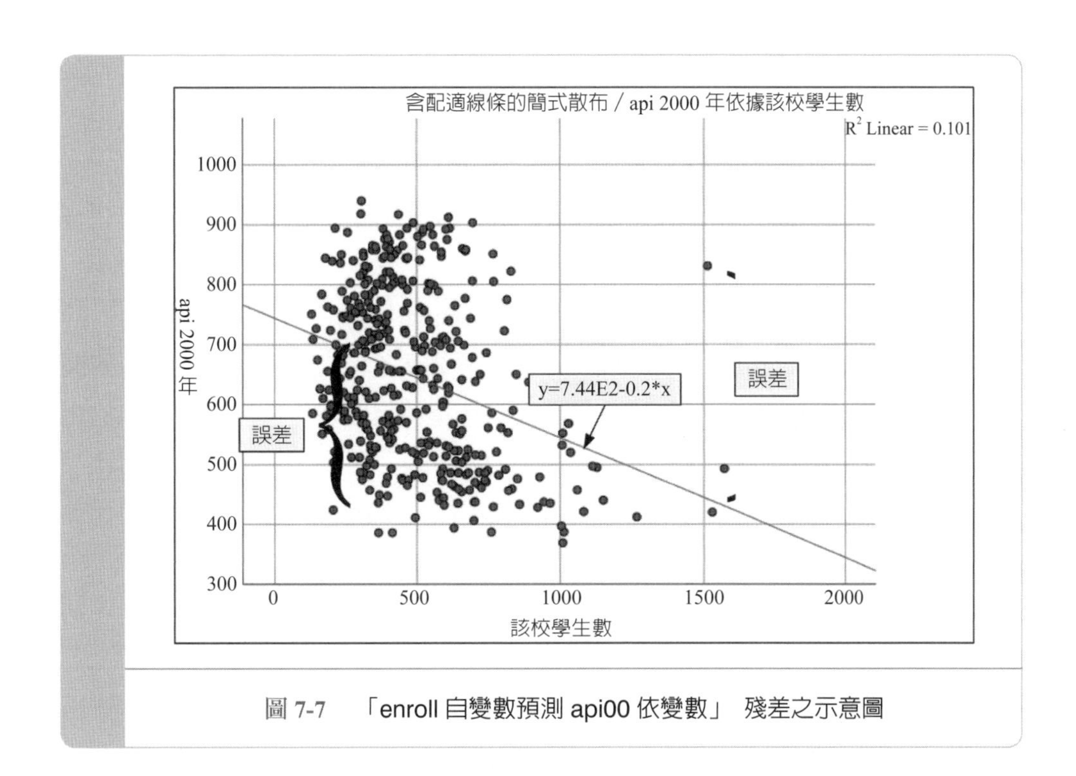

圖 7-7　「enroll 自變數預測 api00 依變數」 殘差之示意圖

該觀察結果由圓點表示，而最佳適配或預測迴歸線由對角線實線表示。該殘餘是從觀察到預測迴歸線的垂直距離 (或偏差)。預測值是在 x 軸上給定點落在預測線上的點。在這個特例中，我們繪製了 api00 與註冊。由於我們有 400 所學校，我們將有 400 個殘差或偏離預測線。

線性迴歸假定主要基於預測值和殘差。特別是，我們將考慮以下假定。

1. 直線關係 (linearity)：預測變數與結果變數之間的關係應該是線性的。如果違反，影響很大。
2. 誤差變異數同質性 (homoscedasticity)：誤差變異 σ_ε^2 應該是固定的 (constant)。如果違反，沒有什麼大不了的。
3. 常態性 (normality)：錯誤應該是正態分布的：正態性對於 b 係數檢驗是有效的 (特別是對於小樣本)，係數的估計只需要錯誤是相同和獨立分布的。如果違反，這並不是什麼大事。
4. 誤差獨立性 (independence)：任一觀察值的誤差與其他觀測值的誤差都不相關。如果違反，偏誤巨大。
5. 模型界定 (model specification)：應該適當地指定模型 (包括所有相關變數，並

排除無關變數)

此外，在分析過程中可能會出現一些問題，儘管嚴格來說它不是迴歸假定，但它們是迴歸分析師非常關心的問題。

1. 多重共線性 (multicollinearity)：預測因子彼此高度相關，既能預測結果，也可能導致估計迴歸係數的問題。
2. 不尋常的且有影響力的數據 (unusual and influential data)，包括：
   (1) 異常值 (multicollinearity)：殘差較大的觀測值 (預測得分與實際得分的偏差)，請注意，紅色線和藍色線都表示特定值註冊時異常值與預測線的距離
   (2) 槓桿 (leverage)：衡量預測變數與預測變數均值的差異程度；紅色殘差比藍色殘差低
   (3) 影響值 (influence)：具有高槓桿率和極端異常值的觀測值，如果不包括，則會大幅度地改變係數估計值

多年來 SPSS 已經開發了許多圖形方法和數值檢定來做迴歸診斷。在本章節中，我們將探索這些方法並展示如何驗證迴歸假定並使用 SPSS 檢測潛在問題。我們的目標是使用多種預測因子 (meals, acs_k3, full, enroll 變數) 的組合來製作最佳學術表現 (api00 變數) 預測模型。

以下是本節常用變數所代表的殘差類型：

關鍵字	說明	Assumption 檢測
PRED	Unstandardized predicted values.	直線關係 (linearity)、誤差變異數同質性
ZPRED	Standardized predicted values.	
RESID	Unstandardized residuals.	直線關係 (linearity)、誤差變異數同質性、Outliers
ZRESID	Standardized residuals.	
LEVER	Centered leverage values.	不尋常的且有影響力的數據
COOK	Cook's distances.	
DFBETA	DF Beta	

標準化變數 (預測值或殘差) 的平均值爲 0，標準差爲 1。如果殘差是常態分布的，那麼其中 95% 應該在 [-1.96,1.96] 之間。如果它們落在 1.96 以上或 –1.96

以下，它們是不尋常的觀察值。

範例：誤差非線性檢定 (regression 指令)

一、資料檔之內容

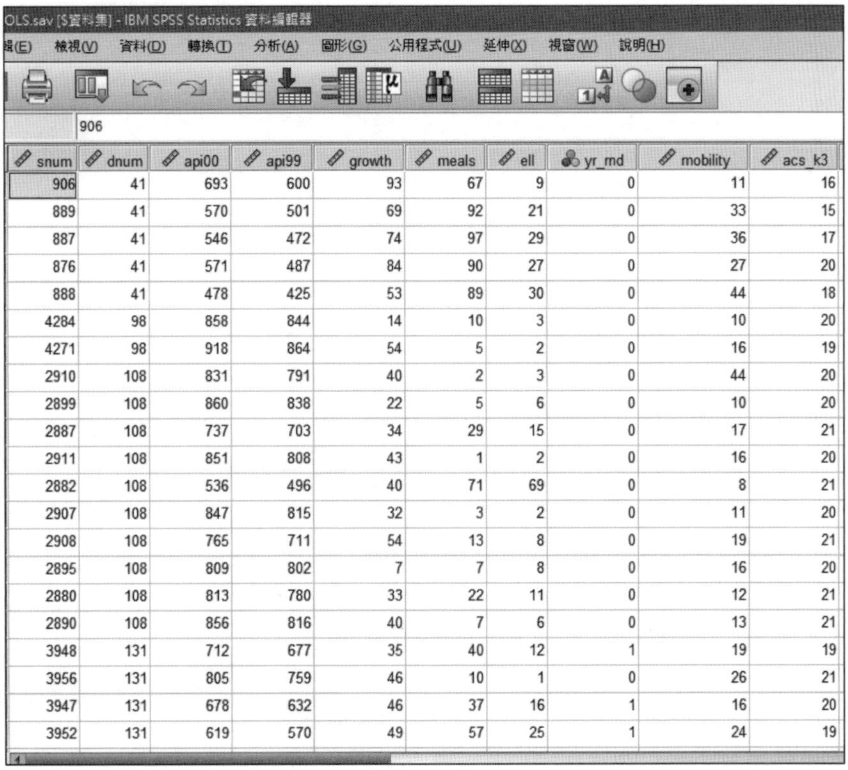

OLS.sav [$資料集] - IBM SPSS Statistics 資料編輯器

輯(E) 檢視(V) 資料(D) 轉換(T) 分析(A) 圖形(G) 公用程式(U) 延伸(X) 視窗(W) 說明(H)

906

snum	dnum	api00	api99	growth	meals	ell	yr_rnd	mobility	acs_k3
906	41	693	600	93	67	9	0	11	16
889	41	570	501	69	92	21	0	33	15
887	41	546	472	74	97	29	0	36	17
876	41	571	487	84	90	27	0	27	20
888	41	478	425	53	89	30	0	44	18
4284	98	858	844	14	10	3	0	10	20
4271	98	918	864	54	5	2	0	16	19
2910	108	831	791	40	2	3	0	44	20
2899	108	860	838	22	5	6	0	10	20
2887	108	737	703	34	29	15	0	17	21
2911	108	851	808	43	1	2	0	16	20
2882	108	536	496	40	71	69	0	8	21
2907	108	847	815	32	3	2	0	11	20
2908	108	765	711	54	13	8	0	19	21
2895	108	809	802	7	7	8	0	16	20
2880	108	813	780	33	22	11	0	12	21
2890	108	856	816	40	7	6	0	13	21
3948	131	712	677	35	40	12	1	19	19
3956	131	805	759	46	10	1	0	26	21
3947	131	678	632	46	37	16	1	16	20
3952	131	619	570	49	57	25	1	24	19

圖 7-8 「elem_api_OLS.sav」 資料檔內容 (N=400 所學校， 22 個變數)

二、分析結果與討論

Step 1 繪「api00 預測 enroll」標準化預測值 (ZPRED 當 X 軸)vs. 標準化殘差 (ZRESID 當 Y 軸) 之散布圖

我們做線性迴歸時，我們假定依變數和預測變數之間的關係是線性的。如果違反了這個假定，線性迴歸會嘗試將一條直線適配 (fit) 成不符合直線的數據。

預測值與殘差的二維散布圖，可以幫助我們推斷預測因子與結果變數之間的關係是否是線性的 (the relationships of the predictors to the outcome is linear)。首先，繪「api00 預測 enroll」標準化預測值 (ZPRED 當 X 軸) vs. 標準化殘差 (ZRESID 當 Y 軸) 之散布圖，如下圖：

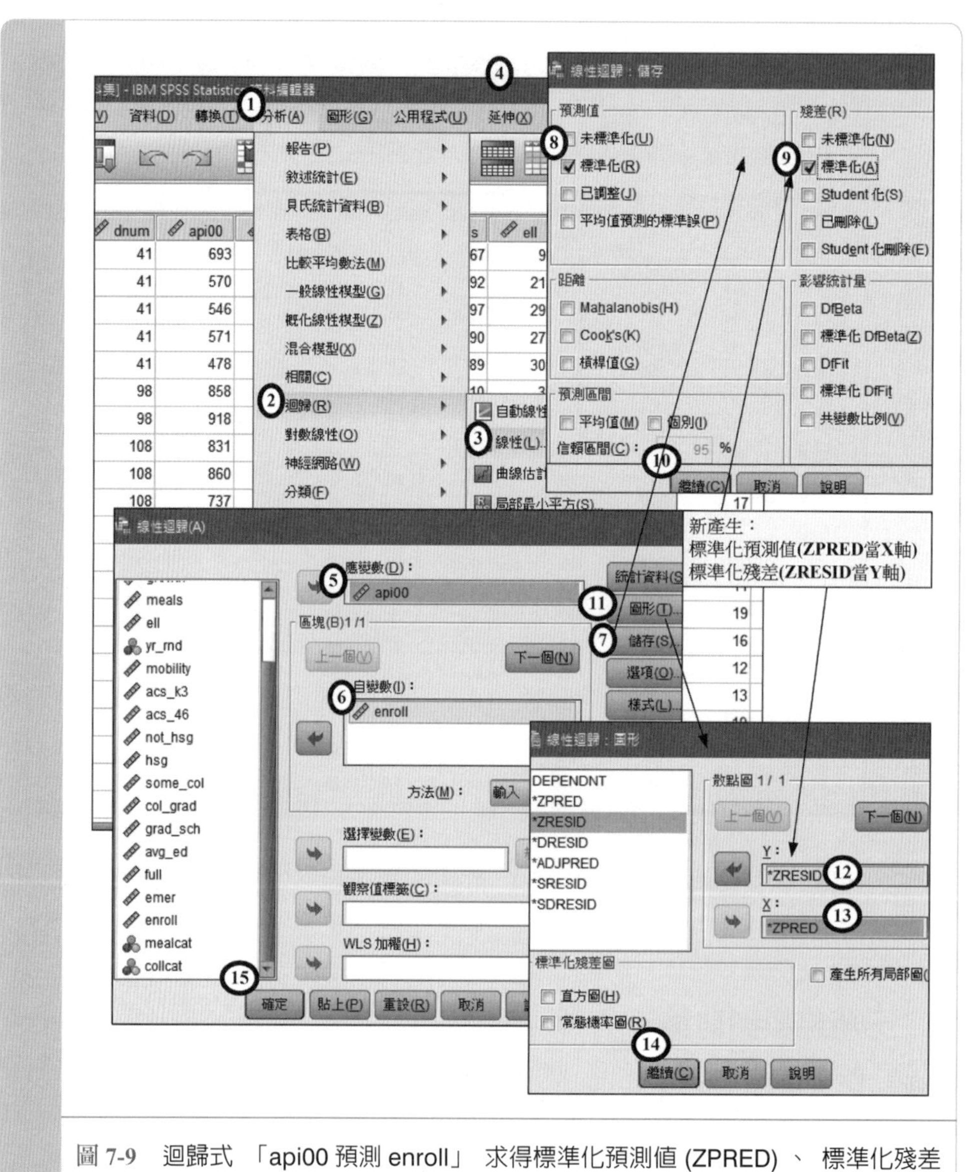

圖 7-9　迴歸式 「api00 預測 enroll」 求得標準化預測值 (ZPRED) 、 標準化殘差 (ZRESID)」 畫面

對應的指令語法：

```
title "非線性假定，nonlinearity.sps".
GET
  FILE='D:\CD範例\elem_api_OLS.sav'.

REGRESSION
  /MISSING LISTWISE
  /STATISTICS COEFF OUTS R ANOVA
  /CRITERIA=PIN(.05) POUT(.10)
  /NOORIGIN
  /DEPENDENT api00
  /METHOD=ENTER enroll
  /SCATTERPLOT=(*ZRESID ,*ZPRED)
  /SAVE ZPRED ZRESID.
```

現在將忽略迴歸表，因爲我們主要關心的是標準化殘差與標準化預測值的散布圖，如下之散布圖。

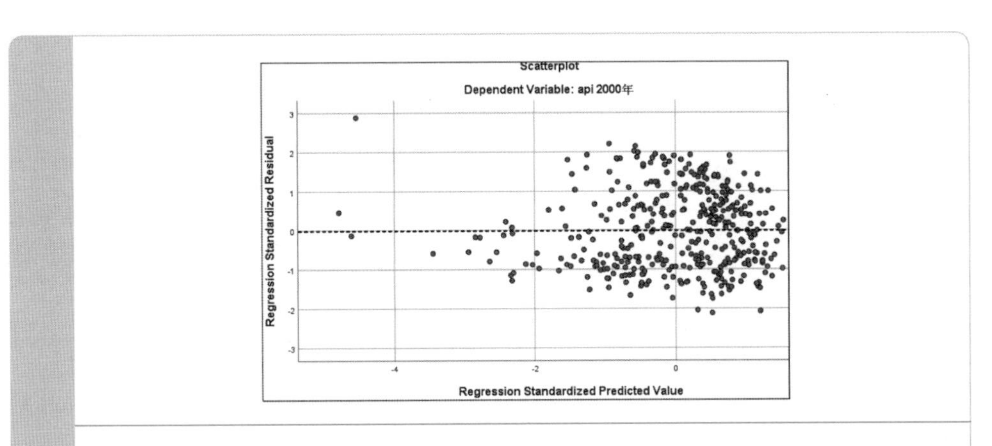

圖 7-10　繪出「api00 預測 enroll」標準化預測值 (ZPRED 當 X 軸)vs. 標準化殘差 (ZRESID 當 Y 軸) 之散布圖

從上圖情節簡單地說出這種關係是很困難的。讓我們嘗試通過散點圖來適配 Loess Curve(非線性最佳適配線，來檢測任何非線性。要做到這一點，double click 輸出窗口中的 scatterplot，轉到「Elements → Fit Line at Total」。

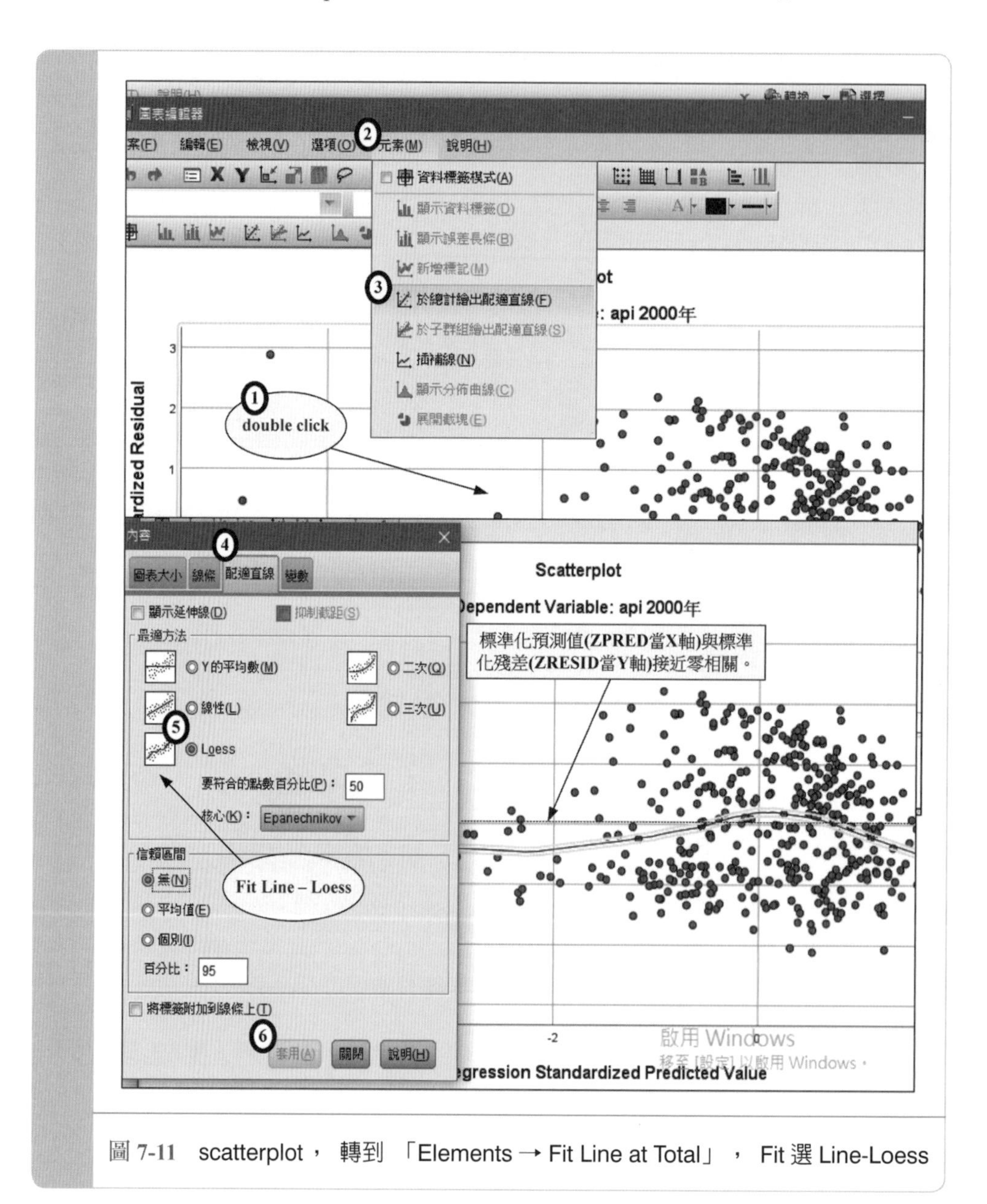

圖 7-11 scatterplot，轉到「Elements → Fit Line at Total」，Fit 選 Line-Loess

上圖所示 Loess curve ，標準化預測值 (standardized predicted) 對標準化殘差 (residuals) 之間的關係大致為 0。本例得到結論，反應變數和預測變數之間的關係為 0，因為殘差似乎隨機分散在 0 附近。

7-2-2 殘差異質性 (homoscedasticity)：迴歸式「預測值 vs. 殘差」散布圖

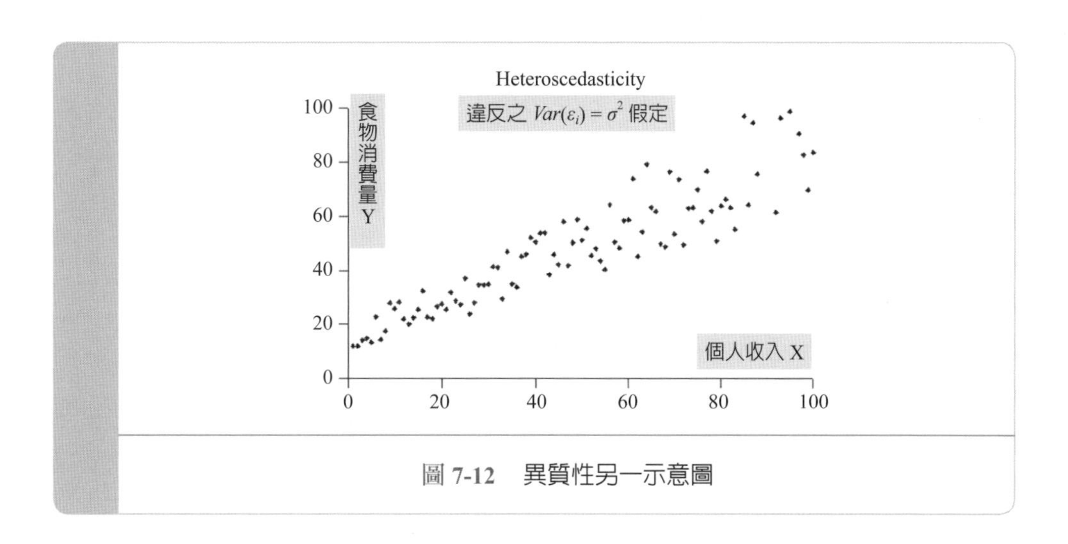

圖 7-12　異質性另一示意圖

自變數的誤差項除了需要呈現常態性分配外，其變異數也需要相等，變異數不同質 (heteroscedasticity) 會導致自變數無法有效的估計應變數，例如：殘差分布分析時，所呈現的三角形分布和鑽石分布，在 SPSS 軟體中，我們可以使用「estat imtest」，來測試變異數的一致性，當變異數的不相等發生時，我們可以透過轉換 (transform) 成變異數的相等後，再進行迴歸分析。

範例：σ_ε^2 同質性檢定 (testing homogeneity of error variance) (regression 指令)

最小平方 (ordinary least squares, OLS) 迴歸另一個假定：殘差的變異是同質 (homogeneous)，殘差在預測值是均勻的，又稱 homoscedasticity。如果模型適配很好，那麼適配值 (fitted values) 對殘差散布圖不應存有任何模態 (pattern)。如果殘差的變異數是非固定的，謂之異質性 (heteroscedastic)。對直線關係評估而言，常用圖形法是使用「殘差對適配值」散布圖(見上圖)。誠如您看到，異質性是：標準化預測值的較低值，往往在0附近且有較低的變異數(the lower values of the standardized predicted values tend to have lower variance around zero)。

但是，我們所看到的是殘差是視你界定模型而會改變。回想上一章節「非線性」。在此我們界定「meals, full, acs_k3, enroll四個自變數對依變數api00(學術績效)」迴歸，求得適配度 R^2=83%。對應指令如下：

```
title "誤差變異數同質性之圖形檢測法, homogeneity_of_error_variance.sps".

GET
  FILE='D:\CD範例\elem_api_OLS.sav'.

REGRESSION
 /MISSING LISTWISE
 /STATISTICS COEFF OUTS R ANOVA
 /CRITERIA=PIN(.05) POUT(.10)
 /NOORIGIN
 /DEPENDENT api00
 /METHOD=ENTER meals acs_k3 full enroll
 /SCATTERPLOT=(*ZRESID, *ZPRED).
```

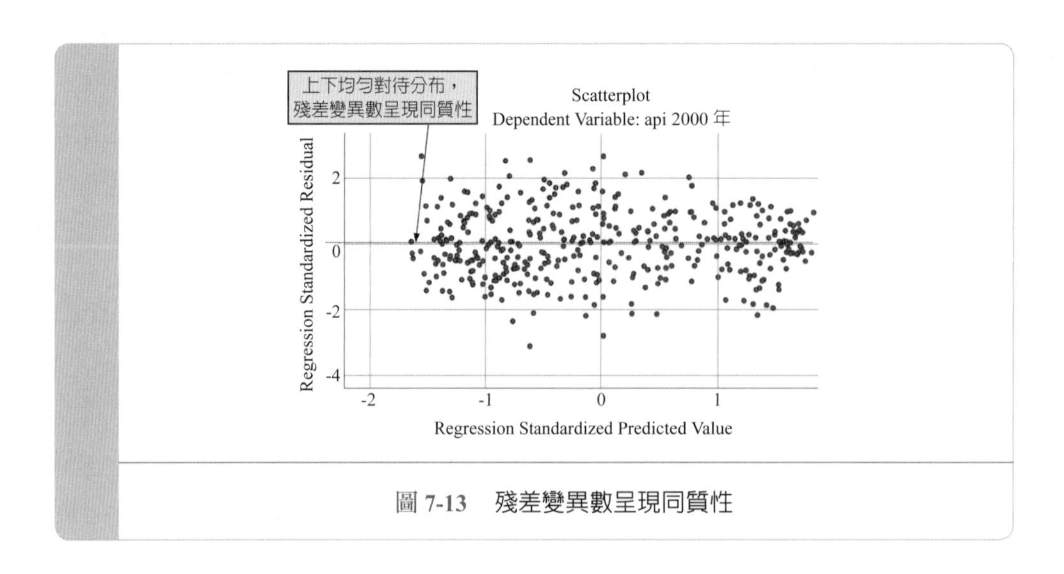

圖 7-13 殘差變異數呈現同質性

假設本例使用 STaTa 之 White's General Heteroskedasticity 檢定，結果 = 18.35(p<0.05)，拒絕「$H_{0:}$ homoskedasticity」，亦顯示本例之 OLS 殘差具有異質性。這已違反 OLS 的同質性假定。此時就需改用 Robust OLS 來克服殘差異質性之問題。

7-3 殘差的常態性：P-P 圖、Q-Q 圖、Shapiro-Wilk W 常態檢定

在線性迴歸中，一個常見的誤解是：結果變數必須是常態分布的，但實際上，應指「殘差符合常態分布」才對。為了使迴歸係數 t-test 的 p 值有效，滿足這個假定是非常重要的。請注意，殘差常態性往往隨著模型自變數不同而有改變，這意味著如果添加更多的預測變數，常態性就會改變。

若是資料呈現常態分配 (normal distribution)，則誤差項也會呈現同樣的分配，當樣本數夠大時，檢查的方式是使用簡單的 Histogram (直方圖)，若是樣本數較小時，檢查的方式是使用 normal probability plot(常態機率圖)。

SPSS 有提供：(1) 圖形法：P-P 圖、Q-Q 圖。(2) 統計檢定法：Shapiro-Wilk W 常態檢定法。

範例：殘差的常態性 (normality of residuals)：P-P 圖檢定 (regression 指令)

(一) 問題說明

樣本從「California Department of Education's API 2000」資料庫中，隨機抽樣 400 所小學，包括：學校的學術表現，班級人數，招生，貧困……等屬性。

我們係期待，辦校績效 (api00) 較佳者，應是：(1) 補修英語學習者 % (ell) 較少，(2) 貧窮學生少，即學生吃免費餐 %(meals) 較低，(3) 緊急教師證 % 的老師 (full) 較少。

研究者先文獻探討以歸納出，影響美國小學「辦校績效」的原因，並整理成下表，此「elem_api_OLS.sav」資料檔之變數如下：

變數名稱	辦校績效的原因	編碼 Codes/Values
api00	Y: 辦校績效 (academic performance, API)	
meals	X1: 學生吃免費餐 %，即貧窮學生 %	
ell	X2: 補英語學習者 %	
emer	X3: 緊急教師證 %，兼課教師 %	
acs_k3	幼兒園到小三平均班級人數	連續變數
full	老師有完整教師證 %	連續變數

一、資料檔之內容

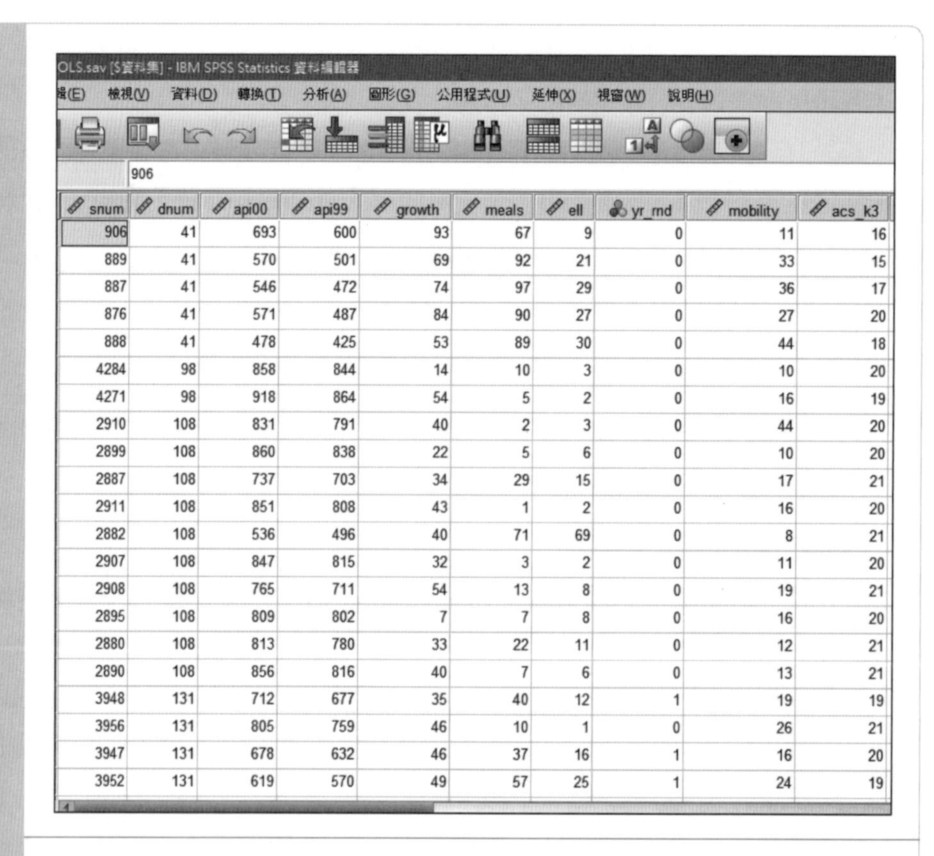

snum	dnum	api00	api99	growth	meals	ell	yr_rnd	mobility	acs_k3
906	41	693	600	93	67	9	0	11	16
889	41	570	501	69	92	21	0	33	15
887	41	546	472	74	97	29	0	36	17
876	41	571	487	84	90	27	0	27	20
888	41	478	425	53	89	30	0	44	18
4284	98	858	844	14	10	3	0	10	20
4271	98	918	864	54	5	2	0	16	19
2910	108	831	791	40	2	3	0	44	20
2899	108	860	838	22	5	6	0	10	20
2887	108	737	703	34	29	15	0	17	21
2911	108	851	808	43	1	2	0	16	20
2882	108	536	496	40	71	69	0	8	21
2907	108	847	815	32	3	2	0	11	20
2908	108	765	711	54	13	8	0	19	21
2895	108	809	802	7	7	8	0	16	20
2880	108	813	780	33	22	11	0	12	21
2890	108	856	816	40	7	6	0	13	21
3948	131	712	677	35	40	12	1	19	19
3956	131	805	759	46	10	1	0	26	21
3947	131	678	632	46	37	16	1	16	20
3952	131	619	570	49	57	25	1	24	19

圖 7-14 「elem_api_OLS.sav」 資料檔內容 (N=400 所學校， 22 個變數)

二、分析結果與討論

Step1 誤差常態之圖形檢定法：P-P 圖 (常態概率圖)

下圖係以「percent enrollment (enroll)」來預測「academic performance (api00)」爲例。如果您勾選「Plots → Standardized Residual Plots」之常態概率圖，SPSS 就會自動繪常態概率圖 (P-P 圖)。

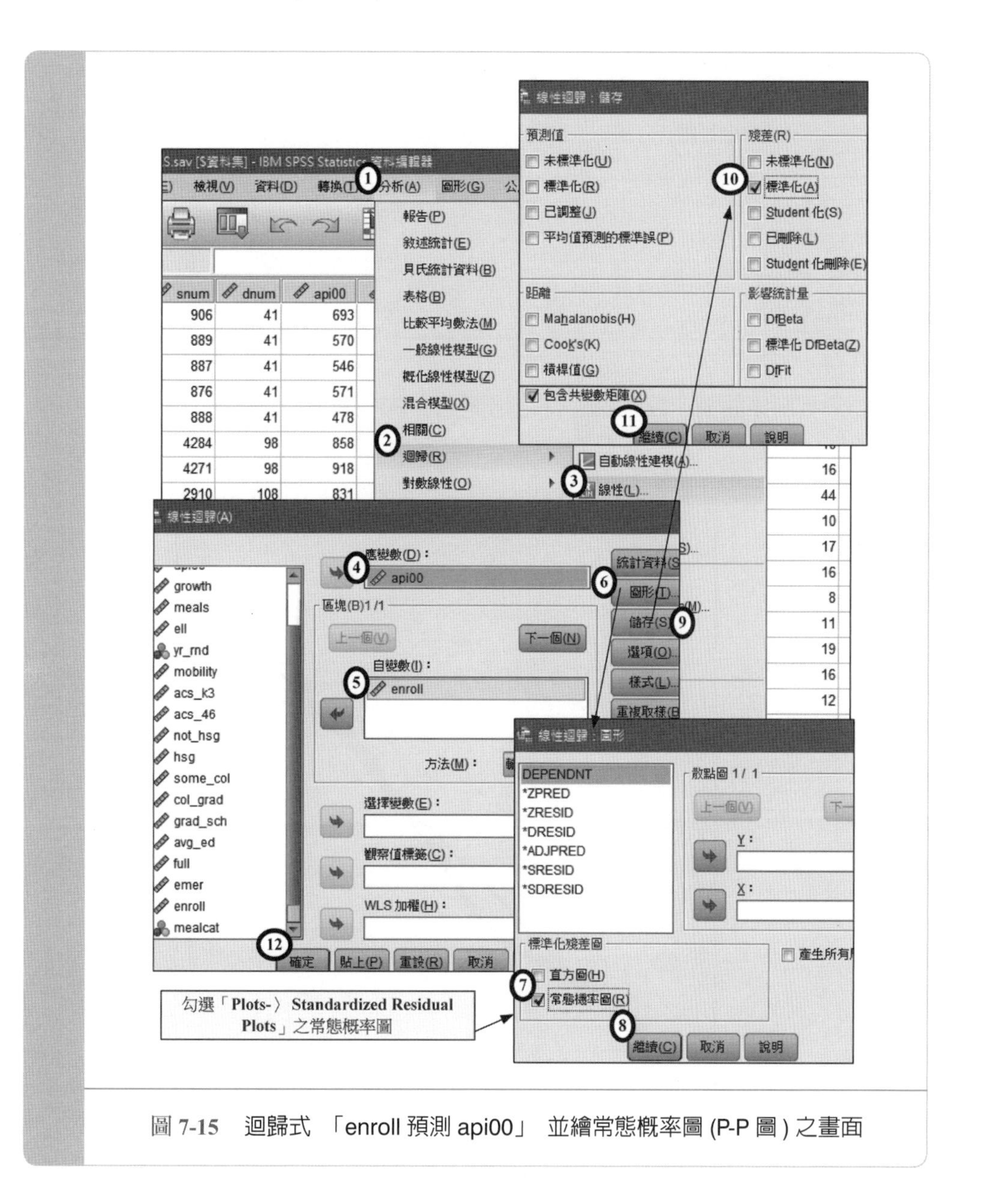

圖 7-15　迴歸式 「enroll 預測 api00」 並繪常態概率圖 (P-P 圖) 之畫面

對應的指令語法：

```
title "誤差常態性之檢測法，誤差 Normal probability 圖 .sps".
GET
  FILE='D:\CD範例\elem_api_OLS.sav'.

REGRESSION
  /MISSING LISTWISE
  /STATISTICS COEFF OUTS R ANOVA
  /CRITERIA=PIN(.05) POUT(.10)
  /NOORIGIN
  /DEPENDENT api00
  /METHOD=ENTER enroll
  /RESIDUALS NORMPROB(ZRESID)
  /SAVE ZRESID.
```

【A. 分析結果說明】誤差常態性之檢測法：P-P 圖

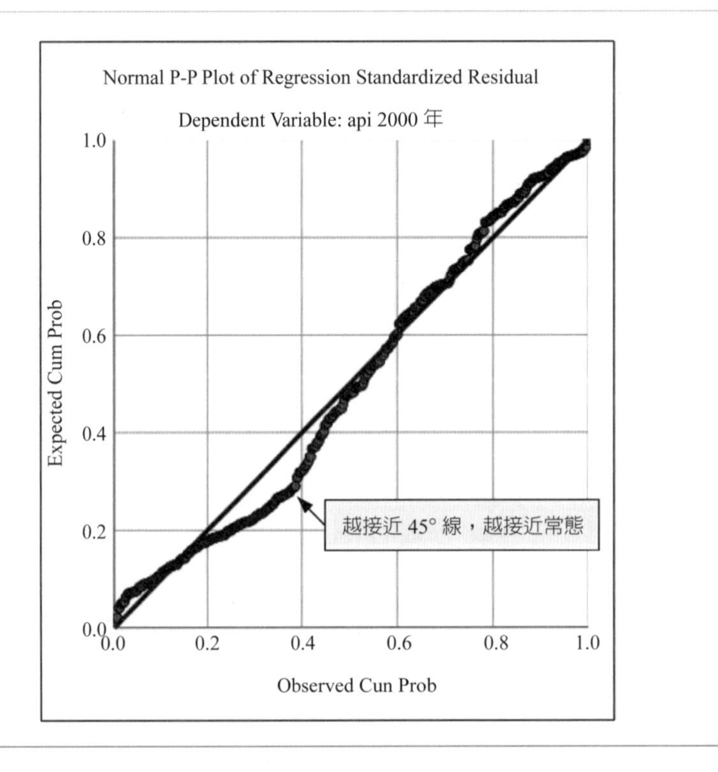

圖 7-16 迴歸式「enroll 預測 api00」所繪的常態概率圖 (P-P 圖)

如上所示：常態概率圖，P-P 圖將標準化殘差的觀測累積分布函數 (CDF) 與常態分布的預期 CDF 進行比較。請注意，我們正在測試「殘差常態性」，而不是預測變數。

Step2 **誤差常態之圖形檢定法：Q-Q 圖**

此外，Q-Q 圖 (quantile of a normal distribution) 亦是檢視殘差是否符合常態的方法。根據 SAS 說法，如果您想比較各種分布的「位置和尺度」(a family of distributions that vary on location and scale)，則 Q-Q 圖比 P-P 圖好，Q-Q 圖也對尾部分布 (tail distributions) 更敏感。本例 Q-Q 圖，係選「Analyze – Descriptive Statistics – Q-Q Plots」，如下圖。

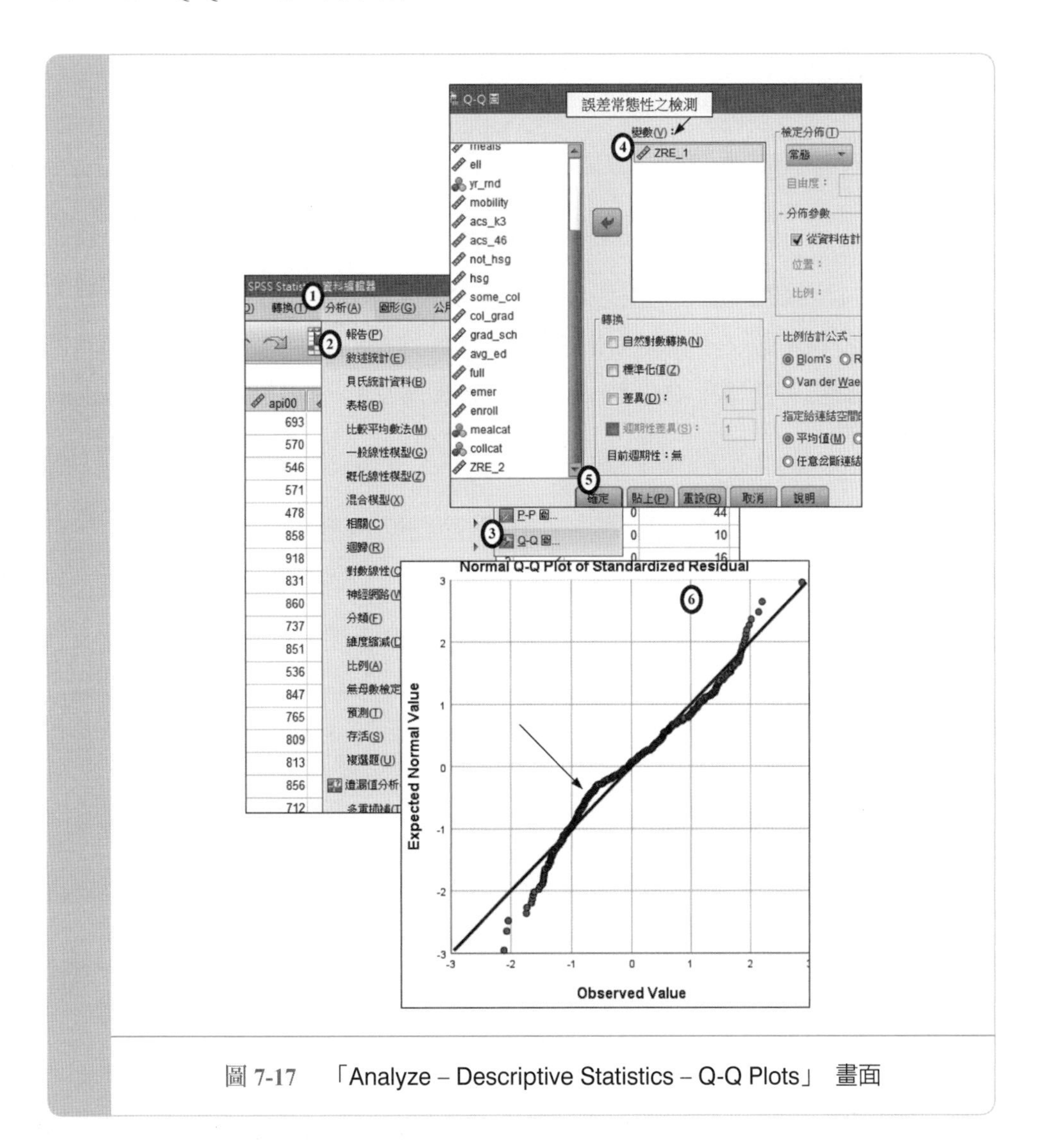

圖 7-17　「Analyze – Descriptive Statistics – Q-Q Plots」 畫面

對應的指令語法：

```
title "誤差常態性之檢測法，誤差Normal probability圖.sps".
GET
  FILE='D:\CD範例\elem_api_OLS.sav'.

subtitle "誤差Normal probability圖(Q-Q plot)".
PPLOT
  /VARIABLES=ZRE_1
  /NOLOG
  /NOSTANDARDIZE
  /TYPE=Q-Q
  /FRACTION=BLOM
  /TIES=MEAN
  /DIST=NORMAL.
```

Q-Q 圖如上圖所示。如果分布是常態的，那麼我們應該期望 (expected) 這些點在聚集在 45° 線的周圍。請注意 Q-Q 曲線之尾部分布與上面 P-P 曲線的差異。Q-Q 圖對中型樣本數之非常態性檢定非常靈敏。通常，當 P-P 圖無法偵測出非常態時，Q-Q 圖卻可發現在 45° 線上端有輕微的偏離常態，此結果與 kernel density 圖很相似。

Step3 統計檢定法：**Shapiro-Wilk W** 常態檢定法

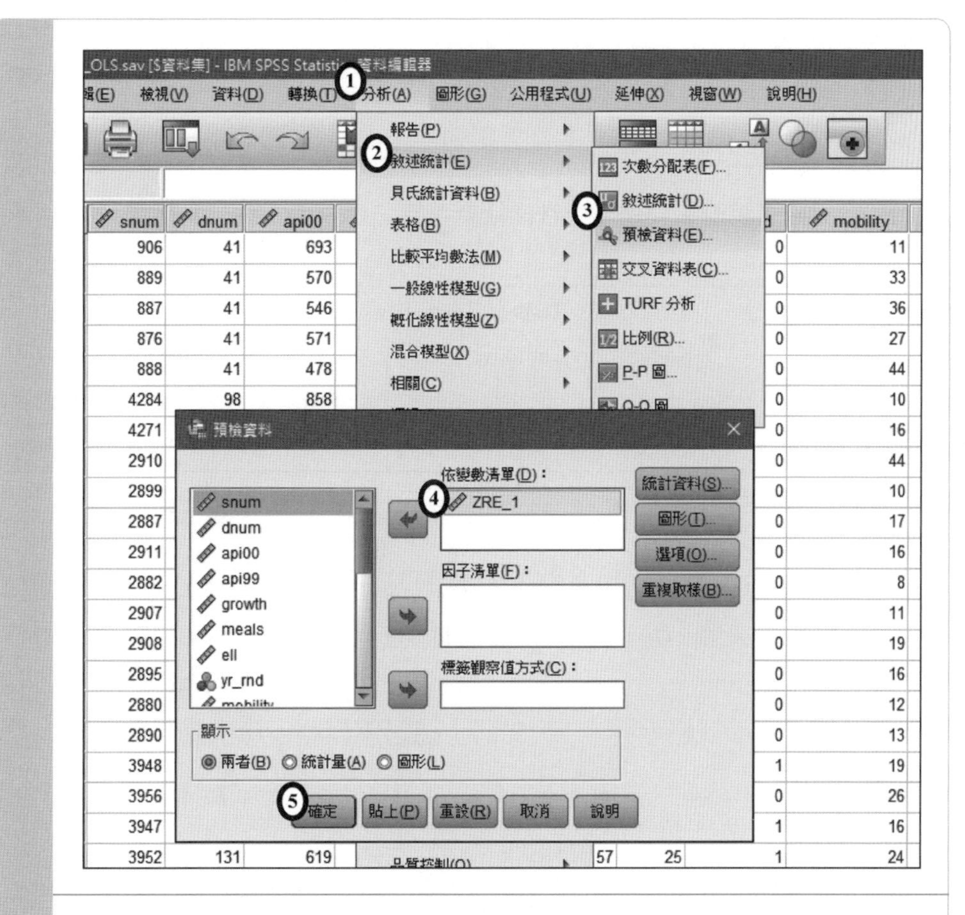

圖 7-18　5 迴歸式 「enroll 預測 api00」 的誤差 ： Shapiro-Wilk W 常態檢定之畫面

對應的指令語法：

```
title "誤差常態性之檢測法，誤差 Normal probability 圖 .sps".
GET
  FILE='D:\CD 範例 \elem_api_OLS.sav'.

subtitle "迴歸式「enroll 預測 api00」的誤差 :Shapiro-Wilk W 常態檢定法".
EXAMINE VARIABLES=ZRE_1
  /PLOT BOXPLOT HISTOGRAM NPPLOT
```

```
/COMPARE GROUPS
/STATISTICS DESCRIPTIVES EXTREME
/CINTERVAL 95
/MISSING LISTWISE
/NOTOTAL.
```

【B. 分析結果說明】誤差常態性之統計檢定法：Shapiro-Wilk 檢定

Tests of Normality

	Kolmogorov-Smirnov[a]			Shapiro-Wilk		
	Statistic	df	Sig.	Statistic	df	Sig.
ZRE_1	.097	400	.000	.971	400	.000

a. Lilliefors Significance Correction

Shapiro-Wilk W 值 =0.971，它是假設在常態分配 z 分數之上。由於 p=0.00<0.05，故接受「H_0：殘差是常態分配」，所以本例迴歸式之殘差符合常態性之假定 (assumption)。

為了下一章節「模型界定」，先將上述迴歸模型所產生的誤差 (ZRE_1、ZRE_2) 先清除。

grad_sch	avg_ed	full	emer	enroll	mealcat	collcat	ZRE_1
0	.	76	24	247	2	1	
0	.	79	19	463	3	1	
0	.	68	29	395	3	1	
0	1.91	87	11	418	3	1	
0	1.50	87	13	520	3	1	
31	3.89	100	0	343	1	2	
43	4.13	100	0	303	1	2	
30	4.06	96	2	1513	1	2	
33	3.96	100	0	660	1	2	
7	2.98	96	7	362	1	3	
37	4.15	100	2	768	1	2	
8	1.90	100	6	404	2	1	
37	4.08	97	3	586	1	2	
3	2.93	98	2	633	1	3	
6	3.12	89	7	379	1	3	1.04053

圖 7-19　在 ZRE_1 身上按滑鼠右鍵，再「清除」它

7-4 模型界定：如何篩選足夠的預測變數們？

迴歸模型如何適當的界定 (model specification)？牽涉那些預測變數應該被納入歸迴分析，那些預測變數應該被排除歸迴分析之外。

多元迴歸模型之衆多預測變數當中，若錯將該納入模型中的某變數，將它排除在模型之外，則它與其它變數的「共同變異」會被錯估，且模型誤差項也會被高估。換句話說，若不相干的預測變數錯誤被納入模型中，則此模型誤差也會影響迴歸係數的估計。

範例：迴歸模型該納入多少預測變數呢？(regression 指令)

(一) 問題說明

樣本從「California Department of Education's API 2000」資料庫中，隨機抽樣 400 所小學，包括：學校的學術表現，班級人數，招生，貧困等屬性。

我們係期待，辦校績效 (api00) 較佳者，應是：(1) 補修英語學習者 % (ell) 較少，(2) 貧窮學生少，即學生吃免費餐 %(meals) 較低，(3) 緊急教師證 % 的老師 (full) 較少。

研究者先文獻探討以歸納出，影響美國小學「辦校績效」的原因，並整理成下表，此「elem_api_OLS.sav」資料檔之變數如下：

變數名稱	辦校績效的原因	編碼 Codes/Values
api00	Y: 辦校績效 (academic performance, API)	
meals	學生吃免費餐 %，即貧窮學生 %	
ell	補英語學習者 %	
emer	緊急教師證 %，兼課教師 %	
acs_k3	X2: 幼兒園到小三平均班級人數	連續變數
full	X1: 老師有完整教師證 %	連續變數

一、資料檔之內容

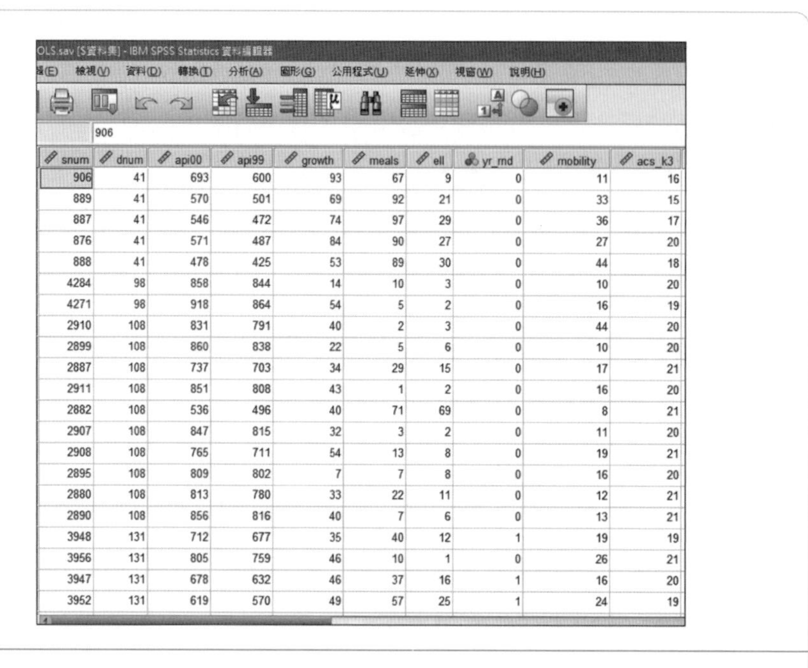

snum	dnum	api00	api99	growth	meals	ell	yr_rnd	mobility	acs_k3
906	41	693	600	93	67	9	0	11	16
889	41	570	501	69	92	21	0	33	15
887	41	546	472	74	97	29	0	36	17
876	41	571	487	84	90	27	0	27	20
888	41	478	425	53	89	30	0	44	18
4284	98	858	844	14	10	3	0	10	20
4271	98	918	864	54	5	2	0	16	19
2910	108	831	791	40	2	3	0	44	20
2899	108	860	838	22	5	6	0	10	20
2887	108	737	703	34	29	15	0	17	21
2911	108	851	808	43	1	2	0	16	20
2882	108	536	496	40	71	69	0	8	21
2907	108	847	815	32	3	2	0	11	20
2908	108	765	711	54	13	8	0	19	21
2895	108	809	802	7	7	8	0	16	20
2880	108	813	780	33	22	11	0	12	21
2890	108	856	816	40	7	6	0	13	21
3948	131	712	677	35	40	12	1	19	19
3956	131	805	759	46	10	1	0	26	21
3947	131	678	632	46	37	16	1	16	20
3952	131	619	570	49	57	25	1	24	19

圖 7-20 「elem_api_OLS.sav」 資料檔內容 (N=400 所學校， 22 個變數)

二、分析結果與討論

Step1 **Model1 : 先挑一個最有可能之預測變數，偵測它適不適合於模型？**

首先以「full 及 acs_k3 當作 api00 的預測因子 (predictors)」，讓你測試被挑選的預測變數，到底這二個變數足夠來預測學校績效 (api00) 嗎？

假設你認為「小班教學」能提升小學的辦校績效 (**api00**)，故用 acs_k3(幼兒園到小三平均班級人數) 當迴歸模型的第一個預測變數。

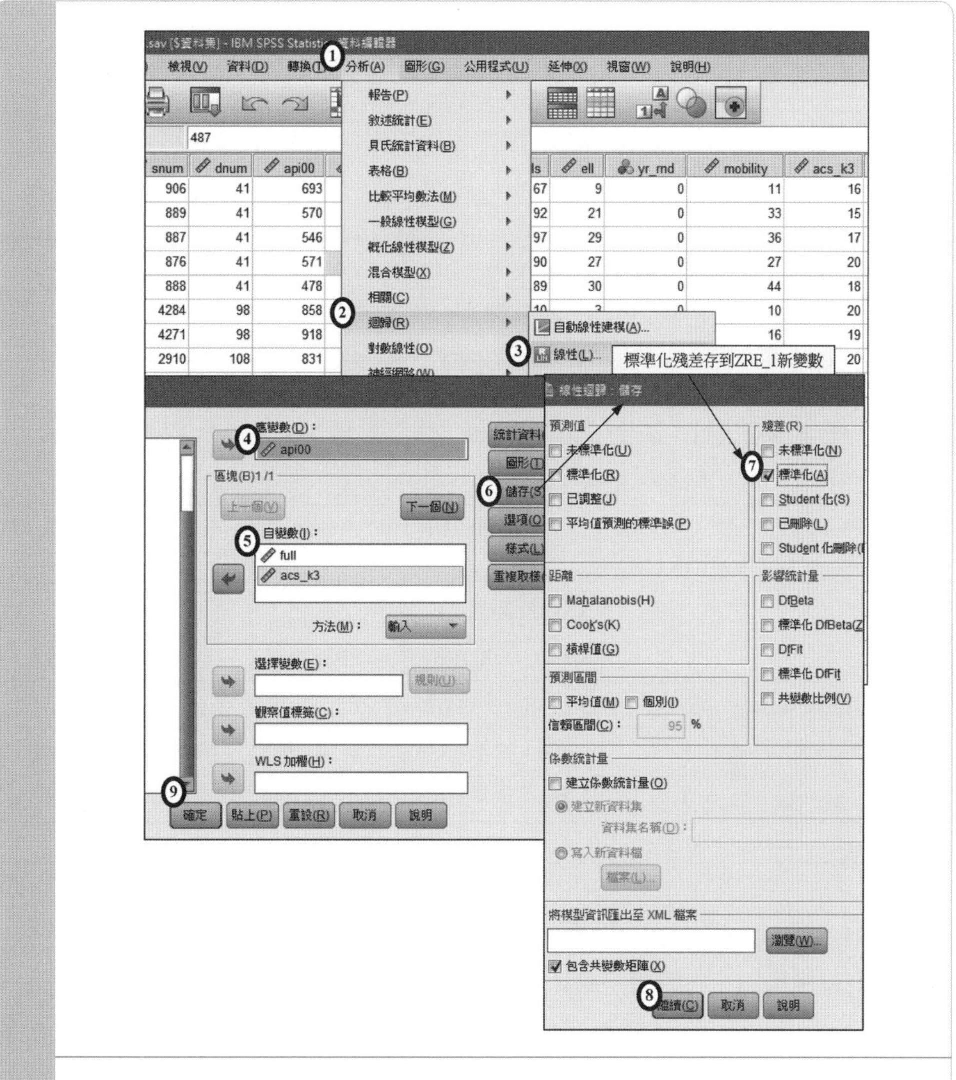

圖 7-21 「Model1 ： full 及 acs_k3 二者預測 api00」 畫面（標準化殘差存到 ZRE_1 新變數）

對應的指令語法：

```
title "如何挑迴歸一組最適當之預測變數，Model_Specification.sps".
GET
  FILE='D:\CD範例\elem_api_OLS.sav'.
```

```
subtitle "Model1：full 及 acs_k3 二者預測 api00 ".
REGRESSION
  /MISSING LISTWISE
  /STATISTICS COEFF OUTS R ANOVA
  /CRITERIA=PIN(.05) POUT(.10)
  /NOORIGIN
  /DEPENDENT api00
  /METHOD=ENTER full acs_k3
  /SAVE ZRESID.
```

【A. 分析結果說明】：求出「full 及 acs_k3 二者預測 api00」之迴歸殘差

Coefficients[a]

Model		Unstandardized Coefficients		Standardized Coefficients	t	Sig.
		B	Std. Error	Beta		
1	(Constant)	32.213	84.075		.383	.702
	pct full credential	5.390	.396	.564	13.598	.000
	avg class size k-3	8.356	4.303	.080	1.942	.053

a. Dependent Variable: api 2000 年

1. Model1：full 及 acs_k3 二者預測 api00」
   這個迴歸模型顯示，隨著班級規模 (acs_k3) 的增加，學業成績 (api00) 就增加，p = 0.053(當 α= 0.05 時略顯著)。更確切地說，它表示保持：持有全職教師的百分比 (full) 不變時，平均班級規模 (acs_k3) 每增加一名學生，預測的 API 分數會增加 8.38 分，但這可能是錯誤的決定，不應該納入模型的預測變數，你卻誤將它納入迴歸分析中。在我們發布結果前：「增加的班級規模 (acs_k3) 與更高的學習成績 (api00) 相關」，應先檢查模型界定到底適不適當？上圖係會產生標準化殘差 (存到 ZRE_1 新變數)。
2. 為了再測試模型是否要再加第三個自變數 (meals) ，你可將 ZRE_1 新變數當 x-axis；「the percent of free meals(變數 meals)」當 y-axis。若 meals 這一個變數與模型無相關，則 meals 應獨立於殘差 (it would be independent of the

residuals)。繪散布圖的指令如下：

```
subtitle "散布圖來測試模型是否要再加第三個自變數(meals)嗎？".
GRAPH
 /SCATTERPLOT(BIVAR)=meals WITH ZRE_1
 /MISSING=LISTWISE.
```

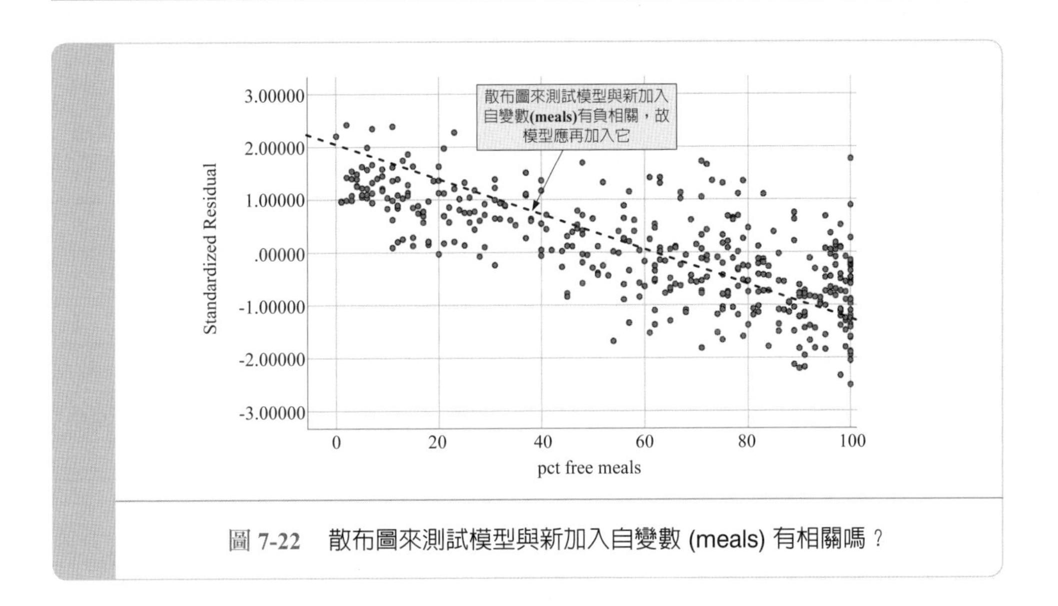

圖 7-22　散布圖來測試模型與新加入自變數 (meals) 有相關嗎？

散布圖顯示：模型與新加入自變數 (meals) 有負相關，故模型應再加入它才對。

Step2　**Model2：**模型再加自變數 **(meals)**，故自變數從二個變三個「**full acs_k3 meals**」

Step2-1　求三個自變數「**full acs_k3 meals**」及依變數的相關，指令如下：

```
subtitle "求三個自變數「full acs_k3 meals」及依變數的相關".
CORRELATIONS
 /VARIABLES=api00 full acs_k3 meals
 /PRINT=TWOTAIL NOSIG
 /MISSING=PAIRWISE.
```

Correlations

		api 2000 年	pct full credential	avg class size k – 3	pct free meals
api 2000 年	Pearson Correlation	1	.574**	.171**	–.901**
	Sig. (2-tailed)		.000	.001	.000
	N	400	400	398	400
pct full credential	Pearson Correlation	.574**	1	.161**	–.528**
	Sig. (2-tailed)	.000		.001	.000
	N	400	400	398	400
avg class size k-3	Pearson Correlation	.171**	.161**	1	–.188**
	Sig. (2-tailed)	.001	.001		.000
	N	398	398	398	398
pct free meals	Pearson Correlation	–.901**	–.528**	–.188**	1
	Sig. (2-tailed)	.000	.000	.000	
	N	400	400	398	400

**. Correlation is significant at the 0.01 level (2-tailed).

1. 從關聯表中可看出，meals 和 full 是相互關聯的，但同樣重要的是，它們都與結果變數 api00 有相關。事實上，這滿足了省略 (omitted) 變數的兩個條件：(1) 被省略的變數可顯著預測結果變數 (r = –.901) ，(2) 它與模型中其他預測因子有相關。讓我們重新回到迴歸模型，並重新加入 meals。

Step2-2 求三個自變數「**full acs_k3 meals**」對 **api00** 依變數的迴歸

```
subtitle "模型新加入自變數(meals)，殘差存到 ZRE_2".
REGRESSION
 /MISSING LISTWISE
 /STATISTICS COEFF OUTS R ANOVA
 /CRITERIA=PIN(.05) POUT(.10)
 /NOORIGIN
 /DEPENDENT api00
 /METHOD=ENTER full acs_k3 meals
 /SAVE ZRESID.
```

Coefficients[a]

Model		Unstandardized Coefficients B	Std. Error	Standardized Coefficients Beta	t	Sig.
1	(Constant)	771.658	48.861		15.793	.000
	pct full credential	1.327	.239	.139	5.556	.000
	avg class size k−3	−.717	2.239	−.007	−.320	.749
	pct free meals	−3.686	.112	−.828	−32.978	.000

a. Dependent Variable: api 2000 年

1. 新加入自變數 (meals) 可有效預測依變數 api00(β= −3.686, p<.05)。

Step2-3 繪「新加入自變數 (meals) 與殘差 ZRE_2 的散布圖」

```
subtitle " 繪新加入自變數 (meals) 與殘差 ZRE_2 的散布圖 ".
GRAPH
 /SCATTERPLOT(BIVAR)=meals WITH ZRE_2
 /MISSING=LISTWISE.
```

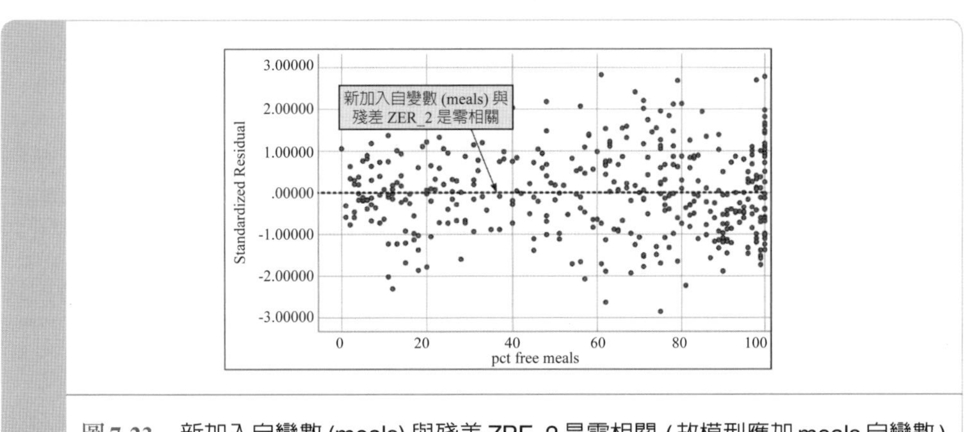

圖 7-23 新加入自變數 (meals) 與殘差 ZRE_2 是零相關 (故模型應加 meals 自變數)

之前，迴歸模型未加入 meals 前，meals 和標準化殘差 (ZRE_1) 是強烈的負相關；相反地，迴歸模型加入 meals 後，meals 與殘差 (ZRE_2) 是零相關，表示本例之迴歸型應加入 meals 自變數。在 meals= 100 時似乎有一些封蓋效應，但這可能受限於百分比範圍。

7-5 誤差的獨立性 (independence)：(EXAMINE VARIABLES=×× BY ×× /PLOT=BOXPLOT 指令)

範例：觀察值之間彼此誤差是否獨立性？(EXAMINE VARIABLES=×× BY ×× /PLOT=BOXPLOT 指令)

線性迴歸亦假定，每個觀察值 (i) 之間的誤差 (residual, 殘差) 是獨立 (independence)。任一觀察值誤差與其他觀察值的誤差都無相關。根據經驗法則，通常研究極可能都發生違反這一假定。承前例資料檔「elem_api_OLS.sav」，各個學區 (dnum) 收集數據的情況，因每個學區內的學校 (snum) 特性可能比來自不同地區的學校更相似，也就是說，故懷疑觀察值誤差彼此是不獨立的 (errors are not independent)。根據「7-4」(ZRE_1) 中保存的標準化殘差，讓我們新建按學區 (dnum) 聚類 (cluster) 的盒形圖，看看是否有模態 (pattern)。最值得注意的是，我們想看看所有地區 (dnum) 的標準化殘差是否都在 0 軸線附近，以及區域間 (dnum) 的變異數是否同質 (the variances are homogenous across districts)。

(一) 問題說明

樣本從「California Department of Education's API 2000」資料庫中，隨機抽樣 400 所小學，包括：學校的學術表現，班級人數，招生，貧困等屬性。

我們係期待，辦校績效 (api00) 較佳者，應是：(1) 補修英語學習者 % (ell) 較少，(2) 貧窮學生少，即學生吃免費餐 %(meals) 較低，(3) 緊急教師證 % 的老師 (full) 較少。

研究者先文獻探討以歸納出，影響美國小學「辦校績效」的原因，並整理成下表，此「elem_api_OLS.sav」資料檔之變數如下：

變數名稱	辦校績效的原因	編碼 Codes/Values
api00	Y: 辦校績效 (academic performance, API)	
meals	學生吃免費餐 %，即貧窮學生 %	
ell	補英語學習者 %	
emer	緊急教師證 %，兼課教師 %	
acs_k3	X2: 幼兒園到小三平均班級人數	連續變數
full	X1: 老師有完整教師證 %	連續變數

一、資料檔之內容

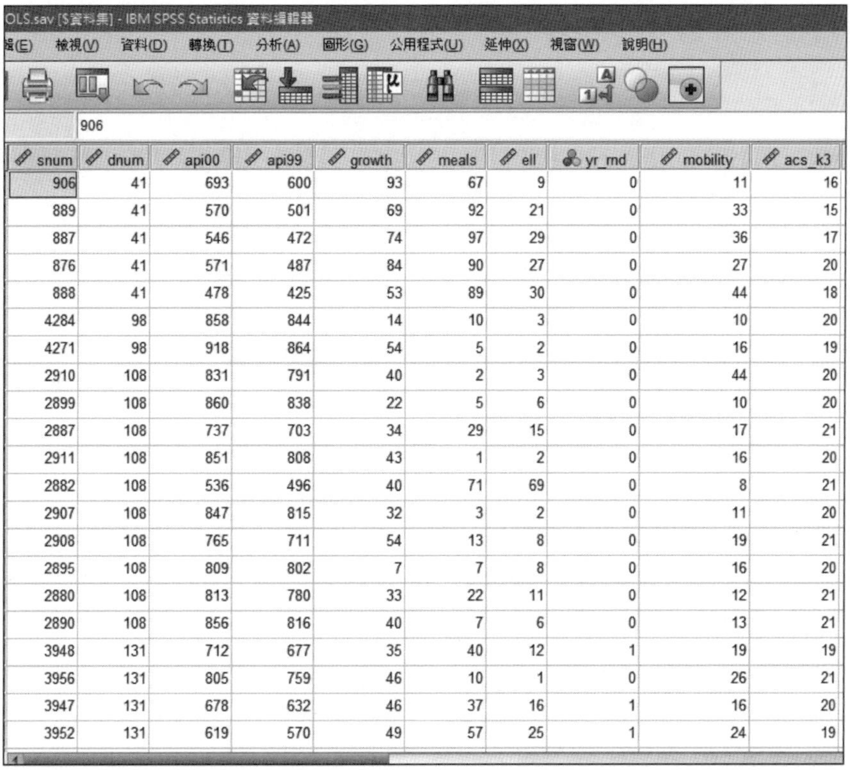

OLS.sav [$資料集] - IBM SPSS Statistics 資料編輯器

snum	dnum	api00	api99	growth	meals	ell	yr_rnd	mobility	acs_k3
906	41	693	600	93	67	9	0	11	16
889	41	570	501	69	92	21	0	33	15
887	41	546	472	74	97	29	0	36	17
876	41	571	487	84	90	27	0	27	20
888	41	478	425	53	89	30	0	44	18
4284	98	858	844	14	10	3	0	10	20
4271	98	918	864	54	5	2	0	16	19
2910	108	831	791	40	2	3	0	44	20
2899	108	860	838	22	5	6	0	10	20
2887	108	737	703	34	29	15	0	17	21
2911	108	851	808	43	1	2	0	16	20
2882	108	536	496	40	71	69	0	8	21
2907	108	847	815	32	3	2	0	11	20
2908	108	765	711	54	13	8	0	19	21
2895	108	809	802	7	7	8	0	16	20
2880	108	813	780	33	22	11	0	12	21
2890	108	856	816	40	7	6	0	13	21
3948	131	712	677	35	40	12	1	19	19
3956	131	805	759	46	10	1	0	26	21
3947	131	678	632	46	37	16	1	16	20
3952	131	619	570	49	57	25	1	24	19

圖 7-24 「elem_api_OLS.sav」 資料檔內容 (N=400 所學校， 22 個變數)

二、分析結果與討論

Step1 繪 **Model1** 之殘差盒形圖

回想之前，進行「**Model1**：full 及 acs_k3 二者預測 api00」，標準化殘差存到 ZRE_1 新變數，再用它繪各學區 (dnum) 聚類 (cluster) 的殘差盒形圖。

下圖係繪 boxplots：選 Legacy Dialogs → Boxplot.

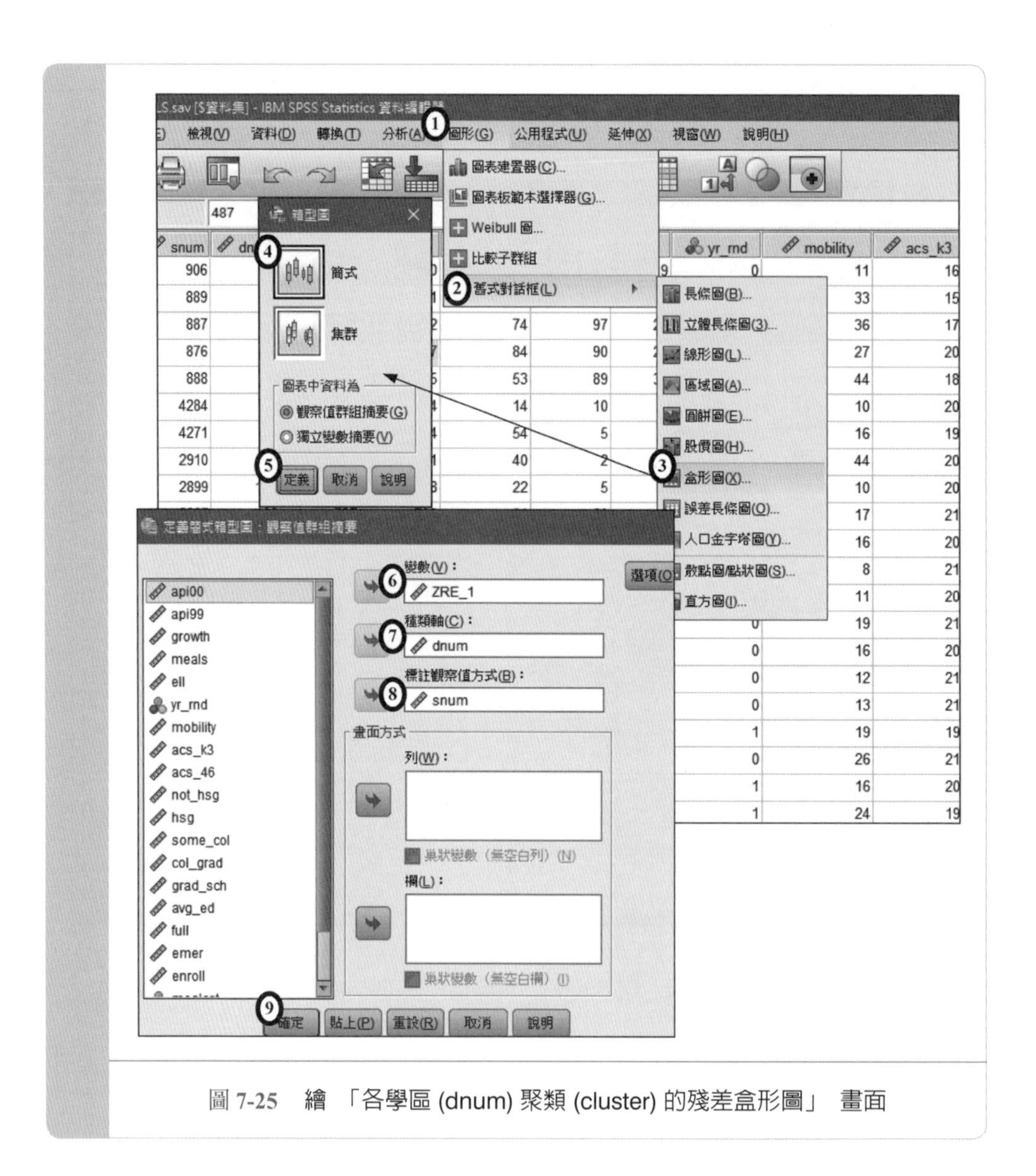

圖 7-25　繪「各學區 (dnum) 聚類 (cluster) 的殘差盒形圖」畫面

對應的指令語法：

```
title "二個預測變數(標準化殘差存到 ZRE_1 新變數)，error_indepentence.sps".
GET
  FILE='D:\CD 範例 \elem_api_OLS.sav'.

* 執行迴歸前，資料檔須先刪 ZRE_1 變數 .
subtitle "Model1 full 及 acs_k3 二者預測 api00，殘差存到 ZRE_1 新變數 ".
```

```
REGRESSION
  /MISSING LISTWISE
  /STATISTICS COEFF OUTS R ANOVA
  /CRITERIA=PIN(.05) POUT(.10)
  /NOORIGIN
  /DEPENDENT api00
  /METHOD=ENTER full acs_k3
  /SAVE ZRESID.

subtitle "繪迴歸殘差 ZRE_1 的 Boxplot".
EXAMINE VARIABLES=ZRE_1 BY dnum
  /PLOT=BOXPLOT
  /STATISTICS=NONE
  /NOTOTAL
  /ID=snum.
```

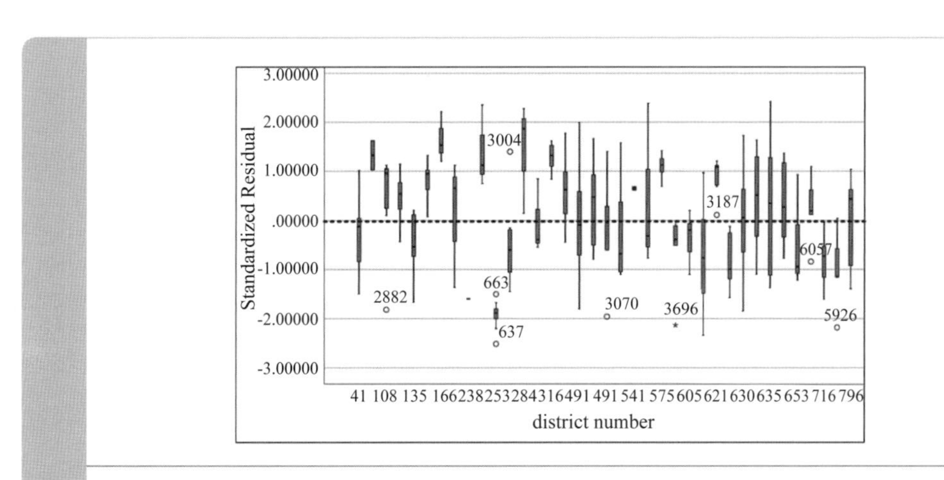

圖 7-26 「full 及 acs_k3 二者預測 api00」 之殘差 ZRE_1， 在各學區 (dnum) 的盒形圖

由盒形圖可看到，各學區 (dnum) 有不同的殘差平均值 (部份不為 0)。此外，一些地區的殘差變化 (variability) 比其他學區更大 (盒形長度更長)。這表示這些誤差不是獨立的。處理非獨立性誤差之方法，請見作者《Panel-data 迴歸模型：STaTa 在廣義時間序列的應用》、《總體經濟與財務金融：STaTa 時間序列分析》、《多層次模型 (HLM) 及重複測量：使用 STaTa》三本書。

7-6 共線性 (multicollinearity) 診斷

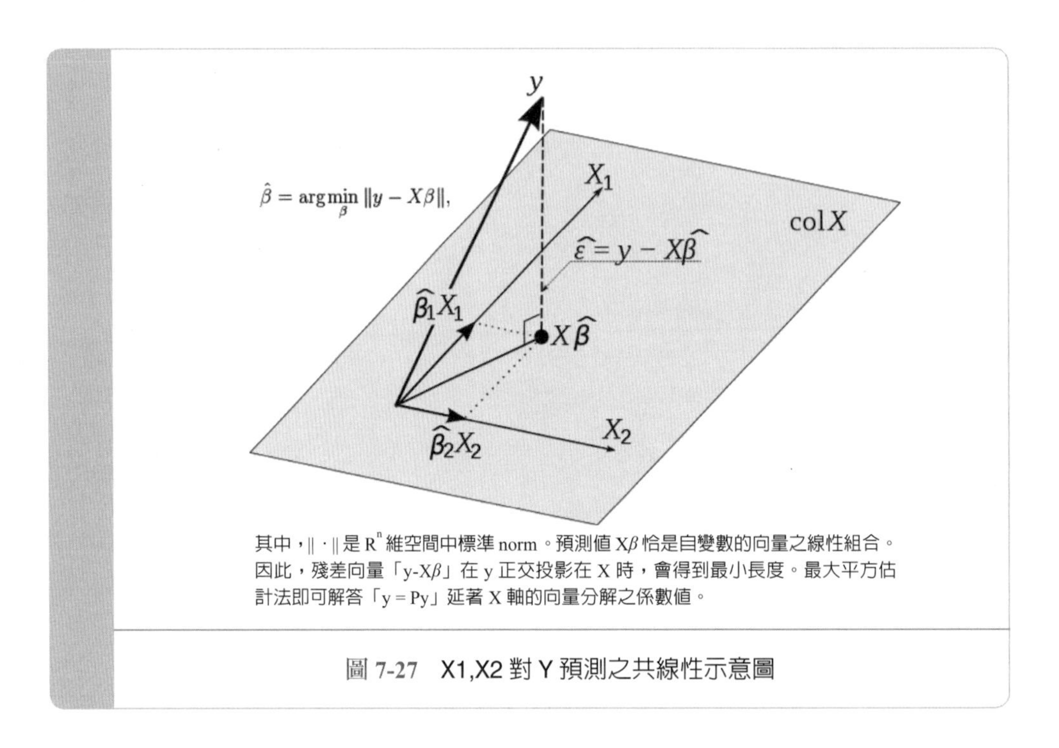

圖 7-27　X1,X2 對 Y 預測之共線性示意圖

一、共線性的變數

1. 許多變數可能會以某種規律性的方式一起變動，這種變數被稱爲是共線性 (collinearity)。
2. 當有數個變數牽涉在模型內時，這樣的問題歸類爲共線性或多元共線性 (multicollinearity)。
3. 當模型出現共線性的問題時，要從資料中衡量個別效果 (邊際產量) 將是非常困難的。
4. 當解釋變數幾乎沒有任何變異時，要分離其影響是很困難的，這個問題也是屬於共線性的情況。
5. 共線性所造成的後果：
   (1) 只要解釋變數之間有一個或一個以上的完全線性關係。則完全共線性或完全線性重合的情況會存在，則最小平方估計式無法定義。例：若 r_{23} (correlation coefficient)= ± 1，則 $Var(b_2)$ 則是沒有意義的，因爲 0 出現在分母中。

(2) 當解釋變數之間存在近似的完全線性關係時，最小平方估計式的變異數、標準誤和共變數中有一些可能會很大，則表示：樣本資料所提供有關於未知參數的資訊相當的不精確。

(3) 當估計式的標準誤很大時，則檢定結果不顯著。問題在於共線性變數未能提供足夠的資訊來估計它們的個別效果，即使理論可能指出它們在該關係中的重要性。

(4) 對於一些觀察值的加入或刪除，或者刪除一個明確的不顯著變數是非常敏感的。

(5) 如果未來的樣本觀察值之內的共線性關係仍然相同，正確的預測仍然是可能的。

二、如何分辨與降低共線性？

1. 相關係數 X_1、X_2，若 $Cov(X_1、X_2)>0.9$ 時，則表示有強烈的線性關係
   例：如何判斷 X_1、X_2、X_3 有 collinear 呢？請見範例之 SPSS 分析。
2. 估計「輔助迴歸」(auxiliary regressions)

$$X_2=a_1x_1 + a_3x_3 + \cdots + a_kx_k + e$$

   若 R^2 高於 0.8，其含意爲 X_2 的變異中，有很大的比例可以用其他解釋變數的變異來解釋。
3. SPSS 所提供之 collinearity 的統計包括 Tolerance 、VIF(variance inflation factor) 和 collin 等指令。

三、共線性對迴歸的衝擊

多元共線性是指多元迴歸分析中，自變數之間有相關存在的一種現象，是一種程度的問題 (degree of matters) ，而不是全有或全無 (all or none) 的狀態。多元共線性若是達嚴重的程度時，會對多元迴歸分析造成下列的不良影響：

1. 膨脹最小平方法 (least squares) 估計參數值的變異數和共變數，使得迴歸係數的估計值變得很不精確。
2. 膨脹迴歸係數估計值的相關係數。
3. 膨脹預測值的變異數，但對預測能力不影響。

4. 造成解釋迴歸係數及其信賴區間估計之困難。
5. 造成整體模式的檢定達顯著，但各別迴歸係數之檢定不顯著的矛盾現象和解釋上之困擾。
6. 造成迴歸係數的正負號與所期望者相反的衝突現象，這是由於自變數間之壓抑效果 (suppress effect) 造成的。

四、共線性之診斷法

一個比較簡單的診斷方法是察看自變數間的相關係數矩陣，看看該矩陣中是否有元素值 (即自變數兩兩之間的相關係數值) 是大於 0.90 以上者，若有，即表示該二變數互為多元共線性變數，並認為該迴歸分析中有嚴重的多元共線性問題存在。另一個比較正式、客觀的診斷法，則為使用第 j 個自變數的「變異數膨脹因子」(variance inflation factor) 作為判斷的指標，凡變異數膨脹因子指標值大於 10 者，即表示第 j 個自變數是一個多元共線性變數。在一般的迴歸分析中，針對這種多元共線性問題，有些統計學家會建議將多元共線性變數予以刪除，不納入迴歸方程式中。但避免多元共線性問題所造成困擾的最佳解決方法，不是刪除該具有多元共線性變數，而是使用所謂的「偏差迴歸分析」(biased regression analysis, BRA)。其中以「山脊型迴歸」(ridge regression) 最受到學者們的重視和使用；除此之外，尚有「主成分迴歸」(principal component regression)、「潛在根迴歸」(latent root regression)、「貝氏法迴歸」(Baysean regression)、「遞縮式迴歸」(shrinkage regression) 等，不過這些偏差迴歸分析法所獲得的迴歸係數值都是「有偏差的」(biased)，亦即這些迴歸係數的期望值不等於母群體的迴歸係數值，所以稱作偏差迴歸係數估計值，而本補救多元共線性問題的方法即稱作偏差迴歸分析法。

五、範例：共線性診斷

當預測變數之間存在完美的線性關係時，迴歸模型的估計值不能唯一計算。共線性 (collinearity) 意味著兩個變數是彼此的線性組合。當涉及兩個以上的變數時，它通常被稱為多重共線性 (multicollinearity)，儘管這兩個術語經常互換使用。

本例主要關心的是隨著多重共線性程度的增加，係數估計變得不穩定，係數的標準誤差可能會大幅增加。在本節中，將探討一些有助於檢測多重共線性的 SPSS 命令。

範例：共線性之不良的變數，要排除在迴歸之外 (regression 指令)

迴歸分析 (regression analysis) 是一種統計學上分析數據的方法，目的在於了解兩個或多個變數間是否相關、相關方向與強度，並建立數學模型以便觀察特定變數來預測研究者感興趣的變數。更具體的來說，簡單迴歸分析可以幫助人們了解在只有一個自變數變化時依變數的變化量。多元迴歸旨在「找出一組自變數對依變數的解釋力，好看出哪一組自變數的影響力或預測力最大」。

以「elem_api_OLS.sav」資料檔爲例，來看看「not_hsg, hsg, some_col, col_grad 及 avg_ed 預測 api00 依變數」，這五個自變數之間是否有共線性的疑慮？

一、資料檔之內容

OLS.sav [$資料集] - IBM SPSS Statistics 資料編輯器

輯(E) 檢視(V) 資料(D) 轉換(T) 分析(A) 圖形(G) 公用程式(U) 延伸(X) 視窗(W) 說明(H)

906

snum	dnum	api00	api99	growth	meals	ell	yr_rnd	mobility	acs_k3
906	41	693	600	93	67	9	0	11	16
889	41	570	501	69	92	21	0	33	15
887	41	546	472	74	97	29	0	36	17
876	41	571	487	84	90	27	0	27	20
888	41	478	425	53	89	30	0	44	18
4284	98	858	844	14	10	3	0	10	20
4271	98	918	864	54	5	2	0	16	19
2910	108	831	791	40	2	3	0	44	20
2899	108	860	838	22	5	6	0	10	20
2887	108	737	703	34	29	15	0	17	21
2911	108	851	808	43	1	2	0	16	20
2882	108	536	496	40	71	69	0	8	21
2907	108	847	815	32	3	2	0	11	20
2908	108	765	711	54	13	8	0	19	21
2895	108	809	802	7	7	8	0	16	20
2880	108	813	780	33	22	11	0	12	21
2890	108	856	816	40	7	6	0	13	21
3948	131	712	677	35	40	12	1	19	19
3956	131	805	759	46	10	1	0	26	21
3947	131	678	632	46	37	16	1	16	20
3952	131	619	570	49	57	25	1	24	19

圖 7-28 「elem_api_OLS.sav」 資料檔內容 (N=400 所學校， 22 個變數)

二、分析結果與討論

Step 1 迴歸式「not_hsg, hsg, some_col, col_grad 及 avg_ed 預測 api00 依變數」並勾選「共線性診斷」

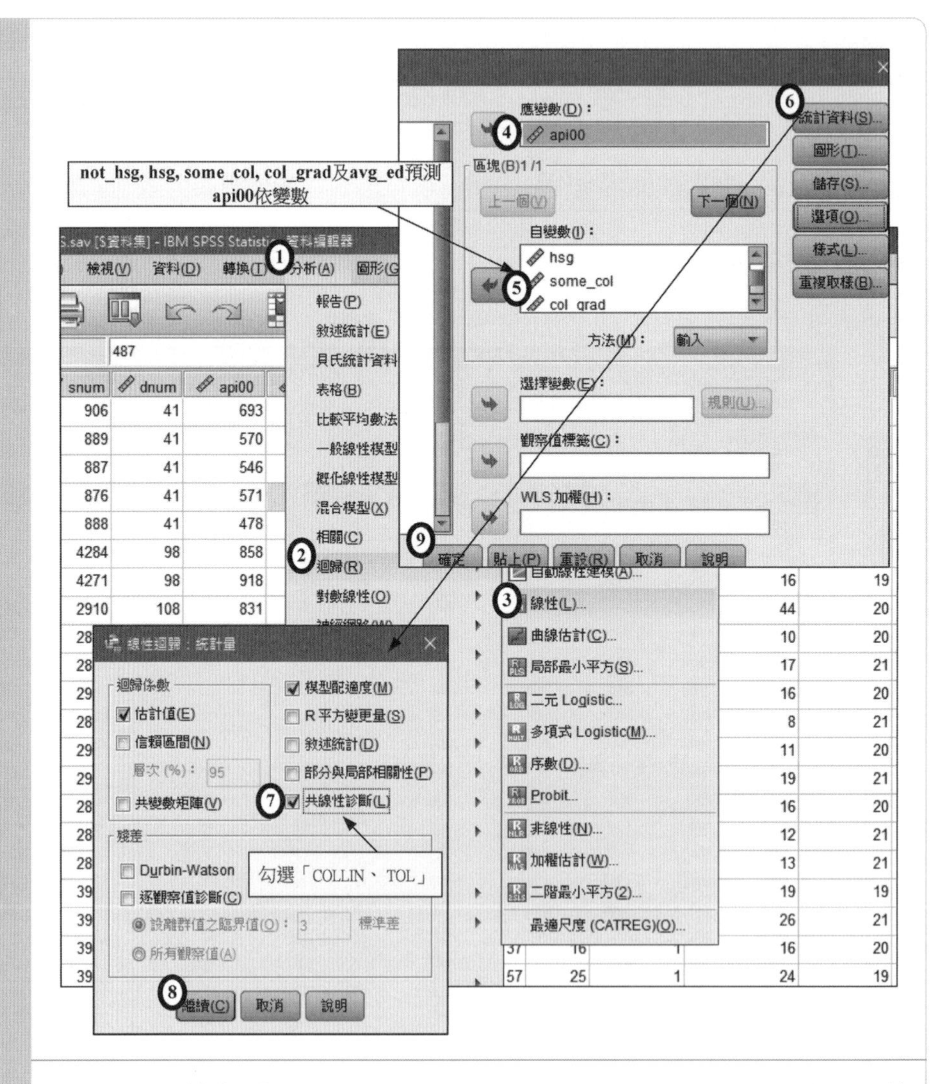

圖 7-29 7 迴歸式「not_hsg, hsg, some_col, col_grad 及 avg_ed 預測 api00 依變數」並勾選「COLLIN、TOL」之畫面

對應的指令語法：

```
title "共線性診斷, collinearity.sps".
GET
  FILE='D:\CD範例\elem_api_OLS.sav'.

subtitle "五個自變數之共線性診斷".
REGRESSION
  /MISSING LISTWISE
  /STATISTICS COEFF OUTS R ANOVA COLLIN TOL
  /CRITERIA=PIN(.05) POUT(.10)
  /NOORIGIN
  /DEPENDENT api00
  /METHOD=ENTER not_hsg hsg some_col col_grad avg_ed.
```

以上 REGRESSION 指令，副指令「/STATISTICS ×× COLLIN TOL」中：

TOL 關鍵詞 (tolerance) 表示預測變數中，其他預測變數無法解釋的變化百分比。Tolerance 值越小表示該預測變數是多餘的，尤其 Tolerance 值小於 0.10 是令人擔憂的。因爲其變異數膨脹因子 (variance inflation factor, VIF) 是 $\frac{1}{\text{tolerance}}$，根據經驗法則，VIF 值若大於 10 的變數是要捨去的。

【A. 分析結果說明】迴歸係數：「not_hsg hsg some_col col_grad avg_ed」五者之共線性

Coefficients[a]

Model		Unstandardized Coefficients		Standardized Coefficients			Collinearity Statistics	
		B	Std. Error	Beta	t	Sig.	Tolerance	VIF
1	(Constant)	867.555	1310.016		.662	.508		
	parent not hsg	–5.489	10.473	–.793	–.524	.600	.000	2434.887
	parent hsg	–3.652	7.846	–.400	–.465	.642	.001	786.223
	parent some college	–2.402	5.255	–.180	–.457	.648	.006	165.167

parent college grad	–2.982	2.647	–.340	–1.127	.261	.010	96.749
avg parent ed	42.271	262.512	.226	.161	.872	.000	2099.164

a. Dependent Variable: api 2000 年

1.「parent not hsg」及「avg parent e」的 VIF 值特別大；Tolerance 值特別小，表示它是多餘的預測變數，你可捨去。

2. 本例中，多重共線性的產生，是因爲納入太多多餘的預測變數來衡量同樣的事情。讓我們用 CORRELATIONS 指令來檢查雙變量相關性 (bivariate correlations)，看看能否找出罪魁禍首。

【B. 分析結果說明】CORRELATIONS 指令來檢查「not_hsg hsg some_col col_grad avg_ed」五者之相關，對應指令如下：

```
subtitle " 五個自變數之 Pearson 相關值 ".
CORRELATIONS
 /VARIABLES=not_hsg hsg some_col col_grad avg_ed
 /PRINT=TWOTAIL NOSIG
 /MISSING=PAIRWISE.
```

Correlations

		parent not hsg	parent hsg	parent some college	parent college grad	avg parent ed
parent not hsg	Pearson Correlation	1	.154**	–.357**	–.538**	–.852**
	Sig. (2-tailed)		.002	.000	.000	.000
	N	400	400	400	400	381
parent hsg	Pearson Correlation	.154**	1	.057	–.415**	–.551**
	Sig. (2-tailed)	.002		.258	.000	.000
	N	400	400	400	400	381
parent some college	Pearson Correlation	–.357**	.057	1	.155**	.303**
	Sig. (2-tailed)	.000	.258		.002	.000
	N	400	400	400	400	381

parent college grad	Pearson Correlation	−.538**	−.415**	.155**	1	.809**
	Sig. (2-tailed)	.000	.000	.002		.000
	N	400	400	400	400	381
avg parent ed	Pearson Correlation	−.852**	−.551**	.303**	.809**	1
	Sig. (2-tailed)	.000	.000	.000	.000	
	N	381	381	381	381	381

**. Correlation is significant at the 0.01 level (2-tailed).

1.「parent not hsg」及「avg parent e」與其它四個預測變數都是高相關，表示它是多餘的。
2. 由於 avg_ed 與其它四個自變數有相關最高，故模型第一個捨去它。

Step 2 捨去 avg_ed 自變數，迴歸式「not_hsg hsg some_col col_grad 預測 api00 依變數」並勾選「共線性診斷」

```
subtitle " 捨去 avg_ed ，迴歸式「not_hsg, hsg, some_col, col_grad 預測 api00".
REGRESSION
  /MISSING LISTWISE
  /STATISTICS COEFF OUTS R ANOVA COLLIN TOL
  /CRITERIA=PIN(.05) POUT(.10)
  /NOORIGIN
  /DEPENDENT api00
  /METHOD=ENTER not_hsg hsg some_col col_grad.
```

Coefficients[a]

Model		Unstandardized Coefficients B	Std. Error	Standardized Coefficients Beta	t	Sig.	Collinearity Statistics Tolerance	VIF
1	(Constant)	745.625	19.899		37.471	.000		
	parent not hsg	−3.876	.294	−.563	−13.164	.000	.632	1.582
	parent hsg	−1.921	.329	−.221	−5.840	.000	.811	1.233
	parent some college	.671	.460	.053	1.457	.146	.860	1.163
	parent college grad	1.073	.380	.124	2.821	.005	.597	1.674

a. Dependent Variable: api 2000 年

1. SPSS 所提供之 collinearity 的統計包括 Tolerance 、VIF(variance inflation factor) 和 collin 等指令。這些統計是有關連性的。如 Tolerance 與 VIF 就是互為倒數，如果是 Tolerance 越小，就表示該自變數與其他自變數間之共線性越高或幾乎是其他自變數的線性組合。
2. 捨去 avg_ed 之後，迴歸係數中 parent not hsg 的 VIF= 1.582 (已 < 4 臨界值)，已消除共變性的疑慮。
3. 影響 api00(辦校績效 2000 年) 的原因？本例只考量家長四個因素 (經濟因素)。整體迴歸的適配度 = 0.538 。
4. 本例之四個自變數 VIF (variance inflation factor) 介於 1.163~1.674 之間，VIF 都 < 4 。
5. 分析結果顯示，容認值 Tolerance= 1/VIF 。介於 0.597~0.811 之間，容認值都 >0.2，表示共線性良好。
6. 容忍值 (tolerance)：某一自變數無法被其他自變數所解釋的殘差比，其值介於 0～1(值愈大愈好) 。
7. 變異數膨脹因子 VIF(variance inflation factor) 與容忍值互為倒數 (值愈小愈好)。
8. 若 tolerance< 0.2 且 VIF > 4，判定此自變數與其他自變數間存在共線性。

7-7 偵測不尋常且有影響力的觀察值 (graph / scatterplot(bivar)=×× with ×× by 指令)

不尋常的觀察值 (unusual and influential data) ，與係會對迴歸分析的結果產生巨大的影響。如果某一觀察值 (或一小組觀察值) 顯著改變統計估計結果，那麼您應該知道這一觀察值並進一步調查。偵測異常的觀察值有以下 3 個方法：

1. 離群值 (Outliers)：在迴歸中，有很大的殘差者，就是離群值。易言之，在預測變數們對依變數有異常的值。造成離群值的原因，可能是取樣特性所造成的，也有可能是你 key in 錯誤。
2. Leverage(槓桿量)：在迴歸分析中，槓桿作用是衡量一個觀察值的獨立變數值遠離其他觀測值的程度。在預測變數有極端值的觀察值，叫做高 Leverage 。槓桿量就是偏離平均值有多遠的測量。每個觀察值的 Leverage 都會影迴歸係數的估計。

3. Influence：排除某觀察值之後，對係數估計的改變量。故 Influence 可想像爲槓桿和離群值的組合。

範例：多元迴歸之不尋常值 (regression 指令)

回想前例之迴歸，若將 enroll 添加到模型中，則迴歸假定似乎是一大問題。爲了解說異常值 (outliers)、leverage 和 leverage 這個特定的模型，我們來繪「enroll and api00」的散布圖 (simple scatterplot)。

一、資料檔之內容

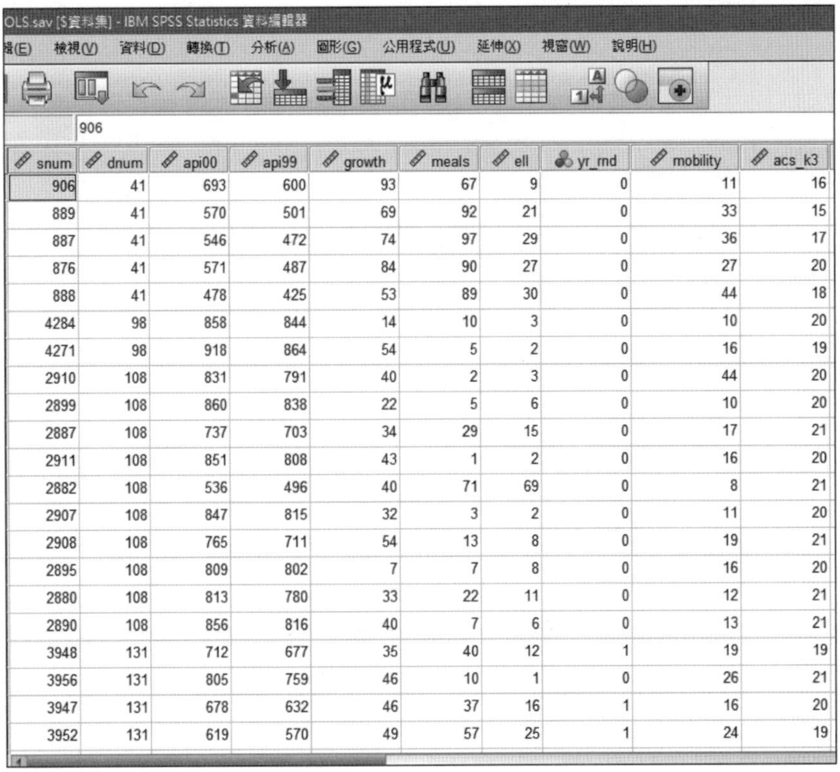

OLS.sav [$資料集] - IBM SPSS Statistics 資料編輯器

輯(E) 檢視(V) 資料(D) 轉換(T) 分析(A) 圖形(G) 公用程式(U) 延伸(X) 視窗(W) 說明(H)

906

snum	dnum	api00	api99	growth	meals	ell	yr_rnd	mobility	acs_k3
906	41	693	600	93	67	9	0	11	16
889	41	570	501	69	92	21	0	33	15
887	41	546	472	74	97	29	0	36	17
876	41	571	487	84	90	27	0	27	20
888	41	478	425	53	89	30	0	44	18
4284	98	858	844	14	10	3	0	10	20
4271	98	918	864	54	5	2	0	16	19
2910	108	831	791	40	2	3	0	44	20
2899	108	860	838	22	5	6	0	10	20
2887	108	737	703	34	29	15	0	17	21
2911	108	851	808	43	1	2	0	16	20
2882	108	536	496	40	71	69	0	8	21
2907	108	847	815	32	3	2	0	11	20
2908	108	765	711	54	13	8	0	19	21
2895	108	809	802	7	7	8	0	16	20
2880	108	813	780	33	22	11	0	12	21
2890	108	856	816	40	7	6	0	13	21
3948	131	712	677	35	40	12	1	19	19
3956	131	805	759	46	10	1	0	26	21
3947	131	678	632	46	37	16	1	16	20
3952	131	619	570	49	57	25	1	24	19

圖 7-30 「elem_api_OLS.sav」 資料檔內容 (N=400 所學校， 22 個變數)

二、分析結果與討論

Step 1 繪「enroll and api00」的散布圖 (simple scatterplot)

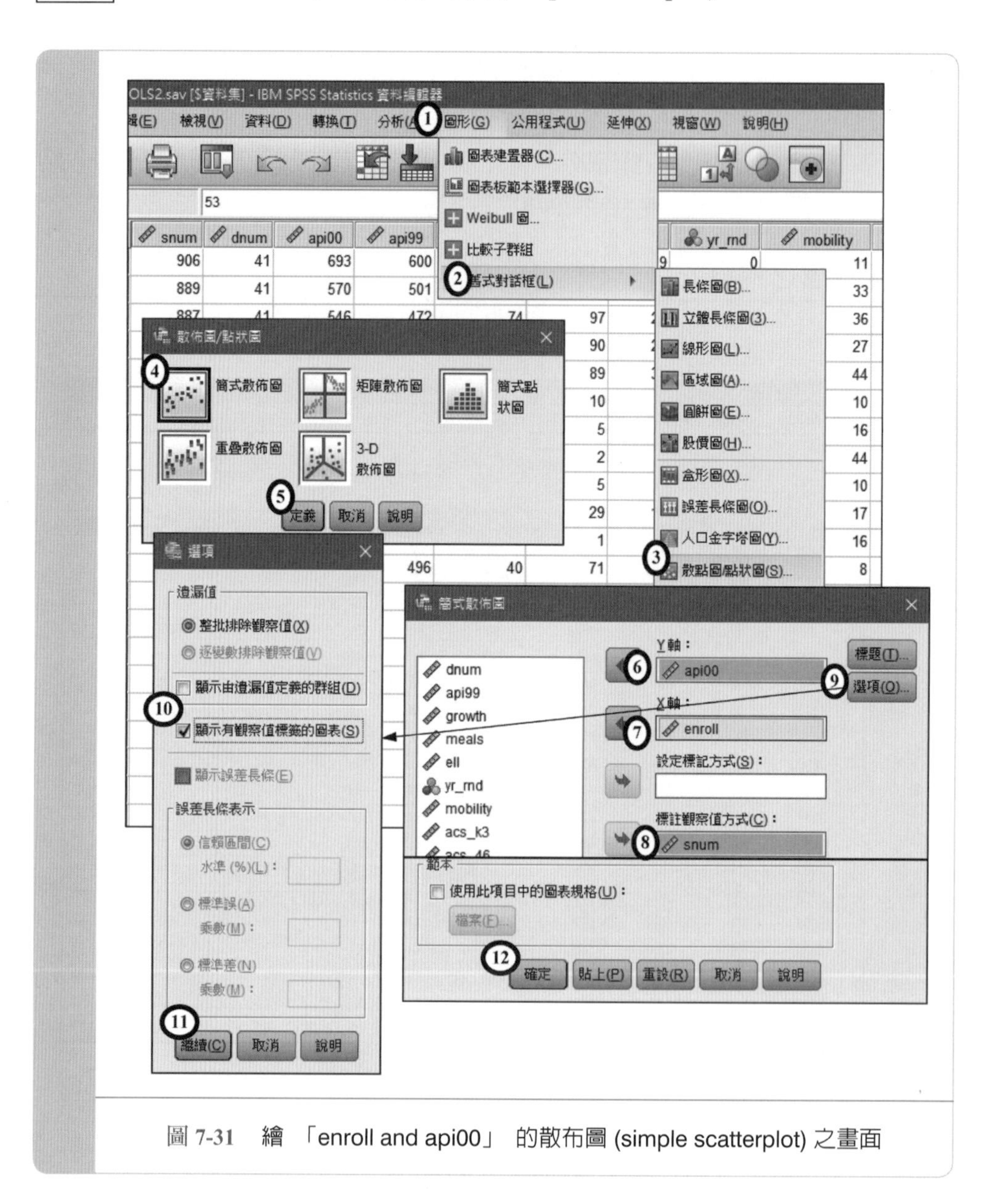

圖 7-31　繪「enroll and api00」的散布圖 (simple scatterplot) 之畫面

對應的指令語法：

```
title "偵測不尋常且有影響力的觀察值 ,unusual_and_influential_data.sps".
GET
  FILE='D:\CD範例\elem_api_OLS.sav'.
subtitle "繪「enroll 對 api00」的散布圖".
GRAPH
  /SCATTERPLOT(BIVAR)=enroll WITH api00 BY snum (NAME)
  /MISSING=LISTWISE.
```

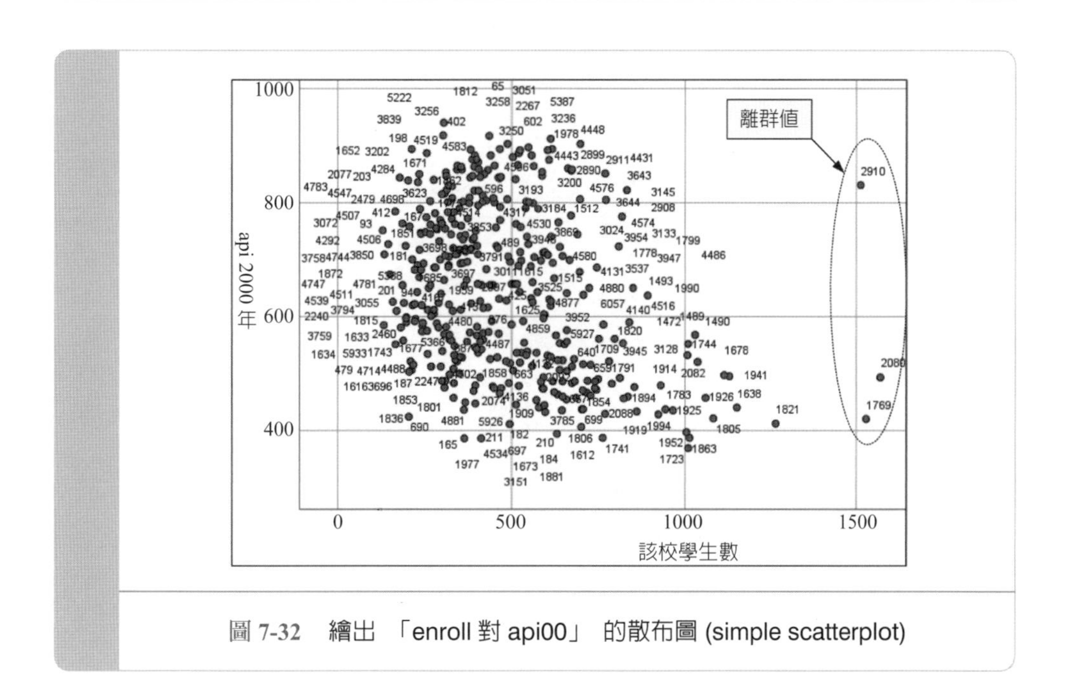

圖 7-32　繪出「enroll 對 api00」的散布圖 (simple scatterplot)

上圖之散布圖，學校編號「2910, 2080 及 1769」似乎值得研究，因為他們在所有其他學校中脫穎而出。然而，2910 學校似乎最可能是一個離群值 (outlier)，並且具有較高的槓桿 (leverage)，表示它是高影響值 (influence)。我們在做迴歸分析時要牢記這一點。首先使用簡單線性迴歸來識別 outlier。如下圖所示：「Analyze → Regression → Linear」點選「Plots」，然後在「Standardized Residual Plots」勾選下的「Histogram」。

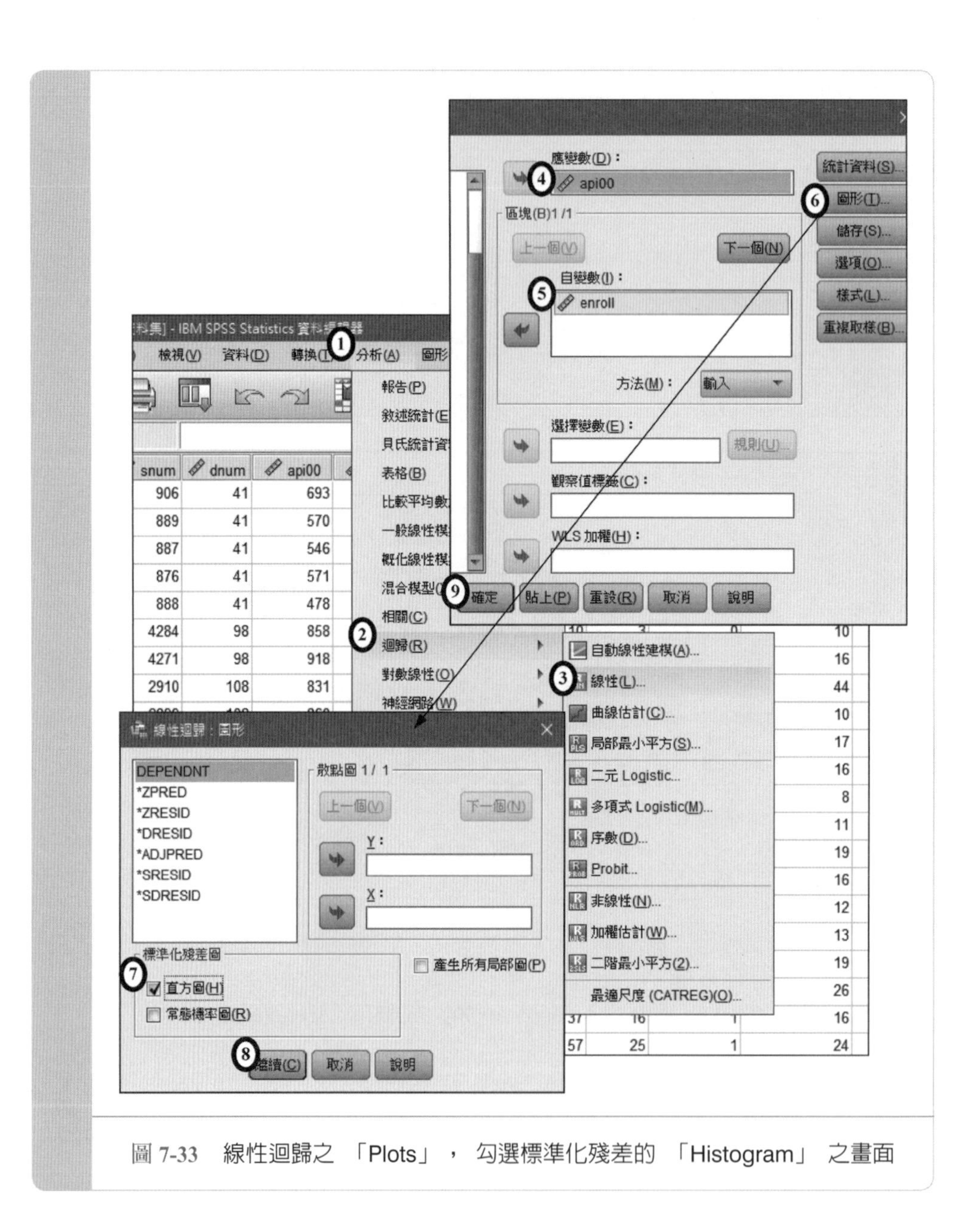

圖 7-33 線性迴歸之「Plots」，勾選標準化殘差的「Histogram」之畫面

對應的指令如下：

```
title "偵測不尋常且有影響力的觀察值,unusual_and_influential_data.sps".
GET
  FILE='D:\CD範例\elem_api_OLS.sav'.
```

```
subtitle "繪「enroll 對 api00」的散布圖".
GRAPH
  /SCATTERPLOT(BIVAR)=enroll WITH api00 BY snum (NAME)
  /MISSING=LISTWISE.

* 先刪除之前迴歸所遺留殘差 SRES_1 變數刪除，再做迴歸分析 .
subtitle "繪「enroll 預測 api00」殘差的散布圖".

REGRESSION
  /MISSING LISTWISE
  /STATISTICS COEFF OUTS R ANOVA
  /CRITERIA=PIN(.05) POUT(.10)
  /NOORIGIN
  /DEPENDENT api00
  /METHOD=ENTER enroll
  /RESIDUALS HISTOGRAM(ZRESID).
```

值得一提的是，非標準化殘差的平均值爲 0，標準化預測值和標準化殘差也是如此。

【A. 分析結果說明】「enroll 預測 api00」殘差的統計值

Residuals Statistics[a]

	Minimum	Maximum	Mean	Std. Deviation	N
Predicted Value	430.46	718.27	647.62	45.260	400
Residual	–285.500	389.148	.000	134.857	400
Std. Predicted Value	–4.798	1.561	.000	1.000	400
Std. Residual	–2.114	2.882	.000	.999	400

a. Dependent Variable: api 2000

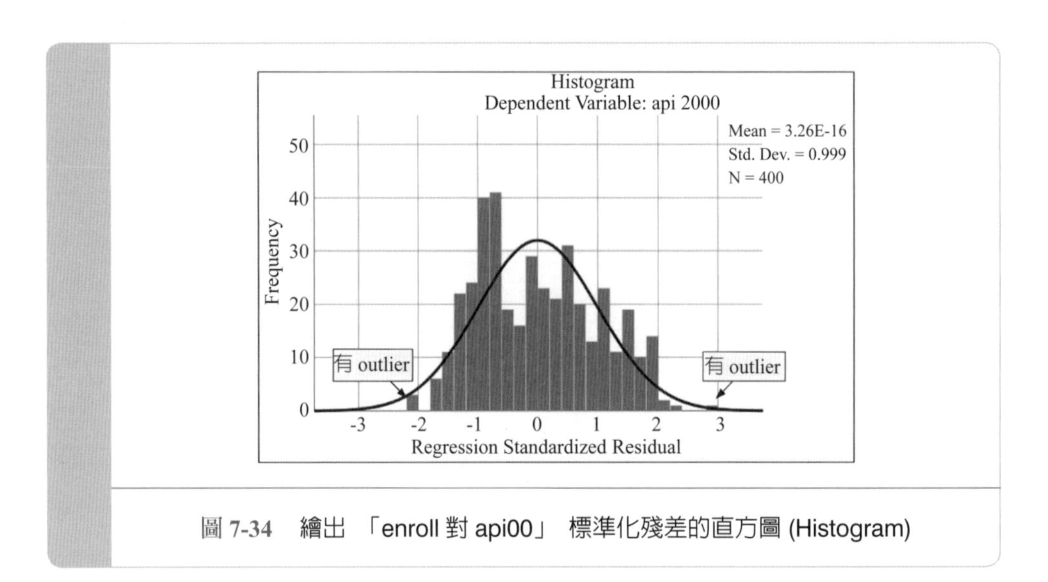

圖 7-34　繪出「enroll 對 api00」標準化殘差的直方圖 (Histogram)

從直方圖中，可看到分布尾端的兩個離群值 (a couple of values)。

Step 2 迴歸分析增列標準化殘差值，前 10 名「leverage and Cook's D」

指令並且以「labeled by the School ID (snum) and not the Case Number」，修改後指令如下：

```
title "不尋常且有影響力的觀察值，unusual_influential_data.sps".
subtitle "繪「enroll 對 api00」殘差的前 10 名「leverage and Cook's D」".

REGRESSION
  /MISSING LISTWISE
  /STATISTICS COEFF OUTS R ANOVA
  /CRITERIA=PIN(.05) POUT(.10)
  /NOORIGIN
  /DEPENDENT api00
  /METHOD=ENTER enroll
  /RESIDUALS HISTOGRAM(ZRESID) OUTLIERS(ZRESID LEVER COOK) ID(snum).
```

Outlier Statistics[a]

		Case Number	school number	Statistic	Sig. F
Std. Residual	1	8	2910	2.882	
	2	242	4448	2.206	
	3	86	3236	2.147	
	4	192	1977	-2.114	
	5	67	690	-2.068	
	6	226	211	-2.042	
	7	196	1978	2.019	
	8	339	5387	1.985	
	9	239	2267	1.941	
	10	11	2911	1.927	
Cook's Distance	1	8	2910	.252	.777
	2	48	3643	.014	.986
	3	172	1723	.014	.986
	4	67	690	.014	.986
	5	11	2911	.012	.988
	6	242	4448	.012	.989
	7	140	1863	.011	.989
	8	193	1952	.010	.990
	9	19	3956	.008	.992
	10	47	3644	.008	.992
Centered Leverage Value	1	210	2080	.058	
	2	163	1769	.053	
	3	8	2910	.052	
	4	120	1821	.030	
	5	145	1638	.022	
	6	164	1941	.020	
	7	187	1678	.019	
	8	197	1805	.017	
	9	134	1926	.016	
	10	130	2082	.015	

a. Dependent Variable: api 2000

上表可看到，School Number ，這將節省我們不必前後往返數據視圖的時間。案例編號是 SPSS 數據視圖中出現觀察的順序；不要將它與學號混淆。請注意，個案編號 (Case Number) 可能會因您的數據排序方式而異，但學校編號應與上表相同。

1. 標準化殘差：我們正在尋找大於 2 且小於 -2 的值 (outliers)。
2. 槓桿 (leverage)：應該仔細檢查槓桿大於 (2k + 2)/ n 的學校。這裡 k 是預測變數的數量，n 是觀測數量，所以值超過 (2 * 1 + 2)/ 400 = 0.01 是值得進一步研究的。2910 學校擁有大量的標準化剩餘和槓桿，這表明它可能具有影響力。
3. Cook’s Distance：現在讓我們看看 Cook's Distance ，它結合了殘差和槓桿的二者特性。Cook's D 假定的最低值爲 0，而 Cook's D 越高，這一點就越有影響力。傳統的截點 (cut-off point) 是 4/n ，在這種情況下是 4/400 或 .01 。故 2910 學校是最有影響力 (influential) 的一點。
4. DFBETA：Cook 距離也是影響 (influential) 的一般測量。您亦可考慮特定的影響 (influential) 度量 DFBETA：迴歸「納入 vs. 排除」某觀察時每個係數的變化量。意即你計算迴歸係數時，「納入 vs. 排除」某一個特定的觀察值時，就比較迴歸係數的變化量，你可針對模型中每個預測變數之每個觀察值，重新計算其 DFBETA 值。

Chapter 08

線性迴歸

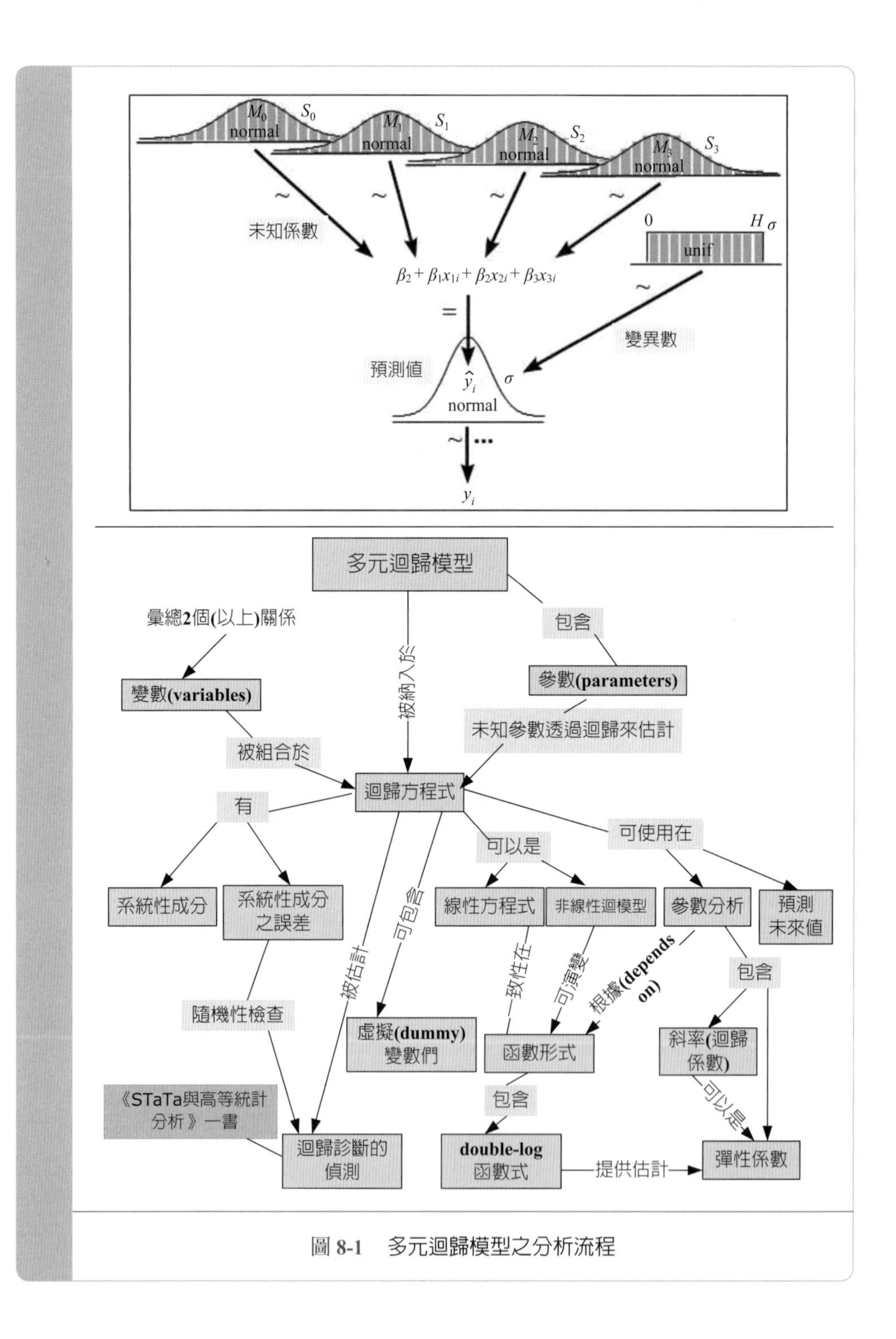

圖 8-1　多元迴歸模型之分析流程

8-1 t 檢定、ANOVA、判別分析、迴歸的隸屬關係 (t-test、oneway、regression、discriminant 指令)

一、單變量：t 檢定、ANOVA、線性迴歸之隸屬關係

變異數分析 (**an**alysis **o**f **va**riance ，ANOVA) 爲資料分析中常見的統計模型，主要爲探討連續型 (Continuous) 資料型態之依變數 (dependent variable) 與類別型資料型態之自變數 (independent variable) 的關係，當自變數的 levels 超過 2 個類別情況下，檢定其各類別間平均數是否相等 (虛無假設「H_0: $\mu_1 = \mu_2$」)。Student's t 檢定旨在分析兩組平均數是否相等，t 檢定可視爲是 ANOVA 的特例，即 ANOVA 檢定求出的 F 值會等於 Student's t 值的平方。而且 ANOVA 亦是線性迴歸分析的特例。如下圖所示。

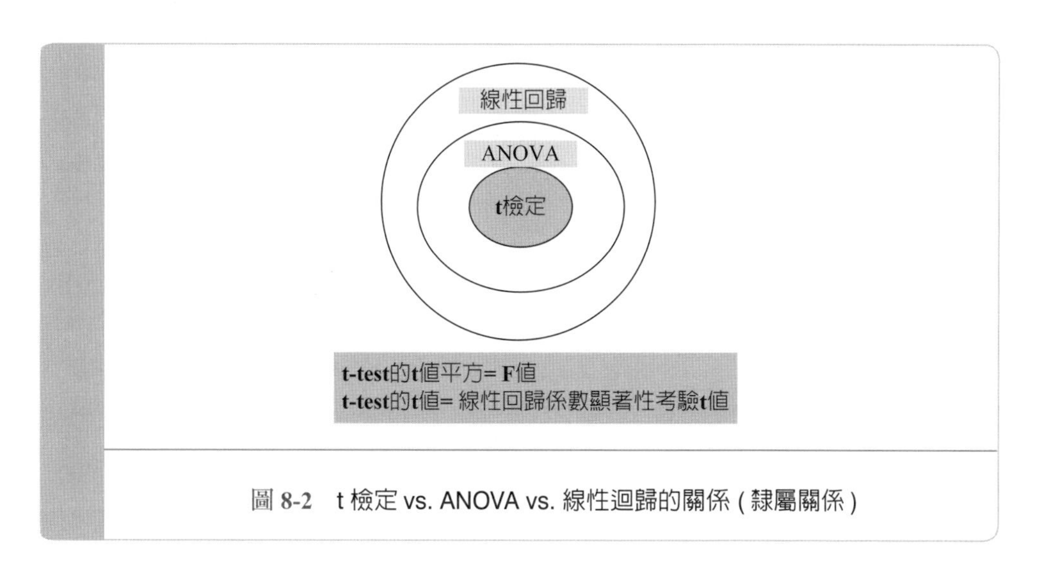

圖 8-2　t 檢定 vs. ANOVA vs. 線性迴歸的關係 (隸屬關係)

二、範例：t 檢定 vs. ANOVA vs. 線性迴歸的分析

(一) 資料檔之內容

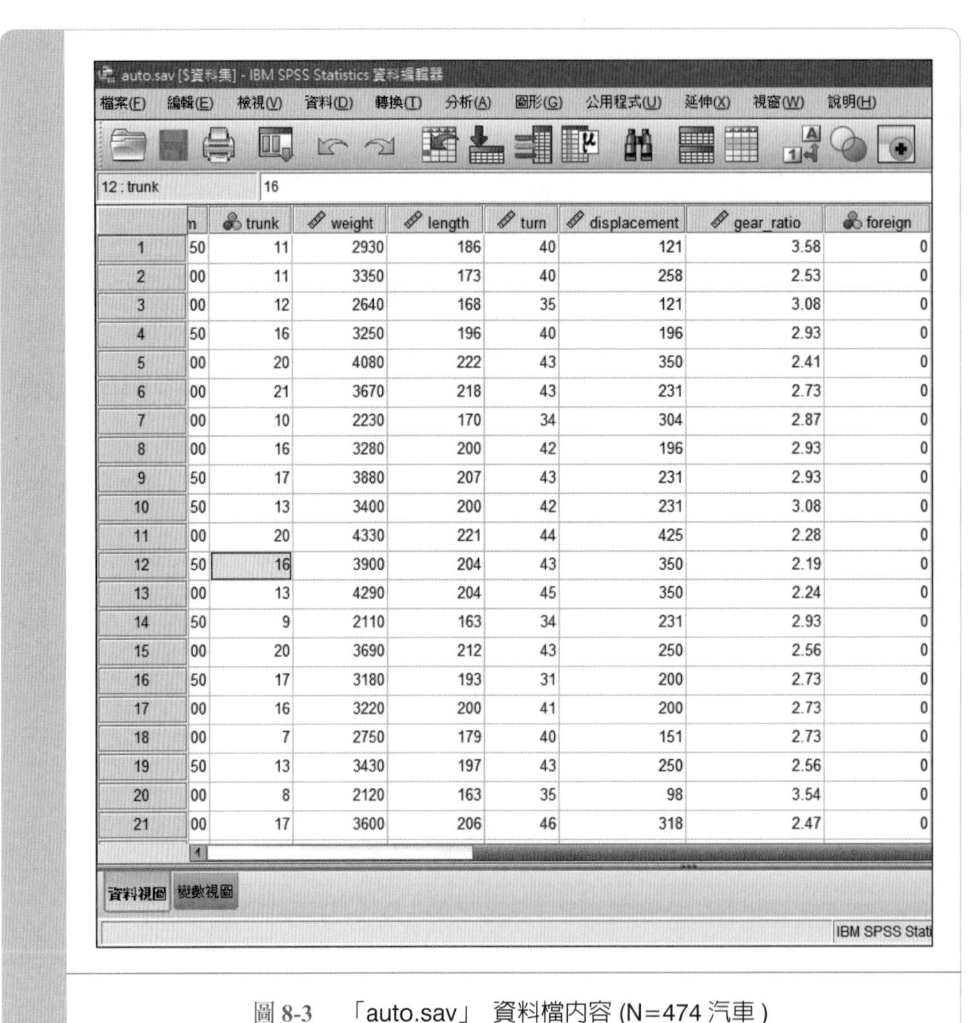

	n	trunk	weight	length	turn	displacement	gear_ratio	foreign
1	50	11	2930	186	40	121	3.58	0
2	00	11	3350	173	40	258	2.53	0
3	00	12	2640	168	35	121	3.08	0
4	50	16	3250	196	40	196	2.93	0
5	00	20	4080	222	43	350	2.41	0
6	00	21	3670	218	43	231	2.73	0
7	00	10	2230	170	34	304	2.87	0
8	00	16	3280	200	42	196	2.93	0
9	50	17	3880	207	43	231	2.93	0
10	50	13	3400	200	42	231	3.08	0
11	00	20	4330	221	44	425	2.28	0
12	50	16	3900	204	43	350	2.19	0
13	00	13	4290	204	45	350	2.24	0
14	50	9	2110	163	34	231	2.93	0
15	00	20	3690	212	43	250	2.56	0
16	50	17	3180	193	31	200	2.73	0
17	00	16	3220	200	41	200	2.73	0
18	00	7	2750	179	40	151	2.73	0
19	50	13	3430	197	43	250	2.56	0
20	00	8	2120	163	35	98	3.54	0
21	00	17	3600	206	46	318	2.47	0

圖 8-3 「auto.sav」 資料檔內容 (N=474 汽車)

(二) 分析結果與討論

【A. 分析結果說明】：方法一：t-test

「t-test」對應的指令語法：

```
title "t 檢定 vs. ANOVA vs. 線性迴歸的關係 : auto.sav 資料檔 ,compare 三方法 .sps".

GET
  STATA FILE='D:\CD 範例 \auto.dta'.

T-TEST GROUPS=foreign(0 1)
  /MISSING=ANALYSIS
  /VARIABLES=price
  /CRITERIA=CI(.95).
```

Independent Samples Test

		Levene's Test for Equality of Variances		t-test for Equality of Heans						
									95% Confidence Interval of Difference	
		F	Sig.	t	df	Sig. (2-talled)	Mean Difference	Std. Error Difference	Lower	Upper
price	Equal variances assumed	.234	.630	-.414	72	.680	-312.259	754.449	-1816.225	1191
	Equal variances not assumed			-.443	46.447	.660	-312.259	704.938	-1730.856	1106

1. Levene's 檢定 (homogeneity of variance)：本例，p 值 (Sig.) 大於型 I 誤差 α(= 0.05) 值，故接受虛無假設：跨組的依變數之誤差是同質 (相等的)。
2. 變異數同質性檢定，若顯著性 (Sig.) 小於 0.05，亦即組間具異質性，亦即變異數差異很大，可能導致對平均數比較的誤判。因本例符合同質性假定，求得「Equal variances assumed」的 t=-0.414 (p>.05) ，表示進口車價格無顯著高於國產車。
3. 若組間具異質性，亦即變異數差異很大，若是因極端值 (outliers) 造成的，可以經由極端值 (outliers) 清掃稱，再次分析。極端值 (outliers) 清掃時，就是分配形狀檢查的功能，通常會使用 Box 圖來視覺檢查，請見本書「2-3-4 ANOVA：盒形圖發現變異數異質性：改用 Welch 法」。
   (1) 假定符合「變異數同質」時，通常選：Tukey 法、Scheffe 法。
   (2) 假定違反「變異數同質」時，ANOVA 摘要表改用「Welch」法。而

ANOVA 事後多重比較則改選 Games-Howell 檢定，來校正 F 檢定之分母自由度 (實數有小數點)。

【B. 分析結果說明】：方法二：ANOVA

「ANOVA」對應的指令語法：

```
subtitle "ANOVA: auto.sav 資料檔 ,compare 三方法 .sps ".

ONEWAY price BY foreign
  /MISSING ANALYSIS.
```

ANOVA

price

	Sum of Squares	df	Mean Square	F	Sig.
Between Groups	1507382.657	1	1507382.657	.171	.680
Within Groups	633558013.465	72	8799416.854		
Total	635065396.122	73			

1. F 值 = 0.171 (p>.05)，表示進口車價格無顯著高於國產車。

【C. 分析結果說明】：方法三：線性迴歸

「線性迴歸」對應的指令語法：

```
subtitle " 線性迴歸： auto.sav 資料檔 ,compare 三方法 .sps ".

REGRESSION
  /MISSING LISTWISE
  /STATISTICS COEFF OUTS R ANOVA
  /CRITERIA=PIN(.05) POUT(.10)
  /NOORIGIN
  /DEPENDENT price
  /METHOD=ENTER foreign.
```

Coefficients[a]						
		Unstandardized Coefficients		Standardized Coefficients		
Model		B	Std. Error	Beta	t	Sig.
1	(Constant)	6072.423	411.363		14.762	.000
	foreign	312.259	754.449	.049	.414	.680
a. Dependent Variable: price						

1. t-test 的 t 值平方 $((-0.4139)^2)$= F 值 (**0.17**)。
2. t-test 的 t 值 (**−0.414**)= 線性迴歸係數顯著性考驗 t 值 (**0.414**)。
3. Meta 分析遇迴歸分析時，個別研究效果量 (effect size) 可挑：迴歸係數 (Coef.) 或線性迴歸係數顯著性考驗 t 值 (**0.41**)。

(三) 變異數分析 (ANOVA) vs. t 檢定

變異數分析依靠 F 分布為機率分布的依據，利用平方和 (Sum of square) 與自由度 (Degree of freedom) 所計算的組間與組內均方 (Mean of square) 估計出 F 值，若有顯著差異則考量進行事後比較或稱多重比較 (Multiple comparison)，較常見的為 Scheffé's method、Tukey-Kramer method 與 Bonferroni correction，用於探討其各組之間的差異為何。

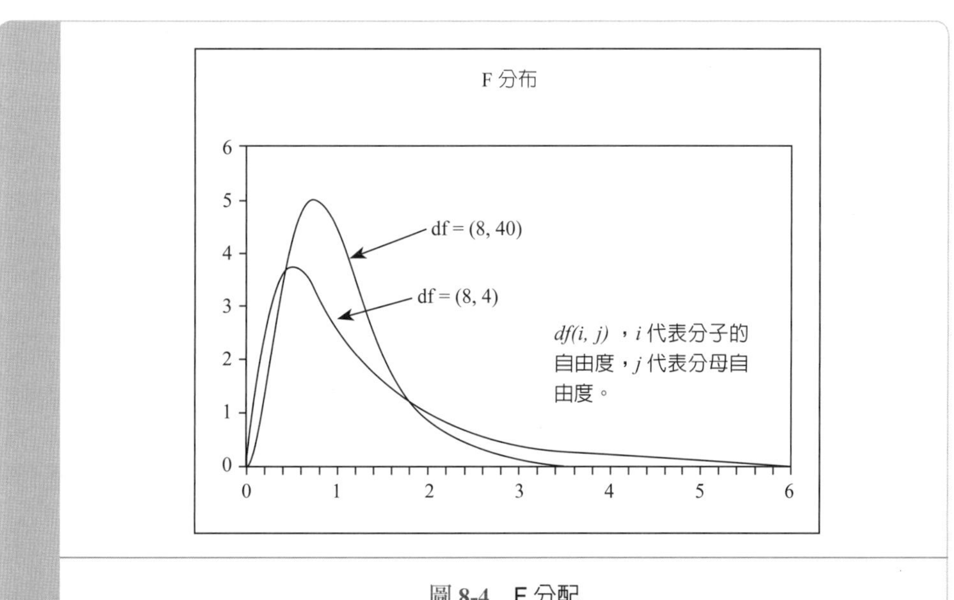

圖 8-4　F 分配

定義：自由度 (df)
在統計學中，自由度 (degree of freedom, df) 是指當以樣本的統計量來估計母體的參數 (平均數，變異數) 時，樣本中獨立或能自由變化的數據的個數，稱爲該統計量的自由度。一般來說，自由度等於自變數減掉其衍生量數；舉例來說，變異數的定義是樣本減平均值 (一個由樣本決定的衍伸量) ，因此對 N 個隨機樣本而言，其自由度爲 N-1 。

在變異數分析的基本運算概念下，依照所感興趣的因子 (類別型變數) 數量而可分爲單因子 (one way) 變異數分析、雙因子 (two way) 變異數分析、多因子變異數分析三大類，依照因子的特性不同而有三種型態：固定效應變異數分析 (fixed-effect analysis of variance) 、隨機效應變異數分析 (random-effect analysis of variance) 與混合效應變異數分析 (Mixed-effect analaysis of variance)。然而第三種型態在後期發展上被認爲是 Mixed model 的分支，更進一步探討可參考作者《有限混合模型 (FMM)：STaTa 分析 (以 EM algorithm 做潛在分類再迴歸分析)》、《多層次模型 (HLM) 及重複測量：使用 STaTa》二本書。

8-2 簡單線性迴歸 (simple linear gression)

SPSS 會根據你分析的依變數，係屬連續變數或類別變數，自動挑選：OLS 線性迴歸或線性機率迴歸來分析，可見 SPSS 是有智慧判斷的軟體。SPSS regression 指合適用於橫斷面 OLS 及時間序列 OLS

範例：簡單線性迴歸 (regression 指令)

問題說明

例子：簡單線性迴歸 (參考林清山，民 81，p149)

下表是去年 10 名高中畢業生高中成績和大學入學成績。試根據此一資料求一預測公式。

學　生	A	B	C	D	E	F	G	H	I	J
高中成績 (X)	11	10	6	5	3	7	3	8	9	2
大學入學成績 (Y)	12	9	9	7	5	5	6	6	10	3

計算 $Y = bx + a$ 迴歸方程式的方法：

根據 X 變數來預測 Y 變數時的「迴歸係數」(regression coefficient) 公式爲：

$$b_{Y.X} = \frac{\sum XY - \frac{\sum X \sum Y}{N}}{\sum X^2 - \frac{(\sum X)^2}{N}} = \frac{\sum(X-\overline{X})(Y-\overline{Y})}{\sum(X-\overline{X})^2}$$

$$= \frac{\text{Cross} - \text{Product}}{SS_X} = \frac{\frac{\sum(X-\overline{X})(Y-\overline{Y})}{N-1}}{\frac{\sum(X-\overline{X})^2}{N-1}} = \frac{\text{COV}_{xy}}{S_x^2}$$

$$得\ b = \frac{\sum XY - \frac{\sum X \sum Y}{N}}{\sum X^2 - \frac{(\sum X)^2}{N}} = \frac{523 - \frac{(64)(72)}{10}}{498 - \frac{(64)^2}{10}} = \frac{62.2}{88.4} = .7036$$

而截距 a 之公式爲：

$$a_{Y.X} = \overline{Y} - b_{Y.X}\overline{X} = 7.2 - (.7036)(6.4) = 2.6970$$

一、資料檔之內容

「簡單線性迴歸 p154.sav」，自變數 x 爲高中成績 (連續變數)，依變數 y 爲大學入學考成績。資料檔內容如下圖。

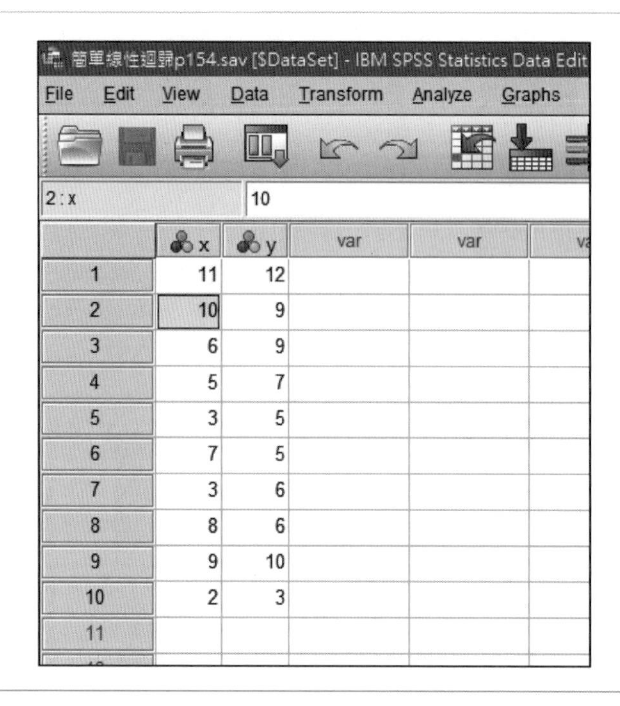

	x	y	var	var
1	11	12		
2	10	9		
3	6	9		
4	5	7		
5	3	5		
6	7	5		
7	3	6		
8	8	6		
9	9	10		
10	2	3		
11				

圖 8-5 「簡單線性迴歸 p154.sav」 資料檔 (N=10, 2 variables)

二、分析結果與討論

Step 1 OLS 線性迴歸 (regression 指令)

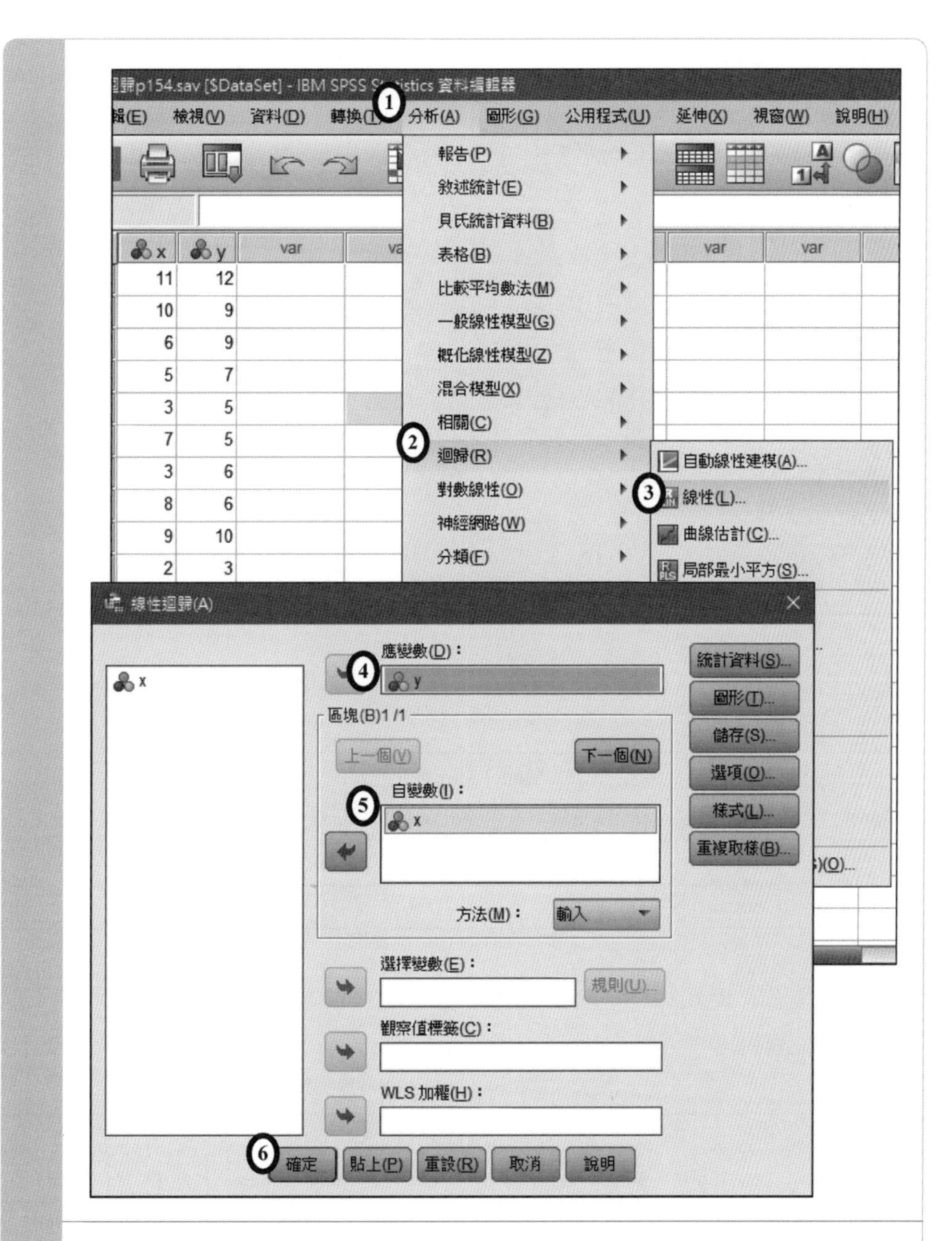

圖 8-6 「x 預測 y 之 OLS 線性迴歸」 畫面

對應的指令語法：

```
title "簡單線性迴歸 p154.sav, 簡單線性迴歸 .sps".
GET
  STATA FILE='D:\CD範例\linear_regression_p154.dta'.

REGRESSION
  /MISSING LISTWISE
  /STATISTICS COEFF OUTS R ANOVA
  /CRITERIA=PIN(.05) POUT(.10)
  /NOORIGIN
  /DEPENDENT y
  /METHOD=ENTER x
  /SCATTERPLOT=(*ZRESID ,*ZPRED)
  /SAVE ZPRED ZRESID.
```

【A. 分析結果說明】「x 預測 y 之 OLS 線性迴歸」結果

Model Summary

Model	R	R Square	Adjusted R Square	Std. Error of the Estimate
1	.805[a]	.647	.603	1.726

a. Predictors: (Constant), x

1. 多元相關係數 R=0.805。決定係數 R Square=0.647，表示自變數 x 可解釋依變數 64.7% 變異。

ANOVA[a]

Model		Sum of Squares	df	Mean Square	F	Sig.
1	Regression	43.765	1	43.765	14.689	.005[b]
	Residual	23.835	8	2.979		
	Total	67.600	9			

a. Dependent Variable: y
b. Predictors: (Constant), x

Coefficients[a]						
		Unstandardized Coefficients		Standardized Coefficients		
Model		B	Std. Error	Beta	t	Sig.
1	(Constant)	2.697	1.296		2.082	.071
	x	.704	.184	.805	3.833	.005

a. Dependent Variable: y

1. 簡單迴歸分析結果，如下圖。
2. 迴歸的變異數分析摘要表，SS_{reg}=43.765，SS_{res}=23.835，p<0.05 達顯著水準。列出迴歸係數 (B=0.704)、標準誤 =0.184。迴歸係數顯著性檢定 (|t|>1.96) 亦達顯著水準。
3. 迴歸係數，b=0.704，a=2.697，故本例題的迴歸方程式可寫成：

   Y = 2.697 + 0.704 X
4. 若有一個學生的高中成績爲 4，代入此方程式，則其大學入學考之預測成績爲：

   Y = 2.697 + 0.704×4 = 5.5113

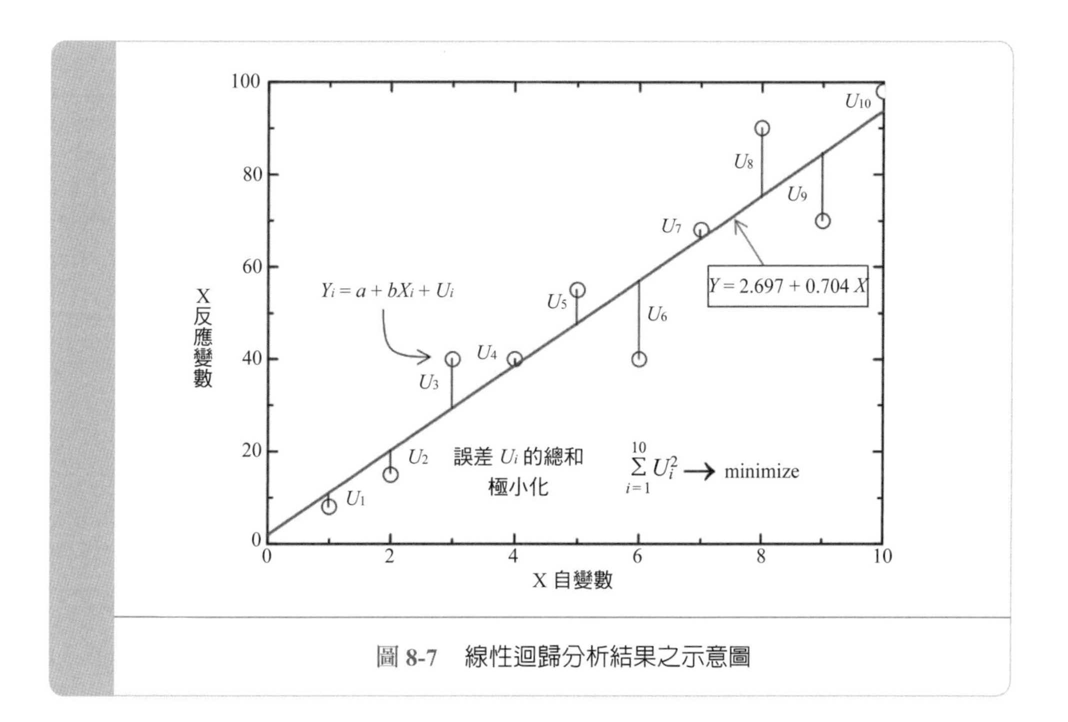

圖 8-7 線性迴歸分析結果之示意圖

【B. 分析結果說明】「x 預測 y 之 OLS 線性迴歸」誤差同質性、常態性檢視

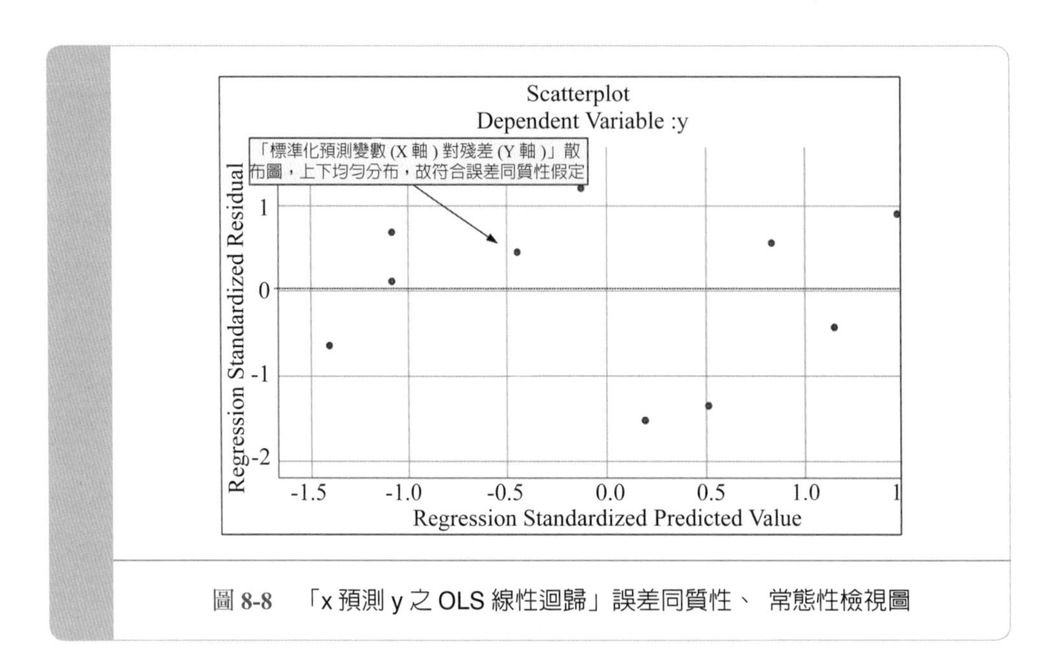

圖 8-8　「x 預測 y 之 OLS 線性迴歸」誤差同質性、常態性檢視圖

8-3 多元線性迴歸 (regression 指令)

一、多元迴歸模型的意涵

例如：$Y = \beta_0 + \beta_1 X_1 + \beta_2 X_2 + residual$ 多元迴歸來說，其對應的多元迴歸模型的幾何圖，如下圖。

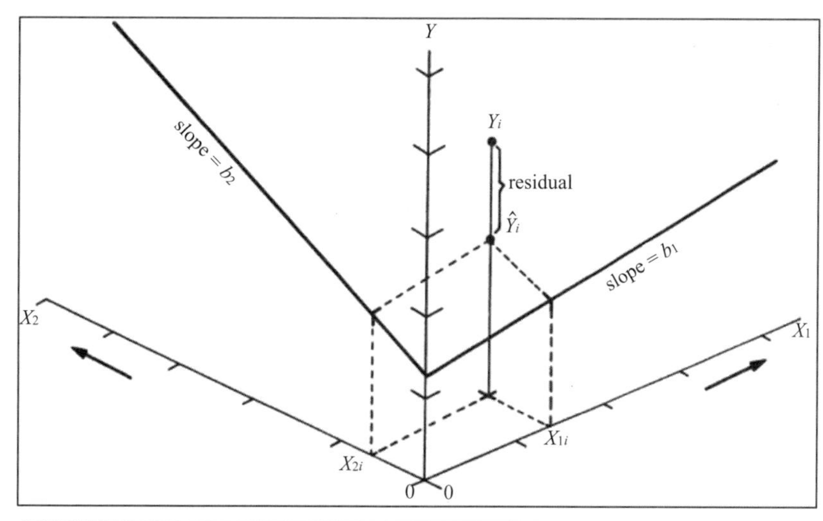

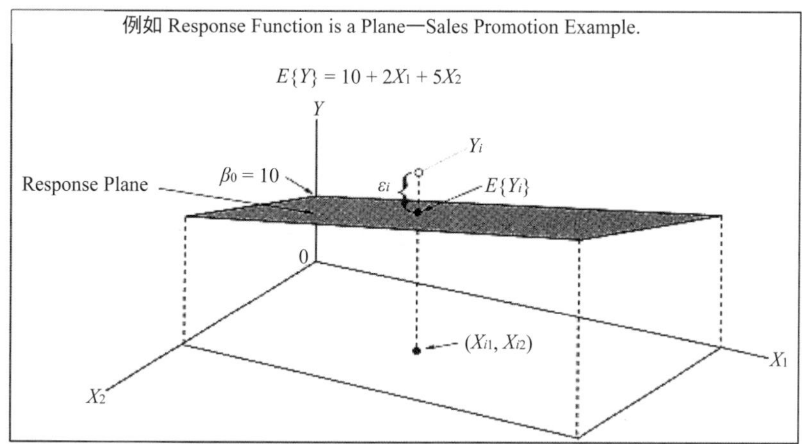

圖 8-9　多元迴歸模型之示意圖

二、多元迴歸模型的分析流程圖

範例：多元迴歸 (regression 指令)

問題說明

例子：多元迴歸 (參考林清山，民 81，p561)

某教師想根據高中平均學業成績 (X1) 和智力測驗成績 (X2) 來預測大學入學考成績 (Y)，乃自去年參與大學入學考的學生中抽取一部分學生作爲樣本。下表是這些學生每人的三項分數。試根據高中平均學業成績和智力測驗成績預測大學入學考成績時的多元迴歸預測公式及多元相關係數。

假定今年有一位應屆高三畢業生，其高中學業成績爲 14，智力測驗成績爲 9。試預測如果他也參加今年的大學入學考，他將得幾分？

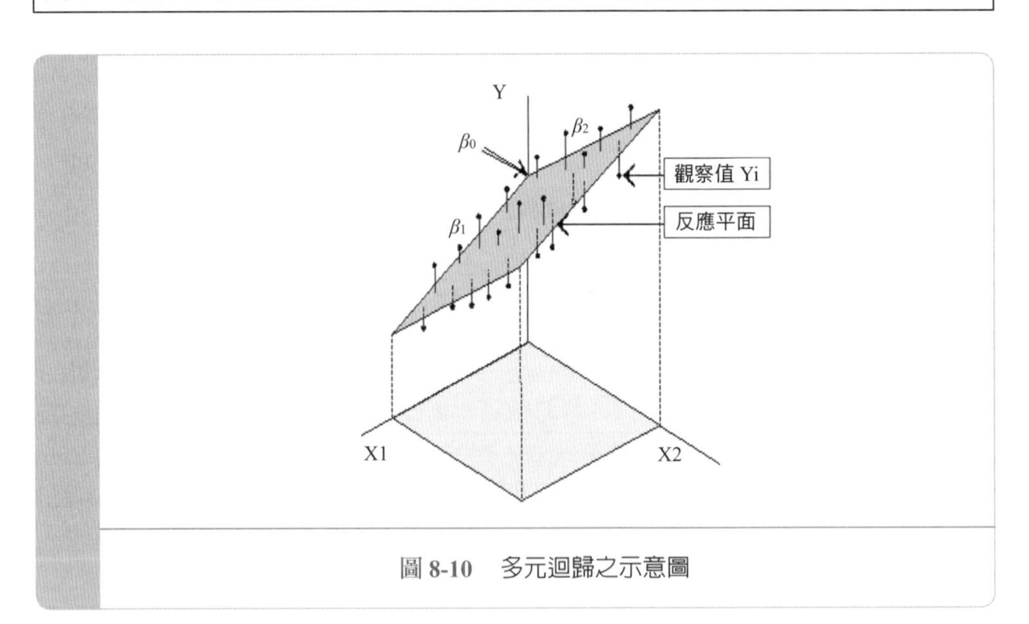

圖 8-10 多元迴歸之示意圖

學生	Y: 大學入學考成績	X1: 高中平均學業成績	X2: 智力
A	11	13	8
B	5	9	6
C	8	10	4
D	13	15	8

學生	Y: 大學入學考成績	X1: 高中平均學業成績	X2: 智力
E	7	11	7
F	12	13	10
G	10	12	9
H	15	11	9
I	11	9	8
J	6	7	5

$$\overline{Y} = 9.8$$
$$\overline{X}_1 = 11.0$$
$$\overline{X}_2 = 7.2$$
$$S_Y = 3.225$$
$$S_1 = 2.357$$
$$S_2 = 1.814$$
$$r_{Y1} = .643$$
$$r_{Y2} = .768$$
$$r_{12} = .598$$

【計算方法】

1. 標準化迴歸係數的計算

標準化迴歸方程式 $Z_y = \beta_1 Z_1 + \beta_2 Z_2$，其中二個係數公式爲：

$$\beta_1 = \frac{\gamma_{Y1} - \gamma_{Y2}\gamma_{12}}{1 - \gamma_{12}^2} = \frac{.643 - (.768)(.598)}{1 - (.598)^2} = .286$$

$$\beta_2 = \frac{\gamma_{Y2} - \gamma_{Y1}\gamma_{12}}{1 - \gamma_{12}^2} = \frac{.786 - (.643)(.598)}{1 - (.598)^2} = .597$$

得標準分數化迴歸公式：

$$\hat{Z}_Y = 0.286Z_1 + 0.597Z_2$$

由標準分數化的迴歸係數可大約看出兩個預測變數的相對重要性。以本例而言，第二個預測變數 (智力測驗成績) 比第一個預測變數 (高中學業成績) 在預測大學入學考成績方面爲較具重要性。

2. 原始分數迴歸方程式的計算

代入複相關係數$R=\sqrt{\beta_1\gamma_{Y1}+\beta_2\gamma_{Y2}}$公式，得

$$R=\sqrt{.286(.643)+.597(.768)}=.8015$$
$$R^2=.6424(\text{決定係數})$$

接著計算原始分數迴歸方程式 $Y=a+b_1X_1+b_2X_2$ 這三個未知數，其中

$$b_1=\beta_1\frac{S_Y}{S_1}=(.286)\frac{3.225}{2.357}=.391$$
$$b_2=\beta_2\frac{S_Y}{S_2}=(.597)\frac{3.225}{1.814}=1.061$$
$$a=\overline{Y}-b_1\overline{X_1}-b_2\overline{X_2}=9.8-(.391)(11.0)-(1.061)(7.2)=-2.140$$

最後得原始分數的迴歸方程式為：

$$\hat{Y}=0.391X_1+1.062X_2-2.140$$

三、資料檔之內容

「Multi_linear_regression_p561.sav」資料檔內容如下圖。

Multi_linear_regression_p561.sav [$資料集] - IBM

檔案(F) 編輯(E) 檢視(V) 資料(D) 轉換(T)

	y	x1	x2	var
1	11	13	8	
2	5	9	6	
3	8	10	4	
4	13	15	8	
5	7	11	7	
6	12	13	10	
7	10	12	7	
8	15	11	9	
9	11	9	8	
10	6	7	5	

圖 8-11 「Multi_linear_regression_p561.sav」 資料檔 (N=10 人 , 3 variables)

四、分析結果與討論

Step 1 求迴歸式「$y=\beta_0+\beta_1\times x_1+\beta_2\times x_2$」，未知的迴歸係數及模型適配度 R^2

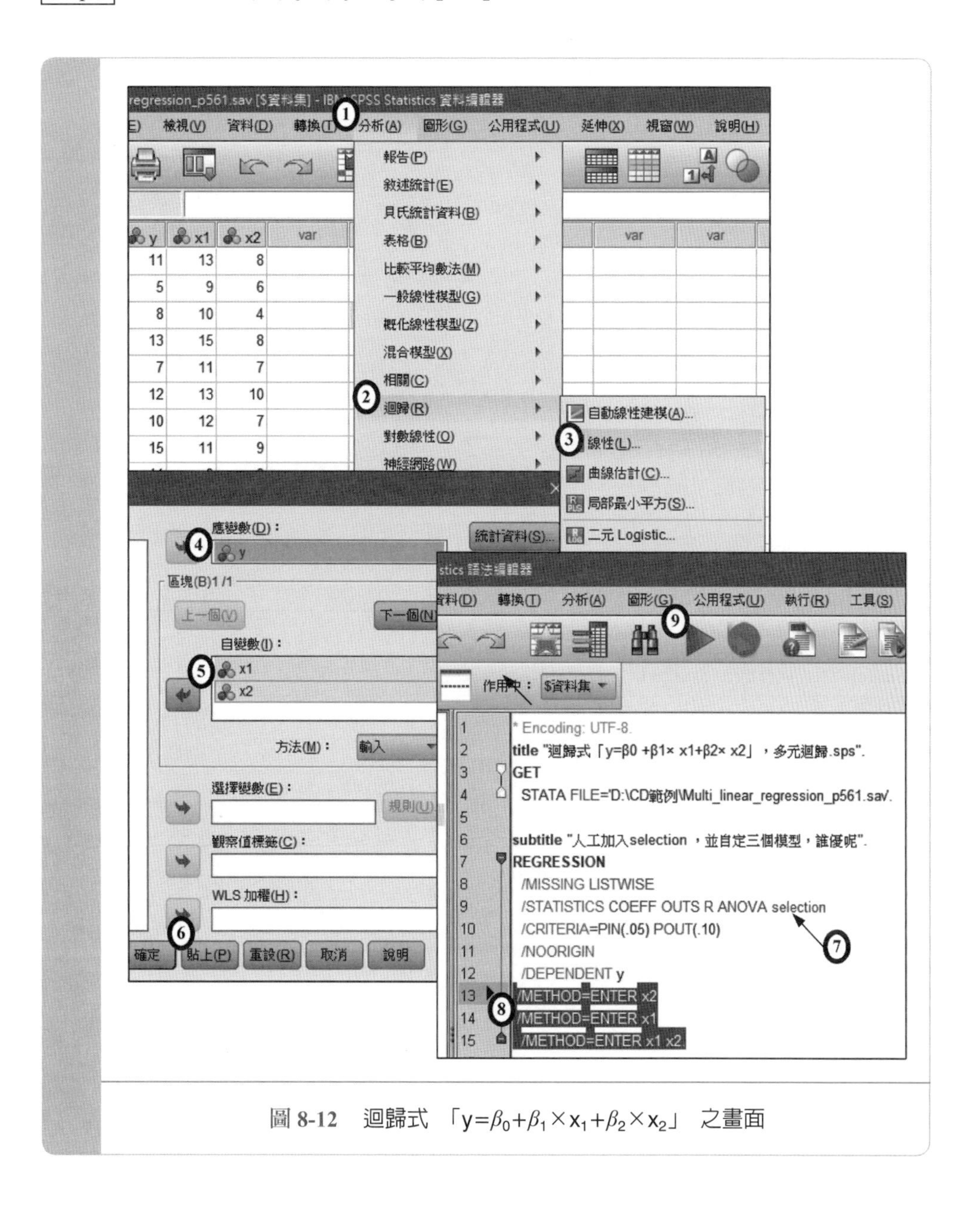

圖 8-12 迴歸式「$y=\beta_0+\beta_1\times x_1+\beta_2\times x_2$」之畫面

對應的指令語法：

```
title " 迴歸式「y=β0 +β1× x1+β2× x2」，多元迴歸 .sps".
GET
  STATA FILE='D:\CD 範例 \Multi_linear_regression_p561.sav'.
subtitle " 人工加入 selection，並自定三個模型，誰優呢 ".
REGRESSION
  /MISSING LISTWISE
  /STATISTICS COEFF OUTS R ANOVA selection
  /CRITERIA=PIN(.05) POUT(.10)
  /NOORIGIN
  /DEPENDENT y
 /METHOD=ENTER x2
 /METHOD=ENTER x1
  /METHOD=ENTER x1 x2.
```

【A. 分析結果說明】多元迴歸式「$y=\beta_0+\beta_1\times x_1+\beta_2\times x_2$」係數

Variables Entered/Removed[a]

Model	Variables Entered	Variables Removed	Method
1	x2, x1[b]	.	Enter

a. Dependent Variable: y

b. All requested variables entered.

Model Summary

Model	R	R Square	Adjusted R Square	Std. Error of the Estimate
1	.801[a]	.642	.540	2.188

a. Predictors: (Constant), x2, x1

ANOVA[a]

Model		Sum of Squares	df	Mean Square	F	Sig.
1	Regression	60.088	2	30.044	6.276	.027[b]
	Residual	33.512	7	4.787		
	Total	93.600	9			

a. Dependent Variable: y

b. Predictors: (Constant), x2, x1

Model		Unstandardized Coefficients B	Unstandardized Coefficients Std. Error	Standardized Coefficients Beta	t	Sig.
1	(Constant)	-2.148	3.636		-.591	.573
	x1	.392	.386	.287	1.017	.343
	x2	1.060	.502	.596	2.113	.072

Coefficients[a]

a. Dependent Variable: y

1. 迴歸式「$y=\beta_0+\beta_1\times x_1+\beta_2\times x_2$」，多元相關係數 $R = 0.642$，決定係數 $R_a^2 = 0.54$，誤差的均方 (MS_E) 開根號，即爲「Root MS_E」，即 Root $MS_E = \sqrt{MS_E} = \sqrt{4.787}$ = 2.189，此值愈小表示迴歸模型愈佳。
2. $B_1 = 0.392$，$B_2 = 1.060$。故原始分數的迴歸方程式可寫成：
   $Y = -2.148 + 0.392X_1 + 1.06X_2$
   標準化迴歸係數 Beta1=0.287，Beta2=0.596，
   故標準化迴歸方程式可寫成：
   $Z_Y = 0.287Z_1 + .596Z_2$
3. $B_1 = 0.392(t = 1.02, p>0.05)$ 未達顯著水準，故模型可捨棄它；且 95%CI = [-.052, +1.31] 亦含 0 所以未達顯著。
   $B_2 = 1.060$ ($t = 2.11$, $p<0.05$) 則達顯著水準。故基於迴歸模型要愈簡單的原則，只需用一個 X2 預測變數，即可有效來預測 y(大學入學考)。

【B. 分析結果說明】迴歸式「$y=\beta_0 + \beta_2\times x_2$」與「$y=\beta_0 + \beta_1\times x_1+\beta_2\times x_2$」誰優呢？

Variables Entered/Removed[a]

Model	Variables Entered	Variables Removed	Method
1	x2[b]	.	Enter
2	x1[b]	.	Enter

a. Dependent Variable: y

b. All requested variables entered.

Model Summary

Model	R	R Square	Adjusted R Square	Std. Error of the Estimate	Selection Criteria: Akaike Information Criterion	Amemiya Prediction Criterion	Mallows' Prediction Criterion	Schwarz Bayesian Criterion
1	.768[a]	.589	.538	2.193	17.470	.616	2.034	18.075
2	.801[b]	.642	.540	2.188	18.093	.665	3.000	19.001

a. Predictors: (Constant), x2

b. Predictors: (Constant), x2, x1

1. 用 Mallow's Cp 值及 Adjusted R-square 來比較自定三個模型，誰優？結果如上表。
2. 如何挑選本例二個預測變數之最佳組合呢？若用暴力法來排列組合，則有 3 種可能排列組合。因此採暴力法來測試最佳迴歸模型，係非常不智的。故你可改用，根據迴歸項各種組合來看「Mallow's Cp Statistic & Adjusted R-square」值。總之，模型組合之挑選準則是：Mallow's Cp 挑最小者；Adjusted R-square 挑最大者。
3. 依「Mallows Cp 準則法」，我們挑「x2」，Mallows Cp=2.034 最小值。
4. 依「R^2_{Adj} 準則法」，我們挑最大值「x1 x2」，R^2_{Adj}=0.540 。

   根據上述二準則法的交集，從 2 個預測變數 3 種可能組合中，所挑選的最佳組合爲：

   「迴歸式「$y=\beta_0+\beta_2\times x_2$」。
5. 迴歸模型的評估常使用判定係數 (coefficient of determination) R^2 公式：

$$R^2=\frac{SS_R}{SS_T}$$

6. 多元迴歸之決定係數 R^2。R^2 代表的是一個迴歸模式的解釋能力。
7. AIC(Akaike information criterion), BIC(Bayesian information criterion) 兩項資訊準則。AIC 與 BIC 所計算出來的值越小，則代表模型的適配度越佳。

$$\text{AIC}=T\times Ln(SS_E)+2k$$

$$\text{BIC}=T\times Ln(SS_E)+k\times Ln(T)$$

8. 判定係數 R^2、AIC 與 BIC ，雖然是幾種常用的準則，但是卻沒有統計上所要求的『顯著性』。
9. 當我們利用判定係數或 AIC 與 BIC 找出一個適配度較佳的模型，但是我們卻不知道這個模型是否『顯著地』優於其他模型。
10. AIC (Akaike Information Criterion) 屬於一種判斷任何迴歸 (e.g 迴歸模型) 是否恰當的訊息準則，一般來說數值愈小，迴歸模型的適配較好。AIC=4.647 。
11. BIC (Bayesian information criterion) 亦屬於一種判斷任何迴歸是否恰當的訊息準則，一般來說數值愈小，迴歸模型的適配較好。但較少有研究者用它。BIC=24.354 。
12. 適配度：概似比 Likelihood Ratio(LR) 檢定

    例如：假設我們要檢定 AR(2) 模型是否比 AR(1) 模型來的好，因此我們可以分別算出兩個模型的最大概似值分別為 L_u 與 L_R ，則 L_R 統計量為：

$$LR = -2(L_R - L_U) \sim \text{符合 } \chi^2_{(m)} \text{分配}$$

    假如，P<0.05 表示達顯著的話，則表示 AR(2) 模型優於 AR(1) 模型。

    以本例 Logit 迴歸來說，結果得 LR(2)= 10.27，P<0.05，表示我們界定的預測變數對依變數之模型，比「null model」顯著的好，即表示目前這個迴歸模型適配得很好。

8-4 如何挑選預測變數的最佳組合：用 Mallow's Cp 值及 Adjusted R^2 來比較模型

一、多元迴歸模型的挑選

迴歸分析的目的之一在於找尋一些對依變數 (response variable) 重要的預測變數 (predicator variable) ，以建立二者間的關係，並希望此關係建立後能夠對未來的反應結果提供預測。在迴歸模式的建構中常要從一群有潛力的預測變數中，挑選出一些最佳 (optimal) 的預測變數組合，以做為決定最佳迴歸模式之基礎。一般而言，有二種方式：(1) 逐步迴歸 (stepwise regression)；(2) 所有可能迴歸 (all possible regressions)── 可用來挑選最佳的變數組合，由於使用逐步迴歸可能產生一些問題，例如無法辨認 q 個最佳組合的預測變數。

所謂「所有可能迴歸」是對所有潛在的預測變數組合做檢查，利用某些準則 (criteria) 來決定所謂最佳的預測變數組合，可採用的準則相當多，例如：「coefficient of determination(R^2)」、「adjusted R^2」、「Anscombe-Tukey criterion(Ap)」、「Cp」、「PRESS」、「residual mean square(RMS)」、「mean square of error(MSE)」、「prediction criterion(PC)」、「Akaike information criterion(AIC)」、「Bayesian information criterion (BIC)」等 (Chatterjee, Hadi & Price, 2000)。

在上述的準則中，「adjusted R^2」和「Mallows Cp」係經常被當成挑選變數的標準，Olejnik, Mills 與 Keselman(2000) 認爲，使用校正後 R^2 時所選取的校正後 R_a^2 的值愈高，所選的模式愈佳。Cp 是用來測量偏誤的，當模式的偏誤爲 0 時，Cp 的期望值是 k+1(k 爲所投入的自變數個數)。所以，界定的最佳模式是當 Cp 和 k+1 差距的絕對值最小時。在實務上，最佳模式的界定經常是將 Cp 值最小時視爲最佳模式。在準則的使用方面，Mallows(2000) 不建議使用 Cp 值最小的方式來挑選變數，他表示在一些例子中 (例如：很多競爭的變數組合之 Cp 值都相當接近)，以 Cp 值最小來挑選變數組合所得到的結果並不理想。Chatterjee, Hadi 與 Price (2000) 表示，不能只以 Cp 法來挑選變數。要有效運用 Cp 法必須同時注意 RMS 才能避免統計分析結果有扭曲之情形。Olejnik, Mills 與 Keselman(2000) 的研究結果顯示，當預測變數的數目愈少，變數間不具高相關。那麼，採取 Cp 的方式在選擇變數上或許可以提供好的抉擇。相反地，如當預測變數太多，且變數與變數間有中等或高度的相關，則即使在很大的樣本之情況下，此種方式 (Cp 最小) 仍不太可能可以成功地識別出眞正的變數。在 Olejnik, Mills 與 Keselman 的研究中所得到的重要結論乃是：採取上述兩個方式 (校正後 R_a^2 最大或 Cp 最小) 都不見得能挑選到最佳的模式。因此，建議研究者於選擇預測方程式中的變數時，必須加入理論或專業判斷。

Hubert 1989 年曾提出一種方法，這種方法可用來替代逐步迴歸。此法可分爲二個步驟：(一) 就變數的選取加以敘述。(二) 就變數的重要性加以說明。具體言之，第一個步驟 (變數的選取) 又可區分成二個步驟：(1) 所有可能變數的組合。(2) 決定哪一種組合是最好的。所謂「所有可能變數的組合」係指：利用 SPSS 外掛的 package「RSQUARE」指令檔，電腦可提供 2^n-1 個迴歸公式 (n 表預測變數的個數) 中各種變數組合的 R^2 與 Cp。研究者可在各組合中挑選複相關平方 (R^2) 最高者爲該組合中最佳的組合。所謂「決定哪一種組合是最好的」係指：

當得知各種組合的 R^2 之後，再去決定自變數的個數。

決定自變數的個數時可依據校正後 R_a^2 值或 Cp 值來作判斷。而第二個步驟(變數的重要性)是指：當找出變數的最佳組合後，再著手於各變數相對的重要性。方法的步驟如下：$R^2p - R^2_{(1)}$，i = 1,2,⋯p − 1。例如有 X1、X2、X3、X4 四個預測變數與一個效標變數 Y。$R^2_{y.1234}$ 代表 R^2p，而 $R^2_{y.234}$ 則代表 $R^2_{(1)}$，表示 X1 不在其中，而只有 X2、X3、X4 三個預測變數。則 $R^2_{y.1234} - R^2_{y.234}$ 就代表 X1 所造成的差異部分，X2、X3、X4 依此類推。之後，再比較四個的差異值。最大者可謂相對的重要性較高，次大者其重要性次之。例如有人認爲以 R^2(挑最大)、MSE(挑最小)或 Cp(挑最小)值做判斷時，所選到的模式不一定相同。因此，建議分別以各種標準(如 R^2、MSE 或 Cp)挑出最佳模式，最後再從各種標準所挑選出的模式中找出共同者，做爲最後模式選擇的參考。而 Olejnik, Mills 與 Keselman(2000)則認爲，研究者可檢視所有模式的校正後 R_a^2 值或 Cp 值。研究時，經常會有一些模式有類似的 R^2 值或 Cp 值，研究者或許可從這些競爭模式中挑選出較佳的模式。

若採取 Hubert 所提出的方式來選取迴歸之模式，先以 R^2 的大小爲依據，以各組合中 R^2 最高者爲該組合中最佳的組合。再以校正後 R^2(最大值)、Cp(最小值)和 MSE(最小值)來決定自變數的個數。由於以 Cp 最小值選取變數時可能有一些問題。因而，會再參酌校正後 R_a^2 和 MSE 之值來作綜合的判斷。此外，由於進行迴歸分析時必須符合一些假定。例如：準則(效標)變數與預測變數的直線關係；殘差項的變異數相等；殘差項的獨立性；殘差項分配的常態性。因而，研究者仍要對迴歸模式是否能符合迴歸分析之基本假定(assumption)進行檢定，以確定迴歸模式之適配性。最後，再去進行變數間關係之解釋(亦即探討各變數相對的重要性)。

範例 建立複迴歸模型(四個 x1 x2 x3 x4 自變數)之最佳模型

一、問題說明

研究者想了解，在有名河流之流域(分析單位)中，氮排放量的有效預測模型爲何？預測的自變數挑 x1、x2、x3、x4 四個(都是連續變數)，依變數 y 爲氮排放量(y 衡量河流受污染程度，因爲氮化物會造成水質的優氧化)；因爲氮排放量非常態分配，故取對數函數使它呈現常態分配，logy 爲 Log(Y)。N= 54 河流域。

1. 依變數 y：河流流域之氮排放量。因它非常態故它再取 log()，變成常態分配之 logy 變數。
2. x1 自變數：住宅人數 (百萬)。
3. x2 自變數：農耕面積。
4. x3 自變數：森林面積。
5. x4 自變數：工業 / 商業。
6. x2x3：人工新增的 x2 及 x3 交互作用項。因爲農耕面積增加，森林面積就會減少，故這兩個變數有「一增一減」交互關係。

二、資料檔之內容

「Select_Predictor_Variables.sav」資料檔內容如下圖。

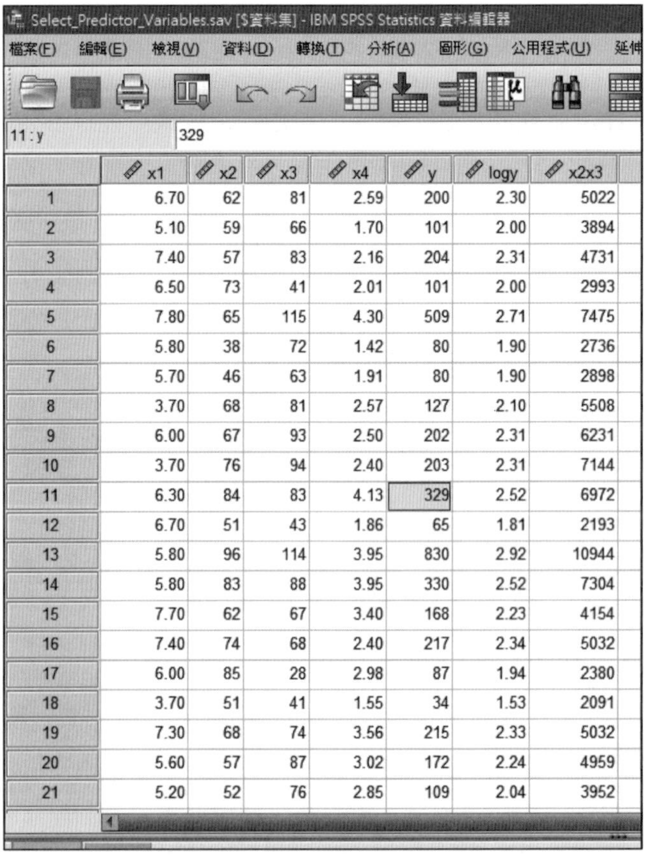

Select_Predictor_Variables.sav [$資料集] - IBM SPSS Statistics 資料編輯器

檔案(F) 編輯(E) 檢視(V) 資料(D) 轉換(T) 分析(A) 圖形(G) 公用程式(U) 延伸

11 : y 329

	x1	x2	x3	x4	y	logy	x2x3
1	6.70	62	81	2.59	200	2.30	5022
2	5.10	59	66	1.70	101	2.00	3894
3	7.40	57	83	2.16	204	2.31	4731
4	6.50	73	41	2.01	101	2.00	2993
5	7.80	65	115	4.30	509	2.71	7475
6	5.80	38	72	1.42	80	1.90	2736
7	5.70	46	63	1.91	80	1.90	2898
8	3.70	68	81	2.57	127	2.10	5508
9	6.00	67	93	2.50	202	2.31	6231
10	3.70	76	94	2.40	203	2.31	7144
11	6.30	84	83	4.13	329	2.52	6972
12	6.70	51	43	1.86	65	1.81	2193
13	5.80	96	114	3.95	830	2.92	10944
14	5.80	83	88	3.95	330	2.52	7304
15	7.70	62	67	3.40	168	2.23	4154
16	7.40	74	68	2.40	217	2.34	5032
17	6.00	85	28	2.98	87	1.94	2380
18	3.70	51	41	1.55	34	1.53	2091
19	7.30	68	74	3.56	215	2.33	5032
20	5.60	57	87	3.02	172	2.24	4959
21	5.20	52	76	2.85	109	2.04	3952

圖 8-13 「Select_Predictor_Variables.sav」 資料檔 (N= 54 河流 , 7 variables)

三、分析結果與討論

(四) 建立複迴歸模型 (x1 x2 x3 x4 四個自變數)

我們會依序檢測下列四個多元迴歸型，看那一個模型最佳 (Q-Q 圖呈 45°、誤差散布均匀)：

Step 1 對照組 1：y=β_0+β_1×x1+β_2×x2+β_3×x3+β_4×x4 Step 2 實驗組 1：logy=β_0+β_1×x1+β_2×x2+β_3×x3+β_4×x4
Step 3 對照組 2：y=β_0+β_1×x2x3，求出殘差來判斷模型是否要納入交互作用項？ Step 4 實驗組 2：logy=β_0+β_1×x2x3

Step 1 **先判斷依變數：「y=β_0+β_1×x1+β_2×x2+β_3×x3+β_4×x4」vs.「logy=β0+β1×x1+β2×x2+β3×x3+β4×x4」logy 模型，誰優？**

Step 1-1 **先判斷「y=β_0+β_1×x1+β_2×x2+β_3×x3+β_4×x4」迴歸之殘差圖**

對照組 1：y=β_0+β_1×x1+β_2×x2+β_3×x3+β_4×x4」

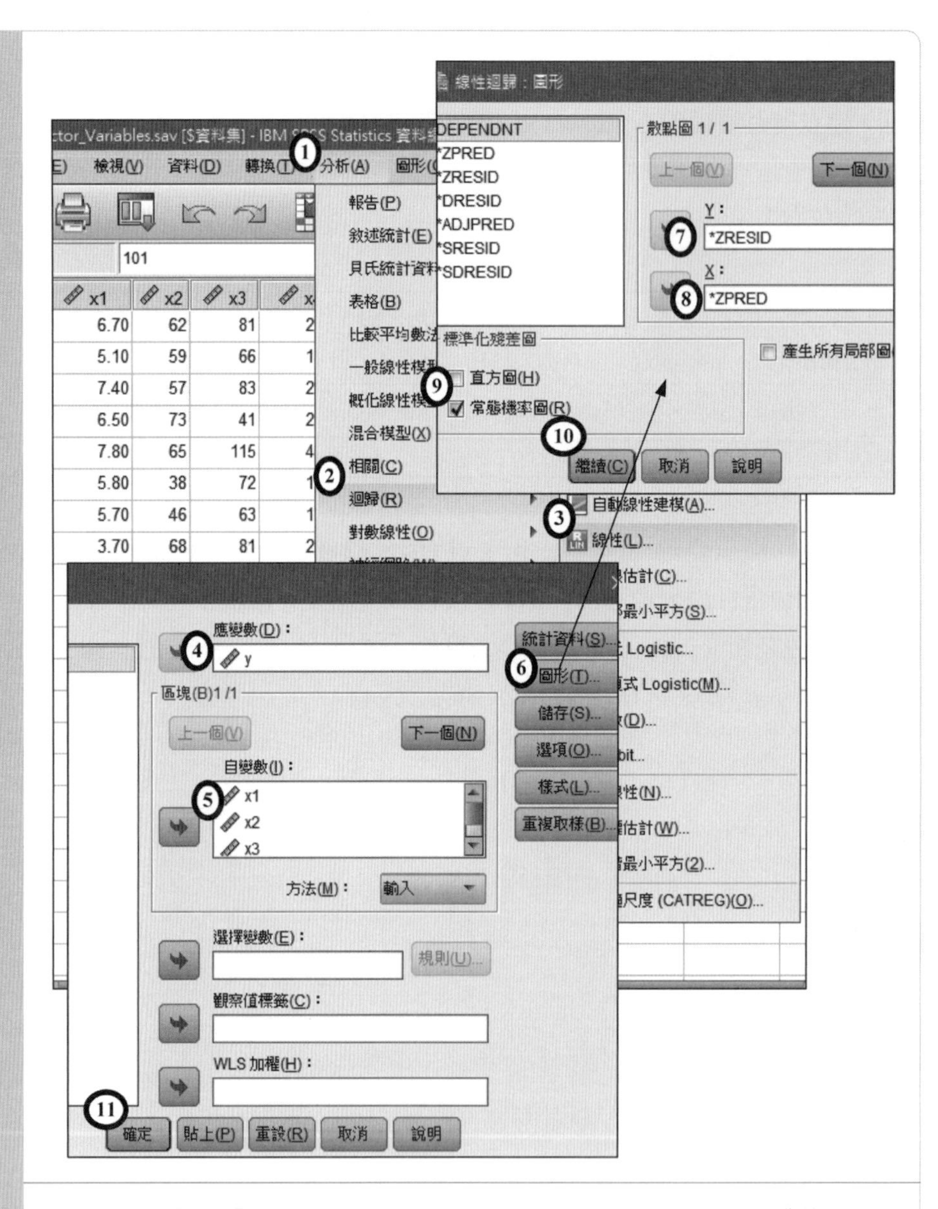

圖 8-14 迴歸式「$y=\beta_0+\beta_1\times x1+\beta_2\times x2+\beta_3\times x3+\beta_4\times x4$」，並繪殘差 Q-Q 圖之畫面

對應的指令語法：

```
title "迴歸式「y=β0+β1×x1+β2×x2+β3×x3+β4×x4」，並繪殘差 Q-Q 圖之畫面， 找多元迴歸最佳自變數們 .sps".
GET
  STATA FILE='D:\CD 範例 \Select_Predictor_Variables.sav'.

REGRESSION
  /MISSING LISTWISE
  /STATISTICS COEFF OUTS R ANOVA
  /CRITERIA=PIN(.05) POUT(.10)
  /NOORIGIN
  /DEPENDENT y
  /METHOD=ENTER x1 x2 x3 x4
  /SCATTERPLOT=(*ZRESID ,*ZPRED)
  /RESIDUALS NORMPROB(ZRESID).
```

【A. 分析結果說明】求迴歸式「y=β0+β1×x1+β2×x2+β3×x3+β4×x4」

ANOVA[a]

Model		Sum of Squares	df	Mean Square	F	Sig.
1	Regression	936264.538	4	234066.135	62.788	.000[b]
	Residual	182666.962	49	3727.897		
	Total	1118931.500	53			

a. Dependent Variable: 氮排量

b. Predictors: (Constant), 工業 / 商業 , 農業面積 , 森林面積 , 住宅人數 (百萬)

Coefficients[a]

Model		Unstandardized Coefficients		Standardized Coefficients	t	Sig.
		B	Std. Error	Beta		
1	(Constant)	–621.598	64.800		–9.592	.000
	住宅人數 (百萬)	33.164	7.017	.366	4.726	.000
	農業面積	4.272	.563	.497	7.582	.000
	森林面積	4.126	.511	.603	8.071	.000
	工業 / 商業	14.092	12.525	.104	1.125	.266

a. Dependent Variable: 氮排量

1. 複迴歸模型的輸出報表，由上表之 F value 顯示，其具有足夠的證據能夠拒絕虛無假設，並且調整後的 R^2 百分比高達 82.34% ，RMS_E 爲 61.057，其中各個迴歸項係數爲 β_0=(–621.59)(p<0.05) 、人口數 β_1=33.16(p<0.05) 、農耕面積 β_2=4.27(p<0.05) 、森林面積 β_3 =4.13(p<0.05) 、工業面積 β_4=14.09(p>0.05) ，利用以上的係數，建立預測模型，進行殘差分析，得$\sqrt{MS_E} = \sqrt{3727.897}$，高達 61.057，此結果並非理想。
2. 迴歸式「y=β0+β1×x1+β2×x2+β3×x3+β4×x4」，四個係數都達顯著性 (|t| 値 >1.96) ，其中，係數「β_2、β_3」値又遠高於「β_1、β_4」値，因此你若要精簡多元迴歸式，可只挑「y=β0+β2×x2+β3×x3」適配度 R^2 來對比「y=β0+β1×x1+β2×x2+β3×x3+β4×x4」模型，若二者的適配度 R^2 差距不大，則可挑較精簡的模型即可。
3. 繪殘差常態機率圖 (Q-Q 圖)，如下圖。

Residuals Statistics[a]

	Minimum	Maximum	Mean	Std. Deviation	N
Predicted Value	-90.03	524.59	197.17	132.911	54
Residual	-80.523	323.153	.000	58.707	54
Std. Predicted Value	-2.161	2.463	.000	1.000	54
Std. Residual	-1.319	5.293	.000	.962	54

a. Dependent Variable: 氮排量

1. 標準化 (M=0,SD=1) 殘差 (Std. Residual) 最大值 = 5.293，可看出殘差值偏離迴歸線過大，故該模型未儘理想。所以改測試「**log**y=**β**0+**β**1×x1+**β**2×x2+**β**3×x3+**β**4×x4」，看殘差會不會改善變小 (< 5.293) 。

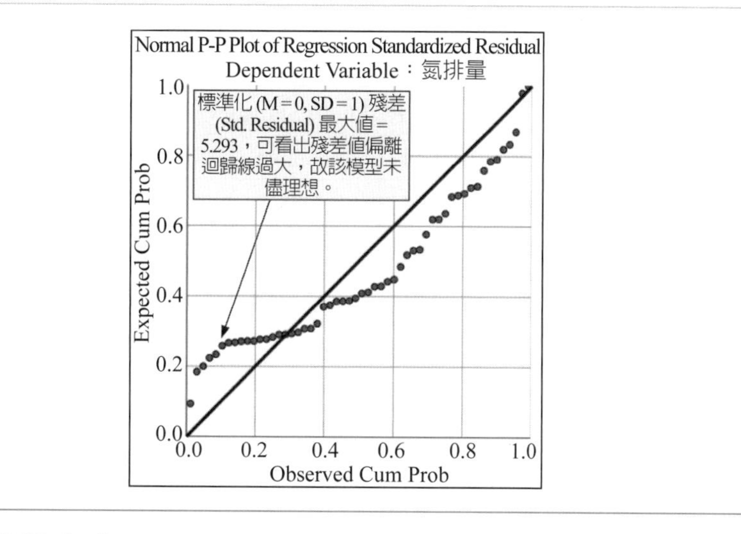

圖 8-15　迴歸式 「$y=\beta_0+\beta_1\times x1+\beta_2\times x2+\beta_3\times x3+\beta_4\times x4$」 殘差之常態機率圖 (Q-Q 圖)

「x1 x2 x3 x4」對 y 預測的 Q-Q 圖，未接近 45° 線，故該模型未儘理想。

Step 1-2. 再判斷 logy 在 (x1 x2 x3 x4) 迴歸之殘差圖

Step 1-2 **實驗組 1：「$logy=\beta_0+\beta_1\times x1+\beta_2\times x2+\beta_3\times x3+\beta_4\times x4$」迴歸之殘差圖**

對應的指令語法：

```
title "迴歸式「logy=β0+β1×x1+β2×x2+β3×x3+β4×x4」，並繪殘差 Q-Q 圖之畫面， 找多元迴歸
    最佳自變數們 .sps".
GET
  STATA FILE='D:\CD 範例 \Select_Predictor_Variables.sav'.

REGRESSION
  /MISSING LISTWISE
  /STATISTICS COEFF OUTS R ANOVA
  /CRITERIA=PIN(.05) POUT(.10)
  /NOORIGIN
  /DEPENDENT logy
  /METHOD=ENTER x1 x2 x3 x4
  /SCATTERPLOT=(*ZRESID,*ZPRED)
  /RESIDUALS NORMPROB(ZRESID).
```

【**B.** 分析結果說明】求迴歸式「**logy=β0+β1×x1+β2×x2+β3×x3+β4×x4**」

Residuals Statistics[a]

	Minimum	Maximum	Mean	Std. Deviation	N
Predicted Value	1.6057	2.8623	2.2061	.26998	54
Residual	–.10045	.13938	.00000	.04551	54
Std. Predicted Value	–2.224	2.430	.000	1.000	54
Std. Residual	–2.122	2.945	.000	.962	54

a. Dependent Variable: log(氮排量)

1. 對照組：迴歸式「logy=β0+β1×x1+β2×x2+β3×x3+β4×x4」標準化 (M=0,SD=1) 殘差 = 2.945，比迴歸式「y=β0+β1×x1+β2×x2+β3×x3+β4×x4」標準化殘差小 (5.293，故你應挑殘差較小的模型：「依變數 logy」。

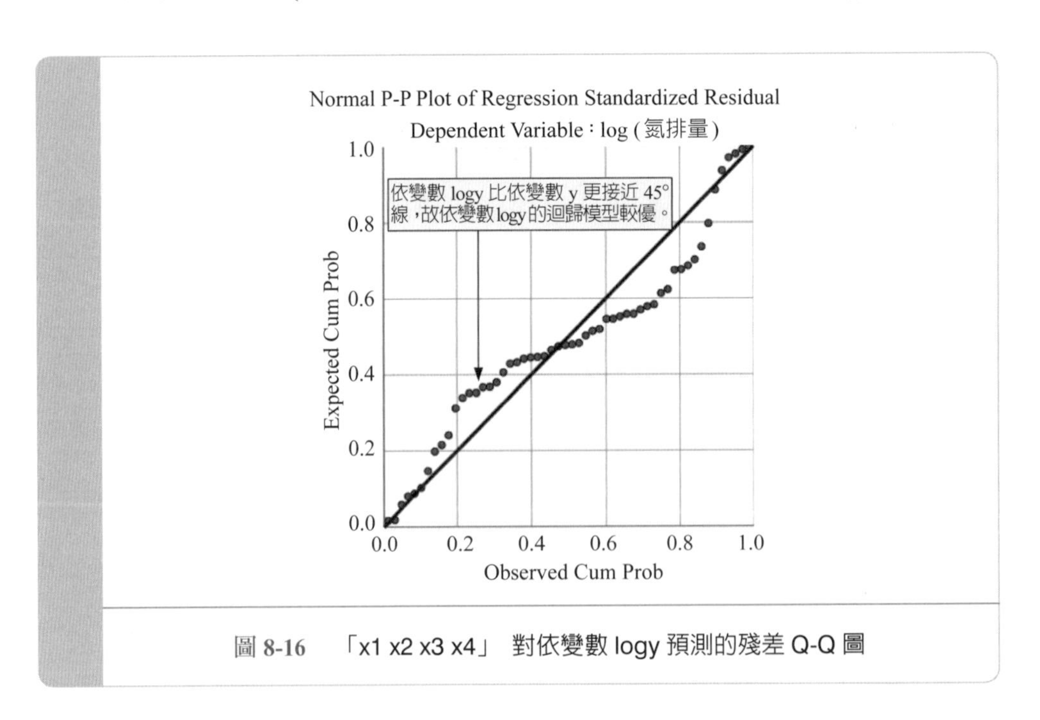

圖 8-16 「x1 x2 x3 x4」 對依變數 logy 預測的殘差 Q-Q 圖

依變數 logy 比依變數 y 更接近 45° 線，故依變數 logy 的迴歸模型較優。

【**C.** 分析結果說明】迴歸式「**logy=β0+β1×x1+β2×x2+β3×x3+β4×x4**」係數及 $\mathbf{R^2}$

Coefficients[a]						
		Unstandardized Coefficients		Standardized Coefficients		
Model		B	Std. Error	Beta	t	Sig.
1	(Constant)	.489	.050		9.730	.000
	住宅人數 (百萬)	.069	.005	.401	12.596	.000
	農業面積	.009	.000	.571	21.189	.000
	森林面積	.009	.000	.736	23.910	.000
	工業 / 商業	.002	.010	.008	.198	.844

a. Dependent Variable: log(氮排量)

1. 複迴歸模型的輸出報表，由上表之 F-value 顯示，其具有足夠的證據能夠拒絕虛無假設，並且調整後的 R^2 百分比高達 82.34% ，比迴歸式「y=β0+β1×x1+β2×x2+β3×x3+β4×x4」的 R^2=97.00% 高，故迴歸式「logy=β0+β1×x1+β2×x2+β3×x3+β4×x4」較理想。
2. 迴歸式「**log**y=β0+β1×x1+β2×x2+β3×x3+β4×x4」，四個係數都達顯著性 (|t| 值 > 1.96) ，其中，係數「β_2、β_3」值又遠高於「β_1、β_4」值，因此你若要精簡多元迴歸式，可只挑「y=β0+β2×x2+β3×x3」適配度 R^2 來對比「y=β0+β1×x1+β2×x2+β3×x3+β4×x4」模型，若二者的適配度 R^2 差距不大，則可挑較精簡的模型即可。

Step 2 **測試交互作用項「x2、x3」對 y vs. logy 迴歸，何者較佳？**

Step 2-1 **先測試交互作用項 (x2×x3) 在 y 的迴歸之殘差圖**

對照組 2：$y=\beta_0+\beta_1\times x2x3$，求出殘差來判斷模型是否要納入交互作用項？

由於「x2、x3」二預測變數有彼消此長(一增一減關係)，故我們仍測試一下，這二個預測變數之「相乘積之交互作項」是否適合來當預測變數？在此我們先用繪圖法來看「交互作項」殘差是否同質？

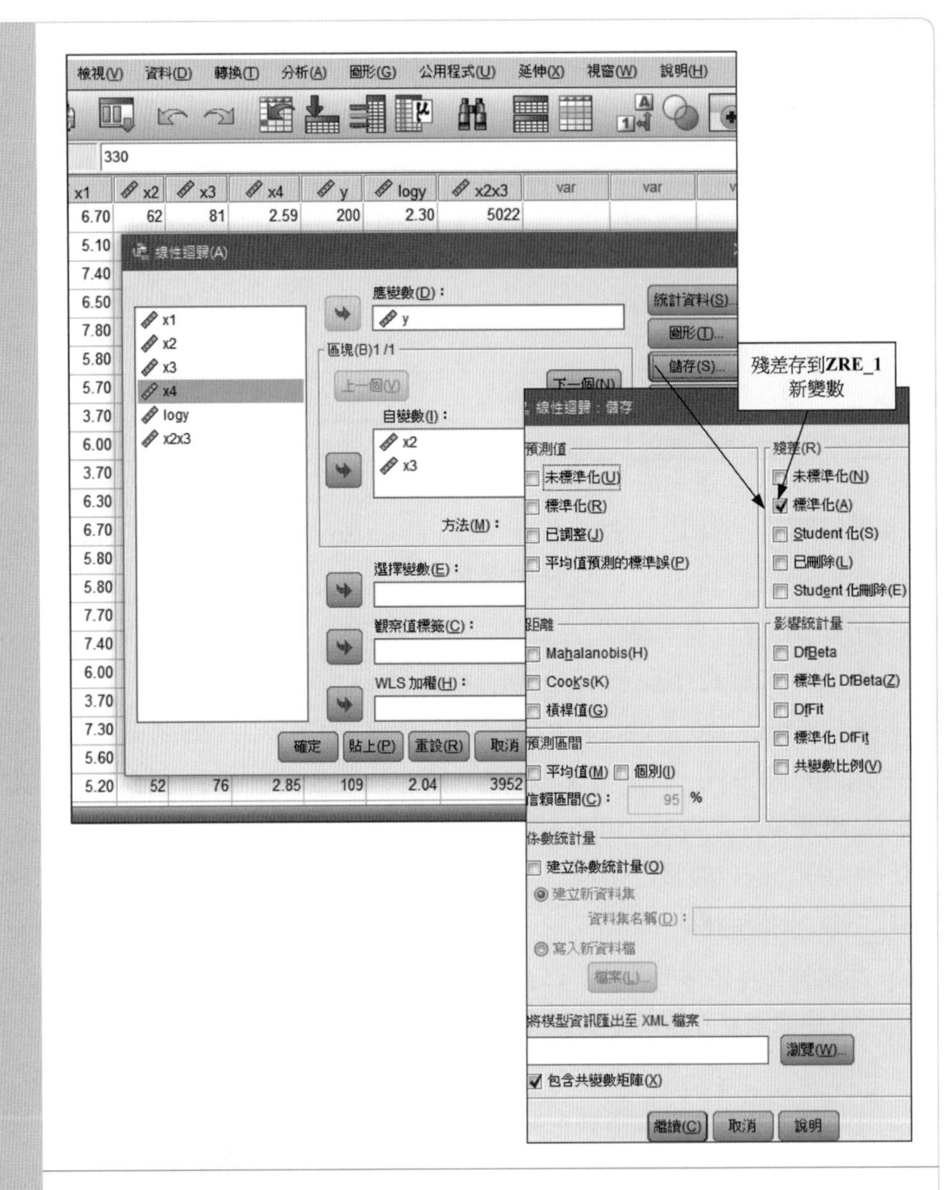

圖 8-17 求 「x2、 x3」 二者對 y 的殘差 (殘差存到 ZRE_1 新變數)

對應的指令語法：

```
REGRESSION
  /MISSING LISTWISE
  /STATISTICS COEFF OUTS R ANOVA
  /CRITERIA=PIN(.05) POUT(.10)
  /NOORIGIN
  /DEPENDENT y
  /METHOD=ENTER x2 x3
  /SCATTERPLOT=(*ZRESID ,*ZPRED)
  /RESIDUALS NORMPROB(ZRESID)
  /SAVE ZRESID.
```

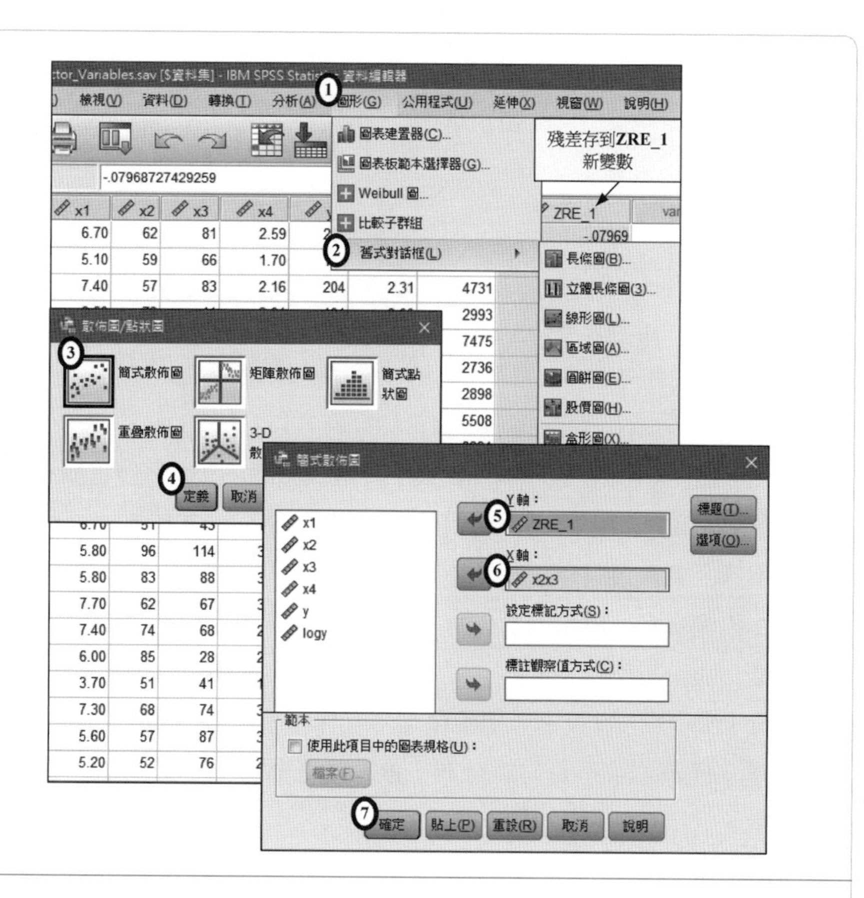

圖 8-18 繪「x2×x3」交互作用項對「x2、x3 預測 y」殘差的散布圖（殘差存到 ZRE_1 新變數）

對應的指令語法：

```
* 繪「x2xx3」交互作用項對「x2、x3 預測 y」殘差的散布圖（殘差存到 ZRE_2 新變數）.
GRAPH
  /SCATTERPLOT(BIVAR)=x2x3 WITH ZRE_1
  /MISSING=LISTWISE.
```

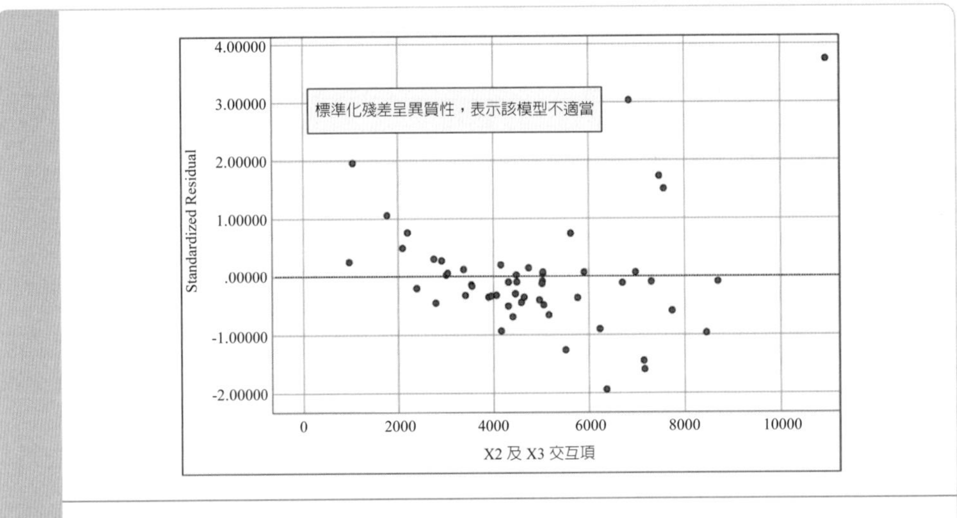

圖 8-19　繪出之「x2×x3」交互作用項對「x2、x3 預測 y」殘差的散布圖

儘管，x2、x3 二變數有彼消此長(一增一減關係)，但殘差分布圖顯示：殘差是異質，呈現上下不均勻之非常態分配。故 x2、x3 二變數之「相乘積之交互作項」不適合來當預測變數。

Step 2-2 再測交互作用項 **(x2×x3)** 在 **logy** 的迴歸之殘差圖

實驗組 2：logy=β_0+β_1×x2x3

由於 x2、x3 二變數之「相乘積之交互作項」殘差呈現不均勻分布，我們懷疑可能是 y 變數本身不是常態分布，故 y 變數做變數變換，取對數 log(y) 存至 logy 變數，使用常態化。

接著再繪 x2、x3 二變數「交互作項」對 logy 依變數之殘差圖。

```
* 求「x2、x3」二者對 logy 的殘差 ( 殘差存到 ZRE_2 新變數 ).
REGRESSION
  /MISSING LISTWISE
  /STATISTICS COEFF OUTS R ANOVA
  /CRITERIA=PIN(.05) POUT(.10)
  /NOORIGIN
  /DEPENDENT logy
  /METHOD=ENTER x2 x3
  /SCATTERPLOT=(*ZRESID ,*ZPRED)
  /RESIDUALS NORMPROB(ZRESID)
  /SAVE ZRESID.
```

```
* 繪「x2×x3」交互作用項對「x2、x3 預測 logy」殘差的散布圖 ( 殘差存到 ZRE_2 新變數 ).
GRAPH
  /SCATTERPLOT(BIVAR)=x2x3 WITH ZRE_2
  /MISSING=LISTWISE.
```

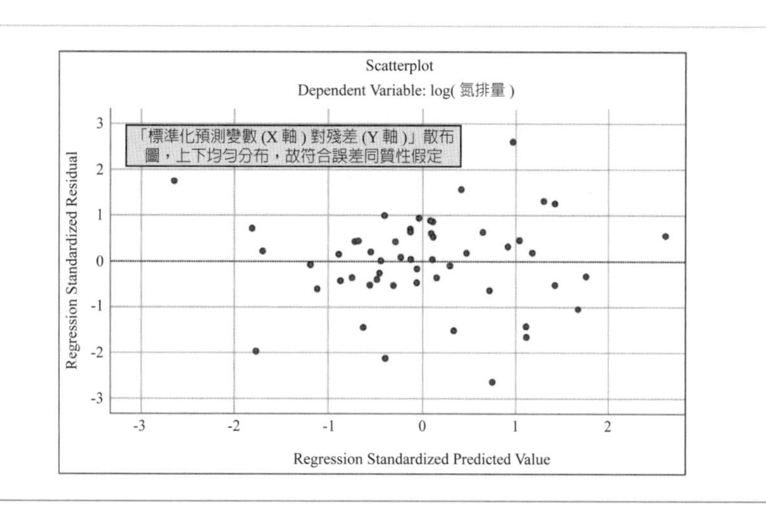

圖 8-20　「x2x3」 對 logy 預測的殘差散布圖 (logy 比 y 更均匀分布， 故 logy 較理想)

由於「x2x3)」交互作用項對 logy 之殘差圖，遠比對 y 來得均匀，故我們決定捨棄 y，改以 logy 來取代。

前次 Q-Q 圖發現 logy 殘差也比 y 更接近 45° 線。而且這次殘差散布圖 (上面二個圖)，logy 也比 y 更接近常態，故我們可肯定：logy 比 y 更適合於 (x1 x2 x3 x4)。

可惜本例之迴歸仍有一問題，就是此模型的殘差圖與$\sqrt{MS_E}$值似乎不盡理想，所以，需再利用 Mallow's Cp Statistic 與 Adjusted R-square(R_a^2) 的方法，進行較佳的模型篩選。

定義：Cp

Cp = (SS_e/$sigma_{sq}$) + 2×p* – C

其中，SS_e 是模型的誤差平方，它印在迴歸結果的 ANOVA 表中。

$sigma_{sq}$ 是眞實迴歸模型的均方誤差 (Mean Square error，MS_E)。

p* 是模型中參數個數，如果攔截包含在模型中，則等於預測變量的數量加 1；否則就是預測變數的個數。

C 是案例 (case) 權重的總和。如果在數據文件中沒有指定權重 (weight variable)，它就等於樣本數。

Step 3 再次確認，**logy** 對 **x1~X4** 相關之散布圖，是否呈均勻分布

```
GRAPH
  /SCATTERPLOT(MATRIX)= logy x1 x2 x3 x4
  /MISSING=LISTWISE.
```

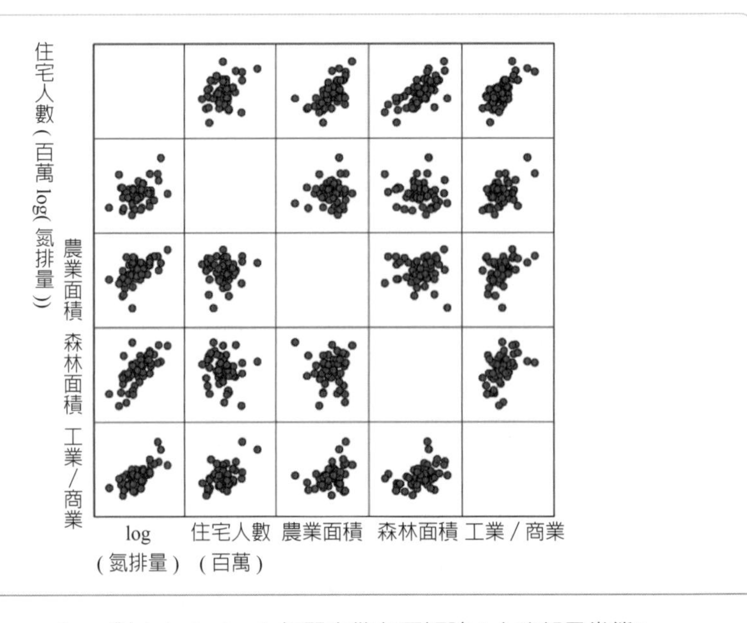

圖 8-21 logy 對 (x1 x2 x3 x4) 相關之散布圖矩陣 (大致都呈常態)

粗略來看，logy 對 (x1 x2 x3 x4) 相關之散布圖矩陣，大多呈常態分布。此圖再次確認 logy 是可被 (x1 x2 x3 x4) 所預測的。

Step 4 **用 Mallow's Cp 值及 Adjusted R-square 來比較自定三個模型，誰優？即可找出最佳的可能組合**

「REGRESSION /STATISTICS COEFF OUTS R ANOVA selection」可印出「**Mallow's Cp 值及 Adjusted R-square**」。

```
subtitle "用Mallow's Cp值及Adjusted R-square來比較自定三個模型，誰優？".
REGRESSION /variables = logy x1 x2 x3 x4
/MISSING LISTWISE
/STATISTICS COEFF OUTS R ANOVA selection
/CRITERIA=PIN(.05) POUT(.10)
/NOORIGIN
/DEPENDENT logy
/ METHOD=ENTER x1 x2 x3
/ METHOD=ENTER x2 x3 x4
/ METHOD=ENTER x1 x2 x3 x4.
```

Variables Entered/Removed[a]

Model	Variables Entered	Variables Removed	Method
1	森林面積 (x3), 農業面積 (x2), 住宅人數 (百萬)[b](x1)	.	Enter
2	工業 / 商業 [b](x4)	.	Enter

a. Dependent Variable: log(氮排量)
b. All requested variables entered.

Model Summary

Model	R	R Square	Adjusted R Square	Std. Error of the Estimate	Selection Criteria: Akaike Information Criterion	Amemiya Prediction Criterion	Mallows' Prediction Criterion	Schwarz Bayesian Criterion
1	.986[a]	.972	.971	.04687	–326.667	.032	3.039	–318.711
2	.986[b]	.972	.970	.04733	–324.711	.033	5.000	–314.766

a. Predictors: (Constant), 森林面積 , 農業面積 , 住宅人數 (百萬)
b. Predictors: (Constant), 森林面積 , 農業面積 , 住宅人數 (百萬), 工業 / 商業

如何挑選本例 4 個預測變數之最佳組合呢？若用暴力法來排列組合，則有 15 種可能排列組合。因此採暴力法來測試最佳迴歸模型，係非常不智的。故你可改用，根據迴歸項各種組合來看「Mallow's Cp Statistic & Adjusted R-square」值。總之，模型組合之挑選準則是：Mallow's Cp 挑最小者；Adjusted R-square 挑最大者。

1. 依「Mallows Cp 準則法」，我們挑「x1 x2 x3」，Mallows Cp=3.04 最小值。
2. 依「R^2_{Adj} 準則法」，我們挑最大值「x1 x2 x3 x4」，$R^2_{Adj} = 0.972$；或「x1 x2 x3」，$R^2_{Adj} = 0.972$。

   根據上述二準則法的交集，從 4 個預測變數 15 種可能組合中，所挑選的最佳組合爲：

   「y= x1+x2+x3」。

Step 5 用逐步 (stepwise) 迴歸，再次確認最佳組合「**x1 x2 x3**」

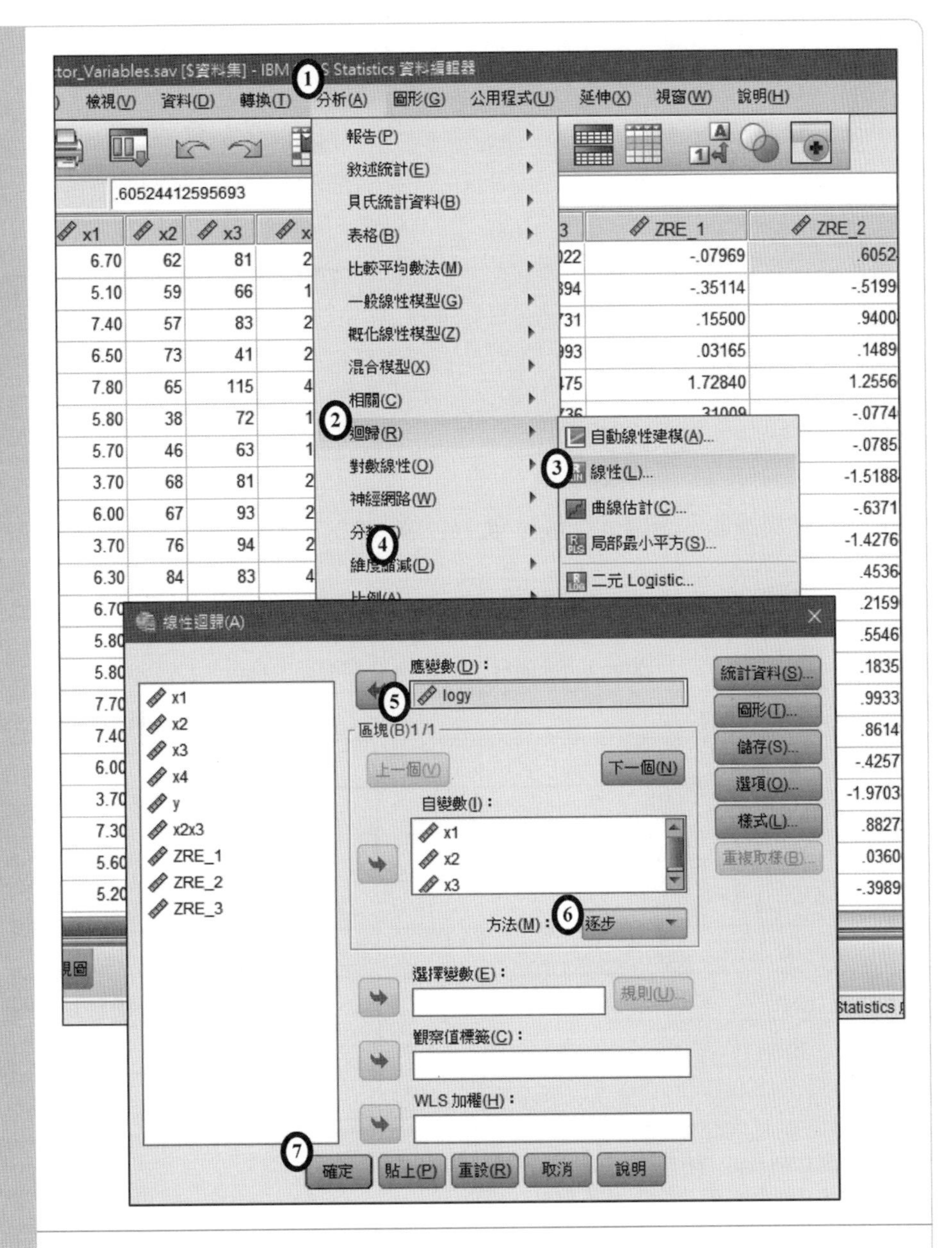

圖 8-22 「(x1 x2 x3) 預測 logy」 逐步 (stepwise) 迴歸之畫面

```
* 用逐步 (stepwise) 迴歸，再次確認最佳組合「x1 x2 x3」.
REGRESSION
  /MISSING LISTWISE
  /STATISTICS COEFF OUTS R ANOVA
  /CRITERIA=PIN(.05) POUT(.10)
  /NOORIGIN
  /DEPENDENT y
  /METHOD=STEPWISE x1 x2 x3
  /SCATTERPLOT=(*ZRESID ,*ZPRED)
  /RESIDUALS NORMPROB(ZRESID)
  /SAVE ZRESID.
```

【D. 分析結果說明】迴歸式「$\log y=\beta_0+\beta_1\times x1+\beta_2\times x2+\beta_3\times x3$」模型適配

ANOVA[a]

Model		Sum of Squares	df	Mean Square	F	Sig.
1	Regression	1.758	1	1.758	41.255	.000[b]
	Residual	2.215	52	.043		
	Total	3.973	53			
2	Regression	3.230	2	1.615	110.845	.000[c]
	Residual	.743	51	.015		
	Total	3.973	53			
3	Regression	3.863	3	1.288	586.043	.000[d]
	Residual	.110	50	.002		
	Total	3.973	53			

a. Dependent Variable: log(氮排量)
b. Predictors: (Constant), 森林面積
c. Predictors: (Constant), 森林面積 , 農業面積
d. Predictors: (Constant), 森林面積 , 農業面積 , 住宅人數 (百萬)

逐步 (stepwise) 迴歸結果：

1. 整體模型達顯著 $F_{.95(3,50)} = 586.04$，(p<0.05)。解釋量 R^2_{Adj} =97% 非常高。誤差平方根 $\sqrt{MS_E} = \sqrt{0.002}$ 非常小。

【E. 分析結果說明】最佳組合之迴歸式「$logy=\beta_0+\beta_1 \times x1+\beta_2 \times x2+\beta_3 \times x3$」係數

Coefficients[a]

Model		Unstandardized Coefficients B	Unstandardized Coefficients Std. Error	Standardized Coefficients Beta	t	Sig.
1	(Constant)	1.545	.107		14.494	.000
	森林面積	.009	.001	.665	6.423	.000
2	(Constant)	.907	.089		10.199	.000
	森林面積	.009	.001	.679	11.218	.000
	農業面積	.010	.001	.609	10.053	.000
3	(Constant)	.484	.043		11.345	.000
	森林面積	.010	.000	.739	31.082	.000
	農業面積	.009	.000	.574	24.299	.000
	住宅人數 (百萬)	.069	.004	.405	16.975	.000

a. Dependent Variable: log(氮排量)

2. 最佳線性迴歸之組合爲：log(y)=0.484+ .069 X1+ 0.009 X2+ 0.010 X3 。即

log(氮排放量)=0.484+ 0.069 住宅人口 + 0.009 農耕面積 + 0.010 森林面積

Step 6 **最佳線性迴歸的共線性診斷 (collinearity diagnostics)**

容忍值 (tolerance) 是共線性的指標，容忍值 = (1− 自變數被其它變數所解釋的變異量)，容忍值 (0~1 之間)，愈大愈好。容忍值愈大，代表共線性問題愈小，容忍值的倒數 = 變異數膨脹因素 (VIF, variance inflation faction) ，VIF 的值愈小愈好，代表愈沒有共線性問題。

```
* 最佳線性迴歸的共線性診斷 (collinearity diagnostics).
REGRESSION
  /MISSING LISTWISE
  /STATISTICS COEFF OUTS R ANOVA COLLIN TOL
  /CRITERIA=PIN(.05) POUT(.10)
  /NOORIGIN
```

```
/DEPENDENT logy
/METHOD= ENTER x1 x2 x3
/SCATTERPLOT=(*ZRESID,*ZPRED)
/RESIDUALS NORMPROB(ZRESID)
/SAVE ZRESID.
```

【E. 分析結果說明】迴歸式「**logy=$\beta_0+\beta_1\times$x1+$\beta_2\times$x2+$\beta_3\times$x3**」的共線性診斷

Coefficients[a]

Model		Unstandardized Coefficients		Standardized Coefficients	t	Sig.	Collinearity Statistics	
		B	Std. Error	Beta			Tolerance	VIF
1	(Constant)	.484	.043		11.345	.000		
	住宅人數(百萬)	.069	.004	.405	16.975	.000	.970	1.031
	農業面積	.009	.000	.574	24.299	.000	.992	1.008
	森林面積	.010	.000	.739	31.082	.000	.978	1.023

a. Dependent Variable: log(氮排量)

「x1,x2,x3」的容忍值(tolerance)均大於0.97非常高，變異數膨脹因素(VIF)均小於1.01都非常小，故此三個自變數「排除其它自變數之後」，它們可解釋的變異量已非常高。

Chapter

09

內生的共變：工具變數及兩階段最小平方法(2SLS)

一、內生共變數之線性迴歸 (2SLS)

一般傳統估計採用最小平方法時，必須有一致性 (consistency)，假設解釋變數跟誤差項是無相關的。當模型中的變數是穩定時，可以直接使用最小平方法。但是在模型中的變數是不穩定時，直接使用最小平方法將會產生虛假迴歸的問題 (spurious regression)。

某些情況下，解釋變數 x 跟誤差項 (符號 u 或) 是相關的 (relevant)，在這種情況下，最小平方法 (ordinary least squares, OLS) 並無法產生一致性結果。根據經驗法則，若同時檢定最小平方法 (OLS)、最大概似法 (maximum likelihood, ML)、加權最小平方法 (weighted least square, WLS)、廣義最小平方法 (generalized least squares, GLS)、廣義動差法 (generalized method of moments, GMM)，你會發現 OLS 較易產生估計結果偏誤 (bias)。故改用工具變數之兩階最小平方法 (2SLS) 是個好的分析法，尤其在「長期間」的資料估計時，2SLS 的估計結果會比 OLS 的效果要好。例如：在對資本資產定價模型 (CAPM) 進行估計時，OLS 的估計效果最差，其中 ML 與 2SLS 的效果會較為準確，同時也較符合 F-M 兩階段迴歸的漸近式統計特性。

9-1 工具變數及兩階段最小平方法 (2sls 指令)

傳統的，線性迴歸模型假定依變數 y 的誤差與自變數 x 不相關。當情況並非如此 (例如：當變數之間的關係是雙向的) 時，使用最小平方法 (ordinary least squares, OLS) 的線性迴歸不再提供最佳模型估計。兩階段最小平方迴歸使用「與誤差項無關」的工具變數 z (instrumental variables) 來修正有問題的預測變數 x(第一階段) 的估計值 $\hat{x}$，然後再使用這些計算值 $\hat{x}$ 來估計依變數 y 的線性迴歸模型 (第二階段)。由於計算值基於「與誤差無關」的變數，所以兩階段模型 (two-stage model) 的結果是最優的。

概括而言，一個模型的自變數與因變數之間互為因果，就會導致內生性。例如：商品需求 (y) 是否與商品價格 (x) 和消費者收入 (z1) 相關嗎？這種模式的難點在於價格 (x) 和需求 (y) 會彼此產生相互影響。也就是說，價格可以影響需求，需求也會影響價格。兩階段最小平方迴歸，可以使用消費者的收入 (z1) 和 lagged

價格 (z2) 來計算「與需求 (y) 誤差無關」的價格代理 (proxy，$\hat{x}$)。這個代理在最初指定的模型中代替價格本身，然後進行「$\hat{x}$→ y」估計。

例如：在一個簡單的供需模型中，當要預測均衡的需求量時，價格是內生變數，因爲生產者會依據需求來改變價格 (即需求→價格)，而消費者會依據價格來改變需求 (價格→需求)。在這情形，只要需求曲線和供給曲線爲已知，價格變數便被稱爲具有全域內生性。相反地，消費者喜好的改變對於需求曲線而言是外生 (exogenous) 變數。

Two-Stage Least-Squares Regression，資料注意事項

1. **數據 (data)**：依變數和自變數應該是定量的 (quantitative)。若是類別變數 [像宗教，主要居住地區等要重新編碼爲二元 (虛擬) 變數或其他類型的對比變數 (contrast variables)]。內生解釋變數 (e*ndogenous* explanatory variables) 也應該是定量的 (而不是類別的)。
2. **假定 (assumptions)**：對於自變數的每個值，對應的依變數必須是常態分布。對於自變數的所有值，依變數變異數的分布應該是固定的 (σ_y^2 變異數同質)。依變數和每個自變數之間是直線關係 (非曲線關係)。
3. **相關程序 (*Related procedures*) 挑選**：
   (1) 如果認爲沒有一個預測變數 (x) 與依變數 (y) 的誤差 (errors) 有相關，則直接使用 OLS 線性迴歸。
   (2) 如果樣本數據似乎違反 OLS 其中某一假定 (如常態性或變異數同質)，則先請嘗試變數變換。
   (3) 如果「x → y」不是直線 (linearly) 關係，而且變數轉換亦無法起作用，請在「曲線估計 (Curve Estimation)」過程中使用備用模型。
   (4) 如果您的依變數是二分 (dichotomous) 的，例如特定銷售是否完成，則改用 Logistic 迴歸過程。
   (5) 如果您的數據不是獨立的 (例如：同一個人重複量 (Repeated Measures) 好幾次街)，請用「Advanced Models option」中提供的「Repeated Measures procedure」。

一般傳統估計採用最小平方法時，必須有一致性 (consistency)，假設解釋變數跟誤差項是無相關的。當模型中的變數是穩定時，可以直接使用最小平方法。

但是在模型中的變數是不穩定時，直接使用最小平方法，將會產生虛無迴歸的問題 (spurious regression)。

某些情況下，解釋變數 x 跟誤差項 (符號 u 或 ε) 是相關的 (relevant)，在這種情況下，最小平方法 (ordinary least squares, OLS) 並無法產生一致性結果。根據經驗法則，若同時檢定最小平方法 (OLS)、最大概似法 (maximum likelihood, ML)、加權最小平方法 (weighted least square, WLS)、廣義最小平方法 (generalized least squares, GLS)、廣義動差法 (generalized method of moments, GMM)，你會發現 OLS 較易產生估計結果偏誤 (bias)。故改用工具變數之兩階最小平方法 (2SLS) 是個好的分析法，尤其在「長期間」的資料估計時，2SLS 的估計結果會比 OLS 的效果要好。例如：在對資本資產定價模型 (CAPM) 進行估計時，OLS 的估計效果最差，其中 ML 與 2SLS 的效果會較爲準確，同時也較符合 F-M 兩階段迴歸的漸近式統計特性。

兩階段最小平方法 (two stage least squares, 2SLS)，顧名思義包括兩個階段：

1. 第一個階段：將解釋變數 x 拆解爲兩個部分，與殘差 u 相關的部分，及與 u 無關的部分。
2. 第二個階段：採用與殘差 u 無關的部分解釋變數 x 來估計其參數值。

9-1-1 進行 OLS 統計分析時應注意之事項

一、線性迴歸採用最小平方估計法 (OLS)

若殘差 (residual) ε (或符號 u) 符合下列四個假定 (assumption)，則 OLS 估計出的係數才具有「最佳線性不偏估計量」(best linear unbiased estimator, **BLUE**) 的性質。

例如：OLS 用來估計下述複迴歸中，解釋變數 x 與被解釋變數 y 的關係：

$$y_i = \beta_0 + \beta_1 x_{1i} + \beta_2 x_{2i} + \cdots + \beta_k x_{ki} + u_i$$

若殘差 ε_i 符合以下假設，用 OLS 估計 β_k 將具有 BLUE 的性質。

1. 殘差期望值爲 0(zero mean)，即 $E(u_i) = 0$。
2. 解釋變數與殘差無相關 (orthogonality)，即 $Cov(x_{ki}, u_i) = 0$。若違反，就有內生性 (**endogeneity**) 問題。

3. 殘差無數列相關 (non-autocorrelation)，即 Cov(u_i, u_j) = 0。請詳見本書第 3 章。
4. 殘差具同質變異 (homoskedasticity)，即 Var(u_i) = σ^2。請詳見本書第 4 章。

若 OLS 違反解釋變數 (regressor) 與殘差 (符號 u 或 ε) 無相關的假設，將發生內生性 (endogeneity) 的問題。若解釋變數與殘差爲正相關，則估計係數將高估。一般而言，偵測內生性的方法有三：

1. 可透過描繪殘差與解釋變數的散布圖。
2. 計算殘差與解釋變數的相關係數，來檢視是否具內生性 (endogenity)。

   在統計學和計量經計學的模型中，若一個變數或母體參數與誤差項有相關性，這個變數或參數被稱爲「內生變數」。內生性有多種來源：

   (1) 可能是測量誤差所致，

   (2) 可能是自我相關的誤差所導致的自我迴歸，

   (3) 可能來自聯立方程式，

   (4) 被忽略的解釋變數。

   概括而言，一個模型的自變數與因變數之間互爲因果，就會導致內生性。

   例如：在一個簡單的供需模型中，當要預測均衡的需求量時，價格是內生變數，因爲生產者會依據需求來改變價格 (即需求→價格)，而消費者會依據價格來改變需求 (價格→需求)。在這情形，只要需求曲線和供給曲線爲已知，價格變數便被稱爲具有全域內生性。相反地，消費者喜好的改變對於需求曲線而言是外生 (exogenous) 變數。
3. 利用 Wu-Hausman 指令 (「estat endogenous」) 來檢定變數是否具內生性，其虛無假設「H_0：變數不具內生性」。若拒絕虛無假設，表示變數具內生性，OLS 估計式不一致者，你就應改用「ivregress 、xtivreg 指令」之兩階段最小平方法 (two stage least squares, 2SLS) 或 gmm 指令之廣義動差法 (generalized method of moment, GMM) 等方式，以獲得一致性估計式。

二、工具變數 (IV)

工具變數 (instrumental variables, IV) 專門處理非隨機試驗所面臨問題的方法之一，近來廣泛應用於計量經濟、教育學及流行病學領域；其主要目的在於控制不可觀測的干擾因素，使資料經過調整後「近似」於隨機試驗所得的資料，進而求出處理效果的一致估計值。在 x 與 u 相關時，可使用工具變數 z 將解釋變數 x

變動裡與殘差 u 無關的部分分離出來，使我們能得到一致性估計式。

例如：有人以 1981 年至 2015 年間 43 個亞撒哈拉非洲 (Sub-Saharan Africa) 內陸國家爲分析對象，研究食物生產對國家內部衝突的影響，利用降雨量作爲工具變數 (instrument variable, IV) 以削除因爲個體國家或政府組織能力異質性造成的遺漏變數偏誤 (omitted variable bias)，發現食物生產和國家內部衝突次數存在顯著且負向的關係，且此現象在死傷規模較小的衝突較爲明顯，而種族、宗教和語言的歧異程度和內部衝突沒有統計上的關係。

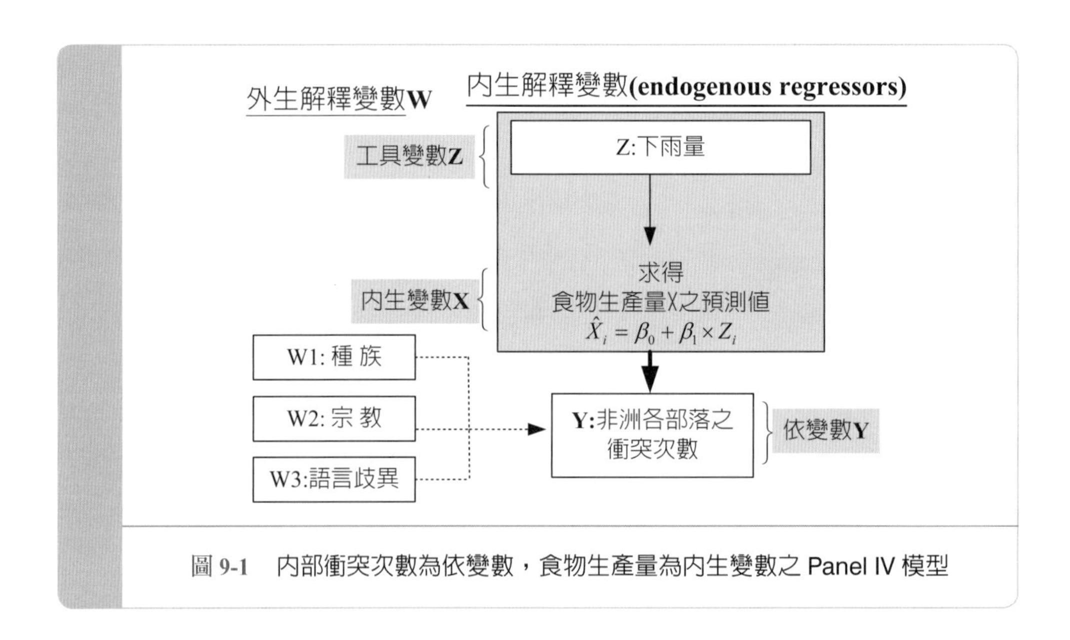

圖 9-1　內部衝突次數為依變數，食物生產量為內生變數之 Panel IV 模型

三、工具變數之應用領域

學術界，工具變數的兩階段迴歸之常見研究主題，包括：

1. 以越戰風險爲工具變數估計**教育**對薪資之影響。例如：探討越南戰爭對美國越戰世代之教育程度之外生衝擊，進而對其 1980 年代經濟表現造成之影響。文中採用美國於越戰期間各年各州平均陣亡人數作爲一衡量越戰世代所面對戰爭風險之指標。我們利用該戰爭風險指標作爲工具變數，捕捉在不同戰爭風險水準之下，年輕男性與年輕女性間大學教育程度之差異，並以此外生造成之差異估計教育對薪資所得之影響。我們發現在越戰期間不論戰爭風險對教育程度之效果，或者這些外生決定之教育程度對薪資所得之效果均爲正向且顯著。藉此，我們將於越戰脈絡下對這兩項效果的認知，由目前的限於越戰彩券時期 (1970～1972)，推廣到整個越戰 (1965～1972)。

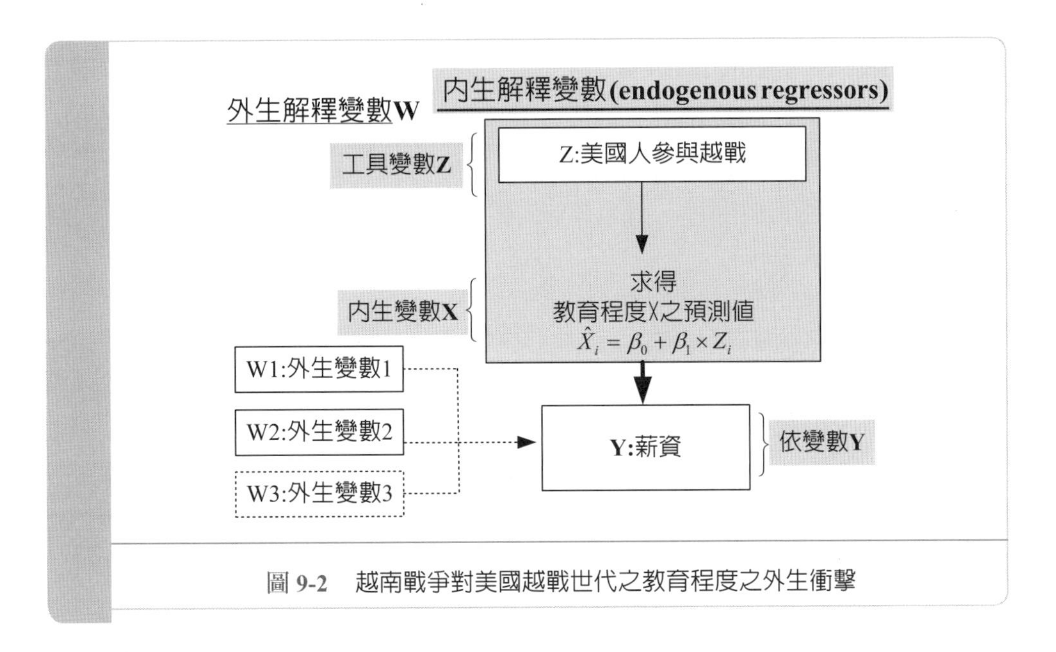

圖 9-2　越南戰爭對美國越戰世代之教育程度之外生衝擊

2. **教育**政策、跨代**教育**效果與統計生命價值的評估。
3. **教育** (內生變數 X) 與健康 (依變數 Y)—教育內生性問題之探討。
4. **教育** (X) 對生育行為 (Y) 的影響。
5. 過度**教育**、肥胖與薪資。
6. 影響中學生 PISA **成績**因素之估計——臺灣、香港、日本、韓國之比較。
7. 經濟學**教學方式**、時間投入與學習績效間之關係。
8. 焦慮對學生**學業成就**的影響。
9. 臺灣高中職學生打工行為對於**學業成就**之影響——工具變數法之應用。
10. **教育的回報率**在臺灣高等教育擴張的影響代價。有人使用華人家庭動態資料庫 RI1999、RI2000、RI2003、RCI2004、與 RCI2005 的混合資料樣本進行估計。面對教育可能存在的內生性問題，即以兩階段最小平方法 (2SLS)、Hausman Taylor 估計法 (HT 模型)、與追蹤資料廣義動差估計法 (panel GMM) 來對教育報酬進行估計，試圖對內生性問題加以處理。結果發現，若沒有處理「能力 (IV) 在教育 (X) 與薪資 (Y) 上」所造成的內生性問題時，以 OLS 估計教育報酬的結果可能有低估的偏誤，因爲其結果較其他估計法所得出的教育報酬低了至少 20%。此外，不同估計方式所得出的教育報酬結果介於 5%-12%，其中在 OLS 估計下會得出最低的邊際教育報酬，其他依序爲以純粹解釋變數落遲期爲工具變數的 panel GMM 估計、2SLS 估計、加入配偶教育年數爲工具變數的 panel GMM 估計、最後爲 HT 模型的估計。最後，對於高教擴張與教育報酬兩者間的關係，我們的研究結果顯示：在我國大學錄取率由 27% 上升到 60% 的這段時間裡，高等教育的擴張並未對教育報酬產生顯著地負向影響。

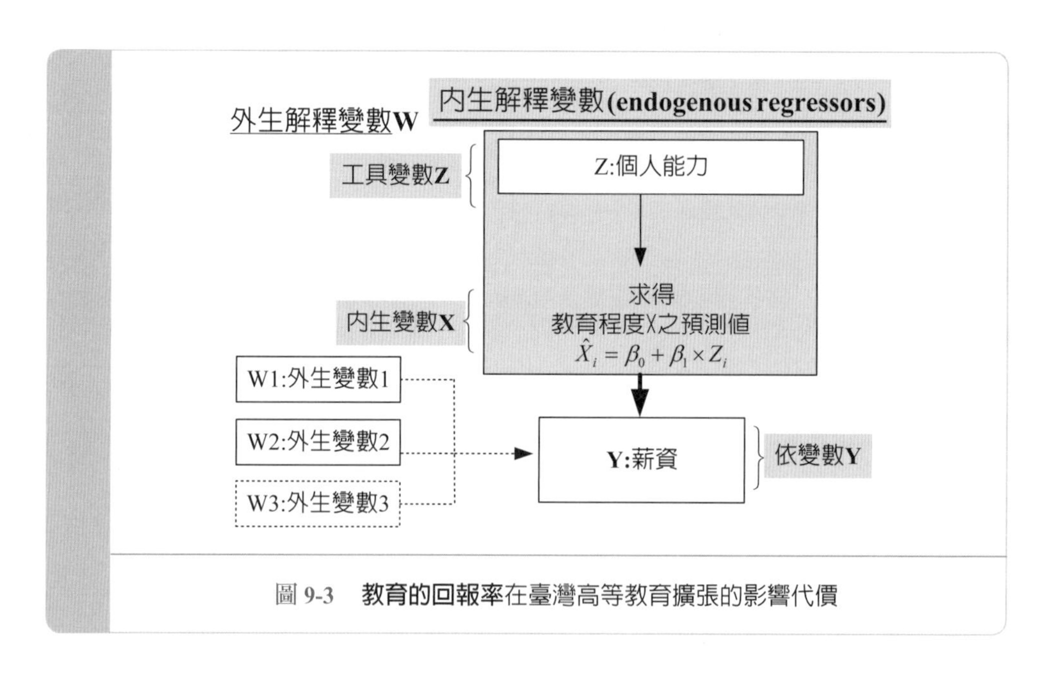

圖 9-3 教育的回報率在臺灣高等教育擴張的影響代價

11. 育兒時間的決定因素——American Time Use Survey 2003-2010 實證研究。
12. 幸福與信任的因果關係——跨國資料的工具變數分析。
13. 經驗概似法之理論與蒙地卡羅模擬。
14. 宗教信仰與宗教捐獻之實證研究。
15. 中國移民和工資的關係。
16. 以動態三因子模型解釋短期報酬趨勢與長期反轉現象——以臺灣市場爲例。
17. 臺指選擇權履約機率與報酬率之相關性研究：Black-Scholes 模型之應用。
18. 臺灣山坡地違規農業使用之研究。利用傳統犯罪計量模型採用的線性對數化以 OLS 進行分析，再加上系統模型的 2SLS 比對出各變數的影響，研究顯示民衆違規使用山坡地，主要是受山地農業政策包括水稻、檳榔、茶葉等的政策所影響。

19. 電視對印度女性地位的影響：以取水時間作爲工具變數。
20. 食物生產對國家內部衝突的影響，降雨量當工具變數。

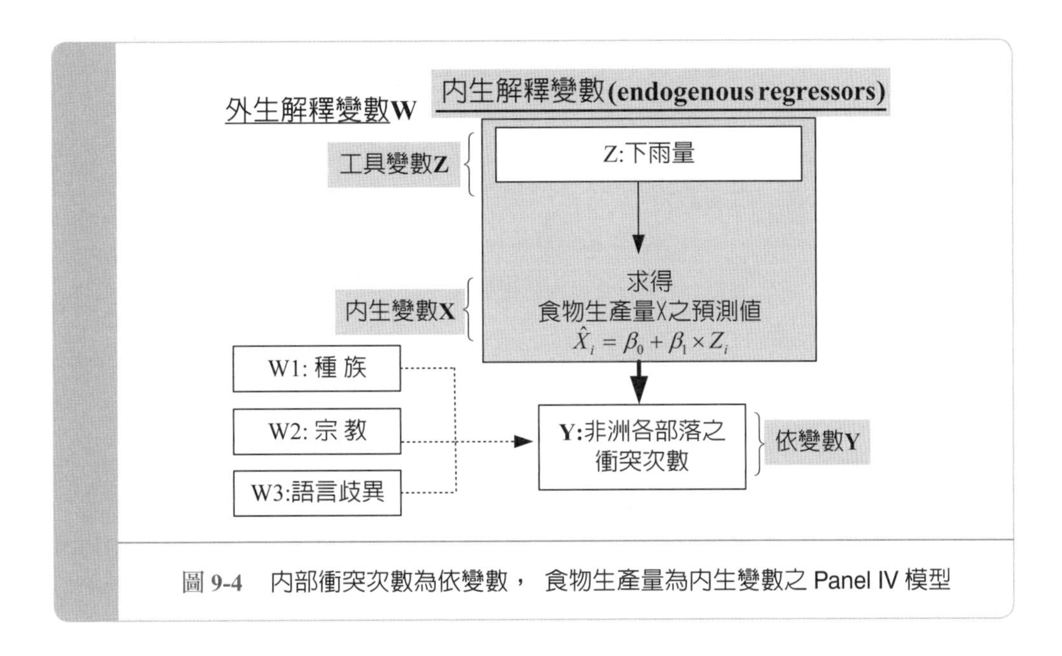

圖 9-4　內部衝突次數為依變數， 食物生產量為內生變數之 Panel IV 模型

21. 分別以兩階段最小平方法 (2SLS) 與兩階段成分迴歸法 (2SQR) 分析臺灣銀行業風險與資本間的關係。2SLS 發現，銀行資本水準對目標風險水準決定無顯著影響，銀行風險水準正向影響目標資本水準。但 2SQR 更深入發現，無論是中度與高度風險銀行或是中度與高度資本的銀行，其風險與資本均呈正相關，但是低度資本的銀行，風險上升並不會同步造成資本上升。
22. 失業眞的會導致犯罪嗎？並以美元匯率、日圓匯率以及能源價格三者分別與製造業就業人口比例乘積作爲失業率的工具變數，並從理論與弱工具變數檢定 (weak IV test，**rivtest** 外掛指令) 兩方面同時探討該組工具變數之有效性。結果發現，在 OLS 下失業率對各類犯罪影響幾乎都爲正且顯著；但在兩階段最小平方法 (2SLS) 下，失業率只對財產犯罪 (主要在其中的竊盜一項) 有正的顯著影響，對暴力犯罪則無。且 2SLS 估計值皆大於 OLS 的結果。

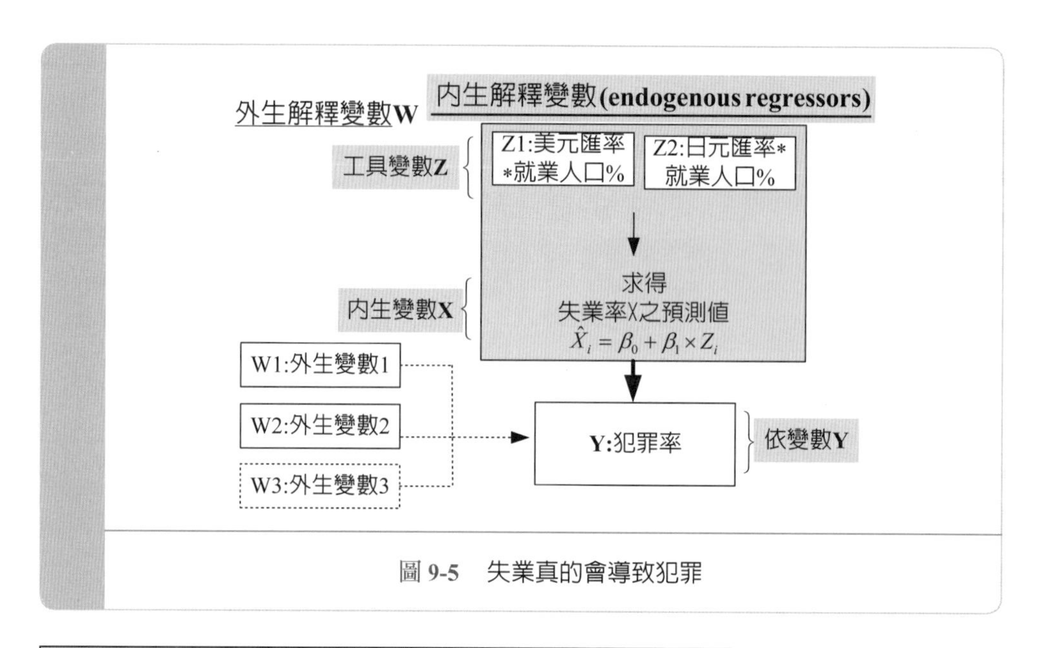

圖 9-5　失業真的會導致犯罪

```
* SPSS 無此指令 StaTa 才有：rivtest 外掛指令之弱檢定範例，存在「weak.do」指令檔

. use http://www.stata.com/data/jwooldridge/eacsap/mroz.dta

* Test significance of educ in the lwage equation (homoskedastic VCE)

. ivregress 2sls lwage exper expersq (educ = fatheduc motheduc)
*結果略
. rivtest

Weak instrument robust tests for linear IV
H0: beta[lwage:educ] = 0

-----------------------------------------------
 Test |      Statistic               p-value
------+----------------------------------------
  CLR | stat(.)  =     3.47  Prob > stat =  0.0636
   AR | chi2(2)  =     3.85  Prob > chi2 =  0.1459
   LM | chi2(1)  =     3.46  Prob > chi2 =  0.0629
    J | chi2(1)  =     0.39  Prob > chi2 =  0.5323
 LM-J |         H0 not rejected at 5% level
------+----------------------------------------
```

```
Wald | chi2(1)  =     3.85   Prob > chi2 =   0.0497
-----------------------------------------------
Note: Wald test not robust to weak instruments.
*Test significance of educ in the lwage equation and estimate confidence sets (robust VCE)
* 卡方值 3.85(p<.05), 拒絕「H0: beta[lwage:educ] = 0」，故「educ → lwage」存在工具變數
```

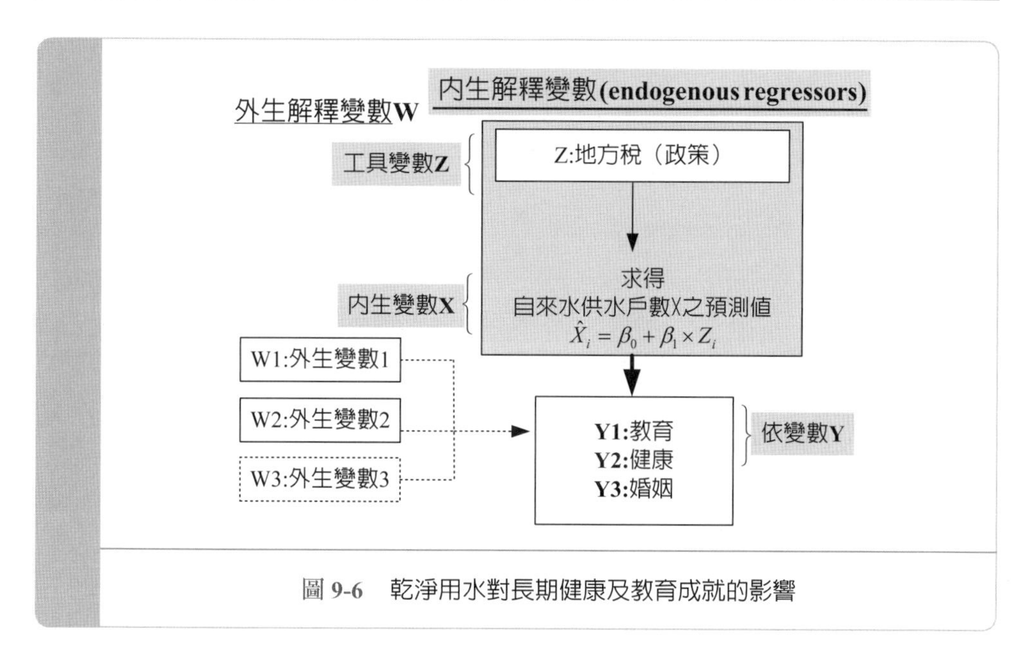

圖 9-6　乾淨用水對長期健康及教育成就的影響

23. 乾淨用水對長期健康及教育成就的影響。並以前一年的營業稅與雜種稅作爲水往供水戶數 (每千人) 的工具變數的作法。兩階段迴歸估計顯示，水控供水戶數 (每千人) 仍與教育、婚姻與健康有顯著的正向關係，且 2SLS 的估計值大於 OLS 估計結果。
24. 血液透析與腹膜透析對末期腎臟病患之存活影響。
25. 平均數——擴展吉尼係數架構下玉米期貨避險比率之研究。
26. 臺灣個人醫療門診次數與居家型態之關係爲何？若以工具變數來排除因居家型態有內生性所造成的偏誤值。研究結果顯示：依其都市化程度的不同，其居家型態、門診次數也會有所改變；迴歸模型方面，當我們納入內生性考量以後，居家型態於有無內生性下會有不同的差異性。在沒有考量內生性下，居家型態於迴歸中沒有顯著的水準；而考量有內生型態時，居家型態會有顯

著性的水準存在。

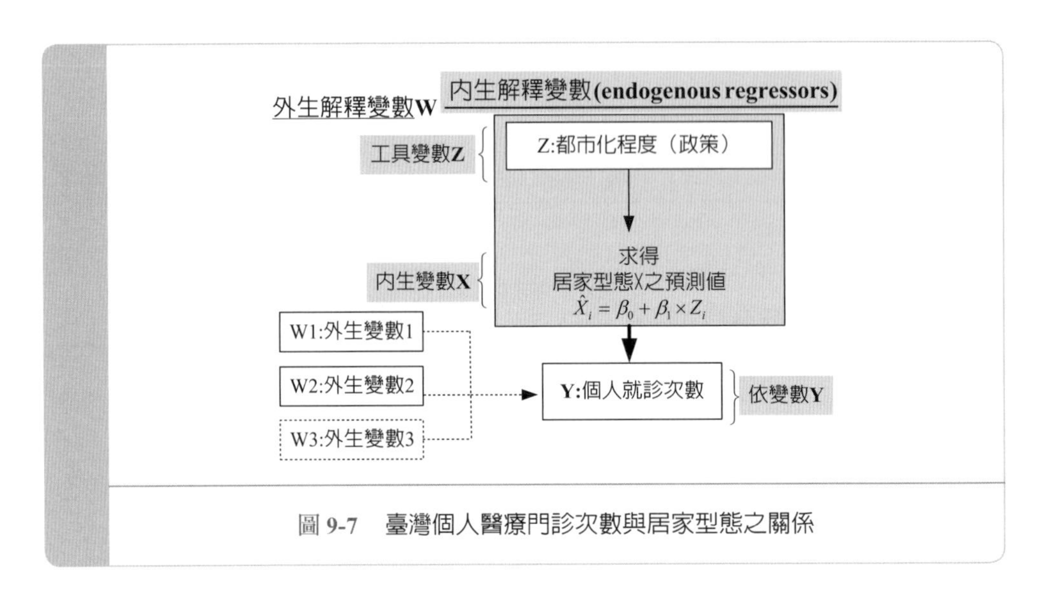

圖 9-7　臺灣個人醫療門診次數與居家型態之關係

27. 老人接種流行性感冒疫苗與其醫療服務利用之研究。
28. 臺灣花卉供應鏈的資料倉儲設計與量測變數迴歸應用。
29. 多角化對公司價值影響之再驗證。
30. 醫生服務量對醫療結果 (1 月、6 月、1 年內死亡) 的影響——臺灣初次接受肝癌病患爲對象。由於口碑較佳的醫師更會吸引病患，使得服務量產生自我選擇的內生性問題。

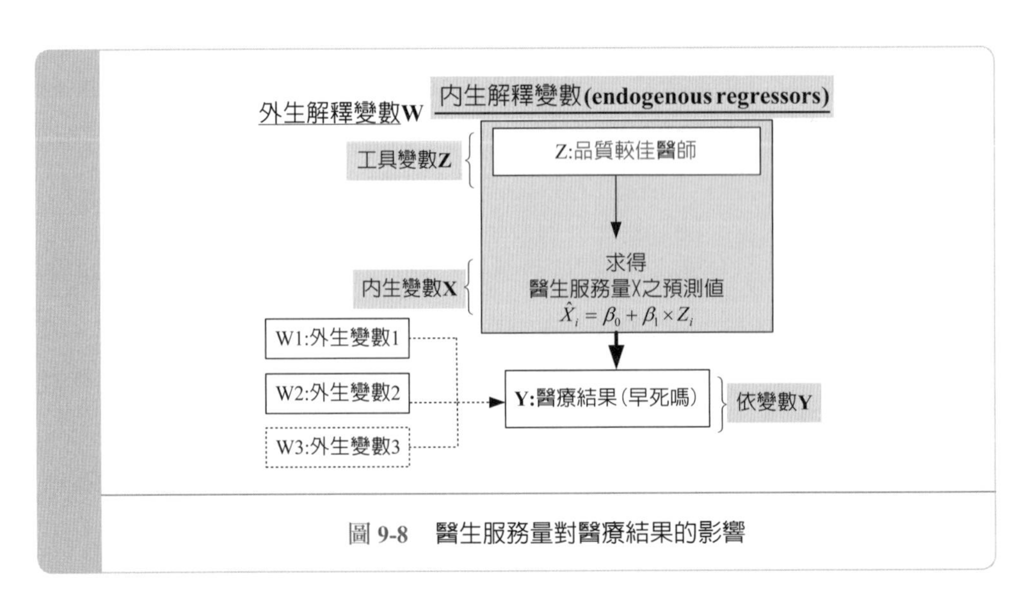

圖 9-8　醫生服務量對醫療結果的影響

31. 嫁妝與家務時間分布的實證研究。
32. 糖尿病 (X) 對勞動市揚 (Y) 的影響。有人運用我國 85 年「國民營養狀況變遷調查」、90 年與 94 年「國民健康訪問調查」資料，分男女按年齡分組估計罹患糖尿病對就業負向衝擊效果。爲考量糖尿病爲內生，使用帶工具變數雙元 Probit 模型，工具變數包含糖尿病家族病史和糖尿病區域盛行率。比較三年度分析可知：85 年與 90 年因缺乏糖尿病家族病史且糖尿病區域盛行率變異不夠大，糖尿病對就業負向衝擊較不明確；惟 94 年則無此二項限制，中老年男性之糖尿病對就業衝擊效果呈顯著爲 –24.22% ，其他各組之效果多偏小或不顯著。

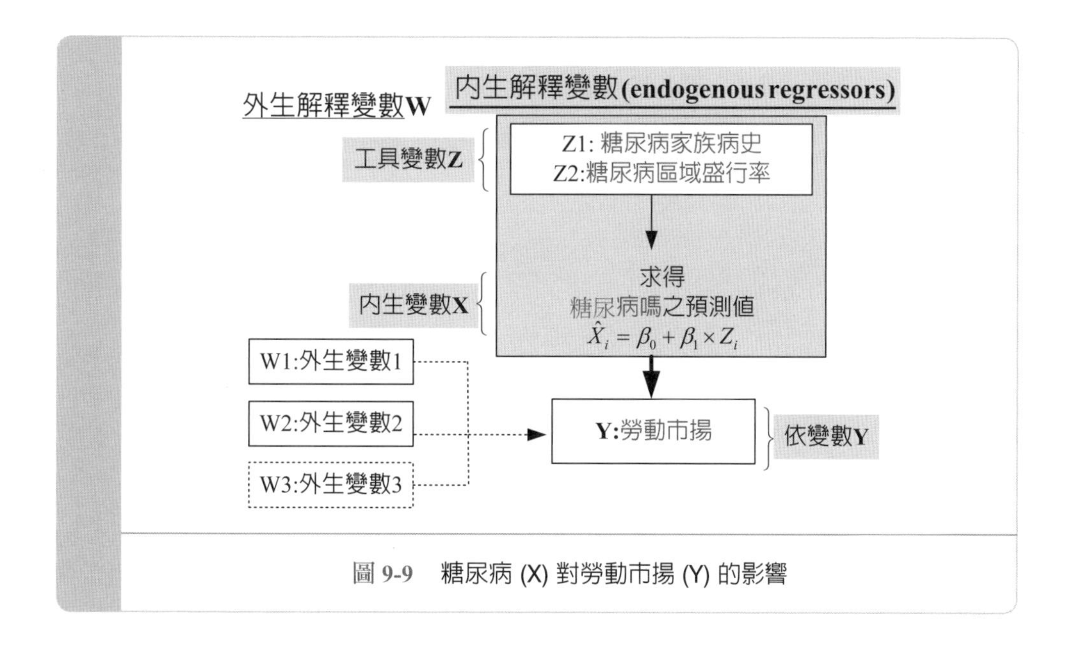

圖 9-9　糖尿病 (X) 對勞動市揚 (Y) 的影響

9-1-2 工具變數 (IV) 之重點整理

一、工具變數 (IV) 之示意圖

當 Cov(x, u) ≠ 0 時 (解釋變數 x 與殘差 u 有相關)，OLS 估計產生偏誤。此時，自變數 x 是內生 (endogenous) 的，解決辦法之一就是採用工具變數 (instrumental variables, IV)。

工具變數可以處理：(1) 遺漏變數產生偏差的問題。(2) 應用於古典變數中誤差 (errors-in-variables) 的情況 (eivreg 指令)。(3) 估計聯立方程式 (simultaneous equation) 參數，STaTa 指令則有三：ivregress(Single-equation instrumental-variables regression) 、reg3(Three-stage estimation for systems of simultaneous equations) 、xtivreg(Instr. var. & two-stage least squares for panel-data models) 。

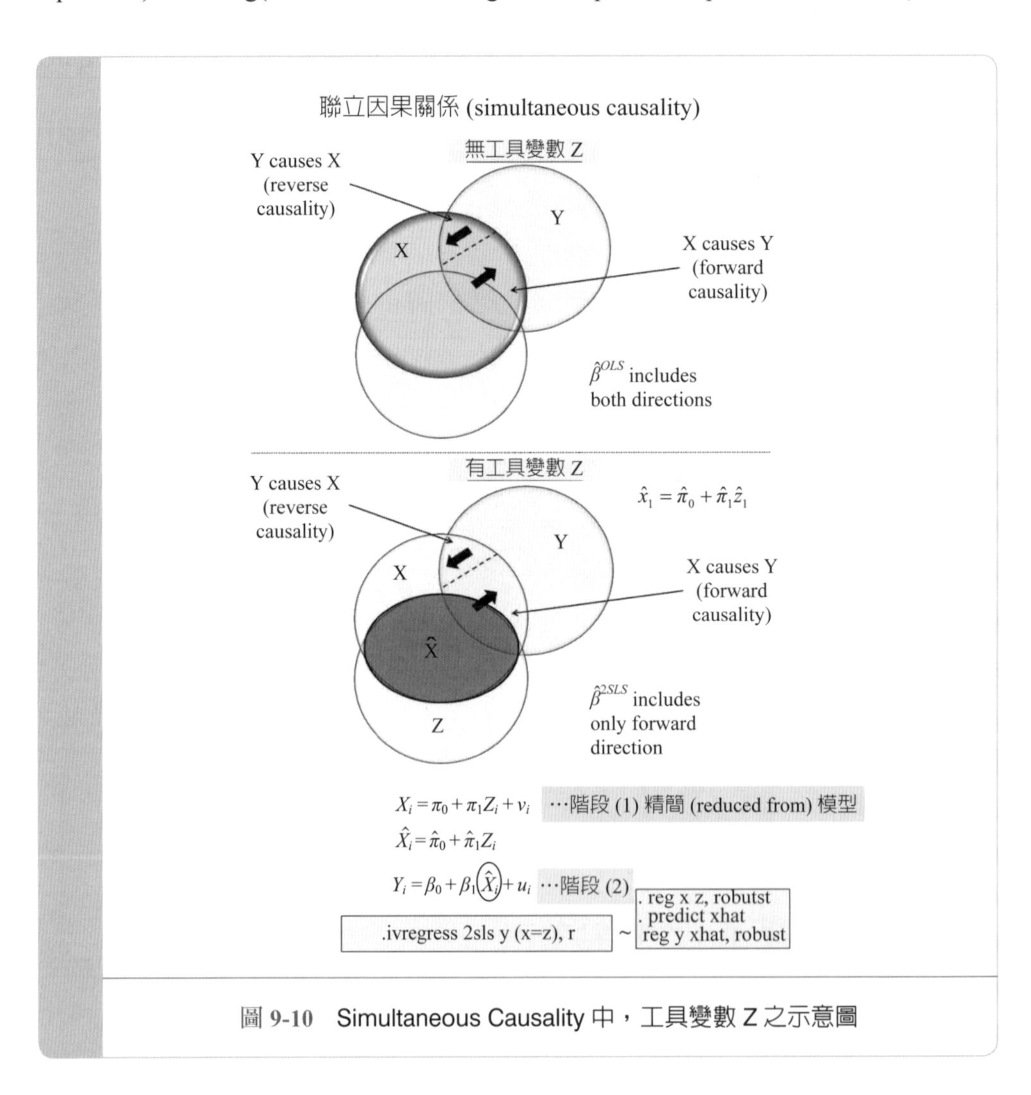

圖 9-10　Simultaneous Causality 中，工具變數 Z 之示意圖

由上圖中可看出：

1. 工具變數 Z 直接影響 X，但與 y 無直接關係。
2. 工具變數 Z 與殘差 u 無關係。

二、如何選擇工具變數 (IV)？

工具變數 Z 必須符合外生性 (exogenous) 與相關性 (relevant)，然而我們該如何尋找？

1. **IV** 必須是外生的可以檢定。
2. **IV** 可能來自於常識來判斷。
3. **IV** 可能來自於經濟理論。
4. **IV** 可能來自於隨機的現象，此現象造成內生變數 X 的改變。

例如：log(wage. = β_0+$\beta_1$educ + u，此「學歷預測薪資」方程式中，請問：

1. 智力 IQ 是好的工具變數嗎？
2. 父母教育水準是好的工具變數嗎？
3. 家庭中小孩子數目是好的工具變數嗎？
4. 出生的季節是好的工具變數嗎？

答：

我們需找一個工具變數「某變數 Z」，它需滿足二個條件：

1. 具有相關性 (relevant): ***corr***(工具變數 Z_i, 內生解釋變數 x) $\neq 0$
2. 具有外生性 exogenous: ***corr***(工具變數 Z_i, 殘差 u_i) $\neq 0$

又如，學生的「測驗分數 = β_0+β_1 班級大小 + u」，此方程式中工具變數(IV.是：與班級大小有關，但與 u 無關，包括父母態度、校外學習環境、學習設備、老師品質等。

小結

工具變數 Z 與殘差 U 相關性低，Z 與 X 相關性高，這樣的工具變數被稱為好工具變數；反之，則稱為劣工具變數。

好的工具變數的識別

1. Z 與 U 不相關，即與 Cov(Z，U)=0。

由於 U 無法觀察，因而難以用正式的工具進行測量，通常由經濟理論來使人們相信。

2. Z 與 X 相關，即與 Cov(Z，X) ≠ 0。

舉例：以雙變數模型為例

Y=a+bX+U

其中，X 與 U 相關，因而 OLS 估計會有偏誤，假設現在有 X 的工具變數 Z，

於是有 Cov(Z，Y)=Cov(Z，a+bX+U)

=Cov(Z，bX)+Cov(Z，U)(a 為截距之常數)

=b Cov(Z，X)

所以有 b=Cov(Z，Y)/Cov(Z，X)

工具變數 Z 的優劣之判斷準則：

1. 工具變數 Z 與殘差 U 不相關，即與 Cov(Z，U)=0；相關性越低，則越好。
2. 工具變數 Z 與解釋變數 X 相關，即與 Cov(Z，X) 不等於 0；相關性越高，則越好。

三、兩階段最小平方法 (two stage least squares, 2SLS)

考慮簡單迴歸模型：$y_i = \beta_0 + \beta_1 x_i + u_i$

兩階段最小平方法 (2SLS) 顧名思義包括兩個階段：

第一個階段：將 x 拆解爲兩個部分，與殘差 u 相關的 regressors 部分，以及與殘差 u 無關的 regressors 部分。

x 的變動 {與 u 相關：丟棄產生偏誤的這一部分；與 u 無關：以工具變數將此部份分離建立一致估計式}

$$x_i = \underbrace{\pi_0 + \pi_1 z_i}_{\text{與 } u \text{ 無關}} + \overbrace{v_i}^{\text{與 } u \text{ 相關}}$$

若係數 π_1 不顯著，則表示 Cov(z,x) ≠ 0 的條件可能不成立，應找尋其他工具變數。若 π_1 顯著，則進行第兩階段迴歸。

第二個階段：採用與殘差 u 無關的部分估計參數，用以建立一致性的估計式。

所得到的估計式稱爲 2SLS 估計式。

$$y_i = \beta_0 + \beta_1 \hat{x}_1 + \varepsilon_i$$

其中，$\hat{x}_1 = \hat{\pi}_0 + \hat{\pi}_1 \hat{z}_1$，表示 x 中與殘差無關的部分。

在小樣本下，2SLS 估計式確切的分布是非常複雜的；不過在大樣本下，2SLS 估計式是一致的，且爲常態分布。

假設 z 是一個工具變數 (IV)，則 z 應符合 2 項條件：

1. z 必須是外生的 (exogenous)：Cov(z, ε) = 0，工具變數需與殘差無關，工具變數亦爲外生 (exogenous) 解釋變數。
2. z 必須與內生變數 x 有相關：Cov(z, x) ≠ 0，工具變數需與解釋變數相關。

四、兩階段最小平方法 (2SLS) 之重點整理

通常會根據常識、經濟理論等，來找尋合適的工具變數 Z。其中，兩階段迴歸分析如下：

1. 以 IV 估計簡單迴歸

第一階段，假設簡單迴歸：$y_i = \beta_0 + \beta_1 x_i + u_i$，令 Z 表示符合條件的工具變數，則：

$$\mathrm{Cov}(z, y) = \beta_1 \mathrm{Cov}(z, x) + \mathrm{Cov}(z, u)$$

因此

$$\beta_1 = \frac{\mathrm{Cov}(z,\ y)}{\mathrm{Cov}(z,\ x)} - \frac{\mathrm{Cov}(z,\ u)}{\mathrm{Cov}(z,\ x)}$$

β_1 的 IV 估計式爲：

$$\hat{\beta}_1 = \frac{\Sigma(z_i - \bar{z})(y_i - \bar{y})}{\Sigma(z_i - \bar{z})(x_i - \bar{x})}$$

同質性假設：$E(u^2 \mid z) = \sigma^2 = \mathrm{Var}(u)$

如同 OLS 的情況，漸近變異數與其估計式可以證明如下：

$$Var(\hat{\beta}_1)=\frac{\sigma^2}{n\sigma_x^2\rho_{x,z}^2}$$

其估計式爲：

$$\frac{\hat{\sigma}^2}{SST_x R_{x,z}^2}$$

(1) 第二階段 OLS 迴歸所得到的標準誤並不是 IV 迴歸的標準誤，此乃由於第二階段 OLS 迴歸是採用第一階段所得到的預測値，因此必須有所調整。
(2) 計量經濟統計軟體 (如 STaTa) 會自動調整爲 IV 迴歸的標準誤。
(3) 在小樣本下，2SLS 估計式的分布是很複雜的；
(4) 在大樣本下，2SLS 估計式是一致的，且爲常態分布：

$$p\lim(\hat{\beta}_1)=\beta_1$$

$$\hat{\beta}_1 \overset{a}{\sim} Normal\ [\beta_1, se(\hat{\beta}_1)]$$

2. IV 與 OLS 之差異比較

IV 與 OLS 估計式標準誤的差別，在於執行 x 對 z 迴歸所得到的 R^2。

$$OLS：Var(\hat{\beta}_1)=\frac{\hat{\sigma}^2}{\Sigma(x_i-\bar{x})^2}=\frac{\hat{\sigma}^2}{SST_x}$$

$$IV：\quad Var(\hat{\beta}_1)=\frac{\hat{\sigma}^2}{SST_x R_{x,z}^2}$$

(1) 由於 $R_{x,z}^2<1$，IV 的標準誤是比較大的。
(2) z 與 x 的相關性越高，IV 的標準誤越小。
(3) 當 $Cov(x, u)\neq 0$，OLS 估計式不是一致的，不過符合條件的 IV 估計式可以證明是一致的。
(4) IV 估計式並非是不偏的。
(5) 由於存在許多的工具變數可供選擇，因此 IV 估計式的標準誤並非最小。
(6) 即便 IV 估計式缺乏效率，但在衆多偏誤的估計式中是一致的。

3. 數個內生解釋變數 (endogenous regressors)

假設我們有數個內生變數，則有 3 種情況：

(1) 過度認定 (over identified)：如果工具變數 Z 個數大於內生變數 X 個數。

(2) 不足認定 (under identified)：如果工具變數 Z 個數小於內生變數 X 個數。

(3) 恰好認定 (just identified)：如果工具變數 Z 個數等於內生變數 X 個數。

基本上，工具變數至少需要與內生自變數一樣多。過度認定或恰好認定，進行 IV 迴歸才有解。在大樣本的情況下，2SLS 可獲得一致的估計式，且爲常態分布，但標準誤 (standard error) 較大。若欲降低標準誤，可找尋與解釋變數相關性較高的工具變數。値得注意的是，若所選擇的工具變數與解釋變數僅存在些許相關，甚至無關時，此法所得之估計式是不一致的。基本上，工具變數至少需要與內生的解釋變數一樣多。若工具變數個數大於內生變數個數，稱爲過度認定 (over identified ，有多組解)；若等於內生變數的個數，稱爲恰好認定 (just identified ，恰一組解) ，若小於內生變數的個數，稱爲不足認定 (under identified ，無解) 。當過度認定時，可進行過度認定限制檢定，檢定某些工具變數是否與誤差項相關。

9-1-3 隨機解釋變數 X(random regressor) 與工具變數 Z(instrumental variable)

(一) 定義

X_t 爲隨機的，且 $\mathrm{Cov}(X_t, \varepsilon_t) \neq 0$。

(二) 影響

1. 估計參數會有偏差

存在一迴歸模型：$Y_t = \beta_1 + \beta_2 X_t + \varepsilon_t$，利用 $\hat{\beta}_2 = \beta_2 + \frac{\sum (X_t - \bar{X})^2 \varepsilon_t}{\sum (X_t - \bar{X})^2}$，整理後改寫爲 $\hat{\beta}_2 = \beta_2 + \frac{\frac{\sum (X_t - \bar{X})^2 \varepsilon_t}{T}}{\frac{\sum (X_t - \bar{X})^2}{T}}$，取期限値

$$E(\hat{\beta}_2) = E\left(\beta_2 + \frac{\frac{\sum (X_t - \bar{X})^2 \varepsilon_t}{T}}{\frac{\sum (X_t - \bar{X})^2}{T}}\right) = \beta_2 + E\left(\frac{\frac{\sum (X_t - \bar{X})^2 \varepsilon_t}{T}}{\frac{\sum (X_t - \bar{X})^2}{T}}\right) \neq \beta_2$$

2. 估計參數不再具備一致性

上式取機率極限

$$P\lim(\hat{\beta}_2) = \beta_2 + P\lim\left(\frac{\frac{\sum (X_t - \bar{X})^2 \varepsilon_t}{T}}{\frac{\sum (X_t - \bar{X})^2}{T}}\right) = \beta_2 + \frac{Cov(X_t, \varepsilon_t)}{Var(X_t)} \neq \beta_2$$

(三) 類型

1. errors-in-variables 問題 (**eivreg** 指令)

存在一迴歸模型：$Y_t = \beta_1 + \beta_2 X_t + \varepsilon_t$，但 X_t 無法被觀察到，因此選擇一個代理變數 (proxy variable) X_t^*，其中

$$X_t^* = X_t + e_t$$

因此，實際估計上是採用下式：

$$Y_t = \beta_1 + \beta_1 X_t^* + \varepsilon_t$$

惟理論上與實際估計模型存在下述關係：

$$\begin{aligned} Y_t &= \beta_1 + \beta_1 X_t^* + \varepsilon_t \\ &= \beta_1 + \beta_2 (X_t - e_t) + \varepsilon_t \\ &= \beta_1 + \beta_2 X_t + (\varepsilon_t - \beta_2 e_t) \end{aligned}$$

此時實際估計模型的自變數與殘差的共變異數為：

$$\begin{aligned} \text{Cov}(X_t^*, \varepsilon_t - \beta_2 e_t) &= E(X_t^*(\varepsilon_t - \beta_2 e_t)) = E((X_t + e_t)(\varepsilon_t - \beta_2 e_t)) \\ &= E(X_t\varepsilon_t + e_t\varepsilon_t - X_t\beta_2 e_t - \beta_2 e_t^2) = X_t\beta_2 E(e_t) - \beta_2 E(e_t^2) \end{aligned}$$

若 $E(e_t) = 0$，則上式等於 $-\beta_2\sigma_e^2$，且 $-\beta_2\sigma_e^2 \neq 0$。

有關「**errors-in-variables**」eivreg 指令之迴歸分析，請見作者《Stata 高等統計》一書。

(四) 解決方法：工具變數法 (instrumental variable)

根據前述的動差法，通常可透過下面兩式取得未知參數 β_1 和 β_2。

$$\text{E}(\varepsilon_t) = 0 \Rightarrow E[(Y_t - \beta_1 - \beta_2 X_t)] = 0$$
$$\text{E}(X_t\varepsilon_t) = 0 \Rightarrow E[(X_t - \beta_1 - \beta_2 X_t)] = 0$$

此時若發生 $\text{E}(X_t, \varepsilon_t) \neq 0$，上面兩式就不適用。工具變數法是企圖找到一個工具變數 Z_t，並符合 $\text{E}(Z_t, \varepsilon_t) = 0$，因此可改用下面兩式取得未知參數 β_1 和 β_2，此時改用：

$$\text{E}(\varepsilon_t) = 0 \Rightarrow E[(Y_t - \beta_1 - \beta_2 X_t)] = 0$$

$$E(Z_t \varepsilon_t) = 0 \Rightarrow E[(Z_t - \beta_1 - \beta_2 X_t)] = 0$$

透過樣本動差 (sample moments)，整理得

$$\frac{\sum_{t=1}^{T}(Y_t - \hat{\beta}_1 - \hat{\beta}_2 X_t)}{T} = 0$$

$$\frac{\sum_{t=1}^{T} Z_t(Y_t - \hat{\beta}_1 - \hat{\beta}_2 X_t)}{T} = 0$$

經整理，得

$$\Rightarrow \begin{cases} \sum_{t=1}^{T}(Y_t - \hat{\beta}_1 - \hat{\beta}_2 X_t) = 0 \\ \sum_{t=1}^{T} Z_t(Y_t - \hat{\beta}_1 - \hat{\beta}_2 X_t) = 0 \end{cases}$$

可得推定量：

$$\hat{\beta}_1 = \overline{Y} - \hat{\beta}_2 \overline{X}$$

$$\hat{\beta}_2 = \frac{T\sum_{t=1}^{T} Z_t Y_t - \sum_{t=1}^{T} Y_t \sum_{t=1}^{T} Z_t}{T\sum_{t=1}^{T} Z_t X_t - \sum_{t=1}^{T} X_t \sum_{t=1}^{T} Z_t} = \frac{\sum_{t=1}^{T}(Z_t - \overline{Z})(Y_t - \overline{Y})}{\sum_{t=1}^{T}(Z_t - \overline{Z})(X_t - \overline{X}}$$

(五) 檢定：橫斷面 Hausman 檢定 (hausman 指令)

1. 比較最小平方法與工具變數法兩種方法估計出的參數是否有差異，如果沒有差異，代表 H_0:Cov$(H_t, \varepsilon_t) = 0$ 被接受。
2. 若迴歸模型 $Y_t = \beta_1 + \beta_1 X_t + \varepsilon_t$，檢定「$H_0$:Cov$(X_t, \varepsilon_t) = 0$」之步驟如下：

   step(1) 選取可使用的工具變數，例如 $Z_{t,1}$ 和 $Z_{t,2}$，來估計

   $$X_t = \alpha_1 + \alpha_2 Z_{t,1} + \alpha_3 Z_{t,2} + u_t$$

   求得 $\hat{u}_t = \hat{\alpha}_1 + \hat{\alpha}_2 Z_{t,1} + \hat{\alpha}_3 Z_{t,2}$。

   step(2) 續估計

   $$Y_t = \beta_1 + \beta_2 X_t + \gamma \hat{u}_t + u_t$$

檢定 $H_0:\gamma = 0$(表示 X_t 與 ε_t 無相關)

9-1-4a 單一工具變數及單一內生變數：內生性檢定

在迴歸模型假定中，若「自變數 x 與誤差項 u」具有相關性，即 $cov(x,u) \neq 0$，謂之內生性 (endogeneity)。

一、內生性問題對參數估計有何影響？

1. 在內生性下，OLS 估計式之參數不再具有不偏性。
2. 在內生性下，OLS 估計式之參數不再具有有效性。
3. 在內生性下，OLS 估計式之參數不再具有一致性。

二、為何產生內生性問題？

1. 迴歸模型中，遺漏重要變數。
2. 模迴歸型中，存有測量誤差。
3. 忽略了聯立方程式。
4. 忽略了動態迴歸。

三、傳統 OLS 如何檢定內生性問題？

假設：

$$y_1 = \beta_0 + \beta_1 y_2 + \beta_2 z_1 + \beta_3 z_2 + u_1$$

其中：z_1, z_2 是外生變數，想知道 y_2 是否外生變數？

也就是 u_1 與 y_2 是否無關。

加入外生變數 z_3, z_4

$$y_2 = \pi_0 + \pi_1 z_1 + \pi_2 z_2 + \pi_3 z_3 + \pi_4 z_4 + v_2 \qquad \text{(a 式)}$$

與 y_2 無關 $\Leftrightarrow$ u_1 與 v_2 無關 $\Leftrightarrow$ $\delta_1 = 0$

令 $u_1 = \delta_1 v_2 + e_1$

因此：

$$y_1 = \pi_0 + \beta_1 y_2 + \beta_2 z_1 + \beta_3 z_2 + \delta_1 \hat{v}_2 + error \qquad \text{(b 式)}$$

由 (a 式) 利用 OLS ⇒ $\hat{v}_2$ 代入 (b 式)

由 (b 式) 利用 OLS 且檢定 H_0: $\delta_1 = 0$ (用 t test)

如果拒絕 (reject)H_0: $\delta_1 = 0$，表示 v_1 與 v_2 相關，

也就是說，y_2 是外生變數。

四、如何解決內生性問題？

1. 工具變數法 (instrumental variable method)：

找一個可觀測的變數 z，且 z 與 x 相關，但 z 與 u 無關。

即 $Cov(z,x) \neq 0, Cov(z,u) = 0$。

有關工具變數之範例，請見「4-3-2 橫斷面 Hausman 檢定：OLS vs. 2SLS 誰優？(hausman 指令)」、「Panel 迴歸分析」一書「6-2-3 Panel-data Hausman-Taylor 法：需工具變數嗎？(xthtaylor)」。

2. 兩階段最小平方法 (Two stage least squares, 2SLS)：

有關 2SLS 範例，請見《Panel 迴歸分析》一書「9-1-4b 兩階段最小平方法迴歸：Wu-Hausman 內生性檢定 (「estat endogenous」指令)」、「6-3-2 panel 資料內生性 (xtivreg 指令)」。

五、眾多範例：單一工具變數及單一內生變數

範例 1 不同年級之研讀效果 (effect of studying on grades)

What is the effect on grades of studying for an additional hour per day? 研究者想了解不同年級的學生每天讀書的時間對其學習成績的影響，但擔心電動遊戲會對結果造成影響

此模型中，各變數之操作型定義爲：

令 Y= 新生第一學期 GPA, X = study time 每天平均讀書時間 (用調查法)。

我們需找一個工具變數：Z = video game，它需滿足二個條件：

(1) relevant: ***corr*** (Z_i, study time) ≠ 0

(2) exogenous: ***corr*** (Z_i, u_i) ≠ 0

隨機分派學校室友，若他有玩電動遊戲，則爲 Z = 1，否則 Z=0。

請問：此工具變數 z 有效嗎？

答：要判斷工具變數 z 是否有效，要偵測工具變數之二個條件是否符合？

條件 (1) relevant: ***corr***(室友的 video game, study time) ≠ 0

條件 (2) exogenous: ***corr***(室友的 video game, u_i) ≠ 0

其對應 reg 指令分兩階段來談：

偵測條件 (1)：relevant: ***corr***(室友的 video game, study time) ≠ 0

```
. regression x z, robust
. predict xhat
. reg y xhat, robust
```

或

```
2SLS y WITH x /INSTRUMENTS z
```

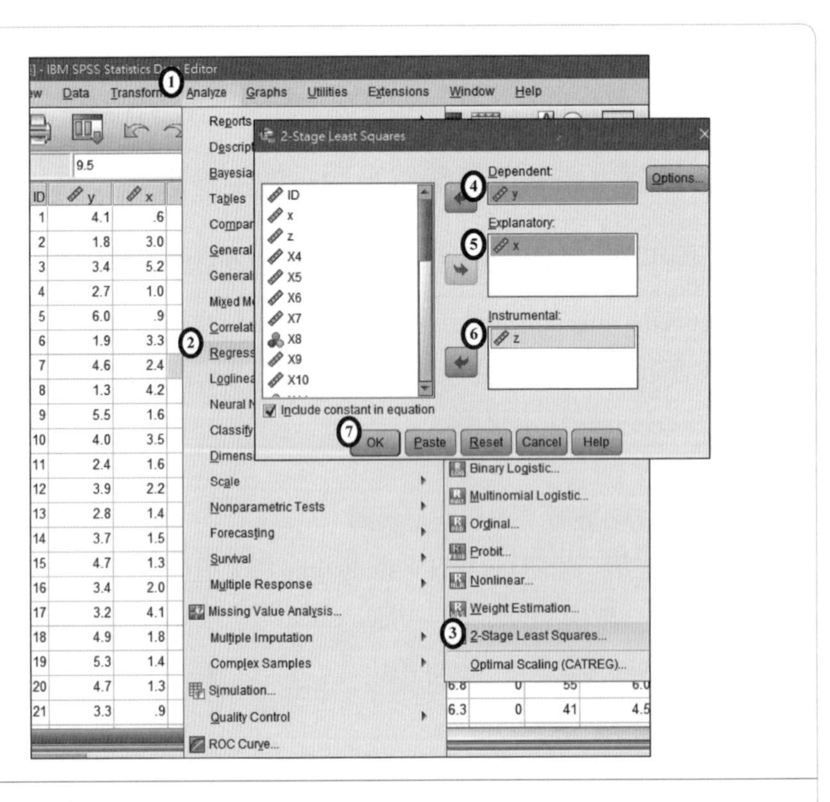

圖 9-11　指令「2SLS y WITH x / INSTRUMENTS z」之畫面

Estimates of the effect of studying on grade performance: Instrumental Variables (using game instruments)					
Independent Variable	IV instrument: RGAME n=210 estimate (std. error)	IV instrument: RCONSOLE n=210 estimate (std. error)	IV instrument: RCOMPUTER n=210 estimate (std. error)	IV instruments: RCONSOLE, RCOMPUTER n=210 estimate (std. error)	IV instruments: RGAME, OGAME x RGAME n=210 estimate (std. error)
STUDY	.360 (.183)**	.511 (.308)*	.312 (.239)	.415 (.209)**	.321 (.163)**
OGAME					.099 (.154)
SEX	-.023 (.129)	.027 (.175)	-.040 (.133)	-.005 (.142)	-.065 (.116)
BLACK	-.356 (.183)*	-.420 (.243)*	-.336 (.185)*	-.379 (.200)*	-.351 (.177)**
ACT	.069 (.018)**	.072 (.022)**	.068 (.017)**	.070 (.019)**	.067 (.016)**
$MAJOR_1$	.393 (.474)	.185 (.652)	.459 (.498)	.318 (.520)	.486 (.426)
$MAJOR_2$	.356 (.454)	.151 (.629)	.422 (.481)	.282 (.499)	.426 (.415)
$MAJOR_3$	.335 (.452)	.152 (.613)	.393 (.468)	.268 (.495)	.371 (.427)
$MAJOR_4$	.298 (.474)	.064 (.669)	.373 (.513)	.214 (.523)	.379 (.429)

圖 9-12　工具變數 z=「使用六種電動玩具之排列組合」，符合都達顯著水準之條件一

偵測條件 (2)：exogenous: *corr*(室友的 video game, u_i) ≠ 0

由於本例 Z 工具變數，係自然實驗，故 Z 的「實驗」結果可視爲「與誤差」無關，故亦符合條件二「外生性 (exogeneity)」。

由於本例挑選的 Z 工具變數符合：相關性 (relevant) 及外生性，所以它是有效的。

範例 2 政策分析：「提高奢侈稅能抑制人民消費行為嗎」？

美國猶他州 (Utah) 在 **1995** 年率先大幅提高捲菸稅收。試問，高菸稅政策會對抽菸消費行爲會產生什麼效果？

圖 9-13　香菸稅之示意圖

香菸需求之模式爲：$\ln(Q_i^{cigarettes}) = \beta_0 + \beta_1 \ln(p_i^{cigarettes}) + u_i$，價格可預測銷售量

Panel data 樣本：

1. 每年香菸消費及平均售價 (含稅)。
2. 美國 48 州，追加 1985-1995 年。
3. 提議工具變數爲：

   Z_i = 該州每包香菸之奢侈稅 = SalesTax_i

   有效的工具變數有二個條件：

   (1) 相關性 (Relevant) ? : $\boldsymbol{corr}(\text{SalesTax}_i, \ln(p_i^{cigarettes})) \neq 0$

   (2) 內生性 (Exogeneity) ?: $\boldsymbol{corr}(\text{SalesTax}_i, u_i) = 0$

爲了解 1995 年前低菸稅 vs.**1995** 年後高菸稅政策，對抽菸消費行爲會產生什麼效果，首先，只以 **1995** 年的樣本來迴歸分析，兩階段迴歸分析步驟：

Step 1 第一回合使用 OLS 迴歸，求得：

$$\ln(\widehat{P_i^{cigarettes}}) = 4.62 + .031\text{SalesTax}_i,\ n = 48$$

Step 2 第 2 回合改用之 Robust OLS 迴歸 (robust SEs)，求得：

$$\ln(Q_i^{cigarettes}) = 9.72 - 1.08\ln(\widehat{P_i^{cigarettes}}),\ n = 48$$
$$(1.50)\quad(0.31)$$

```
         Y          X-hat
. reg lpackpc lravphat if year==1995, r

Linear regression                                      Number of obs =      48
                                                       F(  1,     46) =   10.54
                                                       Prob > F      =  0.0022
                                                       R-squared     =  0.1525
                                                       Root MSE      =  .22645

------------------------------------------------------------------------------
             |               Robust
     lpackpc |      Coef.   Std. Err.      t    P>|t|     [95% Conf. Interval]
-------------+----------------------------------------------------------------
    lravphat |  -1.083586   .3336949    -3.25   0.002    -1.755279   -.4118932
       _cons |   9.719875   1.597119     6.09   0.000     6.505042    12.93471
------------------------------------------------------------------------------
```

註：These coefficients are the 2nd OLS estimates. The standard errors are wrong because they ignore the fact that the first stage was estimated.

圖 9-14　第二步 stata 指令「reg y x_hat, if year ==1995, r」，因未考量第 1 階段之估計量，故標準誤仍是錯的

Step 3　若將前 2 回合 OLS 迴歸一併組合，兩階段迴歸指令「ivregress 2sls…, r」就是正確做法，結果如下：

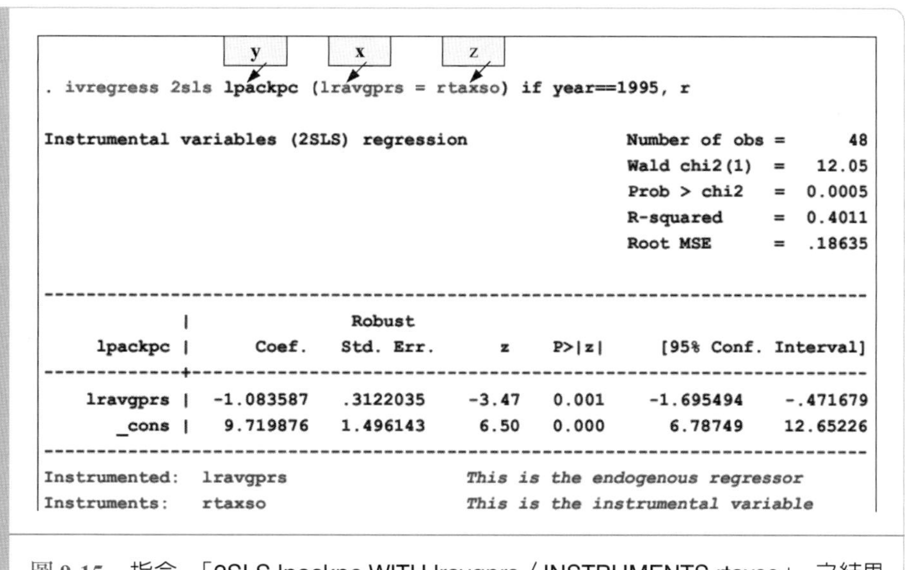

```
                   y          x              z
. ivregress 2sls lpackpc (lravgprs = rtaxso) if year==1995, r

Instrumental variables (2SLS) regression               Number of obs =      48
                                                       Wald chi2(1)  =   12.05
                                                       Prob > chi2   =  0.0005
                                                       R-squared     =  0.4011
                                                       Root MSE      =  .18635

------------------------------------------------------------------------------
             |               Robust
     lpackpc |      Coef.   Std. Err.      z    P>|z|     [95% Conf. Interval]
-------------+----------------------------------------------------------------
    lravgprs |  -1.083587   .3122035    -3.47   0.001    -1.695494    -.471679
       _cons |   9.719876   1.496143     6.50   0.000      6.78749    12.65226
------------------------------------------------------------------------------
Instrumented:  lravgprs                  This is the endogenous regressor
Instruments:   rtaxso                    This is the instrumental variable
```

圖 9-15　指令「2SLS lpackpc WITH lravgprs / INSTRUMENTS rtaxso」之結果

第 2 回合 OLS 迴歸係數 lravphat 之標準差 =0.3336949。但「ivregress 2sls」求得係數 lravphat 之標準差 =0.3122035，反而比較小，但它才是正確的。

範例 3 己婚婦女之教育投報率的估計 (estimating the return to education for married women)

教育程度 (edu) 如何影響個人經濟呢？個人經濟結果包括：個人的薪資報酬 (wage)、消費模型、健康狀況、婚姻狀況及生育行爲，或是配偶的所得及教育程度，甚至是其下一代的健康狀況與教育程度等。

(一) 資料檔之內容

taSet] - IBM SPSS Statistics Data Editor

ew Data Transform Analyze Graphs Utilities Extensions Window Help

1

inlf	hours	kidslt6	kidsge6	age	educ	wage	repwage	hushrs	husage
1	1610	1	0	32	12	3.35	2.65	2708	34
1	1656	0	2	30	12	1.39	2.65	2310	30
1	1980	1	3	35	12	4.55	4.04	3072	40
1	456	0	3	34	12	1.10	3.25	1920	53
1	1568	1	2	31	14	4.59	3.60	2000	32
1	2032	0	0	54	12	4.74	4.70	1040	57
1	1440	0	2	37	16	8.33	5.95	2670	37
1	1020	0	0	54	12	7.84	9.98	4120	53
1	1458	0	2	48	12	2.13	.00	1995	52
1	1600	0	2	39	12	4.69	4.15	2100	43
1	1969	0	1	33	12	4.06	4.30	2450	34
1	1960	0	1	42	11	4.59	4.58	2375	47
1	240	1	2	30	12	2.08	.00	2830	33
1	997	0	2	43	12	2.27	3.50	3317	46
1	1848	0	1	43	10	3.68	3.38	2024	45
1	1224	0	3	35	11	1.35	.00	1694	38
1	1400	0	2	43	12	3.21	4.00	2156	45
1	640	0	5	39	12	5.18	2.25	2250	40
1	2000	0	0	45	12	2.00	2.30	2024	51
1	1324	0	4	35	12	7.55	3.94	2123	40
1	2215	0	2	42	16	3.51	3.30	4160	48

圖 9-16 「mroz.sav」 資料檔内容

```
*此檔另一指令檔:_2sls 書 534 例 3.do
. use mroz, clear
*或 use http://fmwww.bc.edu/ec-p/data/wooldridge/mroz

. describe
  obs:           753
 vars:            22                          2 Sep 1996 16:04
 size:        36,897
-------------------------------------------------------------------------------
              storage  display     value
variable name   type   format      label      variable label
-------------------------------------------------------------------------------
inlf            byte   %9.0g                  =1 if in lab frce, 1975
hours           int    %9.0g                  hours worked, 1975
kidslt6         byte   %9.0g                  # kids < 6 years
kidsge6         byte   %9.0g                  # kids 6-18
age             byte   %9.0g                  woman's age in yrs
educ            byte   %9.0g                  years of schooling
wage            float  %9.0g                  est. wage from earn, hrs
repwage         float  %9.0g                  rep. wage at interview in 1976
hushrs          int    %9.0g                  hours worked by husband, 1975
husage          byte   %9.0g                  husband's age
huseduc         byte   %9.0g                  husband's years of schooling
huswage         float  %9.0g                  husband's hourly wage, 1975
faminc          float  %9.0g                  family income, 1975
mtr             float  %9.0g                  fed. marg. tax rte facing woman
motheduc        byte   %9.0g                  mother's years of schooling
fatheduc        byte   %9.0g                  father's years of schooling
unem            float  %9.0g                  unem. rate in county of resid.
city            byte   %9.0g                  =1 if live in SMSA
exper           byte   %9.0g                  actual labor mkt exper
nwifeinc        float  %9.0g                  (faminc - wage*hours)/1000
lwage           float  %9.0g                  log(wage)
expersq         int    %9.0g                  exper^2
-------------------------------------------------------------------------------
. jb wage
Jarque-Bera normality test:   6106 Chi(2)      0
Jarque-Bera test for Ho: normality
```

1. 工資 (wage) 經 Jarque-Bera 常態性檢定，結果爲 $\chi^2 = 6106(p = 0 < 0.05)$ ，故拒絕「H_0: normality」。由於 wage 已違反線性迴歸「常態性」基本假定，所以需做「ln(x) 變數變換」，使它變成符合常態之變數 lwage。
2. 自然對數之變數變換，指令爲「**. gen** lwage= ln(wage)」。

(二) 分析結果與討論

Step 1 單純之「$\mathbf{Y} = \boldsymbol{\beta}_0 + \boldsymbol{\beta}_1\mathbf{X} + \varepsilon$」**OLS** 迴歸

```
use mroz, clear

. reg lwage educ

      Source |       SS       df       MS              Number of obs =     428
-------------+------------------------------           F(  1,   426) =   56.93
       Model |  26.3264193     1  26.3264193           Prob > F      =  0.0000
    Residual |  197.001022   426  .462443713           R-squared     =  0.1179
-------------+------------------------------           Adj R-squared =  0.1158
       Total |  223.327441   427  .523015084           Root MSE      =  .68003

------------------------------------------------------------------------------
       lwage |      Coef.   Std. Err.      t    P>|t|     [95% Conf. Interval]
-------------+----------------------------------------------------------------
        educ |   .1086487   .0143998     7.55   0.000     .0803451    .1369523
       _cons |  -.1851968   .1852259    -1.00   0.318    -.5492673    .1788736
------------------------------------------------------------------------------
```

1. 未考量工具變數時，學歷 (edu) 與工資 (lwage) ，雙尾 Pearson 積差相關 r=0.11(p<0.05) ，達到 0.05 顯著相關水準。相對地，納入父親學歷 (fatheduc) 當工具變數時，兩階段迴歸分析，卻發現學歷 (edu) 與工資 (lwage) 則未達 0.05 顯著相關性。請見「Step 2」分析。

Step 2 工具變數 Z 加到「$\hat{X}=\lambda_0+\lambda_1 Z+\upsilon$」，形成「$Y=\beta_0+\beta_1\hat{X}+\varepsilon$」

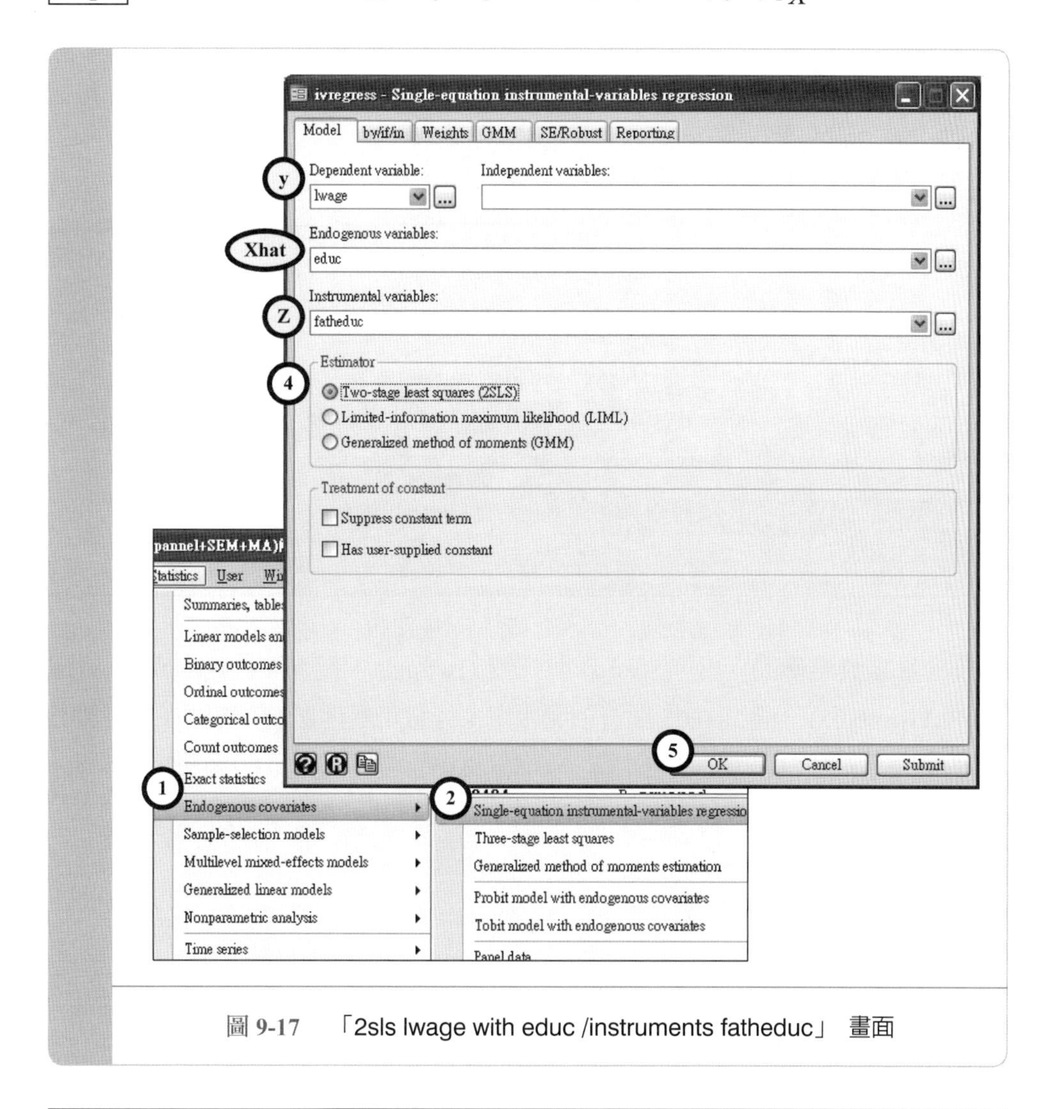

圖 9-17 「2sls lwage with educ /instruments fatheduc」 畫面

```
. use mroz, clear

* 父親學歷 (fatheduc) 為女兒學歷 (educ) 的工具變數
. ivreg lwage (educ = fatheduc )

Instrumental variables (2SLS) regression
```

```
      Source |       SS       df       MS              Number of obs =      428
-------------+------------------------------           F(  1,   426) =     2.84
       Model |  20.8673606     1  20.8673606           Prob > F      =   0.0929
    Residual |   202.46008   426  .475258404           R-squared     =   0.0934
-------------+------------------------------           Adj R-squared =   0.0913
       Total |  223.327441   427  .523015084           Root MSE      =   .68939

------------------------------------------------------------------------------
       lwage |      Coef.   Std. Err.      t    P>|t|     [95% Conf. Interval]
-------------+----------------------------------------------------------------
        educ |   .0591735   .0351418     1.68   0.093    -.0098994    .1282463
       _cons |   .4411034   .4461018     0.99   0.323    -.4357312    1.317938
------------------------------------------------------------------------------
Instrumented:  educ
Instruments:   fatheduc
------------------------------------------------------------------------------
```

1. 未考量工具變數時，學歷 (edu) 與工資 (lwage) ，雙尾 Pearson 積差相關 r=0.11(p<0.05) ，達到 0.05 顯著相關水準。考量工具變數時，學歷 (edu) 與工資 (lwage)，雙尾Pearson積差相關r=0.05(p>0.05)，卻未達到0.05顯著相關水準。
2. 以父親學歷(fatheduc)爲女兒學歷(educ)的工具變數，求得兩階段迴歸模型爲：
   $\text{lwage} = 0.44 + 0.059\text{educ} + \varepsilon$

小結

本例，以父親學歷 (fatheduc) 為女兒學歷 (educ) 的單一工具變數。實務上，亦可多加幾個工具變數，例如：加上媽媽學歷，並且加二個外生解釋變數 (exogenous regressors)「exper expersq」。整個指令修改如下：考量父母學歷這二個工具變數時，學歷 (edu) 與工資 (lwage) ，雙尾 Pearson 積差相關，r=0.06(p<0.05)：

```
. use mroz, clear

* 勾選 first，才會印出First-stage regressions
. ivregress 2sls  lwage (educ = motheduc fatheduc) exper expersq, first
```

```
First-stage regressions
-----------------------

                                                Number of obs   =        428
                                                F(   4,    423) =      28.36
                                                Prob > F        =     0.0000
                                                R-squared       =     0.2115
                                                Adj R-squared   =     0.2040
                                                Root MSE        =     2.0390

------------------------------------------------------------------------------
        educ |      Coef.   Std. Err.      t    P>|t|     [95% Conf. Interval]
-------------+----------------------------------------------------------------
       exper |   .0452254   .0402507     1.12   0.262    -.0338909    .1243417
     expersq |  -.0010091   .0012033    -0.84   0.402    -.0033744    .0013562
    motheduc |    .157597   .0358941     4.39   0.000      .087044    .2281501
    fatheduc |   .1895484   .0337565     5.62   0.000     .1231971    .2558997
       _cons |    9.10264   .4265614    21.34   0.000     8.264196    9.941084
------------------------------------------------------------------------------


Instrumental variables (2SLS) regression               Number of obs =    428
                                                       Wald chi2(3)  =  24.65
                                                       Prob > chi2   = 0.0000
                                                       R-squared     = 0.1357
                                                       Root MSE      = .67155

------------------------------------------------------------------------------
       lwage |      Coef.   Std. Err.      z    P>|z|     [95% Conf. Interval]
-------------+----------------------------------------------------------------
        educ |   .0613966   .0312895     1.96   0.050     .0000704    .1227228
       exper |   .0441704   .0133696     3.30   0.001     .0179665    .0703742
     expersq |   -.000899   .0003998    -2.25   0.025    -.0016826   -.0001154
       _cons |   .0481003    .398453     0.12   0.904    -.7328532    .8290538
------------------------------------------------------------------------------
Instrumented:  educ
Instruments:   exper expersq motheduc fatheduc
```

1. 母親學歷 (motheduc) 及父親學歷 (fatheduc) 當作子女學歷 (educ) 的工具變數，外加二個外生解釋變數 (exogenous regressors)「exper expersq」，所求得「完整」兩階段迴歸式模型爲：

$$\text{lwage}_i = 0.48 + 0.061\text{educ}_i + 0.04\text{exper}_i - 0.0009\text{expersq}_i + \varepsilon_i$$

2. 未考慮工具變數時，學歷 (edu) 與工資 (lwage) 兩者皆達到 0.05 顯著相關水準。相對地，只納入父親學歷 (fatheduc) 當工具變數時，會發現學歷 (edu) 與工資 (lwage) 均未達 0.05 顯著相關性。但是，再考慮二個干擾之外生變數 (exper expersq) 時，學歷 (edu) 與工資 (lwage) 兩者又回到 0.05 顯著相關水準。

Step 3 Wu-Hausman 內生性檢定 (「estat endogenous」指令)

如何偵測變數是否具內生性呢？可以利用「**ivregress 2sls**」事後指令「**estat endogenous**」之 Wu-Hausman 檢定：

$$\begin{cases} H_0 : Cov(x,u) = 0, x\text{是外生性} \\ H_1 : Cov(x,u) \neq 0, x\text{是內生性} \end{cases}$$

檢定自變數的外生性可以幫助我們選擇採用 OLS 或 IV 迴歸。

如果無法拒絕虛無假設 H_0，則內生自變數不存在，OLS 估計式與 IV 估計式都是一致的，我們應該採用較有效率的 OLS 估計式。此時

$$(\hat{\beta}_{OLS} - \hat{\beta}_{IV}) \to 0$$

1. Wu-Hausman 內生性檢定：

$$\begin{cases} H_0 : Cov(x,u) = 0, x\text{是外生性} \\ H_1 : Cov(x,u) \neq 0, x\text{是內生性} \end{cases}$$

本例若用 STaTa 可求得 $F_{(1,423)} = 2.79$，p>0.05，故接受「Ho: variables are exogenous(外生性)」，表示內生自變數「motheduc 、fatheduc」不存在，OLS 估計式與 IV 估計式都是一致的，本例我們應該採用較有效率的 OLS 估計式。此時

$$(\hat{\beta}_{OLS} - \hat{\beta}_{IV}) \to 0$$

範例 4 使用大學接近度 (College Proximity) 當作教育的 IV

本例旨在估計工具變數迴歸式：「大學附近嗎 (nearc4) →學歷 (educ) →工資 (wage)」，即員工額外在職進修教育年數對其薪資 (wage) 的影響效果百分比。

(一) 資料檔之內容

1. 以居住在四年制大學附近嗎 (nearc4) 當作學歷 (educ) 的工具變數。
2. 內生解釋變數 (endogenous regressors)，包括學歷 (educ)。
3. 依變數：工資 ln(wage)。因工資 (wage) 違反線性迴歸「常態性」，故取自然對數。
4. 外生解釋變數 (exogenous regressors)，包括：exper,expersq,black,smsa,south。

ataSet] - IBM SPSS Statistics 資料編輯器

檢視(V) 資料(D) 轉換(T) 分析(A) 圖形(G) 公用程式(U) 延伸(X) 視窗(W) 說明(H)

id	nearc2	nearc4	educ	age	fatheduc	motheduc	weight	momdad14
2	0	0	7	29	.	.	158413	1
3	0	0	12	27	8	8	380166	1
4	0	0	12	34	14	12	367470	1
5	1	1	11	27	11	12	380166	1
6	1	1	12	34	8	7	367470	1
7	1	1	12	26	9	12	380166	1
8	1	1	18	33	14	14	367470	1
9	1	1	14	29	14	14	496635	1
10	1	1	12	28	12	12	367772	1
11	1	1	12	29	12	12	480445	1
12	1	1	9	28	11	12	380166	1
13	1	1	12	26	11	6	380166	1
14	1	1	11	24	11	6	369567	1
15	1	1	11	30	11	6	496635	1
16	1	1	16	31	.	8	648053	0
17	1	1	14	24	15	12	357519	1
19	1	1	12	34	12	8	367470	1
20	1	1	14	29	.	12	496635	0
22	1	1	10	26	8	8	367772	1
25	1	1	12	32	8	8	355491	1
26	1	1	18	32	12	13	367470	1

圖 9-18 「card.dta」 資料檔內容 (N=3010)

觀察資料之特徵

```
. use card, clear
*或 use http://fmwww.bc.edu/ec-p/data/wooldridge/card
id        int    %9.0g
nearc2    byte   %9.0g 住在2年專科學校附近  =1 if lived near a 2 yr college in 1966
nearc4    byte   %9.0g 住在4年專科學校附近  =1 if lived near a 4 yr college in 1966
educ      byte   %9.0g                     years of schooling, 1976
age       byte   %9.0g                     in years
fatheduc  byte   %9.0g                     father's schooling
motheduc  byte   %9.0g                     mother's schooling
weight    float  %9.0g                     NLS sampling weight, 1976
momdad14  byte   %9.0g                     =1 if live with mom, dad at 14
sinmom14  byte   %9.0g                     =1 if with single mom at 14
step14    byte   %9.0g                     =1 if with step parent at 14
reg661    byte   %9.0g                     regional dummy, 1966
reg662    byte   %9.0g
reg663    byte   %9.0g
reg664    byte   %9.0g
reg665    byte   %9.0g
reg666    byte   %9.0g
reg667    byte   %9.0g
reg668    byte   %9.0g
reg669    byte   %9.0g
south66   byte   %9.0g                     =1 if in south in 1966
black     byte   %9.0g                     =1 if black
smsa      byte   %9.0g                     =1 in in SMSA, 1976
south     byte   %9.0g                     =1 if in south, 1976
smsa66    byte   %9.0g                     =1 if in SMSA, 1966
wage      int    %9.0g                     hourly wage in cents, 1976
enroll    byte   %9.0g                     =1 if enrolled in school, 1976
kww       byte   %9.0g                     knowledge world of work score
iq        int    %9.0g                     IQ score
married   byte   %9.0g                     =1 if married, 1976
libcrd14  byte   %9.0g                     =1 if lib. card in home at 14
exper     byte   %9.0g                     工作年資
lwage     float  %9.0g                     log(wage)
```

```
expersq    int    %9.0g                    exper^2
--------------------------------------------------------------------------------
Sorted by:

. note

_dta:
1.Using Geographic Variation in College Proximity to Estimate the Returns to School-
  ing," by D. Card (1994) in L.N. Christophides 等人(ed.), Aspects of Labour Market
  Behaviour: Essays in Honour of John Vanderkamp and used in the textbook: Introduc-
  tory Econometrics: A Modern Approach, second edition, by Jeffrey M. Wooldridge.
```

(二) 分析結果與討論

Step 1 單純之「$Y = \beta_0 + \beta_1 X + \varepsilon$」OLS 迴歸

```
. use card, clear
. reg lwage educ

      Source |       SS       df       MS              Number of obs =    3010
-------------+------------------------------           F(  1,  3008) =  329.54
       Model |  58.5153704     1  58.5153704           Prob > F      =  0.0000
    Residual |  534.126274  3008  .177568575           R-squared     =  0.0987
-------------+------------------------------           Adj R-squared =  0.0984
       Total |  592.641645  3009  .196956346           Root MSE      =  .42139


------------------------------------------------------------------------------
       lwage |      Coef.   Std. Err.      t    P>|t|     [95% Conf. Interval]
-------------+----------------------------------------------------------------
        educ |   .0520942   .0028697    18.15   0.000     .0464674     .057721
       _cons |   5.570882   .0388295   143.47   0.000     5.494747    5.647017
------------------------------------------------------------------------------
```

1. 未考量工具變數時，學歷 (edu) 與工資 (lwage)，雙尾 Pearson 積差相關 $r=0.05 (p<0.05)$。

Step 2 工具變數 **Z** 加到「$\hat{X} = \lambda_0 + \lambda_1 Z + \upsilon$」，形成「$y = \beta_0 + \beta_1 \hat{X} + \beta_2 W + \varepsilon$」

```
. use card, clear
* 舊板 ivreg 指令 ( 一階及兩階 )，不等於「ivregress 2sls」指令 ( 兩階段 )
* 學歷 (educ) 有多個工具變數，包括：exper、expersq、black、black、south、nearc4。
. ivreg lwage (educ = nearc4 ) exper expersq black smsa south, first

First-stage regressions

      Source |       SS       df       MS              Number of obs =    3010
-------------+------------------------------           F(  6,  3003) =  451.87
       Model |  10230.4843     6  1705.08072           Prob > F      =  0.0000
    Residual |  11331.5958  3003  3.77342516           R-squared     =  0.4745
-------------+------------------------------           Adj R-squared =  0.4734
       Total |  21562.0801  3009  7.16586243           Root MSE      =  1.9425

------------------------------------------------------------------------------
        educ |      Coef.   Std. Err.      t    P>|t|     [95% Conf. Interval]
-------------+----------------------------------------------------------------
       exper |  -.4100081   .0336939   -12.17   0.000    -.4760735   -.3439427
     expersq |   .0007323   .0016499     0.44   0.657    -.0025029    .0039674
       black |  -1.006138   .0896454   -11.22   0.000    -1.181911   -.8303656
        smsa |   .4038769   .0848872     4.76   0.000     .2374339    .5703199
       south |   -.291464   .0792247    -3.68   0.000    -.4468042   -.1361238
      nearc4 |   .3373208   .0825004     4.09   0.000     .1755577    .4990839
       _cons |   16.65917   .1763889    94.45   0.000     16.31332    17.00503
------------------------------------------------------------------------------


Instrumental variables (2SLS) regression

      Source |       SS       df       MS              Number of obs =    3010
-------------+------------------------------           F(  6,  3003) =  120.83
       Model |  133.463143     6  22.2438571           Prob > F      =  0.0000
    Residual |  459.178502  3003  .152906594           R-squared     =  0.2252
-------------+------------------------------           Adj R-squared =  0.2237
       Total |  592.641645  3009  .196956346           Root MSE      =  .39103
```

```
------------------------------------------------------------------------------
       lwage |      Coef.   Std. Err.      t    P>|t|     [95% Conf. Interval]
-------------+----------------------------------------------------------------
        educ |   .1322888   .0492332     2.69   0.007     .0357546    .2288231
       exper |    .107498   .0213006     5.05   0.000     .0657327    .1492632
     expersq |  -.0022841   .0003341    -6.84   0.000    -.0029392   -.0016289
       black |  -.1308019   .0528723    -2.47   0.013    -.2344715   -.0271323
        smsa |   .1313237   .0301298     4.36   0.000     .0722465    .1904009
       south |  -.1049005   .0230731    -4.55   0.000    -.1501412   -.0596598
       _cons |   3.752781   .8293409     4.53   0.000     2.126648    5.378915
------------------------------------------------------------------------------
Instrumented:  educ
Instruments:   exper expersq black smsa south nearc4
------------------------------------------------------------------------------
```

1. 第一階迴歸：學歷 (educ) 有 6 個工具變數，包括：exper 、expersq 、black 、smsa 、south 、nearc4。除了 expersq 外，其餘 5 個都是非時變變數，且與學歷 (educ) 都達到 0.05 顯著相關，故這五個非時變變數當中，僅用「(educ =nearc4)」來界定 nearc4 是工具變數，其餘 5 個都是兩階段迴歸之 exogenous regressors。
2. 未考量工具變數時，學歷 (educ) 與工資 (lwage)，雙尾 Pearson 積差相關 r=0.05(p<0.05)。考量工具變數時，學歷 (educ) 與工資 (lwage)，雙尾 Pearson 積差相關，增加至 r=0.13(p<0.05)。
3. 以就讀 4 年大學嗎 (nearc4) 爲員工學歷 (educ) 的工具變數，求得兩階段迴歸模型爲：

   $$\text{lwage} = 3.75 + 0.13\text{educ} + 0.107\text{expr} - 0.002\text{expr}^2 - 0.13\text{black} + 0.13\text{smsa} - 0.1\text{south} + \varepsilon$$

4. 本例採用舊版指令：

   「**ivreg** lwage (educ = nearc4) exper expersq black smsa south, **first**」，等於下列指令，兩者印出報表一模一樣：

```
* 勾選 first，才可印出 First-stage regressions
. ivregress 2sls lwage exper expersq black smsa south (educ = nearc4), first
```

9-1-4b 兩階段最小平方法迴歸：Wu-Hausman 內生性檢定 (「estat endogenous」指令)

一、理論建構的二途徑 (內生性≠中介變數)

模型 (model) 與理論 (theory) 是一體二面，意義上，兩者是實質等同之關係。

理論建構是一個過程，在建構的過程中所發展出來的構念 (概念) 與假設 (命題) 是用來說明至少兩個定理或命題的關係。Kaplan(1964) 提出理論建構有兩個途徑 **(intention vs. extension)**：

(一) 內部細緻化 / 內伸法 (knowledge growth by intention)

在一個完整的領域內，使內部的解釋更加細緻、更適當化。**Intention 有 3 種方法：**

1. 增加中介 (Intervention) 變數 (內生性≠中介變數)

在「自變數 X 影響依變數 Y」關係中，添增一個中介變數 I，使原來的「X → Y」變成「X → I → Y」的關係，原始「刺激 S →反應 R」古典制約理論變成「刺激 S →有機體 O →反應 R」認知心理學。

2. 尋找「共同」外生變數 (exogenous variable)

例如「抽菸→癌症」關係中，發現抽菸 (X 變數) 是因爲心情不好 (E 變數)，癌症 (Y 變數) 也是因爲心情不好，此時「X → Y」關係變成下圖的關係。原來「X → Y」的虛假關係不見了，後來發現 E 才是 X 與 Y 的共同原因 (common cause)。又如，多角化程度與國際化程度也是組織績效的共同原因。

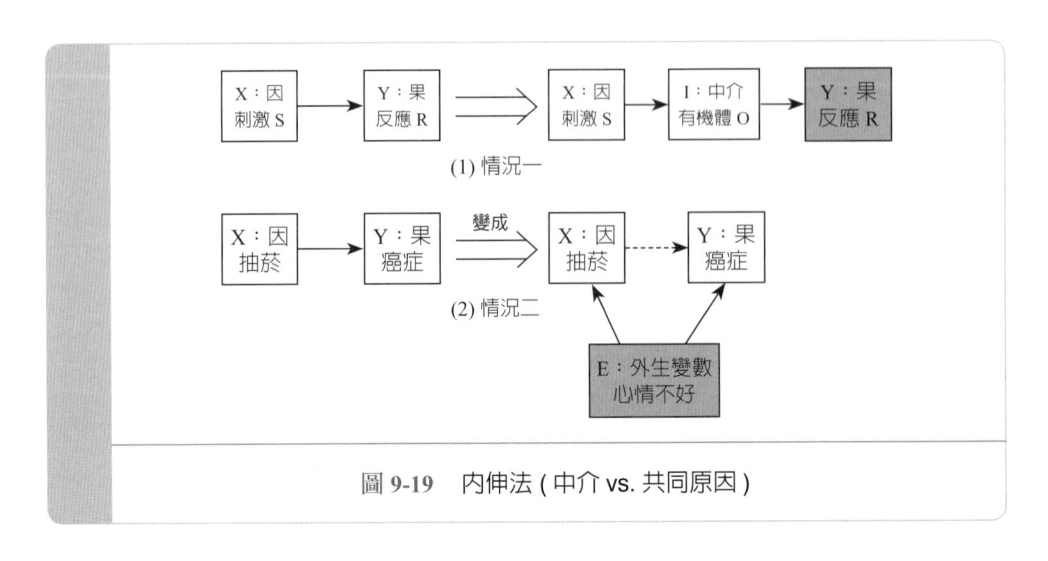

圖 9-19 內伸法 (中介 vs. 共同原因)

(1) 變數「刺激 S」亦可當作中介「有機體 O」的工具變數 (IV)，此時可將 OLS/SEM 模型改用兩階段最小平方法迴歸來取代。

(2) 偵測變數「心情不好」是強外生，可用 Wu-Hausman 內生性檢定 (「estat endogenous」指令)。

3. 增加干擾 (moderate) 變數 [次族群 (subgroup) ，即 multi-level 混合模型、multi-level SEM)] 。

例如：「工作滿意影響工作績效」的模型中，後來發現年齡層 [次族群之調節 (干擾) 變數 M] 亦會影響工作績效 (Y 變數) ，此時原來的「X → Y」關係，就變成下圖，即 X 與 Y 的關係是有條件性的，隨著調節 (干擾) 變數的不同，其關係強度亦會隨著不同。例如：原來「父母社經地位→子女成績」其關係強度係隨著「不同縣市城鄉差距」而變動。

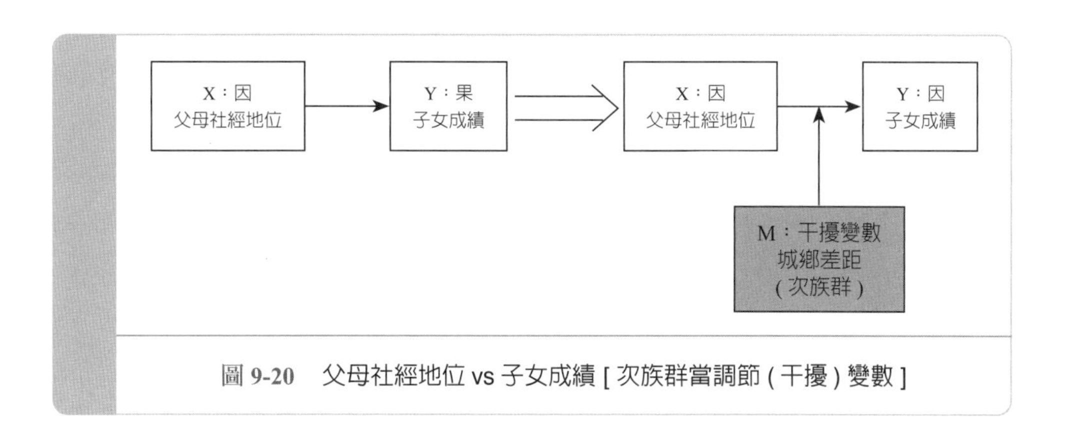

圖 9-20　父母社經地位 vs 子女成績 [次族群當調節 (干擾) 變數]

又如，腦中風的危險因子 (高血壓、症狀性心衰竭、瓣膜性心臟病) 受到性別、年紀、糖尿病、家族中風史……等次族群 (subgroup) 的干擾 (moderate)。

(二) 外延法 (knowledge growth by extension)

在一個較小的領域，先求取完整的解釋，然後將此結論延伸至相似的領域，此種 extension 模型有三種不同的做法：

1. 增加內生變數 (endogenous variable)

由已知「X → Y」延伸爲「X → Y → Z」，即從已知 X 與 Y 的關係中延伸至 Z 的知識。例如：原來「個人態度→意向」變成「個人態度→意向→實際行爲」。

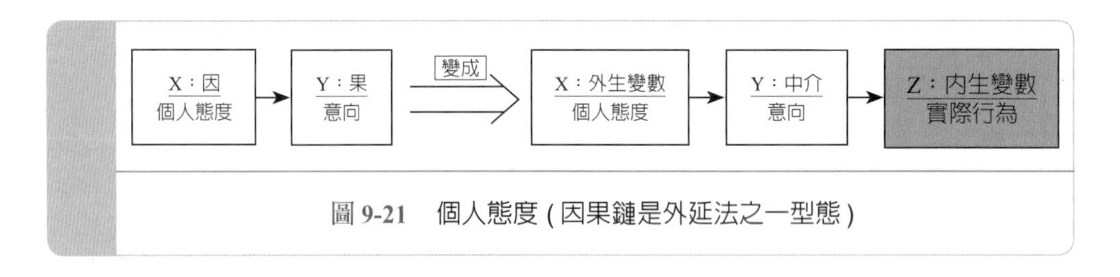

圖 9-21 個人態度 (因果鏈是外延法之一型態)

2. 增加另一原因之外生變數

由已知「X → Y」延伸爲下圖關係，即由原先發現 X 會影響 Y ，後來又發現 Z 也會影響 Y。例如：除「學生 IQ →成績」外，「家長社經地位→成績」。其統計可採淨相關 $r_{XY,Z}$ = 0.04(排除 Z 之後，X 與 Y 的淨相關) 、及 $r_{ZY,X}$ = 0.03。又如，工作滿意及組織承諾都是 職意圖的前因。再舉一例子，影響疏離感 (Alienation) 的原因有 5 項，包括 (1) 個人特徵 (成就動機、內外控、工作倫理)；(2) 上級領導 (支持型)；(3) 工作設計 (變異性、回饋性、自主性)。(4) 角色壓力 (角色混淆、角色衝突)；(5) 工作內涵 (正式化、授權層級、決策參與、組織支持)。

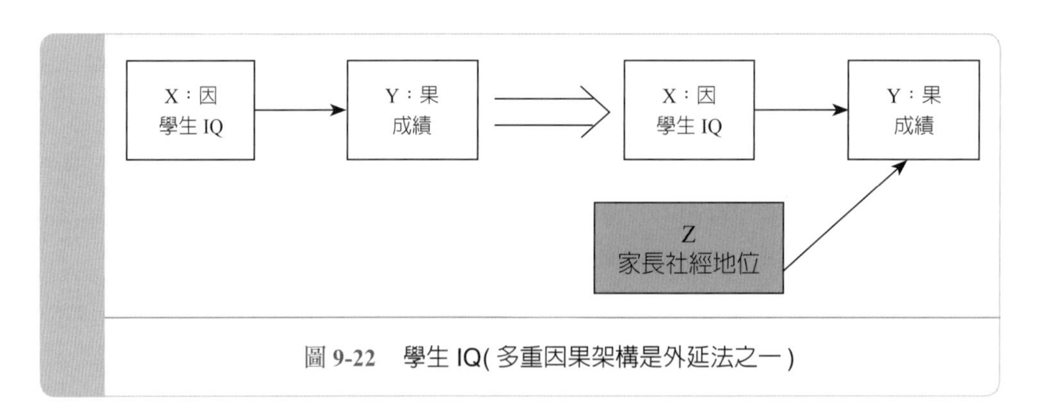

圖 9-22 學生 IQ(多重因果架構是外延法之一)

學生 IQ 及家長社經地位都是強外生 (stick exogenouse)。

3. 增加另一結果之內生變數

由已知「X → Y」延伸爲下圖關係，即由原先發現 X 會影響 Y ，後來又發現 X 也會影響 Z。例如：原來「地球氣候→糧食產量」，又發現「地球氣候→河川水文」。再舉一例子，疏離感 (Alienation) 的後果有 4 項，包括：(1) 態度面 (工作滿意、工作涉入、組織認同、組織承諾)；(2) 離職意向；(3) 員工績效 (工作績效、OCB)；(4) 副作用 (酗酒)。

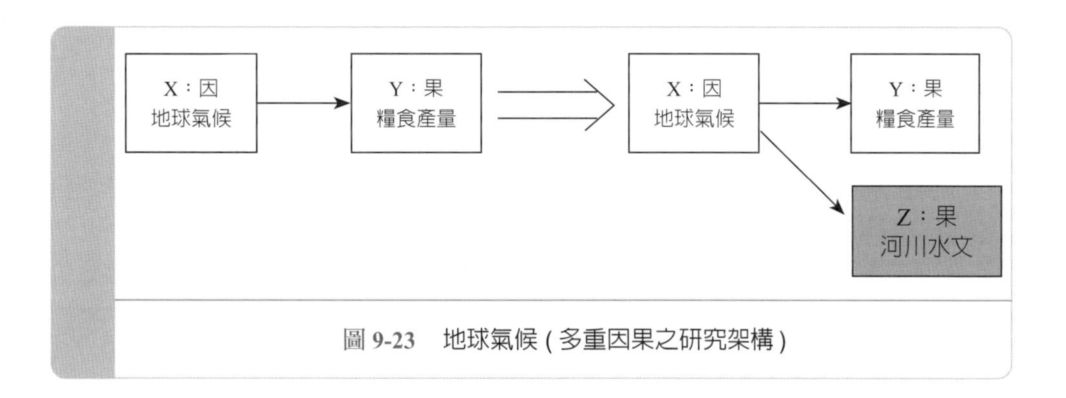

圖 9-23　地球氣候 (多重因果之研究架構)

二、內生性檢定 (「estat endogenous」指令)

如何偵測變數是否具內生性呢？可以利用「**ivregress 2sls**」事後指令「**estat endogenous**」之 Wu-Hausman 檢定：

$$\begin{cases} H_0 : Cov(x,u) = 0, x\text{是外生性} \\ H_1 : Cov(x,u) \neq 0, x\text{是內生性} \end{cases}$$，其中 u 爲殘差

檢定自變數的外生性可以幫助我們選擇採用 OLS 或 IV 迴歸。

如果無法拒絕虛無假設 H_0，則內生自變數不存在，OLS 估計式與 IV 估計式都是一致的，我們應該採用較有效率的 OLS 估計式。此時

$$(\hat{\beta}_{OLS} - \hat{\beta}_{IV}) \to 0$$，其中 → 爲殘差

相對地，若如拒絕虛無假設 H_0，則內生自變數存在，OLS 估計式是不一致的，但 IV 估計式是一致的。此時

$$(\hat{\beta}_{OLS} - \hat{\beta}_{IV}) \to \text{常數} c \neq 0$$，其中 → 爲「趨近」

三、範例：內生性 Wu-Hausman 檢定 (「estat endogenous」事後指令)

假設當地房價 (rent) 來預測當地房租 (rent) 模型中，試問 faminc(當地平均家庭收入) 及類別變數 region(地段) 兩者是否爲適當的工具變數呢？

Step 1 變數描述

1. 依變數 y：rent 變數 (平均房租)。
2. 連續變數 faminc(當地平均家庭收入) 及類別變數 region(地段，前導字 "i." 宣告爲 Indicator 變數)，兩者爲 hsngval(平均房價) 解釋變數的工具變數。
3. pcturban 爲外生解釋變數 (exogenous regressor)。

```
. use http://www.stata-press.com/data/r13/hsng
(1980 Census housing data)

. describe rent pcturban hsngval faminc region

              storage  display     value
variable name   type   format      label      variable label
------------------------------------------------------------------------------
rent            long   %6.2f                平均房租 Median gross rent
pcturban        float  %8.1f                 住市區的人口 %
hsngval         long   %9.2f                平均房價 Median hsng value
faminc          long   %8.2f              平均家庭收入 Median family inc., 1979
region          int    %8.0g       region     地段 Census region
```

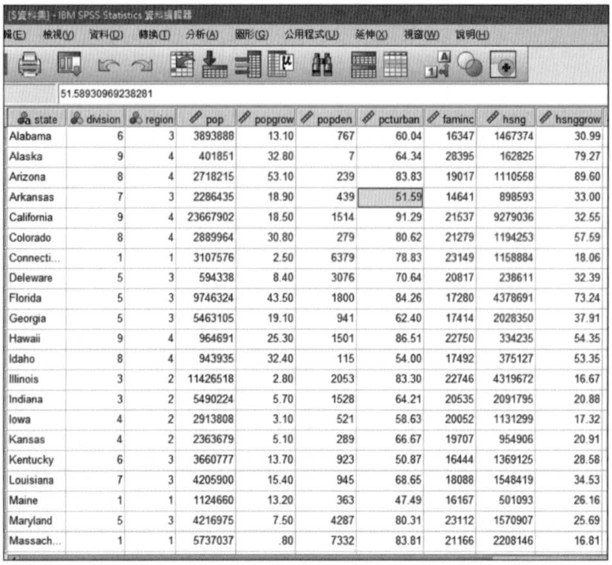

[$資料集] - IBM SPSS Statistics 資料編輯器

51.58930969238281

state	division	region	pop	popgrow	popden	pcturban	faminc	hsng	hsnggrow
Alabama	6	3	3893888	13.10	767	60.04	16347	1467374	30.99
Alaska	9	4	401851	32.80	7	64.34	28395	162825	79.27
Arizona	8	4	2718215	53.10	239	83.83	19017	1110558	89.60
Arkansas	7	3	2286435	18.90	439	51.59	14641	898593	33.00
California	9	4	23667902	18.50	1514	91.29	21537	9279036	32.55
Colorado	8	4	2889964	30.80	279	80.62	21279	1194253	57.59
Connecti...	1	1	3107576	2.50	6379	78.83	23149	1158884	18.06
Deleware	5	3	594338	8.40	3076	70.64	20817	238611	32.39
Florida	5	3	9746324	43.50	1800	84.26	17280	4378691	73.24
Georgia	5	3	5463105	19.10	941	62.40	17414	2028350	37.91
Hawaii	9	4	964691	25.30	1501	86.51	22750	334235	54.35
Idaho	8	4	943935	32.40	115	54.00	17492	375127	53.35
Illinois	3	2	11426518	2.80	2053	83.30	22746	4319672	16.67
Indiana	3	2	5490224	5.70	1528	64.21	20535	2091795	20.88
Iowa	4	2	2913808	3.10	521	58.63	20052	1131299	17.32
Kansas	4	2	2363679	5.10	289	66.67	19707	954906	20.91
Kentucky	6	3	3660777	13.70	923	50.87	16444	1369125	28.58
Louisiana	7	3	4205900	15.40	945	68.65	18088	1548419	34.53
Maine	1	1	1124660	13.20	363	47.49	16167	501093	26.16
Maryland	5	3	4216975	7.50	4287	80.31	23112	1570907	25.69
Massach...	1	1	5737037	.80	7332	83.81	21166	2208146	16.81

圖 9-24 「hsng2.dta」 資料檔之內容

Step 2 2SLS 模型的認定

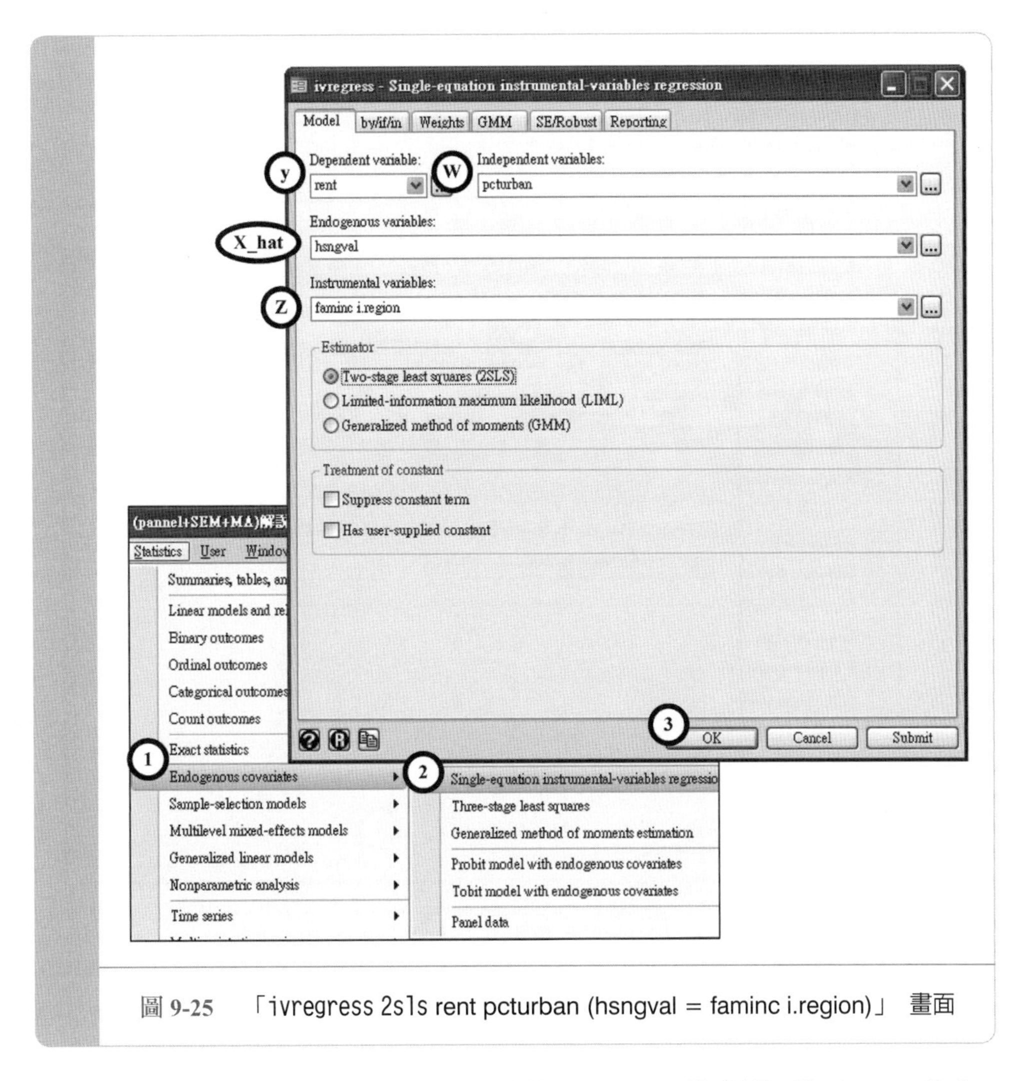

圖 9-25 「ivregress 2sls rent pcturban (hsngval = faminc i.region)」 畫面

因 SPSS 2SLS 無法納入「外生解釋變數 pcturban」，故本例只能用 STaTa 指令。

Step 3 內生性檢定：**Wu-Hausman** 檢定

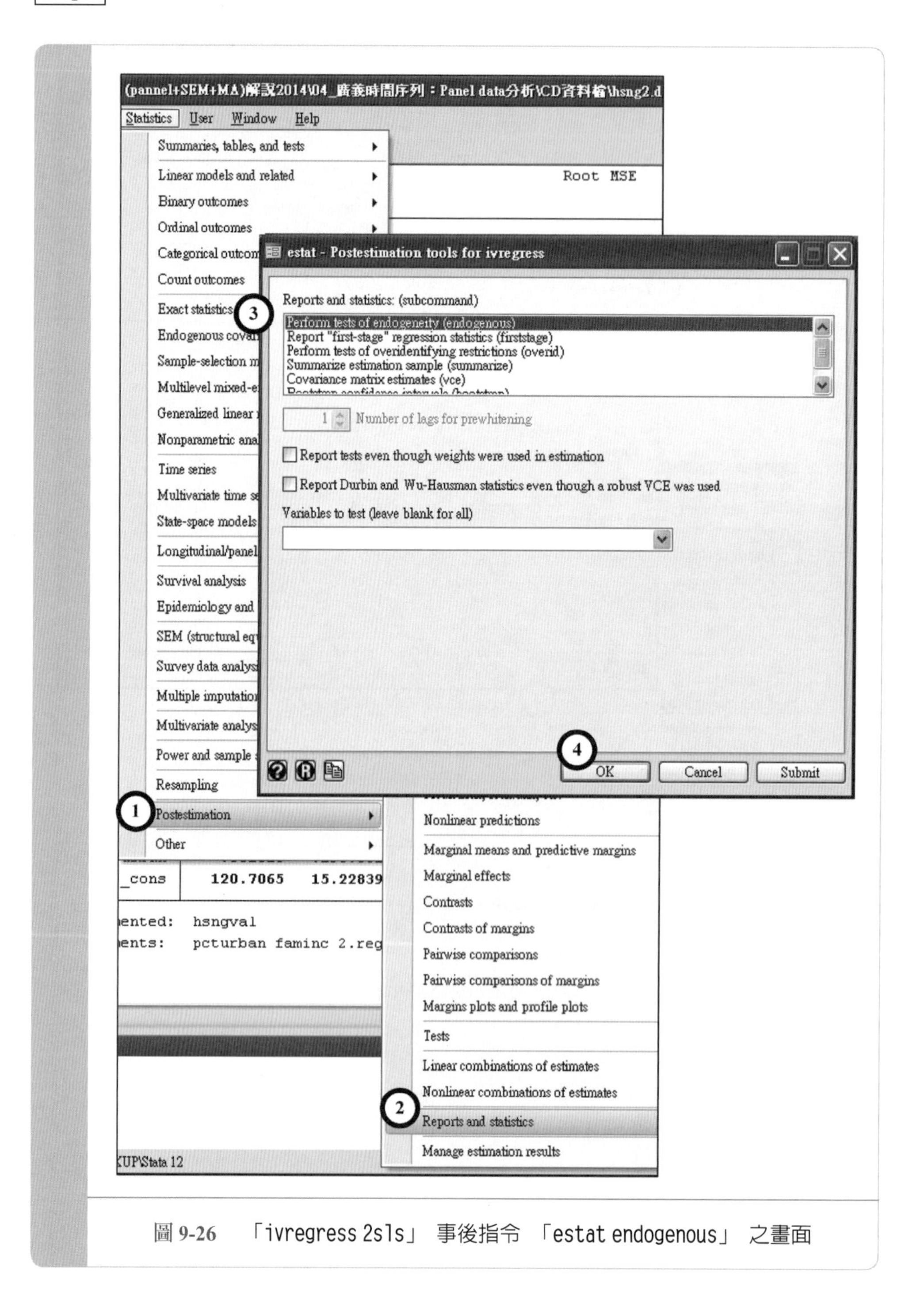

圖 9-26 「ivregress 2sls」 事後指令 「estat endogenous」 之畫面

因 SPSS 2SLS 無類似「**estat endogenous**」功能，故本例只能用 STaTa 指令。

```
. use http://www.stata-press.com/data/r13/hsng
(1980 Census housing data)
. ivregress 2sls rent pcturban (hsngval = faminc i.region)

Instrumental variables (2SLS) regression           Number of obs =      50
                                                   Wald chi2(2)  =   90.76
                                                   Prob > chi2   =  0.0000
                                                   R-squared     =  0.5989
                                                   Root MSE      =  22.166

------------------------------------------------------------------------------
        rent |      Coef.   Std. Err.      z    P>|z|     [95% Conf. Interval]
-------------+----------------------------------------------------------------
     hsngval |   .0022398   .0003284     6.82   0.000     .0015961    .0028836
    pcturban |    .081516   .2987652     0.27   0.785     -.504053     .667085
       _cons |   120.7065   15.22839     7.93   0.000     90.85942    150.5536
------------------------------------------------------------------------------
Instrumented:  hsngval
Instruments:   pcturban faminc 2.region 3.region 4.region

* 執行「ivregress 2sls」事後指令，旨在檢定內生性
. estat endogenous

  Tests of endogeneity
  Ho: variables are exogenous

  Durbin (score) chi2(1)          =  12.8473  (p = 0.0003)
  Wu-Hausman F(1,46)              =  15.9067  (p = 0.0002)
```

1. Wu-Hausman 內生性檢定：

$$\begin{cases} H_0 : Cov(x,u) = 0, x\text{是外生性} \\ H_1 : Cov(x,u) \neq 0, x\text{是內生性} \end{cases}$$

本例求得 $F_{(1,46)} = 15.9067$，$p<0.05$，故拒絕「Ho: variables are exogenous(外生

性)」，表示「faminc 、region」適合當作內生變數。

9-1-5 為何需要多個工具變數？

以相關性 (relevant) 觀點來看，工具變數越多個，2SLS 迴歸產生的係數標準差越小，模型越精確。因爲 2SLS 在第一階段之也會增加，故可求得更多的變異數。

一、工具變數迴歸之認定及過度認定 (over-identification)

在工具變數迴歸中，係數是否能被認定，取決於二個關係：

1. 工具變數 Z 之個數 (m 個)。
2. 內生變數 X(endogenous variables) 之個數 (r 個)。

對係數 $\beta_1, \beta_2, ..., \beta_k$ 而言，其認定有三種情況：

情況 1. 恰巧認定 (exactly identified): if m = k

工具變數剛剛好可估計 $\beta_1, \beta_2, ..., \beta_k$。故 IV 模型只有單一解。

情況 2. 過度認定 (overidentified): if m > k

更多的工具變數可估計 $\beta_1, \beta_2, ..., \beta_k$。故 IV 模型有多個解。

情況 3. 不足認定 (underidentified): if m < k

不足夠的工具變數可估計 $\beta_1, \beta_2, ..., \beta_k$ ，故仍需更多的工具變數才可估計。故 IV 模型無解。

二、General 工具變數模型：Jargon 的總結

$$Y_i = \beta_0 + \beta_1 X_{1i} + \cdots + \beta_k X_{ki} + \beta_{k+1} W_{1i} + \cdots + \beta_{k+r} W_{ri} + u_i$$

其中

Y_i：依變數。

$\beta_1, \beta_2, ..., \beta_k$：待估的係數。

$X_{1i}, ..., X_{ki}$：內生變數 (endogenous regressors)，它們與誤差 u_i 有潛在性相關。

$W_{1i}, ..., W_{ki}$：被納入的外生解釋變數 (exogenous regressors)，它們與 u_i 無關。

$Z_{1i}, ..., Z_{ki}$：工具變數 (被排除的外生解釋變數)。

u_i：誤差

三、單一內生 X_{1i} 變數 regressors 之情況

$$Y_i = \beta_0 + \beta_1 X_{1i} + \ldots + \beta_k X_{ki} + \beta_{k+1} W_{1i} + \ldots + \beta_{k+r} W_{ri} + u_i$$

兩階段最小平方法 (Two Stage Least Squares, 稱 TSLS 或 2SLS) 爲：

Step 1 求 X_{1i} 在「所有外生解釋變數」的 OLS 迴歸

(1)X_{1i} 在「$X_{1i},\cdots, W_{ri}, Z_{1i},\cdots, Z_{mi}$」的 OLS 迴歸 .

(2) 並求得 $\hat{X}_{1i}$

```
. reg x W1 ··· Wr Z1 ··· Zm , robust
. predict xhat
. reg y xhat, robust
```

Step 2. 求 Y_{1i} 在「$W_{1i},\cdots, W_{ri}$」的 OLS 迴歸

```
. reg y xhat W1 ··· Wr , robust
```

上面二個 step 所求得係數是 TSLS 估計值，但 OLS 係數的標準誤是錯的。故應改用「ivregress 2sls Y W (X = Z)…, r」指令。

範例 5 續前例「提高奢侈稅能抑制人民消費行為嗎」？

承前例，美國猶他州 (Utah) 大幅提高捲菸稅收，會對抽菸消費行爲會產生什麼效果？假如我們多加一個「**內生 X 變數 regressors**」個入收入 ($Income_i$)，則香菸需求模型爲：

$$\ln(Q_i^{cigarettes}) = \beta_0 + \beta_1 \ln(p_i^{cigarettes}) + \beta_2 \ln(Income_i) + u_i$$
$$Z_{1i} = \text{general sales tax}_i$$
$$Z_{2i} = \text{cigarette - specific tax}_i$$

其中

1. 內生解釋變數 (只一個 X)：$\ln(p_i^{cigarettes})$。

2. 被納入的外生變數 (只一個 W)：ln($Income_i$)。

3. 工具變數 (二個 Z)：general sales tax_i、cigarette - specific tax_i。

由於工具變數 Z 個數有二個，不小於內生變數 X 個數有一個，故屬過度認定，因此「2SLS y WITH x /INSTRUMENTS z」指令可求得一個以上的解。

情況 1：單一工具變數 Z、單一外生變數 W

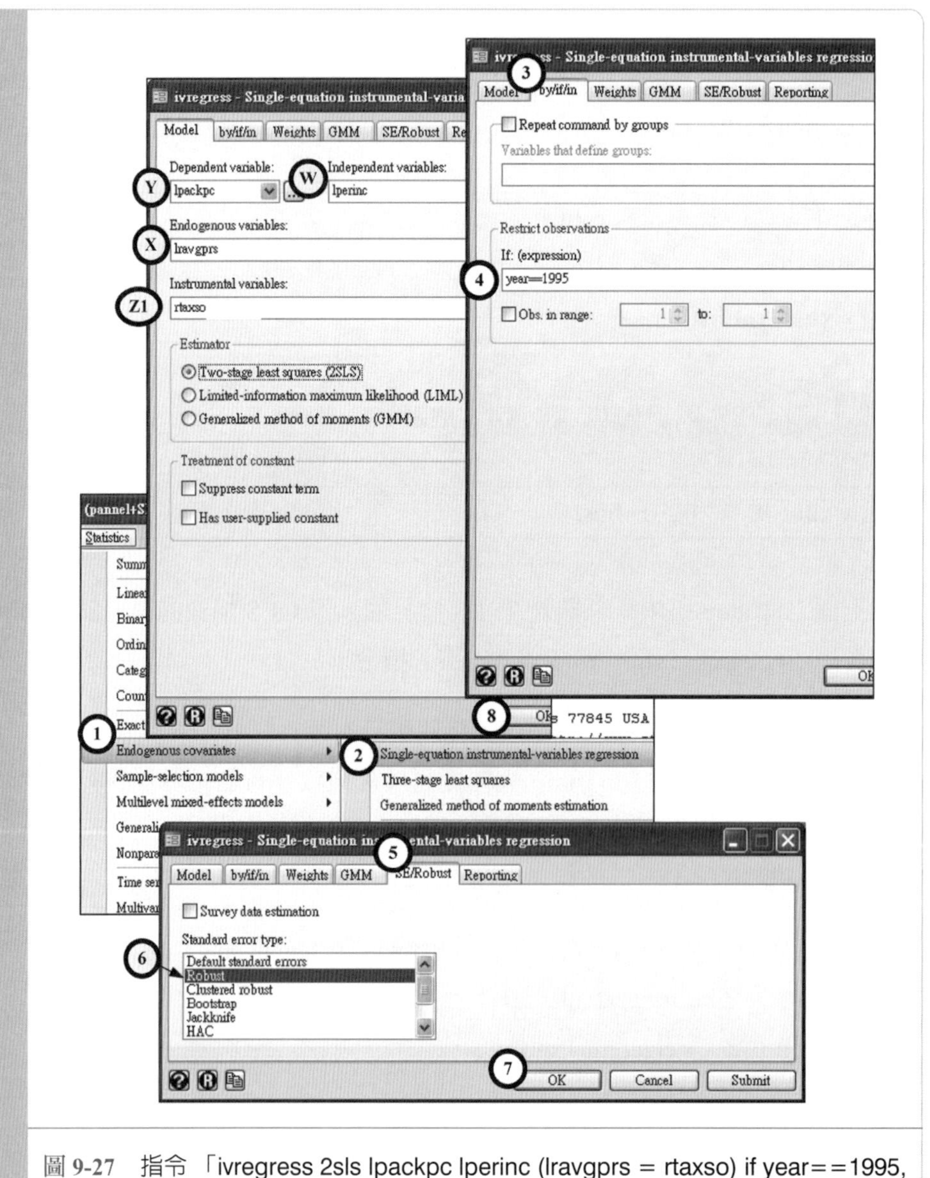

圖 9-27 指令「ivregress 2sls lpackpc lperinc (lravgprs = rtaxso) if year==1995, r」之畫面

因 SPSS 2SLS 無法納入「外生解釋變數 lperinc」，故本例只能用 STaTa 指令。

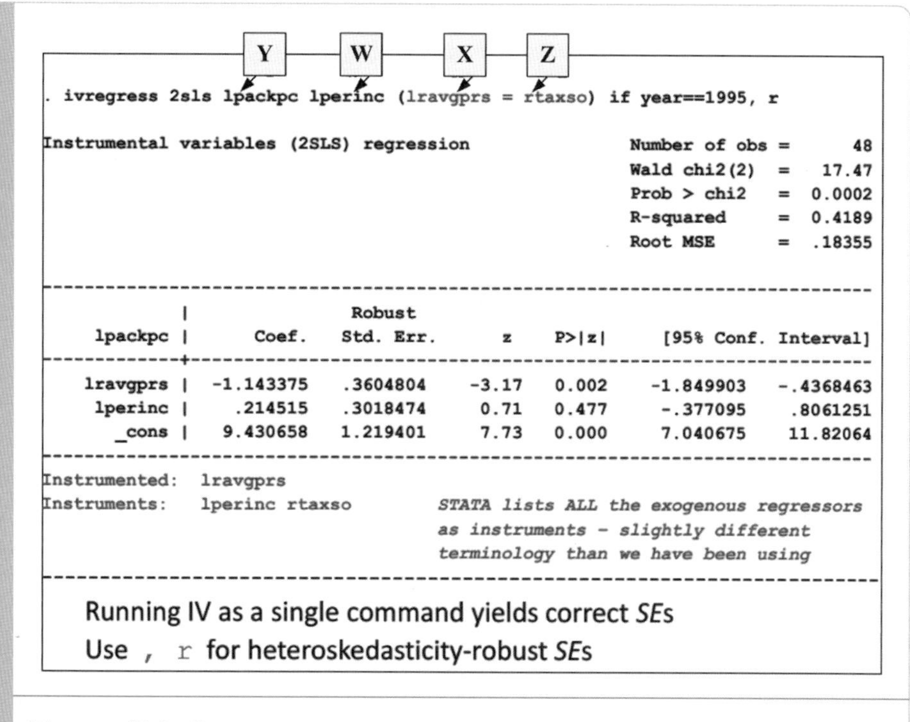

圖 9-28 指令「ivregress 2sls lpackpc lperinc (lravgprs = rtaxso) if year==1995, r」之結果

四、個數：雙個工具變數 Z> 一個內生變數 X，故屬過度認定(有解)

情況 2：二個工具變數 Z_1, Z_2、單一外生變數 W

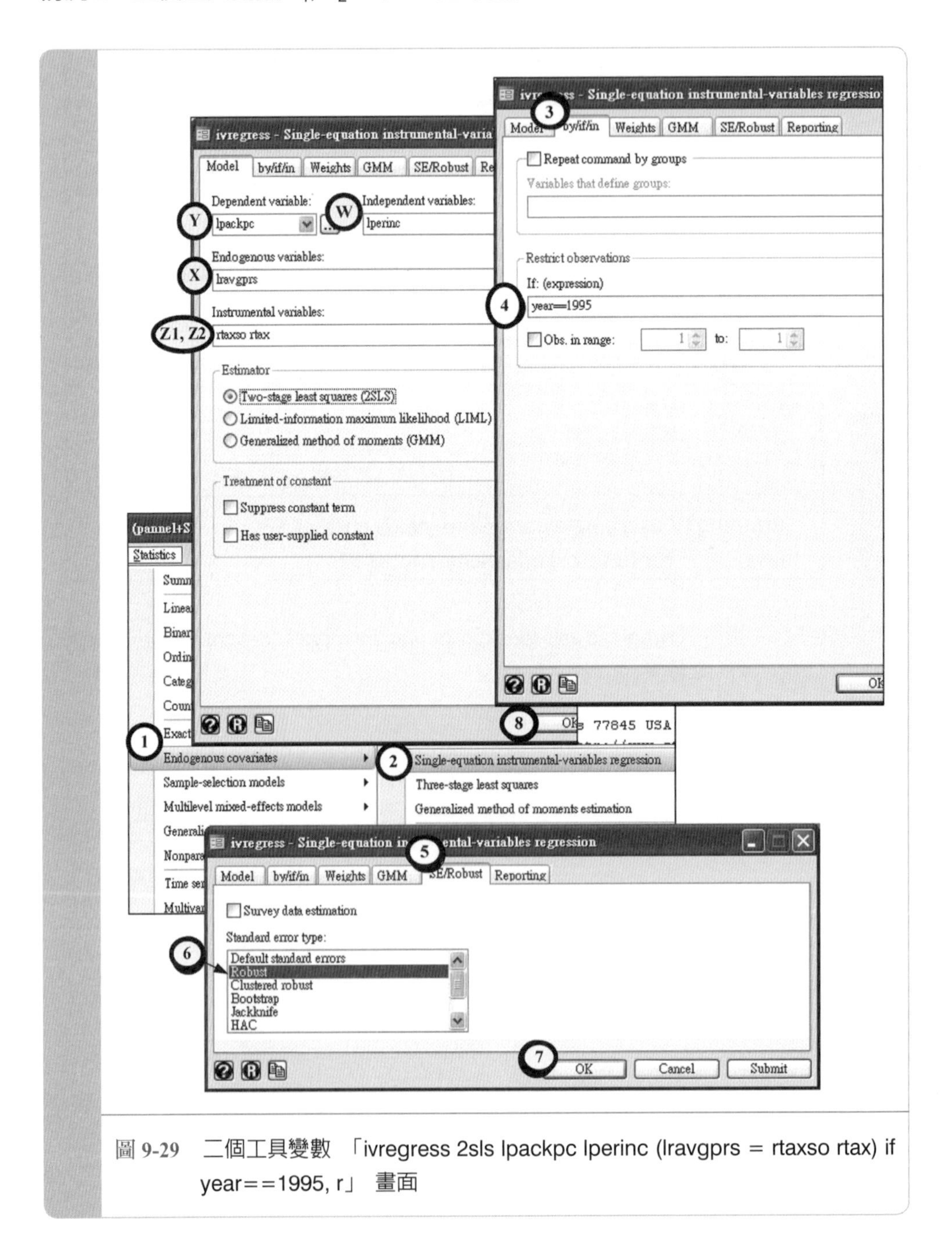

圖 9-29 二個工具變數 「ivregress 2sls lpackpc lperinc (lravgprs = rtaxso rtax) if year==1995, r」 畫面

因 SPSS 2SLS 無法納入「外生解釋變數 lperinc」，故本例只能用 STaTa 指令。

```
                      Y        W          X            Z1       Z2
. ivregress 2sls lpackpc lperinc (lravgprs = rtaxso rtax) if year==1995, r

Instrumental variables (2SLS) regression               Number of obs =       48
                                                       Wald chi2(2)  =    34.51
                                                       Prob > chi2   =   0.0000
                                                       R-squared     =   0.4294
                                                       Root MSE      =   .18189

------------------------------------------------------------------------------
             |               Robust
     lpackpc |      Coef.   Std. Err.      z    P>|z|     [95% Conf. Interval]
-------------+----------------------------------------------------------------
    lravgprs |  -1.277424    .2416838    -5.29   0.000    -1.751115   -.8037324
     lperinc |   .2804045    .2458274     1.14   0.254    -.2014083    .7622174
       _cons |   9.894955    .9287578    10.65   0.000     8.074623    11.71529
------------------------------------------------------------------------------
Instrumented:  lravgprs
Instruments:   lperinc rtaxso rtax
```

圖 9-30　二個工具變數「ivregress 2sls lpackpc lperinc (lravgprs = rtaxso rtax) if year==1995, r」結果

五、雙工具變數 Z_1, Z_2 之分析結果如何堆疊呢？

TSLS estimates, Z = sales tax ($m = 1$)

$$\ln(Q_i^{cigarettes}) = \underset{(1.22)}{9.43} - \underset{(0.36)}{1.14} \ln(\widehat{P_i^{cigarettes}}) + \underset{(0.30)}{0.21} \ln(\text{Income}_i)$$

TSLS estimates, Z = sales tax, cig-only tax ($m = 2$)

$$\ln(Q_i^{cigarettes}) = \underset{(0.93)}{9.89} - \underset{(0.24)}{1.28} \ln(\widehat{P_i^{cigarettes}}) + \underset{(0.25)}{0.28} \ln(\text{Income}_i)$$

9-1-6 工具變數 (instrumental variables) 在教育應用

一、教育為何需工具變數

一個好的工具變數 (instrumental variables, IV) 係指，工具變數 Z 須與內生性變數 X 具有高度相關，但與殘差 u(或依變數 y) 無關。

例如：學界辯證「健康 (H_i) 與教育 (SCH_i) 之間的因果」就有二派對立的論點。第一派論點隱含增加政府在教育 SCH_i 方面的支出，是增進國民健康 H_i 的有效政策；而第二派論點則認爲教育和健康之因果關係不存在，兩者的關係是來自於某些未能觀察到的變數同時影響兩者時，亦即當教育具有內生性問題的時候，政府便無法經由增加教育投資來達到改善國民健康的目標。

然而教育 (SCH_i) 具有**內生性共變** (endogenous covariates) ，其可能的原因有二點，教育和存在隨機誤差項中的**時間偏好 (*time preference*)** 或是**能力 (*ability*)** 仍有相關。由於無法觀察的這兩種變數存在於迴歸的隨機誤差項之中，會導致教育和「時間偏好或能力」產生相關的情形，此時若這兩個變數「同時」對健康 (H_i) 與教育 (SCH_i) 有正向影響時，則會造成教育對健康之影響程度的高估，爲了準確評估教育本身對健康的影響，必須解決此內生性的問題。在許多教育文獻中，都會使用工具變數分析法來消除可能的估計誤差。在工具變數 Z 的選擇上，必需要符合以下兩個條件：(1) 與內生變數 x 具有高相關。(2) 但與被解釋變數 y 則無關。

Kenkel 等人 (2006) 曾將工具變數分爲個體工具變數和總體工具變數兩類。歸納起來，早期的文獻較偏向使用個體方面的工具變數，如 IQ 、家長的教育程度、兄弟姐妹個數等與個人較相關的變數 (Berger & Leigh, 1989; Sander,1995a, 1995b; Leigh & Dhir, 1997) 。這類工具變數 Z 雖和內生變數 X(教育) 有較強的相關性，但卻也因爲是個人相關的變數，所以也有可能和被解釋變數 Y(健康) 有少許相關。以家長的教育程度爲例，若家長教育程度較高，則可能會嚴加控管自己孩子的飲食習慣以及作息時間，使孩子可能較其他孩子爲健康，此時工具變數便可能和健康相關，家長的教育程度就不一定是個有效的工具變數。而近期的文獻則較偏向使用總體方面的工具變數，如義務教育法的實施、居住地區的所得水準、大學的校數、越戰的徵召風險等與總體大環境較相關的變數 (Adams,2002; Currie & Moretti, 2003; Breierova & Duflo, 2004; Arendt,2005; Kenkel 等人 , 2006;

de Walque, 2007; Park & Kang, 2008; Osili & Long, 2008; Chou 等人 , 2010)。這類總體環境的工具變數和個人健康的相關性較低，但有時卻可能也和個人教育程度關聯性不高。

正因爲教育可能存在的內生性問題，會造成教育對健康影響的高估或低估，許多考慮工具**變數** (instrumental-variables, IV) 來解決問題的學者們，在研究中會對於工具**變數**「控制前後」的迴歸結果進行比較。研究顯示，早期文獻認爲在「控制前」由於沒有排除和教育內生相關的影響，教育水準對健康的影響力相較於「控制後」的估計值爲大，可以推測出教育對健康的影響可能**非直接**影響，而是透過某些管道進而影響個人的健康狀況。但近期部分文獻在迴歸結果中，發現教育在使用工具變數之後對健康之影響力會大於之前的影響，學者認爲此時可能因爲整體教育水準的提升，進而對個人的教育水準產生外溢效果所致。

二、教育和健康關係的工具變數 (IV)

早期多使用與**個**人特性相關的變數爲教育程度的工具**變數**，Berger & Leigh(1989), Sander (1995a,1995b) 以及 Leigh & Dhir(1997) 即爲其中的代表文獻。Berger & Leigh(1989) 利用美國國家健康營養調查 (Health & Nutrition Examination Survey, HANES, http://www.icpsr.umich.edu/icpsrweb/DSDR/studies/) 和青少年生涯追蹤調查 (National Longitudinal Survey of Young Men, NLS, http://www.bls.gov/nls/#order) ，檢定教育是否爲影響個人健康的直接因素。使用血壓以及身體功能是否受限制和是否殘障當作衡量健康的變數，工具**變數**方面則爲 IQ 、考試成績、家長教育程度以及血統、平均每人所得、幼年時代居住地的教育支出兩部分。實證結果發現教育對健康具有直接的影響，而時間偏好等無法直接觀察到的變數，對健康的影響則不顯著。而在 Sander(1995a) 的研究中，則使用美國 1986 到 1991 年的一般社會調查 (General Social Survey) 資料，探討教育對於吸菸行爲的影響，針對 25 歲至 54 歲男性以及 25 歲至 44 歲女性樣本進行迴歸分析，使用家長的教育程度、兄弟姐妹個數以及 16 歲時是否居住在農村作爲工具**變數**。研究結果顯示，在特定年齡群的消費者中，教育對吸菸具有顯著的負向影響，亦即教育水準的提升會造成降低吸菸的機率。Leigh & Dhir(1997) 則使用 1986 年的收入動態追蹤調查 (Panel Study of Income Dynamics, PSID, http://psidonline.isr.umich.edu/Guide/FAQ.aspx?Type=1) 的資料，探討教育對殘障 (衰弱程度) 和運動的影響，被解釋變數以取自日常生活能力量表 (Activities of Daily Living, ADLs) 的六項日常生活能力來衡量個人的衰弱程度，另外也控制了原本存在於隨機誤差項中的自我滿足、風險偏好以及時間偏好程度，以家長教育程度、家長所得以及男性幼年時期居住在何州作爲教育程度的**工具變數**。

近期更有文獻指出，早期使用家庭背景相關的變數作爲教育的工具**變數**是有爭議的，這些變數可能會和觀察對象的健康有關而造成偏誤的估計，因此在解決教育內生性的問題方面，便有文獻引進其他不同的總體工具變數來進行分析。Adams(2002) 使用出生季作爲教育程度的工具**變數**，以健康與退休調查 (Health & Retirement Survey, HRS, http://hrsonline.isr.umich.edu/index.php?p=data)1992 年美國的老年人口爲觀察對象，將樣本設定在 51 歲至 61 歲的範疇，並且使用自評健康和身體的活動能力檢測作爲衡量健康的變數，在兩階段最小平方法的迴歸結果中顯示，教育對於年長男性以及女性的健康皆有顯著正向的影響，並且在修正了隨機誤差項中的未觀察變數的影響之後，此正向關係依然存在。Kenkel 等人 (2006) 的研究中，以 1998 年進行的美國的青年縱向調查 (National Longitudinal Survey of Youth 1979, NLSY79)，探討教育水準對於其吸菸狀況、戒菸狀況、肥胖程度的影響，教育水準的衡量上，分成是否高中畢業以及有高中同等學歷證明 (General Education Development High School Equivalency Diploma, GED) 兩類，工具**變數**方面則以各州的特性及父母親教育水準作爲個人教育水準的工具變數。de Walque(2007) 使用美國國家訪問調查 (National Interview Survey, http://www.cdc.gov/nchs/surveys.htm) 中 1983 到 1995 年間取得的個人吸菸史，以及 1937 到 1956 年出生的樣本資料。以越戰爲例，認爲在年輕男性會去就讀大學，有可能是因爲正面臨服役的年齡，因爲不想入伍而選擇繼續就學，所以使用徵召風險 (risk of induction) 作爲教育的工具**變數**。進一步認爲，更有可能是因爲戰爭所夾帶的死亡風險，所以將工具變數換爲徵召風險乘上戰死風險再進行分析。被解釋變數分別爲吸菸行爲和戒菸行爲，解釋變數方面則將教育分成學歷超過高中以上幾年以及大學和大學以上的虛擬變數兩部分，另外還控制了所得、是否爲越戰退役軍人等變數。對於吸菸行爲，作者使用徵召風險爲工具變數時，會得到教育顯著降低吸菸機率的結果；在戒菸行爲方面，則是在徵召風險乘上戰死風險作爲工具**變數**時，可得教育顯著增加戒菸機率的結果，但是否爲退役軍人對於戒菸行爲則沒有影響。

近年來無論在探討教育和健康的關係上，抑或是教育和薪資的關係上，都有許多文獻使用各國的教育改革相關變數來作爲自身教育程度或父母親教育水準的工具**變數**。Lleras-Muney(2005) 使用 1960、1970、1980 年美國人口普查 (U.S. Censuses of Population) 的資料，以 1915 到 1939 年間 14 歲的人口爲觀察對象，並且使用在這些年間義務教育法及童工法相關的變數，作爲教育的工具變數，這些變數包含有入學年齡、畢業年齡等，進而探討教育對於成人死亡率的影響。在迴歸結果中，最小平方法 (ordinary least square, OLS) 得到的結果爲增加一年的義務教育會減少未來十年中至少 1.3% 的死亡率，而兩階段最小平方法 (two-stage least square, 2SLS) 的結果較最小平方法影響爲大，爲減少 3.6% 的死亡率。Currie & Moretti(2003) 則在探討母親的教育對孩子出生體重以及其懷孕期間吸菸機率的影響。使用美國 1970 到 2000 年的生命統計資料 (Vital Statistics Natality files)，並且以 1940 到 1990 年間女性 17 歲時該州兩年及四年制的大學開設間數作爲教育的工具**變數**。在工具**變數**分析的實證結果顯示，母親的教育對於孩子的出生體重有正向的影響，且對懷孕期間吸菸的機率有負向的影響。

而在臺灣教改的部分，則在 1968 年時，政府推動義務教育改革，將國民教育由六年增加爲九年，全台各地紛紛增設國民中學，進而也提升了當時國民教育的水準，亦有不少文獻使用臺灣的資料作爲樣本進行研究。Clark & Hsieh(2000) 將 1968 年時 6-11 歲的樣本視爲實驗組、15-20 歲的樣本較不會受教改影響則視爲對照組，把臺灣分成十七個縣市後，以各縣市國民中學的密度和出生世代的相乘項，作爲衡量教育水準對男性薪資收入影響的工具**變數**。Spohr(2003) 利用 1979 到 1996 年之臺灣家庭收支調查資料 (Taiwan's Household Income & Expenditure Survey)，探討教育水準對勞動參與程度、傳統或現代產業、薪資收入的影響，也是以 1968 年的國民義務教育改革作爲工具**變數**。Chou 等人 (2010) 研究臺灣家長的教育對孩子健康的影響，以 1968 到 1973 的六年間每年各地區增加學校數目的累加值，以及 1968 年各縣市 12-14 歲正值國中學齡人口的數量求算縣市別的新設國中密度。樣本方面則爲臺灣 1978 到 1999 年的所有出生證明以及嬰兒和孩童的死亡證明資料，並且以出生體重輕及過輕、出生後三個階段的死亡率以及是否早產作爲衡量孩子健康的變數，工具**變數**的選擇上則使用 1968 年臺灣各城市中新開設中學的密度以及出生世代作爲教育的變數，在兩階段最小平方法 (2SLS) 的迴歸結果中發現，母親的教育對孩子健康的影響大於父親。

三、panel 教育之資料來源 (在臺灣)

來自中央研究院、國科會、國科會社會科學研究中心及蔣經國基金會等單位所贊助創立的華人家庭動態資料庫 (Panel Study of Family Dynamics, PSFD, http://psfd.sinica.edu.tw/web/) ，以華人家庭的成年人爲固定樣本追蹤調查 (panel data) 的對象，而這類型的追蹤調查，是對特定的樣本做持續性的追蹤訪問，只要是成功的樣本，則會在往後的每年以部分問項相同、部分稍作修正的問卷，持續對此樣本年年進行訪問。除了主樣本的訪問外，也針對主樣本的親屬進行相關的追蹤 (panel) 調查。

最初建構此資料庫的想法，是由於華人社會不論在家庭模型、生活習慣及風土民情上皆較國外複雜，亦即國外的問卷中可能會遺漏某些華人特有的問項，例如傳統的家庭特質與觀念、較爲勤儉保守的生活方式、補教文化等等，假如這些問項是影響華人行爲的重要影響因子，如此一來，忽略了這些變數的解釋能力時，所得到的估計結果就會失眞與偏誤，因此，有必要針對華人社會設計合適的問卷。因爲華人社會的家庭觀念較爲強烈，故此資料庫的主題及問項以家庭爲單位進行調查，要構成一個家，成員除了自己外最重要的還包含有配偶、父母親、兄弟姐妹以及子女，所以在問卷中除了先對主樣本自己本身的背景資料做訪問之外，更有其他家庭成員的相關問項。問卷內容主要包括受訪者個人的基本資料、教育經驗、工作經驗、婚姻與配偶資料、家庭價值與態度、親屬資料、居住安排、家庭決策與支出、家庭關係與和諧及子女教養等，除了前三項主題是個人相關，其他主題皆以家庭爲基礎來提問，在我們主要感興趣的教育部分，此資料庫包含的內容頗爲詳細，除了正規教育的資訊之外，還包含有補習教育、才藝訓練、重考班等特殊的非正規教育資訊；甚至不少家長求好心切想讓孩子受更多元、更完整的教育，不惜砸重金在孩子的學費上或是搬遷到好學校的學區等，都有詳細的問項。

此資料庫的主樣本主要由三群樣本所組成，分別於 1999 年 (訪問對象的出生年次爲 1953-1964 年；問卷編號 RI-1999) 、2000 年 (出生年次爲 1935-1954 年；問卷編號 RI-2000) 及 2003 年 (出生年次爲 1964-1976 年；問卷編號 RI-2003) 進行第一次的訪問。以 PSFD 第一年計畫的問卷 (RI-1999) 問項爲基礎，後續訪問調查的問卷都依照此問卷做增減與修正的動作。

小結

「教育」為解釋變數之一，本身具有內生性問題，亦即教育可能會與隨機誤差項中被忽略的變數(例如能力或是時間偏好等)有相關，而造成估計上的偏誤。為了避免對迴歸結果造成偏誤的估計，有不少學者提出可以工具變數分析法來排除此偏誤的問題，在選擇適合的工具變數上也有許多不同的看法，早期的文獻使用與個人或家庭背景較為相關的變數來作為工具變數 (Berger & Leigh, 1989; Sander, 1995a, 1995b; Leigh & Dhir, 1997)。而近期則從個體工具變數轉向為使用與總體大環境相關的變數來作為教育的工具變數 (Adams, 2002; Kenkel 等人, 2006; de Walque, 2007; Park & Kang, 2008)。近年來更有許多文獻使用總體大環境中和教育改革相關的變數，來作為自身教育或父母親教育的工具變數 (Clark & Hsieh, 2000; Duflo, 2001; Adams, 2002; Currie & Moretti, 2003; Spohr, 2003; Arendt, 2005; Breierova & Duflo, 2004; Osili & Long, 2008; Chou 等人, 2010)。

9-2 兩階段最小平方法 (2SLS) 分析七步驟 (2sls y with x /instruments z 指令)

9-2-1 兩階段最小平方法 (2SLS) 迴歸：消費者行為 (2sls y with x /instruments z 指令)

範例：兩階段最小平方法 (2SLS) 迴歸：消費者行為

本例樣本取自 Hair 等人 (Multivariate Data Analysis, 1998)。這些數據與一家名爲 HATCO 公司有關，與公司的購買結果和知覺有關。所提供的模型可能不一定是最好模型，只是將它用於示範 2SLS。考慮一個具有單一依變數(使用 HATCO 產品的程度)和兩個潛在 (latent) 自變數 (x1: 策略；x4: 印象) 的模型。

每個變數測量都以圖來評分，其中端點之間繪製了一條 10 公分的線，標爲「差」和「極好」。

受訪者透過在線上的任何地方標記來表明他們的看法。然後測量該標記並記錄 0(in centimeters) 的距離。採 0 到 10 計分方式。每個受訪者回答下列 7 個 HATCO 屬性如下：

X1：**製造商形象 (策略面)**——製造商或供應商的整體形象
X2：**產品質量 (策略面)**——特定產品質量的感知水平 (例如性能或產量)
X3：**全面服務 (策略面)**——維持供應商和採購商之間令人滿意的關係所需的整體服務水平
X4：**交貨速度 (形象面)**——訂單確認後交付產品所需的時間
X5：價格水平——產品供應商收取的價格水準
X6：**價格靈活性 (形象面)**——HATCO 代表認為願意就所有類型的採購進行價格談判
X7：**Salesforce 形象 (策略面)**——製造商銷售隊伍的整體形象

購買結果 (Purchase Outcomes)

獲得了兩個具體的測量，反映了被訪者與 HATCO 購買關係的結果，包括：

X9：**產品使用程度**——公司從 HATCO 購買的產品總量中有多少是以 100% 的百分比衡量的，計分從 0 到 100%。
X10：滿意度——購買者對 HATCO 過去的購買情況的滿意程度，以 X1 至 X7 的相同圖形評分量表衡量。

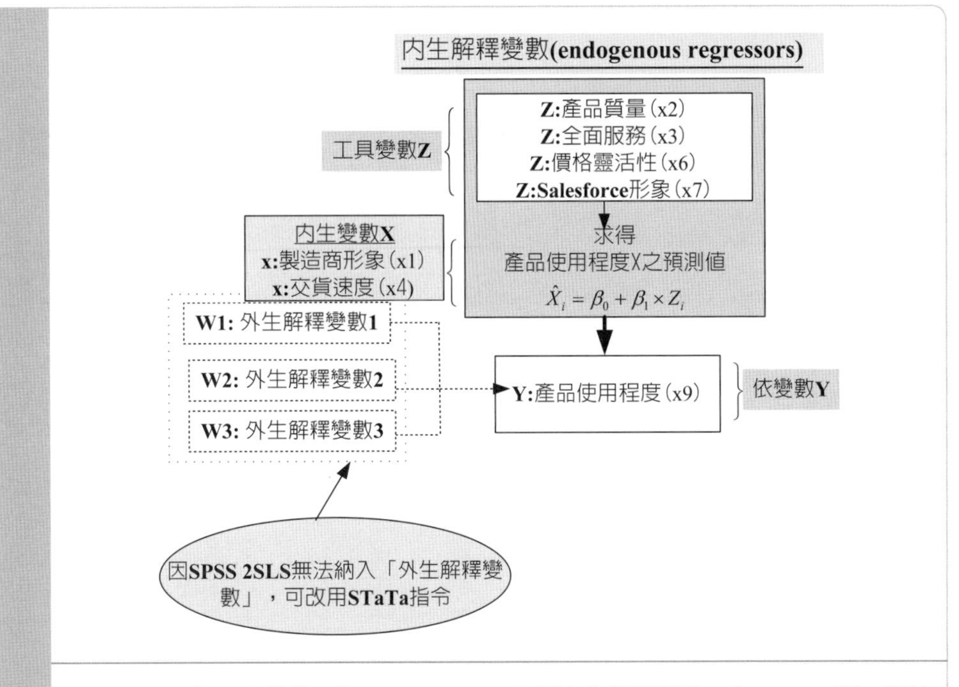

圖 9-31　四個工具變數「x2,x3,x6,x7」二個內生解釋變數「x1,x4」對一個依變數「x9」之 2SLS

一、資料檔之內容

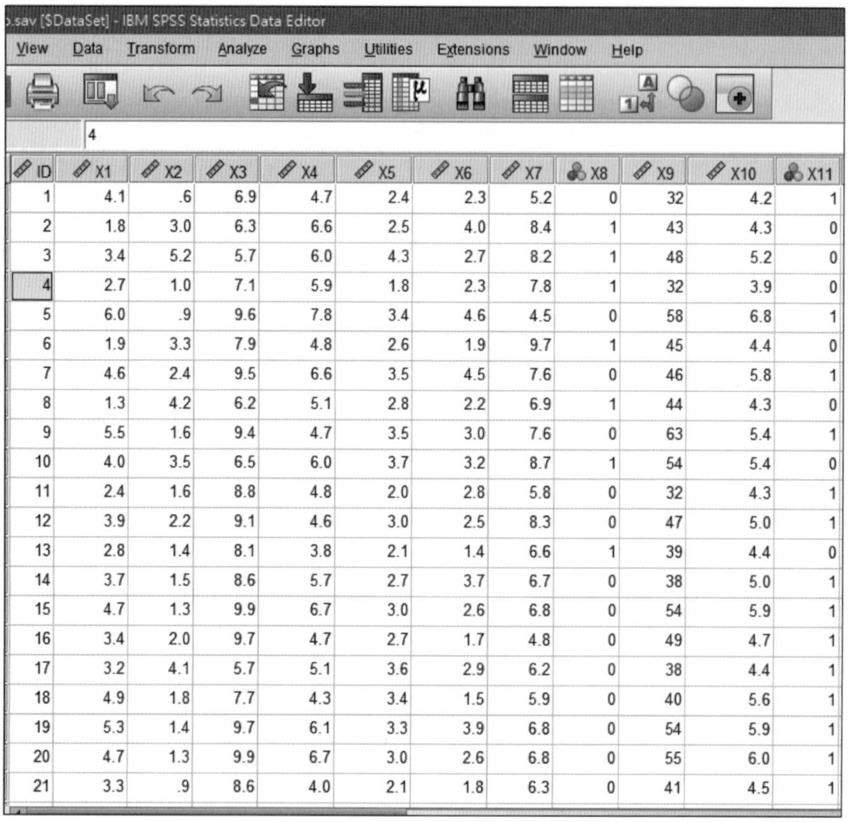

.sav [$DataSet] - IBM SPSS Statistics Data Editor

View Data Transform Analyze Graphs Utilities Extensions Window Help

4

ID	X1	X2	X3	X4	X5	X6	X7	X8	X9	X10	X11
1	4.1	.6	6.9	4.7	2.4	2.3	5.2	0	32	4.2	1
2	1.8	3.0	6.3	6.6	2.5	4.0	8.4	1	43	4.3	0
3	3.4	5.2	5.7	6.0	4.3	2.7	8.2	1	48	5.2	0
4	2.7	1.0	7.1	5.9	1.8	2.3	7.8	1	32	3.9	0
5	6.0	.9	9.6	7.8	3.4	4.6	4.5	0	58	6.8	1
6	1.9	3.3	7.9	4.8	2.6	1.9	9.7	1	45	4.4	0
7	4.6	2.4	9.5	6.6	3.5	4.5	7.6	0	46	5.8	1
8	1.3	4.2	6.2	5.1	2.8	2.2	6.9	1	44	4.3	0
9	5.5	1.6	9.4	4.7	3.5	3.0	7.6	0	63	5.4	1
10	4.0	3.5	6.5	6.0	3.7	3.2	8.7	1	54	5.4	0
11	2.4	1.6	8.8	4.8	2.0	2.8	5.8	0	32	4.3	1
12	3.9	2.2	9.1	4.6	3.0	2.5	8.3	0	47	5.0	1
13	2.8	1.4	8.1	3.8	2.1	1.4	6.6	1	39	4.4	0
14	3.7	1.5	8.6	5.7	2.7	3.7	6.7	0	38	5.0	1
15	4.7	1.3	9.9	6.7	3.0	2.6	6.8	0	54	5.9	1
16	3.4	2.0	9.7	4.7	2.7	1.7	4.8	0	49	4.7	1
17	3.2	4.1	5.7	5.1	3.6	2.9	6.2	0	38	4.4	1
18	4.9	1.8	7.7	4.3	3.4	1.5	5.9	0	40	5.6	1
19	5.3	1.4	9.7	6.1	3.3	3.9	6.8	0	54	5.9	1
20	4.7	1.3	9.9	6.7	3.0	2.6	6.8	0	55	6.0	1
21	3.3	.9	8.6	4.0	2.1	1.8	6.3	0	41	4.5	1

圖 9-32 「2sls_Hatco.sav」 資料檔內容 (N=100 個消費者， 15 個變數)

二、分析結果與討論

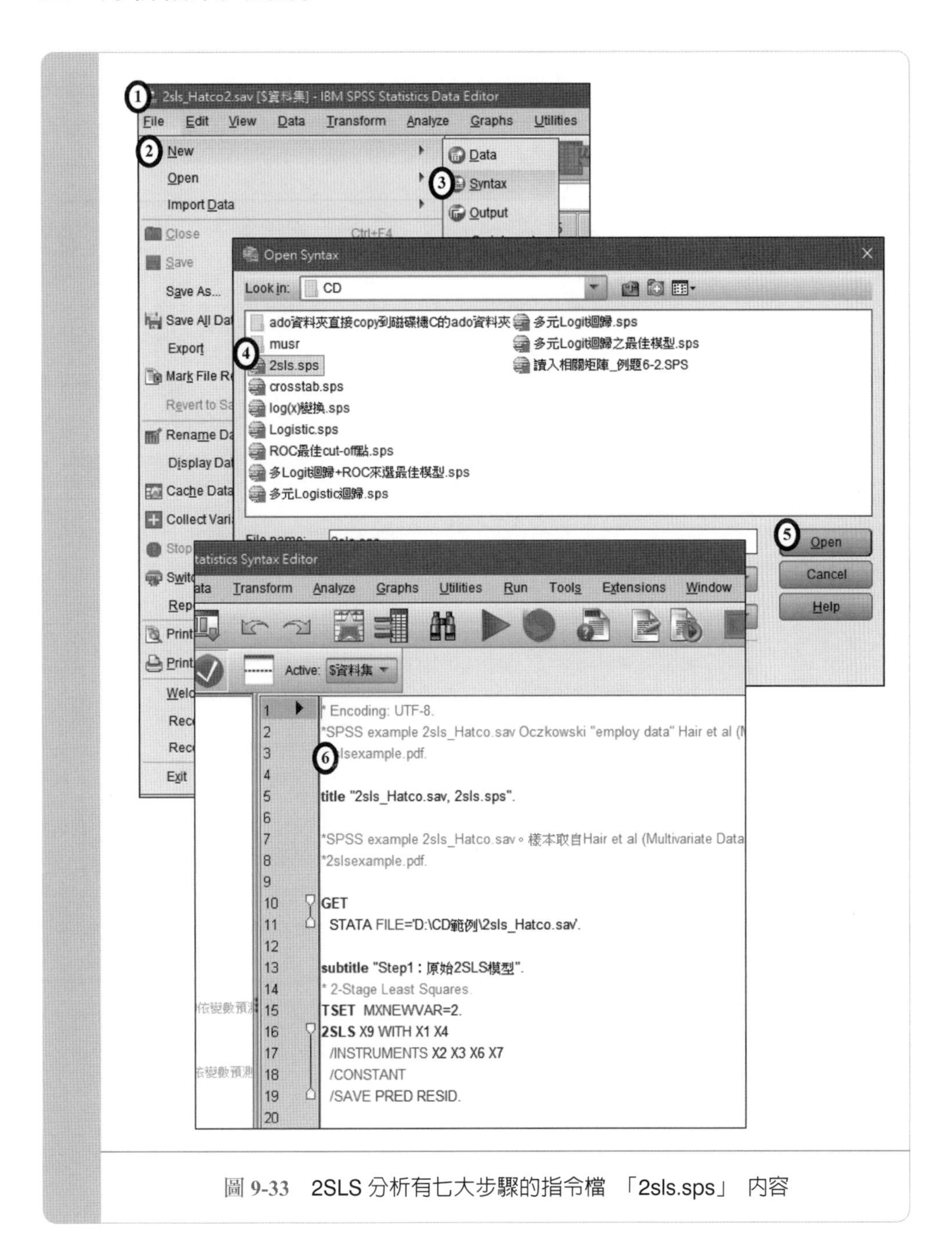

圖 9-33　2SLS 分析有七大步驟的指令檔「2sls.sps」內容

Step1：原始 2SLS 模型

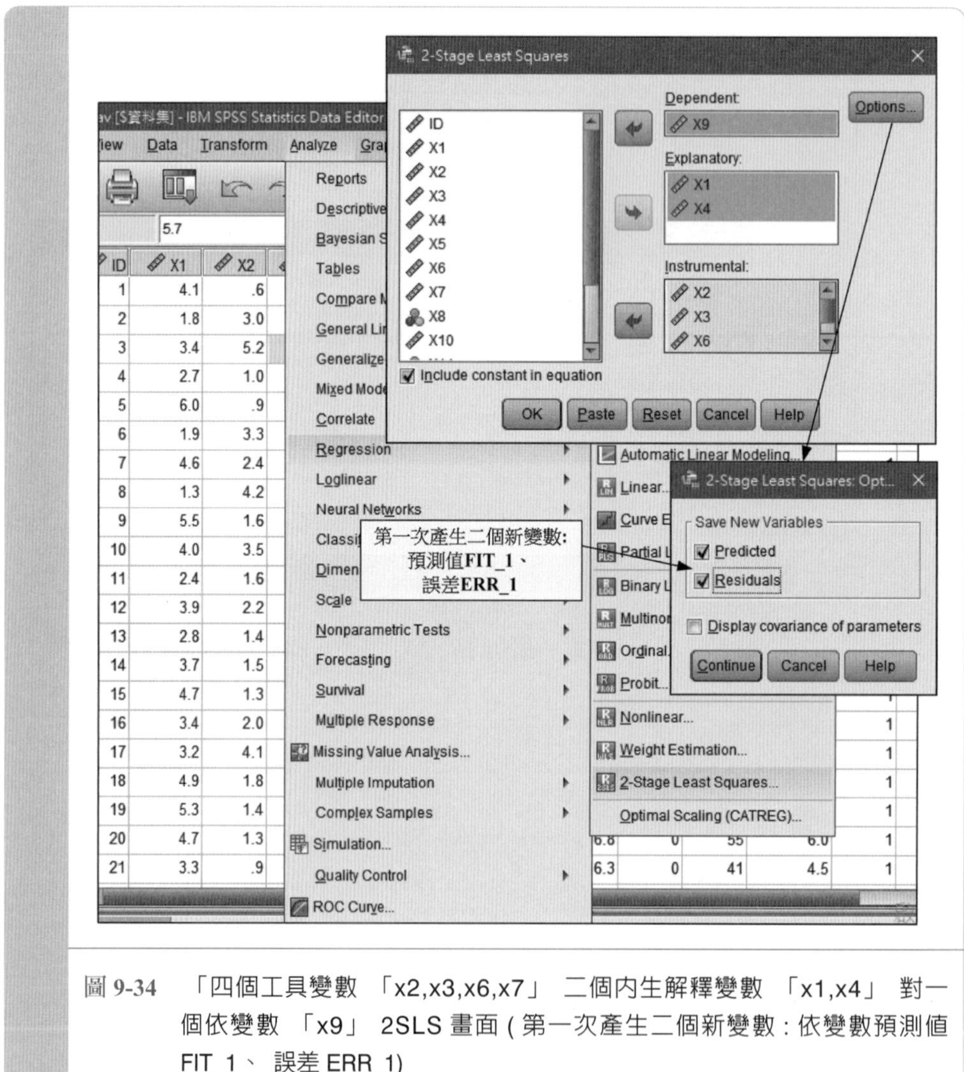

圖 9-34 「四個工具變數「x2,x3,x6,x7」二個內生解釋變數「x1,x4」對一個依變數「x9」2SLS 畫面 (第一次產生二個新變數：依變數預測值 FIT_1、誤差 ERR_1)

對應的指令語法：

```
title "2sls_Hatco.sav, 2sls.sps".

*SPSS example 2sls_Hatco.sav。樣本取自 Hair et al (Multivariate Data Analysis, 1998).
```

```
*2slsexample.pdf.

GET
  STATA FILE='D:\CD範例\2sls_Hatco.sav'.

subtitle "Step1：原始2SLS模型".
* 2-Stage Least Squares.
TSET  MXNEWVAR=2.
2SLS X9 WITH X1 X4
  /INSTRUMENTS X2 X3 X6 X7
  /CONSTANT
  /SAVE PRED RESID.
```

Model Description

		Type of Variable
Equation 1	X9	dependent
	X1	predictor
	X4	predictor
	X2	instrumental
	X3	instrumental
	X6	instrumental
	X7	instrumental

MOD_1

Model Summary

Equation 1	Multiple R	.588
	R Square	.346
	Adjusted R Square	.332
	Std. Error of the Estimate	6.620

Model Summary

Equation 1	Multiple R	.588
	R Square	.346
	Adjusted R Square	.332
	Std. Error of the Estimate	6.620

Coefficients						
		Unstandardized Coefficients				
		B	Std. Error	Beta	t	Sig.
Equation 1	(Constant)	15.261	4.878		3.129	.002
	X1	5.363	.834	.788	6.429	.000
	X4	2.284	.736	.288	3.104	.003

1. 2SLS，所求得迴歸式：$y9 = 15.261 + 5.363\hat{x}_1 + 2.284\hat{x}_2$
2. 對照下面**Step2**：二階段 OLS，所求得迴歸式：$y9 = 15.261 + 5.363\hat{x}_1 + 2.284\hat{x}_2$
3. 2SLS 求得迴歸式，與二階段 OLS ，所求得迴歸式相同；但標準誤 (Std. Error) 仍不相同。

Step2：二階段 OLS ，來模擬 2SLS 。

二次 OLS 來模擬內生解釋變的預測值 (PRE_1、PRE_2) ，二者再預測依變數 (x9) 值。

Step2-1：當 2SLS 對照組：2 step OLS version to get 2SLS predictions, residuals and GR^2.

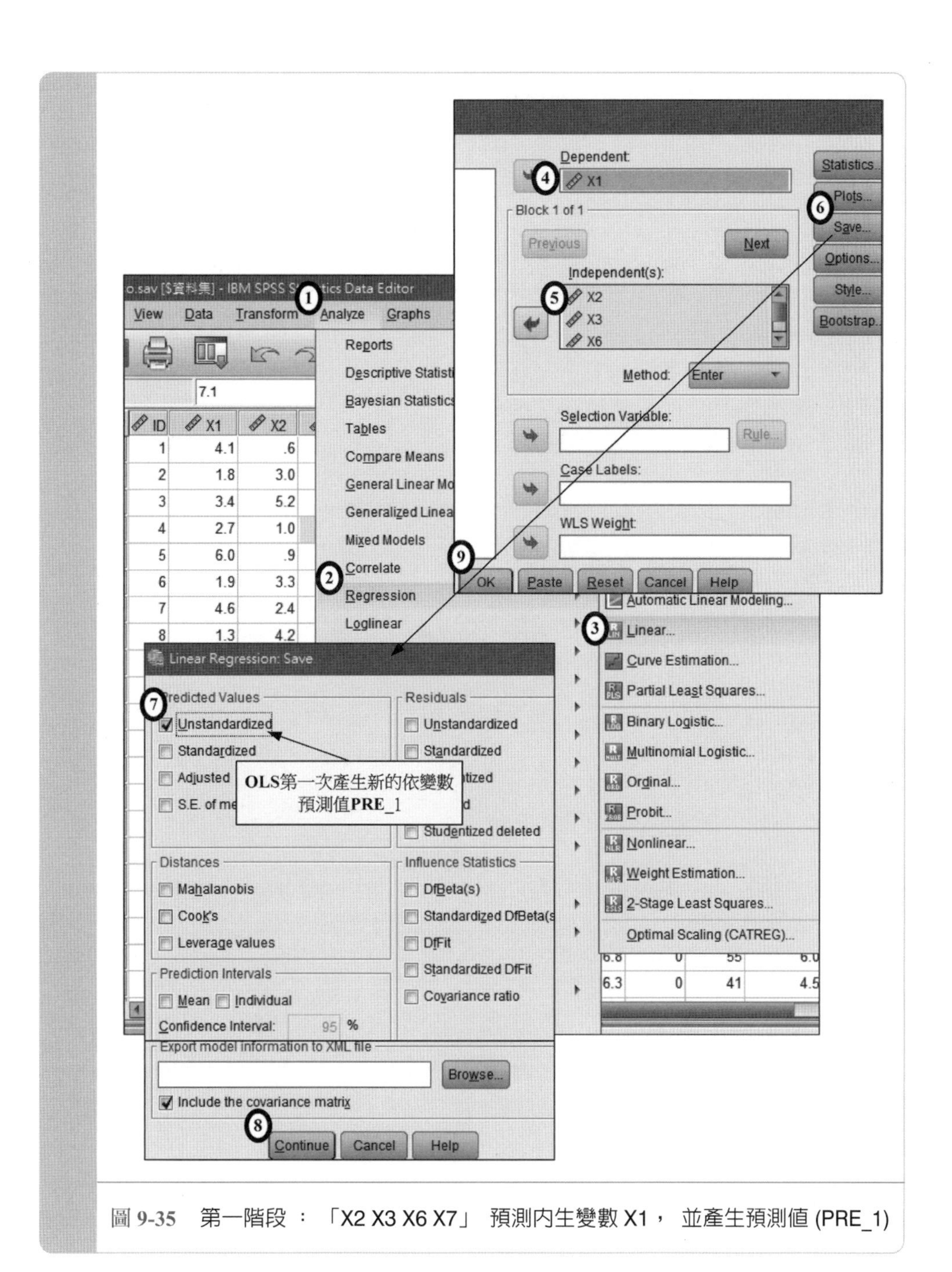

圖 9-35　第一階段：「X2 X3 X6 X7」預測內生變數 X1，並產生預測值 (PRE_1)

OLS 第一次產生一個新的依變數預測值 PRE_1。

對應的指令語法：

```
subtitle " Step2 : 二階段 OLS ，來模擬 2SLS ".
subtitle " Step2-1 : 階段一 OLS 來模擬內生解釋變 (x1) 的預測值 PRE_1".
.REGRESSION
  /MISSING LISTWISE
  /STATISTICS COEFF OUTS R ANOVA
  /CRITERIA=PIN(.05) POUT(.10)
  /NOORIGIN
  /DEPENDENT X1
  /METHOD=ENTER X2 X3 X6 X7
  /SAVE PRED.
* OLS 第一次產生一個新的依變數預測值 PRE_1.

subtitle " Step2-2 : 階段二 OLS 來模擬內生解釋變 (x4) 的預測值 PRE_2".
.REGRESSION
  /MISSING LISTWISE
  /STATISTICS COEFF OUTS R ANOVA
  /CRITERIA=PIN(.05) POUT(.10)
  /NOORIGIN
  /DEPENDENT X4
  /METHOD=ENTER X2 X3 X6 X7
  /SAVE PRED.
* OLS 第 2 次產生一個新的依變數預測值 PRE_2.

subtitle " Step2-3 : 二個內生解釋變 (x1,x4) 的預測值，再預測依變數 (x9) 值及誤差值 ".
REGRESSION
  /MISSING LISTWISE
  /STATISTICS COEFF OUTS R ANOVA
  /CRITERIA=PIN(.05) POUT(.10)
  /NOORIGIN
  /DEPENDENT X9
  /METHOD=ENTER PRE_1 PRE_2
  /SAVE PRED RESID.
* 第 3 次 OLS 產生一個新變數：依變數預測值 PRE_3、殘差 RES_1.
```

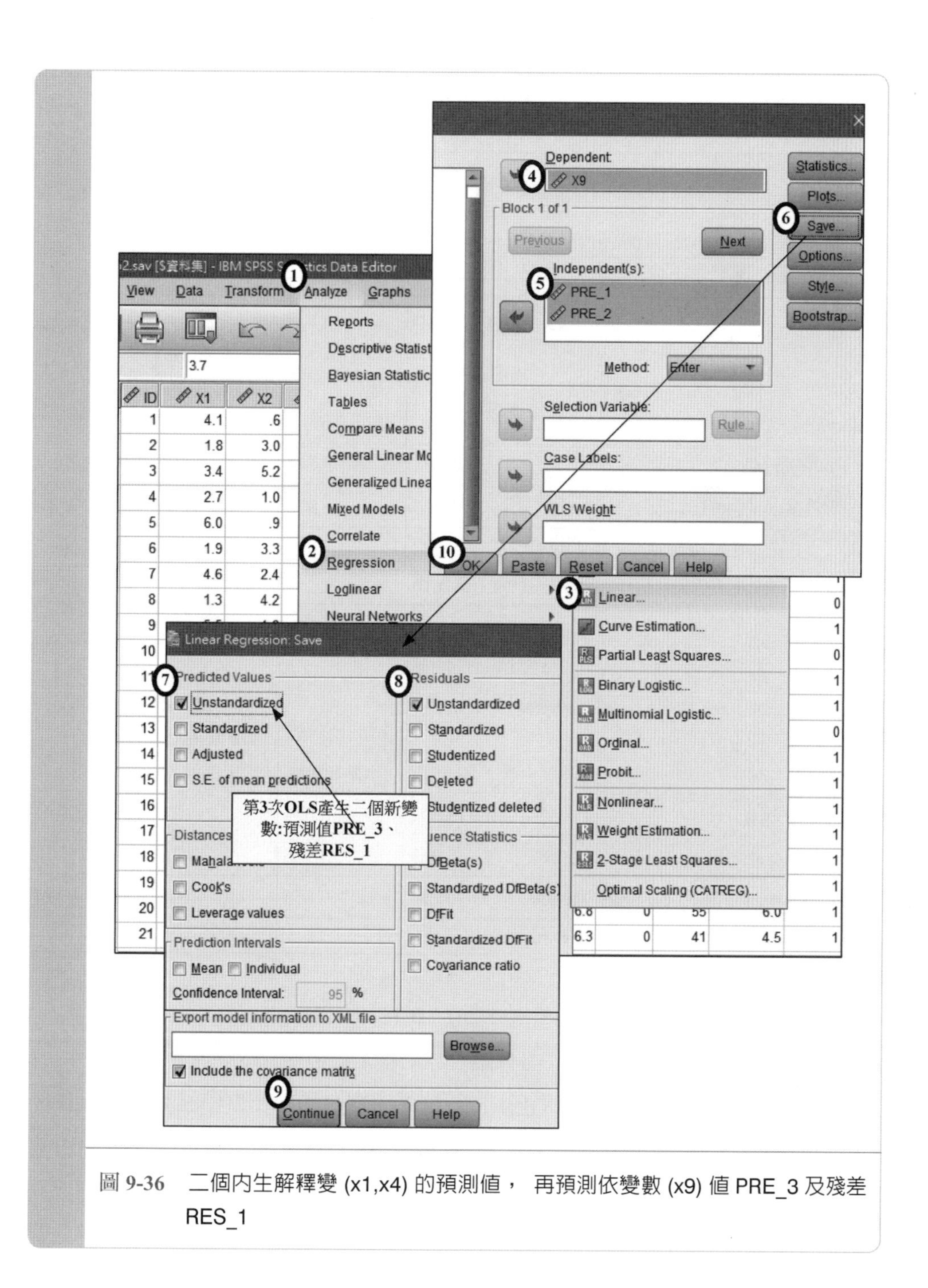

圖 9-36　二個內生解釋變 (x1,x4) 的預測值， 再預測依變數 (x9) 值 PRE_3 及殘差 RES_1

第 3 次 OLS 產生一個新變數：依變數預測值 PRE_3、殘差 RES_1 。

Model Summary[b]

Model	R	R Square	Adjusted R Square	Std. Error of the Estimate
1	.530[a]	.281	.266	7.701

a. Predictors: (Constant), Unstandardized Predicted Value, Unstandardized Predicted Value

b. Dependent Variable: Usage Level(% purchased from HATCO)

Coefficients[a]

Model		Unstandardized Coefficients		Standardized Coefficients		
		B	Std. Error	Beta	t	Sig.
1	(Constant)	15.261	5.674		2.690	.008
	Unstandardized Predicted Value	5.363	.970	.476	5.527	.000
	Unstandardized Predicted Value	2.284	.856	.230	2.668	.009

a. Dependent Variable: Usage Level(% purchased from HATCO)

Coefficients[a]

Model		Unstandardized Coefficients		Standardized Coefficients		
		B	Std. Error	Beta	t	Sig.
1	(Constant)	15.261	5.674		2.690	.008
	Unstandardized Predicted Value	5.363	.970	.476	5.527	.000
	Unstandardized Predicted Value	2.284	.856	.230	2.668	.009

a. Dependent Variable: Usage Level(% purchased from HATCO)

1. 二階段 OLS，求得迴歸式：$y9=15.261+5.363\hat{x}_1+2.284\hat{x}_2$
2. 對照上面 **Step1**：2SLS，所求得迴歸式：$y9=15.261+5.363\hat{x}_1+2.284\hat{x}_2$
3. 2SLS 求得迴歸式，與二階段 OLS，所求得迴歸式相同；但標準誤 (Std. Error) 仍不相同，二階段 OLS 的標準誤 (Std. Error) 比 2SLS 大，故本例正確且快速的解法是 2SLS。
4. 此外，2SLS 求得迴歸式 (適配度 R^2=34.6%)，與二階段 OLS(R^2=53.0%)，二者所求得 R-square 亦不相同。

Step 3：過度認定限制 (Over-identifying restrictions) 檢定

數個內生解釋變數 (endogenous regressors)

假設我們有數個內生變數，則有 3 種情況：

1. 過度認定 (over identified)：如果工具變數 Z 個數大於內生變數 X 個數。
2. 不足認定 (under identified)：如果工具變數 Z 個數小於內生變數 X 個數。
3. 恰好認定 (just identified)：如果工具變數 Z 個數等於內生變數 X 個數。

基本上，工具變數至少需要與內生自變數一樣多。過度認定或恰好認定，進行 IV 迴歸才有解。在大樣本的情況下，2SLS 可獲得一致的估計式，且爲常態分布，但標準誤 (standard error) 較大。若欲降低標準誤，可找尋與解釋變數相關性較高的工具變數。值得注意的是，若所選擇的工具變數與解釋變數僅存在些許相關，甚至無關時，此法所得之估計式是不一致的。基本上，工具變數至少需要與內生的解釋變數一樣多。若工具變數個數大於內生變數個數，稱爲過度認定 (over identified ，有多組解)；若等於內生變數的個數，稱爲恰好認定 (just identified ，恰一組解) ，若小於內生變數的個數，稱爲不足認定 (under identified ，無解)。當過度認定時，可進行過度認定限制檢定，檢定某些工具變數是否與誤差項相關。

範例：過度認定限制 (Over-identifying restrictions) 檢定

迴歸 2SLS 概念，之前 Step1 做 2SLS，已存依變數 (x9) 的預測值 (FIT_1)、誤差 (ERR_1)。由於 2SLS 不同於中介模型，最主要差異是：工具變數 (x2,x3,x6,x7) 限制不可與依變數有相關，故再分析：工具變數 (x2,x3,x6,x7) 預測依變數 (y9) 的誤差 (ERR_1) 不可有顯著相關。

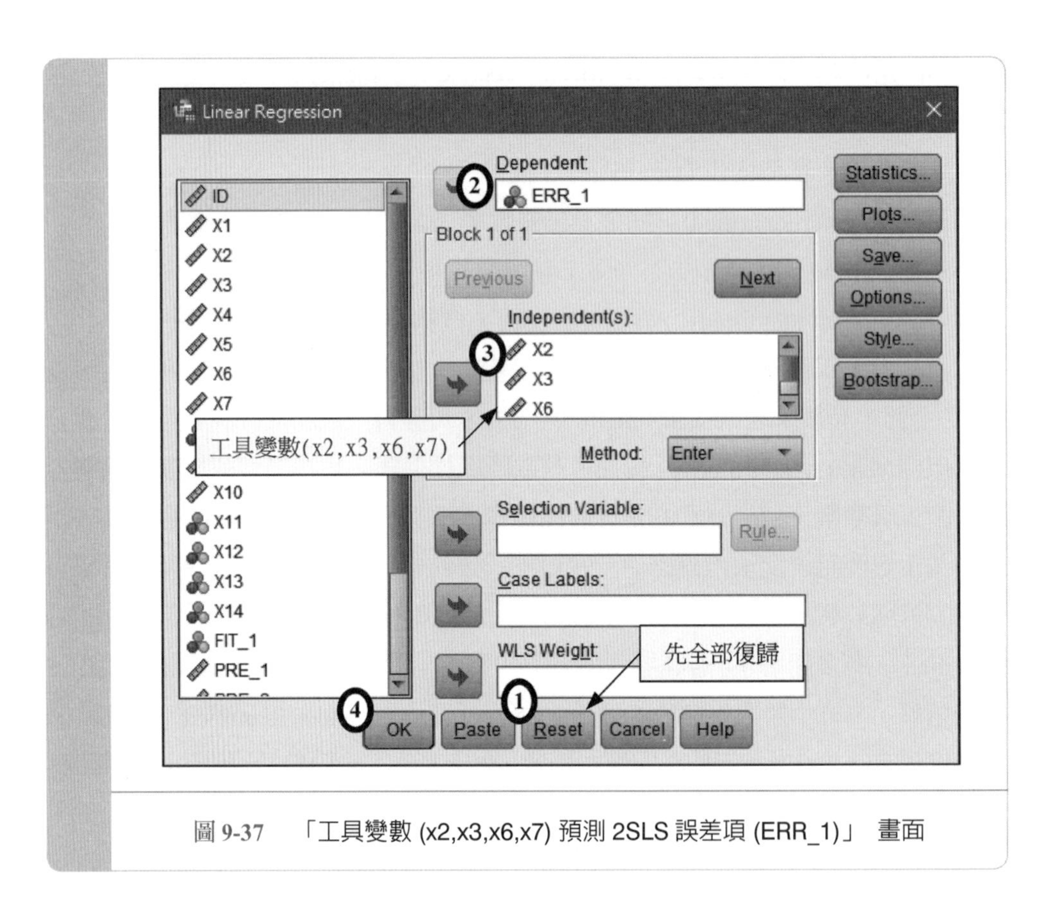

圖 9-37 「工具變數 (x2,x3,x6,x7) 預測 2SLS 誤差項 (ERR_1)」 畫面

對應的指令語法：

```
subtitle " Step3 : 過度認定限制 (Over-identifying restrictions) 檢定 ".
GET
  STATA FILE='D:\CD範例\2sls_Hatco2.sav'.
REGRESSION
  /MISSING LISTWISE
  /STATISTICS COEFF OUTS R ANOVA
  /CRITERIA=PIN(.05) POUT(.10)
  /NOORIGIN
  /DEPENDENT ERR_1
  /METHOD=ENTER X2 X3 X6 X7.
```

Model Summary

Model	R	R Square	Adjusted R Square	Std. Error of the Estimate
1	.680[a]	.462	.440	4.90527707

a. Predictors: (Constant), Product Quality, Salesforce Image, Price Flexibility, Price Level

Coefficients[a]

Model		Unstandardized Coefficients		Standardized Coefficients	t	Sig.
		B	Std. Error	Beta		
1	(Constant)	–34.839	5.097		–6.836	.000
	Price Level	3.511	.504	.641	6.964	.000
	Price Flexibility	3.119	.427	.660	7.308	.000
	Salesforce Image	–1.496	.658	–.176	–2.274	.025
	Product Quality	.847	.370	.205	2.285	.025

a. Dependent Variable: Error for X9, MOD_1 Equation 1

1. 「Standardized Coefficients Beta」欄就是標準化相關值。上表顯示：「工具變數 (x2,x3,x6,x7) 與 2SLS 誤差項 (ERR_1)」都達顯著相關 (p<.05)，表示本例界定 2SLS 的工具變數 (IV) 不適當。檢定值
2. 卡方檢定的臨界值 (critical value)5.99
   這個迴歸的適配度 R^2，乘以樣本量 (N = 100) 即得到檢定統計量。在這種情況下，自由度 (工具變數的個數量 <RHS 變數的個數)，df=4 工具變數 −2 內生變數 = 2 個。在型一誤差 (α = .05) 之下，查表 $\chi^2_{(2)}$ =5.99。
3. 本例樣本數 N=100 人，R^2= .462，檢定值 =100*0.462=46.2，遠超過查表之臨界值 (critical value) $\chi^2_{(2)}$ =5.99，表示你模型界定有問題或工具變數是無效的。故再做 RESET 檢定。

Step 4：RESET 檢定

之前，第三次 OLS 迴歸：「內生變數的預測值 ($\hat{x}_1$ 及 $\hat{x}_4$) 來預測依變數 (x9)」，所產生的新預測值 (PRE_3)。將「PRE_3 平方值 (即 PRE_3sqr)」再同時加入 Step1 2SLS 的內生解釋變數及工具變數中，再求判定「PRE_3sqr」的 t 值，若 $|t|$

值 >1.96，則表示你界定模型無遺漏變數。

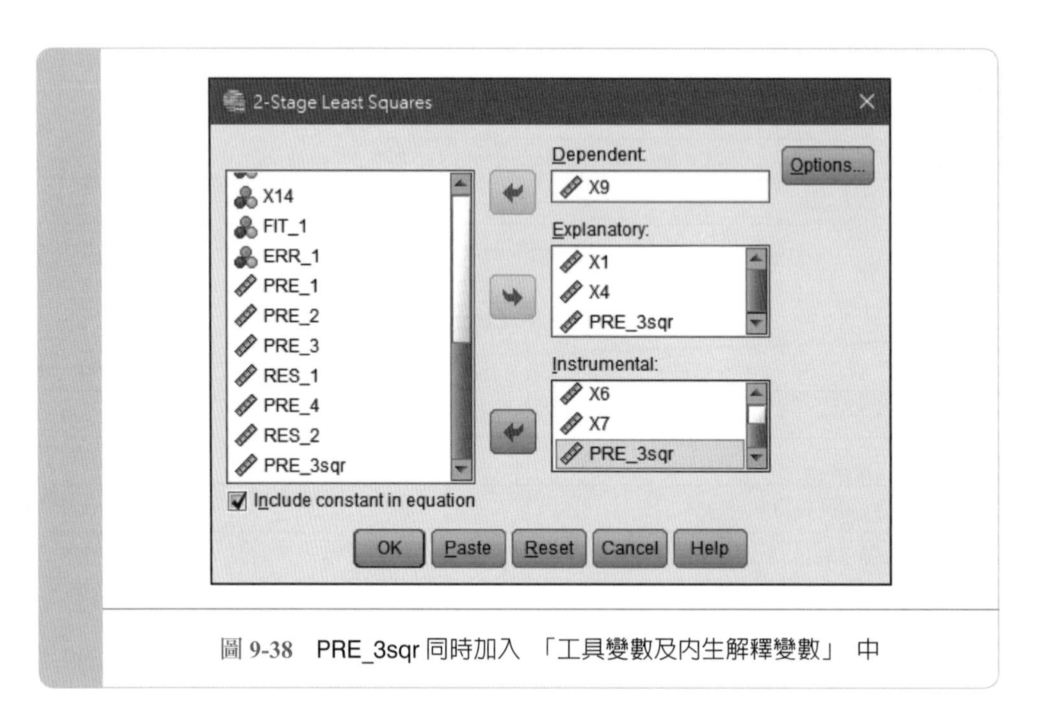

圖 9-38　PRE_3sqr 同時加入「工具變數及內生解釋變數」中

```
subtitle " Step4 : RESET 檢定 ".
GET
  STATA FILE='D:\CD範例\2sls_Hatco2.sav'.
COMPUTE PRE_3sqr=PRE_3* PRE_3.
EXECUTE.

* 2-Stage Least Squares.
TSET  NEWVAR=NONE.
2SLS X9 WITH X1 X4 PRE_3sqr
  /INSTRUMENTS X2 X3 X6 X7 PRE_3sqr
  /CONSTANT.
```

Coefficients

		Unstandardized Coefficients		Beta	t	Sig.
		B	Std. Error			
Equation 1	(Constant)	9.591	14.522		.660	.511
	X1	8.950	8.337	1.315	1.074	.286
	X4	3.877	3.794	.488	1.022	.309
	PRE_3sqr	–.007	.016	–.360	–.434	.665

1. PRE_3sqr 的 t 值 = –.434 (p>.05) ，未達顯著性，且 |t| 值 >1.96，表示你界定模型無遺漏變數，且此迴歸函數係可被信任 (no omitted variables and the functional form can be trusted)。結合前面的 Step3 **過度認定**檢定，這可能意味著理論模型有問題是工具變數不足。

Step5：誤差異質性 (heteroscedasticity) 檢定：第三次 OLS 預測值 vs. 2SLS 誤差 (含散布圖)

之前，第三次 OLS 迴歸：「內生變數的預測值 ($\hat{x}_1$ 及 $\hat{x}_4$) 來預測依變數 (x9)」，所產生的新預測值 (PRE_3)。將「PRE_3 平方值 (即 PRE_3sqr)」，用它來預測 Step1 2SLS 之誤差平方值 (ERR_1sqr)，並繪散布圖。

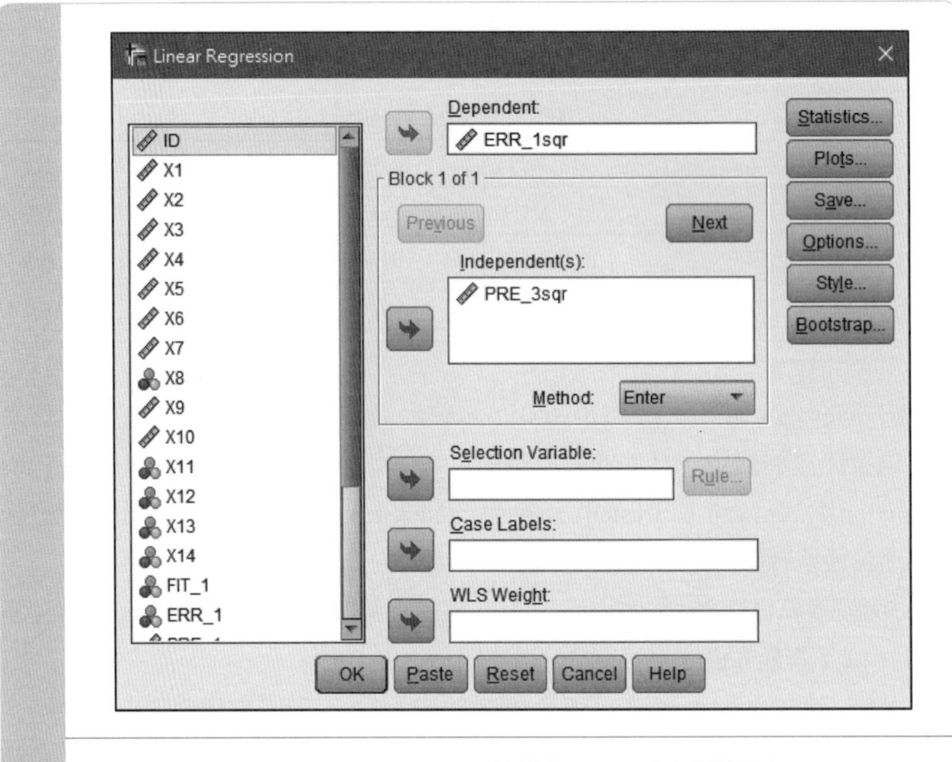

圖 9-39 「2 個內生預測值用 OLS 預測依變數 (x9)」 之預測值平方 (PRE_3sqr)」 vs.「2SLS 之誤差平方值 (ERR_1sqr)」

對應的指令語法：

```
subtitle "Step5: Heteroscedasticity 檢定：2SLS 預測值 vs. 2SLS 誤差 ( 含散布圖 )".

GET
  STATA FILE='D:\CD 範例 \2sls_Hatco2.sav'.
COMPUTE ERR_1sqr = ERR_1 * ERR_1.
EXECUTE.

REGRESSION
  /MISSING LISTWISE
  /STATISTICS COEFF OUTS R ANOVA
  /CRITERIA=PIN(.05) POUT(.10)
  /NOORIGIN
```

```
/DEPENDENT ERR_1sqr
/METHOD=ENTER PRE_3sqr
/SCATTERPLOT=(*ZRESID ,*ZPRED).
```

Coefficients[a]

Model		Unstandardized Coefficients B	Unstandardized Coefficients Std. Error	Standardized Coefficients Beta	t	Sig.
1	(Constant)	25.777	24.997		1.031	.305
	PRE_3sqr	.008	.011	.069	.684	.496

a. Dependent Variable: ERR_1sqr

1.「2 個內生預測值用 OLS 預測依變數 (x9)」之預測值平方 (PRE_3sqr)」vs.「2SLS 之誤差平方值 (ERR_1sqr)」，此迴歸式 t=0.684(p>.05)，表示本例誤差與預測無顯著相關，故誤差沒有異質性。

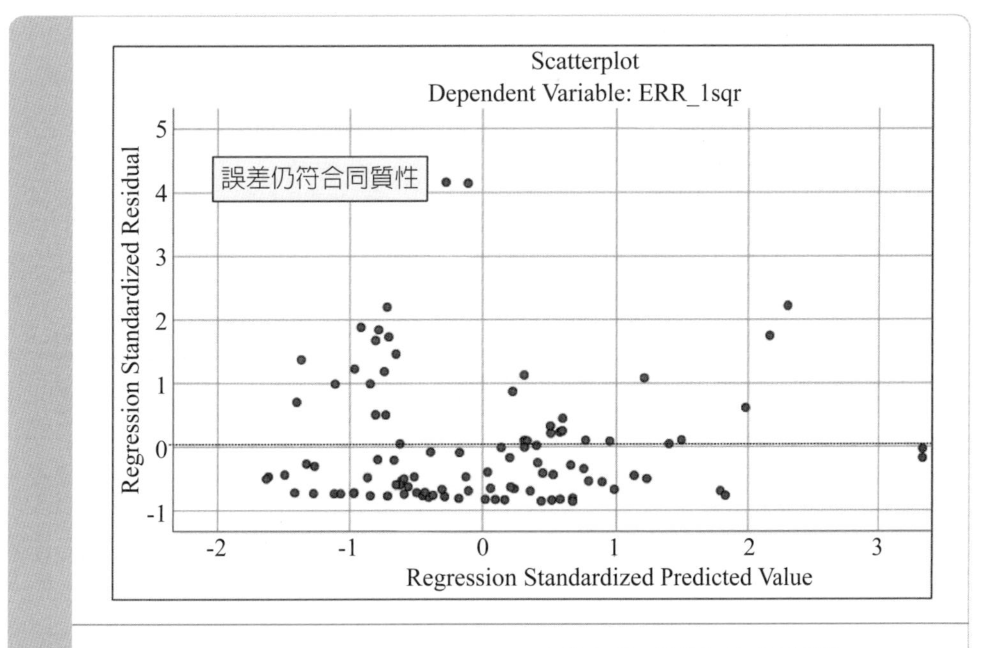

圖 9-40　PRE_3sqr vs.ERR_1sqr 之散布圖 (誤差仍符合同質性)

Step 6：**2SLS 工具變數需要交互作用項嗎？(Interactions model Specification)**

本例四個工具變數，假設你懷擬：x6(Salesforce Image) 與其它三個工具變數有交互作用，則你用 compute 指令來產生三個交互作用項「X2X6、X3X6、X6X7」，及內生變數的交互作用項 (X1X4)。

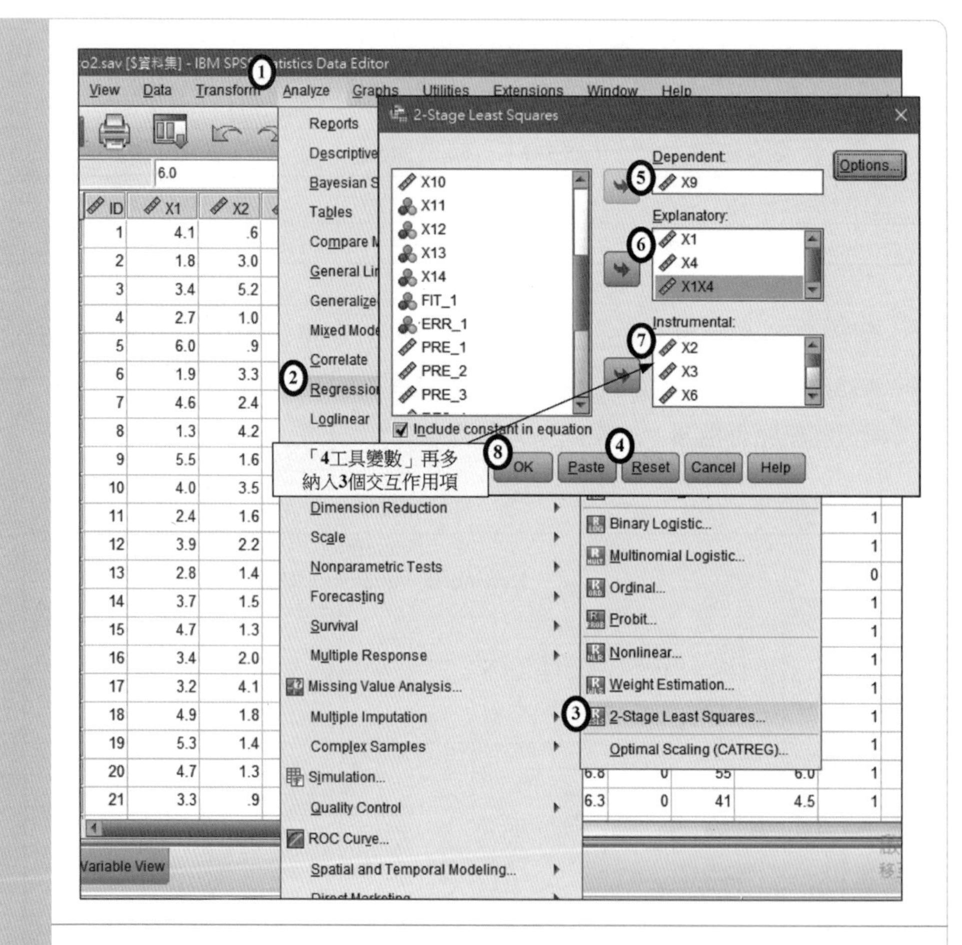

圖 9-41 2SLS 「4 工具變數」 納入 3 個交互作用項及 「內生變數」 納入 1 個交互作用項

對應的指令語法：

```
subtitle "Step6：交互作用項之模型(Interactions model Specification)".
compute X1X4=X1*X4 .
compute X2X6=X2*X6 .
compute X3X6=X3*X6 .
compute X7X6=X7*X6 .
  execute.

* 2-Stage Least Squares.
TSET  NEWVAR=NONE.
2SLS X9 WITH X1 X4 X1X4
  /INSTRUMENTS X2 X3 X7 X6 X2X6 X3X6 X7X6
  /CONSTANT.
```

Coefficients

		Unstandardized Coefficients				
		B	Std. Error	Beta	t	Sig.
Equation 1	(Constant)	3.577	19.011		.188	.851
	X1	8.295	4.663	1.219	1.779	.078
	X4	4.507	3.536	.567	1.274	.206
	X1X4	–.555	.860	–.520	–.646	.520

1. Step1 原始 2SLS 再新加入「X1X4」交互作用項之後，對依變數 (x8) 的迴歸係數，全部都未達顯著 (p>.05)，表示本例不應加入交互作用項。而應保留 Step1 原始 2SLS。

   subtitle "Step7：Non-nested 檢定 ".

   subtitle "Step7-1：Non-nested 檢定 Case 1".

   本例，原來內生變數 x4，若懷疑它應獨立，改成「x6 → x4」的內生變數 (預測值存到 PRE_5)。而其它三個工具變數「x2,x3,x7」保持不變數。則指令如下：

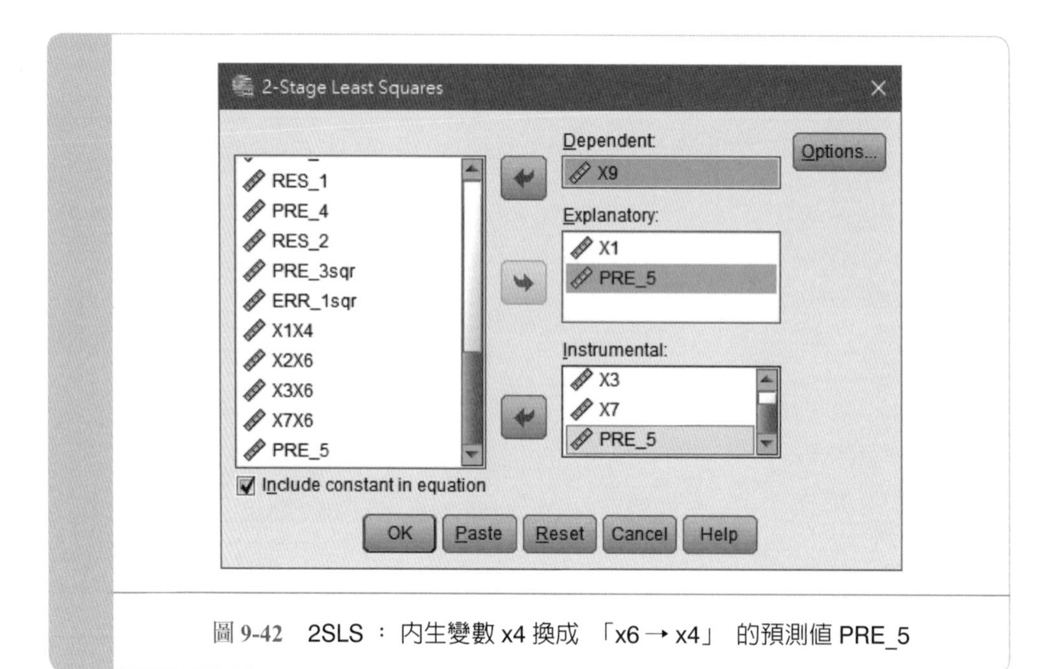

圖 9-42 2SLS：內生變數 x4 換成「x6 → x4」的預測值 PRE_5

```
subtitle "Step7-1: Non-nested 檢定 Case 1".
REGRESSION
  /MISSING LISTWISE
  /STATISTICS COEFF OUTS R ANOVA
  /CRITERIA=PIN(.05) POUT(.10)
  /NOORIGIN
  /DEPENDENT X4
  /METHOD=ENTER X6
  /SAVE PRED.
* 預測值存到 PRE_5.
* 2-Stage Least Squares.
TSET NEWVAR=NONE.
2SLS X9 WITH X1 PRE_5
  /INSTRUMENTS X2 X3 X7 PRE_5
  /CONSTANT.
```

Coefficients						
		Unstandardized Coefficients				
		B	Std. Error	Beta	t	Sig.
Equation 1	(Constant)	17.698	4.564		3.878	.000
	X1	5.096	.822	.749	6.196	.000
	PRE_5	1.999	.736	.198	2.717	.008

1. 本例，2SLS：內生變數 x4 換成「x6 → x4」的預測值 PRE_5。
2. 上述結果，係數 PRE_5(t=2.717,p<.05) ，顯示 Step1 2SLS 及 Step7-1 模型都是適合的。

Step7-2：Non-nested 檢定 Case 2

本例，原來內生變數 x1，若懷疑它應獨立，改成「(X2 X3 X7) → x4」的內生變數 (預測值存到 PRE_6)。而另一個工具變數「x1」保持不變數。則指令如下：

```
subtitle "Step7-2: Non-nested檢定 Case 2".
REGRESSION
  /MISSING LISTWISE
  /STATISTICS COEFF OUTS R ANOVA
  /CRITERIA=PIN(.05) POUT(.10)
  /NOORIGIN
  /DEPENDENT X1
  /METHOD=ENTER X2 X3 X7
  /SAVE PRED.
* 預測值存到 PRE_6.
* 2-Stage Least Squares.
TSET  NEWVAR=NONE.
2SLS X9 WITH X4 PRE_6
  /INSTRUMENTS X6 PRE_6
  /CONSTANT.
```

Coefficients						
		Unstandardized Coefficients				
		B	Std. Error	Beta	t	Sig.
Equation 1	(Constant)	8.034	6.597		1.218	.226
	X4	3.228	.886	.406	3.641	.000
	PRE_6	6.011	1.032	.516	5.823	.000

1. 本例，2SLS：內生變數 x1 換成「(X2 X3 X7) → x4」的預測值 PRE_6。
2. 上述結果，係數 PRE_6(t= 5.823, p<.05)，顯示 Step1 2SLS 及 Step7-2 模型都是適合的。

9-2-2 練習題：兩階段迴歸 vs. 最小平方法迴歸

工具變數練習題 1：孕婦吸菸會導致早產兒

來源：http://fmwww.bc.edu/gstat/examples/wooldridge/wooldridge15.html

```
* 開啟網站之 bwght.dta 檔
. use http://fmwww.bc.edu/ec-p/data/wooldridge/bwght
* 對照組 (pooled reg)：孕婦吸菸量 (packs) 會導致嬰兒出生體重 (lbwght) 過輕
.reg lbwght packs
* 實驗組：香菸價格 (cigprice) 當孕婦吸菸量 (packs) 的 IV，來預測嬰兒出生體重 (lbwght)，
  結果駁斥對照組的論述
. ivreg lbwght (packs = cigprice), first
```

工具變數練習題 2：以緊鄰大學 (nearc4) 當員工學歷的 IV，學歷再預測工資 (ln(wage))。干擾之外生變數包括：員工經驗 (exper)、種族 (black)、有否 smsa、南北差距 (south)。

```
. use http://fmwww.bc.edu/ec-p/data/wooldridge/card
* 對照組：先兩階段迴歸分析
. ivreg lwage (educ = nearc4) exper expersq black smsa south, first
* 實驗組：再 OLS 迴歸分析當對照組，求得這二個迴歸係數及標準誤是不同的
. reg lwage educ exper expersq black smsa south
```

工具變數練習題 3：已然女工之教育投報率 (Return to Education)。以父親學歷當女工的 IV，學歷再預測工資 (ln(wage))。

```
. use http://fmwww.bc.edu/ec-p/data/wooldridge/mroz
* 對照組：先 OLS 迴歸分析，求得迴歸係數 0.1086(p<0.05)
. reg lwage educ
* 實驗組：以父親學歷當 IV，求得迴歸係數 0.059 (p>0.05)，係數顯著性與 OLS 相反
. ivreg lwage (educ = fatheduc )
```

工具變數練習題 4：女工之教育投報率 (Return to Education)。以雙親學歷當女工的 IV，學歷再預測工資 (ln(wage))。干擾之外生變數包括：員工經驗 (exper)、員工經驗平方 (expersq)。

```
use http://fmwww.bc.edu/ec-p/data/wooldridge/mroz
* 對照組：先兩階段迴歸分析
. ivreg lwage (educ = motheduc fatheduc) exper expersq
* 用 ssc 來外掛 overid 指令，它可診斷最近一次 model 是否「過渡認定」，若不足認定則不佳
. ssc install overid, replace
* 執行 overid 指令，卡方檢定求得 p=0.5386，顯示本模型是「過渡認定」，故認定仍佳
. overid
* 實驗組：IV 除女工雙再雙親學歷，再增加 huseduc
. ivreg lwage (educ = motheduc fatheduc huseduc) exper expersq
* 執行 overid 指令，卡方檢定求得 p=0.5726，顯示本模型也是「過渡認定」，故認定仍佳
. overid
```

工具變數練習題 5：員工訓練 (hrsemp) 預測員工生產力 (lscrap)

```
use http://fmwww.bc.edu/ec-p/data/wooldridge/mroz
* 對照組：先兩階段迴歸分析，以「grant 差分項」當「hrsemp 差分項」的工具變數
. use http://fmwww.bc.edu/ec-p/data/wooldridge/jtrain
. tsset fcode year
. sort fcode year
. drop if year==1989
*「D.」是差分運算子
```

```
. ivreg D.lscrap (D.hrsemp = D.grant)
* 實驗組：OLS 迴歸。
. reg D.lscrap D.hrsemp
```

參考文獻

Carroll, R. J., Ruppert D., Stefanski, L. A., and Crainiceanu, C. M. (2006). Measurement Error in Nonlinear Models. Chapman & Hall, London.

Cheng, C. L. and Van Ness, J. W. (1999). Statistical Regression with Measurement Error. New York, Oxford University Press.

Fuller, W. A. (1987). Measurement Error Models. Wiley, New York.

Greene, W. H. (2003). Econometric Analysis, Fifth Edition. Upper Saddle River, NJ: Prentice Hall.

Heckman, J. J. (1979). Sample selection bias as a specification error. Econometrica, Volume 47, Number 1, pages 153 - 161.

Lee, S.-Y., Poon, W. Y., & Bentler, P. M. (1995). A two-stage estimation of structural equation models with continuous and polytomous variables. British Journal of Mathematical and Statistical Psychology, 48, 339–358.

Long, J. S. (1997). Regression Models for Categorical and Limited Dependent Variables. Thousand Oaks, CA: Sage Publications.

Schneeweiss, H. and Mittage, H. J. (1986). Lineare Modelle mit feherbehafteten Daten. Physica-Verlag, Heidelberg.

Snedecor, G. W., and W. G. Cochran. 1989. Statistical Methods. 8th ed. Ames, IA: Iowa State University Press.

Stefanski. L. A. (2000). Measurement Error Models. J. Amer. Statist. Assoc. 95. 1353-1358.

Tobin, J. (1958). Estimation of relationships for limited dependent variables. Econometrica 26: 24-36.

Van Huffel, S. and Vandewalle, J. (1991). The Total Least Squares Problem: Computational Aspects and Analysis. SIAM, Philadelphia.

Winer, B. J., D. R. Brown, and K. M. Michels. 1991. Statistical Principles in Experimental Design. 3rd ed. New York: McGraw–Hill.

林清山 (民 82)，教育與心理統計學，東華書局。

國家圖書館出版品預行編目資料

高等統計：應用SPSS分析／張紹勳，林秀娟.——初版.——臺北市：五南，2018.09
面；　公分
ISBN 978-957-11-9888-0（平裝附光碟片）
1.統計套裝軟體　2.統計分析
512.4　　107013718

1H1G

高等統計：應用SPSS分析

作　　者— 張紹勳　林秀娟
發 行 人— 楊榮川
總 經 理— 楊士清
主　　編— 侯家嵐
責任編輯— 黃梓雯
文字校對— 黃志誠　劉祐融
封面設計— 盧盈良
出 版 者— 五南圖書出版股份有限公司
地　　址：106台北市大安區和平東路二段339號4樓
電　　話：(02)2705-5066　　傳　　真：(02)2706-6100
網　　址：http://www.wunan.com.tw
電子郵件：wunan@wunan.com.tw
劃撥帳號：01068953
戶　　名：五南圖書出版股份有限公司

法律顧問　林勝安律師事務所　林勝安律師

出版日期　2018年9月初版一刷
定　　價　新臺幣680元

凝煉知識品味閱讀